国家社科基金
GUOJIA SHEKE JIJIN HOUQI ZIZHU XIANGMU
后期资助项目

U0963405

国家社科基金后期资助项目(18FZX066)研究成果

# 动态信息的信念修正逻辑研究

董英东　著

山东大学出版社
SHANDONG UNIVERSITY PRESS
·济南·

**图书在版编目(CIP)数据**

动态信息的信念修正逻辑研究/董英东著.—济南：山东大学出版社，2021.11

ISBN 978-7-5607-7195-3

Ⅰ.①动…　Ⅱ.①董…　Ⅲ.①逻辑学—研究　Ⅳ.①B81

中国版本图书馆 CIP 数据核字(2021)第 223975 号

责任编辑　宋亚卿
封面设计　王秋忆

出版发行　山东大学出版社
社　　址　山东省济南市山大南路 20 号
邮政编码　250100
发行热线　(0531)88363008
经　　销　新华书店
印　　刷　济南新科印务有限公司
规　　格　720 毫米×1000 毫米　1/16
　　　　　21.75 印张　373 千字
版　　次　2021 年 11 月第 1 版
印　　次　2021 年 11 月第 1 次印刷
定　　价　86.00 元

# 国家社科基金后期资助项目
# 出版说明

后期资助项目是国家社科基金设立的一类重要项目，旨在鼓励广大社科研究者潜心治学，支持基础研究多出优秀成果。它是经过严格评审，从接近完成的科研成果中遴选立项的。为扩大后期资助项目的影响，更好地推动学术发展，促进成果转化，全国哲学社会科学工作办公室按照“统一设计、统一标识、统一版式、形成系列”的总体要求，组织出版国家社科基金后期资助项目成果。

全国哲学社会科学工作办公室

# 前　言

在日常生活中，人们的思想会不断地发生变化。可将描述世界状态的命题区分为两种态度：一种态度称作知识，另一种态度称作信念。由于知识涉及真实性，因此通常知识是强于信念的。知识的变化是单调的，而信念的变化是非单调的。主体可能会放弃或者修正他的信念。主体可能接受的信息可以分为两种类型：有关事实的信息和高阶信息。当主体获知其外部世界或他所生活的世界的某些事实时，就认为该主体接收到了一个客观信息。如果主体获知的是关于他自己的知识或者信念的信息，那么就称该主体接收到了一个高阶信息，即关于他自己的知识或者信念的信息的信息。假定客观世界的规律是不变的。这就意味着，我们所处理的客观世界中的事实的规律不会随着时间的变化而发生变化，即自然界是齐一的(遵从自然齐一律)，将来一定是类似于过去的。在该世界中，假定主体只接收静态的、确定的客观世界或者关于他自己的精神状态的信息。在日常生活中，知识和信念也有所体现。事实上，每个人的行为都是基于自己的知识和信念的，因此，行为、知识和信念之间有着密切的联系。本书共16章，下面简单地介绍本书的主要理论，这些理论都是基于动态信息的理论。

(1)动态觉知逻辑。主要是在动态信息的语境下所开展的研究。首先，本书阐述了推理和观察的保真性。从传统意义上来说，逻辑是研究推理和推理关系的，同时也需要研究推理的保真性：在推理的过程中，由真的前提可以确保推出真的结论。其次，本书开展了对动态觉知逻辑的研究，在动态方面，主要通过采用不同的行动来修正该框架的初始概念、觉知、隐性信息和显性信息。再次，本书研究了觉知、隐性知识和显性知识。最后，本书开展了对动态的隐性信念和显性信念的研究，并重点研究了隐性信念和显性信念，以及动态的隐性信念和显性信念。

(2)传统的信念逻辑。首先，本书介绍了经典的信念逻辑系统，该系统可以刻画相信算子的无矛盾性、正内省性和负内省性等性质。其次，本书介绍了信念逻辑系统，该系统将知识看成一种特殊的信念，而可及关系为等价关系。再次，为了刻画信念的变化及变化过程，需要同时引入动态逻辑与信念逻辑，以构造动态信念修正逻辑。最后，本书介绍了基本的似然逻辑及其语言、语义和全逻辑系统，并提供了一个关于新系统的完全性证明，且用公共知识和公共信念将其扩充为全逻辑系统，随后给出了一个新的更新规则，以构造用以刻画不同种类主体不同策略的逻辑系统。

(3)信念变化逻辑。首先，本书开展了对动态的信念变化逻辑的研究。其次，本书开展了对多主体的信念变化逻辑的研究。最后，本书开展了对合并模型的语言和逻辑的研究。

(4)知识和信念。第一，本书梳理了刻画动态信念逻辑的系统。第二，本书研究了总似然模型中的信念收缩理论。第三，本书研究了辩护模型。引入了基于广义框架的辩护模型，其主要用于刻画主体所拥有的信息和辩护。第四，本书开展了对动态信念逻辑的研究。第五，本书开展了对会话语境的信念修正逻辑的研究。第六，本书开展了对知识和信念的哲学反思。讨论了知识和信念的关系问题，并研究了互动知识和信念在博弈论中的应用问题，探讨了一些开放性的问题。

总之，本书主要发展了弱动态认知逻辑和信念修正逻辑。弱动态认知逻辑主要用于处理大量的信息现象，包括信念修正。扩充了弱动态认知逻辑的研究范围，将其用于处理信念收缩，并提供了这样的框架以处理信念变化。对信念变化研究的主要贡献在于对知识的研究。现在，在形式认识论中面临的最大的挑战是用形式刻画知识的恰当性问题。为了处理这一问题，就需要能够形式地定义证据和可辩护的真信念，以及对弱动态认知逻辑进行扩充使得它能够真正地处理论证和辩护。本书还提供了分析认识论问题的新观点，如盖梯尔问题。同时，也将弱动态认知逻辑同其他两种方法结合起来(其中一种方法是由赛格伯格提出来的动态信念逻辑)，并对动态信念逻辑和弱动态认知逻辑进行了比较。最后，本书研究了信念修正的论证问题，提供了一个基于动态论证语境的动态信念逻辑系统。

在完成本书的过程中，笔者参考了部分中外学者的相关论著。在此，谨向任晓明、何向东、周北海、刘奋荣、郭佳宏、郭美云、萧遥等师友、学者及笔者参阅过其论著的海外学者表示衷心的感谢！

动态信息的信念修正逻辑还有大量的问题值得关注，由于篇幅所限，本书并未一一加以讨论。本书旨在为对信念修正逻辑感兴趣的学者及其他读者提供参考。

感谢山东大学出版社的宋亚卿编辑为本书所付出的辛劳。同时，感谢我的家人和朋友对我完成此书提供的支持和帮助。由于编者水平有限，书中疏漏之处在所难免，恳请读者批评指正。

董英东

2021 年 10 月

# 目　录

# 第一章　概　述

在日常生活中，人们的思想会不断地发生变化。生活在一个高度紧张的社会里，主体会不断地接收到来自不同领域的大量信息，这些信息可能会改变主体对世界的看法。可将描述世界状态的命题区分为两种态度：一种态度被称作知识，另一种态度被称作信念。例如，主体可能知道一个给定的命题 $p$，或者相信该命题。通常，知识是强于信念的，因为知识涉及真实性：如果主体知道 $p$，那么 $p$ 是真的；而信念则不同，因为有时主体可能会拥有一个错误的信念。如果一个主体相信 $p$，则不能够必然地推出 $p$ 是真的。

当主体接收到一个新的信息时，他的知识和信念将会发生什么样的变化呢？这里的主体是指能够记住过去所发生的所有事情的理想主体，即他能够记住自己曾经知道的所有的信息，也即他是一个拥有"完美记忆"的理想主体。一方面，知识的变化是单调的。一旦主体知道了一个命题，那么该主体将不会遗忘他关于该命题的知识。同时，当给主体提供一个新的信息后，该主体又可能会接受该命题，并进而可能会逐渐地知道某些其他的新命题。另一方面，信念的变化是非单调的。主体可能会放弃或者修正他的信念。主体可能接受的信息可以分为两种类型：有关事实的信息和高阶信息。当主体获知其外部世界或他所生活的世界的某些事实时，就认为该主体接收到了一个客观信息。例如，如果一个主体获知"地球是围绕太阳旋转的"这一信息，那么就称他接收到了一个客观的信息。如果主体获知的是关于他自己的知识或者信念的信息，那么就称该主体接收到了一个高阶信息，即关于他自己的知识或者信念的信息的信息。例如，如果主体获知"他相信地球是围绕着太阳旋转的"这一信息，就称他接收到了一个高阶信息。在此，假定客观世界的规律是不变的。这就意味着，所处理的客观世界中的事实的规律不会随着时间的变化而发生变化，即自然界是齐一的（遵从自然齐一律），将来一定是类似于过去的。在该世界中，假定主体只接收静态的、确定的客观世界或者关于他自己的精神状态的信息。

知识长期以来一直都是哲学所关注的重要主题之一。柏拉图在《美诺篇》(Meno)《泰阿泰德篇》(Theaetetus)和《高尔吉亚篇》中就已经以会话的形式研究了知识和信念。在哲学中,研究知识和信念的性质的理论称为认识论。认识论近期已经发展到了利用形式的方法(基于数学上的技术手段)而为知识和信念构建模型,并据此对知识和信念进行推理。在许多文献中,有对信念变化进行模型化和规范化处理的不同方法,主要包括概率的方法(也称定量的方法)和纯定性的方法两类。在纯定性的方法中,近来主要借助模态逻辑的理论,形成了许多用于对信念变化进行模型处理的新方法。有的模态语境采用的是单主体的方法,有的则采用的是多主体的方法。单主体的方法只处理单个主体的知识和信念,在其模型中不考虑其他主体的影响。与此相反,多主体的情况则更多地关注若干个主体之间的知识和信念的互动。例如,主体相信其他主体的信念等。在此,我们对不同的方法进行了进一步的分类,重点关注单个主体的情况,并且涉及动态的维度和时态的维度。根据动态是不是内涵的可将其区分为两个分支,即如果动态是内涵的,则为动态信念逻辑(DDL);如果动态是外延的,则为动态认知逻辑(DEL)。这两种动态语境都是用高阶模态逻辑的形式工具来对信念变化进行模型化的处理。在刻画时间的方法中,重点研究博南诺(Bonanno)的方法:时态语境采用时态(模态)逻辑对信念变化进行推理;论证性对话的方法:论证语境采用论证(在会话或者博弈语境中)对信念变化进行推理。本书采用会话的方法对信念修正进行推理,认知逻辑是研究知识和信念的形式推理的逻辑。

在日常生活中,知识和信念也有所体现。事实上,每个人的行为都是基于自己的知识和信念的,因此,行为、知识和信念之间有着密切的联系。关于知识问题的研究已经有很悠久的历史,古希腊的哲学家就曾提出过如下问题:“什么是知识?”“如何才能获得知识?”“说一个人知道什么的意思是什么?”从柏拉图的《美诺篇》和《泰阿泰德篇》时起,认识论研究者就试图识别知识的本体的确定要素和它们之间的关系,并对这些内容进行知识分析。例如,芝诺就曾试图给美德下一个确切的定义,结果失败后感到很困惑。他曾问过苏格拉底如下问题:当你连对某种东西究竟是什么都没有任何看法时,你将怎样去寻求它?你将把何种你一点也不知道的东西提出来,并作为你探索的对象?如果你够幸运,在无意中观察到了它,你如何知道它就是你也不知道的东西?芝诺的话表明:无论谁也不可能去探索他知道的东西,因为他已经知道,不需要探索;无论谁也不可能去探索他不知道的东西,因为他不知道探索的对象将是什么。人们通常把这个著名的论断称作芝诺难题。

最早涉及信息的科学是信息论，它最初是由香农(Shannon)发展起来的，主要处理的是关于信息的量化问题。例如，一个思想究竟包含了多少信息，多大的信息量可以交流，怎样才能有效地进行信息交流等。信息论是由柯尔莫哥洛夫(Kolmogorov)等人创立的，该思想现在被称为柯尔莫哥洛夫复杂度。AGM理论是处理信念修正最早的形式化方法，采用的是语形的方法，并且提供了一系列刻画理性主体的信念变化的基本条件。之后又出现了很多文献，试图对信念修正进行更新和扩张。信念修正主要研究如何为新的信息建构模型，如何处理非单调推理，并且其所处理的信息可以和系统已有的信息不一致。

认知逻辑是模态逻辑，最初是由辛迪卡(Hintikka)发展起来的。辛迪卡在《知识和信念》一文中，首次利用模态逻辑理论中的可能世界语义理论来刻画知识，这一理论被称为认知逻辑。他所采用的“认知”的含义更加宽泛，并借助了信念和其他一些方法。一个主体的知识也可能包含信息，在该方面也出现了大量的研究文献。本书仅给出知识和信念的一些概貌，如果希望获得更多的关于认知方面的知识，可以参看《知识推理》[①]和《基于人工智能和计算机科学的认知逻辑》[②]等文献。

动态认知逻辑是用动态算子扩充的逻辑模型，可处理有关主体的知识动态。可将动态认知逻辑的认知模型作为基础，来研究这样的模型在接受新的信息后的扩展情况。近年来已经出现了处理动态的信念修正的比较好的方法。“弱动态认知逻辑”研究了三个不同运算模型的信念变化：更新、字典序更新和保守更新。每 个运算都可将认知/信念模型表达为不同类型的信念修正。在动态认知逻辑语境中，可运用某些归约/归约规则，以构建三种动态的信念修正逻辑的完全的公理系统。

范·本特姆和帕奎特(van Benthem and Pacuit，2011)提供了刻画证据的语义方法，其中的证据可能是假的，也可能是不一致的。[③] 由于证据模型中的信念修正不满足AGM理论的基本假设，因此可以在非总或然模型中引入基于状态的前序，这就意味着不存在不可比较的状态。该文献还证明了如何将一致的证据模型转换成偏或然模型，以及如何将偏或然模型扩充为证据模型。

---

① Fagin, R., Halpern, J. Y., Moses, Y., et al, 1995: *Reasoning about Knowledge*, Cambridge, MA: The MIT Press, pp.2 and 179.

② Meyer, J. J. and van der Hoek, W., 1995: *Epistemic Logic for AI and Computer Science*, Cambridge: Cambridge University Press.

③ van Benthem, J. and Pacuit, E., 2011: “Dynamic Logics of Evidence-based Beliefs”, *Studia Logica*, Vol. 99, No.1(July): pp. 61-92.

在传统理论中，柏拉图在《美诺篇》和《泰阿泰德篇》中有关于知识的著名定义，即"知识为确证的真信念"。盖梯尔认为柏拉图在《泰阿泰德篇》中有关于知识的定义，并且在《美诺篇》中有关于可接受知识的定义。然而，帕里克和拉马努加姆(Parikh and Ramanujam，2003)指出，苏格拉底对《泰阿泰德篇》提出了关于知识的定义的不同意见，并称这是违反公共信念的，且柏拉图并不认可关于知识的定义。①

盖梯尔提供了关于知识定义的两个反例，给定的真命题的可证实的信念并不足以说明主体已经知道了该命题。事实上，这些反例表明，即使是真的可证实的信念，也无法取代真正的知识，也可能只是一种幸运的猜测。盖梯尔的反例为大部分认识论者所接受，他们认为必须对知识是可分析的观点进行修正。

认识论者为了解决盖梯尔问题，提出需要用恰当的条件来定义知识，使知识为证实的真信念加上"其他的一些理论"。莱勒(Lehrer，2000)提供了这样的条件，并将知识定义为不可被证伪的合理的真信念。②

动态信念逻辑是由赛格伯格(Segerberg)所引入和发展的。赛格伯格研究了传统的认知和信念逻辑，采用的是关于信念修正的特殊的动态模态算子，将模态逻辑和信念修正理论(BRT)结合起来。赛格伯格提供了信念修正的理论系统，采用了新的语形和形式化的语义，该工作主要基于信念修正 AGM 理论。简化的全动态信念逻辑的语义主要基于赛格伯格的理论，给出了赛格伯格基于洋葱的一般化的语义③；对赛格伯格提出的拓扑假设语境和基于假设的封闭性进行了简化；修正了条件信念逻辑(CDL)的静态系统，在信念修正中发展了三种动态信念逻辑系统，并对修正运算进行了概括；引入并形式化了三种 AGM 理论的动态信念逻辑的信念收缩以及扩充理论。赛格伯格的工作提供了一个新的研究视角，他用动态的模态算子将信念模型转换为模型信念，运用他所提供的模态公理可修正 AGM 理论的基本条件。

条件信念逻辑主要由贝尔泰格和斯梅茨(Baltag and Smets，2006)引

① Parikh, R. and Ramanujam, R. , 2003: "A Knowledge based Semantics of Messages", *Journal of Logic, Language and Information*, Vol.12, No.4(September): pp. 453-467.

② Lehrer, K.,2000: *Theory of Knowledge*, United States: Westview Press.

③ Segerberg, K.,1991: "The Basic Dynamic Doxastic Logic of AGM", *In The Goldblatt Variations*, January: pp.76-107.

入,将由条件信念逻辑所扩充的模态逻辑算子解释为条件信念算子。[①] $B^{\varphi}\psi$ 可以解读为"如果主体将要学习 $\varphi$,那么在学习之前他将相信 $\psi$ 是这种情况"。可用静态、纯假设和修正算子刻画条件信念。

保罗·洛伦茨和库诺·洛伦茨(Paul Lorenzen and Kuno Lorenz, 1978)最先引入了形式会话逻辑,并采用直觉主义和经典逻辑对会话方式进行刻画。[②] 后来,这个会话框架由他们的学生沙希德·拉赫曼(Shahid Rahman,2006)发展,并应用于非经典逻辑之中。[③] 沙希德·拉赫曼和赫尔吉·吕克特(Helge Rückert)还发展了模态会话逻辑,引入了与模态算子有关的新规则。马尼耶(Magnier,2014)拓展了动态认知逻辑的会话方式,提供了一个关于动态认知逻辑的论证研究,主要为公开宣告逻辑。[④] 提供的新规则不仅针对认知主体,还针对公开主体。本书将会话方式扩张为信念修正逻辑,并用信念修正逻辑刻画论证,同时介绍博南诺的基于会话语境的分支-时间信念修正逻辑。

郭佳宏的博士论文《理想自省主体的信念修正——稳定集的修正》,研究了稳定集修正的困难和问题的关键点,并应用"极大选择收缩"和修正稳定集典范模型的方法修正稳定集;采用稳定集的 S5 非蕴涵极大子集构造出了稳定集,类似于 AGM 理论的"偏交收缩";构造了类似于经典信念修正理论的"圆包系统"和"认知牢固序";构造了关于稳定集修正的动态信念逻辑系统等,较全面系统地研究了信念修正逻辑。[⑤]

本书重点研究了弱动态信念逻辑,它是为信念变化所建构的模型,是一种对信念变化进行推理的强有力的方法,借助该方法可以处理认识论的相关问题。为此,需要一种灵活并能够很容易地刻画信念变化的工具。根据相关的文献,本书采用了刘易斯-格鲁夫(Lewis-Grove)风格的球包方法、嵌套的球包系统、基于球的辩护模型和超论。[⑥] 最后,本书采用了一些逻辑的

---

① Baltag, A. and Smets, S., 2006:"Conditional Doxastic Models: A Qualitative Approach to Dynamic Belief Revision", *Electronic Notes in Theoretical Computer Science*, Vol.165: pp.5-21.

② Lorenz, K. and Lorenzen, P., 1978: *Dialogische Logik*, Darmstadt: Wissenschaftliche Buchgesellschaft.

③ Rahman, S., 2006:"Non-normal Dialogics for a Wonderful World and More". In van Benthem, J. et al (eds), *The Age of Alternative Logics*. Dordrecht:Springer, pp.311-334.

④ Magnier, S., 2014: *Epistemic Dynamics, Dialogues and Legal Reasoning*, Dordrecht: Springer.

⑤ 郭佳宏:《理想自省主体的信念修正——稳定集的修正》,中山大学博士学位论文,2006 年。

⑥ Grove, A., 1988: "Two Modellings for Theory Change", *Journal of Philosophical Logic*, Vol.17,No.2(January):pp.157-170.

交互工具，以解决一些认识论问题，而博弈语义可以解决盖梯尔问题；以会话方式处理的逻辑，可以提供一种以论证的方式研究时态信念修正逻辑的方法。本书所采用的模型都是有穷的。

本书主要做了以下工作：

第一，对现存的信念变化推理的不同方法进行简洁的综述，以便随后可以参照这些方法。

第二，用三种不同的方法发展弱动态信念逻辑。

(1)研究了在动态认知逻辑语境下的信念收缩。定义了三种基于总或然模型的算子的信念收缩算子，并分别指派给它们一个认知行为，构造了一个类似于动态认知逻辑的信念修正的公理化系统。

(2)引入了一个基于信念、证据和辩护的新形式的辩护模型。该广义的语境可用于探索处理某些认知问题的一些新的解决方案。

(3)定义了一个博弈语义，用以判定一个主体是否真的能够可辩护地知道/相信某些已知的命题(或只是相信它)。

第三，将弱动态信念逻辑与上面所涉及的方法结合在一起。

(1)对内涵的动态信念逻辑和外延的动态认知逻辑进行了比较。

(2)将博南诺用于模型化处理信念变化的时态语境与用会话的方法处理逻辑的方法结合起来，提供了一个关于论证的信念修正的研究方法。

本书重点研究了以下一些关键性的问题：

(1)如何根据新的信息来为信念变化构建模型？应该采用静态的方法还是动态的方法构建信念修正的模型？如何构建动态的信念修正模型？

有关信念的最初的形式系统是采用静态的克里普克模型建立的。这些克里普克模型是静态的，这主要是由克里普克模型的可能世界集、可及关系以及保持确定的、不变的赋值造成的。现在面临的主要挑战是需要寻找一种新的方法来刻画信念修正，因为只能刻画静态的克里普克模型已经无法满足这一需求。赛格伯格提出了其他类型的模型以刻画内涵化的动态的信念修正，其中模型本身并未发生变化，只是模型的结构发生了改变。另外，还存在比克里普克模型更加丰富的结构，在这些新的结构中增加了模型转换算子。在这些方法中，基础的信念修正的动态机制是外延模型，它提供了关于信念修正算子的外延的克里普克模型，主要是为了刻画如果主体接受一条新的信息之后将会开始相信什么。此方法并非只是为了刻画通过接受一条新的信息所引起的信念的实际的变化，而是为了刻画主体在接受一条信息前后将会相信事实上世界的状态是什么。



(2)基于时间的行为是如何影响主体的信念的？在时态语境中的信念

是如何形成的？如果主体接受两条不同的信息，他的信念将会得到什么样的修正？如何对这些修正的信念进行比较？什么是理性主体？

基于时间的信念变化，可用时间函数的方法刻画信念修正，研究基于时间的信念和信息变化之间的互动。动态逻辑涉及的是模型的局部变化，时态信念逻辑则提供了刻画主体的信念的所有可能变化的模型的全部观点。换言之，该模型刻画了一个涉及信念变化进程的与信息相关的可能的历史过程。

(3)不同的信念修正方法的表达力如何？如何区分信念修正的不同语境？如何将现存的形式系统关联起来？

有许多不同的构建信念修正模型的方法，每一种语境都有各自的独特之处。对这些现存的框架进行比较的目的是建立一个新的框架，并对刻画信念变化的动态逻辑的方法和信念时间逻辑进行比较。另外，也可对动态信念逻辑和刻画信念变化的动态逻辑的方法进行比较。

(4)什么时候才能说主体知道了一个命题，而且相信该命题？什么时候才能说一个信念得到了辩护？如何用形式系统刻画信念辩护的语境？

第一个问题很久以前就已经涉及，且许多人都试图回答这一问题。将知识和信念与辩护相关联的思考源于柏拉图。证据框架是用于刻画信念辩护的形式系统。模型常用于处理可辩护的信念，然而这些语境都是特殊的情况：它们有的满足 AGM 理论的所有假设，但只考虑了一致的证据；有的允许存在不相容的证据，但这样一来该语境就无法满足 AGM 理论的所有假设。因此，需要设计一个新的一般框架，以处理基于信念和知识基础的辩护，使得这些新的语境里允许存在不一致的证据，并且能够满足 AGM 理论的基本条件。

(5)论证的信念修正逻辑的研究总体上应该符合什么条件？如何在论证框架中解释信念和信息？如何在论证框架中定义一个特殊的信念修正策略？

可以在论证语境中研究公开宣告逻辑。在法律推理的语境中，也可以探索公开宣告算子的一些特殊的应用。论证语境中的动态信念也是一个非常值得研究的课题。这样的论证语境可以为研究信念和信息的关系提供一些新的研究视角。

包括可能世界模型的经典认知逻辑是用来刻画主体并对主体的信息进行推理的、应用最为宽泛的框架。和动态相对应的是动态认知/信念逻辑，可以对行动和信息的变化进行推理。在认知/信念逻辑框架中的主体是全能的：他们的信息在逻辑后承下是封闭的。为此，本书对经典的认知/信念逻辑框架进行了扩充，目的是能够刻画除了全能信息的认知/信念逻辑概念之外的其他概念，它们并不需要具有很强的封闭性，特别地，并不需要在逻辑后承下是封闭的。最后，本书探讨了觉知、显性知识、显性信念的不同定义，并讨论了它们的某些性质，给出了良行为以及影响这些良行为的信息的定义；介绍了在觉知、知识（即保真性）推理和信念（即非保真性）推理中的行为表达；刻画了非全能的“强”和“弱”的宣告行动。在这些情况下，可对不同的行为进行定义，并刻画其基本的性质，然后提供一个可靠的和完全的公理系统。

基于模态逻辑框架的语形推理的语义是建立在认知逻辑基础上的。该语境可以刻画主体的隐性信息和显性信息。因此，主体不需要是全能的，因为他的隐性信息不需要是显性的。主体的显性信息不仅包括世界可能存在的方式，而且也包括程序。

随后可以用行动来修正主体的信息，并刻画主体显性地知道即观察（公开宣告）行动。另外，本书也提供了用模型来刻画推理行为的运算。标准的动态认知逻辑系统不仅能够刻画全能的主体，也可以刻画非全能的主体。本书还提供了用来表达规则性质（自返的、非单调的、分割的）的模型运算。首先，本书阐述了信息是如何定义的，并结合语义和语形的方法来说明如何更好地刻画世界；提出了某些抽象结构的语义方法和较好的良语形方法。可定义“外部的”语义行动刻画主体及其与情境之间的互动。“外部的”内省行动可用来刻画主体关于自己的知识和信念的推理。其次，本书证明了在外部的和内省的行动之间存在协调性，可以改变主体的信息。在标准的动态认知逻辑中具有“强”信息的行动可以形成知识（观察），拥有“弱”信息的行动可以形成信念（更新）。在非全能的语境中，存在建立在知识推理基础上的“强”的行动以形成显性知识，建立在信念基础上的“弱”的推理行动来形成显性信念。再次，基于推理的信念、命题行动模型是用来刻画推理的，是将知道/相信前提和知道/相信规则进行的组合，以形成类似于缺省推理和溯因推理的演绎推理。最后，本书根据觉知、接受公式和隐性信息等概念，形成了关于显性信息的定义。在多种信息概念并存的语境中，主要采用的是递归的方法。

# 第二章　保真性推理和观察的逻辑

从传统意义上来说，逻辑是研究推理和推理关系的，同时也需要研究推理的保真性：在推理的过程中，由真的前提可以确保推出真的结论。为了刻画具有保真性的推理行为，就需要构建能够刻画动态信息的逻辑框架，并可对保真性的推理行为进行推理。

下面所刻画的是显性观察，属于不具有保真性推理的行为和不具有逻辑全能的观察行为。

考虑下面的情境。

**例 2.1**　假设你和你的父母一起走进了一家餐馆，你们三人分别点了一道各自喜欢吃的菜——鱼、肉和蔬菜，这三个菜分别对应于你、父亲和母亲。假定每个人只可以挑选一道自己喜欢吃的菜。对于服务员而言，他如何才能知道你们各自喜欢吃哪一道菜呢？

服务员首先可能会问："这是谁要的鱼？"然后可能会再问："这是谁要的肉？"随后就不需要再问任何人了，因为通过这两个问题就完成了整个推理过程。

该例描述了与推理过程相关的两种情况。一种情况是主体具有观察能力，可以通过对服务员提出的这两个问题的回答而推导出结论。该种推理反映了主体和其外部情境之间的互动情况，并可以提供给他所需要的新的随机的（真实的）信息。另一种情况是主体也具有推理能力，更精确地说，应该是演绎推理能力，可以通过服务员的提问而知道其余的人所需的菜名。这一行为是"内涵的"，主体可以据此获得一个新的、建立在他已经具有的信息基础上的新的信息。

该例中的情境直接体现了现代逻辑的范畴，提出一个问题然后给出一个答案，类似于"逻辑地"推导出一个结论。事实上，这两个过程对主体本身而言是同样重要的，而这就是所谓的主体之间的互动。

下面研究可用来刻画推理和观察的逻辑框架，主要采用模态逻辑的方法：动态语形认知逻辑和基于规则主体的逻辑。

## 第一节　模态保真性推理

下面的两种方法主要是为了解决逻辑全能问题，解决这些问题的大部分方法都是为了弱化主体的信息。其不足之处可概括为如下两点：

(1)主体的信息可以有多种弱化的方式，目前尚不能确定哪一种限制能够更好地刻画理性主体，刻画主体的方法中哪种更强或更弱。

(2)它们只能够刻画主体在单个状态上的信息，且无法刻画这些状态是如何变化的。

基于动态语形的认知逻辑和基于规则主体的逻辑都是建立在动态认知逻辑的基础之上的。揭示主体所知道的逻辑规则，并不意味着主体就一定能够知道有关世界的真实情况，而是为了陈述主体能够运用这些规则在恰当的情境下根据他已经知道的信息推出结论。

### 一、动态语形认知逻辑

迪克(Duc)提出了动态语形认知逻辑，并用模态框架来刻画保真性推理。其所刻画的是不具备逻辑全能却有足够的推理能力的主体。主体的知识并不会自动地出现，它是由某些行为产生的。语形方法主要通过不同的公理系统实现，它讨论了如何使具有推理能力的某些主体所满足的某些基本条件更加合理，如主体是否能够具有完美的记忆，主体是否能够达到全能状态，推理是线性的还是分支的等问题。这些理论提供了关于动态语形认知逻辑的语言和相应的语义模型：动态语形认知逻辑语言($\mathcal{L}_{BDE}$)。①

该逻辑语言有两种：一种语言为内涵语言，即命题语言，主要用于对主体所获得的知识进行推理；另一种语言可用于对主体所获得的知识和知识的变化进行推理。

**定义 2.1($\mathcal{L}_{BDE}$语言)**　令 $At$ 为形如$\Box\alpha$ 的公式集，$\alpha$ 表示命题公式。$\mathcal{L}_{BDE}$语言为包含 $At$ 的最小的公式集，且在否定、合取和模态算子$\langle F\rangle$下是封闭的。$\mathcal{L}_{BDE}$语言可以通过如下方式给出：

$$\alpha ::= p \mid \neg\alpha \mid \alpha \vee \beta$$

① Duc, H. N. ,1995: "Logical Omniscience vs. Logical Ignorance on a Dilemma of Epistemic Logic". In Pinto-Ferreira,C. A. and Mamede, N. J.(eds),*volume* 990 *of Lecture Notes in Computer Science*, Heilderberg: Springer, pp. 17, 24, 25 and 119.

$$\varphi ::= \square\alpha \mid \neg\varphi \mid \varphi \vee \psi \mid \langle F \rangle \varphi$$

公式$\square\alpha$和$\langle F\rangle\varphi$分别读作“知道$\alpha$”和“主体经过思考过程之后，$\varphi$是真的”。此时，主体的知识只局限于命题公式，且$\mathcal{L}_{BDE}$语言并不讨论现实世界。

动态语形认知逻辑模型是满足一些特殊条件的可能世界模型。

**定义 2.2**（动态语形认知逻辑模型） 若一般的模型为三元组$\mathcal{M}=(W,R,V)$，其中$W$表示非空的可能世界集；$R\subseteq(W\times W)$为传递的二元关系，且$V:W\rightarrow\mathcal{P}(At)$，表示指派给每一个可能世界一个$At$公式集。那么动态语形认知逻辑模型为一般的模型$\mathcal{M}$，其中：

(1)对所有的$w\in W$，如果$\square\alpha\in V(w)$且$wRu$，那么$\square\alpha\in V(u)$；

(2)对所有的$w\in W$，如果$\square\alpha$且$\square(\alpha\rightarrow\beta)\in V(w)$，那么存在世界$u$使得$wRu$且$\square\beta\in V(u)$。

(3)如果$\alpha$为命题重言式，那么对所有的$w\in W$，存在世界$u$使得$wRu$且$\square\alpha\in V(u)$。

**定义 2.3**（语义解释） 已知动态语形认知逻辑模型，否定和合取的语义解释如通常。在$At$中的公式和“思考过程”公式可解释为：

(1)$(\mathcal{M},w)\vDash\square\alpha$，当且仅当$\square\alpha\in V(w)$；

(2)$(\mathcal{M},w)\vDash\langle F\rangle\varphi$，当且仅当存在$u\in W$使得$wRu$且$(M,u)\vDash\varphi$。

为了回避逻辑全能问题，可用语形公式刻画主体的知识，且用函数$V$对主体在每一个世界中都知道的公式进行替换。为了回避逻辑无知，可引入推理和推理关系，用以表示主体为了改变自己的知识而需要完成的推理步骤。

根据语义解释，可采用三种不同的语义。第一种语义可确保将主体的知识发展为关于他自己的知识的推理，第二和第三种语义可确保该知识在分离规则下是封闭的，包括在将来的某些时间点上的所有的重言式。尽管动态语形认知逻辑中的主体不是全能的，但它仍然具有逻辑的推理能力，最终可以逻辑地推出目前他所知道的所有的知识。

动态语形认知逻辑语言的模态算子$\langle F\rangle$类似于时间逻辑中的“将来”模态算子。如果将主体完成的行动集表示为$\{r_1,\cdots,r_n\}$，则$F$表示$(r_i\cup\cdots\cup r_n)^+$，即集合中不确定的行为程序的传递闭包，类似于命题动态逻辑(PDL)中的思想。事实上，可利用命题动态逻辑语言中的显性状态来刻画主体完成的行动。根据迪克的例子，假设主体知道$p$和$p\rightarrow q$的合取，则$\square(p\wedge(p\rightarrow q))$。利用经典认知逻辑，可以推出主体知道$p\wedge q$，即$\square(p$

$\wedge q$)，但不能确保现实中的主体一定会自然地知道$p \wedge q$。相反，如果主体知道$p$和$p \to q$，并且具有恰当的推理能力，那么主体就可能知道$p \wedge q$。在具体的情况下，令$CE$，$MP$和$CI$分别表示合取消去、分离规则和合取引入规则。那么通过运用命题动态逻辑的记法（"；"表示连续复合）替换全能公式$\Box(p \wedge (p \to q)) \to \Box(p \wedge q)$，则有

$$\Box(p \wedge (p \to q)) \to \langle CE;MP;CI \rangle \Box(p \wedge q)$$

在语义上，为了对该例进行形式刻画，需要更多的抽象关系$R$，特殊的关系$R_{CE}$，$R_{MP}$，$R_{CI}$等分别表示主体能够执行的每一个推理步骤。要确保每一种这样的关系都可以根据直觉推出其后面的结论：如果世界$w$和世界$u$具有$R_{MP}$关系，那么在$w$上主体知道一个蕴涵式和它的前提，且在$u$上他的知识将可以根据蕴涵式的结论得到扩充。

## 二、基于规则主体的逻辑（信念逻辑）

通过广义的分离规则，可构建用于刻画主体的推理步骤的系统。主体可以相信两个不同的实体：原子命题和规则。一个命题字母$\lambda$为原子命题或其否定。规则可表示为$\rho$，$\rho$包括形如$\lambda_1, \cdots, \lambda_n \to \lambda$的公式、命题字母$\lambda$和所有的命题字母$\lambda_i s$。特别地，可将该规则的结论$\lambda$表示为$\mathrm{cn}(\rho)$。

应用规则程序具有下面的形式：

$$\frac{\lambda_1, \cdots, \lambda_n, (\lambda_1, \cdots, \lambda_n \to \lambda)}{\lambda}$$

换言之，如果主体掌握了规则并且知道了所有的前提，那么主体可以利用这些规则和前提，从而获得在该规则作用下的结论。

动态语形认知逻辑语言可用于对主体的信念进行推理，称为信念逻辑（ML）。命题字母$\lambda$和规则$\rho$是建立在公式$\boldsymbol{FB}\lambda$和$\boldsymbol{FB}\rho$基础上的公式，且在否定、合取和存在模态算子$\Diamond$下是封闭的。

**定义 2.4**（信念逻辑语言）　令$P$为原子命题集，建立在$P$上的命题字母集$\lambda$和建立在这些命题字母上的规则$\rho$称为主体的内涵语言。信念逻辑的语言公式$\varphi$，$\theta$可以通过下面的方式给出：

$$\varphi ::= \boldsymbol{FB}\,\lambda \mid \boldsymbol{FB}\,\rho \mid \neg\varphi \mid \varphi \vee \theta \mid \Diamond\varphi$$

形如$\boldsymbol{FB}\lambda$（$\boldsymbol{FB}\rho$）的公式可读作"主体相信命题字母$\lambda$（规则$\rho$）"；形如$\Diamond\varphi$的公式读作"应用规则程序之后，$\varphi$是真的"。类似于迪克的动态语形认知逻辑语言，主体的信念是受限制的，这些原子命题和规则都是建立在这些信念基础之上的。另外，该语言也可以刻画主体的信念和信念变化，但不能刻画现实世界中发生的事实。■

信念逻辑语言是通过对可能世界模型进行修正后得到的。每一个世界都和主体的内涵语言的子集相关(即原子命题和规则集),并用于刻画主体的信念。可以用可能世界间的转换来刻画主体的信念状态的变化。

**定义 2.5**(信念逻辑模型)　信念逻辑模型为三元组 $\mathcal{M}=\langle W,R,V\rangle$,其中 $W$ 为非空的状态集,$R$ 为建立在 $W$ 上的二元关系,$V$ 为加标函数,给每一个可能世界指派一个主体的内涵语言的子集。

该语义解释类似于通常情况,形如 $\boldsymbol{FB}\lambda$ 和 $\boldsymbol{FB}\rho$ 的公式可简单地看作内涵语言的子集,且与赋值点相关。

**定义 2.6**(语义解释)　令 $(\mathcal{M},w)$ 为信念逻辑语言的点模型,且模型 $\mathcal{M}=\langle W,R,V\rangle$。否定和析取的语义解释如通常,其余的可解释为:

(1)$(\mathcal{M},w)\vDash \boldsymbol{FB}\lambda$,当且仅当 $\lambda\in V(w)$;

(2)$(\mathcal{M},w)\vDash \boldsymbol{FB}\rho$,当且仅当 $\rho\in V(w)$;

(3)$(\mathcal{M},w)\vDash \Diamond\varphi$,当且仅当存在 $u\in W$ 使得 $wRu$ 且 $(M,u)\vDash\varphi$。

模型类的定义如通常。为了刻画基于规则的推理,需要对其进行限制。下面的定义通常可用于形式地刻画该模型所满足的性质。

**定义 2.7**(匹配规则)　令 $w$ 为信念逻辑模型中的状态,模型 $\mathcal{M}=\langle W,R,V\rangle$。形如 $\lambda_1,\cdots,\lambda_n\rightarrow\lambda$ 的公式中的规则 $\rho$ 是与 $w$ 相匹配的,当且仅当主体在 $w$ 上相信规则和它的所有前提,但不相信它的结论,即 $\{\rho,\lambda_1,\cdots,\lambda_n\}\subseteq V(w)$,但 $\lambda\notin V(w)$。

**定义 2.8**($\rho$ 扩充状态)　令 $w$ 和 $u$ 为信念逻辑模型 $\mathcal{M}=\langle W,R,V\rangle$ 中的状态,且令 $\rho$ 为规则。状态 $u$ 为通过规则 $\rho$ 对状态 $w$ 所做的扩充状态,当且仅当 $V(u)$ 为运用规则 $\rho$ 所产生的结论并对 $V(w)$ 所进行的扩充,即 $V(u)=V(w)\cup\{\mathrm{cn}(\rho)\}$。

**定义 2.9**(终结状态)　信念逻辑模型中的状态 $w$ 是一个终结点,当且仅当没有规则是与 $w$ 相匹配的。

为了刻画基于规则的推理,信念逻辑模型需要满足以下四个条件:

(1)对每一个终结状态 $w$,如果规则 $\rho$ 是与 $w$ 相匹配的,那么存在状态 $u$ 使得 $wRu$ 且 $u$ 为通过规则 $\rho$ 而对 $w$ 所做的扩充。

(2)对每一个结点状态 $w$,存在状态 $u$ 使得 $wRu$,且 $V(w)=V(u)$。

(3)对每一个状态 $w,u$,当且仅当 $w$ 和 $u$ 满足前面两个条件之一时有 $wRu$,即对某些规则 $\rho$,有 $V(u)=V(w)\cup\{\mathrm{cn}(\rho)\}$,否则 $V(u)=V(w)$。

(4)对所有的规则 $\rho$ 和状态 $w,u$,有 $\rho\in V(w)$,当且仅当 $\rho\in V(u)$。

第一个条件,如果主体可以应用规则程序,那么总存在一个可借助应用该规则而形成的状态。第二个条件，如果不应用规则程序，主体仍能完成推理步骤，但他无法改变自己的信念。第三个条件，不存在其他的推理步骤。第四个条件，可推出标准的人工智能（AI）经验，主体相信的规则不会发生变化：它们既无法通过学习获得，也无法被遗忘。

动态语形认知逻辑和信念逻辑的方法都指出：可将推理表示为模态关系，也可以运用分离规则、前提的形式化以及应用规则程序对推理进行刻画（基于规则主体的逻辑）。这两种逻辑的框架都可以刻画非全能的主体。只要完成足够多的推理步骤，就能够刻画主体的扩充信息。

从“推理”的角度看，可以通过指定、形式化、语义化的方法对主体的推理步骤进行更加严格的限制，知道哪种行为才是主体实际完成的行为或应用的规则程序。从“元推理”的角度看，主体应用的规则可以通过任意时间下的同一集合给出：通过采取允许主体的规则发生变化的方法而进行动态化的处理。从“表达式”的方面看，可以对语言进行扩充，使其不仅能够表达主体的信息和信息的扩展，也可以表达信息在现实世界中所发生的变化。

关于推理的刻画都是基于模态关系的，应该满足以下几个条件：

行动不仅可以表达为模型内的关系（命题动态逻辑），也可以表达为变化模型（动态认知/信念逻辑）中的运算。在此所定义的模型，不仅可以刻画主体的信息，还可以刻画由主体的推理步骤所推出的所有可能的过程。下面首先定义了可用于刻画主体在给定的状态上已经拥有的特有的信息模型；然后定义了可用不同的方法改变这些模型的运算；最后定义了不借助满足确定条件的关系的推理运算，并可将推理表达为模型运算，且对其他相关的行动进行组合，如显性的观察。

## 第二节　隐性信息和显性信息

通过应用保真性的推理和观察可以刻画主体的扩展信息。带有可能世界模型的认知框架是用于表达主体并对主体的信息进行推理的、应用最广泛的框架。然而，在传统的形式上这并不是最好的，因为用框架表达的主体的信息是逻辑全能的。尽管这在某些应用领域内是有用的，但是其掩盖了推理的过程。事实上，用标准的可能世界模型刻画例 2.1 中的问题时，当提问完第二个问题后，服务员不仅知道你的父亲会选择肉，也知道你的母亲会选择蔬菜。例如，证明一个定理，就是为了证明结论事实上可以从前提推出，只是需要连续地应用演绎推理的步骤。有些定理可以直接推出，但正如我们所知道的，有些并不能直接推出。另外，这种区别并不对应于某些直接推论，像许多的推理步骤，往往和它们的“复杂性”相关，而不需要考虑“完全性”。

对已经在逻辑后承下封闭的信息进行的保真推理是无关紧要的：它不提供新的信息。所以我们的目标并不是刻画建立在经典模态算子□表达式上的推理。事实上，经典模态算子不应该被理解为“纯粹的知识”，而应该被理解为更为隐性的概念。它不仅可以刻画主体实际上所拥有的信息，而且可以刻画他最终获得的信息。据此，在逻辑后承下是封闭的并不是所有的系统都面临的问题，因为隐性信息应该具有这样的性质。下面为了扩充认知逻辑而提供了一个足以表达另一个弱概念的表达式，其中保真性推理实际上是有意义的。

## 一、公式、规则和隐性/显性语言

主体的显性信息可以通过公式集或规则集给出，且这些规则集可以通过给主体增加显性信息的方式提供。换言之，主体可以接受的信息，不仅包括关于世界存在方式的信息，也包括主体通过完成某些行动而增加的显性信息，可通过规则给出。

可以定义一种用于表达主体可能会接受的显性信息的语言，并且可以揭示该语言中的规则。

**定义 2.10**（命题逻辑的公式和规则）　令 $P$ 为原子命题集，则命题逻辑语言（$\mathcal{L}_P$）中的公式 $\alpha,\beta$ 可以通过下面的规则给出：

$$\alpha ::= p \mid \neg\alpha \mid \alpha \vee \beta$$

且 $p$ 为 $P$ 中的原子命题。

建立在命题逻辑语言上的规则 $\rho$ 可以通过下面的方式给出：

$$\rho ::= (\{\alpha_1, \cdots, \alpha_{n_\rho}\}, \beta)$$

换言之，规则 $\rho$ 是序对，有时可表达为 $\{\alpha_1, \cdots, \alpha_{n_\rho}\} \to \beta$，其中 $\{\alpha_1, \cdots, \alpha_{n_\rho}\}$ 是有穷的公式集，$\beta$ 是公式。这些都属于命题逻辑语言。而公式可用于描述世界的情境，规则主要用于描述这些情境之间的关系。规则 $(\{\alpha_1, \cdots, \alpha_{n_\rho}\}, \beta)$ 指如果每一个 $\alpha \in \{\alpha_1, \cdots, \alpha_{n_\rho}\}$ 是真的，则 $\beta$ 也是真的。$\mathcal{R}_{\mathcal{L}P}$ 表示建立在命题逻辑语言公式上的规则集。当不会造成混淆时，通常省略下标。

在处理规则时，需引入如下定义：

**定义 2.11**（前提、结论和翻译）　令 $\rho$ 为形如 $(\{\alpha_1, \cdots, \alpha_{n_\rho}\}, \beta)$ 的规则。定义：

(1) $\mathrm{pm}(\rho) := \{\alpha_1, \cdots, \alpha_{n_\rho}\}$ 为 $\rho$ 的前提集；

(2)$\text{cn}(\rho):=\beta$ 为 $\rho$ 的结论。

另外，转换规则可定义为 $\text{tr}(\rho)$，表示命题逻辑语言中的蕴涵关系，其前件由规则的前提的合取组成，后承由根据规则所得的结论组成：

$$\text{tr}(\rho):=(\bigwedge_{\alpha\in \text{pm}(\rho)}\alpha)\rightarrow \text{cn}(\rho)$$

定义的规则所采用的是带有特殊记法的简单蕴涵式，可将其定义为规则模式，应用规则的模式则为不确定性的运算方法。但该方法不是有穷的，且适用于一般的分离规则：如果所有的前提都能够被接受，那么结论就应该被接受。也可以借助于其他的应用规则程序，如合取消去规则($p\wedge q\rightarrow p$)或者析取引入规则($p\rightarrow p\vee q$)。

可定义由规则前提组成的集合，如有序的序列或者多重集。利用这种广义的定义就有可能用"源-意识"子结构逻辑进行分析推理，包括序和多项式，类似于线性逻辑①或者范畴语法②。限制定义可用于处理过程，即保真性推理。

可通过将公式定义为规则和空前提的方法对系统进行简化，但需要保持公式和规则所使用的语境。主体已经拥有的"事实的"信息(即公式)和"程序的"信息(即规则，用于完成推演的工具)之间是有区别的。

命题逻辑语言可通过增加以下两种类型的公式到认知逻辑(EL)中构成，并可用于对主体新接受的信息进行推理：一种用于刻画主体的显性信息($A\alpha$)，另一种用于刻画主体可以运用的规则集($R\rho$)。

**定义 2.12(隐性/显性语言)**　令 $P$ 为原子命题集。隐性/显性语言($I\varepsilon$)的公式 $\varphi,\psi$ 可以通过下面的形式给出：

$$\varphi::=p\mid A\alpha\mid R\rho\mid\neg\varphi\mid\varphi\vee\psi\mid\Box\varphi$$

其中 $p\in P$，$\alpha\in\mathcal{L}_P$ 且 $\rho\in\mathcal{R}$。形如 $A\alpha$ 的公式为路径公式，可读作"主体显性地获知 $\alpha$"；形如 $R\rho$ 的公式为规则公式，可读作"主体可以应用规则程序 $\rho$"。全称模态算子$\Box$可以解释为隐性知识，形如$\Box\varphi$ 的公式，可以读作"主体隐性地获知 $\rho$"。其他的布尔联结词($\wedge$，$\rightarrow$和$\leftrightarrow$)、逻辑常元($\top$和$\bot$)和存在模态算子($\Diamond$)的定义如通常。

语义模型是对可能世界模型的扩充，通过给两个新的集合分别指派一个可能世界来构造：其一是主体显性地获知的公式，其二是主体所能使用的规则。世界之间只存在一种关系，即可及关系，指主体认为可能的世界之间的关系。

---

① Girard, J.-Y., Okada, M. and Scedrov, A., 2003: "Linear logic", *Theoretical Computer Science*, Vol.294, No.3(February): pp.333-576.

② Moortgat, M., 1997: "Categorical Type Logics". In van Benthem, J. and ter Meulen, A.(eds), *Handbook of Logic and Language*, Amsterdam: Elsevier Science Publishers, pp. 93-177.

**定义 2.13**(隐性/显性模型)　令 $P$ 为原子命题集。一个隐性模型是多元组 $\mathcal{M}=\langle W,R,V,\boldsymbol{FA},\boldsymbol{FR}\rangle$,其中:

$\langle W,R,V\rangle$是建立在 $P$ 上的可能世界模型。

$\boldsymbol{FA}:W\rightarrow\mathcal{P}(\mathcal{L}_P)$为通达集函数,表示在每一个可能世界上的主体的显性信息。集合 $\boldsymbol{FA}(w)$称为主体在 $w$ 上的通达集,并可以通过可及关系来保持。如果 $\alpha\in\boldsymbol{FA}(w)$且 $wRu$,那么 $\alpha\in\boldsymbol{FA}(u)$。(公式的一致性)

$\boldsymbol{FR}:W\rightarrow\mathcal{P}(\mathcal{R})$是规则集函数,表示主体在每一个可能世界上使用的规则。集合 $\boldsymbol{FR}(w)$称为主体在 $w$ 上的规则集,也可以通过可及关系保持。如果 $\rho\in\boldsymbol{FR}(w)$且 $wRu$,那么 $\rho\in\boldsymbol{FR}(u)$。(规则的一致性)

下面用 **IE** 模型表示隐性/显性模型。主体关于公式和规则的显性信息可由集合给出。这两个模型要求公式和规则都要满足一致性。在每一个世界 $w$ 上,集合 $\boldsymbol{FA}(w)$和 $\boldsymbol{FR}(w)$分别表示主体可以显性获得的公式和规则。那么,如果主体认为在 $w$ 上 $u$ 是可能的,则需要 $u$ 在 $w$ 上保持主体的显性信息。需要注意的是,$\boldsymbol{FA}$ 集($\boldsymbol{FR}$ 集)上的公式不需要在其所对应的世界上是真的(或具有保真性)。强加这个条件是为了能够处理真的信息。

隐性/显性语言上公式的语义解释可直接定义如下:

**定义 2.14**(语义解释)　令$(\mathcal{M},w)$为点 **IE** 模型,且模型 $\mathcal{M}=\langle W,R,V,\boldsymbol{FA},\boldsymbol{FR}\rangle$。否定和析取的语义解释如通常。原子命题 $p$ 和隐性信息公式$\Box\varphi$ 类似于认知逻辑中的解释。至于路径和规则公式,可以定义为如下的对应集:

(1)$(M,w)\vDash\boldsymbol{A}\alpha$,当且仅当 $\alpha\in\boldsymbol{FA}(w)$;

(2)$(M,w)\vDash\boldsymbol{R}\rho$,当且仅当 $\rho\in\boldsymbol{FR}(w)$。

**例 2.2**　在图 2.1 所示模型左边的世界 $w_1$ 中,主体具有隐性和显性信息 $p$、隐性但不是显性的信息 $q$、既不是隐性也不是显性的信息 $r$,可通过下边的公式表达。通达集可以通过下面的对应世界推出,但没有刻画规则集。

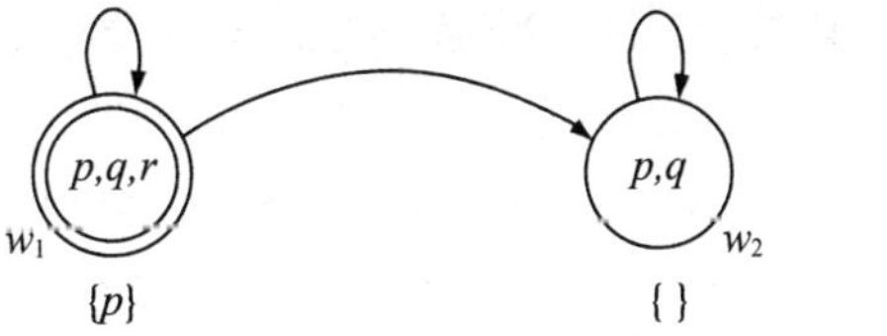


$$(\mathcal{M},w_1)\vDash\Box p\wedge\boldsymbol{A}p;(\mathcal{M},w_1)\vDash\Box q\wedge\neg\boldsymbol{A}q;$$

$$(\mathcal{M},w_1)\vDash\neg\Box r\wedge\neg\boldsymbol{A}r$$

图 2.1　例 2.1 的图解

**公理系统** 在图2.1中的表达式中，哪些性质是关于主体所获得的信息的呢？用标准的方法可证明这些公式在所给的模型类上是有效的，即在给定的模型类上的每一个模型中的世界上这些公式都是真的。有几种可以刻画这样的公式的方法，其中最常用的是语形刻画，即推演或公理系统。这样的系统是通过简短的演算而给出基础公式和更多的公式。一个公理系统是完备的，仅当在给定的模型中能够推出有效的公式（一个可靠的公理系统），并能够在给定的模型类上推出所有有效的公式（完全的公理系统）。

可以在对应于**IE**模型的$I\epsilon$语言中提供一个关于公式的可靠的和完全的公理系统：认知逻辑。图2.2中的公理和规则提供了一个对应于可能世界模型的认知逻辑（EL）语言的可靠的和强完全的公理系统。

| | |
|---|---|
| Prop | $\vdash \varphi$ 对命题重言式 $\varphi$ |
| MP | 如果 $\vdash (\varphi \to \psi)$，并且 $\vdash \varphi$，那么 $\vdash \psi$ |
| $K$ | $\vdash \Box(\varphi \to \psi) \to (\Box\varphi \to \Box\psi)$ |
| Nec | 如果 $\vdash \varphi$，那么 $\vdash \Box\varphi$ |
| Dual | $\vdash \Diamond\varphi \leftrightarrow \neg\Box\neg\varphi$ |

图2.2 对应于可能世界模型的认知逻辑公理系统

下面提供一个特殊的公理系统。

**定理2.1**（相对于**IE**模型的公理系统） 图2.2和图2.3中的公理和规则都建立在$I\epsilon$语言上，且相对于**IE**模型的公式是可靠的和强完全的公理系统。而图2.2中的公理和规则提供了一个在可能世界模型中的有效的语言，公理$\mathrm{Coh}_{\mathcal{LP}}$和$\mathrm{Coh}_{\mathcal{R}}$刻画了关于**IE**模型的路径和规则公式的特殊条件：分别对应于公式和规则的一致性。该公理系统可以用模型类IE表示。

| | |
|---|---|
| $\mathrm{Coh}_{\mathcal{LP}}$ | $\vdash \boldsymbol{A}\alpha \to \Box\boldsymbol{A}\alpha$ |
| $\mathrm{Coh}_{\mathcal{R}}$ | $\vdash \boldsymbol{R}\rho \to \Box\boldsymbol{R}\rho$ |

图2.3 一致性的公理

**证** 可靠性可由有效的公理和规则的保有效性推出。完全性可以根据通达集函数和规则集函数的恰当定义构造的标准模态的典范模型进行证明。为了证明一致性，可以借助$\mathrm{Coh}_{\mathcal{LP}}$和$\mathrm{Coh}_{\mathcal{R}}$公理。

公理系统相对于模型类是强完全的，当且仅当每一个一致集在给定的类上都是可满足的。那么，根据典范模型可以证明每一个IE一致集在点**IE**模型中都是可满足的。可用标准的方法证明林敦保姆引理和存在引理。真值引理可以通过对路径和规则集公式的证明获得。

**引理2.1**（林敦保姆引理） 对任意的IE一致的公式集$\Sigma$，存在极大一致的IE公式集$\Sigma^+$，使得$\Sigma \subseteq \Sigma^+$。

**定义 2.15(IE 的典范模型)**　令 $I\varepsilon$ 表示隐性/显性语言。公理系统 IE 的典范模型为如下模型：

$$\mathcal{M}^{\mathrm{IE}}:=\langle W^{\mathrm{IE}},R^{\mathrm{IE}},V^{\mathrm{IE}},\boldsymbol{FA}^{\mathrm{IE}},\boldsymbol{FR}^{\mathrm{IE}}\rangle$$

其中：$W^{\mathrm{IE}}$ 为由所有极大 IE 一致集组成的公式集；

$wR^{\mathrm{IE}}u$，当且仅当对 $I\varepsilon$ 中的所有的公式 $\varphi$，$\varphi\in u$ 蕴涵 $\Diamond\varphi\in w$(或等价地，$wR^{\mathrm{IE}}u$，当且仅当对 $I\varepsilon$ 中的所有的公式 $\varphi$，$\Box\varphi\in w$ 蕴涵 $\varphi\in u$)；

并且，对所有的 $w\in W^{\mathrm{IE}}$，

$V^{\mathrm{IE}}(w):=\{p\in P\mid p\in w\}$；

$\boldsymbol{FA}^{\mathrm{IE}}(w):=\{\alpha\in\mathcal{L}_P\mid\boldsymbol{A}\alpha\in w\}$；

$\boldsymbol{FR}^{\mathrm{IE}}(w):=\{\rho\in\mathcal{R}\mid\boldsymbol{R}\rho\in w\}$。

**引理 2.2(存在引理)**　对每一个世界 $w\in W^{\mathrm{IE}}$，如果 $\Diamond\varphi\in w$，那么存在一个世界 $u\in W^{\mathrm{IE}}$，使得 $wR^{\mathrm{IE}}u$ 且 $\varphi\in u$。

**引理 2.3(真值引理)**　对所有的 $w\in W^{\mathrm{IE}}$，有 $(\mathcal{M}^{\mathrm{IE}},w)\vDash\varphi$，当且仅当 $\varphi\in w$。

**证**　下面证明路径和规则集公式的情况。首先证明路径：

$(\mathcal{M}^{\mathrm{IE}},w)\vDash\boldsymbol{A}\alpha$，当且仅当根据语义解释，$\alpha\in\boldsymbol{FA}^{\mathrm{IE}}(w)$；

当且仅当根据 $\boldsymbol{FA}^{\mathrm{IE}}$ 的定义，$\boldsymbol{A}\alpha\in w$。

规则集公式的情况与之类似。

$(\mathcal{M}^{\mathrm{IE}},w)\vDash R\rho$，当且仅当根据语义解释，$\rho\in\boldsymbol{FR}^{\mathrm{IE}}(w)$；

当且仅当根据 $\boldsymbol{FR}^{\mathrm{IE}}$ 的定义，$\boldsymbol{R}\rho\in w$。

由于需要证明每一个 IE 一致的公式集都满足点 **IE** 模型，所以取任意这样的集合 $\Sigma$。根据林敦保姆引理，可以将其扩充为极大的 IE 一致集 $\Sigma^+$；根据真值引理，有 $(\mathcal{M}^{\mathrm{IE}},\Sigma^+)\vDash\Sigma$，所以 $\Sigma$ 在 $\Sigma^+$ 上的 IE 的典范模型中是可满足的。

随后需要证明 $\mathcal{M}^{\mathrm{IE}}$ 属于 **IE** 中的模型，即必须证明公式和规则满足一致性。

任意极大 IE 一致集 $\Phi$ 在逻辑后承下都是封闭的，即如果 $\varphi\in\Phi$，并且 $\varphi\rightarrow\psi\in\Phi$，则 $\psi\in\Phi$。

**公式的一致性**　假设 $\alpha\in\boldsymbol{FA}^{\mathrm{IE}}(w)$，对所有的 $u$ 使得 $wR^{\mathrm{IE}}u$，有 $\alpha\in\boldsymbol{FA}^{\mathrm{IE}}(u)$，$\boldsymbol{A}\alpha\rightarrow\Box\boldsymbol{A}\alpha\in w$(公理 $\mathrm{Coh}_{\mathcal{L}P}$)。

根据定义，有 $\alpha\in\boldsymbol{FA}^{\mathrm{IE}}(w)\rightarrow\boldsymbol{A}\alpha\in w$；根据逻辑后承的封闭性，有 $\Box\boldsymbol{A}\alpha\in w$。取任意的 $u$ 使得 $wR^{\mathrm{IE}}u$，根据 $R^{\mathrm{IE}}$ 的定义，有 $\boldsymbol{A}\alpha\in u$，且 $\alpha\in\boldsymbol{FA}^{\mathrm{IE}}(u)$。

**规则的一致性**　类似于公式的情况，应用 $\mathrm{Coh}_{\mathcal{R}}$公理。

图 2.2 中的公理所描述的主体的隐性信息是全能的:包含所有公式的有效性(或规则 Nec),且在逻辑后承下是封闭的(公理 $K$)。然而,主体的显性信息并不具有这些性质。$\alpha$ 的有效性并不蕴涵 $\mathbf{A}\alpha$ 的有效性,且 $A(\alpha\rightarrow\beta)\rightarrow(\mathbf{A}\alpha\rightarrow A\beta)$ 并不是有效的。

## 二、真信息

IE 模型可以刻画主体所接受的不是必然真的信息的情况,对可及关系的性质并未有特殊的规定,所以对隐性信息并未做限制,而其他的性质则可以通过表达式给出,且在分离规则下是封闭的($K$ 公理),并且满足有效性(Gen 规则)。特别地,现实世界并不必然包含在主体所考虑的可能世界中,所以主体可以隐性地获知确定的 $\varphi$。另外,在通达集(access set)中的公式并不需要都是真的,规则集中的规则也不需要在所对应的世界中都是保真的。因此,主体可以显性地获知公式 $\alpha$ 或者规则 $\rho$,而公式 $\alpha$ 不需要是真的或保真的。

下面将构建用以刻画不同信息的模型①,重点关注真信息的情况,即知识②。

在 **IE** 模型中,隐性信息和显性信息的区别在于真值和规则的保真性不同。在认知逻辑中,用来刻画隐性信息的等价的可及关系的定义如通常。显性信息则需要确保通达集中的每一个公式在所对应的世界中是真的。

定义 2.16($\mathbf{IE}_K$类) 用 $\mathbf{IE}_K$ 表示 **IE** 模型类 $\mathcal{M}=\langle W,R,V,\boldsymbol{FA},\boldsymbol{FR}\rangle$,它满足下面的性质:

等价性:$R$ 是等价关系。

公式真值:对每一个世界 $w$,如果 $\alpha\in\boldsymbol{FA}(w)$,那么 $(\mathcal{M},w)\vDash\alpha$。

规则真值:对每一个世界 $w$,如果 $\rho\in\boldsymbol{FR}(w)$,那么 $(\mathcal{M},w)\vDash\mathrm{tr}(\rho)$。

公式和规则的一致性:如果 $\alpha\in\boldsymbol{FA}(w)$(或 $\rho\in\boldsymbol{FR}(w)$),且 $wRu$,那么 $\alpha\in\boldsymbol{FA}(u)$(或 $\rho\in\boldsymbol{FR}(u)$)。对所有的属于等价类的所有世界都可得到同样的信息集和规则集。

可用"信息"表示一般的 **IE** 模型类,用"知识"表示"真"信息的模型类,即 $\mathbf{IE}_K$模型。

**公理系统** 为了提供对应于 $\mathbf{IE}_K$ 模型类的可靠的和完全的公理系统,

---

① Dretske, F. I., 1981: *Knowledge and the Flow of Information*, Cambridge, MA: The MIT Press, p.35.

② Floridi, L., 2005: "Consciousness, Agents and the Knowledge Game", *Minds and Machines*, Vol.15, No.3-4(November): pp.415-444.

需要用公理刻画该类中的模型性质。

**定理** 2.2(相对于 $\mathbf{IE}_K$ 的 $I\varepsilon$ 公理系统)　在对应于 $\mathbf{IE}_K$ 的 $I\varepsilon$ 模型中,图 2.2、图 2.3 和图 2.4 的公理组成了基于公式的可靠的和强完全的公理系统。图 2.4 的公理刻画了 $\mathbf{IE}_K$ 中的模型和 **IE** 中的模型的不同性质,包括公式和规则的等价性、公式真值和规则真值。该公理系统可用 $\mathrm{IE}_K$ 表示。

| | | | |
|---|---|---|---|
| T | $\vdash \Box\varphi \to \varphi$ | $\mathrm{Tth}_{\mathcal{LP}}$ | $\vdash \boldsymbol{A}\alpha \to \alpha$ |
| 4 | $\vdash \Box\varphi \to \Box\Box\varphi$ | $\mathrm{Tth}_{\mathcal{R}}$ | $\vdash \boldsymbol{R}\rho \to \mathrm{tr}(\rho)$ |
| 5 | $\vdash \neg\Box\varphi \to \Box\neg\Box\varphi$ | | |

图 2.4　$\mathbf{IE}_K$ 模型的扩充公理

**证**　可靠性的证明相对比较简单。完全性可以通过证明典范模型 $\mathbf{IE}_K$ 满足公式的等价性(公理T,4,5)、公式的真值定理(公理 $\mathrm{Tth}_{\mathcal{LP}}$)、规则的真值定理(公理 $\mathrm{Tth}_{\mathcal{R}}$)来证明。

对应于 $\mathbf{IE}_K$ 模型的隐性/显性语言 $\mathbf{IE}_K$ 的完全性证明如下:

已知模型类 IE 相对于 **IE** 中的模型是完全的(定理 2.1)。为了证明 $\mathrm{IE}_K$ 相对于 $\mathbf{IE}_K$ 是完全的,必须证明 $\mathrm{IE}_K$ 的典范模型满足等价性、公式的真值性和规则的真值性。

**定义** 2.17($\mathbf{IE}_K$ 的典范模型)　$\mathrm{IE}_K$ 的典范模型为模型 $\mathcal{M}^{\mathrm{IE}_K}=(W^{\mathrm{IE}_K}, R^{\mathrm{IE}_K}, V^{\mathrm{IE}_K}, \boldsymbol{FA}^{\mathrm{IE}_K}, \boldsymbol{FR}^{\mathrm{IE}_K})$,可定义为关于 **IE** 的典范模型,其中的世界是极大 $\mathrm{IE}_K$ 一致的公式集,而不是极大的 IE 一致的公式集。

下面证明这三条性质。

**等价性**　公理T,4 和 5 分别相对于典范的自返性、传递性和欧性是可靠的和完全的,所以 $R^{\mathrm{IE}_K}$ 是等价关系。

**公式的真值性**　证明 $\alpha \in \boldsymbol{FA}^{\mathrm{IE}_K}(w) \to (\mathcal{M}^{\mathrm{IE}_K}, w) \vDash \alpha$。假设 $\alpha \in \boldsymbol{FA}^{\mathrm{IE}_K}(w)$,那么可得 $\boldsymbol{A}\alpha \in w$。根据公理 $\mathrm{Tth}_{\mathcal{LP}}$,有 $\alpha \in w$;根据真值引理,有 $(\mathcal{M}^{\mathrm{IE}_K}, w) \vDash \alpha$。

**规则的真值性**　证明 $\alpha \in \boldsymbol{FR}^{\mathrm{IE}_K}(w) \to (R^{\mathrm{IE}_K}, w) \vDash \rho$。假设 $\rho \in \boldsymbol{FR}^{\mathrm{IE}_K}(w)$,那么可得 $\boldsymbol{R}\rho \in w$。根据公理 $\mathrm{Tth}_{\mathcal{R}}$,有 $\alpha \in w$;根据真值引理,有 $(R^{\mathrm{IE}_K}, w) \vDash \rho$。

公理T,4 和 5 刻画的是真值性(T)的隐性知识,且具有正内省和负内省性质(4 和 5)。公理 $\mathrm{Tth}_{\mathcal{LP}}$,$\mathrm{Tth}_{\mathcal{R}}$ 表示主体关于公式和规则的显性知识也是真的。根据 $\mathrm{Coh}_{\mathcal{LP}}$,$\mathrm{Tth}_{\mathcal{LP}}$ 的一致性和真值公理可以得到下面的有效性,可证明主体的显性知识也是隐性知识。

$$\boldsymbol{A}\alpha \to \Box\alpha$$

下面首先研究动态的隐性知识和显性知识,随后定义具有意向性的信息行动:保真性推理和观察。

## 第三节　保真性推理

主体可以通过利用所拥有的有效的规则来扩充自己的显性信息。直觉上，规则$(\Gamma,\beta)$表示"如果每一个$\alpha\in\Gamma$都是真的，则$\beta$也是真的"。但是，这并不限制主体可以利用这些规则。主体可以利用这些规则，在没有任何前提的情况下推出一个结论，或者不管有没有结论，都可以推出前提。

下面首先介绍保真性推理。

### 一、保真性推理

推理的过程是通过应用规则程序以扩充主体的显性信息。技术上主要采用的是在主体的通达集中增加公式的方法。为了刻画保真性推理，需要对应用规则程序进行限制。

**定义 2.18(演绎运算)**　令模型 $\mathcal{M}=\langle W,R,V,\boldsymbol{FA},\boldsymbol{FR}\rangle$为 **IE** 模型，令$\sigma$为$\mathcal{R}$中的规则。模型 $\mathcal{M}_{\mapsto\sigma}=\langle W,R,V,\boldsymbol{FA}',\boldsymbol{FR}\rangle$和模型 $\mathcal{M}$ 的区别在于通达集函数，对每一个$w\in W$，可以通过下面的公式给出：

$$\boldsymbol{FA}'(w):=\begin{cases}FA(w)\cup\{\mathrm{cn}(\sigma)\}, & \text{如果 } \mathrm{pm}(\sigma)\subseteq FA(w) \text{ 且 } \sigma\in FR(w)\\ FA(w), & \text{否则}\end{cases}$$

运算$(\cdot)_{\mapsto\sigma}$为关于规则$\sigma$的演绎运算。

当主体已经知道规则和推理的所有前提时，主体的显性信息才可以通过根据规则所推出的结论进行扩充。

**命题 2.1**　令$\sigma$为规则，如果模型 $\mathcal{M}$ 是 $\mathbf{IE}_K$ 模型，那么模型 $\mathcal{M}_{\mapsto\sigma}$ 也为 $\mathbf{IE}_K$ 模型。

证　因为没有对可及关系和规则集函数做任何修改，所以等价性、规则的一致性和真值性可以直接得证。公式的性质也很容易得到验证。

具体的证明过程如下：

**演绎运算闭包**　$\mathbf{IE}_K$模型在演绎运算下是封闭的。

令模型 $\mathcal{M}$ 为 $\mathbf{IE}_K$ 模型。为了证明模型 $\mathcal{M}_{\mapsto\sigma}$（定义 2.18）也为 $\mathbf{IE}_K$ 模型，需要证明它必须满足公式的一致性和真值性、规则的一致性和真值性以及等价性。由于没有对可及关系和规则集函数做任何修改，因此等价性、规则一致性和真值性可以直接得证。对于公式的性质，有下面的证明：

**公式的一致性**　假设$\alpha\in\boldsymbol{FA}'(w)$且选择任意的$u\in W$使得在模型$M_{\mapsto\sigma}$中有$wRu$，则需要证明$\alpha\in\boldsymbol{FA}'(u)$。

根据 $\boldsymbol{FA}'$ 的定义，可通过运算将 $\alpha$ 增加到公式集 $\boldsymbol{FA}(w)$ 中，即 $\alpha\in\boldsymbol{FA}(w)$。第一种情况：$\alpha\in\mathrm{cn}(\sigma)$，存在 $\mathrm{pm}(\sigma)\subseteq\boldsymbol{FA}(w)$ 且 $\sigma\in\boldsymbol{FR}(w)$。那么，根据模型 $\mathcal{M}$ 的公式和规则的一致性，以及事实 $wRu$，有 $\mathrm{pm}(\sigma)\subseteq\boldsymbol{FA}(u)$ 且 $\sigma\in\boldsymbol{FR}(u)$；根据运算规则也可将 $\mathrm{cn}(\sigma)$ 增加到 $u$ 的通达集中，即 $\alpha\in\boldsymbol{FA}'(u)$。

第二种情况：根据模型 $\mathcal{M}$ 的公式一致性和 $wRu$，有 $\alpha\in\boldsymbol{FA}(u)$，故 $\alpha\in\boldsymbol{FA}'(u)$。

**公式的真值**　假设 $\alpha\in\boldsymbol{FA}'(w)$，则需要证明 $(\mathcal{M}_{\mapsto\sigma},w)\vDash\alpha$。

根据 $\boldsymbol{FA}'$ 的定义，可根据运算规则将 $\alpha$ 增加到公式集 $\boldsymbol{FA}(w)$ 中，即 $\alpha\in\boldsymbol{FA}(w)$。第一种情况：$\alpha\in\mathrm{cn}(\sigma)$，$\mathrm{pm}(\sigma)\subseteq\boldsymbol{FA}(w)$ 且 $\sigma\in\boldsymbol{FR}(w)$。根据模型 $\mathcal{M}$ 中公式的真值性，则有 $(\mathcal{M},w)\vDash\bigwedge_{\alpha\in\mathrm{pm}(\sigma)}\alpha$；根据模型 $\mathcal{M}$ 规则的真值性，有 $(\mathcal{M},w)\vDash(\bigwedge_{\alpha\in\mathrm{pm}(\sigma)}\alpha)\rightarrow\mathrm{cn}(\sigma)$。因此，有 $(\mathcal{M},w)\vDash\mathrm{cn}(\sigma)$，即 $(\mathcal{M},w)\vDash\alpha$。

第二种情况：根据模型 $\mathcal{M}$ 中公式的真值性，可得 $(\mathcal{M},w)\vDash\alpha$。

由于 $\alpha$ 是一个命题公式，因此 $\alpha$ 的真值只依靠 $w$ 中的赋值，故模型 $\mathcal{M}$ 和模型 $\mathcal{M}_{\mapsto\sigma}$ 中的赋值是相同的，即 $(\mathcal{M}_{\mapsto\sigma},w)\vDash\alpha$。■

$I\varepsilon_D$ 是通过规则 $\sigma$ 中关于“存在”的演绎模态算子在 $\langle\mapsto_\sigma\rangle$ 下是封闭的而对 $I\varepsilon$ 所做的扩充：如果 $\varphi\in I\varepsilon_D$，那么 $\langle\mapsto_\sigma\rangle\varphi\in I\varepsilon_D$。这些新的公式可读作“在 $\varphi$ 是这种情况时，存在关于 $\sigma$ 的演绎推理”。全称对偶的定义如通常：

$$[\mapsto_\sigma]\varphi:=\neg\langle\mapsto_\sigma\rangle\neg\varphi$$

可读作“在对 $\sigma$ 进行任意的演绎推理之后，$\varphi$ 是这种情况”。

**语义解释**　多数情况下，主体都无法用 $\sigma$ 完成保真性推理，故主体可能会显性地知道规则及其前提。可简写为

$$\mathrm{Pre}_{\mapsto\sigma}:=(\bigwedge_{\alpha\in\mathrm{pm}(\sigma)}\boldsymbol{A}\alpha)\wedge\boldsymbol{R}\sigma$$

**定义 2.19(语义解释)**　令 $(\mathcal{M},w)$ 为点 **IE** 模型。$(\mathcal{M},w)\vDash\langle\mapsto_\sigma\rangle\varphi$，当且仅当 $(\mathcal{M},w)\vDash\mathrm{Pre}_{\mapsto\sigma}$，并且 $(\mathcal{M}_{\mapsto\sigma},w)\vDash\varphi$。

根据演绎模态的展开定义，可得 $(\mathcal{M},w)\vDash[\mapsto_\sigma]\varphi$，当且仅当 $(\mathcal{M},w)\vDash\mathrm{Pre}_{\mapsto\sigma}$ 蕴涵 $(\mathcal{M}_{\mapsto\sigma},w)\vDash\varphi$。

直觉上，演绎模态的语义解释反映了应用规则程序的一些性质：在 $\varphi$ 是这种情况之后，主体可以通过运用 $\sigma$ 规则而完成演绎推理，$(\mathcal{M},w)\vDash\langle\mapsto_\sigma\rangle\varphi$，当且仅当主体显性地知道规则及其前提，$(\mathcal{M},w)\vDash\mathrm{Pre}_{\mapsto\sigma}$，并且经过推理之后，$\varphi$ 是这种情况，$(\mathcal{M}_{\mapsto\sigma},w)\vDash\varphi$。当运算 $\mathrm{Pre}_{\mapsto\sigma}$ 的前件在最初的点模型 $(\mathcal{M},w)$ 上不成立时，那么可以定义点模型 $(\mathcal{M}_{\mapsto\sigma},w)$。另外，如果前

件 $\chi \notin (\mathcal{M}, w)$，则将无法定义($\mathcal{M}_{\chi!}, w$)。模态行动和这两个运算相同：存在$\langle \mapsto_\sigma \rangle\varphi$ 和$\langle \chi ! \rangle\varphi$ 是真的，当且仅当每个行动都可以完成，且(一致地)可以使点模型满足 $\varphi$；全称运算$[\mapsto_\sigma]\varphi$ 和$[\chi !]\varphi$ 是真的，当且仅当或者能够完成行动，或者无法完成行动。

在 $\mathbf{IE}_K$ 模型中，演绎运算行动为：如果主体可以完成一个带有 $\sigma$ 的保真性推理，那么当推理过程完成之后，主体将显性地知道 $\sigma$ 的结论。这是因为，如果主体可以在模型 $\mathcal{M}$ 中的 $w$ 上完成推理，那么根据前件可知，主体将会显性地知道规则及其前提。根据真值性，由于前提是真的，规则在模型 $\mathcal{M}$ 中的 $w$ 上是保真的，所以结论在模型 $\mathcal{M}$ 中的 $w$ 上也是真的。但因为结论是命题公式，故其真值仅依靠 $w$ 上的原子赋值；在新模型中，$w$ 的原子赋值类似于初始赋值，结论将在模型 $\mathcal{M}_{\mapsto\sigma}$ 中的 $w$ 上是真的。另外，该结论属于模型 $\mathcal{M}_{\mapsto\sigma}$ 中 $w$ 上的通达集，因此，主体将显性地知道规则的结论。有效性可表达为

$$\langle \mapsto_\sigma \rangle \mathbf{A}\,\mathrm{cn}(\sigma)$$

在 $\mathbf{IE}_K$ 模型中，如果主体可以使用 $\sigma$ 推理，那么 $\sigma$ 推理的结论就是主体的隐性信息。这是因为，如果 $\sigma$ 在模型 $\mathcal{M}$ 中的 $w$ 上是可运用的推理，那么主体将知道规则和推理的所有的前提，即 $\mathbf{A}\,\mathrm{pm}(\sigma) \wedge \boldsymbol{R}\sigma$ 在 $w$ 上成立。那么一致性可促使 $\sigma$ 推理和它的前提，在所有的和 $w$ 具有 $R$ 可及关系的世界中是真的。根据真值性，$\sigma$ 推理的结论在所有的世界中也成立。因此，$\Box\mathrm{cn}(\sigma)$在当前的世界中为真，有效性可表达为

$$\langle \mapsto_\sigma \rangle \top \to \Box\mathrm{cn}(\sigma)$$

一个演绎行动，可以通过使用已经具有的隐性知识显性化的方法，对主体的显性知识进行扩充。

**公理系统**　可以通过在 $I\epsilon$ 的公式中增加演绎模态算子而提供一个可靠的和完全的公理系统。

观察是由单个主体完成的“外部”行为。在认知逻辑语言中，通过增加存在模态算子$\langle \chi ! \rangle$进行扩充，观察模态算子中的 $\chi$ 为语言公式，定义如下：

**定义 2.20**(观察逻辑语言)　令 $P$ 为原子命题集，观察逻辑的语言公式 $\varphi, \psi, \chi$ 可以通过下面的方式给出：

$$\varphi ::= p \mid \neg\varphi \mid \varphi \vee \psi \mid \Box\varphi \mid \langle \chi ! \rangle\varphi$$

设 $p$ 为 $P$ 中的原子命题，公式$\langle \chi ! \rangle\varphi$ 读作“可能观察到 $\chi$ 之后，将出现 $\varphi$ 这种情况”。和$\langle \chi ! \rangle$对应的对偶算子，即全称模态算子，定义如下：

$$[\chi !]\varphi := \neg\langle \chi ! \rangle\neg\varphi$$

该公式可读作“观察到 $\chi$ 之后，$\varphi$ 是这种情况”。

可通过减少算子的方法改变主体所拥有的信息量。根据观察确定 $\chi$，主体意识到 $\chi$ 是真的之后，可以放弃通过 $\chi$ 观察发现的不成立的情况，从而确保 $\chi$ 是真的。建立在可能世界模型上算子的公式定义如下：

定义 2.21(观察算子)　令模型 $\mathcal{M}=\langle W,R,V\rangle$ 为可能世界模型，令 $\chi$ 为观察逻辑语言中的公式。可能世界模型 $\mathcal{M}_{\chi!}=\langle W',R',V'\rangle$，可通过如下的方式给出：

(1)$W':=\{w\in W\mid(\mathcal{M},w)\models\chi\}$；

(2)$R':=R\cap(W'\times W')$；

(3)对每一个 $w\in W'$，$V'(w):=V(w)$。

观察算子可以通过借助只能观察到 $\chi$ 成立的可能世界，而对模型进行限制，并将可及关系限制在新的定义域上，且保留可保持世界的原子赋值。

观察公式和观察算子可以通过语义进行解释。

定义 2.22(语义解释)　令序对$(\mathcal{M},w)$为可能世界点模型，且 $\chi$ 为观察语言的公式，则

$(\mathcal{M},w)\models\langle\chi!\rangle\varphi$，当且仅当$(\mathcal{M},w)\models\chi\wedge(\mathcal{M}_{\chi!},w)\models\varphi$。

全称观察算子模态词的语义解释如下：

$(\mathcal{M},w)\models[\chi!]\varphi$，当且仅当$(\mathcal{M},w)\models\chi\rightarrow(M_{\chi!},w)\models\varphi$。

观察到 $\chi$ 之后，$\varphi$ 是这种情况，$(\mathcal{M},w)\models\langle\chi!\rangle\varphi$，当且仅当观察到 $\chi$ 之后，$(\mathcal{M},w)\models\chi$，$\varphi$ 为这种情况，则$(\mathcal{M}_{\chi!},w)\models\varphi$。这是既符合直觉又比较自然的推理。为了刻画观察到 $\chi$ 的情况，则要求 $\chi$ 必须是真的。

可靠的、完全的公理系统是用于刻画关于给定的模型类语言的有效性的。可能世界模型(见图 2.2)只对“静态”的认知语言的有效性进行了刻画，现在需要提供刻画与观察模态相关的性质的公理和规则。

首先，观察运算在可能世界模型上具有保真性，即如果模型 $\mathcal{M}$ 是可能世界模型，模型 $\mathcal{M}_{\chi!}$也是可能世界模型，且模型 $\mathcal{M}$ 中的任何公式经过运算之后仍然是有效的，那么需要有下面的规则：

$$!_N\quad 从\vdash\varphi，可以推出\vdash[\mapsto_\sigma]\varphi$$

现在，观察模态具有图 2.5 所刻画的有效性。

$$
\begin{array}{ll}
!_p & \vdash \langle\chi!\rangle p \leftrightarrow (\chi \wedge p) \\
!_\neg & \vdash \langle\chi!\rangle \neg\varphi \leftrightarrow (\alpha \wedge \neg\langle\chi!\rangle\varphi) \\
!_\vee & \vdash \langle\chi!\rangle(\varphi \vee \psi) \leftrightarrow (\langle\chi!\rangle\varphi \vee \langle\chi!\rangle\psi) \\
!_\Box & \vdash \langle\chi!\rangle\Box\varphi \leftrightarrow (\chi \wedge \Box[\chi!]\varphi)
\end{array}
$$

图 2.5　观察模态的有效性

第一条表示主体观察到 $\chi$ 之后 $p$ 将是真的，当且仅当 $\chi$ 和 $p$ 在观察之前都是真的。最后一条指的是主体观察到了 $\chi$ 之后将会（隐性地）获知 $\varphi$，当且仅当 $\chi$ 是真的，并且主体（隐性地）获知观察到 $\chi$ 之后，$\varphi$ 将会是真的。

观察运算的有效性提供了一种将带有观察模态算子的公式，转换为不带观察模态算子的语义等值式的方法。例如，公式 $\langle(p\wedge q)!\rangle\Box p$ 表示 $p\wedge q$ 可以被观察到，并且通过观察之后，主体获知了 $p$。通过重复利用模态运算，可用如下的方法消去观察模态算子：

$$
\begin{aligned}
\langle(p\wedge q)!\rangle\Box p &\leftrightarrow (p\wedge q)\wedge\Box[(p\wedge q)!]p \\
&\leftrightarrow (p\wedge q)\wedge\Box((p\wedge q)\rightarrow p)
\end{aligned}
$$

所以 $\langle(p\wedge q)!\rangle\Box p$ 的语义等价于 $(p\wedge q)\wedge\Box((p\wedge q)\rightarrow p)$。即使嵌入直接观察模态算子的公式，也可以通过这样的程序消去所有这样的公式。例如，根据 $\langle(p\vee q)!\rangle\langle\neg p!\rangle\Box q$，可以通过消去最深观察模态算子而得到 $\langle(p\vee q)!\rangle(\neg p\wedge\Box(\neg p\rightarrow q))$；随后可以消去余下的部分。

由于带有观察模态算子的语言的完全性，可以根据基础的“静态”系统的完全性推出，因此每一个带有这些模态算子的公式，都可以有效地转换为不带观察模态算子的可证等价的系统。

根据命题 2.1，可提供一个对应于 $\mathbf{IE}_K$ 模型的公理系统 $I\varepsilon_D$，该模型类在演绎运算下是封闭的，可借助公理系统 $\mathbf{IE}_K$ 提供一个归约公理，用以刻画演绎运算是如何影响该语言公式的真值的。

**定理 2.3**（演绎模态的归约公理）　根据图 2.6 中关于演绎模态的归约公理和 $\mathrm{IE}_K$（定理 2.2），可以建立一个相对于 $\mathbf{IE}_K$ 模型的 $I\varepsilon_D$ 的可靠的和完全的公理系统。

$$
\begin{array}{ll}
\mapsto_p & \vdash\langle\mapsto_\sigma\rangle p\leftrightarrow(\mathrm{Pre}_{\mapsto\sigma}\wedge p) \\
\mapsto_\neg & \vdash\langle\mapsto_\sigma\rangle\neg\varphi\leftrightarrow(\mathrm{Pre}_{\mapsto\sigma}\wedge\neg\langle\mapsto_\sigma\rangle\varphi) \\
\mapsto_\vee & \vdash\langle\mapsto_\sigma\rangle(\varphi\vee\psi)\leftrightarrow(\langle\mapsto_\sigma\rangle\varphi\vee\langle\mapsto_\sigma\rangle\psi) \\
\mapsto_\Box & \vdash\langle\mapsto_\sigma\rangle\Box\varphi\leftrightarrow(\mathrm{Pre}_{\mapsto\sigma}\wedge\Box[\mapsto_\sigma]\varphi) \\
\mapsto_N & \text{从}\vdash\varphi\text{，可以推出}\vdash[\mapsto_\sigma]\varphi \\
\mapsto_A & \vdash\langle\mapsto_\sigma\rangle A\,\mathrm{cn}(\sigma)\leftrightarrow\mathrm{Pre}_{\mapsto\sigma} \\
\mapsto_A & \vdash\langle\mapsto_\sigma\rangle\boldsymbol{A}\alpha\leftrightarrow(\mathrm{Pre}_{\mapsto\sigma}\wedge\boldsymbol{A}\alpha)\text{，对于 }\alpha\neq\mathrm{cn}(\sigma) \\
\mapsto_R & \vdash\langle\mapsto_\sigma\rangle\boldsymbol{R}\rho\leftrightarrow(\mathrm{Pre}_{\mapsto\sigma}\wedge\boldsymbol{R}\rho)
\end{array}
$$

图 2.6　演绎模态的公理和规则

**证**　可靠性可以根据新公理的有效性和新规则的保有效性推出。如前，强完全性可以根据下面的事实推出：通过重复运用演绎公理，任意演绎运算公式都可归约为 $I\varepsilon$ 中的公式，$\mathrm{IE}_K$ 相对于 $\mathbf{IE}_K$ 是强完全的。■

归约公理表明通达集和规则集是如何通过演绎来发挥作用的，公理 $\mapsto_A$ 表示 cn($\sigma$)是通过增加通达集而获得的唯一公式，公理 $\mapsto_R$ 表示规则集没有得到修正。

考虑公式 $\langle \mapsto_\sigma \rangle \top \to \Box \mathrm{cn}(\sigma)$。根据语义论证，其有效性也可得到论证。但也可以通过语形的方法进行证明：

$$\langle \mapsto_\sigma \rangle \top \leftrightarrow \langle \mapsto_\sigma \rangle (p \vee \neg p)$$

| | |
|---|---|
| $\leftrightarrow \langle \mapsto_\sigma \rangle p \vee \langle \mapsto_\sigma \rangle \neg p$ | $\mapsto_\vee$ |
| $\leftrightarrow (\mathrm{Pre}_{\mapsto\sigma} \wedge p) \vee (\mathrm{Pre}_{\mapsto\sigma} \wedge \neg p)$ | $\mapsto_p$，$\mapsto_\neg$ 和命题逻辑 |
| $\leftrightarrow \mathrm{Pre}_{\mapsto\sigma}$ | 命题逻辑 |
| $\leftrightarrow (\bigwedge_{\alpha \in \mathrm{pm}(\sigma)} \boldsymbol{A}\alpha) \wedge R\sigma$ | $\mathrm{Pre}_{\mapsto\sigma}$ 的定义 |
| $\to (\bigwedge_{\alpha \in \mathrm{pm}(\sigma)} \Box \boldsymbol{A}\alpha) \wedge \Box R\sigma$ | $\mathrm{Coh}_{\mathcal{LP}}$ 和 $\mathrm{Coh}_{\mathcal{R}}$ |
| $\to (\bigwedge_{\alpha \in \mathrm{pm}(\sigma)} \Box \alpha) \wedge \Box (\bigwedge_{\alpha \in \mathrm{pm}(\sigma)} \alpha) \to \mathrm{cn}(\sigma))$ | $\top\mathrm{th}_{\mathcal{LP}}$ 和 $\top\mathrm{th}_{\mathcal{R}}$ |
| $\leftrightarrow \Box (\bigwedge_{\alpha \in \mathrm{pm}(\sigma)} \alpha) \wedge \Box (\bigwedge_{\alpha \in \mathrm{pm}(\sigma)} \alpha) \to \mathrm{cn}(\sigma))$ | 建立在 $\wedge$ 上的 $\Box$ 分布规则 |
| $\to \Box \mathrm{cn}(\sigma)$ | $K$ |

**动态语形认知逻辑**　根据迪克的工作，可以借助主体的显性信息和基于应用规则程序的推理的语形方法进行表达。① 二者在语形方面存在如下一些区别：(1)迪克使用的是单一模态算子 $\langle F \rangle$，表示“思考的过程”，在此所提供的语言能够通过显性地描述应用规则程序而更严格地刻画“思考的过程”；(2)迪克的语言不讨论现实世界，可借助所提供的语言进行处理。迪克框架重点关注的是显性信息，而在此所提供的框架既能够刻画显性信息，也能够刻画隐性信息。

我们所采用的框架与迪克框架在语义方面的区别在于，迪克将推理刻画为世界之间的关系，我们则将其表达为建立在模型上的运算。

**基于主体的规则的逻辑**　从杰戈的工作中，我们继承了形式定义和应用规则的理论。但在语言方面，二者之间却存在一些区别，迪克的方法以及杰戈的系统，可将主体的信息约定为词项以及建立在词项之上的规则。另

① Duc, H. N., 2002: “Reasoning about Rational, but not Logically Omniscient, Agents”, *Journal of Logic and Computation*, Vol.7, No.5(March): pp.633-648.

外，可将推理表达为和模型运算方法有所不同的模型关系。

**模态关系和模型运算**　推理可表达为具有关系 $\boldsymbol{R}_\sigma$ 的世界之间的模态关系，$\boldsymbol{R}_\sigma$ 表示主体可以使用的每一个推理规则 $\sigma$。

下面考虑保真性推理的性质条件。

(1)推理步骤应该不能改变主体(事实)的情境。

(2)为了能够应用规则程序，主体需要知道前提和规则。

(3)规则的使用应该能够保持主体之前所具有的显性的事实信息。

(4)显性信息可通过运用规则所得的推论进行扩充。

(5)在使用规则前后，显性信息之间不存在其他的区别。

如果将推理描述为模态关系，为了满足这些条件，就需要在语义模型中增加几个限制条件。但是，如果将推理表达为模态运算，则只需要根据表达式之间的后承关系，不需要借助这些性质。演绎运算可使对世界的赋值得到保持，所以并不影响本体自身的情境。公式的有效性可表示为：

(1)$\langle \mapsto_\sigma \rangle \top \rightarrow \mathrm{Pre}_{\mapsto\sigma}$；

(2)$\boldsymbol{A}\alpha \rightarrow [\mapsto_\sigma]\boldsymbol{A}\alpha$；

(3)$[\mapsto_\sigma]\boldsymbol{A}\,\mathrm{cn}(\sigma)$；

(4)对于 $\alpha \neq \mathrm{cn}(\sigma)$，$\langle \mapsto_\sigma \rangle \boldsymbol{A}\alpha \rightarrow \boldsymbol{A}\alpha$。

在表达式中，推理是函数的情况：主体可以完成一个关于 $\sigma$ 的推理步骤，且每次主体都具有规则和所有规则的前提。利用推理关系的表达式，该性质必须是显性的，且无法通过模型运算得到保持。在该集合中所增加的公式可以借助恰当的规则推出，而不只是借助之前的恰当的规则推出。第二个需要处理的信息行动，即观察，可通过模型运算进行语义的刻画。

## 二、动态的保真性推理

正如主体的显性知识会不断地发生变化一样，主体的推理能力也可能发生变化。这是因为，主体可以知道一个新规则(根据观察)，但也可以根据他已有的规则而建立一个新规则。例如，根据规则$\{p\}\rightarrow q$ 和$\{q\}\rightarrow r$，可以推出规则$\{p\}\rightarrow r$。只需一步就可以推出新的规则，但在未来的推理中可能会保存中间步骤。

通常，推理关系可以通过结构规则来刻画，表示如何由目前所有的规则推出新的规则。在演绎推理的情况下，所刻画的结构规则如图 2.7 所示。

在下面的语境中，每一次使用结构规则程序都可以生成一个能够增加到规则集中的新规则。而仅通过收缩和置换则无法生成新规则，因此规则的前提可以通过集合给出。另外，自返性、单调性和分割则可以生成之前未曾使用的规则。

定义 2.23（结构运算）　令模型 $\mathcal{M}=\langle W,R,V,\boldsymbol{FA},\boldsymbol{FR}\rangle$ 为 IE 模型。下面所定义的结构运算为区别于模型 $\mathcal{M}$ 而存在于规则集函数中的转换模型。其中每一种情况都可以通过下面的方式定义：

| | |
|---|---|
| 自返性 | $\vdash \varphi\to\varphi$ |
| 收缩性 | 如果 $\vdash \psi,\chi,\xi,\chi,\varphi\to\varphi$，那么 $\vdash \psi,\chi,\xi,\varphi\to\varphi$ |
| 置换性 | 如果 $\vdash \psi,\chi,\xi,\varphi\to\varphi$，那么 $\vdash \psi,\xi,\chi,\varphi\to\varphi$ |
| 单调性 | 如果 $\vdash \psi,\varphi\to\varphi$，那么 $\vdash \psi,\chi,\varphi\to\varphi$ |
| 分割性 | 如果 $\vdash (\chi\to\xi)\wedge(\psi,\xi,\varphi\to\varphi)$，那么 $\vdash \psi,\chi,\varphi\to\varphi$ |

图 2.7　演绎的结构规则

自返性　令 $\beta$ 为 $\mathcal{L}_P$ 中的公式，考虑下面的规则：

$$\zeta_\beta := (\{\beta\},\beta)$$

给定模型 $\mathcal{M}_{\mathrm{Ref}\beta}$ 的规则集函数 $\boldsymbol{FR}'$，对每一个 $w\in W$，可通过下面的方式给出：

$$\boldsymbol{FR}'(w) := \boldsymbol{FR}(w)\cup\{\zeta_\beta\}$$

运算 $(\cdot)_{\mathrm{Ref}\beta}$ 称为带有公式 $\beta$ 的自返运算。

单调性　令 $\beta$ 为 $\mathcal{L}_P$ 中的公式，$\zeta$ 为建立在其上的规则。规则

$$\zeta' := (\mathrm{pm}(\zeta)\cup\{\beta\},\mathrm{cn}(\zeta))$$

可通过增加 $\beta$ 到其前提中进行扩充 $\zeta$。对每一个 $w\in W$，已知模型 $\mathcal{M}_{\mathrm{Mon}\beta,\zeta}$ 的规则集函数 $\boldsymbol{FR}'$ 可通过下面的方式给出：

$$\boldsymbol{FR}'(w) := \begin{cases} FR(w)\cup\{\zeta'\}, & \text{如果 } \zeta\in FR(w) \\ FR(w), & \text{否则} \end{cases}$$

运算 $(\cdot)_{\mathrm{Mon}\beta,\zeta}$ 是带有公式 $\beta$ 和规则 $\zeta$ 的单调运算。

分割性　令 $\zeta_1$ 和 $\zeta_2$ 为建立在 $\mathcal{L}_P$ 上的规则，使得 $\zeta_1$ 的结论将会出现在 $\zeta_2$ 的前提中。规则

$$\zeta' := ((\mathrm{pm}(\zeta_2)\setminus\{\mathrm{cn}(\zeta_1)\})\cup\mathrm{pm}(\zeta_1),\mathrm{cn}(\zeta_2))$$

将 $\zeta_1$ 和 $\zeta_2$ 进行组合。对每一个 $w\in W$，给定模型 $\mathcal{M}_{\mathrm{Cut}\zeta1,\zeta2}$ 的规则集函数 $\boldsymbol{FR}'$ 可通过下面的方式给出：

$$\boldsymbol{FR}'(w) := \begin{cases} FR(w)\cup\{\zeta'\}, & \text{如果}\{\zeta_1,\zeta_2\}\subseteq FR(w) \\ FR(w), & \text{否则} \end{cases}$$

运算 $(\cdot)_{\mathrm{Cut}\zeta1,\zeta2}$ 称为带有规则 $\zeta_1$ 和 $\zeta_2$ 的分割运算。

类似于演绎运算，在模型类 $\mathbf{IE}_K$ 中，这三种结构运算是保模型性的。

**命题 2.2** 如果模型 $\mathcal{M}$ 是 $\mathbf{IE}_K$ 模型，那么模型 $\mathcal{M}_{\mathrm{Ref}\beta}$，$\mathcal{M}_{\mathrm{Mon}\beta,\zeta}$ 和 $\mathcal{M}_{\mathrm{Cut}\zeta1,\zeta2}$ 也是 $\mathbf{IE}_K$ 模型。

**证** 公式的一致性、真值性和等价性可以直接得到证明，因为并未对通达集和可及关系进行任何的修改。

下面证明 $\mathbf{IE}_K$ 模型在定义 2.23 中的三种结构运算下是封闭的，即具有自返性、单调性和分割性。

等价性、公式的一致性和真值性的命题部分已经证明过，下面只需要证明三种运算中的每一个规则的一致性和真值性即可。

**一致性** 自返运算情况下的一致性可以直接得出，因为初始模型 $\mathcal{M}$ 已经具有该性质，并且将模型 $\mathcal{M}_{\mathrm{Ref}\beta}$ 中的新规则 $\zeta_\beta$ 增加到了所有世界的规则集中。对于新规则 $\zeta'$ 的单调性，需要通过检测一致性获得。如果 $\mathcal{M}$ 中的世界 $w$ 中已经包括 $\zeta$，那么，根据 $\mathcal{M}$ 的规则的一致性，对与 $w$ 具有可及关系 $\boldsymbol{R}$ 的每一个世界，$\mathcal{M}$ 中也有 $\zeta$，因此，$\mathcal{M}_{\mathrm{Mon}\beta,\zeta}$ 中有 $\zeta$。分割运算的情况与此相类似：$\zeta'$ 被增加到这些存在 $\zeta_1$ 和 $\zeta_2$ 的世界中，那么每一个和 $w$ 具有可及关系 $\boldsymbol{R}$ 的世界的 $\mathcal{M}$ 中，也有 $\zeta_1$ 和 $\zeta_2$，所以 $\mathcal{M}_{\mathrm{Cut}\zeta1,\zeta2}$ 中也具有 $\zeta'$。

**真值性** 对于该性质，在以下三种情况下，根据传递的真值性足以证明增加的规则在模型 $\mathcal{M}$ 中是具有保真性的。根据赋值，一个纯命题公式可以通过运算得到保持。所以，可选择任意的世界 $w\in W$，令 $\boldsymbol{FR}$ 为初始典范模型 $\mathcal{M}$ 中的规则集函数，$\boldsymbol{FR}'$ 为对应于新模型的规则集函数。

(1)**自返性** 已知 $\zeta_\beta$ 可通过 $\{\beta\}\to\beta$ 给出，选择任意的规则 $\rho\in\boldsymbol{FR}'(w)$。如果 $\rho\in\boldsymbol{FR}(w)$，则有 $(\mathcal{M},w)\vDash\mathrm{tr}(\rho)$，因此模型 $\mathcal{M}\in\mathbf{IE}_K$。否则，若 $\rho$ 为 $\zeta_\beta$，则有 $(\mathcal{M},w)\vDash\beta\to\beta$。

(2)**单调性** 已知 $\zeta'$ 可通过 $\mathrm{pm}(\zeta)\cup\{\beta\}\to\mathrm{cn}(\zeta)$ 给出，选择任意的 $\rho\in\boldsymbol{FR}'(w)$。如果 $\rho\in\boldsymbol{FR}(w)$，则有 $(\mathcal{M},w)\vDash\mathrm{tr}(\rho)$。否则，若 $\rho$ 为 $\zeta'$，那么 $\rho\in\boldsymbol{FR}(w)$。因此模型 $\mathcal{M}\in\mathbf{IE}_K$，则有 $(\mathcal{M},w)\vDash(\bigwedge_{\alpha\in\mathrm{pm}(\zeta')}\alpha)\to\mathrm{cn}(\zeta)$，因此 $(\mathcal{M},w)\vDash((\bigwedge_{\alpha\in\mathrm{pm}(\zeta')}\alpha)\wedge\beta)\to\mathrm{cn}(\zeta)$。

(3)**分割性** 已知 $\zeta'$ 可通过 $(\mathrm{pm}(\zeta_2)\backslash\{\mathrm{cn}(\zeta_1)\})\cup\mathrm{pm}(\zeta_1)\to\mathrm{cn}(\zeta_2)$ 给出，选择任意的 $\rho\in\boldsymbol{FR}'(w)$。如果 $\rho\in\boldsymbol{FR}(w)$，则有 $(\mathcal{M},w)\vDash\mathrm{tr}(\rho)$，因此模型 $\mathcal{M}\in\mathbf{IE}_K$。否则，若 $\rho$ 为 $\zeta'$，则有 $\{\zeta_1,\zeta_2\}\subseteq\boldsymbol{FR}(w)$。假设模型 $\mathcal{M}$ 中的 $w$ 上的 $\bigwedge_{\alpha\in\mathrm{pm}(\zeta')}\alpha$ 为真，那么 $\zeta$ 的每一个前提在模型 $\mathcal{M}$ 中的 $w$ 上都是真的，

包含除 $cn(\zeta_1)$ 之外的 $\zeta_1$ 的每一个前提和 $\zeta_2$ 的每一个前提。因为 $\zeta_1$ 的每一个前提在模型 $\mathcal{M}$ 中的 $w$ 上都是真的，且 $\zeta_1 \in \boldsymbol{FR}(w)$，模型 $\mathcal{M}$ 规则的真值定理指出 $cn(\zeta_1)$ 在模型 $\mathcal{M}$ 中的 $w$ 上是真的，因此 $\zeta_2$ 的每一个前提在模型 $\mathcal{M}$ 中的 $w$ 上也是真的。因为 $\zeta_2 \in \boldsymbol{FR}(w)$，模型 $\mathcal{M}$ 规则的真值定理指出 $cn(\zeta_2)$，即 $cn(\zeta')$ 在模型 $\mathcal{M}$ 中的 $w$ 上也是真的，那么 $(\mathcal{M}, w) \vDash tr(\zeta')$。■

$I\varepsilon_D{}^S$ 为结构运算，主要通过存在模态算子的封闭性而对 $I\varepsilon_D$ 进行扩充：如果 $\varphi$ 是 $I\varepsilon_D{}^S$ 中的公式，那么 $\langle Ref_\beta \rangle \varphi$，$\langle Mon_{\beta,\zeta} \rangle \varphi$ 和 $\langle Cut_{\zeta_1,\zeta_2} \rangle \varphi$ 是 $I\varepsilon_D{}^S$ 中对应的规则。该公式读作"$\varphi$ 是这种情况之后，存在借助结构运算的一种方式"。为了形式地定义其语义解释，需要定义下面的公式，表示每一个运算的前件。下面定义了一个具有自返性的前件，因此该运算可以用多种情境进行定义。首先定义 $\top$。

$$Pre_{Ref_\beta} := \top$$

$$Pre_{Mon_{\beta,\zeta}} := \boldsymbol{R}\zeta$$

$$Pre_{Cut_{\zeta_1,\zeta_2}} := \boldsymbol{R}\zeta_1 \wedge \boldsymbol{R}\zeta_2 \wedge ((\bigwedge_{\alpha \in pm(\zeta 2)} A\alpha) \rightarrow A\,cn(\zeta_1))$$

**定义 2.24**（语义解释）　令 $(\mathcal{M}, w)$ 为点 **IE** 模型，则

(1) $(\mathcal{M}, w) \vDash \langle Ref_\beta \rangle \varphi$，当且仅当 $(\mathcal{M}, w) \vDash Pre_{Ref_\beta}$ 且 $(\mathcal{M}_{Ref_\beta}, w) \vDash \varphi$；

(2) $(\mathcal{M}, w) \vDash \langle Mon_{\beta,\zeta} \rangle \varphi$，当且仅当 $(\mathcal{M}, w) \vDash Pre_{Mon_{\beta,\zeta}}$ 且 $(\mathcal{M}_{Mon_{\beta,\zeta}}, w) \vDash \varphi$；

(3) $(\mathcal{M}, w) \vDash \langle Cut_{\zeta 1,\zeta 2} \rangle \varphi$，当且仅当 $(\mathcal{M}, w) \vDash Pre_{Cut_{\zeta 1,\zeta 2}}$ 且 $(\mathcal{M}_{Cut_{\zeta 1,\zeta 2}}, w) \vDash \varphi$。

如前，结构运算的全称模态算子可定义为它们所对应的存在模态算子的对偶。通过展开运算，可以生成下面的语义解释：

(1) $(\mathcal{M}, w) \vDash [Ref_\beta] \varphi$，当且仅当 $(\mathcal{M}, w) \vDash Pre_{Ref_\beta} \rightarrow (\mathcal{M}_{Ref_\beta}, w) \vDash \varphi$；

(2) $(\mathcal{M}, w) \vDash [Mon_{\beta,\zeta}] \varphi$，当且仅当 $(\mathcal{M}, w) \vDash Pre_{Mon_{\beta,\zeta}} \rightarrow (\mathcal{M}_{Mon_{\beta,\zeta}}, w) \vDash \varphi$；

(3) $(\mathcal{M}, w) \vDash [Cut_{\zeta 1,\zeta 2}] \varphi$，当且仅当 $(\mathcal{M}, w) \vDash Pre_{Cut_{\zeta 1,\zeta 2}} \rightarrow (\mathcal{M}_{Cut_{\zeta 1,\zeta 2}}, w) \vDash \varphi$。

**公理系统**　为了给出新公式的公理系统，命题 2.2 依赖于 $IE_K$ 公理系统。图 2.8 提供了依赖前面公式的真值基础的结构运算所刻画的公式的真值公理。

**定理 2.4**（结构模态的归约公理）　令结构运算 STR 表示 $Ref_\beta$，$Mon_{\beta,\zeta}$ 或者 $Cut_{\zeta 1,\zeta 2}$ 中的任何一个，且令 $\zeta'$ 表示每种情况下所对应的新规则。图 2.8 提供了关于结构模态算子的归约公理和模型 $IE_K$（定理 2.3），它们共同组成了对应于 $\mathbf{IE}_K$ 模型的 $I\varepsilon_D{}^S$ 的可靠的和完全的公理系统。

| | |
|---|---|
| $\mathrm{STR}p$ | $\vdash \langle \mathrm{STR}\rangle p \leftrightarrow (\mathrm{Pre_{STR}} \wedge p)$ |
| $\mathrm{STR}_{\neg}$ | $\vdash \langle \mathrm{STR}\rangle \neg\varphi \leftrightarrow (\mathrm{Pre_{STR}} \wedge \neg\langle \mathrm{STR}\rangle \varphi)$ |
| $\mathrm{STR}_{\vee}$ | $\vdash \langle \mathrm{STR}\rangle (\varphi \vee \psi) \leftrightarrow (\langle \mathrm{STR}\rangle \varphi \vee \langle \mathrm{STR}\rangle \psi)$ |
| $\mathrm{STR}_{\Box}$ | $\vdash \langle \mathrm{STR}\rangle \Box\varphi \leftrightarrow (\mathrm{Pre_{STR}} \wedge \Box[\mathrm{STR}]\varphi)$ |
| $\mathrm{STR}_{A}$ | $\vdash \langle \mathrm{STR}\rangle A\alpha \leftrightarrow (\mathrm{Pre_{STR}} \wedge A\alpha)$ |
| $\mathrm{STR}_{R}$ | $\vdash \langle \mathrm{STR}\rangle \boldsymbol{R}\zeta' \leftrightarrow \mathrm{Pre_{STR}}$ |
| $\mathrm{TR}_{R}$ | $\vdash \langle \mathrm{STR}\rangle \boldsymbol{R}\sigma \leftrightarrow (\mathrm{Pre_{STR}} \wedge R\sigma)$，对于 $\sigma \neq \zeta'$ |
| $\mathrm{STR}_{N}$ | 从 $\vdash \varphi$，可以推出 $\vdash [\mathrm{STR}]\varphi$ |

图 2.8　自返性、单调性和分割模态算子的公理和规则

**证**　类似于演绎模态性的归约公理，可靠性可以由新公理的有效性获得证明，且新规则具有保有效性。强完全性可以由以下事实得出：通过反复运用这些公理，任意的结构运算公式都可以看作是 $I\varepsilon_D$ 中公式的归约公式，因此具有和 $\mathbf{IE}_K$ 模型相对应的可靠和强完全的公理系统。■

以上三种结构运算具有类似的归约公理，只是每一次出现的前件和每一次引入的新规则不同。带有 $\beta$ 的自返性的运算在任何情况下都可以得到执行；通过增加规则 $\{\beta\}\rightarrow\beta$，且具有 $\beta$ 和 $\zeta$ 的单调性运算，当且仅当主体已经执行了规则 $\zeta$，并生成了一个规则，才可以通过 $\beta$ 扩充 $\zeta$ 的前提获得证明；而具有 $\zeta_1$ 和 $\zeta_2$ 的分割运算，当且仅当包括 $\zeta_1{}'$ 的结论 $\zeta_2{}'$ 的前提和主体已经具有这两个规则，形成前提 $\zeta_2{}'$ 减去 $\zeta_1{}'$ 的结论，加上 $\zeta_1$ 的前提的规则获得，且其结论为 $\zeta_2$。

## 三、组合动态

严格地说，并不需要借助与演绎推理和结构运算相关的公理，但需要利用对应的归约公理消去第一个模态算子，然后继续消去下一个模态算子，直到将所有的模态算子运算都消去。

图 2.9 给出了与结构运算和演绎推理相关的公式。对每一种结构运算，第一组公式表示的运算并不影响带有不同于新规则的运算；第二组公式表示的是带有新规则的变化的演绎推理；第三组公式表示两个可能的析取：新规则已经属于最初的规则集（这也正是演绎推理所必需的）或者不属于初始的规则集。关于单调性的公式表示该运算的序列，那么具有生成规则的演绎推理 $\zeta'$ 等价于带有 $\zeta'$ 的单个演绎推理（如果 $\zeta'$ 已经给出）或者对于具有 $\zeta$ 的演绎序列，那么通过增加前提 $\beta$ 和初始规则 $\zeta$ 而推出的显性知识是单调的。

带有 $\zeta_\beta$ 的规则 $\{\beta\}\to\beta$ 的自返性：

$\langle \mathrm{Ref}_\beta\rangle\langle\mapsto_\sigma\rangle\varphi\leftrightarrow\langle\mapsto_\sigma\rangle\langle\mathrm{Ref}_\beta\rangle\varphi$，对于 $\sigma\neq\zeta_\beta$

$\langle \mathrm{Ref}_\beta\rangle\langle\mapsto_{\zeta\beta}\rangle\varphi\leftrightarrow(\langle\mapsto_{\zeta\beta}\rangle\varphi\vee(A_\beta\wedge\langle\mathrm{Ref}_\beta\rangle\varphi))$

带有 $\zeta'$ 的规则 $\mathrm{pm}(\zeta)\cup\{\beta\}\to\mathrm{cn}(\zeta)$ 的单调性：

$\langle \mathrm{Mon}_{\beta,\zeta}\rangle\langle\mapsto_\sigma\rangle\varphi\leftrightarrow\langle\mapsto_\sigma\rangle\langle\mathrm{Mon}_{\beta,\zeta}\rangle\varphi$，对于 $\sigma\neq\zeta'$

$\langle \mathrm{Mon}_{\beta,\zeta}\rangle\langle\mapsto_{\zeta'}\rangle\varphi\leftrightarrow(\langle\mapsto_{\zeta'}\rangle\varphi\vee(A_\beta\wedge\boldsymbol{R}\zeta\wedge\langle\mapsto_\zeta\rangle\langle\mathrm{Mon}_{\beta,\zeta}\rangle\varphi))$

带有 $\zeta'$ 的规则 $(\mathrm{pm}(\zeta_2)\backslash\{\mathrm{cn}(\zeta_1)\})\cup\mathrm{pm}(\zeta_1)\to\mathrm{cn}(\zeta_2)$ 的分割性：

$\langle \mathrm{Cut}_{\zeta1,\zeta2}\rangle\langle\mapsto_\sigma\rangle\varphi\leftrightarrow(\langle\mapsto_\sigma\rangle\langle\mathrm{Cut}_{\zeta1,\zeta2}\rangle\varphi$，对于 $\sigma\neq\zeta'$

$\langle \mathrm{Cut}_{\zeta1,\zeta2}\rangle\langle\mapsto_{\zeta'}\rangle\varphi\leftrightarrow(\langle\mapsto_{\zeta'}\rangle\varphi\vee(\boldsymbol{A}\mathrm{pm}(\zeta_1)\wedge\boldsymbol{R}\zeta_1\wedge(\boldsymbol{A}\mathrm{cn}(\zeta_1)\to$
$\langle\mapsto_{\zeta'}\rangle\langle\mathrm{Cut}_{\zeta1,\zeta2}\rangle\varphi)))$

图 2.9 结构运算和演绎公式

结构运算和演绎公式的证明如下：

证 取任意的点 $\mathbf{IE}_K$ 模型$(\mathcal{M},w)$。在恰当的情境下，根据不同序列的运算所生成的模型等价于点 $w$，并满足所给语言中相同的公式。如果 $\beta\in\boldsymbol{FA}(w)$ 且 $\zeta\in\boldsymbol{FR}(w)$，那么点模型$((\mathcal{M}_{\mathrm{Mon}\beta,\zeta})_{\mapsto\zeta'},w)$和$((\mathcal{M}_{\mapsto\zeta})_{\mathrm{Mon}\beta,\zeta},w)$同样来自 $w$。可通过对互模拟进行扩充来表示相关的世界具有相同的路径集和规则集。

定义 2.25（互模拟） 任取两个 **IE** 模型 $\mathcal{M}_1=\langle W_1,R_1,V_1,\boldsymbol{FA}_1,\boldsymbol{FR}_1\rangle$ 和 $\mathcal{M}_2=\langle W_2,R_2,V_2,\boldsymbol{FA}_2,\boldsymbol{FR}_2\rangle$。一个非空关系 $\mathcal{B}\subseteq(W_1\times W_2)$是模型 $\mathcal{M}_1$ 和模型 $\mathcal{M}_2$ 之间的互模拟（记为 $\mathcal{M}_1\leftrightarrows_{\mathcal{B}}\mathcal{M}_2$），当且仅当 $\mathcal{B}$ 为$\langle W_1,R_1,V_1\rangle$ 和$\langle W_1,R_2,V_2\rangle$之间的标准的互模拟。如果 $w_1\mathcal{B}w_2$，那么 $\boldsymbol{FA}_1(w_1)=\boldsymbol{FA}_2(w_2)$且 $\boldsymbol{FR}_1(w_1)=\boldsymbol{FR}_2(w_2)$。

当 $\mathcal{M}_1\leftrightarrows_{\mathcal{B}}\mathcal{M}_2$ 且 $w_1\mathcal{B}w_2$ 时，记$(\mathcal{M}_1,w_1)\leftrightarrows_{\mathcal{B}}(\mathcal{M}_2,w_2)$。■

图 2.9 中给出的公式的有效性可由图 2.10 中模型间的互模拟推出。而形如$\langle\mathcal{M}_{\mathrm{STR}\mapsto\sigma}\rangle$的模型为借助于结构运算 STR 所得的结果，那么关于规则 $\sigma$ 的演绎运算，类似于形如$(\mathcal{M}_{\mapsto\sigma})_{\mathrm{STR}}$的模型类。在所有的情况下，该互模拟均为基于与 $w$ 具有可及关系的世界的等价关系。

带有 $\zeta_\beta$ 的规则 $\{\beta\}\to\beta$ 的自返性：

如果 $\sigma\neq\zeta_\beta$，那么 $((\mathcal{M}_{\mathrm{Ref}\beta})_{\mapsto\sigma},w)\rightleftarrows((\mathcal{M}_{\mapsto\sigma})_{\mathrm{Ref}\beta},w)$

如果 $\zeta_\beta\in \boldsymbol{FR}(w)$，那么 $((\mathcal{M}_{\mathrm{Ref}\beta})_{\mapsto\zeta_\beta},w)\rightleftarrows(\mathcal{M}_{\mapsto\zeta_\beta},w)$

如果 $\beta\in \boldsymbol{FA}(w)$，那么 $((\mathcal{M}_{\mathrm{Ref}\beta})_{\mapsto\zeta_\beta},w)\rightleftarrows((\mathcal{M}_{\mapsto\zeta_\beta})_{\mathrm{Ref}_\beta},w)$

带有 $\zeta'$ 的规则 $\mathrm{pm}(\zeta)\cup\{\beta\}\to\mathrm{cn}(\zeta)$ 的单调性：

如果 $\sigma\neq\zeta$，那么 $((\mathcal{M}_{\mathrm{Mon}\beta,\zeta})_{\mapsto\sigma},w)\rightleftarrows((\mathcal{M}_{\mapsto\sigma})_{\mathrm{Mon}\beta,\zeta},w)$

如果 $\zeta'\in \boldsymbol{FR}(w)$，那么 $((\mathcal{M}_{\mathrm{Mon}\beta,\zeta})_{\mapsto}\zeta',w)\rightleftarrows(\mathcal{M}_{\mapsto\zeta'},w)$

如果 $\beta\in \boldsymbol{FA}(w)$，且 $\zeta\in \boldsymbol{FR}(w)$，那么 $((\mathcal{M}_{\mathrm{Mon}\beta,\zeta})_{\mapsto}\zeta',w)\rightleftarrows((\mathcal{M}_{\mapsto\zeta})_{\mathrm{Mon}\beta,\zeta},w)$

带有 $\zeta'$ 的规则 $(\mathrm{pm}(\zeta_2)\backslash\{\mathrm{cn}(\zeta_1)\})\cup\mathrm{pm}(\zeta_1)\to\mathrm{cn}(\zeta_2)$ 的分割性：

如果 $\sigma\neq\zeta'$，那么 $((\mathcal{M}_{\mathrm{Cut}\zeta1,\zeta2})_{\mapsto\sigma},w)\rightleftarrows((\mathcal{M}_{\mapsto\sigma})_{\mathrm{Cut}\zeta1,\zeta2},w)$

如果 $\zeta'\in \boldsymbol{FR}(w)$，那么 $((\mathcal{M}_{\mathrm{Cut}\zeta1,\zeta2})_{\mapsto\zeta'},w)\rightleftarrows(\mathcal{M}_{\mapsto\zeta'},w)$

如果 $(\mathrm{pm}(\zeta_1)\cup\{\mathrm{cn}(\zeta_1)\})\in \boldsymbol{FA}(w)$ 且 $\zeta_1\in \boldsymbol{FR}(w)$，

那么 $((\mathcal{M}_{\mathrm{Cut}\zeta1,\zeta2}\ {}_{\mapsto\zeta'},w)\rightleftarrows(\mathcal{M}_{\mapsto\ \zeta2\ \mathrm{Cut}\zeta1,\zeta2},w)$

图 2.10　演绎公式和结构运算的互模拟

该证明所涉及的运算(结构运算和演绎)是由世界、可及关系和赋值来保证的。那么,为了证明基于与 $w$ 具有可及关系的世界的等价关系是互模拟的,只需要证明这样的世界之间,在两个模型之间具有相同的路径集和规则集即可。

**单调性的第三个互模拟**　首先考虑 $w$。对于通达集,取 $(\mathcal{M}_{\mathrm{Mon}\beta,\zeta})_{\mapsto\zeta'}$ 中通达集 $w$ 中的任意 $\alpha$。根据定义,或者 $\alpha\in w$,$w\in\mathcal{M}_{\mathrm{Mon}\beta,\zeta}$,或者 $\alpha$ 是通过 $\zeta'$ 的演绎运算增加的公式。在第一种情况下,$\alpha\in w$,由于结构运算并未对通达集进行修改,那么 $\alpha\in w$,$w\in\mathcal{M}_{\mapsto\zeta}$,且 $\alpha\in(\mathcal{M}_{\mapsto\zeta})_{\mathrm{Mon}\beta,\zeta}$。在第二种情况下,$\alpha\in\mathrm{cn}(\zeta')$,那么有 $\zeta'\in\mathcal{M}_{\mathrm{Mon}\beta,\zeta}$,$w$ 为通达集中的前提。那么,$\alpha$ 属于模型 $\mathcal{M}$ 中的规则集 $w$,根据假设,有 $\zeta$ 属于模型 $\mathcal{M}$ 中的规则集 $w$,所以 $\mathrm{cn}(\zeta)$ 不存在,但 $\mathrm{cn}(\zeta')$ 为模型 $\mathcal{M}_{\mapsto\zeta}$ 中的通达集 $w$,因此 $\alpha$ 属于 $(\mathcal{M}_{\mapsto\zeta})_{\mathrm{Mon}\beta,\zeta}$ 中的通达集 $w$。

另一个方向:取 $(\mathcal{M}_{\mapsto\zeta})_{\mathrm{Mon}\beta,\zeta}$ 中通达集 $w$ 中的 $\alpha$。那么由于 $\alpha$ 已经属于模型 $\mathcal{M}_{\mapsto\zeta}$ 中的通达集 $w$,因此,$\alpha$ 已经属于模型 $\mathcal{M}$ 中的 $w$,或者 $\alpha$ 是通过演绎运算增加的公式。在第一种情况下,$\alpha$ 可通过单调性和演绎运算得以保持,因此 $\alpha$ 属于 $(\mathcal{M}_{\mathrm{Mon}\beta,\zeta})_{\mapsto\zeta'}$ 中的通达集 $w$。在第二种情况下,$\alpha$ 为 $\mathrm{cn}(\zeta)$ 且有 $\mathrm{pm}(\zeta)$,并且对应于模型 $\mathcal{M}$ 中通达集 $w$ 中的 $\zeta$。根据假设,存在模型 $\mathcal{M}$ 中通达集 $w$ 中的 $\beta$,所以存在模型 $\mathcal{M}$ 中通达集 $\zeta$ 的所有前提,故 $\alpha$ 也属

于模型 $\mathcal{M}_{\mathrm{Mon}\beta,\zeta}$ 中的通达集 $w$。因此存在 $\zeta$ 属于模型 $\mathcal{M}$ 的规则集 $w$，存在模型 $\mathcal{M}_{\mathrm{Mon}\beta,\zeta}$ 中规则集 $w$ 中的 $\zeta'$。不存在 cn($\zeta'$)，存在cn($\zeta$)属于($\mathcal{M}_{\mathrm{Mon}\beta,\zeta}$)$_{\mapsto\zeta'}$中的通达集 $w$。

规则集的论证与此类似，因此 $w$ 具有与($\mathcal{M}_{\mathrm{Mon}\beta,\zeta}$)$_{\mapsto\zeta'}$和($\mathcal{M}_{\mapsto\zeta}$)$_{\mathrm{Mon}\beta,\zeta}$相同的路径集和规则集。

假设世界 $u$ 为模型($\mathcal{M}_{\mathrm{Mon}\beta,\zeta}$)$_{\mapsto\zeta'}$中的可及关系，且 $u$ 和 $w$ 是可及的。由于该运算并没有对 $\boldsymbol{R}$ 进行修改，因此 $u$ 和模型 $\mathcal{M}$ 中的 $w$ 是可及的，$u$ 也和模型($\mathcal{M}_{\mapsto\zeta}$)$_{\mathrm{Mon}\beta,\zeta}$ 中的 $w$ 是可及的。根据一致性，因为 $\sigma\in\boldsymbol{FA}(w)$ 且 $\zeta\in\boldsymbol{FR}(w)$，由 $\sigma$ 和 $\zeta$ 属于对应的 $u$ 集，那么借助关于 $w$ 的论证可以证明在两个模型中，$u$ 具有同样的信息和规则集。

这些互模拟可证明图 2.9 中的有效性。回顾单调性的如下两个公式：

带有 $\zeta'$ 的规则 $\mathrm{pm}(\zeta)\cup\{\beta\}\rightarrow\mathrm{cn}(\zeta)$ 是单调的。

$\langle\mathrm{Mon}_{\beta,\zeta}\rangle\langle\mapsto_\sigma\rangle\varphi\leftrightarrow\langle\mathrm{Mon}_{\beta,\zeta}\rangle\varphi$，对 $\sigma\neq\zeta'$；

$\langle\mathrm{Mon}_{\beta,\zeta}\rangle\langle\mapsto_{\zeta'}\rangle\varphi\leftrightarrow(\langle\mapsto_{\zeta'}\rangle\varphi\vee(A_\beta\wedge R\zeta\wedge\langle\mapsto_\zeta\rangle\langle\mathrm{Mon}_{\beta,\zeta}\rangle\varphi))$。

第一个公式表示该运算并不影响带有和新规则不同的规则的演绎推理，可以推出关于单调性的第一个互模拟：

如果 $\beta\neq\zeta'$，那么($\mathcal{M}_{\mathrm{Mon}\beta,\zeta\ \mapsto\sigma}$，$w$)$\rightleftharpoons$($\mathcal{M}_{\mapsto\sigma\ \mathrm{Mon}\beta,\zeta}$，$w$)。

第二个公式表示生成规则在经过结构运算之后是如何进行演绎的，可表示为两种情况下的析取。如果通过单调性运算而建立的规则已经属于初始的规则集，那么它就与单调性运算无关，这正是演绎所必需的，故可以推出结构运算的第二个互模拟：

如果 $\zeta'\in\boldsymbol{FR}(w)$，那么($\mathcal{M}_{\mathrm{Mon}\beta,\zeta\ \mapsto\zeta'}$，$w$)$\rightleftharpoons$($\mathcal{M}_{\mapsto\zeta'}$，$w$)。

但是，如果所构建的规则不属于初始集，那么就需要增加一些条件，根据运算的第三个互模拟，如果 $\beta\in\boldsymbol{FA}(w)$ 且 $\zeta\in\boldsymbol{FR}(w)$，那么

$$(\mathcal{M}_{\mathrm{Mon}\beta,\zeta\ \mapsto\zeta'},w)\rightleftharpoons(\mathcal{M}_{\mapsto\zeta'\ \mathrm{Mon}\beta,\zeta},w)$$

## 第四节　观察的逻辑

可用刻画内涵动态的语言来表达通过演绎步骤如何对显性知识进行修正，以及通过结构运算如何对有效规则进行扩充，但不能用来刻画知识是如何通过外部动态而发生作用的。现将该框架扩充为可以用来表达观察的

框架。

动态认知逻辑的语境可用来刻画这样的行动：可将观察行为解释为从可能世界里将不成立的观察事实剔除出去的一种运算。此框架可对主体的信息给出更好的刻画，通过可及关系给出的隐性公式和通过通达集给出的显性知识是有区别的。在基于主体的隐性信息的基础上的每一个观察都可以通过不同的方式进行刻画，其处理的是主体的外部信息。下面给出显性观察的定义。

不同的观察可能会以不同的方式影响主体的显性信息。显性观察的作用是将可观察的公式增加到其所对应的集合中。

**定义 2.26**（显性观察运算） 令模型 $\mathcal{M}=\langle W,R,V,\boldsymbol{FA},\boldsymbol{FR}\rangle$ 为 IE 模型，令 $\chi$ 为命题逻辑中的公式，或建立在其上的规则。模型 $\mathcal{M}_{\chi!+}=\langle W',R',V',\boldsymbol{FA}',\boldsymbol{FR}'\rangle$ 可通过下面的方式给出：

$W':=\{w\in W\mid(M,w)\vDash\chi\}$（或 $W':=\{w\in W\mid(M,w)\vDash\mathrm{tr}(\chi)\}$）；

$R':=R\cap(W'\times W')$；

而且，对于每一个 $w\in W'$，

$V'(w):=V(w)$；

$\boldsymbol{FA}'(w):=\boldsymbol{FA}(w)\cup\{\chi\}$（或 $\boldsymbol{FA}'(w):=\boldsymbol{FA}(w)$）；

$\boldsymbol{FR}'(w):=\boldsymbol{FR}(w)$（或 $\boldsymbol{FR}'(w):=\boldsymbol{FR}(w)\cup\{\chi\}$）。

运算 $(\cdot)_{\chi!+}$ 称为带有 $\chi$ 的显性观察运算。

显性观察运算行为是相对于世界、可及关系和赋值的观察。首先从可能世界中将不成立的观察剔除，并将可及关系限制在新的定义域内，且使可保持的可能世界中的原子赋值保持不变。和通达集和规则集相对应，在显性观察 $\chi$ 中将 $\chi$ 增加到所对应的每一个世界集中，所以，主体应该具有显性的观察。

显性观察运算也可以在 $\mathrm{IE}_K$ 模型中得到保持。

**命题 2.3** 令模型 $\mathcal{M}$ 为 $\mathrm{IE}_K$ 模型，令 $\chi$ 为命题逻辑中的公式或建立在命题逻辑规则上的公式。如果模型 $\mathcal{M}\in\mathrm{IE}_K$，那么模型 $\mathcal{M}\in\mathcal{M}_{\chi!+}$。

**证** 等价性可以直接推出。对于子模型而言，由于路径（或规则）集是一致的扩充，因此一致性的证明也比较简单。根据公式（或规则）的真值性可推出 $\chi$（或 $\mathrm{tr}(\chi)$）是命题，故可保持世界中的原子赋值保持不变。

**显性观察运算闭包** 定义 2.26 中的 $\mathrm{IE}_K$ 模型在显性观察运算下是封闭的。

令模型 $\mathcal{M}=\langle W,R,V,\boldsymbol{FA},\boldsymbol{FR}\rangle$ 为 $\mathrm{IE}_K$ 中的模型。为了证明 $\mathcal{M}_{\chi!+}$ 也属于 $\mathrm{IE}_K$，需要证明它满足关于公式的等价性、一致性和真值性，以及关于规则的一致性和真值性。

等价性可以直接推出，因此新的模型为初始模型中的子模型。另外，假设 $\chi$ 为公式。公式 $\mathcal{M}_{\chi!+}$ 的一致性可以由 $\mathcal{M}$ 推出。事实上，是将一致的 $\chi$ 增加到所有可保持的世界里。$\mathcal{M}_{\chi!+}$ 规则的一致性也可以简单地由 $\mathcal{M}$ 推出。$\mathcal{M}_{\chi!+}$ 的真值性也可以由 $\mathcal{M}$ 推出，公式的真值在命题集中仅依赖于每一个世界的原子赋值，且未通过任何运算对其进行修改，根据事实，可严格地将可保持世界限制为 $\chi$ 是真的世界。关于 $\mathcal{M}_{\chi!+}$ 规则的真值依赖于模型 $\mathcal{M}$，因为规则转换的真值依靠每一个世界中未更改的原子赋值。$\chi$ 为规则的证明情况与此类似。

显性观察的语言 $I\epsilon_D{}^{S!+}$ 是通过对存在模态 $I\epsilon_D{}^{S}$ 进行扩充而得到的。新公式 $\langle\chi!^+\rangle\varphi$ 可读作“在 $\varphi$ 是这种情况下，存在显性的观察 $\chi$”。主体为了观察公式 $\chi$，需要使 $\chi$ 为真的；主体为了观察规则 $\chi$，则需要使 $\chi$ 为保真的。即

$$\mathrm{Pre}_{\chi!+}:=\begin{cases}\chi, & \text{如果 } \chi \text{ 是一个公式}\\ \mathrm{tr}(\chi), & \text{如果 } \chi \text{ 是一个规则}\end{cases}$$

显性观察公式的语义可以通过下面的方式给出：

**定义 2.27**（解释语义）　令 $(\mathcal{M},w)$ 为点 **IE** 模型，则

$(\mathcal{M},w)\models\langle\chi!^+\rangle\varphi$，当且仅当 $(\mathcal{M},w)\models\mathrm{Pre}_{\chi!+}$ 且 $(\mathcal{M}_{\chi!+},w)\models\varphi$。

全称模态的定义如通常，可通过下面的方式给出：

$(\mathcal{M},w)\models[\chi!^+]\varphi$，当且仅当 $(\mathcal{M},w)\models\mathrm{Pre}_{\chi!+}\rightarrow(\mathcal{M}_{\chi!+},w)\models\varphi$。

$\langle\chi!^+\rangle\varphi$ 在 $\mathcal{M}$ 中的 $w$ 上成立，当且仅当在 $w$ 上，主体可以观察到 $\chi$（即 $\chi$ 是真的或者是保真的），且显性地完成行动之后，$\varphi$ 成立。

**公理系统**　对应于 **IE** 模型的新语言的可靠的和完全的公理系统可以看作是由建立在以上已经证明的和关于新的模态算子的归约公理给出的。

**定理 2.5**（显性观察模态算子的归约公理）　图 2.11 提供了显性观察模态算子的归约公理和 $\mathrm{IE}_K$ 模型，建立了对应于 $\mathrm{IE}_K$ 模型的语言 $I\epsilon_D{}^{S!+}$ 的可靠的和完全的公理系统。

$!^+_p$ $\vdash \langle \chi !^+ \rangle p \leftrightarrow (\mathrm{Pre}_{\chi !+} \wedge p)$

$!^+_\neg$ $\vdash \langle \chi !^+ \rangle \neg\varphi \leftrightarrow (\mathrm{Pre}_{\chi !+} \wedge \neg\langle \chi !^+ \rangle \varphi)$

$!^+_\vee$ $\vdash \langle \chi !^+ \rangle (\varphi \vee \psi) \leftrightarrow (\langle \chi !^+ \rangle \varphi \vee \langle \chi !^+ \rangle \psi)$

$!^+_\Diamond$ $\vdash \langle \chi !^+ \rangle \Diamond\varphi \leftrightarrow (\mathrm{Pre}_{\chi !+} \wedge \Diamond\langle \chi !^+ \rangle \varphi)$

$!^+_N$ 从 $\vdash \varphi$，可以推出 $\vdash [\chi !^+]\varphi$

如果 $\chi$ 是公式：

$!^+_A$ $\vdash \langle \chi !^+ \rangle \boldsymbol{A}\chi \leftrightarrow \mathrm{Pre}_{\chi !+}$

$!^+_A$ $\vdash \langle \chi !^+ \rangle \boldsymbol{A}\alpha \leftrightarrow (\mathrm{Pre}_{\chi !+} \wedge \boldsymbol{A}\alpha)$，对于 $\alpha \neq \chi$

$!^+_R$ $\vdash \langle \chi !^+ \rangle \boldsymbol{R}\rho \leftrightarrow (\mathrm{Pre}_{\chi !+} \wedge \boldsymbol{R}\rho)$

如果 $\chi$ 是规则：

$!^+_A$ $\vdash \langle \chi !^+ \rangle \boldsymbol{A}\alpha \leftrightarrow (\mathrm{Pre}_{\chi !+} \wedge \boldsymbol{A}\alpha)$

$!^+_R$ $\vdash \langle \chi !^+ \rangle \boldsymbol{R}\chi \leftrightarrow \mathrm{Pre}_{\chi !+}$

$!^+_R$ $\vdash \langle \chi !^+ \rangle \boldsymbol{R}\rho \leftrightarrow (\mathrm{Pre}_{\chi !+} \wedge \boldsymbol{R}\rho)$，对于 $\rho \neq \chi$

图 2.11 显性观察模态算子的公理和规则

可用图 2.11 中的相关公理刻画关于公式和规则的显性信息。主体可以通过执行观察行动之后获得一个显性的观察结果，并且假定在观察之前的显性信息都可得到保持。其公理类似于演绎和结构运算，只是其前提不同而已。而在演绎和结构运算中，主体需要有足够的显性信息来扩充新的信息，观察是更基础的一个信息进程：要求观察应该是真的（或者是保真的）。

可通过某些有效性来刻画这两个信息进程，即保真性推理和观察，以及它们之间的互动。根据观察 $\chi$ 是公式还是规则，图 2.12 给出了两种情况。当观察不是主体所需要的推理时，第一个公式表示不受演绎影响的观察；第二个公式表示两种可能的析取：观察是显性信息或者不是显性信息。这些规则和图 2.9 中的规则可用于刻画外部的和内部的动态之间的相互作用。

如果 $\chi$ 是公式：

$\langle \chi !^+ \rangle \langle \mapsto_\sigma \rangle \varphi \leftrightarrow \langle \mapsto_\sigma \rangle \langle \chi !^+ \rangle \varphi$，对于 $\chi \notin \mathrm{pm}(\sigma)$

$\langle \chi !^+ \rangle \langle \mapsto_\sigma \rangle \varphi \leftrightarrow (\langle \mapsto_\sigma \rangle \langle \chi !^+ \rangle \varphi \vee (A\chi \wedge \langle \mapsto_\sigma \rangle \langle \chi !^+ \rangle \varphi))$，对于 $\chi \in \mathrm{pm}(\sigma)$

如果 $\chi$ 是规则：

$\langle \chi !^+ \rangle \langle \mapsto_\sigma \rangle \varphi \leftrightarrow \langle \mapsto_\sigma \rangle \langle \chi !^+ \rangle \varphi$，对于 $\chi \neq \sigma$

$\langle \chi !^+ \rangle \langle \mapsto_\chi \rangle \varphi \leftrightarrow (\langle \mapsto_\chi \rangle \langle \chi !^+ \rangle \varphi \vee (\boldsymbol{R}\chi \wedge \langle \mapsto_\sigma \rangle \langle \chi !^+ \rangle \varphi))$，对于 $\chi = \sigma$

图 2.12 显性观察和演绎相关的公式

显性观察和演绎的证明如下：

**证**　类似于结构运算和演绎，公式的有效性可以根据互模拟推出。

如果 $\chi$ 是一个公式：

如果 $\chi \notin \mathrm{pm}(\sigma)$，那么 $(\mathcal{M}_{\chi!+\mapsto\sigma}, w) \rightleftarrows (\mathcal{M}_{\mapsto\sigma\ \chi!+}, w)$；

如果 $\chi \in \mathrm{pm}(\sigma)$ 且 $\alpha \in \boldsymbol{FA}(w)$，那么 $(\mathcal{M}_{\chi!+\mapsto\sigma}, w) \rightleftarrows (\mathcal{M}_{\mapsto\sigma\ \chi!+}, w)$。

如果 $\chi$ 是一个规则：

如果 $\chi \neq \sigma$，那么 $(\mathcal{M}_{\chi!+\mapsto\sigma}, w) \rightleftarrows (\mathcal{M}_{\mapsto\sigma\ \chi!+}, w)$；

如果 $\chi = \sigma$ 且 $\chi \in \boldsymbol{FR}(w)$，那么 $(\mathcal{M}_{\chi!+\mapsto\sigma}, w) \rightleftarrows (\mathcal{M}_{\mapsto\sigma\ \chi!+}, w)$。

该证明类似于结构运算和演绎的情况：从可能世界中剔除了显性观察，并对可及关系进行了修改。

下面就用前面建立的框架来刻画例 2.1 中的餐馆问题。服务员的初始信息可以通过带有 6 个可能世界的模型 $\mathcal{M}$ 给出，每一个可能世界分别表示菜名的分配情况，并且所有的可能世界都是不可区分的。对于该语言，可以考虑形如 $P_d$ 这样的原子公式，其中用 $P$ 表示人（父亲、母亲和你），用 $d$ 表示菜名（肉、鱼和蔬菜）。服务员显性地知道每一个人只能选一道菜，可得出下面的规则：

$$\rho_1 : \{y_f\} \to \neg y_v, \quad \rho_2 : \{f_m\} \to \neg f_v$$

且每一个世界中的情况都是类似的。另外，服务员可以显性地知道每一道菜分别对应于一个人，所以可增加下面的规则：

$$\sigma : \{\neg y_v, \neg f_v\} \to m_v$$

令 $w$ 为现实世界，其中 $y_f$，$f_m$ 和 $m_v$ 都是真的。在最初的情境下，服务员既不能显性地知道，也不能隐性地知道你的母亲会选择蔬菜，即

$$(\mathcal{M}, w) \models \neg\Box m_v \wedge \neg A m_v$$

借助图 2.11 中的方法，服务员可以增加他所知道的规则。虽然这并没有给他提供新的显性事实，但可以在随后减少大量的推理步骤。由 $\rho_1$ 和 $\sigma$，并且第一个结论是第二个结论的前提，所以可以利用建立在其上的分割规则，得

$$\zeta_1 : \{y_f, \neg f_v\} \to m_v$$

然后，有

$$(\mathcal{M}, w) \models \langle \mathrm{Cut}_{\rho 1, \sigma} \rangle (\neg\Box m_v \wedge \neg A m_v \wedge R_{\zeta 1})$$

另外，服务员可以再次利用分割规则，并借助 $\rho_2$ 和 $\zeta_1$，获得如下规则：

$$\zeta_2 : \{y_f, f_m\} \to m_v$$

现在有

$$(\mathcal{M}, w) \models \langle \mathrm{Cut}_{\rho 1, \sigma} \rangle \langle \mathrm{Cut}_{\rho 2, \zeta 1} \rangle (\neg\Box m_v \wedge \neg A m_v \wedge R_{\zeta 2})$$

在提问过第一个问题“谁需要鱼?”之后,服务员显性地知道你们已经有了一盘鱼。此时将会有四个可能世界被剔除,但他仍然不知道(既非显性也非隐性)你的母亲想要的是蔬菜。即有

$$(\mathcal{M},w)\vDash\langle \mathrm{Cut}_{\rho,\sigma}\rangle\langle \mathrm{Cut}_{\rho,\zeta1}\rangle\langle y_f{}^{!+}\rangle(\neg\Box m_v\wedge\neg Am_v\wedge R_{\zeta2}\wedge Ay_f)$$

随后他接着问:“谁需要肉?”对该问题的回答不仅会给出他关于你父亲想要肉的显性知识,而且也会给出他关于你的母亲所需要的是蔬菜的隐性知识。即有

$$(\mathcal{M},w)\vDash\langle \mathrm{Cut}_{\rho1,\sigma}\rangle\langle \mathrm{Cut}_{\rho2,\zeta2}\rangle\langle y_f{}^{!+}\rangle\langle f_m{}^{!+}\rangle(\Box m_v\wedge\neg Am_v\wedge R_{\zeta2}\wedge Ay_f\wedge Af_m)$$

现在他可以完成最终的推理步骤:

$$(\mathcal{M},w)\vDash\langle \mathrm{Cut}_{\rho1,\sigma}\rangle\langle \mathrm{Cut}_{\rho2,\zeta1}\rangle\langle y_f{}^{!+}\rangle\langle f_m{}^{!+}\rangle(\Box m_v\wedge R_{\zeta2}\wedge Ay_f\wedge Af_m\wedge\langle\mapsto_{\zeta2}\rangle\neg Am_v)$$

通过两个结构运算、两个显性观察和一个保真推理就可以得出所有的结果。

## 本章小结

通过对每一个可能世界上的公式集和规则集的可能世界进行扩充,本章提供了可用于对主体的信息进行良性区分的框架。这不仅可以刻画有关“认知”的隐性信息,而且可以刻画其显性信息。通过这些语义模型,显性信息可以用若干种方法进行定义。前面已经探索了主体的显性信息可以通过其在赋值点($A\varphi$)上的公式集的方法给出,然后利用扩充条件生成关于隐性信息和显性信息的规则,即隐性知识和显性知识。通过将语形和语义结合可以提供一个精致的结构,用来刻画非理想(即非全能的)主体的信息。本章所引入的一系列的静态概念,包括与它们相关的定义和可满足的相关模型性质,可以通过表 2.1 给出。

**表 2.1　静态信息的概念、定义及相关的模型条件**

| 概念 | 定义 | 相关的模型条件 |
|---|---|---|
| 隐性信息 | $\Box\varphi$ | — |
| 显性信息 | $A\alpha$ | 一致性 |
| 隐性知识 | $\Box\varphi$ | 等价的可及关系 |
| 显性知识 | $A\alpha$ | 一致性和真值 |

在此所提供的显性观察类似于动态认知逻辑中的观察行动，但并非之前所定义和研究的显性行动，它同时还提供了关于主体信息的推理，并提供了信息行动的良性表达。保真性推理与标准的动态认知逻辑中的行动是不相关的，原因在于所刻画的主体是全能的。另外，还可获得其他一些直觉的表达式。还存在更多种类的信息，一旦定义了基于规则的推理行动，就需要证明这样的结构运算如何才能让主体扩充他可以利用的规则。在所有的情况下，都提供了一种模型运算，以及和该语言所对应的模态性质。归约公理可以刻画如何通过运算修改该语言中公式的真值，也可以刻画演绎、结构运算和相互之间的观察互动的有效性。表 2.2 给出了本章所涉及的行动及其作用。

**表 2.2　行动及其作用**

| 行动 | 作用 |
|---|---|
| 保真性推理 | 将隐性知识转换为显性知识 |
| 结构运算 | 增加主体可以利用的保真性规则 |
| 显性观察 | 主体的隐性知识和显性知识之间的转换 |

另外，还存在一些不完全满足的情况。其中，最重要的是将主体的信息仅限制为命题公式，不包括高阶信息，即关于他自己的信息以及其他主体的信息的信息，行动是如何影响他的信息以及其他主体的信息的信息。做出这种限制的通达集是纯命题公式。通常，完全的隐性/显性语言公式的真值并不是通过显性的观察运算来保持的，那么对公式而言，该运算并不能保证真实性。在关于显性信息的定义中，该性质需要处理的真信息的情况就是知识。

通常情况下，并不能简单地将一个完全的隐性/显性语言的真的观察公式增加到通达集中，因为它可能在经过观察行动之后变成假的。例如，形如 $p\wedge\neg\Box p$ 的摩尔公式。直觉上，“$p$ 是这种情况并且主体并不知道它(隐性地)”的观察将会使主体知道(隐性地知道) $p$，因此，观察将不再是真的。一个关于 $p\wedge\neg\Box p$ 的显性观察只能保持这些世界中的观察在原始模型中为真的，但运算将会影响可及关系，所以根据运算的结果，$\neg\Box p$ 在该模型中并不一定是真的。

最初为了解决该限制可能会改变新的通达集函数，其目的仅是保持这些公式在新的模型中仍然是真的。另外，这样的定义可能会造成循环定义。新的通达集中所包含的初始模型中的公式，在新的模型中仍然是真的。但是，为了确定一个显性公式 $A\alpha$ 在新的模型中是否为真的，需要一个新的通达集，严格地说需要给出新的定义。

有研究指出，非全能的主体能够拥有和真命题相关的信息是合理的，需要主体也具有高阶信息，并建议在通达集中包含任意的全语言的公式，但真值定理只对纯命题部分有效。非全能的主体并不需要自动认识到所观察到的所有的高阶后承。另外，根据信息行动，主体应该能够最终认识到某些他所拥有的、在将要“过时”之前的显性的(高阶)信息，因此主体应该能够具有自我纠错的能力。

本书有关显性信息的定义并不是唯一的，还需要讨论某些其他的择代系统。

# 第三章 觉知逻辑

逻辑全能并不只是理想的认知逻辑主体所特有的。在可能世界模型中，主体未必能够在他认为可能的世界中意识到所有的真的公式，但可能世界模型则假定主体可以意识到该语言的所有公式。

下面研究动态的觉知逻辑，即觉知变化的逻辑。可借助一般框架来处理觉知逻辑。①

## 第一节 觉知逻辑

觉知逻辑是建立在观察行为的基础之上的。首先，模态算子□不能被理解为主体实际上拥有的信息，而应该被理解为主体最终获得的信息，即主体的隐性信息。其次，为了使隐性信息变得更加显性化，假定主体可以觉知到该信息。

觉知逻辑的语言是建立在认知逻辑(EL)语言的基础上，并通过增加觉知算子($AK$)所做的扩充，且可构造形如 $AK\varphi$ 这样的公式。

**定义 3.1**(觉知语言) 令 $P$ 为原子命题集。觉知语言($\mathcal{L}$)的公式 $\varphi,\psi$ 可通过下面的方式给出：

$$\varphi ::= p \mid AK\varphi \mid \neg\varphi \mid \varphi\wedge\psi \mid \Box\varphi$$

且 $p\in P$。其他的布尔联结词($\vee,\rightarrow,\leftrightarrow$)和存在模态算子($\Diamond$)的定义如通常。

形如 $AK\varphi$ 的公式可读作"主体觉知到 $\varphi$"，公式 $\Box\varphi$ 可读作"主体隐性地获知 $\varphi$"。觉知语言可用可能世界模型进行解释，在每一个可能世界中给主体指派一个公式集，并用这种方法刻画主体所觉知到的信息。

**定义 3.2**(觉知模型) 令 $P$ 为原子命题集。觉知模型为多元组 $\mathcal{M}=\langle W,R,\boldsymbol{FA},V\rangle$，其中 $\langle W,R,V\rangle$ 表示标准的可能世界模型，且 $\boldsymbol{FA}:W\rightarrow\mathcal{P}(L)$ 为觉知函数，用公式表示主体的"思想"。$\boldsymbol{FA}(w)$ 表示主体在 $w$ 上的

① Fagin, R. and Halpern, J. Y., 1988: "Belief, Awareness, and Limited Reasoning", *Artificial Intelligence*, Vol.34, No.1: pp.39-76.

觉知集。

如通常，一个点觉知模型$(\mathcal{M},w)$同样具有可区分的世界 $w$。

下面给出觉知语言中公式的语义解释。

**定义 3.3**（语义解释） 令模型$(\mathcal{M},w)$为点觉知模型，且模型 $\mathcal{M}=\langle W,R,\boldsymbol{FA},V\rangle$。原子命题和布尔联结词的解释如通常，$AK\varphi$ 和$\Box\varphi$ 可解释为：

(1)$(\mathcal{M},w)\models AK\varphi$，当且仅当 $\varphi\in\boldsymbol{FA}(w)$；

(2)$(\mathcal{M},w)\models\Box\varphi$，当且仅当对所有的 $u\in W$，$wRu\rightarrow(\mathcal{M},u)\models\varphi$。

尽管觉知逻辑和模态逻辑的语形和语义的解释相同，但觉知和路径(access)是有区别的。而路径可理解为“将获得主体认可的信息看作是真的”，觉知到属于意识领域的问题；称“主体觉知到了 $\varphi$”仅表示“主体接收到 $\varphi$”。该概念并不包含赞成或反对的态度：主体可能会相信 $\varphi$，但也可能会拒绝接受 $\varphi$。换言之，这两个词项之间的关系是“觉知”并不蕴涵“觉知到了”。

在这些模型中，增加了关于可及关系的标准的认知假设，例如自返性、传递性和对称性。另外，还可以在觉知集上增加更多的假设，如合取和析取之间相互转换的闭包，或者根据某些原子命题的子集所生成的闭包，以及根据人们思想中的觉知的特殊概念的闭包。

觉知逻辑的公理系统类似于最小的认知逻辑系统。因此，不需要考虑关于可及关系或者觉知集的特殊性质，也不需要特殊的公理。

下面定义显性信息。为了表示主体关于某些公式的显性信息，主体除了需要具有隐性信息外，还应该能够觉知到这些信息。即主体“在相信之前需要先觉知到该概念”。[①] 显性信息可定义为

$$\Box\varphi\wedge AK\varphi$$

**例 3.1** 图 3.1 所示的单个世界模型表示主体隐性地获知了 $p$，同时也获知了 $q$。当主体觉知到 $p$ 时，却并没有觉知到 $q$，所以显性地获知到的 $p$ 和 $q$ 是不同的。

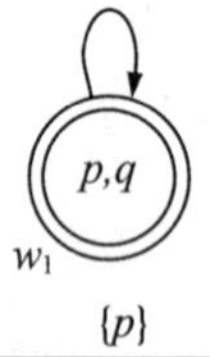


$(\mathcal{M},w_1)\models\Box p\wedge\Box q$；$(\mathcal{M},w_1)\models AKp\wedge\neg AK\Box q$；

$(\mathcal{M},w_1)\models(\Box p\wedge AKp)\wedge\neg(\Box q\wedge AKq)$

图 3.1 例 3.1 的模型

如果不考虑规则集函数和规则公式，觉知逻辑和前面所提供的框架间

① Fagin, R. and Halpern, J.Y., 1988: “Belief, Awareness, and Limited Reasoning”, *Artificial Intelligence*, Vol.34, No.1: pp.39-76.

存在三个区别。第一，**FA** 集可解释为主体觉知到的不同于"主体的显性信息"的信息；第二，集合中只包含觉知语言的任意的命题公式；第三，显性信息可定义为通过与前面所使用的 $AK\varphi$ 不同的隐性信息加上觉知获得，即$\Box\varphi \wedge AK\varphi$。

## 第二节　显性信息

有人认为□算子不应该被理解为用来表示主体事实上具有的"全方面的信息"，但可被理解为隐性的信息，用来表示主体最终所拥有的信息。

**基于初始概念的显性信息**　假设显性信息的初始概念可以通过函数 **FA** 指派给每一个可能世界一个公式集的方式给出。对于知识的恰当表达，需要假设在这些集合中的所有公式都不仅可以通过可及关系保持，而且在其相对应的世界中也是真的。因此，最终的性质不能仅通过标准的模型运算来保持，而必须将 **FA** 集中的公式限制为公式的真值不受这些变化影响的公式，即纯命题公式。

**基于被定义的显性信息**　显性信息可以定义为□和 $AK$ 的组合，即$\Box\varphi \wedge AK\varphi$，指当 $\varphi$ 是隐性信息且 $\varphi$ 属于由赋值点组成的 **FA** 集时是显性信息。

在认知逻辑中，要求 **FA** 集中的命题公式 $\alpha$ 是真的(真值定理：$AK\alpha \rightarrow \alpha$)，根据可及关系，这些公式是可保持的(一致性：$AK\alpha \rightarrow \Box AK\alpha$)，并且具有自返性($\Box\varphi \rightarrow \varphi$)(另外，也具有传递性和对称性)。根据这些性质，有下面的等价式：

$AK\alpha \leftrightarrow \Box AK\alpha$　　　　根据一致性(→)和自返性(←)

$\leftrightarrow \Box(\alpha \wedge AK\alpha)$　　　　根据真值定理(→)和命题逻辑(←)

在 $IE_K$ 模型中，显性信息等价于$\Box(\alpha \wedge AK\alpha)$。

$\Box(\alpha \wedge AK\alpha)$满足一致性和真值条件吗？对该公式的要求如下：$\alpha$ 在所有的与 $R$ 可及的世界中的 **FA** 集中是可保持的，该公式在每一个这样的世界中都是真的。因此，这两条性质并不需要其他的一些条件。在一般的模型类中，该公式必须满足一致性条件；在处理隐性和显性信息的特殊情况下，该公式要求满足真值性和自返性，即隐性知识和显性知识。但是，如果将显性信息定义为$\Box(\varphi \wedge AK\varphi)$，为了能够具有真的隐性和显性信息，那么该公式只需要满足自返性即可，这类似于经典认知逻辑中的情况。

在择代的定义中并不要求该公式满足保真性，但可对 **FA** 集进行限制，以满足该语言的任意公式。因此，主体不仅需要具备关于命题事实的显性信息和关于其他主体的信息，并且也需要在行动结束之后拥有关于主体的信息是如何发生变化的信息，同时还要保证$\Box(\varphi \wedge AK\varphi) \rightarrow \Box\varphi$是有效的，故显性信息通常也是隐性信息。

可将显性信息定义为$\Box\varphi \wedge AK\varphi$，但有时将其定义为$\Box(\varphi \wedge AK\varphi)$可能会更加合适。显性信息具有隐性信息的正内省性质：如果主体显性地获知$\varphi$，那么他将隐性地获知这一信息。该性质可以通过公式$(\Box\varphi \wedge AK\varphi) \rightarrow \Box(\Box\varphi \wedge AK\varphi)$来表示。即使对可及关系有所限制，该公式在觉知模型中也不是有效的。认知逻辑也可以用来刻画正内省性。在图 3.2 所示的模型中，$\Box p \wedge AKp$在$w_1$上满足，但$\Box(\Box p \wedge AKp)$在$w_1$上不满足。

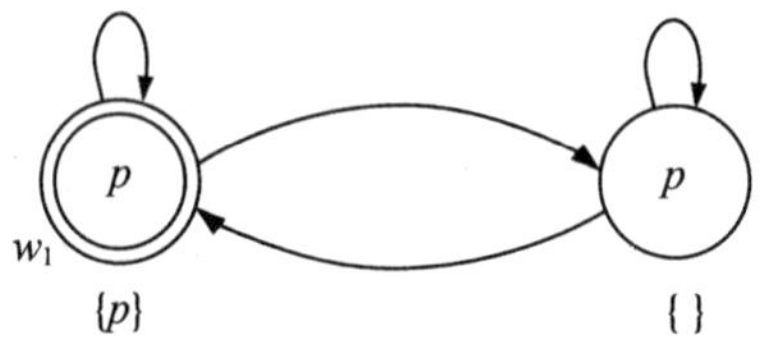


图 3.2　刻画主体的正内省性的模型

可将隐性信息理解为“主体最想做的”。那么，如果主体不具有关于他的显性信息的隐性信息，就不能够使隐性信息变成显性信息，即不能通过自身而连续地获得显性的正内省性质。

根据择代的定义，隐性正内省性可以通过公式$\Box(\varphi \wedge AK\varphi) \rightarrow \Box\Box(\varphi \wedge AK\varphi)$来表达。该公式在一般的模型类中并不是有效的，但在传递的模型类中是有效的。换言之，隐性正内省性依靠可及关系的定义，类似于经典的认知逻辑。用同样的方法，欧性的可及关系满足隐性的负内省性质，需要证明公式$\neg\Box(\varphi \wedge AK\varphi) \rightarrow \Box\neg\Box(\varphi \wedge AK\varphi)$是有效的。

经典的认知逻辑不仅需要满足信息$\Box\varphi$，而且也需要满足可能性$\Diamond\varphi$，即主体认为$\varphi$是可能的。可将显性信息定义为$\Box(\varphi \wedge AK\varphi)$，显然，$\Diamond(\varphi \wedge AK\varphi)$指主体认为$\varphi$是显性可能的。

可将显性信息定义为

$$\mathrm{Ex}\varphi := \Box(\varphi \wedge AK\varphi)$$

## 第三节　觉知模型运算

觉知模型是用来刻画动态信息的模型。尽管主体并不是逻辑全能的，但是其可以通过多种可能的复杂行动得到新的信息。和显性信息的定义一致，在某种含义下，需要寻找一个简单的行动转换模型，来分析更复杂的信息行动。

**定义基础行动**　刻画信息的模型由两部分组成：可及关系和觉知集。下文将定义更复杂的认知行动。

下面用思考运算表达“意识提升”行动：

**定义 3.4**(思考运算)　令模型 $\mathcal{M}=\langle W,R,\boldsymbol{FA},V\rangle$，$\chi$ 为命题逻辑中的任意公式。模型 $\mathcal{M}_{+\chi}=\langle W,R,\boldsymbol{FA}',V\rangle$ 属于 $\mathcal{M}$，且 $\mathcal{M}_{+\chi}$ 的觉知集是在模型 $\mathcal{M}$ 中通过增加 $\chi$ 所做的扩充，即对每一个 $w\in W$，

$$\boldsymbol{FA}'(w):=\boldsymbol{FA}(w)\cup\{\chi\}$$

思考运算扩充了主体所觉知的公式，但也可用和思考相反的运算定义遗忘(drop)运算：减少觉知集。它主要包括扩充和收缩两种运算思想。

**定义 3.5**(遗忘运算)　令模型 $\mathcal{M}=\langle W,R,\boldsymbol{FA},V\rangle$，且 $\chi$ 为命题逻辑中的公式。模型 $\mathcal{M}_{-\chi}=\langle W,R,\boldsymbol{FA}',V\rangle$ 可以通过剔除 $\mathcal{M}$ 中的 $\chi$ 的方法来减少觉知集，即对每一个 $w\in W$，

$$\boldsymbol{FA}'(w):=\boldsymbol{FA}(w)\backslash\{\chi\}$$

该运算可以看作“遗忘”公式，在动态认知逻辑中该行动通常被忽略[可以参看 van Ditmarsch et al(2009)①和 van Ditmarsch and French(2009)②中的思想]。

借助动态认知逻辑，可以通过放弃那些已经观察到的公式 $\chi$ 不成立的世界，而对主体的显性信息进行修正。

**定义 3.6**(隐性观察运算)　令模型 $\mathcal{M}=\langle W,R,\boldsymbol{FA},V\rangle$，且 $\chi$ 为命题逻辑中的公式。模型 $\mathcal{M}_{\chi!}=\langle W',R',\boldsymbol{FA}',V'\rangle$ 可通过下面的方式给出：

$$W':=\{w\in W\mid(\mathcal{M},w)\vDash\chi\},\quad R':=R\cap(W'\times W')$$

而且，对于每一个 $w\in W'$，有

$$\boldsymbol{FA}'(w):=AK(w),\quad V'(w):=V(w)$$

该观察是隐性的。

---

① van Ditmarsch, H., Herzig, A., Marquis, P., et al, 2009: “Introspective Forgetting”, *Knowledge, Rationality and Action*, Vol.169, No.2(July): pp.405-423.

② van Ditmarsch, H. and French, T., 2009: “Awareness and Forgetting of Facts and Agents”, In Proceedings of the 2009 IEEE/WIC/ACM International Joint Conference on Web Intelligence and Intelligent Agent Technologies (WI-IAT 2009), Milan, pp. 60, 77, 85, 90, 99, 100, 101, and 119.

**构造复杂的行动** 复杂行动可以通过对基础的行动进行组合的方法构造。“显性观察”运算可用下面的方法定义：

**定义 3.7(显性观察运算)** 类似于公开宣告逻辑中的公开宣告[Plaza (1989)[1]和 Gerbrandy (1999)[2]],显性观察算子可通过隐性观察和思考行动定义如下：

$$\mathcal{M}_{EO(\chi)}:=(\mathcal{M}_{\chi!})_{+\chi}$$

可将模型中两个独立的组成部分进行互换。如果将这两种运算的顺序进行互换,结果仍然成立。

**保持静态的约束** 一致性(coherence)(也称基于 ***FA*** 集的弱内省性)或者可及性的等价关系等推理条件,可通过下面的运算得到保持。

**命题 3.1** 思考能够保持一致性和等价关系。

**证** 因为并未对可及关系 $R$ 进行修改,所以可及关系 $R$ 的等价性显然是可保持的。

一致性。取模型 $\mathcal{M}_{+\chi}$ 中的世界 $w$ 和任意 $\varphi\in \boldsymbol{FA}'(w)$。假设 $wRu$,如果 $\varphi\in \boldsymbol{FA}(w)$,那么 $\varphi\in \boldsymbol{FA}(u)$,因为 $\mathcal{M}$ 满足该规则,那么根据 $\boldsymbol{FA}'$ 的定义,有 $\varphi\in \boldsymbol{FA}'(u)$;如果 $\varphi\notin \boldsymbol{FA}(w)$,那么即为 $\chi$ 本身,根据定义,有 $\varphi\in \boldsymbol{FA}'(u)$。

同样地,遗忘运算也能够保持这两条性质。

**命题 3.2** 遗忘也能够保持一致性和等价关系。

隐性观察行为具有同样的作用。

**命题 3.3** 隐性观察能够保持一致性和等价关系。

**证** 等价关系可以自动地得到保持,因此,需要考虑子模型。

一致性。根据事实,子模型 $\mathcal{M}_{\chi!}$ 中的觉知集类似于 $\mathcal{M}$ 中的世界集,而其认知的可及关系为模型 $\mathcal{M}$ 中的子关系。

对于强加于 ***FA*** 集的有些性质(如真值性、合取和析取互换下的闭包,或者根据某些原子命题的子集生成的闭包),则无法通过思考和遗忘运算而得到保持。

---

① Plaza, J. A.,1989:“Logics of Public Communications”. In Emrich, M. L., et al (eds), Proceedings of the 4th International Symposium on Methodologies for Intelligent Systems, Tennessee, USA, pp.201-216.

② Gerbrandy, J.,1999:“Dynamic Epistemic Logic”.In Moss, L.S., et al.(eds), *Logic, Language and Information*, Stanford:CSLI.

## 第四节　动态行为

考虑图 3.3 所示的模型，在左边的世界 $w_1$ 中，主体不具有关于 $q$ 的隐性信息，却可以隐性地获知 $p$，但不能显性地获知 $p$。

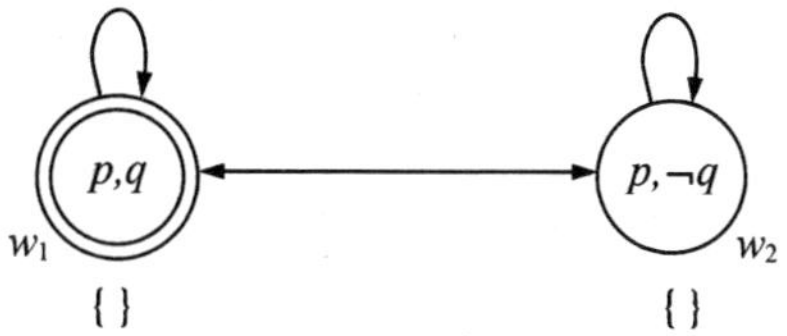


图 3.3　不具有隐性信息 $q$ 的模型

在主体思考 $p$ 之后，可以得到如图 3.4 所示的模型：在这两个世界中，主体可以显性地获知 $p$。

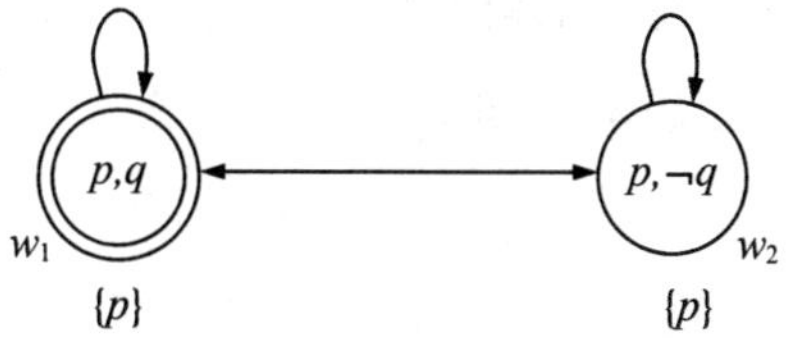


图 3.4　主体思考 $p$ 之后的模型

在不涉及前面的真值条件的情况下，主体也可以获得关于他本人意识的显性信息，或者隐性和显性的信息。

当主体思考 Ex$p$ 时，可以得到如图 3.5 所示的模型。主体具有关于他已经具有的显性信息 $p$ 的显性信息。通过这一行为，主体就能够完成正内省过程。

图 3.5　主体思考 Ex$p$ 之后的模型

下面考虑关于 $q$ 的显性观察，即通过对 $q$ 的思考而推出的隐性观察，可生成如图 3.6 所示的模型，图中的 $q$ 属于主体的显性信息。

遗忘 $p$ 会使主体失去关于 $p$ 之前的显性信息(即可以得到 $\neg \mathrm{Ex}p$)。另外,根据对显性信息的定义,主体将不再具有显性信息 $\mathrm{Ex}p$,因此,后一个公式将不再是真的,故它也不再是隐性信息(见图 3.7)。

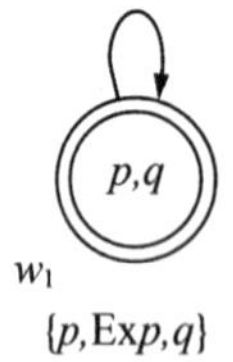


图 3.6　主体思考 $q$ 之后的模型

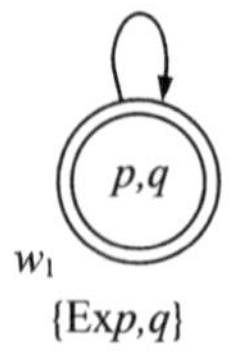


图 3.7　主体遗忘 $p$ 之后的模型

当然,还有很多更复杂的关于多个世界模式的情况,但上面的情况已经足以说明该语境的价值。

## 第五节　动态逻辑的完全性

为了表达动态运算是如何影响觉知、隐性信息和显性信息的,下面用表达基础运算的模态词对静态的觉知语言进行扩充。如果 $\chi$ 和 $\varphi$ 为扩充语言($\mathcal{DL}$)中的公式,那么下面的公式也是该语言中的公式:

(1)$\langle +\chi \rangle \varphi$:存在思考公式 $\chi$ 之后,$\varphi$ 是这种情况;

(2)$\langle -\chi \rangle \varphi$:存在遗忘公式 $\chi$ 之后,$\varphi$ 是这种情况;

(3)$\langle \chi ! \rangle \varphi$:存在隐性观察公式 $\chi$ 之后,$\varphi$ 是这种情况。

**定义 3.8**(语义解释)　令$(\mathcal{M}, w)$为点觉知模型,且令 $\chi$,$\varphi$ 为扩充语言中的公式。那么,

(1)$(\mathcal{M}, w) \vDash \langle +\chi \rangle \varphi$,当且仅当$(\mathcal{M}_{+\chi}, w) \vDash \varphi$;

(2)$(\mathcal{M}, w) \vDash \langle -\chi \rangle \varphi$,当且仅当$(\mathcal{M}_{-\chi}, w) \vDash \varphi$;

(3)$(\mathcal{M}, w) \vDash \langle \chi ! \rangle \varphi$,当且仅当$(\mathcal{M}, w) \vDash \chi$ 并且$(\mathcal{M}_{\chi !}, w) \vDash \varphi$。

全称模态算子可定义为存在模态算子的对偶算子,如通常。

新、旧模态算子的主要区别是前提不同。主体可以思考或者遗忘公式 $\chi$ 而不需要附加任何的条件,但对于主体的隐性观察 $\chi$,则要求 $\chi$ 必须是真的。特别地,在缺少前提时,该运算就是一个函数,使得关于思考和遗忘的运算的存在模态和全称模态的语义解释如下:

(1)$(\mathcal{M}, w) \vDash [+\chi] \varphi$,当且仅当$(\mathcal{M}_{+\chi}, w) \vDash \varphi$;

(2)$(\mathcal{M},w)\vDash[-\chi]\varphi$，当且仅当$(\mathcal{M}_{-\chi},w)\vDash\varphi$。

## 一、动态完全性定理

下面为扩充的逻辑语言的语义有效性提供一个可靠的和完全的形式系统。

**定理** 3.1(行动模态的归约公理)　在觉知模型中，扩充的觉知语言的有效公式可通过静态语言加上归约公理和模态推理规则的公理和规则进行证明(见图 3.8)。

归约公理和观察逻辑的公理的组合可以作为思考运算和遗忘运算的语形基础。例如，当主体思考 $\chi$ 时，如何用命题来刻画主体的觉知变化呢？这些公理存在两种可能性。在思考 $\chi$ 之后，主体觉知到了 $\varphi\neq\chi$，当且仅当主体在之前已经觉知到了 $\varphi$，但思考 $\chi$ 总使得主体能够觉知到 $\chi$。在另一个方向上，遗忘运算也具有类似的作用。余下的公理可分别通过对世界和觉知集的定义域进行修正得到。

| | | | |
|---|---|---|---|
| $+_p$ | $\vdash\langle+\chi\rangle p\leftrightarrow p$ | $+_{AK}$ | $\vdash\langle+\chi\rangle AK\chi\leftrightarrow\top$ |
| $+_\neg$ | $\vdash\langle+\chi\rangle\neg\varphi\leftrightarrow\neg\langle+\chi\rangle\varphi$ | $+_{AK}$ | $\vdash\langle+\chi\rangle AK\varphi\leftrightarrow AK\varphi$，对于 $\varphi\neq\chi$ |
| $+_\vee$ | $\vdash\langle+\chi\rangle(\varphi\vee\psi)\leftrightarrow(\langle+\chi\rangle\varphi\vee\langle+\chi\rangle\psi)$ | | |
| $+_\Diamond$ | $\vdash\langle+\chi\rangle\Diamond\varphi\leftrightarrow\Diamond\langle+\chi\rangle\varphi$ | | |
| $+_N$ | 从 $\vdash\varphi$，可以推出 $\vdash[+\gamma]\varphi$ | | |
| $-_p$ | $\vdash\langle-\chi\rangle p\leftrightarrow p$ | $-_{AK}$ | $\vdash\langle-\chi\rangle AK\chi\leftrightarrow\bot$ |
| $-_\neg$ | $\vdash\langle-\chi\rangle\neg\varphi\leftrightarrow\neg\langle-\chi\rangle\varphi$ | $-_{AK}$ | $\vdash\langle-\chi\rangle AK\varphi\leftrightarrow AK\varphi$，对于 $\varphi\neq\chi$ |
| $-_\vee$ | $\vdash\langle-\chi\rangle(\varphi\vee\psi)\leftrightarrow(\langle-\chi\rangle\varphi\vee\langle-\chi\rangle\psi)$ | | |
| $-_\Diamond$ | $\vdash\langle-\chi\rangle\Diamond\varphi\leftrightarrow\Diamond\langle-\chi\rangle\varphi$ | | |
| $-_N$ | 从 $\vdash\varphi$，可以推出 $\vdash[-\chi]\varphi$ | | |
| $!_p$ | $\vdash\langle\chi!\rangle p\leftrightarrow(\chi\wedge p)$ | $!_{AK}$ | $\vdash\langle\chi!\rangle AK\varphi\leftrightarrow(\chi\wedge AK\varphi)$ |
| $!_\neg$ | $\vdash\langle\chi!\rangle\neg\varphi\leftrightarrow(\chi\wedge\neg\langle\chi!\rangle\varphi)$ | | |
| $!_\vee$ | $\vdash\langle\chi!\rangle(\varphi\vee\psi)\leftrightarrow(\langle\chi!\rangle\varphi\vee\langle\chi!\rangle\psi)$ | | |
| $!_\Diamond$ | $\vdash\langle\chi!\rangle\Diamond\varphi\leftrightarrow(\chi\wedge\Diamond\langle\chi!\rangle\varphi)$ | | |
| $!_N$ | 从 $\vdash\varphi$，可以推出 $\vdash[\chi!]\varphi$ | | |

图 3.8　行动模态的公理和规则

## 二、主要问题的逻辑刻画

经过扩展的逻辑描述了动态觉知语言的每一个基础算子都可以通过三个行动发生作用，并可将这些行动进行组合以及展开定义。该逻辑也解释

了所推出的显性信息在这些行动作用下是如何发生变化的。可将显性信息定义为

$$\Box(\varphi \wedge AK\varphi)$$

**显性信息** 对于思考 $\chi$ 的行动和不同的公式 $\varphi$ 的显性信息，利用归约公理可以给出如下的有效规则：

$$[+\chi]\mathrm{Ex}\varphi \leftrightarrow \Box([+\chi]\varphi \wedge AK\varphi) \quad (\text{对于 } \varphi \neq \chi)$$

该规则表明，经过思考运算 $\chi$ 之后，主体将会显性地获知 $\varphi$，当且仅当主体已经隐性地获知思考行为能够使 $\varphi$ 为真，且主体觉知到了 $\varphi$。简化的归约原则可写为 $[+\chi]\mathrm{Ex}\varphi \leftrightarrow \mathrm{Ex}\varphi$，但该公式在一般情况下并不是有效的，思考行为可以改变 $\varphi$ 的子公式的真值。然而，对于命题公式 $\alpha$，确实存在有效式 $[+\chi]\mathrm{Ex}\alpha \leftrightarrow \mathrm{Ex}\alpha$：思考 $\chi$ 并不影响与 $\chi$ 不同的命题事实的显性信息。

根据 $\chi$ 的显性信息，可推出如下事实：

**事实 3.1** 公式 $[+\chi]\mathrm{Ex}\chi \leftrightarrow \Box\chi$ 是有效的。

**证** 利用归约公理，可得

$$\begin{aligned}[+\chi]\mathrm{Ex}\chi &\leftrightarrow [+\chi]\Box(\chi \wedge AK\chi)\\ &\leftrightarrow \Box[+\chi]\chi \wedge \Box[+\chi]AK\chi\\ &\leftrightarrow \Box[+\chi]\chi\\ &\leftrightarrow \Box\chi\end{aligned}$$

最后一步可以通过下面的命题进行论证。

**命题 3.4** 公式 $\chi \leftrightarrow [+\chi]\chi$ 是有效的。

**证** 利用已知的语义，该推理为思考行动 $\chi$，只能通过改变 $AK\chi$ 的真值获得。但是，由于并未对运算 $\chi$ 进行修改，因此不包括 $AK\chi$，故思考行动 $\chi$ 能够使隐性信息变成显性信息。

下面考虑 $K$ 公理。在认知逻辑中，逻辑全能问题主要归因于 $K$ 公理，即

$$\Box(\varphi \to \psi) \to (\Box\varphi \to \Box\psi)$$

该公式在觉知模型中仍然是有效的，且是合理的，因此隐性信息在逻辑后承下应该是封闭的。下面的公式也是有效的：

$$\mathrm{Ex}(\varphi \to \psi) \to (\mathrm{Ex}\varphi \to \Box\psi)$$

该推理说明，显性信息也是隐性信息，即

$$\mathrm{Ex}(\varphi \to \psi) \wedge \mathrm{Ex}\varphi \to \Box(\varphi \to \psi) \wedge \Box\varphi$$

思考运算可将原来的隐性信息转化为显性信息，即

$$\mathrm{Ex}(\varphi \to \psi) \to (\mathrm{Ex}\varphi \to [+\psi]\mathrm{Ex}\psi)$$

是有效的。

在遗忘显性信息的运算行动中，运用公式 $\varphi$ 进行的运算和运用遗忘公式 $\chi$ 进行的运算如下：

$$[-\chi]\mathrm{Ex}\varphi \leftrightarrow \Box([-\chi]\varphi \wedge AK\varphi) \quad (\text{对于 } \varphi \neq \chi)$$

关于 $\chi$ 自身的显性信息，可得到如下的事实：

**事实 3.2** 公式 $[-\chi]\mathrm{Ex}\chi \leftrightarrow \Box\bot$ 是有效的。

**证** 利用上面的归约公理，可得

$$\begin{aligned}[-\chi]\mathrm{Ex}\chi &\leftrightarrow [-\chi]\Box(\chi \wedge AK\chi)\\ &\leftrightarrow \Box([-\chi]\chi \wedge [-\chi]AK\chi)\\ &\leftrightarrow \Box([-\chi]\chi \wedge \bot)\\ &\leftrightarrow \Box\bot\end{aligned}$$

该有效性说明，在经过遗忘运算 $\chi$ 之后，主体具有关于它的显性信息，当且仅当主体隐性地获知了一个矛盾的信息。该有效性也可以表示为 $\neg[-\chi]\mathrm{Ex}\chi$，读作“在经过遗忘行动 $\chi$ 之后，主体并没有显性地获知过 $\chi$”。

主体在遗忘 $\chi$ 之后，仍然可将 $\chi$ 作为隐性信息，且可通过下面的有效规则证明：

**事实 3.3** 公式 $\mathrm{Ex}\chi \rightarrow [-\chi]\Box\chi$ 是有效的。

**证** 利用公理和展开定义，可得

$$\begin{aligned}\mathrm{Ex}\chi &\rightarrow \Box\chi \wedge \Box AK\chi\\ &\rightarrow \Box\chi\\ &\rightarrow \Box[-\chi]\chi\\ &\rightarrow [-\chi]\Box\chi\end{aligned}$$

该证明需要利用下面的命题，这些论证类似于 $\chi \leftrightarrow [+\chi]\chi$ 的证明。

**命题 3.5** 公式 $\chi \leftrightarrow [-\chi]\chi$ 是有效的。

下面分析建立在显性信息上的隐性观察。对任意公式 $\varphi$ 和 $\chi$，根据显性信息的展开定义和公理(假设中间步骤成立)，有

$$[\chi!]\mathrm{Ex}\varphi \leftrightarrow (\chi \rightarrow \Box([\chi!]\varphi \wedge (\chi \rightarrow AK\varphi)))$$

该规则指出，在经过隐性观察 $\chi$ 之后，主体将显性地获知 $\varphi$，当且仅当根据观察的真值条件，主体已经隐性地获知了该观察行为应该能使 $\varphi$ 是真的，且主体可以觉知到 $\varphi$，这使得显性信息和现实“不再同步”。显性信息是新定义的概念，所以可以重新构建模态算子$\Box$和 $AK$ 的关系。

在显性信息基础上的认知行动可定义为$\Box(\varphi \wedge AK\varphi)$。

## 三、有效性和行动代数

以上采用的是直接的动态认知技术。在前面所运用的推演规则中，利用了逻辑自身的一些归约公理。归约公理中包含下面两个规则：

$$[+\chi]\chi\leftrightarrow\chi,\quad 且[-\chi]\chi\leftrightarrow\chi$$

其有效性涉及思考运算。

**行动代数** 行动是如何影响主体对信息的理解的呢，刻画行动的一般代数结构是什么样的呢？下面就简单地讨论一下这些行动的有效性问题。

(1)一般情况下，遗忘并不会使思考变得无效，即$[+\chi][-\chi]\varphi\leftrightarrow\varphi$不是有效的。如果主体最初觉知到$\chi$，在思考行为还没有发生变化，而遗忘却发生了变化的情况下，可构造一个$\chi$不属于觉知集的模型。该事实的有效性可量化为

$$\neg AK\chi\rightarrow([+\chi][-\chi]\varphi\leftrightarrow\varphi)$$

(2)可用同样的方法处理对偶行为：在一般情况下，思考和遗忘并不是独立的，但也有

$$AK\chi\rightarrow([-\chi][+\chi]\varphi\leftrightarrow\varphi)$$

对于非量化的代数规则，具有幂等性。

(3)思考行为序列，表示同样的公式可具有和单个主体情况相同的作用，且遗忘运算类似于

$$[+\chi]\varphi\leftrightarrow[+\chi][+\chi]\varphi,\quad 且[-\chi]\varphi\leftrightarrow[-\chi][-\chi]\varphi$$

给定动态的行动代数系统的情况下，并不需要在思考算子和遗忘算子之间增加交流规则。然而，确实需要使用具有隐性观察的交流运算。例如，公式

$$[\chi!][+\chi]\varphi\leftrightarrow[+\chi][\chi!]\varphi,\quad 且[\chi!][-\chi]\varphi\leftrightarrow[-\chi][\chi!]\varphi$$

是有效的。对于使用模态算子$AK$的公式$\chi$，因为$\chi$并未发生变化，因此运算$+\chi$和$-\chi$仅改变了$AK\chi$的真值。

该行动代数可以生成更多的有效性的公式，具备一致的推理模式的有效性的公式，并不能推出前面的完全性定理。事实上，动态公开宣告逻辑(也称为观察逻辑)可用行动代数来刻画连续的宣告行动，因此经过两次连续的宣告，可以归约为单个主体的情况，如下面的有效性：

$$[\chi_1!][\chi_2!]\varphi\leftrightarrow[(\chi_1\wedge[\chi_1!]\chi_2)!]\varphi$$

# 第六节 多主体的觉知逻辑

前面讨论了包括观察、觉知等行动的单个主体的情况，而觉知行为是私人的，从某种意义上来讲，可以将这种情况看作隐私。在多主体的情境下，也存在隐私。

例 3.2 考虑下面的模型 $\mathcal{M}$，可将单个主体的框架构造为多主体的框架。

在模型中存在唯一的世界 $w_1$，每一个主体都可以隐性地获知 $p$，但没有主体能够觉知到 $p(\neg AK_1p\land\neg AK_2p)$，如图 3.9 所示。另外，主体可以隐性地获知彼此无法觉知到的 $p$。例如，主体 2 隐性地获知主体 1 并没有觉知到 $p(\Box_2\neg AK_1p)$。

现在，假设主体 1 正好思考 $p$。模型 $\mathcal{M}_{+p1}$ 可以通过图 3.10 给出。

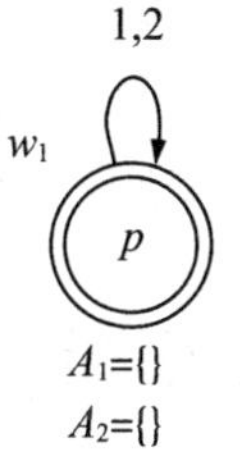


图 3.9 主体隐性地获知 $p$ 的模型

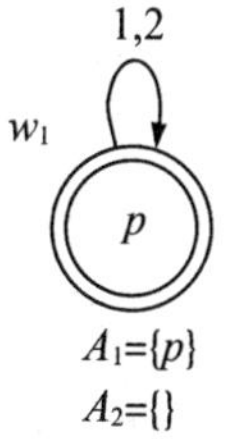


图 3.10 主体思考 $p$ 的模型

在新的情境下，主体 1 觉知到 $p(AK_1p)$，并且可以显性地获知它。尽管主体 2 确实没有新的显性信息，但现在他还可以隐性地获知主体 1 觉知到了 $p(\Box_2AK_1p)$。

该模型是独立的，一个内部的行动虽然只发生在主体 1 的内心，但却可以直接影响主体 2 的信息变化。这证明了需要更加详细地分析觉知模型是如何在这种情境下发生变化的，且不仅允许主体有公开的行动，而且也允许主体有私人的行动。

## 一、多主体静态框架

静态觉知框架可以通过群 $Ag$ 扩充为多主体的情境。在多主体语言 $\mathcal{L}$ 中，只需将主体的标号扩展到 $AK$ 和模态算子□中（分别记为 $AK_i$ 和$\Box_i$）。在语义模型中，$R$ 将 $Ag$ 到 $\mathcal{P}(W\times W)$的函数转换为可及关系 $R_i$。其中，对于每一个主体 $i\in Ag$，且 **FA** 将 $Ag\times W$ 到 $\mathcal{P}(\mathcal{L})$的函数转换为在每一

个可能世界 $w$ 上每一个主体 $i$ 的觉知集 $\mathbf{FA}_i(w)$。公式的语义解释如前，$\mathbf{FA}_i$ 和 $R_i$ 可分别用于解释形如 $AK_i\varphi$ 和 $\Box_i\varphi$ 的公式。

另外，在多主体的情况下，并不需要强加一个特殊的语义限制。由于主体有时无法观察到某些行动，因此主体的信息有时也不必和现实保持同步。

## 二、多主体行动：一般情况

行动模型可用以处理下面的情况：主体可能不确定哪个是现实世界，也可能不确定哪些特殊事件将会发生。在这样的情境下，主体关于行动的不确定性可以用类似于表达静态情境下的不确定性的方法的模型来表达。①

更严格地说，一个行动模型由可能事件集组成，这些事件通过可及关系连接起来，其中的事件表示主体认为可能发生的事件。和可能世界模型中的世界不同，行动模型的世界中的每一个事件不能都被理解为可能的事件状态，而只能被理解为可能会发生的事件。也不是将它们与原子赋值关联起来，而是将每个事件和前提相关联，表示特殊事件将会发生什么事情。

为了获得更加合适的行动模型，可以用范·本特姆的方式来进行扩充，这样的行动模型除了会影响主体的不确定性外，也可能会影响到现实世界。② 下面所定义的模型，除了影响主体的不确定性外，也可能会影响主体的觉知。

定义 3.9（多主体行动模型）　令 $P$ 表示原子命题集，$Ag$ 表示有穷的主体集，多主体行动模型为多元组 $C=\langle E, \top, \mathrm{Pre}, \mathrm{Pos}_{\mathbf{FA}}\rangle$。其中：

$\langle E, \top, \mathrm{Pre}\rangle$ 是行动模型且 $E$ 为有穷非空事件集，对每一个主体 $i\in Ag$，$\top: Ag\rightarrow \mathcal{P}(W\times W)$ 为函数，建立在可及关系 $\top_i$ 上，且 $\mathrm{Pre}: E\rightarrow \mathcal{DL}$ 为前件函数，表示每一个事件都可能会发生。

$\mathrm{Pos}_{\mathbf{FA}}: (Ag\times E\times \mathcal{P}(\mathcal{L}))\rightarrow \mathcal{P}(\mathcal{L})$ 为后件函数，在扩充的逻辑语言中，将新的公式集指派给每一个多元组中的主体、事件和 $\mathcal{DL}$ 中的公式集。

一个点行动模型 $(C, e)$ 中包含可相互区分的事件 $e$。

通过观察，在行动模型中，每一个事件 $e$ 都有前件 $\mathrm{Pre}(e)$，可用公式表示可能会发生的事件 $e$。还有后件 $\mathrm{Pos}_{\mathbf{FA}_i}(e, X)$，如果 $e$ 发生，那么主体 $i$

① Baltag, A., Moss, L. S. and Solecki, S., 1999: "The Logic of Public Announcements, Common Knowledge and Private Suspicious", Technical Report SEN-R9922, pp.13, 70, 131, 134 and 182.

② van Benthem, J. and Pacuit, E., 2006: "The Tree of Knowledge in Action: Towards a Common Perspective". In Hodkinson I., Governatori, G. and Venema, Y. (eds), Advances in Modal Logic, Noosa, Queensland, Australia, September, pp.25-28.

将会觉知到公式集。函数 $\mathrm{Pos}_{AK}$ 是由置换函数构造的，用来刻画事实的变化。

下面定义刻画主体信息变化的模型。

**定义 3.10（积更新）** 令 $\mathcal{M}=\langle W,R,\boldsymbol{FA},V\rangle$ 为多主体觉知模型，$C=\langle E,\top,\mathrm{Pre},\mathrm{Pos}_{\boldsymbol{FA}}\rangle$ 为多主体行动模型。积更新运算 $\otimes$ 可以生成模型 $\mathcal{M}\otimes C=\langle W',R',\boldsymbol{FA}',V'\rangle$，其中：

$W':=\{(w,e)\mid(\mathcal{M},w)\vDash\mathrm{Pre}(e)\}$；

$R_i'(w_1,e_1)(w_2,e_2)$，当且仅当 $w_1R_iw_2$ 且 $e_1\top_ie_2$；

并且，对每一个 $(w,e)\in W'$，有

$V'(w,e):=V(w)$；

$\boldsymbol{FA}_i'(w,e):=\mathrm{Pos}_{\boldsymbol{FA}_i}(e,\boldsymbol{FA}_i(w))$。

模型 $\mathcal{M}\otimes C$ 中的世界可以通过 $W$ 和 $E$ 的笛卡尔积进行限制：序对 $(w,e)$ 为新模型中的世界，当且仅当事件 $e$ 可在世界 $w$ 中执行。对每一个主体 $i$，他对行动发生之后将会出现的情境是不确定的，$R_i'$ 表示主体在行动之前不确定的情境 $R_i$ 和行动时不确定的情境 $\top_i$ 的组合。主体无法对 $(w_2,e_2)$ 和 $(w_1,e_1)$ 进行区分，当且仅当主体无法区分 $w_2$ 和 $w_1$ 以及 $e_2$ 和 $e_1$。或者，主体能够区分 $(w_2,e_2)$ 和 $(w_1,e_1)$，当且仅当主体已经对 $w_2$ 和 $w_1$ 或者 $e_2$ 和 $e_1$ 进行了区分。对于新的原子赋值，每一个世界 $(w,e)$ 都保持了静态模型中的 $w$ 的性质：原子命题 $p$ 在 $(w,e)$ 上成立，当且仅当 $p$ 在 $w$ 上成立。

观察函数 $\mathrm{Pos}_{\boldsymbol{FA}}$：对每一个主体 $i$ 和每一个事件 $e$，$\mathrm{Pos}_{\boldsymbol{FA}}$ 为 $\mathcal{M}$ 中 $w$ 上的主体 $i$ 的觉知集，并且可还原为 $\mathcal{M}\otimes C$ 和 $(w,e)$ 上的觉知集。$\mathrm{Pos}_{\boldsymbol{FA}}$ 并不局限于所定义的情形，还可还原为一个新的觉知集，并且有可能和初始的觉知集完全不相关。

扩充的多主体语言增加了扩充的模态算子：如果 $(C,e)$ 是点行动模型，并且 $\varphi$ 为扩充的多主体语言中的公式，那么 $\langle C,e\rangle\varphi$ 也是扩充的多主体语言中的公式。该新公式的语义解释如下：

**定义 3.11（语义解释）** 令 $(\mathcal{M},w)$ 为点多主体模型，$(C,e)$ 为点行动模型，$C=\langle E,\top,\mathrm{Pre},\mathrm{Pos}_{\boldsymbol{FA}}\rangle$，则

$(\mathcal{M},w)\vDash\langle C,e\rangle\varphi$，当且仅当 $(\mathcal{M},w)\vDash\mathrm{Pre}(e)$ 且 $(\mathcal{M}\otimes C,(w,e))\vDash\varphi$。

## 三、公开思考和遗忘

多主体语境主要通过对单个主体的情况进行扩充而获得。下面定义表示公开思考和遗忘运算的行动模型。

**定义 3.12**(公开思考行动)　令 $\gamma$ 为多主体扩充语言中的公式，主体 $j$ 公开思考 $\gamma$ 的行动可以通过点行动模型($\mathrm{Pub}_{+\gamma}{}^{j}, e_1$)和 $\mathrm{Pub}_{+\gamma}{}^{j}=\langle E, \top, \mathrm{Pre}, \mathrm{Pos}_{FA}\rangle$ 定义为：

$$E := \{e_1\}$$
$$\top_i := \{(e_1, e_1)\},\quad \text{对每一个主体 } i$$
$$\mathrm{Pre}(e_1) := \top$$
$$\begin{cases}\mathrm{Pos}_{FA_j}(e_1, X) := X \cup \{\gamma\} \\ \mathrm{Pos}_{FA_i}(e_1, X) := X, \quad \text{对于 } i \neq j\end{cases}$$

在图 3.11 中，第 2 个主体的行动模型为 $\mathrm{Pub}_{+\gamma}{}^{1}$(且省略了前件)。

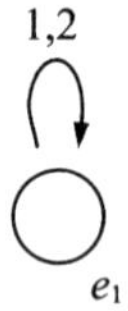


$\mathrm{Pos}_{FA_1}(X) := X \cup \{\gamma\}, \mathrm{Pos}_{FA_2}(X) := X$

图 3.11　关于主体 2 的行动模型

**定义 3.13**(公开遗忘行动)　令 $\gamma$ 为多主体扩充语言中的公式，主体 $j$ 的公开遗忘 $\gamma$ 的行动可以通过点行动模型($\mathrm{Pub}_{-\gamma}{}^{j}, e_1$)给出，且和公开思考的区别在于后件函数不同。对于 $e_1$ 中的 $j$：$\mathrm{Pos}_{FA_j}(e_1, X) := X \backslash \{\gamma\}$。

设只有一个世界的前提为 $\top$。那么，在多主体静态模型 $\mathcal{M}$ 上的($\mathrm{Pub}_{+\gamma}{}^{j}, e_1$)将生成一个模型 $\mathcal{M}$，并在主体 $j$ 的所有世界的觉知集中增加 $\gamma$。分别地，建立在多主体静态模型 $\mathcal{M}$ 上的($\mathrm{Pub}_{-\gamma}{}^{j}, e_1$)，也能够生成一个模型 $\mathcal{M}$，并从主体 $j$ 的所有世界的觉知集中剔除了 $\gamma$。

## 四、私人思考和遗忘

也可以定义私人行动，给出简单的有关思考和遗忘的系统。

**定义 3.14**(私人思考行动)　令 $\gamma$ 为多主体扩充语言中的公式，主体 $j$ 私人思考 $\gamma$ 的行动可以通过点行动模型($\mathrm{Pri}_{+\gamma}{}^{j}, e_1$)和 $\mathrm{Pri}_{+\gamma}{}^{j}=\langle E, \top, \mathrm{Pre}, \mathrm{Pos}_{FA}\rangle$ 定义为：

$$E := \{e_1, e_2\}$$
$$\top_i := \begin{cases}\{(e_1, e_1), (e_2, e_2)\}, & \text{如果 } i = j \\ \{(e_1, e_2), (e_2, e_2)\}, & \text{否则}\end{cases}$$
$$\mathrm{Pre}(e_1) = \mathrm{Pre}(e_2) := \top$$
$$\begin{cases}\mathrm{Pos}_{FA_j}(e_1, X) := X \cup \{\gamma\}, \mathrm{Pos}_{FA_j}(e_2, X) := X \\ \mathrm{Pos}_{FA_i}(e_1, X) := X, \mathrm{Pos}_{FA_i}(e_2, X) := X, \quad \text{对于 } i \neq j\end{cases}$$

在图 3.12 中,第 2 个主体的行动模型为 $\text{Pri}_{+\gamma}{}^{1}$(省略了前件)。

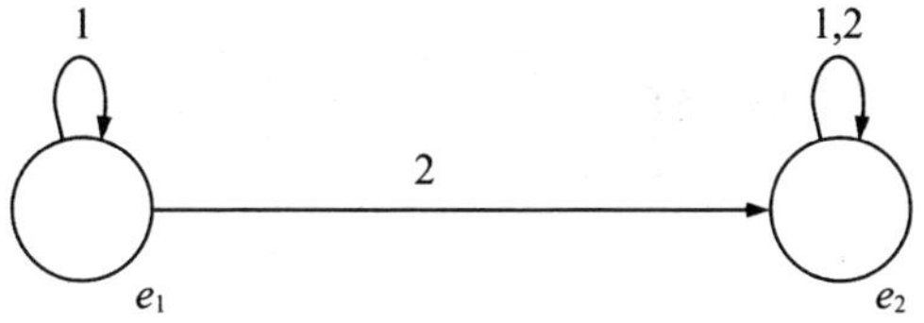


$\text{Pos}_{FA_1}(X):=X\cup\{\gamma\}$　　　$\text{Pos}_{FA_1}(X):=X$

$\text{Pos}_{FA_2}(X):=X$　　　$\text{Pos}_{FA_2}(X):=X$

图 3.12　关于主体 2 的行动模型

**定义 3.15**(私人遗忘行动)　令 $\gamma$ 为多主体扩充语言中的公式,主体 $j$ 的私人遗忘 $\gamma$ 的行动可通过点行动模型($\text{Pri}_{-\gamma}{}^{j}, e_1$)给出,其和私人思考行动的区别在于后件函数。对 $e_1$ 中的 $j$:$\text{Pos}_{FA_j}(e_1, X):=X\setminus\{\gamma\}$。

公共行动和私人行动之间的区别在于私人行动涉及两个事实:一个是将 $\gamma$ 增加(或者剔除)到主体 $j$ 的觉知集(事件 $e_1$)中,另一个是事件不发生任何变化(事件 $e_2$)。另外,可及关系 $\top_i$ 表示当主体 $j$ 承认的是现实的事件(即 $e_1$),而其他主体则不认为那个事件是可能的时,将保持现状。建立在多主体静态模型 $\mathcal{M}$ 上的($\text{Pri}_{+\gamma}{}^{j}, e_1$)(($\text{Pri}_{-\gamma}{}^{j}, e_1$)分别地)可以生成一个包含两个模型 $\mathcal{M}$ 的模型:一方面,在主体 $j$ 认可的现实世界中他的觉知集已经发生了改变;另一方面,其他主体只将其作为一种可能性,觉知集中不发生任何变化。

**例 3.3**　从例 3.2 中的模型 $\mathcal{M}$ 知,主体 1 在经过私人思考 $p$ 之后(即通过借助($\text{Pri}_{+p}{}^{1}, e_1$)),可得到一个更好的初始语境。

主体在公开地思考了 $p$ 之后,在赋值点($w_1, e_1$)上,主体 1 觉知到 $p$($AK_1 p$),如图 3.13 所示。但此时,主体 2 的隐性信息并未发生变化:主体 2 仍然隐性地获知主体 1 并未觉知到 $p$($\Box_2 \neg AK_1 p$)。

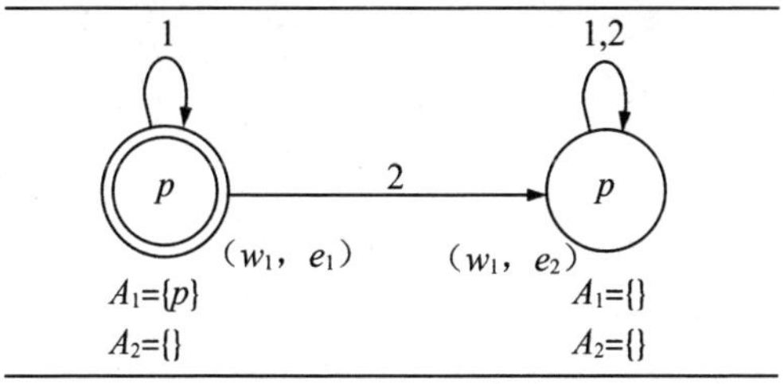


图 3.13　公开思考 $p$ 之后主体 1 和主体 2 的模型

## 五、潜意识

**定义 3.16**(潜意识遗忘行动) 令 $\gamma$ 为多主体扩充语言中的公式,主体 $j$ 潜意识地遗忘 $\gamma$ 的行动可以通过点行动模型($\mathrm{Unc}_{-\gamma}{}^{j}, e_1$)给出,它和私人行动的区别在于可及关系 $\top_i$。对所有的主体 $i$,$\top_i := \{(e_1, e_2), (e_2, e_2)\}$。图3.14刻画了有 2 个主体的 $\mathrm{Unc}_{-\gamma}{}^{1}$ 的情况。

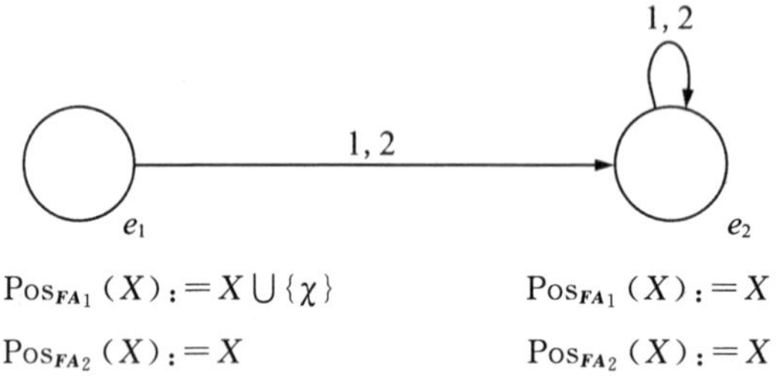


图 3.14 关于主体 1 和主体 2 的模型

**例 3.4** 考虑例 3.3 中的模型($\mathcal{M} \otimes \mathrm{Pri}_{+p}{}^{1}, (p, e_1)$)。如果主体 1 潜意识地遗忘了 $p$,可以得到下面的更新模型:

在$((w_1, e_1), e_1)$中,主体 1 并没有觉知到 $p(\neg AK_1 p)$,但主体可隐性地获知到他觉知到了$\Box_1 AK_1 p$。

更新模型包含最初的两种情况。在此,主体 1 仅考虑了右边较高的世界,主体 2 仅考虑了右边较低的世界,如图 3.15 所示。

其他的情况还包括承诺潜意识的行动,如遗忘,但仅仅是为了说明该框架的灵活性。

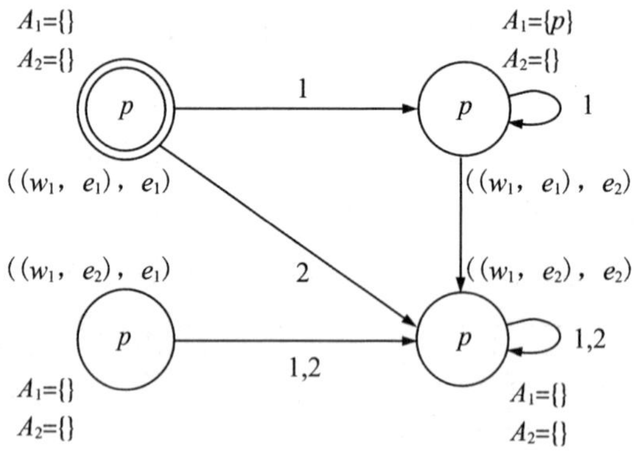


图 3.15 关于主体 1 和主体 2 考虑右边世界的模型

## 六、多主体系统的完全性



原则上,关于觉知的积更新系统具有完全的公理系统,类似于前面的单主体逻辑加上下标。其规则对于原子公式、布尔运算和隐性知识可以采用类似于动态认知逻辑的方法。有下面的有效的等价式：

$$\vdash \langle C,e\rangle\Diamond_i\varphi\leftrightarrow \mathrm{Pre}(e)\rightarrow \bigvee_{\top_{ief}}\Diamond_i\langle C,f\rangle\varphi$$

前面给出了两个基础的语形算子，即思考和遗忘，它们刻画了语言中的后件(建立在 ***FA*** 集上的运算)，探讨了一些受此影响的简单公式。例如，如果之前有 $\varphi$，经过行动 $+\gamma$ 之后，就会在 ***FA*** 集中增加 $\varphi$，或者在 $\varphi$ 中增加公式 $\gamma$。在归约公理中对这种情况的区分直接反映在后件定义的简单的析取上，如行动 $\gamma!$：$\boldsymbol{FA}'(w):=\boldsymbol{FA}(w)\cup\{\gamma\}$。

同理，这也适用于更一般的带有行动模型的语境：在行动模型中，通过对后件的简单定义，可提供一个与其相匹配的归约公理。可以通过修正其中每一个原子命题都是真的世界集的方式来刻画事件中所发生的变化。但新的集合并不是任意的，可以通过语言中的公式来进行语形的定义。这表明，为了得到一个适当的完全性定理，可通过一致的语形和归约公理推出。

## 本章小结

有时，主体可能只具有相关的隐性信息，甚至主体可能并没有觉知到该信息，显性信息刻画了几个可能的隐性信息。表 3.1 概括了本章所讨论的静态信息的概念、定义及相关的模型条件。

**表 3.1 静态信息的概念、定义及模型条件**

| 概念 | 定义 | 相关的模型条件 |
|---|---|---|
| 觉知 | $AK\varphi$ | — |
| 隐性信息 | $\Box\varphi$ | — |
| 显性信息 | $\Box(\varphi\wedge AK\varphi)$ | — |

此处所讨论的主体并不需要是全能的，因为他并不需要认识每一个真的公式。可将 ***FA*** 集直接解释为主体的显性信息。同时，主体不需要是全能的，因为他不需要拥有完美的信息。在此种情况下，***FA*** 集可解释为主体已经觉知到的公式，但并不只是一种隐含的态度：正的或负的。觉知本身并不足以证明主体的显性信息(觉知有许多种可能性，但并不能简单地进行定义，并假设所有的公式都是真的)。另外，为什么需要将前面所定义的显性信息 $AK\varphi$ 直接翻译为$\Box(\varphi\wedge AK\varphi)$，值得我们进行进一步的探讨。

在动态方面，本章引入了信息的良性概念用以刻画行动，在经典的动态认知逻辑中则忽略了所表达的主体是强理想化的这一特征。在该情况下，可通过行动改变主体觉知到的信息(因此改变了主体的显性信息)，并且也提供了关于隐性信息和显性信息的形式表达：思考、觉知行动和遗忘、觉知归约行动。本章不仅讨论了静态信息的概念，即隐性信息和隐性观察(公开宣告逻辑中的公开宣告)，还讨论了将单个主体的情况转换为多主体的情况。因此，本章提供了关于私人的恰当的多主体的表达式，甚至关于单个主体情况的觉知行动变化的潜意识。表 3.2 概括了本章所涉及的行动及其作用。

**表 3.2 行动及其作用**

| 行动 | 作用 |
|---|---|
| 思考(公开或私下) | 主体觉知到一个公式 |
| 遗忘(公开或私下) | 主体没有觉知到公式 |
| 隐性观察 | 改变了主体的隐性信息 |
| 显性观察 | 改变了主体的隐性信息和显性信息 |

公开宣告逻辑中的定理的有效性是可判定的。①

满足显性信息的更多的概念可以从以下两个方面进行组合：主体需要觉知到它，并且认识到它是真的。

① Holliday, W. H., Hoshi, T. and Icard, T. F., 2010: *Decidability of the PAL Substitution Core*, Manuscript, p.77.

# 第四章　觉知、隐性知识和显性知识

前面研究了在两种不同条件下的显性信息。显性信息是主体承认为真的隐性信息，现实主体即使充分关注当前的可能情况，也可能无法认识到某些事实确实是真实的。显性信息也可能成为主体觉知到的隐性信息，现实主体即使有充分的推理能力，也可能不会充分注意到所有相关的可能情况。

下面首先定义涉及两个条件的显性信息，真的信息即知识。随后我们将修正某些已经定义的行为，如在觉知中的变化、推理和显性观察等。

## 第一节　觉知、隐性信息和显性信息

**概念之间的关系**　假设隐性信息和显性信息之间的关系如前：显性信息是通过某些推理方法而“揭示”的隐性信息。因此，显性信息总是隐性信息的一部分。

隐性信息和主体已经觉知到的信息是两个不同的方面。假设主体的隐性信息是他可以知道的所有的事情，如果主体可以觉知到每一种可能情况，包括他可能会知道的所有的事情，那么主体觉知到的信息应该是他的隐性信息的一部分。主体觉知到的信息实际上可以定义为与其相关的语言、隐性信息和显性信息等情况。因此，隐性信息是主体觉知到的信息的一部分。图 4.1 刻画了这些概念间的层次关系。

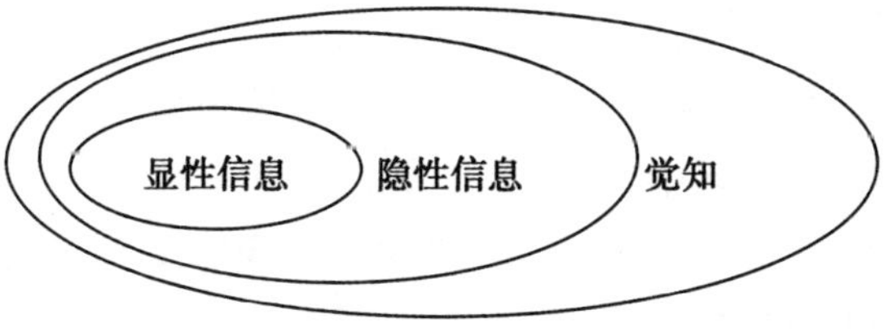


图 4.1　觉知、隐性信息和显性信息

可将觉知理解为公式集。一方面，公式集由原子命题集生成，并可据此定义有关的语言。直觉上，如果主体觉知到公式 $\varphi$，那么他将会觉知到所有的该公式的子公式，特别地，他将会觉知到所有出现 $\varphi$ 的原子命题。另一方面，如果主体觉知到了给定的原子命题集，那么他将觉知到任意的建立在其基础上的公式。因此，主体的觉知不能够通过任意的公式集来定义，但可以通过原子命题集来定义。

## 第二节　静态信息模型

下面定义包括语义模型和语义解释的形式语言。

### 一、基础语言、模型和解释

**定义 4.1**（语言 $\mathcal{L}$）　令 $P$ 为原子命题集，$Ag$ 为主体集。语言 $\mathcal{L}$ 中的公式 $\varphi$，$\psi$ 和规则 $\rho$ 可以通过下面的方式给出：

$$\varphi ::= p \mid {}^{[i]}p \mid AK_i\varphi \mid R_i\rho \mid \neg\varphi \mid \varphi \vee \psi \mid \Box_i\varphi$$

$$\rho ::= (\{\psi_1, \cdots, \psi_{n_\rho}\}, \varphi)$$

其中 $p \in P$，$i \in Ag$。用 $\mathcal{L}_f$表示 $\mathcal{L}$ 中的公式集，用 $\mathcal{L}_r$表示 $\mathcal{L}$ 中的规则集。其他的布尔联结词（$\wedge$，$\rightarrow$，$\leftrightarrow$）和存在模态算子 $\Diamond_i$ 的定义如通常（$\Diamond_i\varphi := \neg\Box_i\neg\varphi$）。

该语言由认知逻辑的语言扩充而得，主要由三个新的部分组成：${}^{[i]}p$，$AK_i\varphi$ 和 $R_i\rho$。公式 ${}^{[i]}p$ 表示主体 $i$ 拥有表示他的信息的有效命题 $p$，常用来定义觉知。公式 $AK_i\varphi$（路径公式）和 $R_i\rho$（规则-路径公式）分别表示主体 $i$ 可通达的公式 $\varphi$ 和规则 $\rho$。第一个公式常用来定义主体的显性信息，第二个公式常用来表达主体可以用来扩充其显性信息的过程。

下面给出和规则相关的定义。

**定义 4.2**（前提、结论和翻译）　令 $\rho$ 为 $\mathcal{L}$ 中形如（$(\{\psi_1, \cdots, \psi_{n_\rho}\}, \varphi)$ 的公式的规则，可定义如下：

$$\mathrm{pm}(\rho) := \{\psi_1, \cdots, \psi_n\} \qquad \rho \text{ 的前提集}$$

$$\mathrm{cn}(\rho) := \varphi \qquad \rho \text{ 的结论}$$

定义转换规则 $\mathrm{tr}(\rho) \in \mathcal{L}_f$，蕴涵的前提由规则前提的（有穷的）合取构成，且其结论由规则的结论构成：

$$\mathrm{tr}(\rho) := \left(\bigwedge_{\psi \in \mathrm{pm}(\rho)} \psi\right) \rightarrow \mathrm{cn}(\rho)$$

下面讨论公式 $AK_i(\varphi)$ 和 $R_i\rho$，以及表达原子有效性的原子公式 ${}^{[i]}p$。

**公式的有效性**　形如$^{[i]}p$的公式可以表达原子命题的局部有效性，并可以用来定义主体的觉知。在下面的方法中，通过扩充后，该概念可以用来表达整个语言中公式的局部的有效性。

**定义 4.3**　令 $i,j$ 为 $Ag$ 中的主体，进行如下定义：

$$^{[i]}(^{[j]}\varphi):={}^{[i]}\varphi \qquad ^{[i]}(\neg\varphi):={}^{[i]}\varphi$$

$$^{[i]}(AK_j\varphi):={}^{[i]}\varphi \qquad ^{[i]}(\varphi\vee\psi):={}^{[i]}\varphi\wedge{}^{[i]}\psi$$

$$^{[i]}(R_j\rho):={}^{[i]}\rho \qquad ^{[i]}(\Box_j\varphi):={}^{[i]}\varphi$$

并且

$$^{[i]}\rho:={}^{[i]}\mathrm{tr}(\rho)$$

直觉上，形如$^{[i]}\varphi$的公式表示 $\varphi$ 相对于主体 $i$ 是有效的，当且仅当 $\varphi$ 中所有的原子公式对该主体都是有效的。例如，$^{[i]}(\neg p)$可以定义为$^{[i]}p$，即若 $p$ 对该主体是有效的，公式$\neg p$ 相对于主体 $i$ 也是有效的。另外，每当 $p$ 和 $q$ 对该主体是有效的时，$^{[i]}(p\vee q)$可以表示为$^{[i]}p\wedge{}^{[i]}q$，即 $p\vee q$ 对主体 $i$ 是有效的。此外，主体所考虑的可能情况并不必然是所有其他主体所觉知到的可能情况。

下面将提供关于觉知、隐性信息和显性信息的定义。

语言 $\mathcal{L}$ 已经得到定义，现在定义能够使公式得到解释的语义模型。

**定义 4.4(语义模型)**　令 $P$ 为原子命题集，$Ag$ 为主体集。语言 $\mathcal{L}$ 的语义模型为多元组 $\mathcal{M}=\langle W,R_i,V,PA_i,\boldsymbol{FA}_i,\boldsymbol{FR}_i\rangle$，其中：

$\langle W,R_i,V\rangle$为标准的多主体的可能世界模型，且 $W$ 为非空的世界集，对于主体 $i$，$R_i\subseteq(W\times W)$为可及关系，$V:W\rightarrow\mathcal{P}(P)$为原子赋值；

$PA_i:W\rightarrow\mathcal{P}(P)$为命题有效性函数，表示主体 $i$ 在他所知道的每一个可能世界中所具有的原子命题集；

$\boldsymbol{FA}_i:W\rightarrow\mathcal{P}(L_f)$为通达集函数，表示主体 $i$ 可通达(即证实为真的)的每一个可能世界的公式集；

$\boldsymbol{FR}_i:W\rightarrow\mathcal{P}(L_r)$是规则集函数，表示主体 $i$ 可通达(即证实的真值保持的)的每一个可能世界的规则集。

序对$(\mathcal{M},w)$为带有 $\mathcal{M}$ 的语义模型，且 $w$ 为其中的世界，称为点语义模型。用模型 $\mathcal{M}$ 表示所有的语义模型类。

此处的语义模型是通过三个函数 $PA_i$，$\boldsymbol{FA}_i$和 $\boldsymbol{FR}_i$而对可能世界模型进行的扩充，并对新的公式给出了语义解释。

**定义 4.5(语义解释)**　令序对$(\mathcal{M},w)$为点语义模型且 $\mathcal{M}=\langle W,R_i,V,$

$PA_i, \boldsymbol{FA}_i, \boldsymbol{FR}_i\rangle$，则逻辑 $\mathcal{L}$ 的公式和 $(\mathcal{M},w)$ 之间的满足关系($\vDash$)可以通过下面的方式给出：

(1)$(\mathcal{M},w)\vDash p$，当且仅当 $p\in V(w)$；

(2)$(\mathcal{M},w)\vDash^{[i]}p$，当且仅当 $p\in PA_i(w)$；

(3)$(\mathcal{M},w)\vDash AK_i\varphi$，当且仅当 $\varphi\in \boldsymbol{FA}_i(w)$；

(4)$(\mathcal{M},w)\vDash R_i\rho$，当且仅当 $\rho\in \boldsymbol{FR}_i(w)$；

(5)$(\mathcal{M},w)\vDash\neg\varphi$，当且仅当不存在$(\mathcal{M},w)\vDash\varphi$；

(6)$(\mathcal{M},w)\vDash\varphi\vee\psi$，当且仅当$(\mathcal{M},w)\vDash\varphi$ 或者$(\mathcal{M},w)\vDash\psi$；

(7)$(\mathcal{M},w)\vDash\Box_i\varphi$，当且仅当对所有的 $u\in W$，$wR_iu$ 蕴涵$(\mathcal{M},u)\vDash\varphi$。

多主体的基础的认知公理系统相对于下面的框架是可靠的和完全的。

**定理 4.1**（$\mathcal{L}$ 相对于 $\mathcal{M}$ 的可靠的和完全的公理系统） 在图 4.2 所示的公理系统中，$\mathcal{L}$ 的公式相对于 $\mathcal{M}$ 模型是可靠的和强完全的。

| | |
|---|---|
| Prop | $\vdash\varphi$ 对 $\varphi$ 的命题重言式 |
| $K$ | $\vdash\Box_i(\varphi\rightarrow\psi)\rightarrow(\Box_i\varphi\rightarrow\Box_i\psi)$ |
| MP | 如果 $\vdash\varphi\rightarrow\psi$ 且 $\vdash\varphi$，那么 $\vdash\psi$ |
| Nec | 如果 $\vdash\varphi$，那么 $\vdash\Box_i\varphi$ |
| Dual | $\vdash\Diamond_i\varphi\leftrightarrow\neg\Box_i\neg\varphi$ |

图 4.2 $\mathcal{L}$ 相对于 $\mathcal{M}$ 的公理系统

**证**（简要证明） 因为公理是有效的并且规则是保有效的，所以有效性可直接得证。完全性的证明可以通过建立标准的模态的典范模型且满足下面所定义的命题的有效性、通达集和规则集函数获得：

(1)$PA_i(w):=\{p\in P\mid {}^{[i]}p\in w\}$；

(2)$FR_i(w):=\{\rho\in\mathcal{L}_r\mid R_i\rho\in w\}$；

(3)$\boldsymbol{FA}_i(w):=\{\varphi\in\mathcal{L}_f\mid AK_i\varphi\in w\}$。

利用这些定义，很容易证明新的公式满足真值引理，即

(1)$(\mathcal{M},w)\vDash^{[i]}p$，当且仅当${}^{[i]}p\in w$；

(2)$(\mathcal{M},w)\vDash R_i\rho$，当且仅当 $R_i\rho\in w$；

(3)$(\mathcal{M},w)\vDash AK_i\varphi$，当且仅当 $AK_i\varphi\in w$。

这样就给出了完全性的证明。■

另外，不存在关于形如${}^{[i]}p$，$AK_i\varphi$ 和 $R_i\rho$ 等公式的公理系统。这样的公式可以看作是对应于特殊的赋值函数 $PA_i$，$\boldsymbol{FA}_i$ 和 $\boldsymbol{FR}_i$ 的原子命题。因此，这些函数不具有特殊的性质，也不需要提供关于它们的一些特殊的

公理。

然而，定义 4.3 提供了$^{[i]}\varphi$ 行为的有效性。图 4.3 中的公式在 $\mathcal{M}$ 模型中是有效的。

$$^{[i]}(\neg\varphi)\leftrightarrow{}^{[i]}\varphi \qquad ^{[i]}(^{[j]}\varphi)\leftrightarrow{}^{[i]}\varphi$$

$$^{[i]}(\varphi\vee\psi)\leftrightarrow{}^{[i]}\varphi\wedge{}^{[i]}\psi \qquad ^{[i]}(AK_j\varphi)\leftrightarrow{}^{[i]}\varphi$$

$$^{[i]}(\Box_j\varphi)\leftrightarrow{}^{[i]}\varphi \qquad ^{[i]}(R_j\rho)\leftrightarrow{}^{[i]}\mathrm{tr}(\rho)$$

图 4.3　根据定义 4.3 推出的有效性

## 二、相关概念和基本性质

利用语言 $\mathcal{L}$ 可定义语义模型和语义解释。下面对前面所引入的概念进行形式处理。

定义 4.6　觉知、隐性信息和显性信息的定义如下：

(1)主体 $i$ 觉知到公式 $\varphi$，可表示为 $\mathrm{Aw}_i\varphi:=\Box_i{}^{[i]}\varphi$；

(2)主体 $i$ 觉知到规则 $\rho$，可表示为 $\mathrm{Aw}_i\rho:=\Box_i{}^{[i]}\mathrm{tr}(\rho)$；

(3)主体 $i$ 隐性地获知公式 $\varphi$，可表示为 $\mathrm{Im}_i\varphi:=\Box_i(^{[i]}\varphi\wedge\varphi)$；

(4)主体 $i$ 隐性地获知规则 $\rho$，可表示为 $\mathrm{Im}_i\rho:=\Box_i(^{[i]}\mathrm{tr}(\rho)\wedge\mathrm{tr}(\rho))$；

(5)主体 $i$ 显性地获知公式 $\varphi$，可表示为 $\mathrm{Ex}_i\varphi:=\Box_i(^{[i]}\varphi\wedge\varphi\wedge AK_i\varphi)$；

(6)主体 $i$ 显性地获知规则 $\rho$，可表示为 $\mathrm{Ex}_i\rho:=\Box_i(^{[i]}\mathrm{tr}(\rho)\wedge\mathrm{tr}(\rho)\wedge R_i\rho)$。

首先，关于觉知的一些新的定义可以通过所谓的觉知集直接给出。主体 $i$ 在世界 $w$ 上觉知到 $\varphi$，当且仅当 $\varphi\in \boldsymbol{FA}_i(w)$。该概念不是根据公式集定义的，而是根据原子命题集定义的。主体在世界 $w$ 上觉知到 $\varphi$，当且仅当$^{[i]}\varphi$ 在所有他认为可能的世界上成立。根据命题 4.1 和命题 4.2，$^{[i]}\varphi$ 成立，当且仅当主体在他认为可能的所有世界中 $\varphi$ 的每一个原子公式都是有效的。相对于该语言的觉知算子都可以建立在这些原子命题集（$PA$ 集）的基础之上，且可通过主体的可及关系，使得 $PA$ 集中所有的可及世界可相互通达。这种形式的觉知的语形表达主要建立在原子命题的基础之上，但不是通过带有特殊封闭性的公式集给出的，而是通过将基于原子命题的性质转换为基于公式的性质，并通过递归定义（定义 4.3）给出的。

其次，隐性信息并不是独立于觉知的。即使 $\varphi$ 在所有主体 $i$ 认为可能的世界上成立，该主体也不会具有关于 $\varphi$ 的隐性信息，除非他觉知到 $\varphi$。

最后，不仅需要定义觉知和显性信息，而且还需要定义包括在所有的与 $R_i$ 可及的世界上的路径。在其他世界上，主体为了具有关于给定的 $\varphi$ 的显性信息，不仅应该能够觉知，而且还应该具有关于它的隐性信息。主体应该

也能够承认 $\varphi$ 在所有他认为可能的世界中是真的。在此，由这些定义所给出的关于显性信息的定义也非常重要。为了处理真的显性信息，即为了处理显性知识，只需要找到等价的可及关系即可。因此，不需要对 $AK_i$ 集中的公式做更多的限制。

下面将研究这些概念的一些基本的性质及它们之间的相互作用，主要包括关于知识的觉知、隐性信息和显性信息，也可以用类似的方式处理规则。

**概念的觉知**　对于主体 $i$ 的觉知，可以根据主体在所有的与他可通达的世界中的有效的公式来进行定义。称主体 $i$ 觉知到 $\varphi$，即 $\mathrm{Aw}_i\varphi$，当且仅当主体在所有的他认为可能的世界中拥有 $\varphi$，即 $\Box_i{}^{[i]}\varphi$。正如前面所提及的，运用该觉知算子可以定义关于主体的语言。首先，如果主体觉知到公式 $\varphi$，那么他可以觉知到所有公式中的原子公式。如果主体觉知到原子命题集，那么他将觉知到根据这些原子公式所建立的公式。这些陈述可以在命题 4.1 和命题 4.2 中得到证明。

为了证明命题 4.1，需要引入下面的引理。

**引理 4.1**　令序对 $(\mathcal{M},w)$ 为点语义模型，且 $i$ 为主体。令 $\varphi$ 为语言 $\mathcal{L}$ 中的公式，用 $\mathrm{atm}(\varphi)$ 表示出现在 $\varphi$ 中的原子命题集。

如果 $i$ 在其行动过程中拥有 $\varphi$，即如果 $(\mathcal{M},w)\vDash{}^{[i]}\varphi$，那么主体实施了所有的基于原子的 $\varphi$，也即对每一个 $p\in\mathrm{atm}(\varphi)$，$(\mathcal{M},w)\vDash{}^{[i]}p$。换言之，公式

$$^{[i]}\varphi\rightarrow{}^{[i]}p$$

对每一个 $p\in\mathrm{atm}(\varphi)$ 都是有效的。

**证**　首先证明下面的等价（语义更丰富的）命题：

$$(\mathcal{M},w)\vDash{}^{[i]}\varphi \text{ 蕴涵 } \mathrm{atm}(\varphi)\subseteq PA_i(w)$$

这两个命题是等价的，可通过形如 $^{[i]}p$ 的语义解释（定义 4.5）推出。

通过施归纳于公式 $\varphi$，基本情况可以立即得出，该归纳可以由归纳假设推出，图 4.3 的有效性可以由定义 4.3 推出。

下面证明引理 4.1：

引理 4.1 指的是如果主体 $i$ 拥有他所处理的公式 $\varphi$，即如果 $(\mathcal{M},w)\vDash{}^{[i]}\varphi$，那么该主体拥有他所处理的所有的原子命题，即对每一个 $p\in\mathrm{atm}(\varphi)$，$(\mathcal{M},w)\vDash{}^{[i]}p$。换言之，公式

$$^{[i]}\varphi \rightarrow ^{[i]}p$$

对每一个 $p \in \mathrm{atm}(\varphi)$都是有效的。

下面将证明等价性陈述：

$$(\mathcal{M},w) \models ^{[i]}\varphi \text{ 蕴涵 } \mathrm{atm}(\varphi) \subseteq PA_i(w)$$

上述的等价性可以由形如$^{[i]}p$ 的公式的语义解释推出。

可以通过施归纳于公式 $\varphi$ 来证明。基础情况可直接得证：如果 $\varphi$ 是一个原子命题 $p$，且$(\mathcal{M},w) \models ^{[i]}p$，那么根据该语义解释，则 $p \in PA_i(w)$，因此，$\mathrm{atm}(p) \subseteq PA_i(w)$。

该归纳情况如下：

(1) $\varphi$ 为$^{[i]}p$：假设$(\mathcal{M},w) \models ^{[i]}(^{[j]}p)$。根据定义 4.3，有$^{[i]}(^{[j]}p) \leftrightarrow ^{[i]}p$，所以$(\mathcal{M},w) \models ^{[i]}p$。那么 $p \in PA_i(w)$，并且 $\mathrm{atm}(p) \subseteq PA_i(w)$。

(2) $\varphi$ 为 $AK_j\psi$：假设$(\mathcal{M},w) \models ^{[i]}(AK_j\psi)$。根据定义 4.3，有$^{[i]}(AK_j\psi) \leftrightarrow ^{[i]}\psi$，所以$(\mathcal{M},w) \models ^{[i]}\psi$。因为 $\psi$ 为 $AK_j\psi$ 的子公式，根据归纳假设，有$\mathrm{atm}(\psi) \subseteq PA_i(w)$，并且 $\mathrm{atm}(AK_j\psi) \subseteq PA_i(w)$。

(3) $\varphi$ 为 $R_j\rho$：假设$(\mathcal{M},w) \models ^{[i]}(R_j\rho)$。根据定义 4.3，有$^{[i]}(R_j\rho) \leftrightarrow ^{[i]}\rho$，所以$(\mathcal{M},w) \models ^{[i]}\rho$。因为 $\rho$ 为 $R_j\rho$ 的子公式，根据归纳假设，有 $\mathrm{atm}(\rho) \subseteq PA_i(w)$，并且 $\mathrm{atm}(R_j\rho) \subseteq PA_i(w)$。

(4) $\varphi$ 为$\neg\psi$：假设$(\mathcal{M},w) \models ^{[i]}(\neg\psi)$。根据定义 4.3，有$^{[i]}(\neg\psi) \leftrightarrow ^{[i]}(\psi)$，所以$(\mathcal{M},w) \models ^{[i]}(\psi)$。因为 $\psi$ 是$\neg\psi$ 的子公式，根据归纳假设，有 $\mathrm{atm}(\psi) \subseteq PA_i(w)$，并且 $\mathrm{atm}(\neg\psi) \subseteq PA_i(w)$。

(5) $\varphi$ 为 $\psi \vee \psi'$：假设$(\mathcal{M},w) \models ^{[i]}(\psi \vee \psi')$。根据定义 4.3，有$^{[i]}(\psi \vee \psi') \leftrightarrow (^{[i]}\psi \wedge ^{[i]}\psi')$，所以$(\mathcal{M},w) \models (^{[i]}\psi \wedge ^{[i]}\psi')$，即$(\mathcal{M},w) \models ^{[i]}\psi$，并且$(\mathcal{M},w) \models ^{[i]}\psi'$。因为 $\psi$ 和 $\psi'$ 是 $\psi \vee \psi'$ 的子公式，根据归纳假设，有$(\mathrm{atm}(\psi) \cup \mathrm{atm}(\psi')) \subseteq PA_i(w)$，并且 $\mathrm{atm}(\psi \vee \psi') \subseteq PA_i(w)$。

(6) $\varphi$ 为 $\Box_j\psi$：假设$(\mathcal{M},w) \models ^{[i]}(\Box_j\psi)$。根据定义 4.3，有$^{[i]}(\Box_j\psi) \leftrightarrow ^{[i]}\psi$，所以$(\mathcal{M},w) \models ^{[i]}\psi$。因为 $\psi$ 为$\Box_j\psi$ 的子公式，根据归纳假设，有 $\mathrm{atm}(\psi) \subseteq PA_i(w)$，并且 $\mathrm{atm}(\Box_j\psi) \subseteq PA_i(w)$。■

**命题 4.1**　令序对$(\mathcal{M},w)$为点语义模型，且 $i$ 为主体。令 $\varphi$ 为语言 $\mathcal{L}$ 中的公式。

如果 $i$ 觉知到了 $\varphi$，即如果$(\mathcal{M},w) \models \mathrm{Aw}_i\varphi$，那么该主体将觉知到所有

的原子命题，即对每一个 $p\in \mathrm{atm}(\varphi)$，$(\mathcal{M},w)\models \mathrm{Aw}_i p$。换言之，公式

$$\mathrm{Aw}_i\varphi\rightarrow \mathrm{Aw}_i p$$

对每一个 $p\in \mathrm{atm}(\varphi)$都是有效的。

**证** 假设$(\mathcal{M},w)\models \mathrm{Aw}_i\varphi$，那么$(\mathcal{M},w)\models \Box_i{}^{[i]}\varphi$。即对每一个 $u$ 使得 $wR_iu$，$(\mathcal{M},u)\models^{[i]}\varphi$。任取这样的 $u$，根据引理 4.1，对每一个 $p\in \mathrm{atm}(\varphi)$，$(\mathcal{M},u)\models^{[i]}p$。因此，$(\mathcal{M},w)\models \Box_i{}^{[i]}p$，即对每一个 $p\in \mathrm{atm}(\varphi)$，$(\mathcal{M},w)\models \mathrm{Aw}_i p$。■

为了证明命题 4.2，需要引入下面的引理。

**引理 4.2** 令序对$(\mathcal{M},w)$为点语义模型，且 $i$ 为主体。令$\{p_1,\cdots,p_n\}\subseteq P$ 为原子命题集。

如果 $i$ 在他所处理的$\{p_1,\cdots,p_n\}$中拥有所有的原子公式，即对每一个 $k\in\{1,\cdots,n\}$，如果$(\mathcal{M},w)\models^{[i]}p_k$，那么主体拥有他所处理的由这样的原子公式构建的任意公式，即对任意建立在$\{p_1,\cdots,p_n\}$上的公式 $\varphi$，$(\mathcal{M},w)\models^{[i]}\varphi$。换言之，公式

$$(\bigwedge_{k\in\{1,\cdots,n\}}{}^{[i]}p_k)\rightarrow{}^{[i]}\varphi$$

对每一个建立在$\{p_1,\cdots,p_n\}$上的 $\varphi$ 都是有效的。

**证** 首先证明下面的等价(语义更丰富的)陈述：

$$\{p_1,\cdots,p_n\}\subseteq PA_i(w)\text{蕴涵}(\mathcal{M},w)\models^{[i]}\varphi$$

对每一个建立在$\{p_1,\cdots,p_n\}$上的 $\varphi$ 都是有效的。根据形如${}^{[i]}p$ 的公式的语义解释，这两个命题是等价的。

根据假设$\{p_1,\cdots,p_n\}\subseteq PA_i(w)$，通过施归纳于 $\varphi$，基本情况可立即得证，归纳过程可以由归纳假设推出，图 4.3 的有效性可以由定义 4.3 得出。

引理 4.2 说明，如果主体 $i$ 属于$\{p_1,\cdots,p_n\}$，那么在他所处理的所有的原子公式中，对每一个 $k\in\{1,\cdots,n\}$，如果$(\mathcal{M},w)\models^{[i]}p_k$，那么主体具有他所处理的建立在这些原子命题上的任意公式，即对任意建立在$\{p_1,\cdots,p_n\}$上的公式 $\varphi$，$(\mathcal{M},w)\models^{[i]}\varphi$。换言之，公式

$$(\bigwedge_{k\in\{1,\cdots,n\}}{}^{[i]}p_k)\rightarrow{}^{[i]}\varphi$$

对每一个建立在$\{p_1,\cdots,p_n\}$上的 $\varphi$ 都是有效的。

另外，对每一个建立在$\{p_1,\cdots,p_n\}$上的公式 $\varphi$，也可以证明以下的等价陈述，即

$$\{p_1,\cdots,p_n\}\subseteq PA_i(w)\text{蕴涵}(\mathcal{M},w)\models^{[i]}\varphi$$

该陈述的等价性可以从形如${}^{[i]}p$ 的公式的语义解释中推出。

根据假设$\{p_1,\cdots,p_n\}\subseteq PA_i(w)$，通过施归纳于$\varphi$，基础情况可以直接得出：如果$\varphi$是$\{p_1,\cdots,p_n\}$中任意的$p_i$，那么显然有$(\mathcal{M},w)\models^{[i]}p_i$。其他的归纳情况如下：

(1)$\varphi$为$^{[j]}p$：在这种情况下，$p\in\{p_1,\cdots,p_n\}$，所以$(\mathcal{M},w)\models^{[i]}p$。根据定义4.3，有$^{[i]}(^{[j]}p)\leftrightarrow^{[i]}p$，所以$(\mathcal{M},w)\models^{[i]}(^{[j]}p)$。

(2)$\varphi$为$AK_j\psi$：假设$AK_j\psi$为建立在$\{p_1,\cdots,p_n\}$上的原子命题，则有$\mathrm{atm}(AK_j\psi)\subseteq\{p_1,\cdots,p_n\}$，即$\mathrm{atm}(\psi)\subseteq\{p_1,\cdots,p_n\}$。因此，$\psi\in AK_j\psi$。根据归纳假设，$(\mathcal{M},w)\models^{[i]}\psi$。根据定义4.3，有$^{[i]}(AK_j\psi)\leftrightarrow^{[i]}\psi$，所以$(\mathcal{M},w)\models^{[i]}(AK_j\psi)$。

(3)$\varphi$为$R_j\rho$：在这种情况下，则有$\mathrm{atm}(R_j\rho)\subseteq\{p_1,\cdots,p_n\}$，即$\mathrm{atm}(\rho)\subseteq\{p_1,\cdots,p_n\}$。因此$\rho$为$R_j\rho$的子公式。根据归纳假设，有$(\mathcal{M},w)\models^{[i]}\rho$。根据定义4.3，有$^{[i]}(R_j\rho)\leftrightarrow^{[i]}\rho$，所以$(\mathcal{M},w)\models^{[i]}(R_j\rho)$。

(4)$\varphi$为$\neg\psi$：在这种情况下，则有$\mathrm{atm}(\psi)\subseteq\{p_1,\cdots,p_n\}$，因此$\psi$是$\neg\psi$的子公式。根据归纳假设，有$(M,w)\models P^{[i]}\psi$。根据定义4.3，有$^{[i]}(\neg\psi)\leftrightarrow^{[i]}(\psi)$，所以$(\mathcal{M},w)\models^{[i]}(\neg\psi)$。

(5)$\varphi$为$\psi\vee\psi'$：在这种情况下，则有$(\mathrm{atm}(\psi)\cup\mathrm{atm}(\psi'))\subseteq\{p_1,\cdots,p_n\}$，因此$\psi$和$\psi'$是$\psi\vee\psi'$的子公式。根据归纳假设，有$(\mathcal{M},w)\models(^{[i]}\psi\wedge^{[i]}\psi')$。根据定义4.3，有$^{[i]}(\psi\vee\psi')\leftrightarrow(^{[i]}\psi\wedge^{[i]}\psi')$，所以$(\mathcal{M},w)\models^{[i]}(\psi\vee\psi')$。

(6)$\varphi$为$\Box_j\psi$：在这种情况下，则有$\mathrm{atm}(\psi)\subseteq\{p_1,\cdots,p_n\}$，因此$\psi$为$\Box_j\psi$的子公式。根据归纳假设，有$(\mathcal{M},w)\models^{[i]}\psi$。根据定义4.3，有$^{[i]}(\Box_j\psi)\leftrightarrow^{[i]}\psi$，所以$(\mathcal{M},w)\models^{[i]}(\Box_j\psi)$。■

**命题4.2**　令序对$(\mathcal{M},w)$为点语义模型，$i$为主体。令$\{p_1,\cdots,p_n\}\subseteq P$为原子命题的子集。

如果$i$能够觉知到$\{p_1,\cdots,p_n\}$中所有的原子命题，即对每一个$k\in\{1,\cdots,n\}$，如果$(\mathcal{M},w)\models \mathrm{Aw}_i p_k$，那么该主体可以觉知到建立在这样的原子命题集上的任意公式，即对建立在$\{p_1,\cdots,p_n\}$上的任意公式，$(\mathcal{M},w)\models \mathrm{Aw}_i\varphi$。换言之，公式

$$(\bigwedge_{k\in\{1,\cdots,n\}}\mathrm{Aw}_i p_k)\rightarrow\mathrm{Aw}_i\varphi$$

对建立在$\{p_1,\cdots,p_n\}$上的每一个$\varphi$都是有效的。

**证**　假设对每一个$k\in\{1,\cdots,n\}$，$(\mathcal{M},w)\models\mathrm{Aw}_i p_k$，那么$(\mathcal{M},w)\models$

$\Box_i^{[i]}p_k$。即对每一个 $k\in\{1,\cdots,n\}$，且每一个 $u$ 使得 $wR_iu$，$(\mathcal{M},w)\vDash{}^{[i]}p_k$。对任意的 $u$，根据引理 4.2，对建立在 $\{p_1,\cdots,p_n\}$ 上的公式 $\varphi$，$(\mathcal{M},w)\vDash{}^{[i]}\varphi$。因此，$(\mathcal{M},w)\vDash\Box_i^{[i]}\varphi$，即 $(\mathcal{M},w)\vDash \mathrm{Aw}_i\varphi$。■

如前，假定所有的主体都可以彼此相互觉知，据此可扩充的 $PA_i$ 集所提供的解释不仅适用于原子命题，而且也适用于主体 $i$ 所处理的每一个可能世界。例如，形如 ${}^{[i]}\varphi$ 的公式可以重新定义为：${}^{[i]}(\Box_j\varphi)$ 可定义为 ${}^{[i]}\varphi\wedge{}^{[i]}j$，且 ${}^{[i]}j$ 在 $(\mathcal{M},w)$ 上为真的，当且仅当 $j\in PA_i(w)$。

首先，可以表达不具有自我觉知能力的主体，通过 $PA_i$ 集中不包括 $i$ 的方式实现。另外，如果主体 $i$ 没有觉知到任何主体，那么有一个主体，其显性信息只能是命题。尽管该主体可能只能够觉知到 $PA_i$ 集中的非命题公式，但该主体并不具有关于它们的显性信息，因为他不能够觉知到这些公式。特别地，主体的显性信息应该是完全非内省的，因为他不能觉知到他自己。最后，考虑内省公理。在经典的认知逻辑中，主体关于 $\varphi$ 的知识可以定义为 $\Box\varphi$，在模型中主要用等价的可及关系表示。同时，该逻辑中还给出了主体的正内省和负内省公理。在前文即使用等价关系，也没有适用于显性知识的定义，但主体仍可以通过完成推理的步骤实现内省推理。通过对所涉及的主体的觉知进行扩充，显性内省不仅可以丰富该推理，而且可以实现主体的自我觉知。

**隐性信息**　该概念定义了主体在不改变其当前的觉知状态的情况下可以知道每一件事情，并且提供了他用来完成必然推理的工具(即规则)。可以将其定义为在主体认为可能的所有世界中为真的每一件事情，并以他当前的觉知状态构建模型。

这些概念弱化全能形式的方式：主体已经隐性地获知建立在他所觉知到的原子命题的有效性。另外，隐性信息在逻辑后承下是封闭的。

**命题 4.3**　令 $(\mathcal{M},w)$ 为任意的点语义模型，且 $i$ 为一个主体。

(1)假设 $\varphi$ 为有效的，对每一个 $p\in\mathrm{atm}(\varphi)$，有 $(\mathcal{M},w)\vDash\mathrm{Aw}_ip$，那么 $(\mathcal{M},w)\vDash\mathrm{Im}_ip$。

(2)如果 $(M,w)\vDash\mathrm{Im}_i(\varphi\rightarrow\psi)\wedge\mathrm{Im}_i\varphi$，那么 $(\mathcal{M},w)\vDash\mathrm{Im}_i\psi$。

**证**　对于第(1)条性质，因为 $\varphi$ 是有效的，所以其在任意的语义模型中的任意世界中都成立，特别地，有 $(\mathcal{M},w)\vDash\Box_i\varphi$。因为 $(\mathcal{M},w)\vDash\mathrm{Aw}_ip$，对每一个 $p\in\mathrm{atm}(\varphi)$，根据命题 4.2，有 $(\mathcal{M},w)\vDash\mathrm{Aw}_i\varphi$，即 $(\mathcal{M},w)\vDash\Box_i^{[i]}\varphi$。因此 $(\mathcal{M},w)\vDash\Box_i\varphi\wedge\Box_i^{[i]}\varphi$，即 $(\mathcal{M},w)\vDash\mathrm{Im}_i\varphi$。

对于第(2)条性质,假设$(\mathcal{M},w)\vDash \mathrm{Im}_i(\varphi\rightarrow\psi)\wedge \mathrm{Im}_i\varphi$,那么$(\mathcal{M},w)\vDash \Box_i(\varphi\rightarrow\psi)\wedge\Box_i\varphi$,因此,$(\mathcal{M},w)\vDash\Box_i\psi$,且$(\mathcal{M},w)\vDash\Box_i^{[i]}(\varphi\rightarrow\psi)$。于是$(\mathcal{M},w)\vDash \mathrm{Im}_i\psi$。■

**显性信息**　显性信息蕴涵觉知和隐性信息是一个较强的说法。

因为对 $\boldsymbol{FA}_i$ 集并没有任何特殊的要求,也不需要显性地知道,因此该概念并不具有封闭的性质。由于主体 $i$ 的显性信息不需要具有任意强的封闭条件,因此可以很容易地设想一个情境,其中该主体不能显性地获知他隐性地具有的某些有效性,类似于图 4.4(a)中的模型(用 $PA_i$ 集和 $\boldsymbol{FA}_i$ 集所刻画的序),或者他的显性信息在逻辑后承下不是封闭的,类似于图 4.4(b)中所刻画的情况。

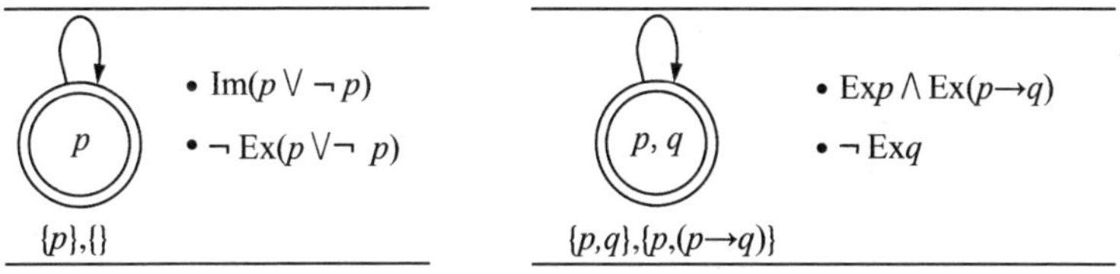


(a)　　　　(b)

图 4.4　用 $PA_i$ 集和 $\boldsymbol{FA}_i$ 集刻画的序

事实上,显性信息并不需要具有任意特殊的性质,但这并不意味着它不能具有特殊的性质。从动态的方面看,显性信息并不需要嵌入保证主体具有确定的最小信息量的性质,但需要一个恰当的行为集,用来解释主体是如何获得那些信息的。

**概念的层级**　根据简单的展开(unfolding)定义,可推出类似于图 4.1 的三个行为概念。

**命题 4.4(概念的层级)**　在模型 $\mathcal{M}$ 中,和信息相关的概念具有下面的性质:

(1)显性信息⊆隐性信息;

(2)隐性信息⊆觉知。

该层级可以反映下面的有效性:

$$\mathrm{Ex}_i\varphi\rightarrow\mathrm{Im}_i\varphi,\quad 且\ \mathrm{Im}_i\varphi\rightarrow\mathrm{Aw}_i\varphi$$

**模型间的相互作用**　在经典的模型类中,命题有效性、可达集、规则集函数和可及关系之间没有关系。但是,通过借助于特殊的条件,可以获得一个拥有特殊性质的主体。

考虑下面的性质,它们分别将可及关系和命题有效性、可通达性联系在一起。

(1)如果有效的原子公式可通过可及关系保持,即对所有的 $u$,如果 $p\in PA_i(w)$ 蕴涵 $p\in PA_i(u)$,使得 $wR_iu$,那么主体 $i$ 的信息满足建立在有效的原子公式上的弱内省性。该性质可通过下面的公式刻画:

$$^{[i]}p\rightarrow\Box_i{}^{[i]}p$$

(2)用类似的方法,如果可及公式可以通过可及关系保持,即对所有的世界 $u$,其中 $wR_iu$,如果 $\varphi\in \boldsymbol{FA}_i(w)$ 蕴涵 $\varphi\in \boldsymbol{FA}_i(u)$,那么主体 $i$ 的信息满足建立在可及公式上的弱内省性。该性质可通过下面的公式刻画:

$$AK_i\varphi\rightarrow\Box_iAK_i\varphi$$

这些性质(类似于一致性)可用 $R$ 性质进行组合。借助等价关系,$PA_i$ 和 $\boldsymbol{FA}_i$ 分别为从等价类到原子集和公式的函数。另外,带有这两条性质的自返模型还具有下面的有效性:

$$\Box_i{}^{[i]}\varphi\leftrightarrow{}^{[i]}\varphi$$

$$\Box_i({}^{[i]}\varphi\wedge\varphi)\leftrightarrow({}^{[i]}\varphi\wedge\Box_i\varphi)$$

$$\Box_i({}^{[i]}\varphi\wedge\varphi\wedge AK_i\varphi)\leftrightarrow({}^{[i]}\varphi\wedge\Box_i\varphi\wedge \boldsymbol{FA}_i\varphi)$$

语义模型并没有对通达集中的公式进行限制。特别地,这些公式可能包含涉及原子命题的公式,不属于对应的命题的有效集,即 $AK_i\varphi\wedge\neg({}^{[i]}\varphi)$ 是可满足的。模型中的公式在通达集中只能根据有效的原子公式建立。语义上,$\varphi\in \boldsymbol{FA}_i(w)$ 蕴涵 $\mathrm{atm}(\varphi)\subseteq PA_i(w)$;语形上,$AK_i\varphi\rightarrow{}^{[i]}\varphi$ 迫使其为强无意识的:如果主体没有觉知到 $\varphi$,那么他将觉知到它并不会给主体提供任何关于 $\varphi$ 的显性信息,因为 $\varphi$ 不属于主体的通达集。

另外,在未做设置的语境中,允许额外地表达主体的弱无意识:开始觉知到 $\varphi$ 就可以向主体提供关于 $\varphi$ 的显性信息,因为 $\varphi$ 可能已经属于主体的通达集了。这允许对思考进行建模:假设我正在寻找房间里的钥匙,那么当某人指出它们可能在厨房时,我会记得我可能将它们放在了烤箱上。

**其他可定义的概念** 如何将与世界可及的公式和命题的有效性进行组合呢?即使不能对可定义的概念和它们的解释进行系统的研究,但关于它们的直觉也可以通过对它们的解读获得。例如,认知逻辑所定义的信息 $\Box_i\varphi$,当主体开始觉知到 $\varphi$ 时,可将其刻画成显性的信息,并且证实它是真的。同样地,$\Box_i(\varphi\wedge AK_i\varphi)$ 刻画的 $\varphi$ 是一条信息,为了使其成为显性信息,仅需要主体开始觉知到它。换言之,$\varphi$ 是主体当前尚未觉知到的信息。

## 三、知 识

下面是标准的认知逻辑的方法,并假设 $R$ 关系是全等价关系。

**定义** 4.7($\mathcal{M}_k$类)　语义模型 $\mathcal{M}=\langle W,R_i,V,PA_i,\boldsymbol{FA}_i,\boldsymbol{FR}_i\rangle$属于 $\mathcal{M}_k$ 类,当且仅当对每一个主体 $i$,$R_i$是等价关系。

**命题** 4.5　在 $\mathcal{M}_k$模型中,每一条隐性和显性的信息都是真的(相对公式的情况),且是保真的(相对规则的情况)。换句话说,$\mathrm{Im}_i\varphi\rightarrow\varphi$ 且 $\mathrm{Ex}_i\varphi\rightarrow\varphi$ 相对公式是有效的,$\mathrm{Im}_i\rho\rightarrow\mathrm{tr}(\rho)$和 $\mathrm{Ex}_i\rho\rightarrow\mathrm{tr}(\rho)$相对规则是有效的。

**证**　对于公式的情况,首先证明其有效性。假设$(\mathcal{M},w)\vDash\mathrm{Im}_i\varphi$,那么$(\mathcal{M},w)\vDash\Box_i({}^{[i]}\varphi\wedge\varphi)$。即${}^{[i]}\varphi\wedge\varphi$ 在所有和 $w$ 具有 $R_i$可及关系的世界中成立。但由于 $R_i$是自返的,因此${}^{[i]}\varphi\wedge\varphi$ 在 $w$ 上成立,所以 $\varphi$ 在 $w$ 上也成立。因此,$\mathrm{Im}_i\varphi\rightarrow\varphi$ 是有效的。第二条有效性可以据此推出,而命题 4.4 中给出了关于层级的证明。相对规则的情况可以采用类似的方法证明。■

下面讨论 $\mathcal{M}_k$ 中的模型,用知识取代信息,并讨论隐性知识和显性知识。$\mathcal{M}_k$ 中模型的有效的、可靠的和完全的公理系统可以通过标准的多主体 S5 系统给出。

**定理** 4.2($\mathcal{L}$ 相对于 $\mathcal{M}_k$ 的公理系统)　图 4.2 所示的公理系统和图 4.5 所示的公理系统相对于 $\mathcal{M}_k$ 中的模型是可靠的和强完全的。

| | | |
|---|---|---|
| T | $\vdash\Box_i\varphi\rightarrow\varphi$ | 对每一个主体 $i$ |
| 4 | $\vdash\Box_i\varphi\rightarrow\Box_i\Box_i\varphi$ | 对每一个主体 $i$ |
| 5 | $\vdash\neg\Box_i\varphi\rightarrow\Box_i\neg\Box_i\varphi$ | 对每一个主体 $i$ |

图 4.5　$\mathcal{L}$ 相对于 $\mathcal{M}_k$ 的扩充公理

**内省**　下面研究信息所具有的内省性。

在不考虑可及关系的情况下,觉知具有正内省性。在定义语言时,确实没有考虑关于主体的觉知,所以每次主体 $i$ 都可以觉知到公式 $\varphi$,该主体也能觉知到他被觉知。

**命题** 4.6　在一般的模型类 $\mathcal{M}$ 上,主体总能够觉知到他自己的觉知。换言之,有下面的有效性:

$$\mathrm{Aw}_i\varphi\rightarrow\mathrm{Aw}_i\mathrm{Aw}_i\varphi$$

**证**　假设 $\mathrm{Aw}_i\varphi$ 在给定的模型中的某些世界里成立。根据命题 4.1,可知主体可以觉知到 $\varphi$ 中所有的原子公式;根据命题 4.2,可知主体可以觉知到所有的建立在这些原子公式上的每一个公式,特别地,主体可以觉知到 $\mathrm{Aw}_i\varphi$ 本身。■

如果考虑关于主体的觉知,该觉知应该是正内省的,主体需要觉知到他自己。

另外，觉知不能是负内省的。如果主体不能觉知到 $\varphi$，即如果 $\neg Aw_i\varphi$ 成立，这并不能够推出主体觉知到没有觉知到 $\varphi$，即 $Aw_i\neg Aw_i\varphi$ 不需要成立。

**命题 4.7** 在一般的模型类 $\mathcal{M}$ 中，主体不能觉知到他所没有的觉知。换言之，有下面的有效性：

$$\neg Aw_i\varphi \rightarrow \neg Aw_i\neg Aw_i\varphi$$

**证** 假设 $\neg Aw_i\varphi$ 在给定的模型中的某些世界里成立。根据命题 4.2，可知主体不能觉知到至少包括 $\varphi$ 的原子公式；根据命题 4.1，可知主体并不能觉知到涉及这样的原子公式的任意公式，特别地，主体不能觉知到 $\neg Aw_i\varphi$ 本身。■

下面考虑隐性信息。通常情况下，既不是正内省的也不是负内省的，其类似于认知逻辑。下面重点关注 $\mathcal{M}_k$ 模型，即关注隐性信息。

在标准的认知逻辑中，假设等价可及关系（传递关系）所给的 $\Box\varphi$ 的正内省公理为 $\Box_i\varphi\rightarrow\Box_i\Box_i\varphi$。给定 $Im_i\varphi$ 的正内省公理如下：

**命题 4.8** 在 $\mathcal{M}_k$ 模型中，隐性知识具有正内省性质，即下面的公式是有效的：

$$Im_i\varphi \rightarrow Im_i Im_i\varphi$$

**证** 展开定义可得到如下的公式：

$$\Box_i^{[i]}\varphi \wedge \Box_i\varphi \rightarrow \Box_i^{[i]}(\Box_i(^{[i]}\varphi \wedge \varphi)) \wedge \Box_i\Box_i^{[i]}\varphi \wedge \Box_i\Box_{i\varphi}$$

根据命题 4.1 和 4.2，前件中的合取式蕴涵后件中的第一个公式；根据传递性（图 4.5 中的公理 4），前件中的第一个和第二个合取分别蕴涵后件中的第二个和第三个公式。■

隐性知识并不是负内省的，即公式 $\neg Im_i\varphi\rightarrow Im_i\neg Im_i\varphi$ 不是有效的。原因是，尽管可及关系是欧性的（即满足图 4.5 中的公理 5），$Im_i\varphi$ 也可能是假的，因为 $i$ 并不能觉知到 $\varphi$，那么该主体将无法觉知到 $\neg Im_i\varphi$。因此，主体将无法隐性地知道。然而，如果主体觉知到 $\varphi$，那么负内省性将成立。

**命题 4.9** 在 $\mathcal{M}_k$ 模型中，如果主体不能隐性地知道 $\varphi$，但可以觉知到 $\varphi$，那么主体将隐性地知道他确实不能隐性地知道 $\varphi$。即

$$(\neg Im_i\varphi \wedge Aw_i\varphi) \rightarrow Im_i\neg Im_i\varphi$$

**证** 假设 $\neg Im_i\varphi \wedge Aw_i\varphi$ 成立，那么 $\Box_i^{[i]}\varphi$ 且 $\neg\Box_i\varphi$。由 $\Box_i^{[i]}\varphi$ 以及命题 4.1 和 4.2，可得 $\Box_i^{[i]}(\neg Im_i\varphi)$。据此和图 4.5 中的公理 4 和 5，可得 $\Box_i\Box_i^{[i]}\varphi$ 且 $\Box_i\neg\Box_i\varphi$，即 $\Box_i\neg(\Box_i^{[i]}\varphi \wedge \Box_i\varphi)$，或者简化为 $\Box_i\neg Im_i\varphi$。于是有 $Im_i\neg Im_i\varphi$。■

显性信息不具有负内省性。即使针对显性知识，$AK_i$集也确实不需要满足封闭性，特别地，$\varphi \in AK_i(w)$不能推出 $\mathrm{Ex}_i\varphi \in AK_i(w)$。能够认识到 $\varphi$ 是真的，并不能使主体可以直接认识到主体关于 $\varphi$ 的显性知识。正内省性是 $\mathcal{M}_k$ 模型的性质，另外满足通过公式 $AK_i\varphi \rightarrow AK_i\mathrm{Ex}_i\varphi$ 所刻画的语形性质。

**命题** 4.10　在 $\mathcal{M}_k$ 模型中，$AK_i\varphi \rightarrow AK_i\mathrm{Ex}_i\varphi$ 是有效的，显性信息具有正内省性，即下面的公式是有效的：

$$\mathrm{Ex}_i\varphi \rightarrow \mathrm{Ex}_i\mathrm{Ex}_i\varphi$$

**证**　展开定义可得到下面的公式：

$\Box_i^{[i]}\varphi \wedge \Box_i\varphi \wedge \Box_i AK_i\varphi \rightarrow \Box_i^{[i]}(\Box_i(^{[i]}\varphi \wedge \varphi \wedge AK_i\varphi)) \wedge \Box_i\Box_i^{[i]}\varphi \wedge \Box_i\Box_i\varphi \wedge \Box_i\Box_i AK_i\varphi \wedge \Box_i AK_i\mathrm{Ex}_i\varphi$

根据命题 4.1 和 4.2，前件中的第一个合取蕴涵后件的第一个公式。根据传递性，前件中的第一、二、三个公式的合取蕴涵后件中的第二、三、四个公式。最后，前件中的第三个公式的合取和假设 $AK_i\varphi \rightarrow AK_i\mathrm{Ex}_i\varphi$ 蕴涵后件中的第五个合取。■

显性信息也缺少负内省性。此时，即使在知识的情况下（$\mathcal{M}_k$ 模型)，就算觉知是关于 $\varphi$ 的强的隐性知识，也需要假设 $\neg\Box_i AK_i\varphi \rightarrow \Box_i AK_i\neg\mathrm{Ex}_i\varphi$ 是有效的。第一个公式要求，如果存在认知择代系统，其中主体不承认 $\varphi$，那么在所有的认知择代系统中，当且仅当显性知识变成负内省的时，主体才承认他不能显性地知道 $\varphi$。

**命题** 4.11　在 $\mathcal{M}_k$ 模型中，$\neg\Box_i AK_i\varphi \rightarrow \Box_i AK_i\neg\mathrm{Ex}_i\varphi$ 是有效的，如果主体不能显性地知道 $\varphi$，但主体仍然可以有关于 $\varphi$ 的隐性的知识，那么主体可以显性地知道他不能显性地知道 $\varphi$。用公式可表示为

$$(\neg\mathrm{Ex}_i\varphi \wedge \mathrm{Im}_i\varphi) \rightarrow \mathrm{Ex}_i\neg\mathrm{Ex}_i\varphi$$

**证**　蕴涵式的前件包括$\Box_i^{[i]}\varphi$，$\Box_i\varphi$ 和$\neg\Box_i AK_i\varphi$。由第一个公式可得$\Box_i^{[i]}(\neg\mathrm{Ex}_i\varphi)$，如前。根据第一、第二和第三个公式及图 4.5 中的公理 4 和公理 5，可得$\Box_i\Box_i^{[i]}\varphi$，$\Box_i\Box_i\varphi$ 以及$\Box_i\neg\Box_i AK_i\varphi$，即$\Box_i\neg(\Box_i^{[i]}\varphi \wedge \Box_i\varphi \wedge \Box_i AK_i\varphi)$，或者简化为$\Box_i\neg\mathrm{Ex}_i\varphi$。根据第三个公式和假设$\Box_i AK_i\neg\mathrm{Ex}_i\varphi$，综合以上可得 $\mathrm{Ex}_i\neg\mathrm{Ex}_i\varphi$。■

在一般情况下，尽管显性知识并不具有正内省性和负内省性，但可以从中推出弱形式。

**命题** 4.12　在 $\mathcal{M}_k$ 模型中，显性知识具有弱正内省和负内省性质，即下面的公式都是有效的：

$$\mathrm{Ex}_i\varphi\rightarrow\mathrm{Im}_i\,\mathrm{Ex}_i\varphi,\quad 且(\neg\mathrm{Ex}_i\varphi\wedge\mathrm{Aw}_i\varphi)\rightarrow\mathrm{Im}_i\neg\mathrm{Ex}_i\varphi$$

**证** 类似于命题 4.8 和 4.10 的证明过程，通过展开定义和标准的模态规则可证。■

命题 4.12 中的第一个公式说明，如果主体 $i$ 有显性的知识 $\varphi$，那么该主体将隐性地知道自己有显性的知识 $\varphi$。第二个公式说明，如果主体没有显性的知识 $\varphi$，但他仍然能够觉知到 $\varphi$，那么主体隐性地知道他没有显性的知识。

从动态的角度看，附加性质要求是内省的，能够被理解为不是静态的条件，但作为行动，在完成之后，应该能够产生一个显性的结果。

## 四、其他的一些技术方法

前面已经定义了关于信息的主要概念，研究了它们在一般情况下的性质，类似于建立在等价类上的假设模型。下面就简要地概括一下这些概念的择代定义。

**语形觉知和语义觉知** 觉知的形式系统主要建立在直觉的基础上，在每种状态下，每一个主体只有一个特殊的语言子集表示他的信息。该直觉可以通过形如 $^{[i]}p$ 的公式来表示原子公式 $p$，运用归纳的方法可以扩充为任意的公式(定义 4.3)。

该语形方法可看作关于主体的原子命题的有效性的证明方法，因此可以将生成的觉知看作原子集。转换语义的方法可以通过两个世界之间的关系获得，不管其在已知的 $Q\subseteq P$ 的原子命题中的真值是否一致。①

**定义 4.8(由标号确定的等价命题)** 令 $P$ 为原子命题集，$W$ 为可能世界集，$V$ 为原子赋值函数，$V:W\rightarrow\mathcal{P}(P)$，如前。即如果 $w$ 和 $u$ 在 $Q$ 中的所有的原子赋值都是一致的，那么两个世界 $w,u\in W$ 为由标号确定的命题等价式 $Q\subseteq P$(命题的 $Q$ 等价)，当且仅当对每一个 $p\in Q$，有 $p\in V(w)$，当且仅当 $p\in V(u)$。若 $w,u\in W$ 是 $Q$ 等价的，则记为 $w\sim_Q u$。注意：$\sim_Q$ 为等价关系。

**其他和觉知相关的方法** 前面所研究的动态可以通过给每一个主体在每一个可能世界中指派一个公式集而构建的模型进行刻画。规则上，涉及若干个可能世界，包括建立在原子命题集上的觉知，类似于前面所讨论的内

---

① Grossi, D., 2009: "A Note on Brute vs. Institutional Facts: Modal Logic of Equivalence Up to a Signature". In Boella, G. et al(eds), 208 Bibliography Normative Multi-Agent Systems, number 09121 in Dagstuhl Seminar Proceedings, Dagstuhl, Germany, p.99.

容。从这一点看，可以将其看作一个特殊形式的觉知逻辑，另外需要强调的是，该概念并非来自带有特殊封闭性质的公式集。类似于原子集，即 $PA_i$ 集，可据此递归定义其余的公式，如定义 4.3。

赋值点上的公式集：主体在世界 $w$ 上觉知到了 $\varphi$，当且仅当 $\varphi$ 为对应于世界 $w$ 的集合。该定义和所给出的定义有所不同，其并未将主体所具有的原子命题处理为赋值点上的原子命题，而是将其建立在主体认为可能的每一个世界上。这两个定义所假设的可及关系均为自返的，和在保 $PA_i$ 集下是一致的。

在不涉及前面所讨论的觉知主体的概念的情况下，可采用给每一个主体的原子命题集指派一个可能世界的方式进行定义，且觉知也是根据这样的集合所给的定义。定义的概念仅和赋值点相关，语形上采用$^{[i]}p$。但只和单个的赋值点有关，而和主体认为可能的世界无关。该定义类似于主体觉知到 $p$（将其记为$^{[i]}p$）的情况，但主体在所有他认为可能的世界中并未觉知到（$\neg\Box_i{}^{[i]}p$）。

**显性信息的其他定义** 显性信息/知识的形式定义较多。

下面对主体觉知到的公式和他承认为真的公式进行比较。

一方面，显性信息只使用主体认为是真的公式，将不足以刻画主体没有考虑的所有相关的可能情况。该定义中的觉知被看作是给定的两种可能中的显性信息的扩充部分：可将觉知定义为基于原子命题的公式的语言。主体可以觉知到 $\varphi$ 或者 $\psi$，却觉知不到 $\varphi\wedge\psi$；根据觉知的可能性，也应该使主体觉知到它的布尔公式的组合。另一方面，如果该概念被定义为全语言，那么主体的显性信息在逻辑后承下是封闭的。显性地获知 $\varphi$ 和 $\varphi\rightarrow\psi$ 表示主体可以隐性地获知公式 $\varphi\rightarrow\psi$，且已经隐性地获知两个公式，并且也觉知到它们。因此，隐性的信息在逻辑后承下也是封闭的，主体将隐性地获知 $\psi$。因为主体觉知到 $\varphi\rightarrow\psi$，又觉知到 $\varphi$，故主体将显性地获知 $\psi$。

为了使大量的信息显性化。首先，主体应该能够觉知到信息，这样的信息应该是主体可以用直接的语言进行表达的概念。其次，主体应该也能够证实这些信息是事实真的。基于这两个附加条件，可以确定三个不同的信息概念：觉知、隐性信息和显性信息。

## 第三节 动态信息模型

前面所提供的框架可以用来刻画在某些状态上主体具有的信息集。下面将提供一种可以用来刻画信息变化的工具。和信息行为相关的行动有恰当觉知、推理和公开宣告。

第一个行动为恰当觉知，使得主体可以觉知到给定的原子命题 $q$。通过该过程，主体可以对他的语言进行扩充，并且可以在引入的会话语境中得到解释。第二个行动为推理，允许主体通过运用规则扩充他的可通达的信息。通过该过程，主体将承认某一确定的信息为真的来更新他已经具有的隐性信息，并使其成为显性信息的一部分。第三个行动为公开宣告，刻画主体和外部世界之间的相互作用：主体宣告他显性地知道的其他的事情。

对于这些行动，可以通过定义一个模型来对其进行刻画。

定义 4.9（动态运算）　令 $\mathcal{M}=\langle W,R_i,V,PA_i,\boldsymbol{FA}_i,\boldsymbol{FR}_i\rangle$ 为 $\mathcal{M}$ 的语义模型。

取 $q\in P$ 且 $j\in Ag$。原子觉知运算可以生成模型 $\mathcal{M}_{\mapsto_q^j}=\langle W,R_i,V,PA_i{}',\boldsymbol{FA}_i,\boldsymbol{FR}_i\rangle$，它和 $\mathcal{M}$ 的区别在于有关主体 $j$ 的命题的有效性函数，可以通过下面的公式给出：对于每一个世界 $w\in W$，有

$$PA_j{}'(w):=PA_j(w)\cup\{q\}$$

换言之，在所有的模型世界里，算子 $\mapsto_q^j$ 可将原子命题 $q$ 增加到主体的有效的命题集中。

取 $\sigma\in\mathcal{L}_{\mathrm{r}}$ 且 $j\in Ag$。主体推理运算生成模型 $\mathcal{M}_{\mapsto_\sigma^j}=\langle W,R_i,V,PA_i,\boldsymbol{FA}_i{}',\boldsymbol{FR}_i\rangle$，它和 $\mathcal{M}$ 的区别在于主体 $j$ 的可通达集函数，可以通过下面的公式给出：对于每一个世界 $w\in W$，有

$$PA_j{}'(w):=\begin{cases}AK_j(w)\cup\{\mathrm{cn}(\sigma)\}, & \text{如果 } \sigma\in FR_j(w) \text{ 且 } \mathrm{pm}(\sigma)\subseteq AK_j(w)\\ AK_j(w), & \text{否则}\end{cases}$$

换言之，运算 $\mapsto_\sigma^j$ 将结论 $\sigma$ 增加到主体 $j$ 的可达集中，这些世界中的主体具有结论 $\sigma$ 和它的前提。

取 $\gamma\in\mathcal{L}_{\mathrm{f}}$ 且 $j\in Ag$。用 $\mathrm{atm}(\gamma)$ 表示出现在 $\gamma$ 中的原子命题。公开宣告运算生成模型 $\mathcal{M}_{j:\gamma!}=\langle W',R_i{}',V',PA_i{}',\boldsymbol{FA}_i{}',\boldsymbol{FR}_i{}'\rangle$，其中，对每一个主体 $i\in Ag$，有

$$W':=\{w\in W\mid(\mathcal{M},w)\models \mathrm{Ex}_j\gamma\}$$

$$R_i{}':=R_i\cap(W'\times W')$$

且对每一个 $w\in W'$，有

$$V'(w):=V(w)$$

$$\boldsymbol{FR}_i{}'(w):=\boldsymbol{FR}_i(w)$$

$$PA_i{}'(w):=PA_i(w)\cup \mathrm{atm}(\chi),$$

$$\boldsymbol{FA}_i{}'(w):=AK_i(w)\cup\{\gamma\}$$

运算 $j:\gamma!$ 将 $\mathrm{Ex}_j\gamma$ 中不成立的世界移去，并对主体的可及关系和新的定义域的值进行限制。另外，用出现在 $\gamma$ 中的原子命题扩充主体的命题的有效集，用 $\gamma$ 来扩充可达集，并在最初的模型中保持规则集不变。

事实上，当原子觉知运算 $\mapsto_q^j$ 对单个主体 $j$ 的 $PA$ 集产生作用时，推理运算 $\mapsto_\sigma^j$ 可对单个主体 $j$ 的 $\boldsymbol{FA}$ 集产生作用，宣告运算可对每个主体类似于 $PA$ 和 $\boldsymbol{FA}$ 集的可及关系产生作用。事实上，原子觉知和推理运算行为类似于“公开”思考运算，通过修改单个主体的模型元素，可对其他主体的信息产生作用。在原子觉知的情况下，$\mapsto_q^j$ 使 $^{[j]}q$ 在模型中的每一个世界中为真，使其在任意主体 $i$ 认为可能的每一个世界中都为真，即 $\Box_i{}^{[j]}q$ 在每处都为真。这并不是说每一个主体现在都有关于 $j$ 开始觉知到 $q$ 的显性信息，但确实指出他们开始觉知到 $q$，并且在所有他们认为可能的世界中具有可通达的 $^{[i]}q$。有时类似于推理运算 $\mapsto_\sigma^j$，其可以使 $\Box_i AK_j\,\mathrm{cn}(\sigma)$ 在模型中的每一个世界中为真。这些运算的私人情况可采用行动模型的方法。

在 $\mathcal{M}_k$ 模型中，还有三种运算可以得到保持。

**命题 4.13**　如果 $\mathcal{M}$ 是 $\mathcal{M}_k$ 模型，则 $\mathcal{M}_{\mapsto_q^j}$，$\mathcal{M}_{\mapsto_\sigma^j}$ 和 $\mathcal{M}_{j:\gamma!}$ 也是 $\mathcal{M}_k$ 模型。

**证**　只需要证明三个新的模型中的可及关系均是等价关系即可。前两种情况可以立即得证，因为新模型并没有改变原模型的定义域和等价关系。对于第三种情况，可通过将其转化为子模型的方法进行证明。■

为了刻画基于主体的信息的这些运算的性质，在此扩充了 $\mathcal{L}$ 语言，主要通过三个新的存在模态 $\langle \mapsto_q^j \rangle$，$\langle \mapsto_\sigma^j \rangle$，$\langle j:\gamma! \rangle$ 来刻画运算中的每一种情况。我们称该语言为对 $\mathcal{L}$ 语言的扩充。新的公式的语义解释如下：

**定义 4.10**（语义解释）　令 $\mathcal{M}=\langle W,R_i,V,PA_i,\boldsymbol{FA}_i,\boldsymbol{FR}_i\rangle$ 为语义模型，并且取世界 $w\in W$。定义公式

$$\mathrm{Pre}_{\mapsto_\sigma^j}:=(\bigwedge_{\psi\in \mathrm{pm}(\sigma)}\mathrm{Ex}_j\psi)\wedge \mathrm{Ex}_j\sigma \quad 和 \quad \mathrm{Pre}_{j:\gamma!}:=\mathrm{Ex}_j\gamma$$

分别表示 $\mapsto_\sigma^j$ 和 $j:\gamma!$ 的前件。那么：

(1) $(\mathcal{M},w)\vDash\langle \mapsto_q^j \rangle\varphi$，当且仅当 $(\mathcal{M}_{\mapsto_q^j},w)\vDash\varphi$；

(2) $(\mathcal{M},w)\vDash\langle \mapsto_\sigma^j \rangle\varphi$，当且仅当 $(\mathcal{M},w)\vDash \mathrm{Pre}_{\mapsto_\sigma^j}$ 且 $(\mathcal{M}_{\mapsto_\sigma^j},w)\vDash\varphi$；

(3) $(\mathcal{M},w)\vDash\langle j:\gamma! \rangle\varphi$，当且仅当 $(\mathcal{M},w)\vDash \mathrm{Pre}_{j:\gamma!}$ 且 $(\mathcal{M}_{j:\gamma!},w)\vDash\varphi$。

主体可以在任一点上扩充关于他的语言。通过利用带有 $\sigma$ 的推理，主体需要显性地知道规则和它的所有前提；对于宣告 $\gamma$，主体仅需要显性地获

知它。

另外，利用归约公理可以为该扩充的语言提供一个可靠的和完全的公理系统，如图 4.6 所示。

$\vdash \langle \mapsto^j_q \rangle p \leftrightarrow p$

$\vdash \langle \mapsto^j_q \rangle \neg\varphi \leftrightarrow \neg\langle \mapsto^j_q \rangle \varphi$

$\vdash \langle \mapsto^j_q \rangle (\varphi \vee \psi) \leftrightarrow (\langle \mapsto^j_q \rangle \varphi \vee \langle \mapsto^j_q \rangle \psi)$

$\vdash \langle \mapsto^j_q \rangle \Diamond_i \leftrightarrow \Diamond_i \langle \mapsto^j_q \rangle \varphi$

如果 $\vdash \varphi$，那么 $\vdash [\mapsto^j_q]\varphi$

$\vdash \langle \mapsto^j_\sigma \rangle p \leftrightarrow \mathrm{Pre}_{\mapsto^j_\sigma} \wedge p$

$\vdash \langle \mapsto^j_\sigma \rangle \neg\varphi \leftrightarrow (\mathrm{Pre}_{\mapsto^j_\sigma} \wedge \neg\langle \mapsto^j_q \rangle \varphi)$

$\vdash \langle \mapsto^j_\sigma \rangle (\varphi \vee \psi) \leftrightarrow (\langle \mapsto^j_q \rangle \varphi \vee \langle \mapsto^j_q \rangle \psi)$

$\vdash \langle \mapsto^j_\sigma \rangle AK_j\varphi \leftrightarrow \mathrm{Pre}_{\mapsto^j_\sigma} \wedge AK_j\varphi$，对 $\varphi \neq \mathrm{cn}(\sigma)$

$\vdash \langle \mapsto^j_\sigma \rangle \Diamond_i\varphi \leftrightarrow (\mathrm{Pre}_{\mapsto^j_\sigma} \wedge \Diamond_i \langle \mapsto^j_q \rangle \varphi)$

如果 $\vdash \varphi$，那么 $\vdash [\mapsto^j_\sigma]\varphi$

$\vdash \langle j:\gamma! \rangle p \leftrightarrow \mathrm{Pre}_{j:\gamma!} \wedge p$

$\vdash \langle j:\gamma! \rangle \neg\varphi \leftrightarrow (\mathrm{Pre}_{j:\gamma!} \wedge \neg\langle j:\gamma! \rangle \varphi)$

$\vdash \langle j:\gamma! \rangle (\varphi \vee \psi) \leftrightarrow (\langle j:\gamma! \rangle \varphi \vee \langle j:\gamma! \rangle \psi)$

$\vdash \langle j:\gamma! \rangle \Diamond_i\varphi \leftrightarrow (\mathrm{Pre}_{j:\gamma!} \wedge \Diamond_i \langle j:\gamma! \rangle \varphi)$

如果 $\vdash \varphi$，那么 $\vdash [j:\gamma!]\varphi$

$\vdash \langle \mapsto^j_q \rangle^{[i]} p \leftrightarrow {}^{[i]}p$，对 $i \neq j$

$\vdash \langle \mapsto^j_q \rangle^{[j]} p \leftrightarrow {}^{[j]}p$，对 $i \neq j$

$\vdash \langle \mapsto^j_q \rangle^{[j]} q \leftrightarrow \top$

$\vdash \langle \mapsto^j_q \rangle AK_i\varphi \leftrightarrow AK_i\varphi$

$\vdash \langle \mapsto^j_q \rangle R_i\rho \leftrightarrow R_i\rho$

$\vdash \langle \mapsto^j_\sigma \rangle^{[i]} p \leftrightarrow \mathrm{Pre}_{\mapsto^j_\sigma} \wedge {}^{[i]}p$，对 $i \neq j$

$\vdash \langle \mapsto^j_\sigma \rangle AK_i\varphi \leftrightarrow \mathrm{Pre}_{\mapsto^j_\sigma} \wedge AK_i\varphi$，对 $i \neq j$

$\vdash \langle \mapsto^j_\sigma \rangle AK_j\,\mathrm{cn}(\sigma) \leftrightarrow \mathrm{Pre}_{\mapsto^j_\sigma}$

$\vdash \langle \mapsto^j_\sigma \rangle R_{i\rho} \leftrightarrow (\mathrm{Pre}_{\mapsto^j_\sigma} \wedge R_i\rho)$

$\vdash \langle j:\gamma! \rangle^{[i]} p \leftrightarrow \mathrm{Pre}_{j:\gamma!} \wedge {}^{[i]}p$，对 $p \notin \mathrm{atm}(\gamma)$

$\vdash \langle j:\gamma! \rangle^{[i]} p \leftrightarrow \mathrm{Pre}_{j:\gamma!}$，对 $p \in \mathrm{atm}(\gamma)$

$\vdash \langle j:\gamma! \rangle AK_j\varphi \leftrightarrow \mathrm{Pre}_{j:\gamma!} \wedge AK_j\varphi$，对 $\varphi \neq \gamma$

$\vdash \langle j:\gamma! \rangle AK_j\gamma \leftrightarrow \mathrm{Pre}_{j:\gamma!}$

$\vdash \langle j:\gamma! \rangle R_i\rho \leftrightarrow (\mathrm{Pre}_{j:\gamma!} \wedge R_i\rho)$

图 4.6　扩充的 $\mathcal{L}$ 语言对应于 $\mathcal{M}_k$ 的扩充公理

**定理 4.3(动态模态的归约公理)**　在 $\mathcal{M}_k$ 通过模型中，对 $\mathcal{L}$ 语言进行扩充的语言的有效的公式正好由建立在该语言上的静态语言的公理和规则，加上归约公理及图 4.6 中的模态推理(且 $\top$ 总是真的公式)组成。

三种运算的存在模态 $\langle \mapsto^j_q \rangle$，$\langle \mapsto^j_\sigma \rangle$ 和 $\langle j:\gamma! \rangle$，在原子命题 $p$、否定 $\neg$、析取 $\vee$ 和存在关系模态 $\Diamond_i$ 中的归约公理是标准的。该运算并不影响原子命题，基于 $\vee$ 的分布和基于 $\neg$ 和 $\Diamond_i$ 的转换分别对应于关于它们的前提的模。

**基本运算**　此处所引入的运算可在之前所给的语境中直接得到解释，主体能够开始觉知，并借助推理改变主体获取信息的行动。然而，从技术层面看，所定义的推理和宣告运算可以分解为更基础的情况。

可运用推理运算修改通达集 $AK$。也可以定义更基本的运算 $+\gamma_j{}^{\psi}$，将任意的公式 $\gamma$ 增加到主体的通达集中，并使其在这些世界上满足确定的条件 $\psi$。对于该语言，可以引入模态 $\langle +\gamma_j{}^{\psi} \rangle$，其语义解释可以通过下面的方式给出：

$(\mathcal{M}, w) \models \langle +\gamma_j{}^{\psi} \rangle \varphi$，当且仅当 $(\mathcal{M}_{+\gamma^j_\psi}, w) \models \varphi$。

现在可将推理运算定义为其前提的合取，并且用公式表示将该规则的结论增加到主体的可通达集中，即

$$\langle \mapsto_{\sigma}^{j} \rangle \varphi := \mathrm{Pre}_{\mapsto_{\sigma}^{j}} \wedge \langle +\mathrm{cn}(\sigma)_{\zeta}^{j} \rangle \varphi$$

且 $\zeta := R_j\sigma \wedge AK_j \mathrm{pm}(\sigma)$。上面的定义指主体 $j$ 借助推理和 $\sigma$ 规则，在 $\varphi$ 是这种情况后，$\langle \mapsto_{\sigma}^{j} \rangle \varphi$ 是可能的，当且仅当主体显性地知道规则和它所有的前提 $\mathrm{Pre}_{\mapsto_{\sigma}^{j}}$，并且将规则的结论增加到这些世界的可通达集后，其中主体具有规则和它的前提，如果 $\varphi$ 是这种情况，有 $\langle +\mathrm{cn}(\sigma)_{\zeta}^{j} \rangle \varphi$。

宣告运算剔除了宣告者并未显性地获知宣告的那些世界，对于每一个主体 $i$，将宣告的原子公式增加到 $PA_i$ 集中，并将宣告公式增加到 $AK_i$ 集中。利用隐性观察行动可以定义更基本的限制运算 $\gamma!!$，并从其中剔除不满足给定的 $\gamma$ 的世界。另外，对该语言引入的模态 $\langle \gamma!! \rangle$ 的语义解释可通过下面的方式给出：

$(\mathcal{M}, w) \models \langle \gamma!! \rangle \varphi$，当且仅当 $(\mathcal{M}_{\gamma!!}, w) \models \varphi$。

那么，宣告运算 $j:\gamma!$ 可以定义为它的前件的合取，并且一个公式可以表达为经过后承运算后所得的结果：如果用 $\mathrm{Ex}_j\gamma$ 进行限制，那么可通过觉知运算，对 $\gamma$ 中的每一个原子，并且将 $\gamma$ 增加到每一个主体的 **FA** 集中的方法进行构造。假设有穷集 $i_1, \cdots, i_m$，则有

$$\langle j:\gamma! \rangle \varphi := \mathrm{Pre}_{j:\gamma!} \wedge \langle \mathrm{Ex}_j\gamma!! \rangle (\langle \mapsto_{q_1}^{i_1} \rangle \cdots \langle \mapsto_{q_n}^{i_1} \rangle \langle +\gamma_{\top}^{i_1} \rangle) \cdots (\langle \mapsto_{q_1}^{i_m} \rangle \cdots \langle \mapsto_{q_n}^{i_m} \rangle \langle +\gamma_{\top}^{i_m} \rangle) \varphi$$

且 $q_1, \cdots, q_n$ 为发生在 $\gamma$ 中的原子命题。

可用三种运算行为证明下面的命题。

**命题 4.14**　(1)公式$[\mapsto_{q}^{j}]\mathrm{Aw}_j q$ 在一般的 $\mathcal{M}$ 模型类上是有效的：经过 $\mapsto_{q}^{j}$ 运算之后，主体 $j$ 觉知到 $q$。

(2)公式 $\mapsto_{\sigma}^{j} \mathrm{Ex}_j \mathrm{cn}(\sigma)$在一般的 $\mathcal{M}$ 模型类上是有效的：执行 $\mapsto_{\sigma}^{j}$ 运算之后，主体 $j$ 显性地获知 $\mathrm{cn}(\sigma)$。

(3)对 $\gamma$ 命题和任意的主体 $i$，$[j:\gamma!]\mathrm{Ex}_i\gamma$ 在一般的 $\mathcal{M}_k$ 模型类上是有效的：执行 $j:\gamma!$ 运算之后，任意主体 $i$ 可以显性地获知 $\gamma$。

**证**　取任意的点语义模型$(\mathcal{M}, w)$。第(1)条性质可直接得出：运算 $q$ 属于模型中每一个世界中的 $PA_j$ 集，特别地，$\Box_j^{[j]} q$ 在 $w$ 上是真的。

对于第(2)条性质，存在关于显性信息的三种情况。经过推理运算之后，主体觉知到 $\mathrm{cn}(\sigma)$。因为该运算的前件指出主体已经觉知到了 $\sigma$，则 $\Box_j^{[j]}\mathrm{cn}(\sigma)$。另外，在经过运算之后，$\mathrm{cn}(\sigma)$属于包含 $\sigma$ 的每一个世界的

$\boldsymbol{FA}_j$集和 cn($\sigma$)的前提，特别地，属于和 $w$ 具有 $R_j$ 可及关系的每一个世界。因为该运算的前件要求 $\sigma$ 和 cn($\sigma$)的前提已经存在，于是有$\Box_j AK_j\,\mathrm{cn}(\sigma)$。最后，$\mapsto_\sigma^j$ 运算只影响包含 $AK_j\,\mathrm{cn}(\sigma)$的公式，而 cn($\sigma$)并不受影响。根据该运算的前件，cn($\sigma$)在与 $w$ 具有可及关系的初始模型 $\mathcal{M}$ 中的每一个世界中成立，那么 cn($\sigma$)在与 $w$ 具有 $R_j$ 可及关系的结果模型 $\mathcal{M}_{\mapsto_\sigma^j}$ 中的每一个世界中成立，于是有$\Box_j\,\mathrm{cn}(\sigma)$。$\mathrm{Ex}_j\,\mathrm{cn}(\sigma)$在 $\mathcal{M}_{\mapsto_\sigma^j}$ 中的 $w$ 上成立。

第(3)条性质也可以直接推出。该运算确保在完成运算之后，$\Box_j(^{[i]}\gamma \wedge AK_i\gamma)$在 $w$ 上是真的。另外，该新的模型只包含在 $\mathcal{M}$ 中满足 $\mathrm{Ex}_j\gamma$ 的世界，因此，该关系是自返的，并且在 $\mathcal{M}$ 中满足 $\gamma$。现在，该命题公式只依赖于赋值，而不受宣告运算影响，那么余下的世界在结果模型 $\mathcal{M}_{j:\gamma!}$ 中仍然满足 $\gamma$。由于$\Box_i\gamma$ 在 $w$ 上是真的，故 $\mathrm{Ex}_i\gamma$ 在 $\mathcal{M}_{j:\gamma!}$ 中的 $w$ 上也是真的。■

## 本章小结

本章讨论的显性信息是由两个基本的条件组成的。首先，为了具有显性信息，主体应该能够觉知到信息，本章将觉知理解为和语言相关的概念：觉知到某一信息意味着主体可以用直接的语言表达该信息。其次，主体也承认信息事实上是真的。这两个条件通过每一个可能世界的两个部分进行刻画。其中，$PA$ 集提供了主体可以在每一个可能世界中使用的原子命题，$\boldsymbol{FA}$ 集提供了主体可以接受为真的公式。另外，在每一个可能世界中，可定义信息的其他一些概念(见表 4.1)。

**表 4.1　信息的静态概念、定义及模型条件**

| 概念 | 定义 | 模型条件 |
|---|---|---|
| 公式的有效性 | $^{[\,]}\varphi$ | — |
| 局部可达公式 | $AK\varphi$ | — |
| 局部可达规则 | $R\rho$ | — |
| 觉知公式 | $\Box^{[\,]}\varphi$ | — |
| 觉知规则 | $\Box^{[\,]}\mathrm{tr}(\rho)$ | — |
| 关于公式的隐性信息 | $\Box(^{[\,]}\varphi \wedge \varphi)$ | — |
| 关于规则的隐性信息 | $\Box(^{[\,]}\mathrm{tr}(\rho) \wedge \mathrm{tr}(\rho))$ | — |

**续表**

| 概念 | 定义 | 模型条件 |
|---|---|---|
| 关于公式的显性信息 | $\square({}^{[\,]}\varphi \wedge \varphi \wedge AK\varphi)$ | — |
| 关于规则的显性信息 | $\square({}^{[\,]}\mathrm{tr}(\rho) \wedge \mathrm{tr}(\rho) \wedge R\rho)$ | — |
| 关于公式的隐性知识 | $\square({}^{[\,]}\varphi \wedge \varphi)$ | 等价关系 |
| 关于规则的隐性知识 | $\square({}^{[\,]}\mathrm{tr}(\rho) \wedge \mathrm{tr}(\rho))$ | 等价关系 |
| 关于公式的显性知识 | $\square({}^{[\,]}\varphi \wedge \varphi \wedge AK\varphi)$ | 等价关系 |
| 关于规则的显性知识 | $\square({}^{[\,]}\mathrm{tr}(\rho) \wedge \mathrm{tr}(\rho) \wedge R\rho)$ | 等价关系 |

在动态部分，本章将两个主要的信息运算“更新”到新的语境中。现在不是通过增加一个特殊的公式，而是通过增加一个原子命题的方法提高觉知行动。对于推理行为而言，并没有发生重要的变化。可将觉知定义为与语言学习相关的概念，事实上，主体显性地获知了规则和它的前提，那么主体将会觉知到结论，因此，该行动表达了对该规则的应用，仅需承认结论是真的情况即可。最后，必须修改“大量的显性观察”行动（即宣告）。宣告不仅将其定义域限制为世界，其中宣告者显性地知道该宣告，将宣告公式增加到每一个主体都承认的集合中，也使得主体觉知到所涉及的原子命题。本章并没有考虑非全能的观察。表 4.2 概括了本章所涉及的行动及其作用。

**表 4.2　行动及其作用**

| 行动 | 作用 |
|---|---|
| 开始觉知 | 主体开始觉知到原子 |
| 推理的保真性 | 将隐性知识转换为显性知识 |
| 公开宣告 | 主体将他所知道的显性知识宣告给每一个人 |

对应于隐性和显性知识的行动有两个：观察（宣告）和建立在推理上的知识。

本章所讨论的信息并不一定必然是真的。事实上，在许多情况下，信息和主体的信念相关，而不是和他们的知识相关。但是一旦以信念为主，就会出现关于信息分析的良概念，如在动态逻辑语境中用以刻画信念偏好的行动。如何将推理行动中的良推理应用到信念语境中也是值得研究的课题。

# 第五章　传统的信念逻辑

本章将建立基于信息的静态的信念逻辑。

## 第一节　经典的信念逻辑

信念属于知识的一种形式。正如莱维斯克(Levesque)所说的,“在知识库中的知识不必然是真的”①,可将这种不必然为真的知识称为信念②。本节首先给出了经典的信念逻辑系统($S_{KD45}$),该系统能很好地刻画相信算子的正内省性、负内省性和无矛盾性等性质;其次介绍了传统的信念修正理论,即AGM理论。

### 一、信念逻辑系统

要建立信念逻辑系统,首先需要定义信念。信念与知识是有区别的:知识是与真假相关的,主体所知道的信息通常都是真的,也只有真的信息才能被知道;而信念却与真假没有必然的联系,因为主体完全可以相信一个实际上为假的命题。

可以根据可能世界语义理论建立标准的信念逻辑系统。

定义5.1(语言 $\mathcal{L}_{KD45}$)　已知一个有穷的命题变元集 $P$,信念逻辑系统语言($\mathcal{L}_{KD45}$)中的语句可归纳定义如下:

$$\varphi ::= p \mid \neg\varphi \mid (\varphi \wedge \psi) \mid B\varphi$$

其中,$p \in P$;$B$ 为相信算子,$B\varphi$ 可读作“相信 $\varphi$”。

---

① Levesque, H. J. , 1984: “A logic of Implict and Explicit Belief”, Proceedings of the National Conference on Artificial Intelligence, pp.198-202.

② 周昌乐:《认知逻辑导论》,北京,清华大学出版社,南宁,广西科学技术出版社,2001,第121页。

**定义 5.2（认知模型）**　已知一个有穷的命题变元集 $P$，信念逻辑系统的认知模型可定义为模型 $\mathcal{M}=(W,R,V)$，其中：

(1)$W$ 为有穷非空的可能世界集；

(2)$R:P\rightarrow 2^{W\times W}$，$R$ 为给每个主体指派一个基于 $W$ 的二元关系；

(3)$V:P\rightarrow 2^{W}$，$V$ 为对每个命题变元在每个可能世界上所进行的赋值。

通常，模型中的二元关系是由相信算子的逻辑性质决定的，且关系 $R$ 所对应的性质有传递性、连续性和欧性，所以关系 $R$ 不是等价关系。

**定义 5.3（语义）**　已知认知模型 $\mathcal{M}$ 和可能世界 $w\in W$，公式 $\varphi$ 在认知模型 $\mathcal{M}$ 中是真的，记作点模型 $(\mathcal{M},w)\vDash\varphi$，可归纳定义为：

(1)$(\mathcal{M},w)\vDash p$，当且仅当 $w\in V(p)$；

(2)$(\mathcal{M},w)\vDash\neg\varphi$，当且仅当 $(\mathcal{M},w)\nvDash\varphi$；

(3)$(\mathcal{M},w)\vDash\varphi\wedge\psi$，当且仅当 $(\mathcal{M},w)\vDash\varphi$ 且 $(\mathcal{M},w)\vDash\psi$；

(4)$(\mathcal{M},w)\vDash B\varphi$，当且仅当对所有的 $v$，如果 $(w,v)\in R$，那么 $(\mathcal{M},v)\vDash\varphi$。

**定义 5.4（证明系统）**　信念逻辑系统主要由以下的公理和推演规则组成。

**公理：**

(1)所有的命题重言式；

(2)$B(\varphi\rightarrow\psi)\rightarrow(B\varphi\rightarrow B\psi)$；　　（$K$ 公理）

(3)$\neg(B\varphi\wedge B\neg\varphi)$；　　（弱知道公理）

(4)$B\varphi\rightarrow BB\varphi$；　　（正内省公理）

(5)$\neg B\varphi\rightarrow B\neg B\varphi$。　　（负内省公理）

**推演规则：**

(1)从 $\vdash\varphi$，$\vdash\varphi\rightarrow\psi$，可以得到 $\vdash\psi$；　　（分离规则）

(2)从 $\vdash\varphi$，可以得到 $\vdash B\varphi$。　　（必然化规则）

公理(2)对应于 $K$ 公理；公理(3)(4)(5)分别对应于 $D$ 公理、4 公理和 5($E$)公理。公理(3)为知道公理 $K\varphi\rightarrow\varphi$ 的弱化形式，该公理刻画了信念的无矛盾性，也即主体通常不会相信两个矛盾的命题同时成立。公理(4)刻画了信念的正内省性，即如果主体相信什么，则他相信他相信什么。公理(5)刻画了信念的负内省性，即如果主体不相信什么，则他相信他不相信什么。公理(3)(4)和(5)能较好地刻画信念的内涵。

信念逻辑系统较好地刻画了相信算子的性质，是一种较为理想的逻辑系统。但该信念逻辑系统语言中并未引入群体信念①,也没有考虑多主体之间的相互影响与互动,所以该系统的语言有待进一步丰富,其语言的表达力也有待进一步增强。该系统也存在逻辑全知的问题②,所以只是一个理想化的系统。

## 二、信念修正的 AGM 理论

智能系统(如知识库系统或学习系统)都需要解决如何在确保一致性的前提下,将新知识组合到系统原有的知识库中的问题。计算机科学家和逻辑学家过去也都一直在关注着这些问题。在 AGM 理论中,知识库可表示为一致的、演绎封闭的语句集 $K$,有时也称为信念集。理想的知识体系应该遵循以下三条基本原则:

(1)一致性原则。

(2)最小变化原则:当新、旧知识不一致时,应该尽可能地不要改变已有的知识。该原则又称经济原则。

(3)新信息优先原则。

AGM 理论研究了扩充、修正和收缩这三种不同类型的信念变化。

(1)信念扩充:主要是将新语句 $p$ 加入到已有的信念集 $K$ 中,并利用逻辑演绎的方法将其扩充为一个新的信念集,不需要考虑扩充后的结果是否具有一致性。这种变化称为用语句 $p$ 对信念集 $K$ 进行了扩充,并将其记作 $K+p$。

(2)信念修正:主要是将新语句 $p$ 加入到和其不一致的信念集 $K$ 中。如果需要考虑修正后的结果是否具有一致性,应先将信念集 $K$ 中不一致的语句删除。这种变化称为用语句 $p$ 对信念集 $K$ 进行了修正,并将其记作 $K*p$。

(3)信念收缩:主要是将信念集 $K$ 中的语句 $p$ 删除掉。如果考虑收缩后的结果在演绎推理下是否具有封闭性,那么在必要时可将信念集 $K$ 中的某些语句删除掉。这种变化称为用语句 $p$ 对信念集 $K$ 进行了收缩,并将其记作 $K-p$。

信念扩充较为简单,可定义为 $K+p=\mathrm{Cn}(K\cup\{p\})$。由这种方法所定义的信念扩充,在演绎推理下也应该是封闭的,而且当语句 $p$ 与信念集

---

① Fagin, R., Halpern, J. Y., Moses, Y., et al, 2003: *Reasoning about Knowledge*, Cambridge, MA: The MIT Press, pp.23-25.

② 刘虎、鞠实儿:《信念逻辑的逻辑全知问题》,《求是学刊》2007 年第 6 期。

$K$ 一致时，那么信念扩充 $K+p$ 也应该是一致的。

而信念修正和信念收缩运算，简单地利用现有的逻辑和集合的相关理论知识不太容易处理。AGM 理论分别为信念修正和信念收缩列出了八条假设，随后提出了一些具体的处理方法。

下面先给出信念修正所应满足的八条假设：

(R1)　$K * p = \mathrm{Cn}(K * p)$；

(R2)　$p \in K * p$；

(R3)　$K * p \subseteq K + p$；

(R4)　如果 $\neg p \notin K$，则 $K + p \subseteq K * p$；

(R5)　$K * p = K_{\perp}$，当且仅当 $\vdash \neg p$；

(R6)　如果 $\vdash p \leftrightarrow q$，则 $K * p = K * q$。

假设(R1)指经过修正后的信念集仍然是一个信念集。

假设(R2)指新的知识仍然包含于新的信念集中。

假设(R3)和(R4)指当新的知识与已有的信念一致时，信念修正就会变成信念扩充。

假设(R5)指 $K * p$ 不一致时，$p$ 本身也将是不一致的。

假设(R6)指信念修正运算与新的知识在语形上没有关系。

上面的六条假设称为信念修正运算的基本假设，而下面的两条假设则称为信念修正运算的附加假设：

(R7)　$K * (p \wedge q) \subseteq (K * p) + q$；

(R8)　如果 $\neg q \notin K * p$，则 $(K * p) + q \subseteq K * (p \wedge q)$。

附加假设(R7)和(R8)分别刻画了对两条语句同时进行信念修正的知识的性质。这两条假设说明：如果语句 $q$ 与 $K * p$ 是一致的，则用语句 $p \wedge q$ 对信念集 $K$ 进行修正的结果，与先用语句 $p$ 对信念集 $K$ 进行修正，再用语句 $q$ 对 $K * p$ 进行信念扩充的结果是一样的。

AGM 理论还给出了下面两条恒等式：

(1)莱维恒等式：$K * p = (K - \neg p) + p$；

(2)哈珀恒等式：$K - p = (K * \neg p) \cap K$。

莱维恒等式说明：信念修正运算 $K * p$ 可以看成先用语句 $\neg p$ 对信念集 $K$ 进行收缩，从而将信念集 $K$ 中与语句 $p$ 相矛盾的知识删除掉，然后用语句 $p$ 进行扩充之后所得的结果。而哈珀恒等式则说明信念收缩运算也可用信念修正运算表示。

已知假设后，还可以给出各种不同的构造方法，其中 AGM 理论所提供的方法包括极大一致子集信念修正、部分交信念修正、全部交信念修正①、认知牢固度的方法②。基于 AGM 理论，还有很多改进与进一步深化的方法，如基于基础修正和模式的方法③、基于模型的方法④等。AGM 理论的假设为各种信念修正方法提供了可供比较的尺度，无论采用哪一种方法，都需要尽可能地满足上述八条信念修正的基本假设。

在刻画知识的动态性质方面，经典的信念修正理论具有独特的优势，因此近年来被广泛而深入地研究，且在形式化以及近似计算等方面得到了进一步的发展。同时，不少专家也开始研究多主体的信念修正理论。对多主体的知识表达和推理所做的研究，是研究协商、交流、学习以及结构等的多主体系统问题的关键和基础。虽然利用信念修正理论解决多主体系统中的知识与信念的交互作用已有了一些初步的研究成果⑤，但对于多主体信念修正理论的研究仍处于初期阶段，还有许多问题需要进一步研究。

经典的 AGM 理论虽能较好地反映人类知识体系动态演化的逻辑规律，也能够反映人工智能系统中知识库的动态变化性质，但由于缺少形式化的公理系统，故无法研究其系统的可靠性和完全性等问题。下面需要做的就是如何建立一个形式化的信念逻辑系统，并证明该系统也能很好地处理信念修正问题。

## 第二节　信念逻辑系统

通常情况下，应分别定义知道算子和相信算子的可及关系。认知逻辑

---

① Alchourrón, C.E., Gärdenfors, P. and Makinson, D., 1985: " On the Logic of Theory Change: Partial Meet Contraction and Revision Functions", *Journal of Symbolic Logic*, Vol.50: pp. 510-530.

② Gärdenfors, P., Makinson, D., 1988: "Revision of Knowledge Systems: Using Epistemic Entrenchment", Proceedings of the Second Conference on Theoretical Aspects of Reasoning About Knowledge, March, pp. 83-95.

③ Nebel, B., 1994: " Base Revision Operations and Schemes: Semantics, Representation, and Complexity", Proceedings of the ISSEK94 Workshop on Mathematical and Statistical Methods in Artificial Intelligence, pp.157-170.

④ Dalal, M., 1988: " Investigations into a Theory of Knowledge Base Revision: Preliminary Report", Proceedings of the 7th National Conference on AI, pp. 475-479.

⑤ Malheiro, B. and Euganio, O. , 2001: "Argumentation as Distributed Belief Revision: Conflict Resolution in Decentralized Co-operative Multi-agent Systems", Proceedings of the 10th Portuguese Conference on Artificial Intelligence, Porto, Portugal, pp.205-218.

系统中的可及关系通常为等价关系(满足自返性、传递性和对称性),其中自返性对应的是知道公理 $K\varphi\rightarrow\varphi$,直观上表示"知道的事情为真";而信念逻辑系统中的可及关系不应该具有自返性,因为 $B\varphi\rightarrow\varphi$ 表达的直观意思为"相信的事情为真"就显得不合常理。在知识和信念的混合系统中,其模型给出的可及关系有两种:一种是针对知识的等价关系;另一种是信念关系,满足连续性、传递性和欧性。①

信念逻辑系统主要将知识看成一种特殊的信念(知识是一种最强的信念),可及关系只满足等价关系。为了刻画主体的合理性偏好,可通过增加 $\kappa$ 算子对可能世界进行排序,并给出有关信念的新的语义。

在此所给出的系统与经典的信念逻辑系统相比,主要是对可能世界进行了排序。下面首先介绍序理论,即序条件函数。

## 一、序条件函数

下面首先给出可能世界序的系统,即基于可能世界模型的格鲁夫(Grove)方法;②接着给出信念集与可能世界集之间的关系,并在此基础上给出格鲁夫的球系统;最后给出信念修正函数。

已知一个有穷的命题变元集 $P(p\in P, p$ 为原子命题)和一个非空的可能世界集 $W(w\in W)$,现在对每个可能世界中的每个命题变元进行赋值:

$$V:P\rightarrow 2^{W}$$

命题可用可能世界集表示。对可能世界 $w$,每一个命题都对应一个真值。

由此可见,信念集与可能世界集具有一定的对应关系。对任意的可能世界集 $W_K$,可定义相应的信念集 $K$[假定信念集中的原子命题(句子)是有穷的]。在 $W_K$ 中,任意的可能世界都为真的语句集(在此并未对"语句"与"命题"进行严格的区分)。对任意的信念集 $K$,也可以定义一个相应的可能世界模型 $W_K$,并用信念集 $K$ 的极大一致的信念扩充给出 $W_K$ 中的可能世界。信念集 $K$ 的每一个极大一致的信念扩充都对应于一个可能世界,所有的极大一致的信念扩充都对应于一个由可能世界组成的集合,即 $W_K$。

格鲁夫的球模型可用于刻画可能世界的或然度,而施波恩(Spohn)则

① Kraus, S. and Lehmann, D., 1988: "Knowledge, Belief and Time", *Theoretical Computer Science*, Vol.58, No.1-3(June), pp:155-174.

② Grove, A., 1988: "Two Modellings for Theory Change", *Journal of Philosophical Logic*, Vol.17: pp.157-170.

在此基础上提出了序条件函数 $\kappa$ 的定义。

**定义 5.5**(序条件函数) 已知非空的可能世界集 $W$ 和序数类$\{0,1,2,\cdots,N\}$,则序条件函数可定义为

$$\kappa: W \to \{0,1,2,\cdots,N\}$$

其中,$N$ 是一个固定的自然数,并且总有 $w\in W$,使得 $\kappa(w)=0$。由序条件函数给出的序数也叫秩。直观上讲,由 $\kappa$ 所得出的值表示可能世界的或然等级或或然秩。根据个体的信念,所赋予的序数值越小的可能世界就会越合理。序条件函数不仅能给出可能世界的序,也能够测定它们之间的距离。因此,每次接收到新的信息时,都需要对可能世界进行一次重新排序。故序条件函数也为处理迭代的信念修正提供了一个非常重要的理论依据。

如果把命题看作可能世界集,那么可能世界的或然等级也能扩展为关于命题的等级。

**定义 5.6** 已知 $A$ 是一个命题集(可能世界集),$W$ 为由可能世界组成的有穷集,则命题集 $A$ 的或然等级可定义为

$$\kappa(A)=\min\{\kappa(w)\mid w\in A\}$$

根据此定义可得到有关命题的或然等级具有如下性质:

**命题 5.1** (1)对任意的命题集 $A$,或者 $\kappa(A)=0$,或者 $\kappa(\overline{A})=0$(其中 $\overline{A}$ 表示 $W\backslash A$,即集合$\{x\mid x\in W$,且 $x\notin A\}$),或者两者同时成立;

(2)对任意的非空命题集 $A$ 和 $B$,$\kappa(A\cup B)=\min\{\kappa(A),\kappa(B)\}$。

**命题 5.2** 由定义 5.6 和命题 5.1 可知,主体具有如下三种命题态度:

(1)当 $\kappa(A)=0$,且 $\kappa(\overline{A})>0$ 时,主体相信 $A$;

(2)当 $\kappa(A)=\kappa(\overline{A})=0$ 时,主体对 $A$ 保持中立态度;

(3)当 $\kappa(A)>0$ 时,主体不相信 $A$。

例如,对于明天天气的预测,会有四种可能情况:$w_1=\{$无雨,无风$\}$,$w_2=\{$无雨,有风$\}$,$w_3=\{$有雨,无风$\}$,$w_4=\{$有雨,有风$\}$,且 $\kappa(w_1)=0<\kappa(w_2)<\kappa(w_3)<\kappa(w_4)$。由定义 5.5 知,主体相信“明天无雨”并且“明天无风”。但对于这两个命题,该如何刻画它们之间的顺序呢?

施波恩引入了牢固度:相信命题 $A$ 的牢固度为 $\alpha$,当且仅当 $\kappa(A)=0$ 且 $\kappa(\overline{A})=\alpha$。$\alpha$ 的值越大,则越合理(或越牢固)。由于“明天有雨”的 $\kappa$ 值大于“明天有风”的 $\kappa$ 值,所以“明天无雨”比“明天无风”更加牢固。

**命题 5.3** 令 $A$ 和 $B$ 是任意命题,则命题 $A$ 比命题 $B$ 更或然,当且仅

当 $\kappa(A)<\kappa(B)$，或者 $\kappa(\overline{B})<\kappa(\overline{A})$。

在处理信念变化时，施波恩不仅考虑了主体是否会接受新的信息，而且还考虑了主体应该如何处理带有一定牢固度的命题。

下面将考虑当提出命题 $A$，并且其牢固度为 $\alpha$ 时，主体将如何修正自己的信念。

**定义 5.7**　令 $\kappa$ 为序条件函数，$\kappa$ 的命题 $A$-部分是定义在命题 $A$ 上的函数 $\kappa(\cdot|A)$。这是对定义域内的任意 $w$ 指派真值 $\kappa(w|A)$ 这一函数的缩写。对任意 $w\in A$，都有 $\kappa(w|A)=-\kappa(A)+\kappa(w)$。

该定义给出了在相信 $A$ 的条件下，如何给出可能世界的或然度。由 $\kappa(A)\leqslant\kappa(w)$，可得 $-\kappa(A)+\kappa(w)\geqslant 0$。根据定义 5.6，可得 $\kappa(A|A)=0$。

**命题 5.4**　令 $A$ 和 $B$ 为任意的命题，且 $A\cap B\neq\varnothing$，则 $\kappa(B|A)=\kappa(B\cap A)-\kappa(A)$。

**定义 5.8**　令 $\kappa$ 是一个序条件函数，命题 $A$ 是任意的非空命题集，$\alpha$ 是一个序数，则序条件函数 $\kappa_{A,\alpha}$ 可定义如下：

$$\kappa_{A,\alpha}(w)=\begin{cases}\kappa(w|A)=-\kappa(A)+\kappa(w), & \text{当 } w\in A \text{ 时}\\ \alpha+\kappa(w|\overline{A})=\alpha-\kappa(\overline{A})+\kappa(w), & \text{当 } w\in\overline{A} \text{ 时}\end{cases}$$

$\kappa_{A,\alpha}$ 给出了当主体接收到牢固度为 $\alpha$ 的信息 $A$ 后的新的信念状态，它是由 $\kappa$ 的命题 $A$-部分和命题 $\overline{A}$ -部分组成的分段函数，则 $\kappa_{A,\alpha}(A)=0$，$\kappa_{A,\alpha}(\overline{A})=\alpha$。故主体在修正之后的状态中相信命题 $A$ 的牢固度为 $\alpha$。显然，在命题 $A$-部分和命题 $\overline{A}$ -部分的内部，可能世界的序并没有发生任何变化，而改变的只是两部分之间的距离。

如果主体在 $\kappa$ 中接受 $\neg A$，即 $\kappa(\overline{A})=0$ 且 $\kappa(A)>0$，此时他接收到的牢固度为 $\alpha$ 的新信息为 $A$，即当新、旧信息发生冲突时，则序条件函数 $\kappa_{A,\alpha}$ 实质上是信念修正的一种形式系统。特别地，当 $\kappa(\overline{A})=0$ 且 $\kappa(A)=0$ 时，由于 $\kappa$ 中的主体都保持中立态度，所以在接收到牢固度为 $\alpha$ 的新信息 $A$ 后，信念变化的过程和 AGM 理论中的扩充相同。可将序条件函数 $\kappa_{A,\alpha}$ 看作定义在信念集上的信念修正函数，且其满足 AGM 理论的八条基本假设 R(1)～R(8)。

## 二、信念逻辑系统($S_{SBR}$)的证明系统

下面首先给出 $S_{SBR}$ 的语言、模型和语义解释，随后再给出 $S_{SBR}$ 的公理和

推演规则，最后证明该系统的完全性。

**定义 5.9**(语言 $\mathcal{L}_{SBR}$) 已知有穷的主体集 $G$ 和有穷的命题变元集 $P$，静态的信念逻辑系统语言中的语句可归纳定义为

$$\varphi ::= p \mid \neg\varphi \mid (\varphi \wedge \psi) \mid K_j\varphi \mid B_j^{\kappa}\varphi$$

其中 $j \in G, p \in P, \kappa \in \{0,1,2,\cdots,N\}$。

**定义 5.10**(认知模型) 已知有穷的主体集 $G$ 和有穷的命题变元集 $P$，静态的信念认知模型可定义为 $\mathcal{M}=(W,\{R_j;j\in G\},\{\kappa_j;j\in G\},V)$，其中：

(1)$W$ 是一个非空的可能世界集(在不存在混淆的情况下，不对“可能世界”和“状态”作区分)；

(2)$R_j:P\rightarrow 2^{W\times W}$，$R_j$ 为给每一个主体指派的 $W$ 上的一个等价关系，通常用 $\sim_j$ 表示；

(3)$\kappa_j:W\rightarrow\{0,1,2,\cdots,N\}$，$\kappa_j$ 为定义在所有状态上的一个算子，所获得的秩的值在 $0\sim N$ 之间；

(4)$V:P\rightarrow 2^W$，$V$ 为对每个命题变元在每个可能世界上的赋值。

其中，(3)中的 $\kappa_j$ 类似于序条件函数，在特定状态下，认知模型的 $\sim_j$ 等价类对应于施波恩方法中的主体 $j$ 的状态集或可能世界集。

**定义 5.11**(语义) 已知认知模型 $\mathcal{M}$ 和可能世界 $w\in W$，公式 $\varphi$ 在认知模型 $\mathcal{M}$ 中成立或者公式 $\varphi$ 在认知模型 $\mathcal{M}$ 中是真的，记为 $(\mathcal{M},w)\vDash\varphi$，可归纳定义为：

(1)$(\mathcal{M},w)\vDash p$，当且仅当 $w\in V(p)$；

(2)$(\mathcal{M},w)\vDash\neg\varphi$，当且仅当 $\neg(\mathcal{M},w)\vDash\varphi$ 或者 $(\mathcal{M},w)\nvDash\varphi$；

(3)$(\mathcal{M},w)\vDash\varphi\wedge\psi$，当且仅当 $(\mathcal{M},w)\vDash\varphi$ 且 $(\mathcal{M},w)\vDash\psi$；

(4)$(\mathcal{M},w)\vDash K_j\varphi$，当且仅当对所有的 $t$，如果 $w\sim_j t$，那么 $(\mathcal{M},t)\vDash\varphi$；

(5)$(\mathcal{M},w)\vDash B_j^{\kappa}\varphi$，当且仅当对所有的 $t$，如果 $w\sim_j t$ 且 $\kappa_j(t)\leqslant\kappa$，那么 $(\mathcal{M},t)\vDash\varphi$。

$B_j^{\kappa}\varphi$ 可读作“主体 $j$ 相信 $\varphi$ 的或然度为 $\kappa$”，$(\mathcal{M},w)\vDash B_j^{\kappa}\varphi$ 的直观意义表示在某一个可能世界 $w$ 中，主体 $j$ 相信 $\varphi$ 为真的或然度最大为 $\kappa$。

**定义 5.12**(证明系统) 信念逻辑系统($S_{SBR}$)可由下面的公理和推演规则构成：

**公理：**

(1)所有的命题重言式；

(2) $B_j^{\kappa}(\varphi\rightarrow\psi)\rightarrow(B_j^{\kappa}\varphi\rightarrow B_j^{\kappa}\psi)$； ($B_j^{\kappa}$ 分配公理)

(3)$K_j(\varphi\rightarrow\psi)\rightarrow(K_j\varphi\rightarrow K_j\psi)$；　　　　　($K_j$分配公理)

(4)$K_j\varphi\rightarrow\varphi$；　　　　　(知道公理)

(5) $B_j^\kappa\varphi\rightarrow K_jB_j^\kappa\varphi(\kappa\in\{0,1,2,\cdots,N\})$；　　　　　(正内省公理)

(6)$\neg B_j^\kappa\varphi\rightarrow K_j\neg B_j^\kappa\varphi(\kappa\in\{0,1,2,\cdots,N\})$；　　　　　(负内省公理)

(7) $B_j^\kappa\varphi\rightarrow B_j^{\kappa'}\varphi(\kappa\geqslant\kappa'$且$\kappa,\kappa'\in\{0,1,2,\cdots,N\})$；

(8)$K_j\varphi\leftrightarrow B_j^\kappa\varphi$(当$\kappa\geqslant\mathrm{Max}$时)。

**推演规则：**

(1)从$\vdash\varphi$，$\vdash\varphi\rightarrow\psi$，可以推出$\vdash\psi$；　　　　　(分离规则)

(2)从$\vdash\varphi$，可以推出$\vdash B_j^\kappa\varphi$；　　　　　($B_j^\kappa$必然化规则)

(3)从$\vdash\varphi$，可以推出$\vdash K_j\varphi$。　　　　　($K_j$必然化规则)

在静态系统中，定义5.12的公理中，除了所有的命题重言式外，最重要的公理就是公理(4)～(8)，它们刻画了知识和信念的性质。公理(5)为正内省公理，它指出“如果主体相信什么，那么该主体将知道他相信什么”。公理(6)为负内省公理，它指出“如果主体不相信什么，那么该主体将知道他不相信什么”。公理(7)说的是较强的信念蕴涵较弱的信念。公理(8)指出了相信算子和知道算子之间的关系。由此可见，知识是一种较强的信念。

可以通过增加下面的动态公理和推理规则而将上面的静态系统扩充为动态的公理系统。

**命题5.5**　下面所列出的公式为$S_{\mathrm{SBR}}$的内定理：

(1)$\vdash K_j\varphi\rightarrow B_j^\kappa\varphi(\kappa\in\{0,1,2,\cdots,N\})$；

(2)$\vdash B_j^\kappa B_j^\kappa\varphi\leftrightarrow B_j^\kappa\varphi(\kappa\in\{0,1,2,\cdots,N\})$；

(3)$\vdash B_j^\kappa(B_j^\kappa\varphi\rightarrow\varphi)(\kappa\in\{0,1,2,\cdots,N\})$。

**证**　(1)的证明过程如下：

① $B_j^{\mathrm{Max}}\varphi\rightarrow B_j^\kappa\varphi$(对$\kappa\leqslant\mathrm{Max}$)；　　　　　(公理(7))

②$K_j\varphi\rightarrow B_j^{\mathrm{Max}}\varphi$；　　　　　(公理(8)，$\kappa=\mathrm{Max}$)

③$K_j\varphi\rightarrow B_j^\kappa\varphi$(对$\kappa\leqslant\mathrm{Max}$)；　　　　　(①②，命题逻辑的公理或定理(PC))

④$K_j\varphi\rightarrow B_j^\kappa\varphi$(对$\kappa>\mathrm{Max}$)；　　　　　(公理(8)，PC)

⑤$K_j\varphi\rightarrow B_j^\kappa\varphi$(对所有的$\kappa$)。　　　　　(③④，PC)　■

(2)的证明过程如下：

①$\neg K_j\neg B_j^\kappa\varphi\rightarrow B_j^\kappa\varphi$；　　　　　(公理(6)，PC)

②$\langle K_j\rangle B_j^\kappa\varphi\rightarrow B_j^\kappa\varphi$；　　　　　(①，模态逻辑的公理或定理(ML))

③ $B^{\kappa}_{j}\varphi \wedge \langle B^{\kappa}_{j} \rangle \top \rightarrow \langle B^{\kappa}_{j} \rangle (\varphi \wedge \top)$；　(ML)

④ $B^{\kappa}_{j}\varphi \wedge \langle B^{\kappa}_{j} \rangle \top \rightarrow \langle B^{\kappa}_{j} \rangle \varphi$；　(③,PC)

⑤ $B^{\kappa}_{j}\varphi \rightarrow \langle B^{\kappa}_{j} \rangle \varphi$；　(④,PC)

⑥ $\langle B^{\kappa}_{j} \rangle \varphi \rightarrow \langle K_{j} \rangle \varphi$；　(命题 5.5(1),ML)

⑦ $B^{\kappa}_{j}\varphi \rightarrow \langle K_{j} \rangle \varphi$；　(⑤⑥,PC)

⑧ $B^{\kappa}_{j}B^{\kappa}_{j}\varphi \rightarrow \langle K_{j} \rangle B^{\kappa}_{j}\varphi$；　(⑦,PC)

⑨ $B^{\kappa}_{j}B^{\kappa}_{j}\varphi \rightarrow B^{\kappa}_{j}\varphi$；　(②⑧,PC)

⑩ $K_{j}B^{\kappa}_{j}\varphi \rightarrow B^{\kappa}_{j}B^{\kappa}_{j}\varphi$；　(命题 5.5(1),PC)

⑪ $B^{\kappa}_{j}\varphi \rightarrow B^{\kappa}_{j}B^{\kappa}_{j}\varphi$；　(公理(5),PC)

⑫ $B^{\kappa}_{j}B^{\kappa}_{j} \leftrightarrow \varphi B^{\kappa}_{j}\varphi$。　(⑨,PC) ■

(3)的证明过程如下：

① $\neg B^{\kappa}_{j}\varphi \vee B^{\kappa}_{j}\varphi$；　(PC)

② $K_{j}\neg B^{\kappa}_{j}\varphi \vee K_{j}B^{\kappa}_{j}\varphi$；　(①,公理(5),PC)

③ $B^{\kappa}_{j}\neg B^{\kappa}_{j}\varphi \vee B^{\kappa}_{j}B^{\kappa}_{j}\varphi$；　(②,内定理(1),PC)

④ $B^{\kappa}_{j}\neg B^{\kappa}_{j}\varphi \vee B^{\kappa}_{j}\varphi$；　(③,内定理(2),PC)

⑤ $\neg B^{\kappa}_{j}\varphi \rightarrow (\neg B^{\kappa}_{j}\varphi \vee \varphi)$；　(PC)

⑥ $B^{\kappa}_{j}\neg B^{\kappa}_{j}\varphi \rightarrow B^{\kappa}_{j}(\neg B^{\kappa}_{j}\varphi \vee \varphi)$；　(⑤,推演规则(2))

⑦ $\varphi \rightarrow \neg B^{\kappa}_{j}\varphi \vee \varphi$；　(PC)

⑧ $B^{\kappa}_{j}\varphi \rightarrow B^{\kappa}_{j}(\neg B^{\kappa}_{j}\varphi \vee \varphi)$；　(⑦,推演规则(2))

⑨ $(B^{\kappa}_{j}\neg B^{\kappa}_{j}\varphi \vee B^{\kappa}_{j}\varphi) \rightarrow B^{\kappa}_{j}(\neg B^{\kappa}_{j}\varphi \vee \varphi)$；　(⑥⑧,PC)

⑩ $B^{\kappa}_{j}(\neg B^{\kappa}_{j}\varphi \vee \varphi)$；　(④⑨,PC)

⑪ $B^{\kappa}_{j}(B^{\kappa}_{j}\varphi \rightarrow \varphi)$。　(⑩,PC) ■

命题 5.5(2)是关于信念的正内省定理,关于信念的负内省定理与之类似。命题 5.5(1)的直观意义为“如果主体知道什么,则该主体在任意信念度上相信什么”。相信的事实不一定为真,所以在系统的公理和定理中没有 $B^{\kappa}_{j}\varphi \rightarrow \varphi$。命题 5.5(3)实际上是关于信念的弱化形式,类似于系统 $S_{KD45}$ 中的弱知道公理 $\neg(B\varphi \wedge B\neg\varphi)$。

## 三、$S_{SBR}$完全性的证明

下面开始证明 $S_{SBR}$ 的完全性定理。与模态逻辑中常用的证明方法一样,首先需要构造极大一致集和典范模型,然后利用完全性定理等价于“一致的公式集都具备可满足性”来加以证明。下面首先给出三条引理。

**引理 5.1**　在 $S_{SBR}$(下文用 $S$ 表示)中,令 $\Gamma$ 为极大一致的公式集,那么

对其中成立的所有的公式 $\varphi,\psi$，则有：

(1)任何一个 $S$ 一致的公式集 $\Gamma$ 都能扩展为极大一致集。

(2)设 $\Gamma$ 为一个极大的 $S$ 一致集，那么对任意的公式 $\varphi,\psi$，如下条件都成立：

①$\varphi$ 与 $\neg\varphi$ 有并且只有一个属于 $\Gamma$；

②$\varphi\wedge\psi\in\Gamma$，当且仅当 $\varphi\in\Gamma$ 且 $\psi\in\Gamma$；

③如果 $\varphi\in\Gamma$ 且 $\varphi\to\psi\in\Gamma$，那么 $\psi\in\Gamma$；

④如果 $\psi\in S$，那么 $\psi\in\Gamma$。

**证**　这属于经典逻辑的证明，在此略过。■

**引理 5.2**　对于任意的极大一致集 $V,W$，有

$$V/K_j\subseteq W\to(V/B_j^\kappa\subseteq W\leftrightarrow W/B_j^\kappa\subseteq W)\quad(\kappa\in\{0,1,2,\cdots,N\})$$

其中，$V/K_j=\{\varphi\mid K_j\varphi\in V\}$，$V/B_j^\kappa=\{\varphi\mid B_j^\kappa\varphi\in V\}$。

**证**　由 $V/K_j$ 的定义，可得

$$V/K_j\subseteq W\text{，当且仅当对任意 }\varphi\text{，有 }K_j\varphi\in V\to\varphi\in W\qquad(*)$$

下面的证明可将(＊)作为已知条件。现在首先证明 $B_j^\kappa\varphi\in V\leftrightarrow B_j^\kappa\varphi\in W$，对任意 $\kappa\in\{0,1,2,\cdots,N\}$ 和 $\varphi$ 都成立。

(1)如果 $B_j^\kappa\varphi\in V$，由公理(5)，可得 $B_j^\kappa\varphi\to K_jB_j^\kappa\varphi\in V$。

由引理 5.1→(2)→③，有 $K_jB_j^\kappa\varphi\in V$。

再由(＊)，可得 $B_j^\kappa\varphi\in W$。

(2)如果 $B_j^\kappa\varphi\in W$，用反证法，假设 $B_j^\kappa\varphi\notin V$。

由引理 5.1→(2)→①，有 $\neg B_j^\kappa\varphi\in V$。

由公理(6)，可得 $\neg B_j^\kappa\varphi\to K_j\neg B_j^\kappa\varphi\in V$。

由引理 5.1→(2)→③，可得 $K_j\neg B_j^\kappa\varphi\in V$。

再由(＊)，可得 $\neg B_j^\kappa\varphi\in W$。

由引理 5.1→(2)→①，可得 $B_j^\kappa\varphi\notin W$，矛盾。

故有 $B_j^\kappa\varphi\in V$。

现已证明 $B_j^\kappa\varphi\in V\leftrightarrow B_j^\kappa\varphi\in W$ 相对于任意 $\kappa$ 和公式 $\varphi$ 都成立。

下面证明：如果 $V/K_j\subseteq W$，则 $V/B_j^\kappa\subseteq W\leftrightarrow W/B_j^\kappa\subseteq W$ 成立。

如果 $V/K_j\subseteq W$，由上面证明的结论($B_j^\kappa\varphi\in V\leftrightarrow B_j^\kappa\varphi\in W$)，则对任意 $\varphi$，有($B_j^\kappa\varphi\in V\to\varphi\in W$)↔($B_j^\kappa\varphi\in W\to\varphi\in W$)。

所以 $V/B_j^\kappa\subseteq W\leftrightarrow W/B_j^\kappa\subseteq W$。

所以 $V/K_j\subseteq W\to(V/B_j^\kappa\subseteq W\leftrightarrow W/B_j^k\subseteq W)$。

**引理 5.3**　对任意 $\kappa\geqslant\kappa'$，都有 $V/B_j^\kappa\subseteq V/B_j^{\kappa'}$。

**证** 设 $\varphi\in V/B_j^{\kappa}$，由 $V/B_j^{\kappa}$ 的定义，可得 $B_j^{\kappa}\varphi\in V$。

由引理 5.1→(2)→④，可得 $B_j^{\kappa}\varphi\rightarrow B_j^{\kappa'}\varphi\in V$。

再由引理 5.1→(2)→③，可得 $B_j^{\kappa'}\varphi\in V$，也即 $\varphi\in V/B_j^{\kappa'}$。

为了证明完全性定理，必须证明任意的 $S$ 一致的公式集 $\Gamma$ 在信念认知模型 $\mathcal{M}^c$ 中都是可满足的。（＊）

与在模态逻辑中证明完全性一样，下面构造一个特殊的认知模型 $\mathcal{M}^c$，称为信念逻辑系统的典范模型，模型中的可能世界 $w_v$ 对应于一个极大的 $S$ 一致集 $V$。下面将证明：$(\mathcal{M}^c, w_v)\vDash\varphi$，当且仅当 $\varphi\in V$。（＊＊）

由引理 5.1 知，（＊＊）足以证明（＊）。下面将首先定义典范模型 $\mathcal{M}^c$，接着证明（＊＊）。

**定义 5.13** 典范模型 $\mathcal{M}^c=(W^c, \sim_j, \kappa_j, V)$ 为四元组，其中：

(1)$W^c=\{w_v\mid V$ 为极大的 $S$ 一致集$\}$；

(2)$\sim_j=\{(w_v, w_w)\mid V/K_j\subseteq W\}$，其中 $V/K_j=\{\varphi\mid K_j\varphi\in V\}$；

(3)$\kappa_j(w_w)=\min\{k\mid W/B_j^{\kappa}\subseteq W\}$，其中 $W/B_j^{\kappa}=\{\varphi\mid B_j^{\kappa}\varphi\in W\}$；

(4)$w_w\in V(p)$，当且仅当 $p\in W$。

**定理 5.1（完全性定理）** 信念逻辑系统在等价框架类上是强完全的，即对任意的公式 $\varphi\in\mathcal{L}_{SBR}$，如果 $\vDash\varphi$，那么 $\vdash\varphi$。

**证** 下面用结构归纳法来证明：$(\mathcal{M}^c, w_v)\vDash\varphi$，当且仅当 $\varphi\in V$。

当 $\varphi$ 为命题和知识时，可证明其成立。[①] 现在只讨论 $\varphi$ 为信念这一种情况。分两个方向加以证明：

(1)假设 $\varphi=B_j^{\kappa}\psi\in V$，只需证明对任意 $w_w$，如果 $w_v\sim_j w_w$，且 $\kappa_j(w_w)\leqslant k$，则 $(\mathcal{M}^c, w_v)\vDash\psi$。由极大一致集的定义及归纳假设可得证。

(2)假设 $(\mathcal{M}^c, w_v)\vDash\varphi$（其中 $\varphi=B_j^{\kappa}\psi$）。

先证 $V/B_j^{\kappa}\cup\{\neg\psi\}$ 不是 $S$ 一致的。用反证法证明，假设 $V/B_j^{\kappa}\cup\{\neg\psi\}$ 是 $S$ 一致的，则存在极大一致集 $W$，使得 $V/B_j^{\kappa}\cup\{\neg\psi\}\subseteq W$。

如果 $k=N$，则有 $V/B_j^{\kappa}=V/K_j$（因为 $B_j^{\kappa}\varphi\leftrightarrow K_j\varphi\in V$）。

如果 $k<N$，则有 $V/B_j^{\text{Max}}\subseteq V/B_j^{\kappa}$（由引理 5.3）。

再由 $B_j^{\kappa}\varphi\leftrightarrow K_j\varphi\in V$，则有 $V/K_j\subseteq V/B_j^{\kappa}$。

在两种情况下都有 $V/K_j\subseteq V/B_j^{\kappa}$，进而有 $V/B_j^{\kappa}\subseteq W$。

所以 $V/K_j\subseteq W$ 且 $V/B_j^{\kappa}\subseteq W$。

---

① 周北海：《模态逻辑》，北京，北京大学出版社，1996 年，第 1 版，第 118 页。

由引理 5.2，可得 $V/K_j \subseteq W$ 且 $W/B_j^{\kappa} \subseteq W$，也即 $w_v \sim_j w_w$ 且$\kappa_j(w_w) \leqslant k$。

由归纳假设，有$(\mathcal{M}^c, w_v) \vDash \neg\psi$(因为$\neg\psi \in W$)。

所以$(\mathcal{M}^c, w_v) \vDash \neg B_j^{\kappa}\psi$，与假设相矛盾。

因为 $V/B_j^{\kappa} \cup \{\neg\psi\}$不是一致集，所以一定存在有穷子集，记为$\{\varphi_1, \cdots, \varphi_n, \psi\}$，不是一致集。由命题逻辑的推理，有$\vdash \varphi_1 \rightarrow (\varphi_2 \rightarrow (\cdots \rightarrow (\varphi_n \rightarrow \psi)))$。

再由推演规则(2)，有$\vdash B_j^k(\varphi_1 \rightarrow (\varphi_2 \rightarrow (\cdots \rightarrow (\varphi_n \rightarrow \psi))))$。

又由公理(2)和分离规则，有$\vdash B_j^{\kappa}\varphi_1 \rightarrow (B_j^{\kappa}\varphi_2 \rightarrow \cdots \rightarrow (B_j^{\kappa}\varphi_n \rightarrow B_j^{\kappa}\psi))$。

由引理 5.1，有$B_j^{\kappa}\varphi_1 \rightarrow (B_j^{\kappa}\varphi_2 \rightarrow \cdots \rightarrow (B_j^{\kappa}\varphi_n \rightarrow B_j^{\kappa}\psi)) \in V$。

再由引理 5.1，对任意主体 $j$，有 $B_j^{\kappa}\psi \in V$，即 $\varphi \in V$。

由(1)(2)可知，(＊＊)成立，这样也就证明了完全性定理。■

与信念逻辑系统 $S_{KD45}$ 相比，信念逻辑系统 $S_{SBR}$ 的主要特点如下：

(1)同时刻画了知识和信念的性质以及它们之间的相互作用，公理 $K_j\varphi \leftrightarrow B_j^{\kappa}\varphi$(当 $k=N$ 时)说明知识是一种特殊的信念。

(2)该系统中的正、负内省公理不仅刻画了知道和信念都有内省的性质，也刻画了它们之间的关系。当 $k=N$ 时，正、负内省公理的形式为：$K_j\varphi \rightarrow K_jK_j\varphi$，$\neg K_j\varphi \rightarrow K_j\neg K_j\varphi$。所以关于知道的正、负内省公理及关于信念的正、负内省公理(命题 5.3)依旧成立。

(3)关于知识的知道公理和关于信念的弱知道公理在该系统中也成立，分别为公理(4)和命题 5.3(2)。

## 第三节　动态信念修正逻辑系统

静态的信念逻辑系统($S_{SBR}$)只能刻画主体在静止状态下的信念及推理。在 $S_{SBR}$ 中，由于缺乏程序或动作(如公开宣告)对已有信息产生的影响，故命题的 $\kappa$ 值并未发生变化。为了刻画信念的变化及变化过程，需要同时引入动态逻辑与信念逻辑，以构造动态信念修正逻辑。由于动态信念修正逻辑对于动作的处理是通过行动模态词来实现的，因此动态信念修正逻辑系统($S_{DBR}$)的形式语言是对原有的静态语言的扩充。下面将在 $S_{SBR}$ 的基础上建立动态信念修正逻辑系统，并用其来处理传统的信念修正问题。

### 一、$S_{DBR}$的证明系统

静态的信念逻辑系统主要建立在克里普克模型的基础之上。下面同样

采用克里普克模型来刻画动作。

**定义 5.14(认知行动模型)** 已知一个有穷的主体集 $G$ 和有穷的命题变元集 $P$,一个行动模型是满足下列条件的三元组 $\mathcal{E}=(\Sigma,R_j,\mathrm{Pre})$:

(1)$\Sigma$ 为一个有穷非空的原子动作集,$\Sigma\neq\varnothing$;

(2)$R_j:G\rightarrow 2^{\Sigma\times\Sigma}$,对每个主体指派一个 $\Sigma$ 上的等价关系,通常用 $\sim_j$ 表示;

(3)$\mathrm{Pre}:\Sigma\rightarrow P$,对每个原子动作指派一个公式作为执行的前件。

认知行动模型从知识和信念的角度模拟了主体"如何觉知正在发生的动作"。从直观上讲,$\Sigma$ 表示可能的原子动作集,如同在模态逻辑中提出的可能世界集一样。由于可及关系也是 $\Sigma$ 上的等价关系,所以它表示主体对发生的动作无法区分。引入 Pre 是为了确定动作可以在某一特定的可能世界中得到执行。

**定义 5.15(量化的认知行动模型)** 已知一个有穷的主体集 $G$ 和一个有穷的命题变元集 $P$,一个量化的信念行动模型可定义为 $\mathcal{E}=(\Sigma,R_j,\kappa_j^*,\mathrm{Pre})$,其中:

(1)$\Sigma$ 是一个有穷的非空原子动作集;

(2)$R_j:G\rightarrow 2^{\Sigma\times\Sigma}$,对每个主体指派一个 $\Sigma$ 上的等价关系,通常用 $\sim_j$ 表示;

(3) $\kappa_j^*:\Sigma\rightarrow\{0,1,2,\cdots,N\}$,对每个原子动作指派一个或然序;

(4)$\mathrm{Pre}:\Sigma\rightarrow P$,对每个原子动作指派一个公式作为执行的前件。

$\kappa_j^*$ 是一个从原子动作集到自然数集$\{0,1,2,\cdots,N\}$的函数,其中对每一个等价类,至少有一个动作的或然度被指派为 0。当主体不能对动作 $\sigma$ 和 $\tau$ 进行区分时,类似于不能对可能世界进行区分,记作 $\sigma\sim_j\tau$。而 $\kappa_j^*$ 表示主体对不能区分的动作集给出的或然偏好。

定义了信念认知模型 $\mathcal{M}$ 和信念行动模型 $\mathcal{E}$ 之后,可以利用贝尔泰格等(Baltag 等,1998)[①]中的方法,将两者进行耦合,从而定义一个更新积来完成某些行动,以对知识和信念更新进行处理。

**定义 5.16(更新积)** 已知一个信念认知模型 $\mathcal{M}=(W,\sim_j,\kappa_j,V)$,一个信念行动模型 $\mathcal{E}=(\Sigma,\sim_j,\kappa_j^*,\mathrm{Pre})$,下面将更新积定义为信念认知模型

---

① Baltag, A., Moss, L.S. and Solecki, S., 1998: "The Logic of Common Knowledge, Public Announcements, and Private Suspicions", Proceedings of the 7th Conference on Theoretical Aspects of Rationality and Knowledge (TARK98), pp.43-56.

$\mathcal{M} \otimes E=(W \otimes \Sigma, \sim'_j, \kappa'_j, V')$，其中：

(1)$W \otimes \Sigma=\{(w,\sigma) \in W \times \Sigma \mid w \in V(\mathrm{Pre}(\sigma))\}$。

(2)$(w,\sigma) \sim'_j (v,\tau)$，当且仅当 $w \sim_j v$ 且 $\sigma \sim_j \tau$。

(3)$\kappa'_j(w,\sigma)=\mathrm{Cut}_{\mathrm{Max}}(\kappa_j(w)+\kappa_j^*(\sigma)-\kappa_j^w(\varphi))$，其中 $\varphi=\mathrm{Pre}(\sigma)$，$\kappa_j^w(\varphi)=\min\{\kappa_j(v) \mid v \in V(\varphi)$ 且 $v \sim_j w\}$，且

$$\mathrm{Cut}_{\mathrm{Max}}(x)=\begin{cases} x, & \text{当 } 0 \leqslant x \leqslant \mathrm{Max} \text{ 时} \\ \mathrm{Max}, & \text{当 } x > \mathrm{Max} \text{ 时} \end{cases}$$

(4)$V'(p)=\{(w,\sigma) \in W \times \Sigma \mid w \in V(p)\}$。

(1)指的是新的状态是由序对$(w,\sigma)$组成的；(2)指的是新的可及关系来源于已有的两个模型的乘积，只考虑更新后的或然问题，即(3)。$\mathrm{Cut}_{\mathrm{Max}}$主要是做一个技术上的处理，以便使新的或然度属于集合$\{0,1,\cdots,N\}$，$\kappa_j(w)+\kappa_j^*(\sigma)-\kappa_j^w(\varphi)$是更新的关键，由奥谢(Aucher)首次提出，其基本思想源于施波恩的序条件函数$\kappa_{A,\alpha}$，其直观意义是：如果主体相信一个行动已经发生，那么在更新后，主体应相信其在动作已发生的可能世界中为真。[①] 更准确的说明如下：

在当前的可能世界 $w$ 上，如果主体相信动作 $\sigma$ 已发生的或然度为$\kappa_j^*(\sigma)$，那么在更新后，在动作已发生的可能世界(与当前的可能世界 $w$ 无法区分)中该主体相信其为真的或然度为$\kappa_j^*(\sigma)$。所以需要给一个与 $w$ 可及的且动作$\sigma$ 已发生的可能世界指派一个或然度$\kappa_j^*(\sigma)$，这样将有可能丢失一些次要的信息，所以需要给或然度$\kappa_j^*(\sigma)$增加$\kappa_j(w)-\kappa_j^w(\varphi)$，以便与初始的信息保持一致。[②]

奥谢提出的$\kappa_j(w)+\kappa_j^*(\sigma)-\kappa_j^w(\varphi)$有一定的主观性，其实也可以直接用$\kappa_j(w)+\kappa_j^*(\sigma)$来代替，或选用其他的替代方案。

下面给动态信念修正逻辑系统($S_{\mathrm{DBR}}$)一个完整的语言来表达主体的动态特征，该系统语言是对静态逻辑系统语言的扩张。在 $S_{\mathrm{DBR}}$ 中，并不需要考虑公共知识(信念)等群体知识(信念)。

**定义 5.17**($\mathcal{L}_{\mathrm{DBR}}$语言)　已知一个有穷的主体集 $G$ 和一个有穷的命题变元集 $P$，动态的信念修正逻辑系统语言($\mathcal{L}_{\mathrm{DBR}}$语言)中的语句可归纳定义如下：

$$\varphi ::= \mid p \mid \neg\varphi \mid \varphi \wedge \psi \mid K_j\varphi \mid B_j^{\kappa}\varphi \mid [\pi]\varphi$$

---

① Aucher, G., 2003: A Combined System for Update Logic and Belief Revision, Master's Thesis, ILLC, University of Amsterdam, p.25.

② 这是奥谢的基本思想。

这里，$j\in G, p\in P, k\in\{0,1,2,\cdots,N\}, \pi:=\sigma|(\alpha\cdot\beta)|(\alpha\cup\beta)$。其中，$\sigma$ 是一个基本的认知动作；$[\pi]\varphi$ 表示执行动作 $\pi$ 以后 $\varphi$ 成立；$(\alpha\cdot\beta)$ 表示先执行动作 $\alpha$，再执行动作 $\beta$；$(\alpha\cup\beta)$ 表示执行 $\alpha$ 或 $\beta$ 任意一个动作。

**定义 5.18**（语义） 已知一个信念认知模型 $\mathcal{M}=(W,\sim_j,\kappa_j^*,V)$ 和一个可能世界 $w\in W$，公式 $\varphi$ 在认知模型 $\mathcal{M}$ 中是真的，记作 $(\mathcal{M},w)\vDash p$，可定义如下：

(1) $(\mathcal{M},w)\vDash p$，当且仅当 $w\in V(p)$；

(2) $(\mathcal{M},w)\vDash\neg\varphi$，当且仅当并非 $(\mathcal{M},w)\vDash\varphi$；

(3) $(\mathcal{M},w)\vDash\varphi\wedge\psi$，当且仅当 $(\mathcal{M},w)\vDash\varphi$ 且 $(\mathcal{M},w)\vDash\psi$；

(4) $(\mathcal{M},w)\vDash K_j\varphi$，当且仅当对所有的 $t$，如果 $w\sim_i t$，那么 $(\mathcal{M},t)\vDash\varphi$；

(5) $(\mathcal{M},w)\vDash B_j^{\kappa}\varphi$，当且仅当对所有的 $t$，如果 $w\sim_i t$ 且 $\kappa_j(t)\leqslant\kappa$，那么 $(\mathcal{M},t)\vDash\varphi$；

(6) $(\mathcal{M},w)\vDash[\pi]\varphi$，当且仅当对所有的 $t$，如果 $w[[\pi]]_{\mathcal{M}}t\vDash\varphi$，那么 $(\mathcal{M}([[\pi]]),t)\vDash\varphi$；

(7) $[[\alpha\cdot\beta]]=[[\alpha]]\cdot[[\beta]]$，$\cdot$ 表示通常关系的组合；

(8) $[[\alpha\cup\beta]]=[[[\alpha]]\cup[[\beta]]$，$\cup$ 表示通常关系的并。

**定义 5.19**（证明系统） 信念修正逻辑系统（$S_{\text{DBR}}$）是在信念逻辑系统（$S_{\text{SBR}}$）的基础上，再增加如下公理和推演规则组成的：

**公理**：

(1) $[\pi](\varphi\rightarrow\psi)\rightarrow([\pi]\varphi\rightarrow[\pi]\psi)$； （$[\pi]$分配公理，下同）

(2) $[\sigma_i,\psi_i]p\leftrightarrow(\psi_i\rightarrow p)(\psi_i=\text{Pre}(\sigma_i))$；

(3) $[\sigma_i,\psi_i]\neg\gamma\leftrightarrow(\psi_i\rightarrow\neg[\sigma_i,\psi_i]\gamma)$；

(4) $[\sigma_i,\psi_i]\varphi\wedge\gamma\leftrightarrow([\sigma_i,\psi_i]\varphi\wedge[\sigma_i,\psi_i]\gamma)$；

(5) $[\sigma_i,\psi_i]K_j\varphi\leftrightarrow(\psi_i\rightarrow\bigwedge\{K_j[\sigma_i,\psi_i]\varphi|\sigma_k\sim_j\sigma_i\})$；

(6) $[\sigma_i,\psi_i]B_j^m\varphi\leftrightarrow(\psi_i\rightarrow\bigwedge\{B_j^{l-1}\neg\psi_k\wedge\neg B_j^l\neg\psi_k\rightarrow B_j^{m+l-k_j^*(\sigma k)}[\sigma_k,\psi_i]\varphi|\sigma_k\sim_j\sigma_i\})$，其中 $l\in\{0,1,\cdots,N\}$，$m<N$；

(7) $[\alpha][\beta]\varphi\leftrightarrow[\alpha\cdot\beta]\varphi$；

(8) $[\alpha\cup\beta]\varphi\leftrightarrow[\alpha]\varphi\wedge[\beta]\varphi$。

**推演规则**：

从 $\vdash\varphi$，可得 $\vdash[\pi]\varphi$。 （$[\pi]$必然化规则）

## 二、$S_{DBR}$完全性的证明

$S_{DBR}$的完全性也可按"一致的公式集的可满足性"来加以证明。① 下面将用一种新的方法来证明，即利用翻译的方法，将动态的信念修正逻辑$S_{DBR}$翻译为静态的信念逻辑$S_{SBR}$。由于前面已证明了$S_{SBR}$的完全性，所以可以证明$S_{DBR}$也是完全的。②

**定义 5.20（翻译）**　翻译是一个满足下列条件且从$\mathcal{L}_{DBR}$语言的公式集到$\mathcal{L}_{SBR}$语言公式集的函数：

(1)$t(p)=p$；

(2)$t(\neg\varphi)=\varphi$；

(3)$t(\varphi\wedge\psi)=t(\varphi)\wedge t(\psi)$；

(4)$t(K_j\varphi)=K_jt(\varphi)$；

(5)$t(B_j^{\kappa}\varphi)=B_j^{\kappa}t(\varphi)$；

(6)$t([\sigma_i,\psi_i]p)=t(\psi_i\rightarrow p)$；

(7)$t([\sigma_i,\psi_i\neg\gamma)=t(\psi_i\rightarrow\neg[\sigma_i,\psi_i]\gamma)$；

(8)$t([\sigma_i,\psi_i]\varphi\wedge\gamma)=t([\sigma_i,\psi_i]\varphi\wedge[\sigma_i,\psi_i]\gamma)$；

(9)$t([\sigma_i,\psi_i]K_j\varphi)=t(\psi_i\rightarrow\wedge\{K_j[\sigma_k,\psi_i]\varphi\mid\sigma_k\sim_j\sigma_i\})$；

(10)$t([\sigma_i,\psi_i]B_j^m\varphi)=t(\psi_i\rightarrow\wedge\{B_j^{l-1}\neg\psi_k\wedge\neg B_j^l\neg\psi_k\rightarrow B_j^{m+l-k_j^*(\sigma_k)}[\sigma_k,\psi_i]\varphi\mid\sigma_k\sim_j\sigma_i\})$，其中$l\in\{0,1,\cdots,N\}$，$m<N$；

(11)$t([\alpha][\beta]\varphi)\leftrightarrow t([\alpha\cdot\beta]\varphi)$。

**定义 5.21（复杂度）**　复杂度是从$\mathcal{L}_{DBR}$语言到自然数集的函数$c:\mathcal{L}_{DBR}\rightarrow\mathbf{N}$，定义如下：

(1)$c(p)=1$；

(2)$c(\neg\varphi)=1+c(\varphi)$；

(3)$c(\varphi\wedge\psi)=1+\max(c(\varphi),c(\psi))$；

(4)$c(K_j\varphi)=1+c(\varphi)$；

(5)$c(B_j^{\kappa}\varphi)=1+c(\varphi)$；

(6)$c([\sigma_i,\psi_i]\varphi)=(4+\max\{c(\psi_i)\})\times c(\varphi)$。

**引理 5.4**　对于公式$\varphi,\psi,\gamma\in\mathcal{L}_{DBR}$，有：

(1)若$\psi\in\text{sub}(\varphi)$，则$c(\varphi)\geqslant c(\psi)$；

---

① Aucher, G., 2003: A Combined System for Update Logic and Belief Revision, Master's Thesis, ILLC, University of Amsterdam, pp.46-50.

② 郭美云：《带有群体知识的动态认知逻辑》，北京大学博士学位论文，2006年。

(2)$c([\sigma_i,\psi_i]p)>c(\psi_i\rightarrow p)$；

(3)$c([\sigma_i,\psi_i]\neg\gamma)>c(\psi_i\rightarrow\neg[\sigma_i,\psi_i]\gamma)$；

(4)$c([\sigma_i,\psi_i]\varphi\wedge\gamma)>c([\sigma_i,\psi_i]\varphi\wedge[\sigma_i,\psi_i]\gamma)$；

(5)$c([\sigma_i,\psi_i]K_j\varphi)>c(\psi_i\rightarrow\bigwedge\{K_j[\sigma_i,\psi_i]\varphi\mid\sigma_k\sim_j\sigma_i\})$；

(6)$c([\sigma_i,\psi_i]B_j^m\varphi)>c(\psi_i\rightarrow\bigwedge\{B_j^{l-1}\neg\psi_k\wedge\neg B_j^l\neg\psi_k\rightarrow B_j^{m+l-k_j^*(\sigma k)}[\sigma_k,\psi_i]\varphi\mid\sigma_k\sim_j\sigma_i\})$，其中$l\in\{0,1,\cdots,N\}$，$m<N$；

(7)$c([\alpha][\beta]\varphi)>c([\alpha\cdot\beta]\varphi)$。

**引理 5.5**(翻译的正确性)　对任意公式$\varphi\in\mathcal{L}_{DBR}$来说，有

$$\vdash\varphi\leftrightarrow t(\varphi)$$

运用结构归纳法施归纳于$\varphi$的复杂度，由引理5.4可得证。

**定理 5.2**(完全性定理)　动态的信念修正逻辑系统($S_{DBR}$)在等价框架类上是强完全的，即对于任意公式$\varphi\in\mathcal{L}_{DBR}$，如果$\vDash\varphi$，那么$\vdash\varphi$。

**证**　假设$\vDash\varphi$，由$\vdash S_{DBR}\varphi\leftrightarrow t(\varphi)$及可靠性定理[①]，有$\vDash t(\varphi)$，而$t(\varphi)$是不含任何行动模态算子的公式，由$S_{SBR}$的完全性，可得$\vdash S_{SBR}t(\varphi)$。又因为$S_{SBR}$是$S_{DBR}$的一个子系统，因此，同样有$\vdash S_{DBR}t(\varphi)$。再由$\vdash S_{DBR}\varphi\leftrightarrow t(\varphi)$，可得$\vdash\varphi$。■

本部分建立了融合更新逻辑和信念修正理论的逻辑系统$S_{DBR}$。首先，将该系统与传统的AGM理论作比较；其次，讨论系统的不足以及需要在未来进一步研究的地方。

为了探讨$S_{DBR}$是否满足AGM理论的假设，首先需要定义信念集，其次还要考虑更新时的行动类型。对于第一点，可对最基本的语言——命题语言进行分析。对于第二点，为了方便起见，也可考虑最常见的行动——公开宣告。

**定义 5.22**　已知一个信念认知模型$\mathcal{M}=(W,\sim_j,\kappa_j^*,V)$和一个可能世界$w\in W$，则对于修正后的信念集($\neg p\in K$，且$p\in K*p$，$\neg p\notin K*p$)与信念集的扩充($p\notin K$，且$p\in K+p$)，有：

(1)$K^w=\{\varphi\in\mathcal{L}\mid(\mathcal{M},w)\vDash B_j^0\varphi\}$；

(2)$K^w_* p=\{\varphi\in\mathcal{L}\mid(\mathcal{M},w)\vDash[!p,p]B_j^0\varphi\}$；

(3)$K^w+p=\{\varphi\in\mathcal{L}\mid(\mathcal{M},w)\vDash B_j^0[!p,p](p\rightarrow\varphi)\}$。

其中，$K^w$是主体$j$在可能世界$w$中的(命题)信念集；$K^w*p$是主体$j$

---

① Aucher, G., 2003: A Combined System for Update Logic and Belief Revision, Master's Thesis, ILLC, University of Amsterdam, p.48.

在公开宣告 $p$ 后，在可能世界 $w$ 中修正后的信念集；$K^w+p$ 是主体 $j$ 在公开宣告 $p$ 后，在信念集 $K^w$ 上的一个扩充。

**定理** 5.3　由 $K^w*p$ 定义的修正函数满足 AGM 理论的八条假设。[①]

由定理 5.3 知，当满足一定的条件时，所建立的信念修正逻辑系统 $S_{DBR}$ 完全可以处理传统的信念修正问题。当语言 $\mathcal{L}_{DBR}$ 为认知语言时，也可证明在此语言下定义的修正函数满足 AGM 理论的部分假设。

很明显，与传统的 AGM 理论相比，$S_{DBR}$ 是一个能同时处理知识和信念变化的公理系统，可以给出完全性的证明；所给的语言也更加丰富，而且很容易进行进一步的扩充；对于"信念变化"，也可以给出合理的语义解释。

同时，$S_{DBR}$ 也存在许多不足，如没有考虑群体知识（信念）问题，而群体知识（信念）在多主体互动的过程中具有重要作用。后续的研究可以在已有的基础上，引入普遍知识（信念）、公共知识（信念）等群体知识（信念），对原系统进行进一步的扩充。

系统 $S_{DBR}$ 还可以在另外两个方面进行深入的研究：对于行动（程序）的类型及组合，还可以考虑其他的类型；由于不同的主体在收到相同的信息后，会作出不同的回应，为了刻画主体的多样性，也可以引入新的参数。[②]

## 第四节　信念修正逻辑系统的扩充

本节将介绍基本的或然逻辑及其语言、语义和全逻辑（PL）系统。另外，本节将提供一个关于新系统的完全性证明，且用公共知识和公共信念将其扩充为新的全逻辑系统（$\mathcal{PL}_S$），同时还将提供一个新的更新规则，以证明不同的主体不同策略的逻辑系统。

### 一、序数秩

在动态信念修正逻辑系统中可以引入 $\kappa$ 秩对该逻辑系统进行更新，并使其能够刻画信念的更新度。$\kappa$ 秩也被称为序秩，是由斯波恩提出的。其

---

① van Ditmarsch, H., 2005: "Belief Change and Dynamic Logic". In Delgrande, J., Lang, J., Rott, H., et al (eds.), *Belief Change in Rational Agents: Perspectives from Artificial Intelligence, Philosophy, and Economics*, January.

② Liu, F., 2004: *Dynamic Variations: Update and Revision for Diverse Agents*, Master's Thesis, ILLC, University of Amsterdam.

为从可能世界集 $W$ 到序类的 $\kappa$ 函数，可使带有最小序的世界为最有可能的世界。可给某些可能的世界指派最小的序 0。$\kappa$ 表示可能世界的或然等级。可能世界的或然序可被扩充为命题的秩，可定义为 $\kappa(A)=\min\{\kappa_j(w):w\in A\}$。

**定义 5.23** 已知一个信念认知模型为多元组 $\mathcal{M}=(W,\{\sim_j:j\in G\},\{\kappa_j:j\in G\},V)$，其中：

(1)$W$ 为非空的可能世界集，也称为模型的状态；

(2)$G$ 是有穷的主体集；

(3)对于每一个主体 $j$，$\sim_j$ 为定义在 $W$ 上的等价关系；

(4)$\kappa_j$ 为一个算子，为从 0 到 Max 的秩，定义在所有的状态上；

(5)$V$ 是一个赋值。

**定义 5.24** 已知一个信念认知行动模型为多元组 $\Sigma=(\Sigma,\sim_j,\kappa_j^*,\mathrm{Pre})$，其中：

(1)$\Sigma$ 为非空的单行动集；

(2)对于每一个主体 $j$，$\sim_j$ 为定义在 $\Sigma$ 上的等价关系；

(3)$\kappa_j^*$ 是一个算子，为从 0 到 Max 的秩，定义在所有的行动上；

(4)Pre 是从行动集到扩充的逻辑系统语言($\mathcal{L}_S$)公式的函数。

**定义 5.25** 已知信念认知模型 $\mathcal{M}$ 和信念认知行动模型 $\Sigma$，定义其积更新为以下认知行动模型：

$$\mathcal{M}\otimes\Sigma=(W\otimes\Sigma,\sim'_j,\kappa'_j,V')$$

可通过下面的方式给出：

(1)$W\otimes\Sigma=\{(w,a)\in W\times\Sigma:(\mathcal{M},w)\vDash \mathrm{Pre}_a\}$。

(2)定义 $\sim'_j$ 使得 $(w,a)\sim'_j(v,b)$，当且仅当 $w\sim_j v$ 且 $a\sim_j b$。

(3)$\kappa'_j(w,a)=\mathrm{Cut}_{\mathrm{Max}}(\kappa_j(w)+\kappa_j^*(a)-\kappa_j^w(\varphi))$，其中 $\varphi=\mathrm{Pre}_a$，$\kappa_j^w(\varphi)=\min\{\kappa_j(v):v\in V(\varphi)\text{且 } v\sim_j w\}$，

$$\mathrm{Cut}_{\mathrm{Max}}(x)=\begin{cases}x, & \text{如果 } 0\leqslant x\leqslant \mathrm{Max}\\ \mathrm{Max}, & \text{如果 } x>\mathrm{Max}\end{cases}$$

$\mathrm{Cut}_{\mathrm{Max}}(x)$ 可确保新的 $\kappa$ 值属于新的信念认知模型的 $\kappa$ 域，即其属于集合 $\{0,\cdots,\mathrm{Max}\}$。

(4)$V'$ 等价于基于世界的初始赋值。

**定义 5.26** 已知一个有穷的命题变元集 $\Phi$ 和有穷的主体集 $G$。全语言逻辑($\mathcal{L}$)可通过下面的规则给出：

(1)语句 $\varphi::=\top\mid p\mid\neg\varphi\mid\varphi\wedge\psi\mid K_j\varphi\mid B_j^\kappa\varphi\mid[\pi]\varphi$；

(2)程序 $\pi::=\sigma_i\psi_1\cdots\psi_n\mid\pi+\rho\mid\pi\cdot\rho$。

其中，$p\in\Phi$，且 $j\in G,\kappa\in\mathbf{N}$。

语形对象有两种：语句和程序。形如 $\sigma_i\psi_1\cdots\psi_n$ 的程序为简化的程序或者行动。因为语句 $\psi_j$ 本身可能包含行动，故其可能并不是“原子”的。+和·分别表示基于程序的不相交的并和合成运算。$K_j\varphi$ 可读作“主体 $j$ 知道 $\varphi$”，$B_j^\kappa\varphi$ 可读作“主体 $j$ 相信 $\varphi$ 的深度是 $\kappa$”，$[\pi]\varphi$ 可读作“经过程序或者行动 $\pi$ 之后可得到执行，并且 $\varphi$ 是真的”。

**定义 5.27**　已知一个行动标号为结构 $\Sigma=(\Sigma,\sim_j,\kappa_j^*,(\sigma_1,\cdots,\sigma_n))$，其中 $\sigma_1,\sigma_2,\cdots,\sigma_n$ 为 $\Sigma$ 中可计算的不重复的序列，且 $\Sigma$ 中的元素由单个的行动组成。

**定义 5.28**　令 $\Sigma$ 为行动标号，$\Gamma\subseteq\Sigma$ 且 $[[\psi_1]],\cdots,[[\psi_n]]$ 为认知命题序列，则带有标号的信念认知行动模型 $(\Sigma,\Gamma)([[\psi_1]],\cdots,[[\psi_n]])$ 可用如下的方式给出：

(1)行动集为 $\Sigma$，并且可及关系可通过行动标号给出；

(2)对 $j=1,\cdots,n$，$\mathrm{Pre}_{\sigma_j}=[[\psi_j]]$；

(3)$\Gamma$ 为不可区分的行动集。

特殊情况下，$\Sigma$ 为单集 $\{\sigma_i\}$，将带有标号的程序模型记为 $(\Sigma,\sigma_i)([[\psi_1]],\cdots,[[\psi_n]])$。

**定义 5.29**　已知一个信念认知模型 $\mathcal{M}=(W,\sim_j,\kappa_j^*,V)$ 和一个可能世界 $w\in W$，公式 $\varphi$ 在认知模型 $\mathcal{M}$ 中是真的，记作 $(\mathcal{M},w)\vDash p$，可定义如下(省略了经典部分的语义)：

(1)$(\mathcal{M},w)\vDash K_j\varphi$，当且仅当对所有的 $t$，如果 $w\sim_i t$，那么 $(\mathcal{M},t)\vDash\varphi$；

(2)$(\mathcal{M},w)\vDash B_j^\kappa\varphi$，当且仅当对所有的 $t$，如果 $w\sim_i t$ 且 $\kappa_j(t)\leqslant\kappa$，那么 $(\mathcal{M},t)\vDash\varphi$；

(3)$(\mathcal{M},w)\vDash[\pi]\varphi$，当且仅当对所有的 $t$，如果 $w[[\pi]]_{\mathcal{M}}t\vDash\varphi$，那么 $(\mathcal{M}([[\pi]]),t)\vDash\varphi$。

程序的语义可通过下面的方式给出：

(1)$[[\sigma_i\psi_1\cdots\psi_n]]=(\Sigma,\sigma_i)([[\psi_1]],\cdots,[[\psi_n]])$；

(2)$[[\pi\cdot\rho]]=[[\pi]]\cdot[[\rho]]$；

(3)$[[\pi+\rho]]=[[\pi]]+[[\rho]]$。

## 二、合并公共知识

下面将研究增加新的算子 $C_G$ 的语言 $\mathcal{L}_S$，该语言可表示为 $\mathcal{L}_S^C$。$C_G\varphi$ 可

读作“群 $G$ 中的公共知识为 $\varphi$”，常用 $E_G\varphi$ 表示“群 $G$ 中的每一个人都知道 $\varphi$”，即 $\wedge_{j\in G}K_j\varphi$。形式上有下面的定义：

**定义 5.30** 令 $\mathcal{M}$ 为信念认知模型，则有 $(\mathcal{M},w)\vDash E_G\varphi$，当且仅当对所有的 $j\in G$，$(\mathcal{M},w)\vDash K_j\varphi$。

直觉上，如果 $G$ 中的每一个人都知道 $\varphi$，$G$ 中的每一个人都知道 $G$ 中的每一个人知道 $\varphi$ 等，那么 $C_G\varphi$ 是真的。

**定义 5.31** 令 $\mathcal{M}$ 为信念认知模型，那么 $(\mathcal{M},w)\vDash C_G\varphi$，当且仅当对 $n=1,2,\cdots,N$，$(\mathcal{M},w)\vDash E_G^n\varphi$。

**定义 5.32** 如果存在状态序列 $w_0,w_1,\cdots,w_m$，使得 $w_0=v$，并且对所有的 $0\leqslant i\leqslant m-1$，对某些 $j\in G$，$(w_i,w_{i+1})\in K_j$，那么 $v$ 和 $w$ 在 $m$ 步内是 $G$ 可及的。如果对某些 $m\geqslant 1$，$v$ 与 $w$ 在 $m$ 步内是 $G$ 可及的，则称 $v$ 和 $w$ 是 $G$ 可及的。

**引理 5.6** 令 $\mathcal{M}$ 为信念认知模型，则有：

(1) $(\mathcal{M},w)\vDash E_G^n\varphi$，当且仅当 $(\mathcal{M},v)\vDash\varphi$ 对所有的 $v$ 和 $w$ 在 $n$ 步内是 $G$ 可及的；

(2) $(\mathcal{M},w)\vDash C_G\varphi$，当且仅当 $(\mathcal{M},v)\vDash\varphi$ 对所有的 $v$ 和 $w$ 是 $G$ 可及的。

**证** 施归纳于 $n$，可以直接得到(1)，而(2)可以由(1)推出。

当涉及公理时，需要增加新的公理和规则到全命题逻辑系统中，从而获得新的逻辑系统 $\mathcal{PL}_S^C$：

C1：$E_G\varphi\leftrightarrow\wedge_{j\in G}K_j\varphi$；

C2：$C_G\varphi\leftrightarrow E_G(\varphi\wedge C_G\varphi)$； （固定点公理）

RC1：从 $\vdash\varphi\rightarrow E_G(\varphi\wedge\psi)$，可以推出 $\vdash\varphi\rightarrow C_G\psi$。（归纳规则）

$\mathcal{PL}_S^C$ 系统的完全性：为了证明 $\mathcal{PL}_S^C$ 系统的完全性，可采用线性的命题动态逻辑的方法。完全性的证明是不足道的，因为可及关系“$\rightarrow_j$”是传递封闭的语言，且不是紧致性的，公式的无穷极大一致集并不是可满足的。所以只取该语言部分公式的极大一致集的公式。现在首先定义该部分的“闭包”：

**定义 5.33** 设 $\varphi$ 的闭包由最小的公式集 $\Phi\subseteq\mathcal{L}_S^C$，使得

(1) $\varphi\in\Phi$；

(2) 如果 $\psi\in\Phi$，且 $\gamma$ 为 $\psi$ 的子公式，那么 $\gamma\in\Phi$；

(3) 如果 $\psi\in\Phi$，且 $\psi$ 本身并不是否定的，那么 $\neg\psi\in\Phi$；

(4)如果 $C_G\psi\in\Phi$，那么对所有的 $j\in G$，$K_j(\psi\wedge C_G\psi)\in\Phi$。

注意：任意公式 $\varphi$ 的闭包都可生成一个有穷的公式集 $\Phi$。

**定义 5.34**　令 $\Phi$ 是一个闭包。一个有穷的公式集 $\Gamma\subseteq\Phi$ 为 $\Phi$ 中的极大一致集，当且仅当

(1)$\Gamma$ 是一致的；

(2)不存在 $\Delta\subseteq\Phi$，使得 $\Gamma\subset\Delta$，并且 $\Delta$ 是一致的。

**引理 5.7**　令 $\Phi$ 为公式 $\varphi$ 的闭包。如果 $\Gamma\subseteq\Phi$ 是一致的，那么存在一个集合 $\Gamma'\subseteq\Phi$，使得 $\Gamma\subseteq\Gamma'$，并且 $\Gamma'$ 是 $\Phi$ 中的极大一致集。

**证**　该证明过程属于经典逻辑的证明，此处略。

**定义 5.35**　已知公式 $\varphi$，模型 $\mathcal{M}^{\varphi}=(W^{\varphi},\sim_j^{\varphi},V^{\varphi})$ 可以通过下面的方式给出：

(1)$W^{\varphi}=\{w_V:V$ 是 $\Phi$ 中的极大一致的公式集$\}$；

(2)$\sim_j^{\varphi}=\{(w_V,w_W):V/K_j\subseteq W\}$，其中 $V/K_j=\{\varphi:K_j\varphi\in V\}$；

(3)$w_W\in V^{\varphi}(p)$，当且仅当 $p\in W$。

**真值引理**　如果 $V\in W^{\varphi}$，那么对所有的 $\psi\in\Phi$，$\psi\in V$，当且仅当$(\mathcal{M}^{\varphi},w_V)\vDash\psi$。

**证**　通过施归纳于公式 $\psi$ 的结构，下面只考虑公共知识的情况，需要证明 $C_G\psi\in V$，当且仅当$(\mathcal{M}^{\varphi},w_V)\vDash C_G\psi$。

**从左到右**　假设 $C_G\psi\in V$，则需要证明如下宣告：如果 $w_W$ 和 $w_V$ 经过 $k$ 步是 $G$ 可及的，那么 $\psi\in W$，并且 $C_G\psi\in W$。

通过施归纳于 $k$，证明过程如下：

基础情况：$k=1$。因为 $V\in W^{\varphi}$，即 $V\in M_S^C$。根据公理 C2，可以推出 $E_G(\psi\wedge C_G\psi)$。那么如果 $w_W$ 与 $w_V$ 在一步内是 $G$ 可及的，则有$(\psi\wedge C_G\psi)\in W$ 是一个 $M_S^C$，可以推出 $\psi\in W$，并且 $C_G\psi\in W$。

归纳步骤：假设关于 $k$ 的结论成立，则需要证明 $k+1$ 的情况。

如果 $w_W$ 与 $w_V$ 在 $k+1$ 步内是 $G$ 可及的，那么存在 $W'$ 使得 $w_{W'}$ 与 $w_V$ 在 $k$ 步内是 $G$ 可及的，并且 $w_W$ 与 $w_{W'}$ 在一步内是 $G$ 可及的。根据归纳假设，则 $\psi\in W$ 且 $C_G\psi\in W$。因此 $\psi$ 和 $C_G\psi$ 都属于 $W$。已知 $\psi\in W$ 对所有的 $w_W$ 与 $w_V$ 是 $G$ 可及的，根据主归纳假设，$(\mathcal{M}^{\varphi},w_V)\vDash\psi$ 对所有的 $w_W$ 与 $w_V$ 是 $G$ 可及的。所以$(\mathcal{M}^{\varphi},w_V)\vDash C_G\psi$。

**从右到左**　假设$(\mathcal{M}^{\varphi},w_V)\vDash C_G\psi$。通过刻画 $W$ 中公式合取的 $\mathcal{M}^{\varphi}$ 中的每一个世界 $w_W$，$\varphi_W$ 可用于表示 $\mathcal{L}_S^C$ 中公式的合取，因为 $W$ 是有穷集。令

$W=\{W$ 是 $\Phi$ 中的极大一致集：$\mathcal{M}^{\varphi},w_W\vDash C_G\psi\}$，定义 $\varphi_W$ 为 $\bigvee_{w\in W}\varphi_W$，即刻画了 $C_G\psi$ 成立的相关状态的析取。因为 $W$ 是有穷的，可以推出 $\varphi_W$ 是 $\mathcal{L}_S^C$ 中的公式。

现在必须证明 $\vdash\varphi_W\rightarrow E_G(\psi\wedge\varphi_W)(*)$。

首先，很容易证明 $\vdash\varphi_W\rightarrow K_j\psi(**)$。

定义 $\overline{W}=\{W$ 为 $\Phi$ 中的极大一致集：$(\mathcal{M}^{\varphi},w_W)\vDash C_G\psi\}$。如果 $W\in\mathcal{W}$，并且 $W'\in\overline{W}$，那么 $\vdash\varphi_W\rightarrow K_j\neg\varphi_{W'}(***)$。

根据$(**)$和$(***)$，可得 $\vdash\varphi_W\rightarrow K_j(\psi\wedge_{W'}\in\overline{W}\neg\varphi_{W'})$。

可以证明 $\vdash\varphi_W\leftrightarrow K_j(\wedge_{W'}\in\overline{W}\neg\varphi_{W'})$，从而可得到$(*)$。通过施归纳于规则，可得 $\vdash\varphi_W\rightarrow C_G\psi$。

因为 $V\in\mathcal{W}$，则 $\varphi_V\rightarrow\varphi_{\mathcal{W}}$，所以 $\vdash\varphi_V\rightarrow C_G\psi$，可以推出 $C_G\psi\in V$。否则，$\neg C_G\psi\in V$，那么 $V$ 并不是 $\mathcal{L}_S^C$ 一致的，矛盾。■

**完全性** 如果 $\vDash\varphi$，那么 $\vdash\varphi$。

**证** 假设 $\vdash\varphi$ 不成立，那么 $\{\neg\varphi\}$ 是一致的，并且存在一个 $M_S^C$ $V$ 是 $\neg\varphi$ 中的 $\varphi$ 闭包，使得 $\neg\varphi\in V$。根据真值引理，可得 $(\mathcal{M}^c,w_V)\vDash\neg\varphi$，所以 $(\mathcal{M}^{\varphi},w_V)\vDash\varphi$ 不成立。■

## 三、合并公共信念

下面用两种不同的方法引入公共信念算子，该算子可以产生两种不同的公理系统。随后的内容分别给出了这些系统的完全性证明。

**纯信念逻辑中的公共信念** 在语言 $\mathcal{L}_S^C$ 中增加一个新的算子 $D_G^k$，可获得语言 $\mathcal{L}_S^{CD}$。$D_G^k$ 表示"$\varphi$ 是群 $G$ 中深度为 $k$ 的公共信念"。类似地，$F_G^k\varphi$ 表示"群 $G$ 中的每一个主体都相信 $\varphi$ 的深度是 $k$"，即 $\wedge_{j\in G}B_j^k\varphi$。有下面的形式定义：

**定义 5.36** 令 $\mathcal{M}$ 为信念认知模型，则 $(\mathcal{M},w)\vDash F_G^k\varphi$，当且仅当对所有的 $j\in G$，$(\mathcal{M},w)\vDash B_j^k\varphi$。

如果 $G$ 中的每一个主体都相信 $\varphi$ 的信念度为 $k$，$G$ 中的每一个主体都相信 $G$ 中的每一个主体都相信 $\varphi$ 的信念度是 $k$，等等，则 $D_G^k\varphi$ 是真的。令 $F_G^{0,k}\varphi$ 为 $\varphi$ 的缩写，并且令 $F_G^{n+1,k}\varphi$ 表示 $F_G^kF_G^{n,k}\varphi$，特别地，$F_G^{1,k}\varphi$ 表示 $F_G^k\varphi$，则有下面的定义：

 **定义 5.37** 令 $\mathcal{M}$ 为信念认知模型，那么 $(\mathcal{M},w)\vDash D_G^k\varphi$，当且仅当对

$n=1,2,\cdots,(\mathcal{M},w)\models F_G^{n,k}\varphi$。

**定义 5.38**　如果存在一个状态序列 $w_0,w_1,\cdots,w_m$，使得 $w_0=w$，$w_m=v$，并且对所有的 $0\leqslant i\leqslant m-1$，对某些 $j\in G$，$(w_i,w_{i+1})\in B_j^k$，那么称 $v$ 和 $w$ 在 $m$ 步内是 $G$-$B$ 可及的($m\geqslant 1$)。如果对某些 $k\geqslant 1$，$v$ 和 $w$ 在 $m$ 步内是 $G$-$B$ 可及的，那么称 $v$ 和 $w$ 是 $G$-$B$ 可及的。

**引理 5.8**　令 $\mathcal{M}$ 为信念认知模型，则

(1)$(\mathcal{M},w)\models F_G^{n,k}\varphi$，当且仅当$(\mathcal{M},v)\models\varphi$ 对所有的 $v$ 和 $w$ 在 $n$ 步内是 $G$ 可及的。

(2)$(\mathcal{M},w)\models D_G^k\varphi$，当且仅当$(\mathcal{M},v)\models\varphi$ 对所有的 $v$ 和 $w$ 是 $G$-$B$ 可及的。

**证**　施归纳于 $n$，可以直接证明(1)，而(2)可以由(1)推出。

通过增加下面的公理和规则可以将 $\mathcal{PL}_S^C$ 扩充为 $\mathcal{PL}_S^{CD}$：

D1：$F_G^k\varphi\leftrightarrow\bigwedge_{j\in G}B_j^k\varphi$；

D2：$D_G^k\varphi\leftrightarrow F_G^k(\varphi\wedge D_G^k\varphi)$；　　（固定点公理）

RD1：从 $\vdash\varphi\rightarrow F_G^k(\varphi\wedge\psi)$，可以推出 $\vdash\varphi\rightarrow D_G^k\psi$。（归纳规则）

## 四、用公共知识定义公共信念

借助之前定义的满足信念度 $k$ 的公共信念，下面再给出一个定义：

如果群 $G$ 中的每一个主体都相信 $\varphi$ 的深度为 $k$，群 $G$ 中的每一个主体都相信深度为 $k$ 的群 $G$ 中的每一个主体都相信 $\varphi$ 的深度是 $k$，等等，那么 $D_G^k\varphi$ 是真的。

所定义的公共信念的深度 $k$，采用的是类似于定义公共知识的方法。另外需要指出的是，这里只适用于相信算子。为此，可将上面的情况称为纯信念的情况。下面将提供一个择代的关于公共信念的定义，即将其定义为知识算子和信念算子：

如果群 $G$ 中的每一个主体都相信 $\varphi$ 的深度为 $k$，群 $G$ 中的每一个主体都知道在群 $G$ 中的每一个主体都相信 $\varphi$ 的深度是 $k$，等等，则 $D_G^k\varphi$ 是真的。

事实上，根据相信的深度和公共知识所讨论的公共信念的深度是 $k$，可知 $\varphi$ 是群 $G$ 中的公共信念的深度为 $k$。如果群 $G$ 中的每一个主体都相信 $\varphi$ 的深度是 $k$，且其又是群 $G$ 中的公共知识，那么有 $D_G^k\varphi:=C_GF_G^k\varphi$。

用公共知识和信念算子定义的公共信念算子和前面所给的定义是有区别的：公共信念算子 $D_G^k$ 是一个完全新的算子，因为公共信念算子是一个转

化形式，其是 $C_G F_G^k$ 的缩写。下面将增加如下的公理到 $\mathcal{PL}_S^C$ 中，从而获得 $\mathcal{PL}_S^{CD'}$ 系统：

D1′：$F_G^k\varphi \leftrightarrow \bigwedge_{j\in G} B_j^k\varphi$；

D2′：$D_G^k\varphi \leftrightarrow F_G(\varphi \wedge D_G^k\varphi)$；　　　　（固定点公理）

RD1′：从 $\vdash \varphi \rightarrow F_G^k(\varphi \wedge \psi)$，可以推出 $\vdash \varphi \rightarrow D_G^k\psi$。　　（归纳规则）

**完全性**　这些带有公共信念的新系统的完全性的证明可以很容易地通过转化获得。系统 $\mathcal{PL}_S^{CD}$ 的完全性的证明类似于公共知识的情况。如果将完全性的证明看作是关于公共知识的，则只需要参照可及关系的传递闭包即可，其正好类似于已经使用的关于公共信念的固定点公理。具体的证明细节可以参阅奥谢的硕士论文。①

① Aucher, G., 2003: A Combined System for Update Logic and Belief Revision, Master's Thesis, ILLC, University of Amsterdam, p.48.

# 第六章　动态的信念变化逻辑

主体之间在进行互动交流时通常会思考些什么呢？用来分析智能互动所需要的模型远不如实际的、现实生活中的语境复杂、抽象。经济学家、计算机科学家以及哲学家早已开始研究理性主体间的互动，他们在对这些概念进行分析时，通常只关注这些现象的某些特定维度。例如，决策论主要分析主体在给定他们的偏好和关于世界的信念时，如何在不确定的语境中做出决策。博弈论则主要分析如何制定战略决策，以及主体如何在互动情境中做出决策。① 信念修正理论则分析了主体如何调整他的信念以解释接收到的不一致的新信息。

## 第一节　理性主体和信念变化

下面主要关注的是接收到新信息的主体的信念变化。刻画智能主体之间的互动的基础理论是推理。信念变化理论分析的是真的信息，这些信息主要是基于时态的，涉及主体的客观的和社会情境中的，可看作是主体接收到的新的不可预知的真的信息。事实上，信念修正也涉及其他的领域：多主体系统、认知博弈理论和互动认识理论、(形式的)认识理论、科学哲学和学习理论等。这些领域分别引入了适合分析它们的分析工具。下面将采用一些精确的逻辑框架来分析信念动态，并提供一个基于此语境的一致的逻辑方法。可用该框架构建一个刻画信念变化的逻辑方法。

利用新的模态逻辑工具可对信念变化进行推理，并且可对基于模态逻辑的推理过程进行推理，这是对认知逻辑程序的扩张。正如认知逻辑是将知识和信念引入对象语言中一样，人们可以将信念变化引入形式语言中，并

① Myerson, R. B., 1997: *Game Theory: Analysis of Conflict*, Harvard: Harvard University Press.

给出其语义和有关推理规则的公理系统。事实上，信念变化的模态逻辑有两类：信念时态逻辑和动态信念逻辑。二者虽然不相同，但可相互补充。信念时态逻辑提供了一个关于主体的信念所有可能演变的全部观点，而动态信念逻辑则刻画了局部的更新，将信念模型转换为一个新的模型。为了建立信念变化的一致的逻辑，通常可将关于信念的信息模型转换为一般的“事件模型”。

本部分首先从结构和语形两个方面对这两个逻辑系统进行比较；随后给出了一个与动态和时态方法相关的表达定理，探讨了关于主体背后的动态信念逻辑的假设；最后构造了相应的逻辑系统，即将时态和动态进行合并的信念逻辑。

## 第二节　智能主体间的互动

智能主体包括人和智能体。主体通常并不只是被动地观察自己周围的情境，也可能会对情境产生作用，还可能会影响到周围的情境。“智能”可简单地表示为对主体的情境的形式表达，主体可能会对自己接收到并处理的新信息进行修正，或者对自己所处的情境进行推理。

主体的行为在互动系统中会影响到公共情境，并且/或者也会影响其他主体关于情境的信念。策略互动涉及理性主体所有的关于情境陈述的偏好，且基于联合的(合作的)互动中的行动，只能通过一群主体完成，而不是由单个的主体完成。

对情境进行描述的方法有两种，即外部的(如天气、时间、某些古迹的状态等)情境和内部的(如主体的偏好、能力等)情境。为简单起见，主要采用有关情境状态的信念。对一个主体而言，其他主体的信念也是情境的一部分，并且该主体可能会关注其他主体的信念。有时会利用一阶信念刻画关于情境自身的信念，有时利用高阶信念刻画关于其他主体的信念的信念。

静态的信念(和知识)模型只能刻画主体在一个严格的时态点上的思想状态。为了能够解释主体将他们的思想看作学习新的信息和在智能互动中的推理，就需要对动态信息本身的动态进行分析，包括观察、交流、公开宣告、归纳推理、策略推理等。

### 一、逻辑和概念分析


在哲学领域，理性互动的模型经常采用非形式的方法，并且所采用的分析方法也是自然语言中最普通的方法。

### 二、逻辑和量化方法

可借助实数量化方法，将信念看作概率空间，并根据关于效用函数的偏好实现，而量化方法则可以借用关系来实现。信念通常可以通过不可区分关系（等价的，信息划分），或者或然序进行刻画，而偏好则可以通过总前序来刻画。假设主体能够引入概率函数，即根据整个概率的次序而建立的函数，概率方法可以使用比定性的方法更丰富的模型。在优化方法中，主体应该能够对两个情境中他认为更类似的情境进行简化，甚至允许模型中包含不可比较的状态。关于智能体有多少能力可以进行量化，概率的方法则提供了可量化的逻辑语境。此处给出了将逻辑的和量化的方法相结合的方法，提供了关于知识和信念的逻辑系统，并重新分析了动态信念逻辑。①

## 第三节 信念逻辑

可利用认知或然模型②分析信念变化，并提供关于认知和信念逻辑的严格的系统解释，包括语言、语义和公理证明系统，以及基于认知或然模型的逻辑方法。同时，本节引入了或然序的语义思想，用表达经典 AGM 理论的方法③的条件信念来处理认知修正和格鲁夫的球系统的方法。此处采用的是将知识和信念的概念内涵化为对象语言的思想和方法，并根据辛迪卡的认知程序和多主体的连续性，引入了认知或然模型和条件信念逻辑的方法。

### 一、AGM 理论和或然序

信念变化的形式理论可用于将特殊主体的信念表达为命题公式集（信念集）。根据汉松（Hansson）的理论，本部分引入信念修正的可推演的信念

① Aumann, R. J., 1976: "Agreeing to Disagree", *The Annals of Statistics*, Vol.4, No.6: pp.1236-1239.

② Baltag, A. and Smets, S., 2006: "Dynamic Belief Revision Over Multi-agent Plausibility Models". In van der Hoek, W. and Wooldridge, M. (eds), Proceedings of LOFT'06, pp. 11-24.

③ Alchourron, C. E., Gardenfors, P. and Makinson, D., 1985: "On the Logic of Theory Change: Partial Meet Functions for Contraction and Revision", *Journal of Symbolic Logic*, Vol.50: pp.510-530.

之间的不可区分关系，并假设信念集在某些逻辑后承下的良行动运算下是封闭的。[①]

信念语境中的修正运算，由命题公式（主体的初始信念）的封闭集的序对组成，并且将命题公式转换为一个新的命题公式的封闭集（修正之后的新信念）。AGM 理论中引入了假设集，用于刻画修正推理运算，并发展了信念变化的模态逻辑。格鲁夫的理论[②]主要是建立在刘易斯的理论[③]基础之上的，并根据球系统重新刻画了 AGM 理论的假设。此处引入了显性的形式系统和一些非形式的表达理论。

令世界的状态为指定情境的状态，即关于所有信念的事实，并将球定义为关于世界的状态集。给定一个命题公式 $P$，令 $||P||$ 为 $P$ 成立的状态集。球系统所关注的 $X$ 状态集为由所有球组成的集簇，且：

(1)相对于包含运算，每两个集合都是可比较的；

(2)相对于包含运算，$X$ 是该集合中最小的元素；

(3)该集合包含世界的所有可能的状态集，且对命题语言中的每一个语句 $P$，存在一个最小的球 $S_P \cap ||P||$。

格鲁夫证明了下面的结果：

**定理 6.1** 下面的条件是等价的：

(1) $*$ 是满足 AGM 理论假设的修正运算。

(2)对每一个信念集 $K$，存在一个基于状态集且满足 $K$ 的球系统，使得对所有的命题公式 $P$，$\varphi \in K * P$，当且仅当 $\varphi$ 在 $S_P \cap ||P||$ 的交集中的所有状态上成立。

据此，上面的表达式等价于存在基于世界状态的总前序，使得每一个（命题可定义的）非空子集都具有最小元素。这种处理信念和条件信念的方法，事实上就是在模态逻辑语境中引入信念模型和知识模型。

## 二、认知模型和逻辑

在传统的 AGM 基础理论和辛迪卡（Hintikka，1962）[④]所采用的重要的哲学思想的基础上，本部分引入了形式模型，将知识和信念作为对象语言，

---

① Hansson, S.O., 1996: "Knowledge-level Analysis of Belief Base Operations", *Artificial Intelligence*, Vol.82, No.1-2 (April): pp. 215-235.

② Grove, A., 1988: "Two Modellings for Theory Change", *Journal of Philosophical Logic*, Vol.17, No.2: pp.157-170.

③ Lewis, D.K., 1973: *Counterfactuals*, Oxford: Blackwell Publishing.



④ Hintikka, J., 1962: *Knowledge and Belief*, Ithaca, NY: Cornell University Press.

并引入一致性和等价关系等重要的概念。

认知模型可简洁地表达主体已经有的关于世界(主体自己知道的,或者"一阶信息")的信息,以及通过其他主体(他们所知道的关于其他主体的信息,或者"高阶信息")所拥有的信息。下面令 $Ag=\{1,2,\cdots,N\}$ 为确定的有穷的主体集。

**定义 6.1(认知模型)**　已知基于主体集 $Ag$ 的认知模型 $\mathcal{M}=(W,(\sim_i)_{i\in Ag},V)$,其中 $W\neq\varnothing$,对于每一个 $i\in Ag$,$\sim_i$ 为基于 $W$ 的二元等价关系,且 $V$:Prop$\rightarrow\mathcal{P}(W)$。

记 $|\mathcal{M}\vDash W$,指模型 $\mathcal{M}$ 的定义域,序对 $(\mathcal{M},w)$ 和 $w\in|\mathcal{M}|$ 为点模型,认知或然框架 $F$ 为认知或然模型且省略了赋值 $V$。

直觉上,$\sim_i$ 表示 $i$ 的不确定性。如果 $s\sim_i t$,那么如果现实世界是 $s$,那么 $i$ 将认为该世界事实上可能是 $t$。$\mathcal{K}_i[w]:=\{v\in W\mid w\sim_i v\}$ 表示主体 $i$ 是基于 $w$ 的信息变量。该认知语言可定义如下:

**定义 6.2(认知语言)**　认知语言($\mathcal{L}_{\mathrm{EL}}$)可定义如下:

$$\varphi::=p\mid\neg\varphi\mid\varphi\wedge\psi\mid K_i\varphi$$

其中 $i\in Ag$,且 $p$ 为基于命题字母 Prop 的可数集。

该语言的命题部分是标准的,用 $\bot$ 表示 $p\wedge\neg p$,且用 $\top$ 表示 $\neg\bot$。公式 $K_i\varphi$ 可读作"$i$ 知道 $\varphi$"。令 $\langle i\rangle\varphi$ 或 $\hat{K}_i\varphi$ 表示 $\neg K_i\neg\varphi$。$\mathcal{L}_{\mathrm{EL}}$ 在认知模型中可解释如下:

**定义 6.3(真值定义)**

(1) $(\mathcal{M},w)\vDash p$,当且仅当 $w\in V(p)$;

(2) $(\mathcal{M},w)\vDash\neg\varphi$,当且仅当 $(\mathcal{M},w)\nvDash\varphi$;

(3) $(\mathcal{M},w)\vDash\varphi\wedge\psi$,当且仅当 $(\mathcal{M},w)\vDash\varphi$,且 $(\mathcal{M},w)\vDash\psi$;

(4) $(\mathcal{M},w)\vDash K_i\varphi$,当且仅当对所有的 $v$,使 $w\sim_i v$,有 $(\mathcal{M},v)\vDash\varphi$。

定义 6.3 中的(4)是关于知识 $K_i$ 的定义:如果 $K_i\varphi$ 在主体 $i$ 认为是可能的所有状态上都是真的,那么主体 $i$ 将知道该公式。①

**公理系统**　$\mathcal{L}_{\mathrm{EL}}$ 的公式集在所有的认知模型类上是有效的,可公理化如下:

PL　　　$\vdash\varphi$,对所有的命题重言式 $\varphi$;

---

① Fagin, R., Halpern, J. Y., Moses, Y., et al, 1995: *Reasoning about Knowledge*, Cambridge, MA: The MIT Press, pp.2 and 179.

$(KK_i)$ $\vdash K_i(\varphi\rightarrow\psi)\rightarrow(K_i\varphi\rightarrow K_i\psi)$;

$(\top K_i)$ $\vdash K_i\varphi\rightarrow\varphi$;

$(4K_i)$ $\vdash K_i\varphi\rightarrow K_iK_i\varphi$;

$(5K_i)$ $\vdash \langle i\rangle\varphi\rightarrow K_i\langle i\rangle\varphi$;

Nec 如果 $\vdash\varphi$,那么 $\vdash K_i\varphi$;

MP 如果 $\vdash\varphi\rightarrow\psi$ 并且 $\vdash\varphi$,那么 $\vdash\psi$。

$(4K_i)$和$(5K_i)$分别为正内省和负内省公理。基于关系结构,它们分别刻画了传递性和欧性的不确定关系。

下面是模态逻辑中的基本规则,布莱克本(Blackburn)等在其著作第四章中有关于历史的和形式的详细论述。[①]

**定理 6.2** 认知语言相对于认知模型类是强完全的。

更加丰富的语言应该包括类似于公共知识的群认知概念的模态运算。

**定义 6.4(多主体认知语言)** 多主体认知语言($\mathcal{L}_{\text{MEL}}$)可定义如下:

$$\varphi ::= p\mid\neg\varphi\mid\varphi\wedge\psi\mid K_i\varphi\mid E_G\varphi\mid D_G\mid C_G\varphi$$

其中 $i\in Ag$,$p$ 为基于命题字母集 Prop 的可数集,且 $G\subseteq Ag$,$G\neq\varnothing$。

公式 $E_G\varphi$ 可读作"在群 $G$ 中的每一个主体都知道 $\varphi$",$D_G\varphi$ 可读作"在群 $G$ 中的 $\varphi$ 是分布知识",$C_G\varphi$ 可读作"在群 $G$ 中的 $\varphi$ 是公共知识"。为了解释该语言,可使用下面的概念。

**定义 6.5** 对每一个 $G\subseteq I$,令 $\sim_G^*$ 为 $\bigcup_{i\in G}\sim_i$ 的自返传递闭包。令 $[w]_G^*=\{w'\in W\mid w\sim_G^* w'\}$。

这些公式可以在认知模型中解释如下:

**定义 6.6(真值定义)**

(1)$(\mathcal{M},w)\models E_G\varphi$,当且仅当$\forall v$,$\forall i\in G$,如果 $w\sim_i v$,那么$(\mathcal{M},v)\models\varphi$;

(2)$(\mathcal{M},w)\models D_G\varphi$,当且仅当$\forall v$,如果$(w,v)\in\bigcap_{i\in G}\sim_i$,则$(\mathcal{M},v)\models\varphi$;

(3)$(\mathcal{M},w)\models C_G\varphi$,当且仅当$\forall v$,如果 $w\sim_G^* v$,那么$(\mathcal{M},v)\models\varphi$。

**公理系统** $\mathcal{L}_{\text{MEL}}$的公式集在所有的认知模型类上是有效的,可公理化如下:

$E_G$ $\vdash E_G\varphi\leftrightarrow\bigwedge_{i\in G}K_i\varphi$;

$D_{\{i\}}$ $\vdash D_{\{i\}}\varphi\rightarrow K_i\varphi$;

$K_i/D_G$ $\vdash(\bigvee_{i\in G}K_i\varphi)\rightarrow D_G\varphi$;

---

① Blackburn, P., Rijke, M. D., and Venema, Y., 2001: *Modal Logic (Cambridge Tracts in Theoretical Computer Science)*, Cambridge: Cambridge University Press.

$\mathrm{Nec}D_G$　　如果 $\vdash\varphi$，那么 $\vdash D_G\varphi$；

$(KD_G)$　　$\vdash D_G(\varphi\to\psi)\to(D_G\varphi\to D_G\psi)$；

$(\top D_G)$　　$\vdash D_G\varphi\to\varphi$；

$(4D_G)$　　$\vdash D_G\varphi\to D_GD_G\varphi$；

$(5D_G)$　　$\vdash\neg D_G\varphi\to D_G\neg D_G\varphi$；

$C_GFP$　　$\vdash C_G\varphi\to E_G(\varphi\wedge C_G\varphi)$；

$C_GIR$　　如果 $\vdash\varphi\to E_G(\varphi\wedge\psi)$，那么 $\vdash\varphi\to C_G\psi$。

**定理 6.3**　多主体认知语言相对于认知模型类是弱完全的。

## 三、认知或然模型和信念逻辑

在认知或然模型中，主体的知识（信息）不仅可以通过不确定关系集 $\sim_i$ 来刻画，也可以用或然关系的世界集之间的前序 $\leqslant_i$ 集和主体当前的优先（条件）信念进行刻画。

**定义 6.7**（认知或然模型）　已知认知或然模型 $\mathcal{M}=\langle W,(\leqslant_i)_{i\in Ag},V\rangle$，其中 $W\neq\varnothing$，对每一个 $i\in Ag$，$\leqslant_i$ 为基于 $W$ 的前序，$\sim_i$ 为基于 $W$ 的二元等价关系，且 $V:\mathrm{Prop}\to\mathcal{P}(W)$。

关系 $w\leqslant_i w'$ 意味着主体 $i$ 认为至少 $w$ 和 $w'$ 一样相似。直觉上，该或然前序可根据主体的优先信念刻画。

或然关系为全称关系，当研究多准则决策信念时，前序可以表示不可比较的情境。[①] 这样就可以研究全称的和任意的前序。如果 $a\leqslant b$，且 $b\leqslant a$，则记为 $a\simeq b$（无差异）；如果 $a<b$，且 $b\nleqslant a$，则记作 $a<b$。

主体 $i$ 在 $w$ 上的信念可解释为主体 $i$ 在 $w$ 上的信息划分中的最小状态。换言之，关于主体 $i$ 的信念算子将必然为关于主体 $i$ 的信息划分的最或然状态（即 $\leqslant_i$ 的最小元素）。为了确保这样的最小元素存在，假设认知或然模型满足局部良基或者一个更强的约束良基。

**定义 6.8**（局部良基）　假设一个或然前序满足：

**局部良基**　对所有的 $w\in W$，所有的 $i\in Ag$，且对所有的 $X$，使得 $\varnothing\subset X\subseteq\mathcal{K}[w]$，$X$ 具有 $\leqslant_i$ 的最小元素。

---

① Eliaz, K. and Ok, Efe A., 2006: "Indifference or Indecisiveness? Choice-theoretic Foundations of Incomplete Preferences", *Games and Economic Behavior*, Vol.56, No.1 (July): pp.61-86.

**良基** 对所有的 $X$，使得 $\varnothing \subset X \subseteq W$，且对所有的 $i \in Ag$，$X$ 具有 $\leqslant_i$ 的最小元素。

如果每一个或然前序都有对应的性质，则 $\mathcal{M}$ 满足（局部的）良基。

**定义 6.9**（（优先的/后验的）最或然元素）

对所有的 $X \subseteq W$，令 $\beta_i(X) = \min_{\leqslant i}(X) = \{w : w$ 是 $X$ 中 $\leqslant_i$ 的最小元素$\}$。

对所有的 $w \in W$，令 $\mathcal{B}_i[w] = \beta_i(\mathcal{K}_i[w])$。

$w \rhd_i^B v$，当且仅当 $v \in \mathcal{B}_i[w]$，且 $w \rightarrow_i^X v$，当且仅当 $v \in \beta_i(\mathcal{K}_i[w] \cap X)$。

直觉上，$\beta_i(X)$ 为一个集合中优先的最或然元素，不考虑信息划分。$\mathcal{B}_i[w]$ 给定了主体 $i$ 认为他在 $w$ 上所拥有的信息的最或然的条件状态，即基于 $\mathcal{K}_i[w]$ 的条件。关系 $w \rightarrow_i^X v$ 将 $w$ 映射到主体 $i$ 认为基于他在 $w$ 上所拥有的信息的最或然的条件的状态和给定的子集 $X$。

认知或然模型可用于支持如下的信念-认知的自然语言：

**定义 6.10**（基础的信念-认知语言（$\mathcal{L}_{\mathrm{DOX}}$）） 该语言可定义如下：

$$\varphi ::= p \mid \neg\varphi \mid \varphi \wedge \psi \mid K_i\varphi \mid B_i^{\varphi}\psi$$

其中 $i \in Ag$，且 $p$ 为基于命题字母 Prop 的可数集。

公式 $B_i^{\varphi}\psi$ 可读作“基于条件 $\varphi$ 时，主体 $i$ 相信 $\psi$”。这些公式在认知或然模型中可解释如下：

**定义 6.11**（真值定义） 记 $||\varphi||^{\mathcal{M}}$ 表示 $\{w \in |\mathcal{M}| : (\mathcal{M}, w) \vDash \varphi\}$。当语境比较清晰时，可以省略 $\mathcal{M}$。

(1) $(\mathcal{M}, w) \vDash p$，当且仅当 $w \in V(p)$；

(2) $(\mathcal{M}, w) \vDash \neg\varphi$，当且仅当 $(\mathcal{M}, w) \nvDash \varphi$；

(3) $(\mathcal{M}, w) \vDash \varphi \wedge \psi$，当且仅当 $(\mathcal{M}, w) \vDash \varphi$ 且 $(\mathcal{M}, w) \vDash \psi$；

(4) $(\mathcal{M}, w) \vDash K_i\varphi$，当且仅当对所有的 $v$，使 $w \sim_i v$，有 $(\mathcal{M}, v) \vDash \varphi$；

(5) $(\mathcal{M}, w) \vDash B_i^{\psi}\varphi$，当且仅当对所有的 $v$，使 $w \rightarrow_i^{||\psi||^{\mathcal{M}}} v$，有 $(\mathcal{M}, v) \vDash \varphi$。

主体 $i$ 在状态 $w$ 上的信息的简化信念可用条件信念算子定义为 $B_i\varphi = B_i^{\top}\varphi$，因此 $(\mathcal{M}, w) \vDash B_i^{\top}\varphi$，当且仅当 $\forall v$，如果 $w \rhd_i^B v$，那么 $(\mathcal{M}, v) \vDash \varphi$。

可利用信念或然模型表示认知自由的认知或然模型。形式上：

**定义 6.12**（信念或然模型） 已知信念或然模型 $\mathcal{M} = \langle W, (\leqslant_i)_{i \in Ag}, V \rangle$，其中 $W \neq \varnothing$，对每一个 $i \in Ag$，$\leqslant_i$ 为基于 $W$ 的前序，且 $V$ : Prop $\rightarrow \mathcal{P}(W)$。

认知自由模型研究的或然序主要依赖于状态。不存在满足任意条件的假设和可以处理每一个多种类型的主体，如非内省的主体。

下面研究认知关系和在单一的局部或然模型序$\trianglelefteq$中的或然关系。直觉上，该状态为在状态$w$上的认知可能的状态，且$\trianglelefteq$和$w$是可比较的，而$i$在$w$上相信$\varphi$可解释为$\varphi$在$\{v \mid v \trianglelefteq w$ 或者 $w \trianglelefteq v\}$的$\trianglelefteq$最小元素中成立。可将这些模型指定为“一致的”或“局部的”或然模型。

**定义 6.13**　（一致的（或局部的）或然模型[①]）　已知一个一致的（或局部的）或然模型 $\mathcal{M}=\langle W,(\trianglelefteq_i)_{i\in Ag},V\rangle$，其中 $W\neq\varnothing$，对每一个 $i\in Ag$，$\trianglelefteq_i$是基于$W$的前序，使得对每一个状态$w$，$\trianglelefteq$基于每一个可比较类$\{v \mid v \trianglelefteq w$ 或者 $w \trianglelefteq v\}$是可连接的和良基的，且 $V$：Prop→$\mathcal{P}(W)$。

## 第四节　理性主体模型

与智能和理性互动相关的框架可用于解释理性行为和与该行为相关的不同维度的推理。博弈理论研究了互动情境类的可预测的结果类，其他的框架只涉及子模式，可单独对智能主体的某些确定的方面进行分析。模态逻辑提供了基于表达这些特殊模式的模型类的有效的推理模式。动态和时态逻辑类似于涉及智能互动的逻辑程序。

这些逻辑模型与博弈论中所使用的模型相关，在对“智能理性决策主体”间的策略互动的分析中，主要讨论的是关于信念变化的推理的模态逻辑。博弈论提供了一些有关策略互动的全部的数学模型，常用于解释主体的能力、偏好、信息和信念，并分析、理解智能主体如何进行推理，以及如何在互动语境中进行决策等问题。

## 第五节　互动的认识论

下面的模型主要是根据奥曼的相关理论以及奥斯本和鲁宾斯坦（Osborne and Rubinstein，1994）[②]引入的关于主体的信念和信息的框架等理论

---

① Board, O.,2004:“ Dynamic Interactive Epistemology”, *Games and Economic Behavior*, Vol.49(January): pp. 49-80.

② Osborne, M. J. and Rubinstein, A.,1994: *A Course in Game Theory*, Cambridge, MA: The MIT Press.

建立的。

**定义 6.14**(信息函数) 给定状态集 $\Omega$,令一个信息函数为函数 $I:\Omega\rightarrow\mathcal{P}(\Omega)$,使得:

(1)对每一个 $\omega\in\Omega,\omega\in I(\omega)$;

(2)当 $\omega'\in I(\omega)$时,$I(\omega)=I(\omega')$。

一个信息函数可真正地推出基于 $\Omega$ 的划分。

**定义 6.15**(知识和信念的奥曼概率模型) 给定一个可数的状态集 $\Omega$ 和有穷的主体集 $Ag$,关于知识和信念的概率模型为形式$\langle\Omega,(I_i),\Sigma,Ag,(\pi_i)_{i\in Ag}\rangle$,其中对每一个 $i\in Ag,I_i:\Omega\rightarrow\mathcal{P}(\Omega)$为信息函数,$\Sigma$ 为基于 $\Omega$ 的 $\sigma$ 代数,使得对所有的 $i\in Ag$ 且 $\omega\in\Omega,I_i\omega\in\Sigma$,并且 $\pi_i$ 为基于 $\Omega$ 的(先验)概率测度。

$\Sigma$ 中的元素被称为事件,可以看作是非信念的、非认知公式的语义的择代语义。直觉上,$I_i(\omega)$为 $\omega$ 上的主体 $i$ 的知识或者信息的修正。主体 $i$ 知道 $\omega$ 上的 $E$,当且仅当 $E\subseteq I_i(\omega)$。用 $\pi_i$ 表示主体 $i$ 的先验(概率)信念。主体 $i$ 在 $\omega$ 上的(概率)信念可以通过增加基于他的信息函数获得。形式上,可将主体 $i$ 的后验概率指派为状态 $\omega$ 上的事件 $E,E\in\Sigma$,且

$$\pi_i(E\mid I_i(\omega))=\frac{\pi_i(E\cap I_i(\omega))}{\pi_i(I_i(\omega))}$$

在引入知识和信念的概率模型之前,需要引入一些新概念。主体的信息(或知识)等价于一个等价关系,事实上只是一个等价的方法。在该语境中,引入了公共知识,其等价于奥曼(Aumann,1976)所使用的划分(或关系的)结构。①

令 $E$ 为事件。直觉上,$E$ 为主体 1 和主体 2 的公共知识,当且仅当主体 1 知道 $E$,主体 2 知道 $E$,主体 1 知道主体 2 知道 $E$,主体 2 知道主体 1 知道 $E$,主体 1 知道主体 2 知道主体 1 知道 $E$,等等。

**定义 6.16** 如果对主体 $i=1,2$,且对所有的 $\omega\in F,I_i(\omega)\subseteq F$,那么事件 $F\in\Sigma$ 为自明的。

**定义 6.17** 如果存在一个自明的事件 $F$ 使得 $\omega\in F\subseteq E$,那么事件 $E\in\Sigma$为主体 1 和主体 2 在 $\omega$ 上的公共知识。

**定理 6.4** 假设 $\Omega$ 是有穷的,且主体 1 和主体 2 具有相同的先验信念

① Aumann, R. J.,1976:"Agreeing to Disagree", *The Annals of Statistics*, Vol.4, No.6(November): pp.1236-1239.

（概率测度）。如果指派给主体 1 和主体 2 的事件 $E$ 为状态 $\omega$ 上这两个主体之间的公共知识，那么主体的后验信念必须是等价的。

## 第六节　信念变化逻辑

动态逻辑和时态逻辑是智能互动的语境分析中两个重要的、互补的特殊模式。

时态逻辑刻画了某些多主体系统可能的演化过程，并可用于处理主体的知识和信念的演化过程。

动态逻辑将认知事件看作一般的实体，并研究这些事件的逻辑。

### 一、动态逻辑

模型变化的动态逻辑研究了不同类型的信息事件，以及它们如何在信息和多主体的（社会的）情境中进行信念之间的转换。有两个基础的逻辑系统，即公开宣告逻辑（PAL）和动态认知逻辑（DEL），其认知模型研究了以认知事件形式出现的新信息是如何变化的。

（一）公开宣告逻辑

公开宣告逻辑涉及主体的信息（他们知道的）和高阶信息（他们知道的关于彼此的信息）。公开宣告逻辑语言（$\mathcal{L}_{PAL}$）为认知逻辑语言的扩充，并且包括形如$\langle !\varphi\rangle$的模态公式，意思是“在宣告了 $\varphi$ 之后（公开地和真正地）……”。给定认知模型 $\mathcal{M}$，令 $\mathcal{M}|\varphi$ 对应于$||\varphi||^{\mathcal{M}}=\{w\in|\mathcal{M}|\,|\,(\mathcal{M},w)\vDash\varphi\}$。公开宣告的真值条件可定义为：

**定义 6.18（公开宣告的真值条件）**　$(\mathcal{M},w)\vDash\langle !\varphi\rangle\psi$，当且仅当$(\mathcal{M},w)\vDash\varphi\wedge(\mathcal{M}|\varphi,w)\vDash\psi$。

**公理系统**　公开宣告逻辑语言的公式集在所有的认知模型类上是有效的，可通过下面的公理对认知逻辑进行扩充而获得。

$\langle !p\rangle$　　$\vdash\langle !\varphi\rangle p\leftrightarrow(\varphi\wedge p)$；

$(!\neg)$　　$\vdash\langle !\varphi\rangle\neg\psi\leftrightarrow(\varphi\wedge\neg\langle !\varphi\rangle\psi)$；

$(!\wedge)$　　$\vdash\langle !\varphi\rangle(\psi\wedge\gamma)\leftrightarrow(\langle !\varphi\rangle\psi\wedge\langle !\varphi\rangle\gamma)$；

$(!\hat{K}_i)$　　$\vdash\langle !\varphi\rangle\hat{K}_i\psi\leftrightarrow(\varphi\wedge\hat{K}_i\langle !\varphi\rangle\psi)$。

**定理 6.5**（公开宣告逻辑的可靠性①） 公开宣告逻辑相对于认知模型类是可靠的。

对公开宣告逻辑的可靠性的分析可以通过认知语言完成。公开宣告逻辑语言中的每一个公式都等价于认知逻辑语言的公式，其有效性可以通过认知逻辑的公理系统确定。

**推论 6.1** 公开宣告逻辑＋认知逻辑相对于认知模型类是强完全的。

（二）动态认知逻辑和积更新

动态认知逻辑是一般的公开宣告逻辑。② 它包括算子$\langle \alpha \rangle$，意思是"事件$\alpha$出现之后……"。该认知模型是对静态多主体情境的扩充，而认知事件模型所处理（认知的）的事件是对多主体的信息情境进行的扩充，即转换认知模型。

**定义 6.19**（事件模型） 已知一个事件模型为多元组$\varepsilon=\langle E,(\sim_i^{\varepsilon})_{i\in Ag},\mathrm{Pre}\rangle$，其中$E\neq\varnothing$为事件集，对每一个主体$i\in Ag$，$\sim_i^{\varepsilon}$为基于$E$的二元关系，$\mathrm{Pre}:E\rightarrow\mathcal{L}_{\mathrm{EL}}$为前件函数，且$\mathcal{L}_{\mathrm{EL}}$是认知语言。一个点事件模型为事件模型，且和$|\varepsilon|$是可区分的元素。

事件模型可用于处理不同的认知事件，新的认知模型所处理的新的情境是可计算的，即根据简化的一般的积更新实现。

**定义 6.20**（积更新） 认知模型的积更新是由$\mathcal{M}=(W,(\sim_i)_{i\in Ag},V)$和事件模型$\varepsilon=\langle E,(\sim_i^{\varepsilon})_{i\in Ag},\mathrm{Pre}\rangle$组成的模型$\mathcal{M}\otimes\varepsilon$，其状态为序对$(w,e)$，使得$w$满足事件$e$的前件，且其认知关系可定义为：

$(w,e)\sim_i'(w',e')$，当且仅当$e\sim_i^{\varepsilon}e'$，$w\sim_i w'$。

其真值可通过下面的方式定义：

$(w,e)\in V'(p)$，当且仅当对所有的$p\in\mathrm{Prop}$，$w\in V(p)$。

认知模型刻画了主体当前所知道的知识，而积更新则刻画了基于某些信息事件发生之后的新的认知情境。

将动态算子增加到静态认知逻辑中进行扩充，即可构建动态认知逻辑。动态认知逻辑的思想来源于哲学和计算机科学。和认知事件相匹配的算子可解释如下：

**定义 6.21**（认知行动模态的真值条件） $(\mathcal{M},w)\vDash\langle\varepsilon,e\rangle\psi$，当且仅当

---

① Baltag, A. and Moss, L.S., 2005: "Logics for Epistemic Programs", *Synthese*, Vol.139, No.2(December): pp.165-224.

② Plaza, J. A., 2007: "Logics of Public Communications", *Synthese*, Vol.158(July): pp.165-179.

$(\mathcal{M},w)\models \mathrm{Pre}_{\varepsilon}(e)\wedge(\mathcal{M}\otimes\varepsilon,(w,e))\models\psi$。

下面的公理系统是该模式的实例。每一个事件模型都对应一个模态和特殊的行动-知识($\langle\varepsilon,e\rangle K_i$)公理。

| | |
|---|---|
| PL | $\vdash\varphi$,对所有的命题重言式 $\varphi$; |
| Nec | 如果 $\vdash\varphi$,那么 $\vdash K_i\varphi$; |
| ($\langle\varepsilon,e\rangle p$) | $\vdash\langle\varepsilon,e\rangle p\leftrightarrow(\mathrm{Pre}_{\varepsilon}(e)\wedge p)$; |
| ($\langle\varepsilon,e\rangle\neg$) | $\vdash\langle\varepsilon,e\rangle\neg\psi\leftrightarrow(\mathrm{Pre}_{\varepsilon}(e)\wedge\neg\langle\varepsilon,e\rangle\psi)$; |
| ($\langle\varepsilon,e\rangle\wedge$) | $\vdash\langle\varepsilon,e\rangle(\psi\wedge\gamma)\leftrightarrow(\langle\varepsilon,e\rangle\psi\wedge\langle\varepsilon,e\rangle\gamma)$; |
| ($\langle\varepsilon,e\rangle\hat{K}_i$) | $\vdash\langle\varepsilon,e\rangle\hat{K}_i\psi\leftrightarrow(\mathrm{Pre}_{\varepsilon}(e)\wedge\hat{K}_i\bigvee_{f:e\sim_i^{\varepsilon}f}\langle\varepsilon,f\rangle\psi)$。 |

**定理** 6.6(动态认知逻辑的可靠性①)　动态认知逻辑相对于认知模型类是可靠的。

其推理类似于公开宣告逻辑,完全性可通过如下方式给出:

**推论** 6.2　动态认知逻辑+认知逻辑相对于认知模型类是强完全的。

动态认知逻辑处理的是强信息,即可以改变主体的信息,并且排除了不确定的信息。动态认知逻辑可以扩充为基于认知或然模型的信念变化的情况。目前已出现用于刻画信念变化的动态逻辑。由事件类型引起的变化不仅包括不确定的关系,也包括或然序。下面引入动态信念逻辑(DDL),并借助优先序更新算子,引入信念时态逻辑。

## 二、时态逻辑

时态逻辑可以分成两类,即主体的时态逻辑和认知时态逻辑。多主体系统的逻辑重点关注主体能够获得的或者主体知道的信息。

(一)主体的时态逻辑

时态逻辑研究的模型刻画了主体或者主体群的行为,以及通过该行为所得到的结果。该逻辑建立在时态逻辑的基础之上,且在计算机科学和哲学领域中得到了发展,其中以单个主体的逻辑最为显著,而组合主体为合并

---

① Baltag, A. , Moss, L.S. and Solecki, S., 1998: "The Logic of Common Knowledge, Public Announcements, and Private Suspicions". In Gilboa, I. (ed), Proceedings of the 7th Conference on Theoretical Aspects of Rationality and Knowledge (TARK 98), pp.43-56.

逻辑[①]、交互-时态逻辑[②]和博弈逻辑[③]。模型为一般的时态树(temporal tree)或者森林(forest),以及某些函数或者关系来处理主体的行为,或者某些建立在邻域语义上加标的传递系统的变种,可以展开为时态树或者森林。

(二)认知时态逻辑

认知时态逻辑重点研究的是主体的知识和基于演变的不同的协议。这些逻辑最常用的解释是认知时态森林和可解释的系统。第一种方法将不确定性关系看作初始元素,而第二种方法将主体的内部状态看作结构的初始元素。自然的认知时态语言中的公式在一个点认知时态模型中是可满足的,当且仅当其在可解释的系统中是可满足的。

借鉴帕里克和拉马努加姆(Parikh and Ramanujam,2003)[④]等的理论,下面引入认知时态模型。其中,$\Sigma^*$为基于任意$\Sigma$集的有穷序列,其自然的形式表现为分支"树"。

**定义 6.22(认知时态模型)** 已知一个认知时态模型("ETL 模型")$\mathcal{H}$为多元组$\langle \Sigma, H, (\sim_i)_{i\in Ag}, V\rangle$,其中$\Sigma$为有穷的事件集,且$H\subseteq\Sigma^*$在非空前缀下是封闭的。对每一个$i\in Ag$,$\sim_i$为基于$H$的二元关系,并且存在一个赋值$V:\mathrm{Prop}\rightarrow\mathcal{P}(H)$。

其中历史集函数$H$为一个协议,定义为多主体信息处理的可接受的轨迹。主体$i$在$h$上的信息可以通过$\mathcal{K}_i[h]=\{h'\in H\mid h\sim_i h'\}$来刻画。

下面将考虑允许$\omega$序列的认知时态模型。形式上,$\omega$认知时态模型为认知时态模型的扩充,其中历史集$H$为$\Sigma^*\cup\Sigma^\omega$的子集。认知时态模型的特殊情况由初始状态集$W$和$H\subseteq W\bigcirc(\Sigma^*)$表达,其中$\bigcirc$表示合取。可借鉴这样的模型作为$W$认知时态模型。$\omega$-$W$认知时态模型为$H\subseteq W\bigcirc(\Sigma^*\cup\Sigma^\omega)$。$W$认知时态模型的情况可使用下面的记法表示:

**定义 6.23(与状态 $w$ 相关的序列包)** 对$s\in W$,令$P:s\mapsto(\{s\}\bigcirc(\Sigma^*\cup\Sigma^\omega))\cap H$。直觉上,$P(s)$为一个协议,或者与$s$相关的事件序列包。可将认知时态逻辑的部分模型$\langle W,\Sigma,H\rangle$看作基于该模型的协议。

---

① Pauly, M.,2002:"A Modal Logic for Coalitional Power in Games",*Journal of Logic and Computation*, Vol.12,No.1(February):pp.149-166.

② Alur, R. , Henzinger, T. A. and Kupferman, O., 1997:"Alternating-Time Temporal Logic", *Foundations of Computer Science*, Vol.49,No.5(November):pp.100-109.

③ Pauly, M. and Parikh,R.,2003:"Game Logic — An Overview", *Studia Logica*, Vol.75, No.2 (November) :pp.165-182.

④ Parikh,R. and Ramanujam, R., 2003:"A Knowledge Based Semantics of Messages", *Journal of Logic, Language and Information*, Vol.12,No.4 (September): pp.453-467.

信念时态逻辑是对基于时间的信念变化分析进行的扩充。

## 第七节　语言的表达力

下面将介绍混合语言和布尔模态逻辑，其中混合语言为基本的模态语言和一阶全语言间的媒介语言，与模态逻辑相关的涉及表达力的问题指的是可定义性和不变性问题。

### 一、模型的可定义性和不变性

相对于可定义性的模态语言，首先，具有不可区分的状态(点模型)的两个给定的关系模型间是不可区分的，如不可区分的点模型；其次，要看该语言是否能够定义一个有用的框架类。

### 二、不可区分的点模型

给定一个模态语言和等价的语境，其和点模型具有同样的表达力。等价问题是指在该特殊的语言中是否存在公式 $\varphi$，使得$(\mathcal{M},w)\vDash\varphi$，当且仅当$(\mathcal{M},w)$具有某些有用的性质。借助该语言，可以推出一些刻画结果，以建立关于可定义性和不变性的标准。

下面将引入基于点模型的相关运算和关系。

**背景知识**　令 $\varphi(x)$为一阶逻辑的公式，其对应的语言至多只有一个自由变元。$\varphi(x)$在互模拟下是不变的，当且仅当 $\varphi(x)$等价于模态公式的标准转换公式。同时，$\varphi(x)$在生成的子模型下是不变的，当且仅当 $\varphi(x)$等价于公式$\mathcal{L}(Ag,\downarrow,@,x)$的标准转换公式。

首先引入某些模型间的关系。令 $\tau$ 为类似于类型的有穷模型，且只有二元关系。令 $\mathcal{M}=\langle W,(R_k)_{k\in\tau},V\rangle$且 $\mathcal{M}'=\langle W',(R'_k)_{k\in\tau},V'\rangle$为类似的类型 $\tau$ 的模型。

**定义 6.24(互模拟)**　$\mathcal{M}$ 和 $\mathcal{M}'$之间的互模拟为非空的二元关系 $Z\subset(W\times W')$，且满足下面的条件：

(1) 原子协调：对每一个 $p\in\text{Prop}$，$wZw'$ 蕴涵 $w\in V(p)$，当且仅当$w'\in V'(p)$。

(2) 向前：$\forall k\in\tau$，如果 $wZw'$ 且 $wR_kv$，那么$\exists v'\in W'$，使得 $w'R'_kv'$ 且 $vZv'$。

(3)向后：$\forall k \in \tau$，如果 $wZw'$ 且 $w'R_k v'$，那么 $\exists v \in W$，使得 $wR_k v$ 且 $vZv'$。

关于关系的交(分别地，逆)的$\cap$互模拟(分别地，逆模拟)要求向后和向前也成立。$\mathcal{H}$互模拟将原子协调扩充为名称上的协调。$\top$互模拟($\mathcal{H}$(@)互模拟)是全称的互模拟(分别地，全称的$\mathcal{H}$互模拟)。$\mathcal{H}(E)$互模拟是匹配状态"用同一名称"的$\mathcal{H}$互模拟。现在定义有界态射、生成子框架和不相交的并。

定义6.25(有界态射)　$f:W \to W'$为从$\mathcal{M}$到$\mathcal{M}'$的有界态射，当且仅当

(1)原子协调：对每一个 $p \in \mathrm{Prop}$，$w \in V(p)$，当且仅当 $f(w) \in V'(p)$；

(2)$R$ 同态：$\forall k \in \tau$，如果 $wR_k v$，那么 $f(w)R'f(v)$；

(3)向后：$\forall k \in \tau$，如果 $f(w)R'_k v'$，那么 $\exists v \in W$，使得 $f(v)=v'$，且 $wR_k v$。

定义6.26(生成子模型)　称$\mathcal{M}'$为$\mathcal{M}$的生成子模型(GSM)，当且仅当 $W' \subseteq W$，$\forall k \in \tau$，$R'_k = R_k \cap (W' \times W)$，$\forall p \in \mathrm{Prop}$，$V'(p)=V(p) \cap (W' \times W')$，且如果 $w \in W'$，$wR_k v$，那么 $v \in W'$。

定义6.27($Ag$ 生成子模型)　给定认知或然模型 $\mathcal{M}=\langle W,(\leqslant_i)_{i \in Ag},V\rangle$，且 $A \subseteq W$。$\mathcal{M}$的子模型可以根据$Ag$生成(或者$Ag$生成子模型)，可记为 $\mathcal{M}^{Ag}$，定义如下：

$$\mathcal{M}^{Ag}=\langle W^{Ag},(\leqslant_i^{Ag})_{i \in Ag},(\sim_i^{Ag})_{i \in Ag},V^{Ag}\rangle$$

其中：$W^{Ag}=W \cap Ag$；

对每一个 $i \in Ag$，$\leqslant_i^{Ag}=\leqslant_i \cap (W^{Ag} \times W^{Ag})$；

对每一个 $i \in Ag$，$\sim_i^{Ag}=\sim_i \cap (W^{Ag} \times W^{Ag})$；

对每一个 $v \in W^{Ag}$，$v \in V^{Ag}(p)$，当且仅当 $v \in V(p)$。

当 $M' \in \mathrm{Sub}(\mathcal{M})$时，记 $\mathrm{Sub}(\mathcal{M})=\{\mathcal{M}'$为$\mathcal{M}$的$Ag$生成子模型$\mid Ag \subseteq |\mathcal{M}|\}$且 $\mathcal{M}' \subseteq \mathcal{M}$。

定义6.28(不相交的并)　令$(\mathcal{M}_j)_{j \in J}$为具有不相交的定义域的模型集。定义不相交的并为$\biguplus_j \mathcal{M}_j=\langle W,R,V\rangle$为其定义域和关系的并，对每一个 $p \in \mathrm{Prop}$，定义 $V(p):=\bigcup_j V_j(p)$。

定义6.29(不变性)　点模型性$\Phi(X,y)$为在$\lambda$互模拟下的不变性，当且仅当在$\mathcal{M}$和$\mathcal{M}'$中存在一个$\lambda$互模拟$Z$，使得$(w,w') \in Z$，那么$\Phi(\mathcal{M},w')$成立，当且仅当$\Phi(\mathcal{M}',w')$成立。关于其他运算的不变性，可进

行类似的定义。

**框架类**　下面首先定义基于框架类的公式是有效的。

**定义 6.30**(基于框架类的公式的有效性)　称一个公式 $\varphi$ 在基于框架类 $\mathcal{F}$ 上是有效的，当且仅当对所有的框架 $F\in\mathcal{F}$，和基于 $F$ 的任意模型 $\mathcal{M}$，在Dom($F$)中，在所有状态 $w$ 上，$(\mathcal{M},w)\vDash\varphi$，记 $\mathcal{F}\vDash\varphi$。

通过定义框架类 $F$，可发现公式 $\varphi$，使得对每一个框架 $F$，有 $F\vDash\varphi$，当且仅当 $F\in\mathcal{F}$。

**定义 6.31**(互模拟系统)　从框架 $F$ 至框架 $F'$ 的互模拟系统为函数 $Z$：$\mathcal{P}(W')\rightarrow\mathcal{P}(W\times W')$，指派给每一个 $Y\subseteq W'$ 一个全称互模拟 $Z(Y)\subseteq(W\times W')$，使得对每一个 $y\in Y$：

(1)正好存在一个 $w\in W$，使得$(w,y)\in Y$；

(2)如果$(w,y)$，$(w,w')\in Z(Y)$，那么 $w'=y$。

此处提供了两种扩充基本的模态语言的自然的方法。第一种为混合语言，第二种为包括初始关系、关系的并、关系的交及其结构的语言。

## 三、混合语言

模态语言可以通过增加一个新的命题字母的方式：名称($i,j,k,\cdots$)，主要用于表示状态的名字，以实现对模态语言的扩充。采用这种方法，可通过赋值函数将一个名称指派给定义域($V$:NOM$\rightarrow\mathcal{P}(W)$)中的世界，且对所有的 $i\in$NOM，$|V(i)|=1$。另外，增加可满足算子 $@_i$，$@_j$，$\cdots$，用 $@_i\varphi$ 表示“在以 $i$ 命名的状态上 $\varphi$ 成立”。给定语言 $\mathcal{L}_{XYZ}(\tau)$，并将 $\mathcal{H}_{XYZ}(@,\tau)$作为混合语言的扩充。另外，可以用状态变元($x,y,z,\cdots$)、约束者($\downarrow x.$，$\downarrow y.$)和约束状态变元表示当前的状态。在点模型上对公式进行解释，用指派函数 $g$:SVAR$\rightarrow W$ 将状态变元指派给一个状态(定义域中的元素)。$\downarrow x.\varphi$ 的意思为“约束(解释)$x$ 应该是当前的状态，在当前的状态上 $\varphi$ 成立”。状态变元 $@_x$，$@_y$，$@_z$，$\cdots$为可满足算子。给定语言 $\mathcal{L}_{XYZ}(\tau)$，用 $\mathcal{H}_{XYZ}(@,\downarrow,\tau)$(分别地，$\mathcal{H}_{XYZ}(\downarrow,\tau)$)表示利用约束者、状态变元、可满足算子进行的混合扩充。

**定义 6.32**(具有约束者和满足算子的混合认知语言)　认知语言 $\mathcal{H}_{EL}(@,\downarrow,\tau)$可定义如下：

$$\varphi::=p\,|\,i\,|\,x\,|\,@_i\varphi\,|\,@_x\varphi\,|\downarrow x.\varphi\,|\neg\varphi\,|\,\varphi\wedge\psi\,|\,K_j\varphi$$

其中 $j\in Ag$，$p$ 属于可数的命题字母集 Prop，$i$ 属于可数的名称集 NOM，$x$

属于可数的状态变元集 SVAR。

$\mathcal{H}_{\mathrm{EL}}(@,\downarrow,\tau)$在基于认知模型和指派 $g$:SVAR→$W$ 上可解释如下：

**定义 6.33(真值定义)**

(1)$(\mathcal{M},w,g)\vDash p$,当且仅当 $w\in V(p)$;

(2)$(\mathcal{M},w,g)\vDash i$,当且仅当 $w\in V(i)$;

(3)$(\mathcal{M},w,g)\vDash x$,当且仅当 $w\in V(x)$;

(4)$(\mathcal{M},w,g)\vDash \downarrow x.\varphi$,当且仅当$(\mathcal{M},w,g[g(x):=x])\vDash\varphi$;

(5)$(\mathcal{M},w,g)\vDash @_i\varphi$,当且仅当$(\mathcal{M},v,g)\vDash\varphi$,其中 $v\in V(i)$;

(6)$(\mathcal{M},w,g)\vDash @_x\varphi$,当且仅当$(\mathcal{M},g(x),g)\vDash\varphi$;

(7)$(\mathcal{M},w,g)\vDash\neg\varphi$,当且仅当$(\mathcal{M},w)\vDash\varphi$;

(8)$(\mathcal{M},w,g)\vDash\varphi\wedge\psi$,当且仅当$(\mathcal{M},w)\vDash\varphi$ 且$(\mathcal{M},w)\vDash\psi$;

(9)$(\mathcal{M},w,g)\vDash K_i\varphi$,当且仅当对所有的 $v$,使得 $w\sim_i v$,有$(\mathcal{M},w,g)\vDash\varphi$。

## 本章小结

本章重点关注的是智能主体背景下的信息流和动态信念理论。我们的目标是对智能互动中的信念变化和推理过程给出一个统一的逻辑视角。此外,我们希望使用生成的框架将交互推理(交互认知)、归纳推理(形式学习理论)和决策推理(博弈论)联系起来。运用逻辑的方法,就可以提供一个所有这些不同方法所共有的推理模式。为此,就需要确定正确的语言来定义关键概念并进行相关推理。在此,需要在结构和句法层面上建立信念变化的动态逻辑和信念时间逻辑之间的联系,也可以扩展到非逻辑的层面,甚至可以采用定量的方法进行刻画。

# 第七章　刻画信念变化的逻辑

信念修正理论主要涉及信念修正的 AGM 理论、动态信念逻辑、公开宣告逻辑、弱动态认知逻辑、条件信念逻辑和分支-时间的信念修正逻辑等。

## 第一节　信念修正的 AGM 理论

在处理信念修正的 AGM 理论时，常用的方法是将信念模型语言解释为由语言 $\mathcal{L}$ 的命题公式集组成。其定义如下：

**定义 7.1**　令语言 $\mathcal{L}$ 为由给定的可数的原子语句集中的命题语言组成的公式集，可通过以下的形式定义：

$$\varphi ::= p \mid \neg\varphi \mid \varphi \wedge \psi$$

**定义 7.2**　对子集 $Th \subseteq \mathcal{L}$，用 $[Th]$ 表示 $Th$ 是演绎封闭的。公式的演绎封闭集称为定理集。令 $\perp$ 表示不一致的定理。

信念修正所构建的新的公式集（新的定理）是通过增加一个定理或者一个公式的运算而获得的。如果初始的信念可以通过演绎封闭的公式集表达，且新的信息为语言 $\mathcal{L}$ 中的一个公式，那么就可构建一个演绎封闭的语句集。该运算称为修正，且满足信念修正的 AGM 理论中的八个理性的基本条件。定义 7.3 中提供了这些修正的基本条件，存在两个相关的运算，即扩充和收缩。信念收缩也可以根据定义 7.4 中所给的 AGM 理论中的基本条件来确定。形式上，信念扩张可以定义如下：扩张 $[Th]+\varphi$ 为 $[Th]$ 中的定理，且公式 $\varphi$ 可以通过 $[Th]+\varphi=\{\psi \mid [Th]\cup\{\varphi\}\models\psi\}$ 的方式给出。

**定义 7.3**　假设 $\top$ 为所有的定理集。信念修正算子 $*$ 是从 $\top\times\mathcal{L}$ 到 $\top$ $(*:\top\times\mathcal{L}\rightarrow\top)$ 的映射，且满足以下八个基本条件：

(∗1.类型)　　　　$[Th]*\varphi$ 是一个定理

(∗2.连续)　　　　$\varphi\in[Th]*\varphi$

(∗3～4.上确界和下确界)　如果$\neg\varphi\notin[Th]$,那么$[Th]*\varphi=[Th]+\varphi$

(∗5.平凡性)　$[Th]*\varphi=\perp$,当且仅当$\vdash\neg\varphi$

(∗6.外延性)　如果$\vdash\varphi\leftrightarrow\psi$,那么$\vdash[Th]*\varphi=[Th]*\psi$

(∗7～8 迭代∗3～4)　如果$\neg\psi\notin[Th]*\varphi$,那么$[Th]*(\varphi\wedge\psi)=([Th]*\varphi)+\psi$

基本条件(∗1.类型)确保修正是一个定理(修正的信念集是演绎封闭的)。基本条件(∗2.连续)说的是用$\varphi$进行连续修正之后,相信$\varphi$(相信信息)。基本条件(∗3～4.上确界和下确界)表达的是最小的修正:如果$\varphi$和定理一致,那么用$\varphi$进行修正和用$\varphi$进行扩张是相同的。基本条件(∗5.平凡性)确保只有一个新的不一致的信息可以生成一个不一致的定理。基本条件(∗6.外延性)说的是如果两个公式是命题等价的,那么用这两个公式中的一个公式进行修正的结果等同于用另一个公式进行修正的结果。基本条件(∗7～8 迭代∗3～4)概括了在迭代修正情况下的基本条件(∗3～4.上确界和下确界)。它说的是如果用$\psi$和$\varphi$进行修正的结果是一致的,那么用$\varphi\wedge\psi$进行修正的结果和先用$\varphi$进行修正,再用$\psi$进行扩张的结果是相同的。

**定义 7.4**　假设$\top$为所有的定理集。收缩修正算子$\div$是从$\top\times\mathcal{L}$到$\top$($\div:\top\times\mathcal{L}\rightarrow\top$)的映射,且满足以下八个基本条件:

(÷1.类型)　$[Th]\div\varphi$是一个定理

(÷2.连续)　如果$\nvdash\varphi$,那么$[Th]\div\varphi\nvdash\varphi$

(÷3.包含)　$[Th]\div\varphi\subseteq[Th]$

(÷4.空)　如果$[Th]\nvdash\varphi$,那么$[Th]\div\varphi=[Th]$

(÷5.外延性)　如果$\vdash\varphi\leftrightarrow\psi$,那么$[Th]\div\varphi=[Th]\div\psi$

(÷6.恢复)　$[Th]\subseteq([Th]\div\varphi)+\varphi$

(÷7.合取包含)　如果$[Th]\div(\varphi\wedge\psi)\nvdash\varphi$,那么$[Th]\div\varphi\subseteq[Th]\div\varphi$

(÷8.合取重叠)　$[Th]\div\varphi\cap[Th]\div\psi\subseteq[Th]\div(\varphi\wedge\psi)$

基本条件(÷1.类型)确保收缩的结果是一个定理(收缩信念集是演绎封闭的)。基本条件(÷2.连续)说的是用$\varphi$连续进行收缩之后,$\varphi$被从定理中剔除,除非$\varphi$是一个重言式。基本条件(÷3.包含)说的是没有新的信念增加到收缩信念集中。基本条件(÷4.空)说的是如果一个定理不能推出$\varphi$,在这样的情况下,收缩不受影响。基本条件(÷5.外延性)确保如果两个公式是命题等价的,那么用这两个公式中的一个进行收缩的结果和用另一个公式进行收缩的结果是相同的。基本条件(÷6.恢复)说的是通过$\varphi$进行收缩的结果的定理和用 $\varphi$ 进行扩张的结果的定理是一个初始定理(初始定理是可恢复的)。基本条件(÷7.合取包含)说的是如果 $\varphi$ 在用 $\varphi\wedge\psi$ 进行收缩之后被剔除,为了剔除 $\varphi$,那么所有的公式都将被剔除;为了剔除 $\varphi\wedge\psi$,也必须剔除所有的公式。基本条件(÷8.合取重叠)说的是为了剔除 $\varphi$,或者为了剔除 $\psi$,可以不必剔除所有的公式;为了剔除 $\psi$,也不必剔除 $\varphi\wedge\psi$。

通过所谓的"莱维恒等式",可知扩张运算、收缩运算和修正运算是彼此相关的。根据给定的收缩算子(和扩张算子),可定义修正运算。莱维(Levi)定义的修正运算可看作扩张运算 $[Th]*p=([Th]\div\neg p)+p$ 所产生的收缩运算,这就是所谓的莱维恒等式;反之也是真的:根据修正算子,可以定义一个收缩算子。[①] 哈珀(Harper)定义的收缩运算为 $[Th]\div p=[Th]\cap([Th]*\neg p)$,也称为哈珀等式。[②]

上面的定理属于语形框架集,可对信念修正理论的语义方法进行更加深入的研究。下面将讨论信念变化的语义。

## 第二节　格鲁夫球

为信念修正理论所提供的语义方法的模型是根据所谓的格鲁夫球[③]给出的。格鲁夫(Grove)采用了刘易斯(Lewis)常用来模拟反事实条件的球形系统。[④] 语义上,主体的信念状态常用由集合组成的集合族所表示的球来构建模型。该种类型的模型是根据可能世界集构建的,并将命题定义为可能世界集。可将主体相信的命题(由他的信念集组成)构建成一个中心球,并被同心球包围,每一个球都表示同中心球相类似的度。该种类型的模型是主体接收到一条新的信息后可能会有若干种方法来修正他的信念集。主体的信念状态不仅包含事实的信念集,也包括主体的信念变化。

下面用图 7.1 来说明刘易斯-格鲁夫(Lewis-Grove)的球包。该球系统可以刻画主体真实的信念状态,使得中心球和他的信念集一一对应。用点

① Levi, I., 1977: "Subjunctives, Dispositions and Chances", *Synthese*, Vol. 34, No. 4 (April): pp.423-455.

② Harper, W.L., 1975: "Rational Conceptual Change", In Proceedings of the Meeting of the Philosophy of Scienee Association, pp. 462-494.

③ Grove, A., 1988: "Two Modellings for Theory Change", *Journal of Philosophical Logic*, Vol.17, No.4: pp.157-170.

④ Lewis, D.K., 1973: *Counterfactuals*, Oxford: Blackwell Publishing.

表示状态(或可能世界)。在状态 $s$ 和状态 $w$ 上,公式 $\varphi$ 是可满足的。中心球中的可能世界状态有 $s$ 和 $v$。此时,主体认为 $\varphi$ 是可能的(他不相信 $\varphi$,也不相信 $\neg\varphi$)。

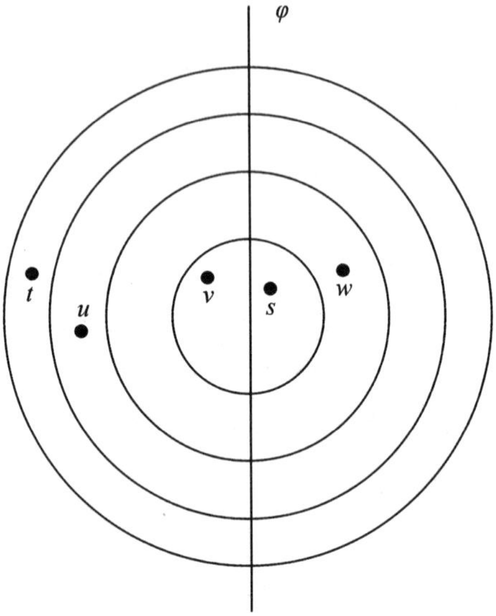


图 7.1　球系统

真实的事态无法在该图中得到明晰的表达,而图中的任意状态都可用于表示规则。如果主体的信念是真的,那么中心球中的每一个状态都对应一个真实的事态。

## 第三节　动态信念逻辑

1995 年,赛格伯格提出了所谓的动态信念逻辑(DDL)。① 语形上,可利用命题动态逻辑算子$[\pi]\psi$,其可解释为"主体完成了行动 $\pi$ 之后,$\psi$ 成立"。命题动态逻辑(PDL)最初可追溯到费舍尔(Fischer)和拉德纳(Ladner)的思想,他们提出可将命题动态逻辑看作关于程序推理的模态逻辑。② 命题

---

① Segerberg, K.,1995: "Belief Revision from the Point of View of Doxastic Logic", *Bulletin of the IGPL*, Vol.3, No.4(July): pp.535-553.

② Fischer, M.J. and Ladner, R.E.,1979: "Propositional Dynamic Logic of Regular Programs", *Journal of Computer and System Sciences*, Vol.18, No.2(April):pp.194-211.

动态逻辑的形式语言包括公式 $\varphi$ 和程序 $\pi$。在命题动态逻辑中引入了动态模态算子[$\pi$]，使得公式[$\pi$]$\varphi$ 刻画了在某些程序 $\pi$ 完成之后性质 $\varphi$ 成立，其意思是“在完成了程序 $\pi$ 之后，$\varphi$ 成立。”

如果将信念变化运算看作命题动态逻辑的程序，就可以得到动态信念逻辑的形式系统。赛格伯格引入了三种不同的动态信念算子，即扩张算子[+]、收缩算子[−]和修正算子[*]。事实上，他是希望将 AGM 理论重构为动态信念逻辑。

赛格伯格提供了研究信念变化的不同的语境，并将其分为基础动态信念逻辑和全动态信念逻辑。基础动态信念逻辑将修正算子看作是由纯布尔公式组成的，即公式中不包括任意的模态算子。与之相对应的全动态信念逻辑只处理主体修正自己关于世界的基本的事实的信念，而不处理主体自己的信念。

语义上，赛格伯格利用刘易斯、格鲁夫的成果，依靠主体强加于球系统上的条件构建了语义理论，并称这种理论为超论（hypertheory）或者洋葱（onion）。①②

赛格伯格提供了几个公理系统以及与之相对应的可靠性和完全性的证明。

这些文献中所涉及的逻辑既可用来处理知识的变化，也可扩充后用于处理信念的变化。

## 第四节　公开宣告逻辑

下面引入基础的认知逻辑。

形式上，可通过在命题语言中增加模态算子 $K$，使得 $K\varphi$ 表示“主体知道 $\varphi$”。认知逻辑语言（$\mathcal{L}_K$）可定义如下：

定义 7.5　令 $\Phi$ 为命题原子公式集，使得 $p\in\Phi$，定义如下：

$$\Phi ::= p \mid \neg\varphi \mid \varphi\wedge\psi \mid K\varphi$$

对知识算子所作的认知解释相当于标准模态逻辑中标准的必然性算子，还可增加群知识算子（分布知识算子、公共知识算子等）。此处只研究单

① Lewis, D.K., 1973: *Counterfactuals*, Oxford: Blackwell Publishing.

② Grove, A., 1988: “Two Modellings for Theory Change”, *Journal of Philosophical Logic*, Vol.17, No.4: pp.157-170.

个主体的情况。

语义上，采用的是克里普克模型。类似于标准的模态逻辑，可根据特定的框架而引入克里普克语义。

**定义 7.6** 认知框架为$(W,\sim)$，其中$W$为状态集（或者可能世界集）且$\sim\subseteq(W\times W)$为等价关系。

**定义 7.7** 认知模型$\mathcal{M}$为基于认知框架的克里普克模型，是通过增加赋值$V:\Phi\to\mathcal{P}(W)$指派给每一个原子语句一个状态集构成的，其中的语句为真的。

**定义 7.8** 可以对赋值映射进行扩充，使得其中的任意公式的真值可定义如下：

(1)$(\mathcal{M},w)\vDash p$，当且仅当$w\in V(p)$；

(2)$(\mathcal{M},w)\vDash\neg\varphi$，当且仅当$(\mathcal{M},w)\nvDash\varphi$；

(3)$(\mathcal{M},w)\vDash\varphi\wedge\psi$，当且仅当$(\mathcal{M},w)\vDash\varphi$且$(\mathcal{M},w)\vDash\psi$；

(4)$(\mathcal{M},w)\vDash K\varphi$，当且仅当$v\in W$使得$w\sim v$蕴涵$(\mathcal{M},v)\vDash\varphi$。

基础的认知逻辑$K$的公理系统可通过以下的公理和推理规则给出：

(1)所有的命题重言式。

(2)关于$K$的 S5 公理：

①$K(\varphi\to\psi)\to(K\varphi\to K\psi)$；

②$K\varphi\to\varphi$；

③$K\varphi\to KK\varphi$；

④$\neg K\varphi\to K\neg K\varphi$。

(3)推理规则：

①分离规则(MP)：如果$\vdash\varphi\wedge(\varphi\to\psi)$，那么$\vdash\psi$；

②$K$必然化规则(Nec)：如果$\vdash\varphi$，那么$\vdash K\varphi$。

$K$公理的第一条公理指出，如果主体知道$\varphi$，并且知道$\varphi\to\psi$，那么主体必须也知道$\psi$。$K$公理的第二条公理指的是知识是真的，即如果一个主体知道$\varphi$，那么$\varphi$是真的。$K$公理的第三条和第四条公理分别阐述的是知识是正内省的和负内省的。如果主体知道了$\varphi$，那么他知道他知道$\varphi$；如果主体不知道$\varphi$，那么他知道他不知道$\varphi$。

在公开宣告逻辑中，通过增加动态模态算子的（真的）公开宣告来刻画认知变化。特别地，公开宣告逻辑语言可通过对$\varphi$进行加标的动态算子的语言来刻画公式$\varphi$的公开宣告。实质上，可研究动态认知逻辑语境中的逻辑系统。

**定义 7.9**　公开宣告逻辑语言($\mathcal{L}_{K[]}$)由可数的原子命题集 $\Phi$、通常的命题联结词、二元模态算子 $K$ 以及动态模态算子$[!\varphi]p$ 组成。令 $p$ 属于 $\Phi$ 中的原子命题,定义如下:

$$\Phi::=p\mid\neg\varphi\mid\varphi\wedge\psi\mid K\varphi\mid[!\varphi]\varphi$$

动态模态$\neg[!\varphi]\neg\varphi$ 的对偶可定义为$\langle!\varphi\rangle\varphi$。

公开宣告算子可解释如下:

$[!\varphi]\psi$:真的宣告了 $\varphi$ 之后,$\psi$ 成立。

**定义 7.10**　公开宣告算子的语义可定义如下:

(1)$(\mathcal{M},w)\vDash[!\varphi]\psi$,当且仅当$(\mathcal{M},w)\vDash\varphi$ 蕴涵$(\mathcal{M}|\varphi,w)\vDash\psi$;

(2)$(\mathcal{M},w)\vDash\langle!\varphi\rangle\psi$,当且仅当$(\mathcal{M},w)\vDash\varphi$ 且$(\mathcal{M}|\varphi,w)\vDash\psi$。

其中 $\mathcal{M}|\varphi:=\langle W',\sim',V'\rangle$,这里

$W':=\{w'\in W\mid(\mathcal{M},w')\vDash\varphi\}$;

$\sim':=\{(w',v')\in W'\times W':(w,v)\in\sim\}$;

$V':=\{w'\in W':w\in V\}$。

$\mathcal{M}|\varphi$ 为模型,主要通过公开宣告了 $\varphi$ 之后获得:模型 $\mathcal{M}$ 受所有其中 $\varphi$ 成立的世界的约束,使得余下世界的赋值和等价关系没有发生变化。

公开宣告逻辑是完全的公理系统。① 在不存在"公共知识"的群模态的情况下,该逻辑的表达力事实上是完全的公理系统,可以直接根据基本的认知逻辑 $K$ 的公理和推理规则,并通过增加下面的归约公理获得。

(1)原子可保持性:$[!\varphi]p\leftrightarrow(\varphi\rightarrow p)$。

(2)宣告和否定:$[!\varphi]\neg\psi\leftrightarrow(\varphi\rightarrow\neg[!\varphi]\psi)$。

(3)宣告和合取:$[!\varphi](\psi\wedge\gamma)\leftrightarrow([!\varphi]\psi\wedge[!\varphi]\gamma)$。

(4)宣告和知识:$[!\varphi]K\psi\leftrightarrow(\varphi\rightarrow K[!\varphi]\psi)$。

(5)宣告组合:$[!\varphi][\psi]\gamma\leftrightarrow[!\varphi\wedge[!\varphi]\psi]\gamma$。

运用这些归约规则,可将公开宣告算子逐步地化归为其他的算子,再运用归约规则可完全化归原子公式。

---

① van Ditmarsch, H., van der Hoek, W. and Kooi, B. P., 2007: *Dynamic Epistemic Logic*, Berlin: Springer Netherlands.

## 第五节 弱动态认知逻辑

认知信念逻辑主要是研究知识和信念的逻辑。语形上，将模态算子 $K$ 和模态算子 $B$ 增加到命题语言中所形成的语言，使得 $K\varphi$ 表示"主体知道 $\varphi$"，$B\varphi$ 表示"主体相信 $\varphi$"。

**语形** 认知逻辑语言($\mathcal{L}_{EL}$)可定义如下：

**定义 7.11** 令 $\Phi$ 为原子命题集，使得 $p\in\Phi$，定义如下：

$$\Phi ::= p \mid \neg\varphi \mid \varphi\wedge\psi \mid K\varphi \mid B\varphi$$

可以用标准的模态逻辑的必然性算子为知识和信念算子提供一个特定的解释，分别对应于认知解释和信念解释。在这些语言中，也可以增加更多的群知识或者群信念(分布知识、公共知识算子、公共信念算子等)等算子。此处只局限于单个主体的情况。

**语义** 可根据或然模型来解释认知逻辑语言。①

**定义 7.12** 一个点或然模型是多元组 $\mathcal{M} := (W, \leqslant, V, w_0)$。其中：$W$ 为状态集(或可能世界集)；$\leqslant$ 为基于 $W$ 的良基的前序；$V$ 为命题赋值；$w_0$ 为事件的真实状态。

前序为二元关系，即自返的和传递的。一个良基的前序为一个前序使得在 $W$ 中不存在无穷递降的链的状态。即不存在无穷序列 $w_1>w_2>w_3>\cdots$，且所有的 $w_i\in W$。一个良前序是一个良基前序，也是连续的，即对所有的 $w$ 和 $t$，$w\leqslant t$ 或者 $t\leqslant w$。偏或然模型(或然模型且非连续的前序)和全或然模型(或然模型且连续的前序)之间的界限非常清晰。$w\leqslant t$ 表示主体的状态 $w$ 至少类似于该主体的状态 $t$。记 $w<t$，当且仅当 $w\leqslant t$ 且 $t\nleqslant w$，并称其为严格的或然关系。

给定点(全的或偏的)或然模型 $\mathcal{M}$，可利用 $\mathcal{M}$ 中的任意的状态集 $P\subset W$ 来识别"命题"。记 $(\mathcal{M}, w)\vDash P$(即命题 $P$ 在模型 $\mathcal{M}$ 中，在状态 $w$ 上是真的)，当且仅当在 $\mathcal{M}$ 中，$w\in P$。按照标准的方法，定义"总是真的"命题为 $\top$ ($\top := W$)和"总是假的"命题为 $\bot$ ($\bot := \varnothing$)。基于集合的所有运算都可以"转化"为命题，所以否定命题为 $(\neg P) := W\setminus P$，合取命题 $(P\wedge R) :=$

① van Benthem, J., 2007: "Dynamic Logic for Belief Revision", *Journal of Applied Nonclassical Logics*, Vol.17, No.2: pp.129-155.

$P\cap R$，等等。另外，对于命题 $P,Q\subseteq W$ 可以定义为最相似的状态集，由给定的确定的命题 $P$ 是真的：best $P=\mathrm{Min}_{\leqslant}P:=\{w\in P$：对任意的 $t\in P$，不存在 $t<w\}$。定义 best：$=$best $W$ 为给定的状态空间中最相似的状态集，并提供一个关于认知逻辑语言的合式公式的解释。这和通常的情况相似，可以通过将基本命题中的原子命题的赋值转换为复杂命题的赋值的情况。

下面列举一个关于全或然模型的例子，如图 7.2 所示。在该例中，$P$ 在状态 $x,v,t$ 和 $s$ 上是可满足的；最相似的状态是 $s$ 和 $u$；状态 $t$ 比状态 $v$ 更相似，而状态 $s$ 和 $u$ 等价于状态 $x$ 和 $w$。

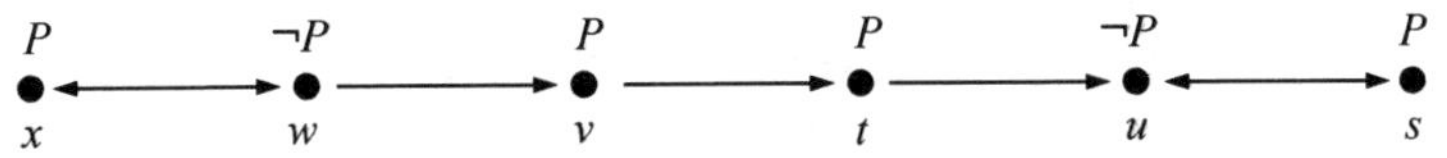


图 7.2　全或然模型

下面利用早期的记法引入不变的知识($K$)和信念($B$)。

**不变的知识**　不变的知识可形式地定义为在所有的可能世界中都是真的知识。给定一个(全的或偏的)或然模型，设

$$KP:=\{w\in W:P=W\}$$

其中 $KP$ 可读作“主体(不变地)知道 $P$”。

下面提供一个关于不变知识的例子，如图 7.3 所示。在该例中，命题 $P$ 在所有的模型状态中都可得到满足。因此，主体不变地知道 $P$，即 $KP$ 在所有的模型状态上都是真的。

**信念**　信念可定义为在最合理的世界中是真的。给定一个(偏的或者全的)或然模型，设

$$BP:=\{w\in W:\mathrm{best}\subseteq P\}$$

其中 $BP$ 可以读作“主体相信 $P$”。

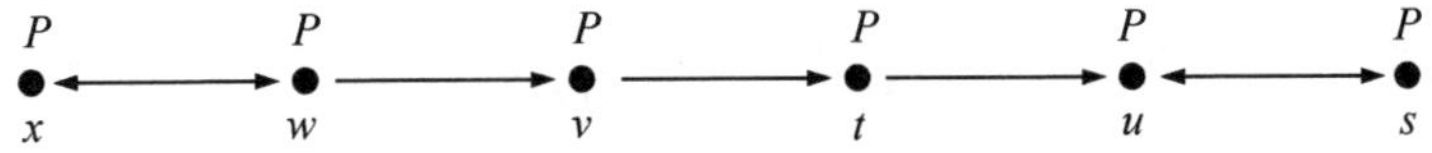


图 7.3　不变的知识

图 7.4 中给出的是有关信念的例子。在该例中，命题 $P$ 在状态 $x,v,u$ 和 $s$ 上是可满足的；最或然的状态是 $s$ 和 $u$。因此，主体相信 $P$，即 $BP$ 在所有的模型状态上都是真的。

图 7.4 信念

可以用三个其他的信念算子来对认知逻辑语言进行扩充，即条件信念算子、强信念算子和可废止知识算子。[①]

然而，不变的知识、信念、条件信念和强信念的定义并非状态独立的，可废止知识的定义是状态独立的。换言之，如果主体在给定的模型 $\mathcal{M}$ 中，则其在状态 $w$ 上知道（信念、条件信念或者强信念）$P$；如果主体在 $\mathcal{M}$ 中，则其在其他状态 $v$ 上知道（信念、条件信念或者强信念）$P$。但是，如果主体在 $\mathcal{M}$ 中的状态 $w$ 上可废止地知道 $P$，主体不必然地在 $\mathcal{M}$ 中，在任意状态 $v$ 上可废止地知道 $P$。

**条件信念** 条件信念可定义为在最合理的世界中，在给定的状态空间的子集 $Q$（满足条件 $Q$）上是真的。给定一个（全的或者偏的）或然模型，设

$$B_Q P := \{w \in W : \text{best}Q \subseteq P\}$$

其中 $B_Q P$ 可读作“主体在条件 $Q$ 下相信 $P$”，其意思是如果主体接受某些附加的（确定的）信息 $Q$（增加到主体已经知道的信息中），那么主体相信 $P$ 是这种情况。

图 7.5 中给出的是有关条件信念的例子。在该例中，命题 $P$ 在状态 $x$，$v$ 和 $s$ 上是可满足的，命题 $Q$ 在状态 $x$ 和 $s$ 上是可满足的。最或然的满足条件 $Q$ 的状态是 $s$。因此，在该例中，主体在条件 $Q$ 下相信 $P$，即 $B_Q P$ 在所有的模型状态下都是真的。

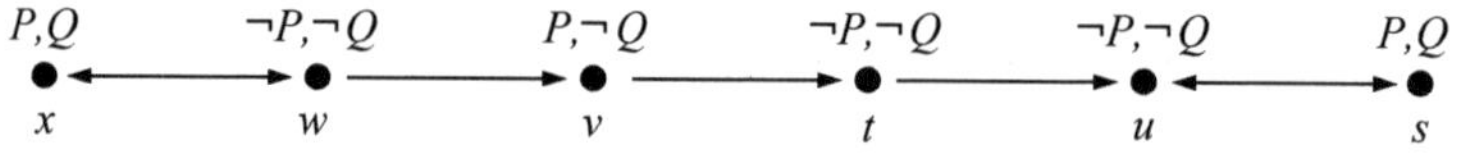


图 7.5 条件信念

**命题 7.1** 知识语句 $P$ 是“不变的”，当且仅当在任意信息下，$P$ 都可以被有条件地知道。形式上，在给定的（偏的或全的）或然模型 $\mathcal{M}$ 上，有 $w \vDash KP$，当且仅当对所有的 $Q$，$w \vDash B_Q P$。

---

① Baltag, A., van Benthem, J. and Moss, L.S., 2008: *Epistemic Logic and Information Update* (*Handbook of the Philosophy of Information*), Amsterdam: Elsevier Science Publishers, pp. 361-456.

**证**　**从左到右**　根据给定的(偏的或全的)或然模型 $\mathcal{M}$,其中 $KP$ 在 $w$ 上是真的,现在必须证明对所有的 $Q$,$w \vDash B_Q P$。因为 $w \vDash KP$,在模型 $\mathcal{M}$ 上,对所有的状态 $v$,$v \vDash P$。因此,对所有的 $Q$,best$Q \subseteq P$。即对所有的 $Q$,$w \vDash B_Q P$。

**从右到左**　假设给定了(偏的或全的)或然模型 $\mathcal{M}$ 和状态 $w$,使得对所有的 $Q$,$w \vDash B_Q P$。令 $Q$ 为任意的 $v \in W$ 的单元集$\{t\}$,那么 best$Q \subseteq P$,即对任意的 $v \in W$,在状态 $v$ 上,$P$ 是真的。因此,$w \vDash KP$。

**强信念**　下面的态度称作强信念,在(全的或偏的)相似模型中,可通过下面的定义给出:

$$S_b P := \{w \in W : P \neq \varnothing,\text{且对所有的 } v \in P,\text{以及 } u \notin P, v < u\}$$

其中 $S_b P$ 读作"主体强烈地相信 $P$"。$P$ 为强信念,且在状态 $w$ 上成立,当且仅当 $P$ 为认知可能的,且所有的认知可能的 $P$ 状态都严格地比所有的认知可能的非 $P$ 状态更严格地相似。

图 7.6 中给出了有关强信念的例子。在该例中,命题 $P$ 在状态 $t$,$v$,$u$ 和 $s$ 上是可满足的。因此,在该例中,主体强烈地相信 $P$,即 $S_b P$ 在该模型的所有状态上都是真的。

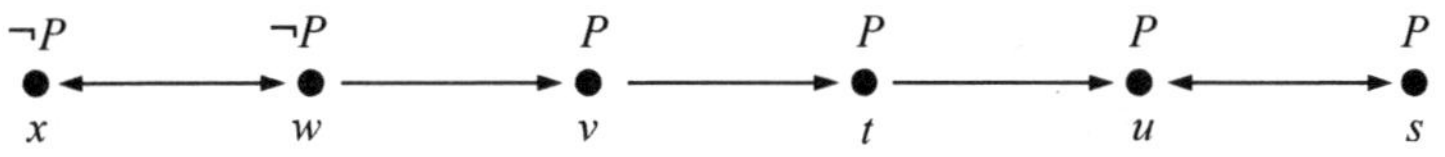


图 7.6　强信念

**可废止知识**　下面研究的命题态度为可废止知识,在偏或然模型中可通过下面的定义给出:

$$w \vDash K_D P,\text{当且仅当} \forall v(v \not> w \to v \in P)$$

其中 $K_D P$ 读作"主体可废止地知道 $P$"。主体在状态 $w$ 上可废止地知道 $P$,当且仅当 $P$ 在所有至少类似于 $w$ 的世界上,包括不可比较的世界上是真的。

在偏或然模型中,$K_D$ 可解释为基于关系 $\not>$ 的克里普克模态。在该语境中,可废止知识不是正内省的,在偏或然模型中不存在完全的公理系统。

下面引入不连续的(偏)或然模型中的可废止知识的例子,如图 7.7 所示。一个偏或然模型使得状态 $s$ 和 $t$ 以及状态 $u$ 和 $v$ 是不可比较的。在该模型中,主体相信 $P \vee Q$,因此 $P \vee Q$ 在最或然的世界中是真的(在状态 $s$ 和 $t$ 上)。在状态 $v$ 上主体并非可废止地知道 $\neg Q$,因此,尽管 $\neg Q$ 在状态 $v$ 和状态 $s$ 上是真的,但在状态 $t$ 上不是真的。

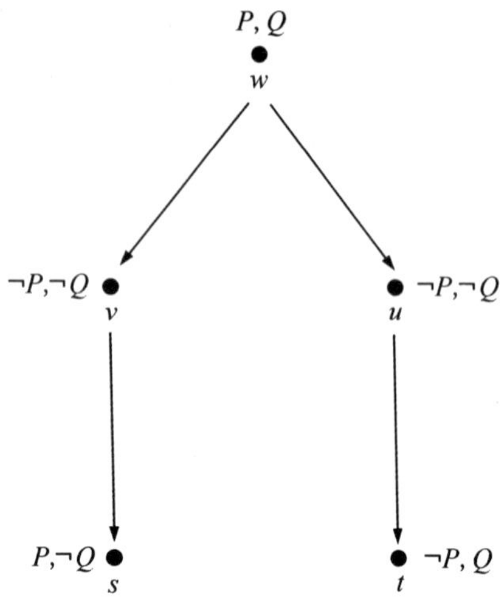


图 7.7　偏或然模型

在全或然模型中,存在以下特殊情况:

**命题 7.2**　在全或然模型中,有

$$K_D P = \{w \in W : v \leqslant w \text{ 蕴涵 } v \in P\}$$

在全或然模型中,$P$ 在状态 $w$ 上是可废止地知道,当且仅当所有的至少和 $w$ 相类似的状态是 $P$ 状态。在全认知或然模型中,可采用这种方法定义 $K_D$,称$\leqslant$的逆为可及关系联结词。该算子满足 S4 型的克里普克模态的条件。

下面给出一个全或然模型中可废止知识的例子,如图 7.8 所示。在该例中,命题 $P$ 在状态 $v$,$u$ 和 $s$ 上是可满足的。该例子强调了主体的可废止知识是状态独立的。在状态 $s$ 上,主体可废止地知道 $P$,而在状态 $v$ 上,主体无法可废止地知道 $P$(因为状态 $t$ 比状态 $v$ 更相似并且能够满足$\neg P$)。

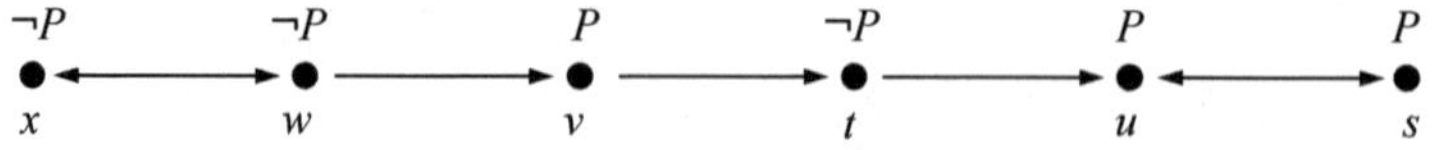


图 7.8　可废止知识

在全或然模型中,知识语句 $P$ 是可废止的,当且仅当 $P$ 在任意真信息的条件下都是真的。

**命题 7.3**　给定一个全或然模型 $\mathcal{M}$,观察 $s \models K_D P$,当且仅当对所有的 $Q$,$w \models B_Q P$,使得 $w \models Q$。

**证　从左到右**　根据给定的全或然模型 $\mathcal{M}$，其中 $K_D P$ 在 $w$ 上是真的，现在必须证明对所有的 $Q$，$w \vDash B_Q P$ 使得 $w \vDash Q$。即需要证明对所有的 $Q$，best$Q \subseteq P$，使得 $w \vDash Q$。令 $Q \subseteq W$ 使得 $w \in Q$ 且令 $u \in$ best$Q$。那么有 $u \leqslant w$，$w \vDash K_D P$，对所有的状态 $v \leqslant w$，有 $v \vDash P$。所以 $u \in P$。因此，对所有的 $Q$，best$Q \subseteq P$ 使得 $w \vDash Q$，即对所有的 $Q$，$w \vDash B_Q P$ 使得 $w \vDash Q$。

**从右到左**　假设给定的模型 $\mathcal{M}$ 以及状态 $w$，使得对所有的 $Q$，$w \vDash B_Q P$ 使得 $w \vDash Q$，则必须证明 $w \vDash K_D P$。令 $v$ 为真的，使得 $v \leqslant w$，令 $Q$ 为集合 $\{w, v\}$，那么 $v \in$ best$Q$。因此，对所有的 $Q$，$w \vDash B_Q P$ 使得 $w \vDash Q$，best$Q \subseteq P$。因此，$v \vDash P$，即 $w \vDash K_D P$。

$K_D P$ 和 $P$ 中的条件信念之间的组合，指出了如何使 $P$ 中的稳定的信念真正地转换为新的信息。知识的稳定性刻画了当接受新的真信息时，可以根据信念修正的可靠性和完全性分别刻画知识和信念。①

**不变的知识和可废止知识**　这两种类型的知识之间的主要区别是当接受新信息时它们各自是如何得到保持的。不变的知识不会发生变化，即永远保持可接受的(真的或者假的)信息；可废止知识只能在接受新的真的信息下才能得到保持。

**辩护信念**　在给定的(全的或者偏的)或然模型 $\mathcal{M}$ 中，所有的信念都是可辩护信念。主体在状态 $w$ 上相信 $P$，当且仅当能够在 $F$ 和 $F \subseteq P$ 下通过某些强信念推演出来。

**命题 7.4**　给定一个(全的或偏的)或然模型 $\mathcal{M}$，$w \vdash BP$，当且仅当 $\exists F$ 使得 $w \vDash K(F \rightarrow P) \wedge S_b F$。

**证　从左到右**　根据给定的(全的或者偏的)或然模型 $\mathcal{M}$，其中 $BP$ 在状态 $w$ 上是真的，必须证明在合取的情况下，即需要证明合取支都是真的。特别地，必须证明存在命题 $F$，使得在状态 $w$ 和模型 $\mathcal{M}$ 上，有 $K(F \rightarrow P)$，在该模型中，在状态 $w$ 上 $S_b F$ 成立。取 $F = \{v \mid v \in \text{best}\}$。$w \vDash BP$ 意味着 best$F \subseteq P$。据此可以推出 $F \subseteq P$，或者换言之，$F \rightarrow P$，可推出在模型 $\mathcal{M}$ 中的所有状态上都是真的。因此在 $\mathcal{M}$ 中的状态 $w$ 上有 $K(F \rightarrow P)$。为了证明$(\mathcal{M}, w) \vDash S_b F$，必须证明以下两种情况：$F \neq \varnothing$ 和所有的 $F$ 世界严格地比所有的 $\neg F$ 世界更相似。第一个条件是可满足的，因为 $F =$ best$W$，并且如果 $W$ 是非空的，那么 best$W$ 也是非空的。第二个条件也可以满足：对

① Rott，H.，2004：“Stability，Strength and Sensitivity：Converting Belief into Knowledge”，*Erkenntnis*，Vol.61(January)：pp.469-493.

任意的状态 $v$，如果 $v\in \text{best}W$，那么根据 $\text{best}W$ 的定义，可以推出 $v$ 是严格地比任意的状态 $t\notin \text{best}W$ 更相似。

**从右到左** 假设给定的(全的和偏的)或然模型 $\mathcal{M}$，以及状态 $w$，使得 $w\vDash K(F\rightarrow P)$ 且 $w\vDash S_bF$，则必须证明 $w\vDash BP$。因为 $F$ 是强信念，$F\neq\varnothing$，且对每一个状态 $v\leqslant w$ 必须满足 $F$。根据第一个条件，可以推出 $F\subseteq P$ 在该模型的所有状态下，所有的状态 $v\leqslant w$ 必须满足 $P$。最或然的状态为 $P$ 状态，$BP$ 在该模型的所有状态上是真的，在状态 $w$ 上也是真的。

下面引入恰当的辩护信念。如果一个信念是恰当的(或真的)辩护，那么该信念是恰当的可辩护的。所以通过在命题 7.4 的条件中增加之前的等价关系，该辩护必须是真的，并严格地在全或然模型上可得可废止知识，且在全或然模型上的真的强信念的逻辑后承下是封闭的，即主体在状态 $w$ 上可废止地知道 $P$，当且仅当在 $F$ 中根据某些强信念以及 $w\in F\subseteq P$ 可推出该主体可废止地知道 $P$。

**命题 7.5** 给定一个全或然模型 $\mathcal{M}$。$w\vDash K_DP$，当且仅当 $\exists F$ 使得 $w\vDash F\wedge K(F\rightarrow P)\wedge S_bF$。

**证** **从左到右** 假设给定的模型 $\mathcal{M}$ 和状态 $w$，使得 $w\vDash K_DP$，则必须证明存在命题 $F$ 使得在状态 $w$ 和模型 $\mathcal{M}$ 上，下面三个条件同时成立，即 $w\vDash K(F\rightarrow P)$，$w\vDash S_bF$ 且 $w\vDash F$。取 $F=\{v\mid v\leqslant w\}$ 且 $F\subseteq P$。因为 $w\vDash K_DP$，对每一个 $v\leqslant w$，$v\in P$，因此事实上需要确保 $F\subseteq P$。根据对 $F$ 的选择，可推出 $w\in F$ 且 $w\vDash F$。也可以推出 $F\rightarrow P$ 在模型中的所有状态上都是真的，则$(\mathcal{M},w)\vDash K(F\rightarrow P)$。同时，必须证明 $F\neq\varnothing$，且所有的 $F$ 世界都严格地比所有的 $\neg F$ 世界更相似。根据对 $F$ 的选择以及假设 $w\vDash K_DP$，任意的状态 $v\leqslant w$ 都满足 $P$ 和 $F$，当 $P$ 非空时，$F$ 也是非空的。第二个事实可以通过对 $F$ 的选择推出。$F$ 在该模型上是强信念，特别地，在状态 $w$ 上也是强信念。

**从右到左** 假设给定的模型 $\mathcal{M}$ 和状态 $w$，使得存在 $F$，可以推出合取成立：$(\mathcal{M},w)\vDash K(F\rightarrow P)\wedge S_bF$。现在必须证明 $P$ 在 $\mathcal{M}$ 中的状态 $w$ 上是可废止知识。根据第一个合取，可以推出 $s\in F$ 且 $F\subseteq P$。因为 $s\in S_bF$(第二个合取)，那么对任意的 $v\leqslant w$，可推出 $v$ 满足 $F$，也满足 $P$(因为 $F\subseteq P$)。至少和 $w$ 一样在或然的所有状态上都满足 $P$，可以推出 $P$ 是可废止知识。

辩护可看作是已经生成的信息，或者通过先前的信念动态程序在状态上建立的关于主体的或然结构。

**公理化**　我们提供了不变的知识和可废止知识(如 S4 型的克里普克模态)的可靠性和完全性的证明系统。关于不变的知识和可废止知识的逻辑语言称为 $\mathcal{L}_{KKD}$,信念算子和条件信念算子可定义如下:

$$B^{\varphi}\psi := \neg K\neg\varphi \rightarrow \neg K\neg(\varphi \wedge K_D(\varphi \rightarrow \psi))$$

$$B\varphi := B^{\top}\varphi$$

**命题 7.6**　在或然模型中,给定关于 $K_D\varphi$ 和 $B^{\varphi}\psi$ 的语义,可证明下面的等价语义:

$$B^{\varphi}\psi \leftrightarrow \neg K\neg\varphi \rightarrow \neg K\neg(\varphi \wedge K_D(\varphi \rightarrow \psi))$$

**证**　**从左到右**　根据全或然模型 $\mathcal{M}$,其中 $B^{\varphi}\psi$ 在状态 $w$ 上是真的,假设 $\neg K\neg\varphi$ 在状态 $w$ 上是真的,则必须证明 $\neg K\neg(\varphi \wedge K_D(\varphi \rightarrow \psi))$ 在状态 $w$ 上也是真的。必须证明存在 $v \in \mathcal{M}$,使得 $v \vDash \varphi$ 且 $v \vDash K_D(\varphi \rightarrow \psi)$。那么,必须证明 $v \vDash \varphi$,并且对所有的 $u \leqslant v$, $u \vDash \varphi \rightarrow \psi$。根据假设,$w \vDash \neg K\neg\varphi$,所以,存在状态 $v$,使得 $v \vDash \varphi$。令 $v \in \text{best}\varphi$,则 $w \vDash B^{\varphi}\psi$,即 $\text{best}\varphi \subseteq \psi$。因此,对所有的 $u \leqslant v$, $u \vDash \varphi \rightarrow \psi$。

**从右到左**　根据给定的全或然模型 $\mathcal{M}$,其中 $\neg K\neg\varphi \rightarrow \neg K\neg(\varphi \wedge K_D(\varphi \rightarrow \psi))$ 在状态 $w$ 上是真的,则必须证明 $w \vDash B^{\varphi}\psi$,即 $\text{best}\varphi \subseteq \psi$。已知 $w \vDash \neg K\neg\varphi \rightarrow \neg K\neg(\varphi \wedge K_D(\varphi \rightarrow \psi))$,那么

(1) $w \vDash \neg K\neg\varphi$;

(2) $w \vDash \neg K\neg(\varphi \wedge K_D(\varphi \rightarrow \psi))$。

在第一种情况下,$w \vDash B^{\varphi}\psi$ 是不足道的。在第二种情况下,存在 $v \in \mathcal{M}$ 使得 $v \vDash \varphi$,且对所有的 $u \leqslant v$, $u \vDash \varphi \rightarrow \psi$。令 $v \in \text{best}\varphi$,则 $\text{best}\varphi \subseteq \psi$。■

**证明系统**　通过增加命题逻辑的规则和公理,$KK_D$ 逻辑的证明系统包括下面的一些公理:

(1)关于 $K$ 的 S5 公理。

(2)关于 $K_D$ 的 S4 公理:

① $K_D(\varphi \rightarrow \psi) \rightarrow (K_D\varphi \rightarrow K_D\psi)$;

② $K_D\varphi \rightarrow \varphi$;

③ $K_D\varphi \rightarrow K_D K_D\varphi$。

(3) $KP \rightarrow K_D P$。

(4) $K(P \vee K_D Q) \wedge K(Q \vee K_D P) \rightarrow KP \vee KQ$。

(5)关于 $K$ 和 $K_D$ 的必然化规则。

随后所用的公理 $d$，称为该公理的$\top_0$总体性(totality)。

在偏或然模型中，关于不变知识和可废止知识的逻辑还没有相应的公理系统，这仍然是一个开放性的问题，有待进一步研究。

**动态信息**　主体可能通过很多种方式，并根据其所接受的信息来改变自己的信念。主体可能接受强信息或者弱信息。强信息是无法修正的和不变的信息，因此该信息是从绝对可靠的来源获得的；而弱信息是可能被修正的信息，因此该信息是从不可靠的来源获得的。

接受对应于动态认知逻辑中的"强"信息 $\varphi$，称为更新$!\varphi$，在信念修正中可看作是对 $\varphi$ 进行的"彻底修正"(radical revision)(或者不变的修正)。该运算可以通过剔除所有的$\neg\varphi$ 的世界来改变模型。其剔除的结果是其子模型中只包括 $\varphi$ 的世界。

适度的修正通过动态认知逻辑的字典序更新 $\Uparrow\varphi$ 给出(或称为字典序修正)，它主要通过使所有的 $\varphi$ 世界成为比所有的$\neg\varphi$ 世界更相似的世界来改变模型。

在有关信念修正的文献中，利用动态认知逻辑中保守的更新运算 $\uparrow\varphi$，称为保守的修正(或者性质修正)，这种变化主要通过使最相似的 $\varphi$ 世界成为所有的最相似的全部的世界来改变模型(而放弃所有的不变的世界)。

语形上，将动态算子增加到认知逻辑中用于刻画动态信息。其语言称为动态认知逻辑语言($\mathcal{L}_{\mathrm{DEL}}$)，且可定义如下：

定义 7.13　令 $\Phi$ 为命题原子集，使得 $p\in\Phi$，可定义如下：

$\varphi::=p\mid\neg\varphi\mid\varphi\wedge\psi\mid K\varphi\mid B\varphi\mid B^{\varphi}\psi\mid S\varphi\mid K_D\varphi\mid[!\varphi]\psi\mid[\Uparrow\varphi]\psi\mid[\uparrow\varphi]\psi$

$[!\varphi]$的对偶算子为$\langle!\varphi\rangle$。类似地，$[\Uparrow\varphi]$的对偶算子为$\langle\Uparrow\varphi\rangle$，$[\uparrow\varphi]$的对偶算子为$\langle\uparrow\varphi\rangle$。

**从传统的动态认知逻辑到弱动态认知逻辑**　传统的动态认知逻辑只处理强的信息，而弱动态认知逻辑既可以处理强的信息，也可以处理弱的信息。

**强信息**　关于$!\varphi$ 算子的语义条件可以通过定义 7.10 给出。

范·本特姆提供了一个公开宣告逻辑下的条件信念逻辑的完全的公理系统。[①]

可通过基于模型的更新运算对 $K_D$ 算子重新刻画。本体(即非信念的)

① van Benthem, J., 2007: "Dynamic Logic for Belief Revision", *Journal of Applied Nonclassical Logics*, Vol.17, No.2: pp.129-155.

事实 $p$ 并不指称主体的信念，因此，当 $p$ 是布尔公式时，可以给出下面的命题：

**命题 7.7**　如果 $p$ 为一个原子公式（即一个本体事实），则 $w \vDash K_D p$，当且仅当对每一个 $\varphi \in \mathcal{L}_{\mathrm{DEL}}$，$w \vDash [!\varphi]Bp$。

**证**　**从左到右**　假设给定了模型 $\mathcal{M}$ 和状态 $w$，使得 $w \vDash K_D p$，则必须证明对每一个 $\varphi$，$w \vDash [!\varphi]Bp$。根据命题 7.3，对所有的 $\varphi$，有 $w \vDash B^{\varphi}\psi$ 使得 $w \vDash \varphi$。对所有的 $\varphi$，$\mathrm{best}\varphi \subseteq ||p||_{\mathcal{M}}$ 使得 $w \vDash \varphi$。在 $\mathcal{M}|\varphi$ 中，$\leqslant' = \leqslant \cap (W' \times W')$，$||p||_{\mathcal{M}|\varphi} = ||p||_{\mathcal{M}\cap\varphi}$（参看定义 7.10）。对所有的 $\varphi$ 使得 $w \vDash \varphi$，有 $\mathrm{best}'\varphi = \mathrm{best}W' \subseteq ||p||_{|\mathcal{M}|\varphi} = ||p||_{\mathcal{M}\cap\varphi}$。所以对所有的 $\varphi$ 使得 $w \vDash \varphi$，$w \vDash_{\mathcal{M}|\varphi} Bp$。因此，对每一个 $\varphi$，$w \vDash [!\varphi]Bp$。

**从右到左**　假设给定了模型 $\mathcal{M}$ 和状态 $w$，使得对所有的 $\varphi$，$w \vDash [!\varphi]Bp$。取语句 $\varphi := \neg K_D p$。根据假设，有 $w \vDash [!\neg K_D p]Bp$。根据之前给出的关于 $[!\varphi]\psi$ 的语义，可得下面的陈述：

如果 $(\mathcal{M}, w) \vDash \neg K_D p$，那么 $(\mathcal{M}|\neg K_D p, w) \vDash Bp$。（ * ）

故有以下两种情况：

(1) $(\mathcal{M}, w) \vDash \neg K_D p$，即 $(\mathcal{M}, w) \vDash K_D p$，已证。

(2) $(\mathcal{M}, w) \vDash \neg K_D p$。根据（ * ），可得 $(\mathcal{M}|\neg K_D p, w) \vDash Bp$。因此 $\mathrm{best}||\neg K_D p||_{\mathcal{M}} \subseteq ||p||_{|\mathcal{M}|\neg K_D p} \subseteq ||p||_{\mathcal{M}}$。令 $v \in \mathrm{best}||\neg K_D p||_{\mathcal{M}}$，根据 $K_D\varphi$ 的语义，存在 $v' \leqslant v$，$v \in \mathrm{best}||\neg K_D p||_{\mathcal{M}} \subseteq ||p||_{\mathcal{M}}$。这和 $v' \in ||\neg p||_{\mathcal{M}}$ 相矛盾。因此 $w \vDash K_D p$。■

命题 7.7 中所使用的更新算子 $!\varphi$ 表明 $K_D p$ 所对应的信念在新（真的）事实 $\varphi$ 的真的学习下是可保持的，但可能会受假的信息的影响而无效。

**弱信息**　$\Uparrow\varphi$ 算子的语义条件为 $(\mathcal{M}, w) \vDash [\Uparrow\varphi]\psi$，当且仅当 $(\mathcal{M}|\Uparrow\varphi, w) \vDash \psi$。

使得 $\mathcal{M}|\Uparrow\varphi$ 是利用基于 $\mathcal{M}$ 的 $\varphi$ 的字典更新运算的结果，可定义如下：

**定义 7.14**　$\mathcal{M}|\Uparrow\varphi$ 可定义为 $\langle W, \leqslant', V\rangle$，其中 $v \leqslant' w$，当且仅当 $v \vDash \varphi$ 且 $w \vDash \neg\varphi$ 或者 $v \leqslant w$。

$\uparrow\varphi$ 算子的语义条件为 $(\mathcal{M}, w) \vDash [\uparrow\varphi]\psi$，当且仅当 $(\mathcal{M}|\uparrow\varphi, w) \vDash \psi$。

使得 $\mathcal{M}|\uparrow\varphi$ 是利用基于 $\mathcal{M}$ 的 $\varphi$ 的保守更新运算的结果，可定义如下：

**定义 7.15**　$\mathcal{M}|\uparrow\varphi$ 可定义为 $\langle W, \leqslant', V\rangle$，其中 $v \leqslant' w$，当且仅当 $v \in \mathrm{best}||\varphi||_{\mathcal{M}}$ 或者 $v \leqslant w$。

范·本特姆证明了关于字典更新的动态逻辑和保守更新的动态逻辑的

公理系统。[1]

**初始的认知模型** 初始的动态认知逻辑的语义可以根据认知模型给出，包括标准的 S5 或者 S4 的克里普克模型$\langle W, \sim, V\rangle$使得$\sim$为基于 $W$ 的等价关系。这些模型是为模拟知识而设计的，并且可以很好地利用更新运算来模拟知识的变化，但这并不是理想的信念模型(原因是信念通常被假定为不可靠的)。然而，当试图去修正标准的动态认知逻辑模型来处理信念修正的时候就会出现问题。当可及关系为持续的、传递的且欧性的(KD45)或者自返的和传递的(S4)时，传统的动态认知逻辑无法模型信念修正。范·本特姆提供了一个不太完美的例子。

考虑图 7.9 中所列的信念模型，有两个可能世界 $s$ 和 $t$，使得只有事实状态 $s$ 满足命题 $p$，也满足 $B\neg p$。这是一个 KD45 模型，因此在状态 $s$ 上不存在自返箭头，而在状态 $t$ 上存在自返的箭头。

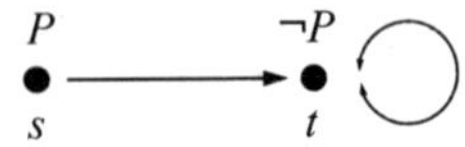


图 7.9　信念修正失败的标准信念模型

强的信息!$p$ 在该模型中将转变成单个世界的模型 $s$ 且具有一个空的信念的可及关系。事实上，状态 $s$ 没有出发的箭头。换言之，主体的信念是不一致的。

以条件信念算子为基础，构建的类似于公开宣告逻辑的语义，称为条件信念逻辑。

## 第六节　条件信念逻辑

基于克里普克模型的等价的、多主体的经典的信念修正理论，称为条件信念逻辑。[2] 条件信念的克里普克风格的模型为纯定性的，定性的描述可根据条件信念映射给出，可将其看作是在给定的克里普克模型中加标的可

---

① van Benthem, J., 2007:"Dynamic Logic for Belief Revision", *Journal of Applied Non-classical Logics*, Vol.17, No.2: pp.129-155.

② Baltag, A. and Smets, S., 2006:"Dynamic Belief Revision over Multi-agent Plausibility Models". In van der Hoek, W.and Wooldridge, M.(eds), Proceedings of the 7th Conference on Logic and the Foundations of Game and Decision Theory (LOFT 2006), pp. 11-24.

及关系。每一个可及关系都可通过命题进行加标，用以刻画新获得的信息，且主体可以修正他的信念。这些映射可以用自然的方法在逻辑的对象语言中给出，并用来解释条件信念算子。此处只考虑单个主体的情况，其中主体也只接收新的事实信息。

**语形**　条件信念逻辑语言（$\mathcal{L}_{CDL}$）可定义如下：

**定义 7.16**　条件信念逻辑语言的形式语言可以根据可数的原子命题集、普通的联结词和条件信念算子构建。令 $P$ 属于原子命题集，定义如下：

$$\varphi ::= p \mid \neg\varphi \mid \varphi \wedge \psi \mid B^{\varphi}\psi$$

$B^{\varphi}\psi$ 可以解释为"在 $\varphi$ 为真的情况下，主体相信 $\psi$"。

可将知识和信念模态定义如下：

$$K\varphi := B^{\neg\varphi}\bot$$

$$B\varphi := B^{\top}\varphi$$

**语义**　可在条件信念模型的状态下解释条件信念逻辑语言。

**定义 7.17**　条件信念框架为二元组$(W, \{B^P\}_{P\subseteq W})$，其中 $W$ 为非空的世界集。对每一个命题 $P\subseteq W$，有映射 $B^P: W\rightarrow P(W)$，且满足下面的条件：对每一个 $w\in W$，

（1）如果 $w\in P$，那么 $B^P(w)\neq\varnothing$；

（2）如果 $Q\cap B^P(w)\neq\varnothing$，那么 $B^P(w)\neq\varnothing$；

（3）如果 $w'\in B^P(w)$，那么 $B^Q(w)=B^Q(w')$；

（4）$B^P(w)\subseteq P$；

（5）如果 $B^P(w)\cap Q\neq\varnothing$，那么 $B^{P\cap Q}(w)=B^P(w)\cap Q$。

第（1）条阐述的是，如果接受的信息是真的，那么信念是一致的；第（2）条阐述的是如果新的信息与旧的信息不矛盾，那么信念是一致的；第（3）条阐述的是信念是内省的；第（4）条阐述的是新的信息是可相信的；第（5）条阐述的是修正必须是最小的，在该层含义下，当主体接受新的信息时，主体应尽可能地保持和他之前的信念相一致。

可以证明，任意这样的条件信念框架都等价于基于 $KB$ 框架的 AGM 理论的语义。①

**定义 7.18**　一个 $KB$ 框架是三元组$(W, B, K)$，其中 $W$ 为非空集，两个映射分别为 $K: W\rightarrow P(W)$，$B: W\rightarrow P(W)$，且满足下面的条件：

---

① Baltag, A. and Smets, S., 2006: "Dynamic Belief Revision over Multi-agent Plausibility Models". In van der Hoek, W.and Wooldridge, M.(eds), Proceedings of the 7th Conference of Logic and the Foundations of Game and Decision Theocry (LOFT 2006), pp.11-24.

(1)$w \in K(w)$;

(2)如果 $w' \in K(w)$,那么 $B(w)=B(w'), K(w)=K(w')$;

(3)$B(w) \subseteq K(w)$;

(4)$B(w) \neq \varnothing$。

第(1)条阐述的是知识的真实性;第(2)条阐述的是全内省性(主体知道他知道/相信什么,以及不知道/不相信什么);第(3)条阐述的是主体相信他所知道的所有的事情;第(4)条阐述的是信念是一致的。

下面证明基于 $KB$ 框架的 AGM 理论的语义。为此,需要考虑不同语形概念所对应的语义,如定理、语句和其他的相关概念。一个 $W$ 定理可看作是状态集,一个 $W$ 语句也可看作是状态集。每一个 $W$ 定理 $A \subseteq W$ 促使语句 $Th_A=\{\varphi \in \mathcal{L} \mid$ 对所有的 $i \in A, i \vDash_w \varphi\}$ 是演绎封闭集。假设存在信念集公式 $W$ 定理,不一致的定理$\perp$可以通过$\varnothing \subseteq W$ 表达。对应于各自的语义理论的解释,即状态集的两种形式理论是演绎封闭的。因此,语义理论 $A \subseteq W$ 可以通过扩充 $A+Y$ 获得,且语义语句 $Y \subseteq W$ 可以通过交集 $A \cap Y$ 给出。

**定义 7.19** 给定 $KB$ 框架$\langle W, B, K\rangle$,令$\top \subseteq \mathcal{P}(W)$为 $W$ 定理族。定义运算 $*: \top \times \mathcal{P}(W) \rightarrow \top$ 为对所有的 $Y \subseteq W$,有:

($\top$ 1) 对每一个 $i \in WB$,$(i) \in \top$;

($\top$ 2) $\varnothing \in \top$;

($\top$ 3) 如果 $A \in \top$,那么对所有的 $i, j \in A$,$B(i)=B(j)$;

($*$1) $A * Y \in \top$;

($*$2) $A * Y \subseteq Y$;

($*$3~4) $A * W=W$;

($*$5) $A * Y=\varnothing$,当且仅当 $K(A) \cap Y=\varnothing$;

($*$6) 如果 $Y=Z$,那么 $A * Y=A * Z$;

($*$7~8) 如果$(A * Y) \cap Z \neq \varnothing$,那么 $A *(Y \cap Z)=(A * Y) \cap Z$。

($*$5)主要是根据最初的 AGM 语形所做的修正。一个主体关于他的信念或者知识的信念是确定的,且不能够得到修正。

**事实 7.1** 任意这样的条件信念框架都等价于基于 $KB$ 框架的 AGM 语义理论。

**定义 7.20** 条件信念模型为克里普克模型,其基础框架是条件信念框架。

**公理**　贝尔泰格和斯梅茨提供了条件信念逻辑的可靠的和完全的证明系统。①

**动态**　贝尔泰格和斯梅茨也研究了信念更新，即公开宣告。更新装置和动态认知逻辑中的更新相同：用$!P$进行更新。通过剔除所有的$\neg P$的世界来改变模型，剔除的结果仅保留与$P$世界一致的子模型。

条件信念逻辑的形式系统可通过动态模态$\langle !P\rangle$进行扩充。通过将公开宣告的归约公理增加到条件信念逻辑之中，就可以获得可靠的和完全的证明系统。

下面处理带有证据和辩护的信念的显性语境。

## 第七节　证据逻辑

范·本特姆和帕奎特（Benthem and Pacuit，2011）提供了关于证据的语义方法，并对动态认知逻辑进行了扩充，其目的是处理证据动态。② 该证据模型主要基于模态逻辑的邻域语义，可将邻域解释为证据集：由主体所掌握的证据（可能假，也可能彼此不一致）。事实上，该证据语境处理的是不一致的证据。主体可能有若干个不相容的证据。这就意味着在证据集中，某些子集（表示证据）是析取集（它们的交为空）。或然关系可以建立在证据模型中的状态上，且不是全部前序。这意味着并非所有的状态都是可比较的。为此，邻域语义模型中的信念修正行为不满足AGM理论的基本条件（定义7.3中的基本假设$*7\sim8$迭代$*3\sim4$在定义7.3中无效）。

**定义7.21**　点证据模型为四元组$\mathcal{M}:=(W,E,||\cdot||,w_0)$，由以下部分组成：

(1)非空的世界集$W$；

(2)证据关系$E\subseteq W\times\mathcal{P}(W)$；

(3)标准的赋值函数$||\cdot||$；

(4)事实的实际状态$w_0$。

---

① Baltag, A. and Smets, S. , 2006:"Conditional Doxastic Models: A Qualitative Approach to Dynamic Belief Revision", *Electronic Notes in Theoretical Computer Science*, Vol.165: pp.5-21.

② van Benthem, J. and Pacuit, E., 2011:"Dynamic Logics of Evidence-based Beliefs", *Studia Logica*, Vol. 99, No.1(July):pp.61-92.

一个点一致的证据模型是证据模型且为常值函数 $E$。

定义 7.22 证据集的族可定义为

$$E(w)=\{X \mid wEX, X\subseteq W\}$$

可强加两个限制到证据函数：

(cons)：对每一个状态 $w$，$\varnothing\notin E(w)$；

(Triv)：对每一个状态 $w$，$S\in E(w)$。

这些限制确保没有证据集是空的，且全 $W$ 也是证据集。

在此框架中，不同的证据集的组合不必然地产生一致的证据。事实上，对任意两个证据集 $X$ 和 $Y$，它们可以是不相交的集，即 $X\cap Y=\varnothing$。

定义 7.23 范・本特姆等引入了 $w$ 情境，一个 $w$ 情境为极大集 $\gamma\subseteq E(w)$，具有有穷交性质(f.i.p.)。如果对每一个有穷的子类 $X\subseteq\gamma$，$\bigcap X\neq\varnothing$，则 $\gamma$ 具有有穷交性。与 $P$ 有关的 $w$ 情境是一个极大集 $\gamma\subseteq E(w)$，具有 $P$ 有穷交性质。如果对每一个有穷子类 $X\subseteq\gamma^P$，$\bigcap X\neq\varnothing$，且 $\gamma^P=\{Y\cap P \mid Y\in\gamma\}$，则 $\gamma$ 具有 $P$ 有穷交性。

**认知和信念** 现在可形式地定义不可变的知识($K$)、信念($B$)、条件信念($B^-$)、在证据模型中的证据($\triangleleft$)和条件证据($\triangleleft^-$)。

定义 7.24 可形式地将不可变的知识定义为在所有可能世界中为真的，即

$$KP:=\{w\in W: P=W\}$$

信念可定义为

$$BP:=\{w\in W:\text{对某些 } w \text{ 情境}, \gamma\subseteq E(s)\text{且}\forall t\in\bigcap\gamma(t\in P)\}$$

条件信念可定义为

$$B_QP:=\{w\in W:\text{对某些 } w \text{ 情境}, \gamma\subseteq E(w)\text{且}\forall t\in\bigcap\gamma^Q(t\in P)\}$$

证据可定义为

$$\triangleleft P:=\{w\in W: wEX, \text{对}\varnothing\neq X\subseteq W\text{ 且}\forall t\in X(t\in P)\}$$

条件证据可定义为

$$\triangleleft^QP:=\{w\in W: wEX, \text{对}\varnothing\neq X\cap||Q||\subseteq W\text{ 且}\forall t\in X\cap||Q||(t\in P)\}$$

$\triangleleft P$ 可解释为主体具有证据 $P$。

这些来自范・本特姆等的定义，当证据模型 $\mathcal{M}$ 不是有穷的时，这些定义可能导致不一致的信念，即主体可能相信矛盾($B\bot$)。关于该问题，解决方案如下：

第一个解决方案是通过改变对信念的定义，使信念为全一致的。

第二个解决方案是增加范·本特姆等引入的单调性。[①] 一个证据模型 $\mathcal{M}$ 满足公理 $D$，即一个单调证据框架是一个序列。假设每一个有穷模型都是单调的。

**动态证据**　当处理动态证据时，范·本特姆等建议采用两种运算来修改证据：外延运算和内涵运算。证据变化可能是通过接受的新的信息引起的结果，也可能是经过重新赋值的内部处理的结果。在此不仅提供“强信息变化”（公开宣告）以及证据组合，也研究“弱信息变化”（彻底的和保守的更新）。

**定义 7.25**　当新的强证据 $\varphi$ 是可接受的时，可以得到更新 $!\varphi$，其将主体先前的证据模型 $(W,E,||\cdot||)$ 转换为 $(W',E',||\cdot||)$，且 $W'=||\varphi||$，$E'(w)=\{$对某些 $Y\in E(w)$，$X\mid\varnothing\neq X=Y\cap||\varphi||\}$。

**定义 7.26**　范·本特姆等所处理的基础内涵运算是证据组合：在这种情况下，主体组合了一致的证据，该证据模型可以改变为 $(W^*,E^*,||\cdot||)$ 且 $W^*=W$，$E^*(w)$ 为（非空）交下的最小的封闭集，且包含 $E(w)$。

**证据模型和偏或然模型**　范·本特姆等对证据和偏或然模型进行了比较。每一个偏或然模型都可以扩充为一个证据模型，可定义证据集为向下的 $\leqslant$ 封闭世界集。令 $X_{\downarrow\leqslant}=\{t\in W\mid\exists x\in X$ 且 $t\leqslant x\}$，对 $X\subseteq W$，如果 $X_{\downarrow\leqslant}\subseteq X$，那么 $X$ 为 $\leqslant$ 封闭的。反之，可将带有常元函数 $E$ 的证据模型（这种类型的证据被认为是一致的）转换为偏或然模型，使得 $w\leqslant_E t$，当且仅当 $\forall X\in E$，$t\in X$ 可推出 $w\in X$。在偏或然模型中，主体将自己所有的证据都进行了组合。

**证明系统**　证据逻辑的证明系统可以通过单独的动态模态的最小模态逻辑（给定了通常的必然性规则、可证的转换规则）以及如下的归约公理给出：

**定义 7.27**

$[!\varphi]\leftrightarrow(\varphi\rightarrow p)$；

$[!\varphi](\psi\wedge\gamma)\leftrightarrow[!\varphi]\psi\wedge[!\varphi]\gamma$；

$[!\varphi]\neg\psi\leftrightarrow\varphi\rightarrow\neg[!\varphi]\psi$；

$[!\varphi]B^{\psi}\theta\leftrightarrow\varphi\rightarrow B^{\varphi\wedge[!\varphi]\psi}([!\varphi]\theta)$；

$[!\varphi]\lhd^{\psi}\theta\leftrightarrow\varphi\rightarrow\lhd^{\varphi\wedge[!\varphi]\psi}([!\varphi]\theta)$。

目前我们关注的是动态信念修正逻辑，随后将研究时间信念修正逻辑。

---

① van Benthem, J., Fernández-Duque, D. and Pacuit, E., 2013: “Evidence and Plausibility in Neighborhood Structures”, *Annals of Pure and Applied Logic*, Vol.165, No.1(July): pp. 106-133.

# 第八章　多主体的信念变化逻辑

下面将在结构层面上研究两个基于逻辑方法的可比较的系统：一个是信念变化的动态逻辑，主要用或然关系来表示主体的信念世界和条件信念世界之间的关系；另一个是信念时态逻辑。

## 第一节　基础理论

认知时态树和具有积更新的动态逻辑是处理多主体信息流的补充方法。表达定理与这两种方法相关。

前面已经定义了认知模型、事件模型和积更新以及认知时态模型。

**定义 8.1**（主体的基本性质）

**完美记忆**　$\mathcal{H}$满足完美记忆，当且仅当$\forall he, h'f \in H$，如果 $K_i[he]=K_i[h'f]$，那么 $K_i[h]=K_i[h']$。假定主体不会忘记过去发生的事件信息。

**同步性**　$\mathcal{H}$满足同步性，当且仅当$\forall h, h' \in H$，如果 $K_i[h]=K_i[h']$，那么 $\mathrm{len}[h]=\mathrm{len}[h']$，其中 $\mathrm{len}(x)$为序列 $x$ 的长度。如果主体利用的是某些外部离散的记时点并且这些记时点与时间是一致的，那么同步性是可满足的。

**一致非偶然性**　$\mathcal{H}$满足一致非偶然性，当且仅当$\forall h, h' \in H$，$\forall e_1, e_2 \in E$，且 $he_1, h'e_2 \in H$，如果存在 $h'', h''' \in H$，且 $h''e_1, h'''e_2 \in H$ 使得 $h''e_1 \sim_i h'''e_2$，且 $h \sim_i h'$，那么 $he_1 \sim_i h'e_2$。一致非偶然性所刻画的主体不能用于解释整个历史，而只能逐步地解释进程，并且只能通过观察行为而得到一个新的信息。

**命题的稳定性**　$\mathcal{H}$满足命题的稳定性，当且仅当对所有的 $h, he \in H$，且 $p \in \mathrm{Prop}$，有 $p \in V(he)$，当且仅当 $p \in V(h)$。

动态认知逻辑借助的核心思想来自认知时态逻辑(ETL)。一个认知协议 $P$ 是在认知模型中,将一个状态映射到在前缀下封闭的点事件模型上的有穷序列的集合。一般地,在类树结构中允许使用分支选择程序。另外,可定义某些容许执行的信息进程:并非每一个观察都是有效的,或者是恰当的。更形式地,令 $\mathcal{G}$ 为所有的点事件模型类,且存在一个"事实事件"标记,那么协议集为 $\mathrm{Prot}(\mathcal{G})=\{P\subseteq\mathcal{G}^{*}\mid P$ 在有穷前缀下是封闭的$\}$。

**定义 8.2(局部协议)** 给定一个认知模型 $\mathcal{M}$,关于 $\mathcal{M}$ 的局部协议为函数 $P:|\mathcal{M}|\to\mathrm{Prot}(\mathcal{G})$。特殊情况下,$P$ 为常元函数,即将每一个世界映射给相同的序列集,称为协议一致性。如果局部协议是将世界映射到事件模型的唯一的线性序列,那么称其为线性协议。

下面引入一致的线性协议。

给定一个认知模型 $\mathcal{M}$,其为初始情境,增加一致的线性协议 $P$,并将结果时态发展为认知时态模型 $\mathrm{Forest}(\mathcal{M},P)=\bigcup_{\vec{\varepsilon}\in P}\mathcal{M}\otimes\vec{\varepsilon}$。由认知森林生成的 $\mathcal{M}$,主要通过 $P$ 中的点事件模型的序列实现,并运用积更新 $\otimes$ 运算来构建模型。

**定理 8.1** 令 $\mathcal{H}$ 为任意的认知时态逻辑模型。下面的两个断言是等价的[①]:

(1)$\mathcal{H}$ 为认知模型 $\mathcal{M}$ 和一致的线性协议 $P$ 的时态演化 $\mathrm{Forest}(\mathcal{M},P)$ 的同构。

(2)$\mathcal{H}$ 满足命题稳定性、同步性、互模拟不变性、完美记忆和一致非偶然性。

因此,认知时态条件刻画的是理想的认知主体,所刻画的这些森林由某些协议生成的迭代的积更新构成。

下面将构建一个恰当的信念模型,并建立系统的修正机制。

**语言** 关于事件模型的语言和互模拟是匹配的。这意味着,该语言是互模拟下的一个变种,它也足以刻画基于该互模拟的点模型。

## 第二节 信念变化的动态逻辑

该逻辑模型类似于认知模型,并借助由被观察的事件而引起的信念或

① van Benthem, J., Gerbrandy, J., Hoshi, T., et al., 2009: "Merging Frameworks for Interaction", *Journal of Philosophical Logic*, Vol.38, No.5: pp.491-526.

然模型。

### 一、或然模型:静态信念情境

下面研究信念或然模型,即纯认知自由的或然模型,而不是认知或然模型。其推理采用优先更新以对静态情境进行更新,并采用独立的认知关系和或然序进行构建。

### 二、刻画信念事件的结构

下面引入刻画复杂信念事件的结构。

**定义 8.3(或然事件模型)** 一个或然事件模型(简称事件模型)$\varepsilon$ 为多元组 $\langle E,(\leqslant_i)_{i\in Ag},\mathrm{Pre}\rangle$ 且 $E\neq\varnothing$,每一个 $\leqslant_i$ 均为基于 $E$ 的前序,且 $\mathrm{Pre}:E\rightarrow\mathcal{L}$,其中 $\mathcal{L}$ 为基础信念语言。

**定义 8.4(优先更新)** 或然模型的优先更新 $\mathcal{M}=\langle W,(\leqslant_i)_{i\in Ag},V\rangle$ 和事件模型 $\varepsilon=\langle E,(\leqslant_i)_{i\in Ag},\mathrm{Pre}\rangle$ 生成的或然模型 $\mathcal{M}\otimes\varepsilon=\langle W',(\leqslant_i')_{i\in Ag},V'\rangle$ 的定义如下:

(1)$W'=\{(w,e)\in W\times E\mid\mathcal{M},w\vDash\mathrm{Pre}(e)\}$;

(2)$(w,e)\leqslant'_i(w',e')$,当且仅当 $e<_i e'$,或者 $e\simeq_i e'$ 且 $w\leqslant_i w'$;

(3)$(w,e)\in V'(p)$,当且仅当对每一个 $p\in\mathrm{Prop}$,$w\in V(p)$。

在信念认知语境中,通过将认知或然事件模型和积更新进行组合可以生成优先更新。

$(w,e)\sim'_i(w',e')$,当且仅当 $w\sim_i w'$ 且 $e\sim_i e'$。

## 第三节 信念时态逻辑模型

下面将研究多主体的信念时态修正逻辑。[①] 信念时态逻辑模型可定义如下:

**定义 8.5(信念时态逻辑模型)** 已知一个信念时态逻辑模型(简写为 DoTL 或者 DTL 模型)$\mathcal{H}$ 为四元组 $\langle\Sigma,H,(\leqslant_i)_{i\in Ag},V\rangle$,其中 $\Sigma$ 为由事件组成的有穷集,$H\subseteq\Sigma^*$ 在非空前缀下是封闭的,对每一个 $i\in Ag$,$\leqslant_i$ 为基

① Bonanno, G.,2007:"Axiomatic Characterization of the AGM Theory of Belief Revision in a Temporal Logic",*Artificial Intelligence*, Vol.171,No.2-3(January):pp.144-160.

于 $H$ 的前序，且 $V$：Prop→$\mathcal{P}(H)$。

信念认知时态逻辑（DETL）模型为通过增加基于 $H$ 的认知等价关系 $(\sim_i)_{i\in Ag}$ 而扩充的信念时态逻辑模型。

给定某些历史 $h\in H$ 和事件 $e\in\Sigma$，令 $he$ 表示 $h$ 和 $e$ 的合取。给定一个或然链且为非事件本体，则模型 $H$ 可以看作"森林"——由所有事件树的不相交的并组成。

下面给出一些真值条件：

(1) $(H,h)\vDash\langle e\rangle\varphi$，当且仅当 $\exists h'\in H, h'=he$ 且 $(\mathcal{H},h')\vDash\varphi$；

(2) $(H,h)\vDash\Box_i\varphi$，当且仅当 $\forall h', h'\leqslant_i h$ 且 $h\sim_i h'$，有 $(\mathcal{H},h')\vDash\varphi$；

(3) $(H,h)\vDash K_i\varphi$，当且仅当 $\forall h', h\sim_i h'$，有 $(\mathcal{H},h')\vDash\varphi$；

(4) $(H,h)\vDash_i\varphi$，当且仅当 $\forall h', h'\in\min_{\leqslant_i}K_i[h]$，有 $(\mathcal{H},h')\vDash\varphi$。

类似于 AGM 的信念修正理论，动态信念逻辑分析了更新情境。和 AGM 理论不同，动态信念逻辑可用迭代更新的方法建立更长的序列。

在处理信息的许多进程中，如学习或者博弈中的信念修正，主体接收到的信息可能需要更多的限制。在该进程中，可接受的历史集中存在的关键信息称为协议。令 $\mathcal{G}$ 为由所有的点或然事件组成的模型类，协议集 $\mathrm{Prot}(\mathcal{G})=\{Pt\subseteq\mathcal{G}^*\mid Pt$ 在有穷前缀下是封闭的$\}$。可定义如下更灵活的信念修正的方法：

**定义 8.6**（信念协议）　给定一个信念或然模型 $\mathcal{M}$，关于 $\mathcal{M}$ 的局部的协议为函数 $P:|\mathcal{M}|\to\mathrm{Prot}(\mathcal{G})$。如果 $P$ 为常元函数，则称该协议是一致的。当 $P$ 为将状态映射到一个事件模型的线性嵌套序列时，称其为线性协议。

根据协议可生成信念时态森林的或然模型的优先更新。

根据一致的线性协议的定理，信念或然模型的迭代优先更新主要由一致的线性协议 $P$ 生成的信念时态森林模型构成。可根据归纳构建森林，从信念或然模型开始，可以通过构造的前提和协议对事件进行检测。新的或然序则根据优先更新生成，且可在每一个状态上得到更新。因为优先更新刻画的是纯信念，而并非实体的变化，所以其赋值类似于初始模型。记 $P(w)=\vec{\varepsilon}$，其中 $\vec{\varepsilon}$ 为有穷的事件模型序列。

**定义 8.7**（更新序列生成的信念时态逻辑模型）　每一个初始或然模型 $\mathcal{M}=\langle W,(\leqslant_i)_{i\in Ag},V\rangle$ 和每一个或然事件模型序列 $\vec{\varepsilon}=(\varepsilon_j)_{j\in\omega}$，其中 $\varepsilon_j=\langle E_j,(\leqslant_j^i)_{i\in Ag},\mathrm{Pre}_j\rangle$，可生成一般的信念时态逻辑模型的或然模型 $\langle\Sigma,H,(\leqslant_i)_{i\in Ag},V\rangle$，如下：

令 $\Sigma := \bigcup_{i=1}^{m} E_i$，且 $m=\mathrm{len}(\vec{\varepsilon})$。

令 $H_1 := W$，并且对每一个 $1<n\leqslant m$，令 $H_{n+1} := \{(we_1\cdots e_n) \mid (we_1\cdots e_{n-1})\in H_n$ 且 $\mathcal{M}\otimes\varepsilon_1\otimes\cdots\otimes\varepsilon_{n-1},(we_1\cdots e_{n-1})\models \mathrm{Pre}_n(e_n)\}$。

令 $H=\bigcup_{1\leqslant k\leqslant m} H_k$。

如果 $h,h'\in H_1$，那么 $h\leqslant_i h'$，当且仅当 $h\leqslant_i^m h'$。

对 $1<k\leqslant m$，$he\leqslant_i h'e'$，当且仅当 $he,h'e'\in H_k$，且 $e<_i^k e'$，或者 $e\simeq_i^k e'$，并且 $h\leqslant_i h'$。

最后，对所有的 $p\in \mathrm{Prop}$，设 $wh\in V(p)$，当且仅当 $w\in V(p)$。

信念时态模型和通过优先更新序生成的“森林”是同构的。

## 第四节　优先更新的框架性

我们需要了解信息处理的一般性质，在这个过程中，世界上已经发生的事件是不会改变的，而能够发生改变的只是主体对事件的信念。

**定义 8.8**　令 $\mathcal{H}=\langle\Sigma,H,(\leqslant_i)_{i\in Ag},V\rangle$ 为信念时态逻辑模型。如果 $h$ 是 $h'$ 的有穷前缀，且 $h$ 和 $h'$ 将满足同样的命题字母，则 $H$ 满足命题稳定性。

### 一、互模拟的不变性

在模态语言中，为了确保事件的背后都存在前提，要求所使用的语言中必须选择与之相对应的互模拟概念。下面将给出互模拟的抽象定义。

令 $\tau$ 为基于 $H\times H$ 的二元关系 $\langle R_1,\cdots,R_n\rangle$ 的有穷集。

**定义 8.9**（$\tau$ 互模拟）　令 $\mathcal{H}$ 和 $\mathcal{H}'$ 为基于同样的字母集 $\Sigma$ 的两个信念时态逻辑模型。对所有的 $h\in H,h'\in H'$，且对所有的 $R_i\in\tau$，关系 $Z\subseteq(H\times H')$ 为 $\tau$ 互模拟。

(1)原子协调：$h$ 和 $h'$ 满足同样的命题字母，当且仅当 $hZh'$；

(2)向后：如果 $hZh'$ 且 $hR_ij$，那么存在 $j'\in H'$，$jZj'$ 且 $h'R'_i$；

(3)向前：如果 $hZh'$ 且 $h'R'_ij'$，那么存在 $j\in H$，$jZj'$ 且 $hR_ij$。

如果 $Z$ 为 $\tau$ 互模拟且 $hZh'$，则称 $h$ 和 $h'$ 是 $\tau$ 互模拟的。

**定义 8.10**（$\tau$ 互模拟的不变性）　如果对所有的 $\tau$ 互模拟的历史 $h,h'\in H$，并且对所有的事件 $e$，$h'e\in H$，当且仅当 $he\in H$，则称信念时态逻辑模型 $\mathcal{H}$ 满足 $\tau$ 互模拟的不变性。

这些定义主要借助的是动态认知时间逻辑模型(DETL)。

### 二、主　体

下面开始讨论与主体相关的性质，主要讨论单个主体的情况。对每一个 $i \in Ag$，引入加标和前缀。记 $ha$ 表示事件 $a$，假设 $ha \in H$。

**定义 8.11**　令 $\mathcal{H} = \langle \Sigma, H, (\leqslant_i)_{i \in Ag}, V \rangle$ 为信念时态逻辑模型，则 $\mathcal{H}$ 满足：

**同步性**　如果 $h \leqslant h'$，且有 $\mathrm{len}(h) = \mathrm{len}(h')$，则称主体具有一个和进程相关的恰当状态的正确信念。

下面的两条性质主要与主体的优先更新的信念修正行为有关：

**偏好传递性**　如果 $ja \leqslant j'b$，那么 $h \leqslant h' \rightarrow ha \leqslant h'b$。

**偏好相关性**　如果 $jb \leqslant j'a$，那么 $ha \leqslant h'b \rightarrow h \leqslant h'$。

在早期的认知表示定理中，完美记忆和非偶然的对应性质刻画了具有理性记忆的观察主体，这是积更新规则的两个基本特征。

## 第五节　表示定理

下面研究动态信念逻辑模型和信念时态逻辑模型之间的关系，主要采用总或然前序的方法。

**定理 8.2**　令 $\mathcal{H}$ 为任意的信念时态逻辑模型且具备总或然前序，那么下面两个宣告是等价的：

(1)存在一个总或然模型 $\mathcal{M}$ 和总或然事件模型序列 $\vec{\varepsilon}$，使得 $\mathcal{H}$ 与由通过序列 $\vec{\varepsilon}$ 和优先更新生成的森林是同构的。

(2)$\mathcal{H}$ 满足命题的稳定性、同步性、互模拟不变性、偏好传递性和偏好相关性。

**证**　**必然性**(从左到右)　通过沿着某些给定的协议序列生成的连续的优先更新的任意信念时态逻辑模型，可证明给定条件是可满足的。因此，命题稳定性和同步性可以直接根据生成的森林定义。

**偏好传递性**　假设 $ja \leqslant j'b$①，根据优先更新的定义，可以推出 $a \leqslant b$②。假设 $h \leqslant h'$③，根据②③和优先更新，有 $ha \leqslant h'b$。

**偏好相关性**　假设 $jb \leqslant j'a$①，根据优先更新的定义，可推出 $b \leqslant a$②。假设 $ha \leqslant h'b$③，根据优先更新的定义，③可由两种方式生成。情况 i：$a < b$

④。由$<$的定义和④,可推出 $b \not\leqslant a$⑤。但⑤和②矛盾。情况 ii:$a \simeq b$⑥,故 $h \leqslant h'$⑦。

**充分性**(从右到左) 要使给定的信念时态逻辑模型 $\mathcal{H}$ 满足陈述条件,需要证明可构造一个相互匹配的信念或然模型和事件模型序列。

**构造** 下面构造初始或然模型 $\mathcal{M}_0 = \langle W, (\leqslant_i)_{i \in Ag}, \hat{V} \rangle$,其中 $W := \{h \in H \mid \mathrm{len}(h) = 1\}$。

设 $h \leqslant_i h'$,当且仅当 $h \leqslant_i h'$。

对每一个 $p \in \mathrm{Prop}$, $\hat{V}(p) = V(p) \cap W$。

现在构造第 $j$ 个事件模型 $\varepsilon_j = \langle E_j, (\leqslant_i^j)_{i \in Ag}, \mathrm{Pre}_j \rangle$,其中 $E_j := \{e \in \Sigma \mid$ 存在一个历史 $he \in H$ 且 $\mathrm{len}(h) = j\}$。

设 $a \leqslant_i^j b$,当且仅当存在 $ha, h'b \in H$ 使得 $\mathrm{len}(h) = \mathrm{len}(h') = j$,并且 $ha \leqslant_i h'b$。

对每一个 $e \in E_j$,令 $\mathrm{Pre}_j(e)$ 为一个公式,可用于刻画集合$\{h \mid he \in H$ 且 $\mathrm{len}(h) = j\}$。根据模态逻辑理论,互模拟的不变性可确保这样的公式成立。

下面证明该构造的正确性。

**宣称 8.1**(正确性) 令$\leqslant$为给定的信念时态逻辑模型中的或然关系。令$\leqslant_{\mathrm{DDL}}^{F}$为通过基于构造的或然模型 $\mathcal{F}$ 和构造的事件模型序列的优先更新生成的森林模型中的或然关系,则有 $h \leqslant h'$,当且仅当 $h \leqslant_{\mathrm{DDL}}^{F} h'$。

**证** 施归纳于历史的长度,基础情况可以根据初始模型 $\mathcal{M}_0$ 的结构推出。其归纳步骤如下:

(1)从信念时态逻辑到 Forest(DDL)。假设 $h_1 a \leqslant h_2 b$①,根据构造的事件模型可推出 $a \leqslant b$②。

**情况 1** $a < b$。根据优先更新,不考虑 $\mathcal{F}$ 中的 $h_1$ 和 $h_2$之间的关系,则有 $h_1 a \leqslant_{\mathrm{DDL}}^{F} h_2 b$。

**情况 2** $b \leqslant a$③。存在 $h_3 b, h_4 a$,使得 $h_3 b \leqslant h_4 a$。根据偏好相关性和①,在初始信念时态模型 $\mathcal{M}_0$ 中,有 $h_1 < h_2$。根据归纳假设可推出 $h_1 \leqslant_{\mathrm{DDL}}^{F} h_2$。又因为 $a$ 和 $b$ 是不同的,根据②③和优先更新,可得 $h_1 a \leqslant_{\mathrm{DDL}}^{F} h_2 b$。

(2)从 Forest(DDL)到信念时态逻辑。令 $h_1 a \leqslant_{\mathrm{DDL}}^{F} h_2 b$,根据优先更新的定义可得出如下两种情况:

**情况 1** $a < b$。根据定义,$a < b$ 蕴涵 $b \not\leqslant a$。根据上面的构造,对所有历史 $h_3, h_4 \in H$,有 $h_3 b \not\leqslant h_4 a$。特别地,有 $h_2 b \not\leqslant h_1 a$。根据全称性,有 $h_1 a$

$\leqslant h_2 b$。

**情况 2**　$a \simeq b$④和 $h_1 \leqslant^{F}_{DDL} h_2$。首先，根据归纳假设，$h_1 \leqslant h_2$⑤。根据④和前面的构造，存在 $h_3 a$，$h_4 b$ 且 $h_3 a \leqslant h_4 b$⑥。根据优先传递以及⑤和⑥可推出 $h_1 a \leqslant h_2 b$。

**推论 8.1**　令 $\mathcal{H}$ 为任意的信念认知时态逻辑模型且具备总或然前序，那么下面两个宣告是等价的：

(1)存在一个总认知或然模型 $\mathcal{M}$ 和一个总认知或然事件模型序列 $\vec{\varepsilon}$ 为总信念的模态语言中的前提，使得 $\mathcal{H}$ 是通过序列 $\vec{\varepsilon}$ 的 $\mathcal{M}$ 的优先更新生成的森林的同构。

(2)$\mathcal{H}$ 满足命题的稳定性、同步性、完美记忆、一致非偶然性、$(\sim_i, \cap, \leqslant_i)_{i \in Ag}$ 互模拟不变性、偏好传递性和偏好相关性。

根据认知事件模型生成积更新的或然事件模型可通过下面的定义给出：

**定义 8.12(保守的积更新)**　认知或然模型 $\mathcal{M}=\langle W, (\sim_i)_{i \in Ag}, \leqslant_i, V\rangle$ 和一个事件模型 $\varepsilon=\langle E, (\sim_i^{\varepsilon})_{i \in Ag}, \mathrm{Pre}\rangle$ 的保守的积更新为模型 $\mathcal{M} \otimes \varepsilon$，其定义域为 $\{(w,e) \mid w \in W, e \in E \wedge \mathcal{M}, w \vDash \mathrm{Pre}(e)\}$。在结果模型中的认知关系为 $(w,e) \sim'_i (w',e')$，当且仅当 $w \sim_i w'$ 且 $e \sim_i^{\varepsilon} e'$。或然序是 $(w,e) \leqslant'_i (w',e')$，当且仅当 $w \leqslant_i w'$，并且其赋值为 $(w,e) \in V(p)$，当且仅当 $w \in V(p)$。

## 第六节　前序的扩充

上述结果可扩展为一般情况下的前序，允许存在不可比性。

**定义 8.13(可协调的事件)**　如果对所有的 $ga, g'b: g \leqslant g' \leftrightarrow ga \leqslant g'b$，即 $a, b$ 是可保持的且是反可保持的或然关系，则这两个事件 $a, b \in \Sigma$ 是相互可协调的。

现在定义基于信念时态逻辑模型的新条件：

**可协调性**　对某些 $j, j', h, h'$，如果 $ja \leqslant j'b$ 且 $ha \nleqslant h'b$ 都成立，那么定义 8.13 中的可协调性事件 $a$ 和 $b$ 是可协调的。

可协调性的一致性指如果两个事件是关于历史或然的，那么它们相对于确定性的或然序是"中立的"。这些性质和前序可能会存在不可比较的情况。

**事实 8.1** 如果$\leqslant$是一个总的前序，且 $\mathcal{H}$ 满足偏好传递性和偏好相关性，那么 $\mathcal{H}$ 满足可协调性。

**证** 假设 $ja\leqslant j'b$①，$ha\nleqslant h'b$，根据总体性，$ha\nleqslant h'b$ 蕴涵 $hb\leqslant h'a$②。令 $g\leqslant g'$，根据偏好传递性和①，有 $ga\leqslant g'b$。反之，假设 $ga\leqslant g'b$，根据偏好相关性和①②，有 $g'\leqslant g$。

下面证明不满足总体性的偏可逆性：

**事实 8.2** 如果 $\mathcal{H}$ 满足可协调性，那么 $\mathcal{H}$ 满足偏好传递性。

**证** 令 $ja\leqslant j'b$①且 $h\leqslant h'$②，假设 $ha\nleqslant h'b$，根据可协调性，对每一个 $ga$，$g'b$，$g\leqslant g'\leftrightarrow ga\leqslant g'b$。特别地，$h\leqslant h'\leftrightarrow ha\leqslant h'b$。因此，$h\leqslant h'$，可得 $ha\leqslant h'b$。矛盾。

可用一个简单的反例证明$\leqslant$是总的。

**事实 8.3** 可协调性不能推出偏好相关性。

**证** 取最简单的模型，其中如下的关系成立：

$$h'b\simeq ha\simeq j'a\simeq jb,\quad \text{且 } h'<h\simeq j'\simeq j$$

对任意的前序，需要增加可协调性。

**定理 8.3** 令 $\mathcal{H}$ 为任意的信念时态逻辑模型且具备或然前序，那么下面两个宣称是等价的：

(1)存在或然模型 $\mathcal{M}$ 和或然事件模型序列 $\vec{\varepsilon}$，使得 $\mathcal{H}$ 和通过序列 $\vec{\varepsilon}$ 的优先更新 $\mathcal{M}$ 生成的森林是同构的。

(2) $\mathcal{H}$ 满足互模拟的不变性、命题的稳定性、同步性、偏好相关性和可协调性。

根据事实 8.2，可协调性也满足偏好传递性。

**证** **条件的必然性**：(1)⇒(2)

**可协调性** 假设 $ja\leqslant j'b$①，根据优先更新的定义，有 $a\leqslant b$②。现在，令 $ha\nleqslant h'b$③，根据优先更新的定义，有 $a\nless b$④。根据定义，②和④可以推出 $a\simeq b$⑤。假设 $g\leqslant g'$⑥。根据⑤⑥，可推出优先更新 $ga\leqslant g'b$。

另一个方向的证明与此类似，具体证明如下：

**条件的充分性**：(2)⇒(1)

给定一个信念认知时态逻辑模型，构造一个动态信念逻辑的或然模型，并增加以下的事件模型序列：

**结构** 构造初始的或然模型 $\mathcal{M}_0=\langle W,(\leqslant_i)_{i\in Ag},\hat{V}\rangle$如下：

$$W:=\{h\in H\mid \text{len}(h)=1\}$$

设 $h\leqslant_i h'$，当且仅当 $h\leqslant_i h'$。

对每一个 $p\in \text{Prop}$，$\overset{\wedge}{V}(p)=V(p)\cap W$。

构造第 $j$ 个事件模型 $\varepsilon_j=\langle E_j,(\leqslant_i^j)_{i\in Ag},\text{Pre}_j\rangle$ 如下：

$$E_j:=\{e\in\Sigma\mid \text{存在公式的历史 } he\in H \text{ 且 } \text{len}(h)=j\}$$

对每一个 $i\in Ag$，定义 $a\leqslant_i^j b$，当且仅当：(1)存在 $ha,h'b\in H$，使得 $\text{len}(h)=\text{len}(h')=j$ 且 $ha\leqslant_i h'b$；(2)$a$ 和 $b$ 是可协调的，并且取 $a\simeq b$（即 $a\leqslant b$ 且 $b\leqslant a$）。

对每一个 $e\in E_j$，令 $\text{Pre}_j(e)$ 为一个基础的信念公式所刻画的集合 $\{h\mid he\in H \text{ 且 } \text{len}(h)=j\}$。互模拟的不变性可确保存在这样的公式（可能是无穷的）。

在下面的情况下，可以证明该结构是正确的。

**宣告 8.2**（正确性）　令 $\leqslant$ 为信念时态逻辑模型 $\mathcal{M}$ 中的或然关系。令 $\leqslant_{\text{DDL}}^{F}$ 为森林 $\mathcal{F}$ 中的或然关系，根据所构造的事件模型序列的或然模型连续的优先更新生成的模型，有 $h\leqslant h'$，当且仅当 $h\leqslant_{\text{DDL}}^{F}h'$。

**证**　施归纳于历史的长度，基础情况根据初始模型 $\mathcal{M}_0$ 的结构可得。归纳步骤采用类似于前面的简化记法。

从信念认知时态逻辑到 Forest(DDL)分如下两种情况证明：

**情况 1**　$ha\leqslant h'b,h\leqslant h'$。根据归纳假设，$h\leqslant h'$ 蕴涵 $h\leqslant_{\text{DDL}}^{F}h'$①。因为 $ha\leqslant h'b$，根据构造可推出 $a\leqslant b$②。根据①②和优先更新，可得 $ha\leqslant_{\text{DDL}}^{F}h'b$。

**情况 2**　$ha\leqslant h'b,h\not\leqslant h'$。显然，$a$ 和 $b$ 是不能进行协调的，特殊条件下也不能用于构造事件模型，那么有 $a\leqslant b$①。根据偏好相关性的逆否命题，可以断定对所有的 $ja,j'b\in H$，有 $j'b\not\leqslant ja$②。因此，根据构造可得 $b\not\leqslant a$③，并且可以断定 $a<b$④。根据优先更新，可得 $ha\leqslant_{\text{DDL}}^{F}h'b$。

从 Forest(DDL)到信念认知时态逻辑分如下两种情况证明：

**情况 1**　$ha\leqslant_{\text{DDL}}^{F}h'b,h\leqslant_{\text{DDL}}^{F}h'$。根据优先更新的定义，$ha\leqslant_{\text{DDL}}^{F}h'b\rightarrow a<b$①，有两种可能的情况：

情况 1.1　根据已经使用的结构的特殊条件，$a$ 和 $b$ 是可协调的②。根据归纳假设，$h\leqslant_{\text{DDL}}^{F}h'\rightarrow h\leqslant h'$③。而②和③蕴涵 $ha\leqslant h'b$。

情况 1.2　条件①成立，因为在信念认知时态逻辑模型中，对某些 $ja$，$j'b\in H$，$ja\leqslant j'b$④。根据归纳假设，$h\leqslant_{\text{DDL}}^{F}h'\rightarrow h\leqslant h'$⑤。根据④⑤和偏好

传递性，有 $ha\leqslant h'b$。

**情况 2** $ha\leqslant^{F}_{\mathrm{DDL}}h'b, h\nleqslant^{F}_{\mathrm{DDL}}h'$。需要一个新的协调条件和一个加标的断言 $h\nleqslant^{F}_{\mathrm{DDL}}h'$①，且 $ha\leqslant^{F}_{\mathrm{DDL}}h'b$②。根据①②和优先更新的定义，有 $a<b$③。因此，根据定义，$b\nleqslant a$④。显然，$a$ 和 $b$ 并不是可协调的⑤；否则，有 $a\simeq b$⑥。故 $b\leqslant a$，与⑥矛盾。

③蕴涵存在 $ja, j'b\in H$ 且 $ja\leqslant j'b$。假设和 $ha\nleqslant h'b$ 相矛盾⑦。由⑥⑦，根据协调性，$a$ 和 $b$ 是可协调的，与⑤矛盾，故有 $ha\leqslant h'b$。

给定的信念时态逻辑模型刻画了主体群的信念的演变过程，可以确定根据连续的“局部的”初始或然模型的优先更新生成新的模型。

## 第七节　扩充和定理

### 一、从一致性到局部的协议

需要研究一致的线性协议。线性协议通过对事件重新命名的方式，以刻画模拟分支协议，并取所有的择代的分支的不相交的并而获得。一致性是一个实数限制，局部协议允许用带有点事件模型的可执行的序列集，以构造一个从一个状态到另一个状态的信息进程。事实上，主体甚至不知道哪一个协议可以得到执行，局部协议改变了该系统的完全的动态信念逻辑。

### 二、语言和互模拟

信念时态逻辑模型可支持多种语言。构造信念时态语言有两个目的：(1)论述事件的“局部的”前提，(2)指定当前进程的时态演变的“全部的”性质。语言的选择对应于语义不变性关系的选择，通常是某些互模拟的强的或弱的变化。

### 三、可替换的模型类

初始的或然关系将认知不可区分性和信念或然性进行了合并。

**定义 8.14（局部优先更新）** 一致的或然模型 $\mathcal{M}=\langle W,(\trianglelefteq_i)_{i\in Ag},V\rangle$ 和 $\trianglelefteq$ 事件模型 $\varepsilon=\langle E,(\trianglelefteq_i)_{i\in Ag},\mathrm{Pre}\rangle$ 的优先更新是一致的或然模型 $\mathcal{M}\otimes\varepsilon=\langle W',(\trianglelefteq_i{}')_{i\in Ag},V'\rangle$，可构造如下：

(1) $W'=\{(w,e)\in W\times E\mid(\mathcal{M},w)\vDash\mathrm{Pre}(e)\}$；

(2)$(w,a)\trianglelefteq_i{}'(w',b)$，当且仅当 $a\trianglelefteq_i b$，$b\ntrianglelefteq a$，且 $w\trianglelefteq w'\vee w'\trianglelefteq w$，或者 $a\trianglelefteq_i b$，$b\trianglelefteq a$ 且 $w\trianglelefteq w'$；

(3)$(w,e)\in V'(p)$，当且仅当对每一个 $p\in\mathrm{Prop}$，$w\in V(p)$。

这些运算为局部的优先更新。基础时态信念主体具有如下性质：

$\trianglelefteq$完美记忆　　如果 $ha\trianglelefteq h'b$，则有 $h\trianglelefteq h'\vee h'\trianglelefteq h$；

$\trianglelefteq$偏好传递性　　如果 $h\trianglelefteq h'$并且 $ja\trianglelefteq j'b$，那么 $ha\trianglelefteq h'b$；

$\trianglelefteq$偏好相关性　　如果 $ha\trianglelefteq h'b\wedge jb\trianglelefteq j'a$，那么 $h\trianglelefteq h'$；

$\trianglelefteq$可协调性　　如果 $ja\trianglelefteq j'b$，$h'\trianglelefteq h$ 并且 $ha\ntrianglelefteq h'b$，则对所有的 $ga$，$g'b\in H$，$g\trianglelefteq g'\leftrightarrow ga\trianglelefteq g'b$，对所有的 $g'a$，$gb\in H$，$g\trianglelefteq g'\leftrightarrow gb\trianglelefteq g'a$。

## 本章小结

本章我们的研究领域是理想的信念主体的动态信念逻辑，并提供了基于信念修正主体随时间变化的语义，下面的任务是在逻辑语言中揭示其一些基本特征，使它们对检测、运算和修改变得更清晰。随后我们将讨论不同的动态信念语言和信念时间语言及其表达力，并提供信念修正的时间逻辑的公理化系统。

# 第九章 总或然模型中的信念收缩

下面首先将研究动态认知逻辑框架下的信念收缩，主要是在特殊的总或然模型语境中为不同的信念收缩运算构建模型。随后将为动态认知逻辑中 AGM 理论中的收缩运算建立公理系统。

有三种不同类型的信念收缩运算，即严格取消(severe withdrawal)、保守收缩(conservative contraction))和适度收缩(moderate contraction)。

本章首先介绍了有关信念收缩的理论，并提出了严格取消的概念，讨论了信念收缩运算的局限性，提出了两个不同类型的收缩运算，即保守收缩和适度收缩；随后定义了三个基于全或然模型的收缩运算，借用了动态认知逻辑中处理认知行为的处理方法，并且给出了类似于动态认知逻辑风格的公理系统。

采用格鲁夫球和(有穷)全或然模型，这两类模型事实上是等价的，并根据给定的总或然模型构造格鲁夫模型。

例 9.1 图 9.1 所示的球系统是格鲁夫模型。该模型包括 4 个嵌套的球：中心球表示主体实际的信念集，世界 $s$ 在中心球内，为该模型中最相似的世界；第二个球包含世界 $v$；第三个球包含世界 $t$，$v$ 比 $t$ 更相似；$u$ 和 $w$ 属于第四个球，是等可能的，并且在该模型中是较不相似的世界。

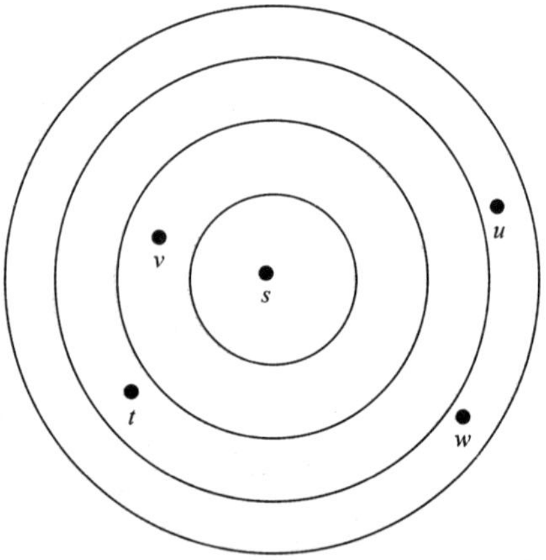


图 9.1 球系统

根据以上的观察，可以很容易地推出球系统所对应的总或然模型，如图 9.2 所示。

图 9.2 对应的总或然模型

下面定义了两个基于静态语言的不同的动态语言：条件信念逻辑语言（$\mathcal{L}_{CDL}$）和命题逻辑语言（$\mathcal{L}_{KKD}$）。条件信念逻辑语言是在命题逻辑语言中通过增加条件信念算子而获得的语言，而命题逻辑语言主要是在命题语言中通过增加不变知识算子和可废止知识算子而获得的语言。

## 第一节　信念收缩

主体在接收到新的信息之后，可能会修正他的信念，也可能会根据新的信息收缩他的信念。例如，主体相信张帅正躺在我家的沙发上，随后该主体获知张帅正躺在我家的沙发上是假的信息。主体在获知该信息之后，他将不再相信张帅正躺在我家的沙发上。换言之，主体清除了他所相信的张帅正躺在我家的沙发上的信念。事实上，他现在想的可能是张帅正躺在我家的沙发上，或者张帅并没有躺在我家的沙发上两种情况。

下面将研究信念收缩的 AGM 理论。

### 一、严格取消

**定义 9.1**　严格取消是从主体的信念集中清除信念的信念变化运算，使得在主体的信念集中对 $\varphi$ 进行收缩之后，最相似的世界是至少和最好的 $\neg\varphi$ 世界一样相似的所有的世界。

**例 9.2**　在图 9.3 中，考虑一个主体和一枚骰子。有人掷了一枚骰子，使得该主体无法看到骰子朝上的数字。在球系统中有 6 个可能世界：i 表示骰子朝上的数字为 1，ii 表示骰子朝上的数字为 2，iii 表示骰子朝上的数字为 3，iv 表示骰子朝上的数字为 4，v 表示骰子朝上的数字为 5，vi 表示骰子朝上的数字为 6。假设主体最初相信骰子朝上的数字为 3，而实际上骰子朝上的数字为 4(该主体并不知道这一结果)。这样他相信骰子朝上的数字是奇数，即他相信 $\varphi$(公式 $\varphi$ 的意思是“朝上的数字是奇数 3”)。另外，主体认为骰子朝上的数字是 5 的可能性比是 1 的可能性更大，并且认为骰子朝上的数字是 1 的可能性比是 6 的可能性要大，而且骰子朝上的数字为 1 的可能性或者为 2 的可能性是等可能的，同样骰子朝上的数字为 4 或者为 6 的可能性也是等可能的。据此，主体可能会认为 $3<5<1\equiv2<6\equiv4$($3<5$ 可读作朝上的数字为 3 比为 5 更有可能；$1\equiv2$ 可读作朝上的数字是 1 或者是 2 是等可能的)。换言之，主体认为 iii 比 v 更相似，v 比 i 和 ii 更相似，i 和 ii 比 iv 和 vi 更相似。

现在考虑主体接收到一条信息，骰子朝上的数字是偶数。主体必须清除他认为朝上的数字是奇数的信念。根据严格取消的定义，主体将不再相信朝上的数字是1,2,3或者5。事实上,主体认为i,ii,iii和v在进行严格取消之后是更或然的。那么据此主体认为$1\equiv2\equiv3\equiv5<6\equiv4$。

在图9.3中,这些数字表示进行修正之后的新的格鲁夫系统中的球。这样所有用1进行标注的区域构成了新格鲁夫系统的第一个球,用2进行标注的区域构成了新格鲁夫系统的第二个球,等等。最后,用$\omega$进行标注的区域指的是格鲁夫系统所有的球并之外的球,即不可能的状态。

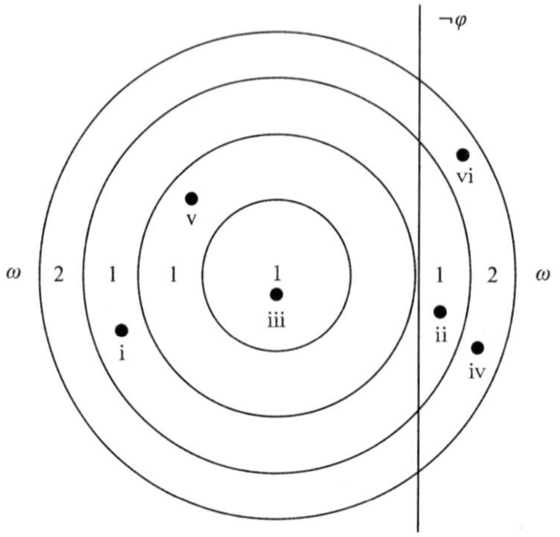


图9.3 严格取消$-\varphi$

## 二、其他的AGM类型的收缩

严格取消并非唯一的AGM语义收缩运算,该运算还包括保守收缩$-_c\varphi$以及适度收缩$-_m\varphi$。

**定义9.2** 保守收缩是从主体的信念集中清除信念的信念变化运算,使得在主体的信念集中对$\varphi$进行收缩运算之后,最相似的世界为最好的$\neg\varphi$世界加上最初的最好的$\varphi$世界。

**定义9.3** 适度收缩也为信念变化运算,从主体的信念集中清除信念,使得在主体的信念集中对$\varphi$进行收缩之后,最相似的世界是最好的$\neg\varphi$世界加上最初的最好的$\varphi$世界,以及所有的改进的$\neg\varphi$世界,使它们变得比余下的$\varphi$世界更好。

**例9.3** 图9.4和图9.5分别表示保守收缩和适度收缩。如前关于主体和骰子的实例,在主体接收到骰子朝上的数字是偶数的信息之后,他必须清除他的关于骰子朝上的数字是奇数的信念。根据保守收缩的定义,主体将会相信朝上的数字是2或者3。事实上,主体认为ii和iii在进行保守收缩之后更有可能。主体仍然认为朝上的数字是5的可能性比是1的可能性大,朝上的数字更有可能是1而不是6,而他仍然认为朝上的数字是4或者

6 是等可能的。根据主体的信念，有 2≡3<5<1<6≡4。

根据对适度收缩的定义，主体将会相信骰子朝上的数字是 2 或者 3。事实上，主体认为 ii 和 iii 在进行保守收缩之后更有可能。主体仍将认为骰子朝上的数字是 5 的可能性比是 1 的可能性大。现在他会认为骰子朝上的数字是 4 和 6 的可能性比是 5 的可能性大。根据主体的信念，有 2≡3<6≡4<5<1。

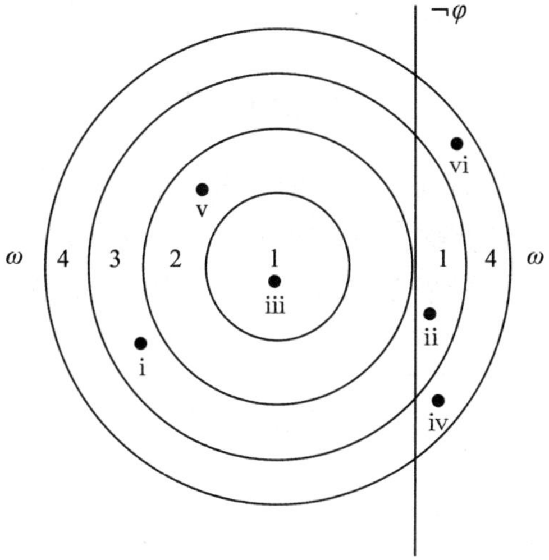


图 9.4　保守收缩—$_c\varphi$

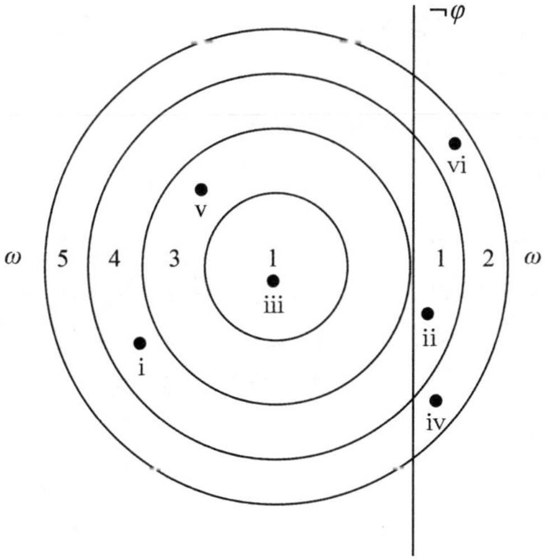


图 9.5　适度收缩—$_m\varphi$

# 第二节　严格取消

下面将在(有穷的)总或然模型上对收缩运算进行建模。信念收缩语言是在基础语言中通过增加动态收缩模态算子组成的。静态基础语言和静态收缩算子的语言是两种不相同的语言。

## 一、严格取消逻辑的语言

下面定义两种严格取消逻辑的语言:第一种严格取消逻辑语言($\mathcal{L}_{SEV1}$)可定义为由动态模态收缩$[-\varphi]$进行扩充的基于条件信念逻辑语言的语言;第二种严格取消逻辑语言($\mathcal{L}_{SEV2}$)可定义为由动态模态收缩$[-\varphi]$扩充的基于认知动态语言的语言。

## 二、严格取消逻辑的语义

在动态认知逻辑中,信念收缩可以根据模型变化运算进行建模。特别地,该建模过程可以看作是输入一个给定的总或然模型 $\mathcal{M}=(S,\leqslant,V)$,并且可以生成输出的总或然模型 $\mathcal{M}^{-\varphi}=(S,\leqslant^{-\varphi},V)$。给定序关系$\leqslant$的总或然模型可以通过对 $\varphi$ 进行严格取消之后的新模型关系$\leqslant^{-\varphi}$进行替换。即所有的世界中至少存在可能和已经成为最好的$\neg\varphi$ 世界一样可能的世界,但原有的序没有发生变化。

定义 9.4　初始的总或然模型 $\mathcal{M}=(S,\leqslant,V)$在通过对 $\varphi$ 进行严格取消之后可以转换为模型 $\mathcal{M}^{-\varphi}=(S,\leqslant^{-\varphi},V)$,其中 $t\leqslant^{-\varphi}s$,当且仅当 $t\leqslant s$,或者对某些 $w\in \text{best}||\neg\varphi||_{\mathcal{M}}, t\leqslant w$。

动态算子$[-\varphi]$的语义为$(\mathcal{M},s)\vDash[-\varphi]\psi$,当且仅当$(\mathcal{M}^{-\varphi},s)\vDash\psi$。

例 9.4　图 9.6 是由 6 个状态 $s,t,u,v,w$ 和 $x$ 组成的球模型,使得 $\varphi$ 在 $s,t,v$ 和 $x$ 上是真的,且$\neg\varphi$ 在 $u$ 和 $w$ 上是真的。

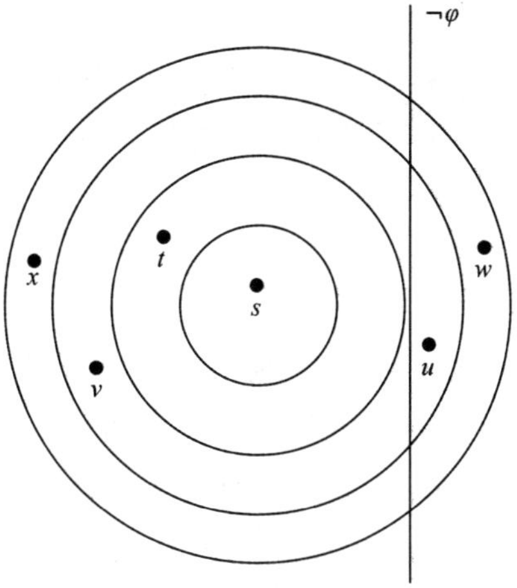


图 9.6　格鲁夫系统

根据该球系统，可以生成如图 9.7 所示的总或然模型。

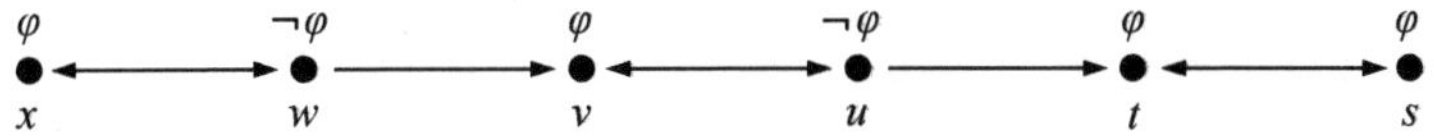


图 9.7　初始总或然模型

接着，图 9.8 给出了一个用 $\varphi$ 建构的严格取消的总或然模型。在该模型中，状态 $s$，$t$，$u$ 和 $v$ 是等可能的，它们都位于顶部。这样，在此模型中，主体将不再相信 $\varphi$，并且也不再相信 $\neg\varphi$。

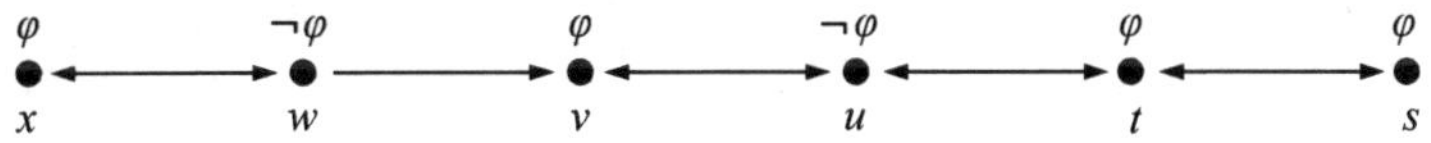


图 9.8　图 9.7 中初始总或然模型中的严格取消

## 三、严格取消逻辑的公理系统

**定理** 9.1　严格取消逻辑语言 $\mathcal{L}_{SEV2}$ 的严格取消逻辑的可靠的和完全的公理系统通过在认知动态语言的公理和规则的基础上增加下面的归约公理给出：

$[-\varphi]p\leftrightarrow p$；

$[-\varphi]\neg\theta\leftrightarrow\neg[-\varphi]\theta$；

$[-\varphi](\theta\wedge\psi)\leftrightarrow[-\varphi]\theta\wedge[-\varphi]\psi$；

$[-\varphi]K\theta \leftrightarrow K[-\varphi]\theta$；

$[-\varphi]K_D\theta \leftrightarrow (K_D[-\varphi]\theta \wedge (\neg K\varphi \rightarrow \neg K\ \neg(\neg\varphi \wedge K_D[-\varphi]\theta)))$。

**证** 认知动态语言公理的可靠性已经在文献《动态互动的信念修正量化理论》中给出了证明。剩下的就是证明归约公理的可靠性。第一个归约公理的证明可以直接推出，下面重点关注可废止知识的归约公理的证明。

假设$(\mathcal{M},s)\vDash[-\varphi]K_D\psi$，那么$(\mathcal{M}^{-\varphi},s)\vDash K_D\psi$。对所有的$t$使得$t\leqslant^{-\varphi}s$，$(\mathcal{M}^{-\varphi},s)\vDash\psi$，即对所有的$t$使得$t\leqslant^{-\varphi}s$，$(\mathcal{M},t)\vDash[-\varphi]\psi$。

$t\leqslant^{-\varphi}s$，当且仅当对某些$w\in best||\neg\varphi||_{\mathcal{M}}$，$t\leqslant w$或者$t\leqslant s$。那么：

对某些$w\in best||\neg\varphi||_{\mathcal{M}}$，对所有的$t$使得$t\leqslant w$，$(\mathcal{M},t)\vDash[-\varphi]\psi$，并且对所有的$t$使得$t\leqslant s$，$(\mathcal{M},t)\vDash[-\varphi]\psi$，即

$(\mathcal{M},s)\vDash\neg K\varphi\rightarrow\neg K\ \neg(\neg\varphi\wedge K_D[-\varphi]\psi)$， 且$(\mathcal{M},s)\vDash K_D[-\varphi]\psi$

**完全性的证明** 根据语言$\mathcal{L}_{SEV2}$和严格取消逻辑的公理系统，进行严格取消之后的情况，可以通过经过严格取消之前的情况来进行刻画。运用归约规则，严格取消算子可以通过逐步地“推出”所有其他的算子，最后完全剔除原子公式的归约规则。

**引理 9.1** 在上面的证明系统中，$\mathcal{L}_{SEV2}$的每一个公式都可证的等价于认知动态语言中不同的公式。

$\mathcal{L}_{SEV2}$公理的完全性的证明可以由认知动态语言公理的完全性的证明推出，贝尔泰格和斯梅茨(Baltag and Smets，2008)①以及引理9.1中都提供了关于严格取消语言$\mathcal{L}_{SEV2}$的完全性的证明。

令$\varphi$为认知动态语言中的公式，使得它在总或然模型中是可满足的，令$\varphi'$为严格取消语言$\mathcal{L}_{SEV2}$中的公式且等价于$\varphi$，那么$\varphi'$在总或然模型中也是可满足的。

如果静态的基础语言采用的是条件信念逻辑语言，严格取消语言$\mathcal{L}_{SEV1}$中无法提供关于归约规则的证明。事实上，并没有关于条件信念的归约公理。

## 四、严格取消存在的争议

许多学者认为严格取消并不是一个好的模型收缩的方法，不满足恢复

---

① Baltag, A. and Smets, S., 2008: “A Qualitative Theory of Dynamic Interactive Belief Revision”. In Bonanno, G. van der Hoek, W. and Wooldridge, M.( eds), *Logic and the Foundations of Game and Decision Theory* (*LOFT 7*), Amsterdam: Amsterdam University Press, pp.9-58.

规则，但需要满足可扩张性。对于本体的事实 $p,q$，有 $(\neg Bp\wedge\neg Bq)\rightarrow([-p]Bq\vee[-q]Bp)$。

保守的收缩行动和适度的收缩行动比严格的收缩行动更好。事实上，它们都满足恢复的基本条件。

## 第三节　保守收缩

### 一、保守收缩逻辑的语言

下面定义两种保守收缩逻辑的语言：第一种保守收缩逻辑语言（$\mathcal{L}_{\text{CONS1}}$）主要定义在增加了动态模态收缩 $[-_c\varphi]$ 的静态基础语言，即条件信念逻辑语言之上；第二种保守收缩逻辑语言（$\mathcal{L}_{\text{CONS2}}$）主要定义在增加动态模态收缩 $[-_c\varphi]$ 的静态基础认知动态语言之上。

### 二、保守收缩逻辑的语义

保守收缩运算具有和总或然模型 $\mathcal{M}:=(W,\leqslant,V)$ 相类似的表达力，可以转换成模型 $\mathcal{M}^{-c\varphi}:=(W,\leqslant^{-c\varphi},V)$。在该语境中，序关系 $\leqslant$ 是由总或然模型在用 $\varphi$ 进行保守收缩之后，在新的模型中通过关系 $\leqslant^{-c\varphi}$ 进行替换获得的。其意思是将最好的 $\neg\varphi$ 世界转变成和最好的初始世界是等可能的，但排除了保持不变的旧序。

**定义 9.5**　初始总或然模型 $\mathcal{M}:=(W,\leqslant,V)$ 在用 $\varphi$ 进行保守收缩之后转换成模型 $\mathcal{M}^{-c\varphi}=(W,\leqslant^{-c\varphi},V)$，其中 $t\leqslant^{-c\varphi}w$，当且仅当 $t\in\text{best}||\neg\varphi||_{\mathcal{M}}$ 或者 $t\leqslant w$。

**定义 9.6**　定义 $\text{best}^{-c\varphi}P$ 如下：

(1) 如果 $P\cap\text{best}||\neg\varphi||_{\mathcal{M}}=\varnothing$，则 $\text{best}^{-c\varphi}P:=\text{best}P$；

(2) 如果 $P\cap\text{best}||\neg\varphi||_{\mathcal{M}}\neq\varnothing$，则 $\text{best}^{-c\varphi}P:=(P\cap\text{best}||\neg\varphi||_{\mathcal{M}})\cup(P\cap\text{best}W)$。

动态算子 $[-_c\varphi]$ 的语义可定义如下：

$(\mathcal{M},w)\vDash[-_c\varphi]\psi$，当且仅当 $(\mathcal{M}^{-c\varphi},w)\vDash\psi$。

**例 9.5**　图 9.9 为由六个状态 $s,t,u,v,w$ 和 $x$ 组成的球模型，使得 $\varphi$ 在状态 $s,t,v$ 和 $x$ 上是真的，且在状态 $u$ 和 $w$ 上 $\neg\varphi$ 是真的。

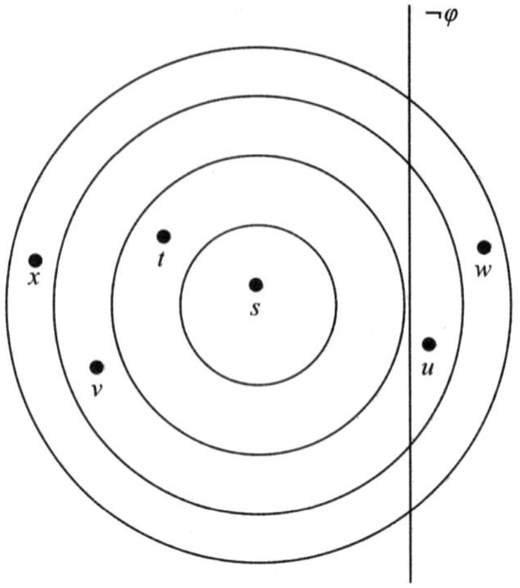


图 9.9　格鲁夫系统

根据该球系统，可以在图 9.10 中生成一个对应的总或然模型。

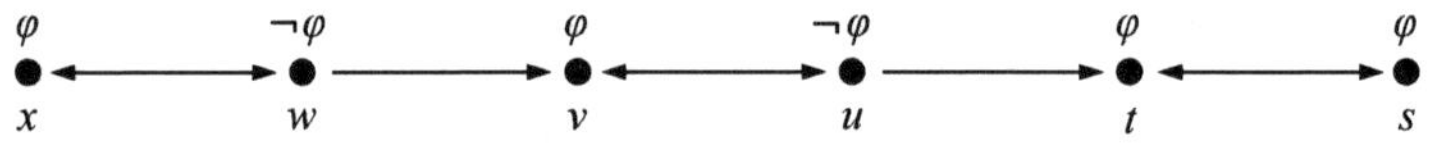


图 9.10　初始总或然模型

图 9.11 给出了利用 $\varphi$ 进行保守收缩生成的总或然模型。在该模型中，状态 $u$ 与状态 $s$ 是等可能的，且都处在顶部。这样，主体不再相信 $\varphi$，并且也不相信 $\neg\varphi$。

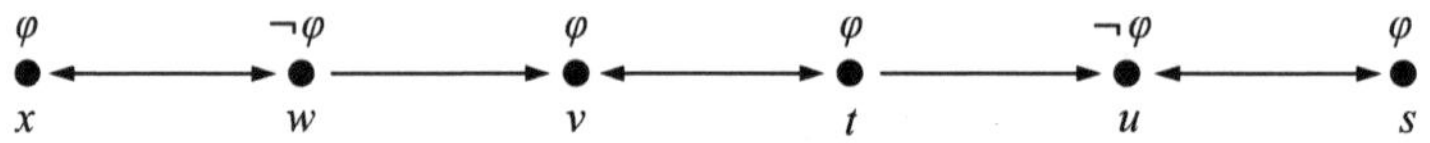


图 9.11　图 9.10 中初始总或然模型中的保守收缩

## 三、保守收缩逻辑的公理系统

**定理 9.2**　保守收缩逻辑和保守收缩逻辑语言 $L_{\mathrm{CONS1}}$ 的可靠的和完全的证明系统可以根据条件信念逻辑语言的公理和推理规则，通过增加下面的归约公理推出：

$[-_c\varphi]p \leftrightarrow p$；

$[-_c\varphi]\neg\theta \leftrightarrow \neg[-_c\varphi]\theta$；

$[-_c\varphi](\theta \wedge \psi) \leftrightarrow [-_c\varphi]\theta \wedge [-_c\varphi]\psi$；

$[-_c\varphi]B^{\psi}\theta \leftrightarrow B([-_c\varphi]\psi \rightarrow [-_c\varphi]\theta) \wedge B^{\neg\varphi}([-_c\varphi]\psi \rightarrow [-_c\varphi]\theta) \wedge$

$(B^{\neg\varphi}[-_c\varphi]\neg\psi\rightarrow B^{[-c\varphi]\psi}[-_c\varphi]\theta)$。

**证**　条件信念逻辑语言公理的可靠性的证明可以参看《条件信念模型》①。下面需要证明的是归约公理的可靠性。第一条归约公理可以直接推出。下面重点证明条件信念逻辑的归约公理。

假设 $s\vDash_{\mathcal{M}}[-_c\varphi]B^{\psi}\theta$，那么 $s\vDash_{\mathcal{M}-c\varphi}B^{\psi}\theta$。所以 $best^{-c\varphi}||\psi||_{\mathcal{M}-c\varphi}\subseteq||\theta||_{\mathcal{M}-c\varphi}$。这意味着，$best^{-c\varphi}||[-_c\varphi]|\psi||_{\mathcal{M}}\subseteq||[-_c\varphi]\theta||_{\mathcal{M}}$。

(1)如果$||[-_c\varphi]\psi||_{\mathcal{M}}\cap best||\neg\varphi||_{\mathcal{M}}=\varnothing$，则 $best^{-c\varphi}||[-_c\varphi]\psi||_{\mathcal{M}}:=best||[-_c\varphi]\psi||_{\mathcal{M}}$；

(2)如果$||[-_c\varphi]\psi||_{\mathcal{M}}\cap best||\neg\varphi||_{\mathcal{M}}\neq\varnothing$，则 $best^{-c\varphi}||[-_c\varphi]\psi||_{\mathcal{M}}:=(||[-_c\varphi]\psi||_{\mathcal{M}}\cap best||\neg\varphi||_{\mathcal{M}})\cup(||[-_c\varphi]\psi||_{\mathcal{M}}\cap bestS)$。

那么：

如果 $best||\neg\varphi||_{\mathcal{M}}\subseteq||[-_c\varphi]\neg\psi||_{\mathcal{M}}$，则

(1)$best||-_c\varphi]\psi||_{\mathcal{M}}\subseteq||[-_c\varphi]\theta||_{\mathcal{M}}$；

(2)$best||\neg\varphi||_{\mathcal{M}}\cap||[-_c\varphi]\psi||_{\mathcal{M}}\subseteq||-_c\varphi]\theta||_{\mathcal{M}}$；

(3)$best\cap||[-_c\varphi]\psi||_{\mathcal{M}}\subseteq||[-_c\varphi]\theta||_{\mathcal{M}}$。

否则：

(1)$s\vDash_{\mathcal{M}}(B^{\neg\varphi}[-_c\varphi]\neg\psi\rightarrow B^{[-c\varphi]\psi}[-_c\varphi]\theta)$；

(2)$s\vDash_{\mathcal{M}}B^{\neg\varphi}([-_c\varphi]\psi\rightarrow[-_c\varphi]\theta)$；

(3)$s\vDash_{\mathcal{M}}B([-_c\varphi]\psi\rightarrow[-_c\varphi]\theta)$。

**完全性的证明**　根据保守收缩语言 $\mathcal{L}_{CONS1}$ 和保守收缩逻辑 $CONS_1$ 的公理系统，在保守收缩中，可用保守收缩之前的情况表示经过保守收缩之后的情况。运用归约规则，通过保守收缩算子可以逐步地"推出"所有的其他算子，最后可以运用归约规则完全地化归为原子公式。

**引理 9.2**　在上面的证明系统中，$\mathcal{L}_{CONS1}$的每一个公式都可证的等价于条件信念逻辑语言中对应的公式。

$\mathcal{L}_{CONS1}$的完全的公理系统可以从条件信念逻辑语言完全的公理系统中推出，证明过程可以根据贝尔泰格和斯梅茨(Baltag and Smets，2006)②以及引理 9.2 给出。

---

① Baltag, A. and Smets, S., 2006: "Conditional Doxastic Models: A Qualitative Approach to Dynamic Belief Revision", *Electronic Notes in Theoretical Computer Science*, Vol.165: pp.5-21.

② Baltag, A. and Smets, S., 2006: "Dynamic Belief Revision Over Multi-agent Plausibility Models". In van der Hoek, W. and Wooldridge, M.(eds), Proceedings of LOFT'06, pp.11-24.

令 $\varphi$ 为条件信念逻辑语言中的公式，使得其在总或然模型中是可满足的，令 $\varphi'$ 为 $\mathcal{L}_{\mathrm{CONS1}}$ 中的公式且等价于 $\varphi$，那么 $\varphi'$ 在总或然模型中也是可满足的。

**定理 9.3** 保守收缩逻辑 $\mathrm{CONS}_2$ 和保守收缩语言 $\mathcal{L}_{\mathrm{CONS2}}$ 的可靠的和完全的公理系统可以通过认知动态语言的公理和规则加上下面的归约公理给出：

$[-_c\varphi]p\leftrightarrow p$；

$[-_c\varphi]\neg\theta\leftrightarrow\neg[-_c\varphi]\theta$；

$[-_c\varphi](\theta\wedge\psi)\leftrightarrow[-_c\varphi]\theta\wedge[-_c\varphi]\psi$；

$[-_c\varphi]K\theta\leftrightarrow K[-_c\varphi]\theta$；

$[-_c\varphi]K_D\theta\leftrightarrow K_D[-_c\varphi]\theta\wedge B^{\neg\varphi}[-_c\varphi]\theta$。

最后的归约公理，利用条件算子 $B^{\neg\varphi}[-_c\varphi]\theta$ 可以简写为

$$B^{\varphi}\psi\leftrightarrow\neg K\neg\varphi\rightarrow\neg K\neg(\varphi\wedge K_D(\varphi\rightarrow\psi))$$

**证** 认知动态语言公理的可靠性前面已经给出了证明，下面需要重点关注的是归约公理。第一个归约公理的证明可以直接推出，下面主要关注可废止知识的归约公理的证明。

设 $w\vDash_{\mathcal{M}}[-_c\varphi]K_D\theta$，则 $w\vDash_{\mathcal{M}-c\varphi}K_D\theta$。对所有的 $t$ 使得 $t\leqslant^{-c\varphi}w$，$t\vDash_{\mathcal{M}-c\varphi}\theta$。这意味着，对所有的 $t$ 使得 $t\leqslant^{-c\varphi}w$，$t\vDash_{\mathcal{M}}[-_c\varphi]\theta$。

$t\leqslant^{-c\varphi}w$，当且仅当 $t\in\mathrm{best}||\neg\varphi||_{\mathcal{M}}$ 或者 $t\leqslant w$，那么：

对所有的 $t$ 使得 $t\in\mathrm{best}||\neg\varphi||_{\mathcal{M}}$，$t\vDash_{\mathcal{M}}[-_c\varphi]\theta$，且对所有的 $t$ 使得 $t\leqslant w$，$t\vDash_{\mathcal{M}}[-_c\varphi]\theta$。

这意味着，$w\vDash_{\mathcal{M}}B^{\neg\varphi}[-_c\varphi]\theta$ 且 $w\vDash_{\mathcal{M}}K_D[-_c\varphi]\theta$。

**完全性的证明** 根据保守收缩语言 $\mathcal{L}_{\mathrm{CONS2}}$ 和保守收缩逻辑 $\mathrm{CONS}_2$ 的公理系统，保守收缩之后的情况可以通过所谓的保守收缩之前的情况来表达。运用归约规则，通过保守收缩算子可以逐步“推出”所有的其他算子，最后，运用原子公式的归约规则可以完全地剔除这些公式。

**引理 9.3** 在上面的证明系统中，$\mathcal{L}_{\mathrm{CONS2}}$ 的每一个公式都可证的等价于认知动态语言中不同的公式。

$\mathcal{L}_{\mathrm{CONS2}}$ 公理的完全性可以根据认知动态语言中公理的完全性进行证明，证明过程可以根据引理 9.3 以及和贝尔泰格和斯梅茨(Baltag and Smetls，2008)[①]给出。

---

① Baltag, A. and Smets, S., 2008: “A Qualitative Theory of Dynamic Interactive Belief Revision”. In Bonanno, G. van der Hoek, W. and Wooldridge, M.(eds), *Logic and the Foundations of Game and Decision Theory* (*LOFT 7*), Amsterdam: Amsterdam University Press, pp.9-58.

令 $\varphi$ 为认知动态语言中的公式，使得其在总或然模型中是可满足的，令 $\varphi'$ 为保守收缩语言 $\mathcal{L}_{\mathrm{CONS2}}$ 中等价于 $\varphi$ 的公式，那么 $\varphi'$ 在总或然模型中也是可满足的。

## 第四节　适度收缩

### 一、适度收缩逻辑的语言

下面定义两种适度收缩逻辑的语言：第一种适度收缩逻辑的语言（$\mathcal{L}_{\mathrm{MOD1}}$）可以定义为通过增加动态模态收缩 $[-_m\varphi]$ 到静态基础语言，即条件信念逻辑语言上生成；第二种适度收缩逻辑的语言 $\mathcal{L}_{\mathrm{MOD2}}$ 可以定义为通过增加动态模态收缩 $[-_m\varphi]$ 到静态基础认知动态语言上生成。

### 二、适度收缩逻辑的语义

适度收缩运算具有和总或然模型 $\mathcal{M}=(W,\leqslant,V)$ 相同的表达力，可转换为模型 $\mathcal{M}^{-m\varphi}=(W,\leqslant^{-m\varphi},V)$。在该语境中，通过总或然模型给出的序 $\leqslant$，可以采用关系 $\leqslant^{-m\varphi}$，并通过运用 $\varphi$ 进行适度收缩之后在新生成的模型中替换而成。其意思是将最好的 $\neg\varphi$ 世界与最好的初始世界变成等可能的，那么余下的 $\neg\varphi$ 世界将会变得比余下的 $\varphi$ 世界更好。在这两个区间内，旧的序将保持不变。

定义 9.7　初始总或然模型 $\mathcal{M}=(W,\leqslant,V)$，用 $\varphi$ 进行适度收缩之后可以转换成模型 $\mathcal{M}=(W,\leqslant^{-m\varphi},V)$，其中 $t\leqslant^{-m\varphi}w$，当且仅当以下条件中的任意一个成立：

(1) $t\in \mathrm{best}||\neg\varphi||_{\mathcal{M}}$；

(2) $w\in||\varphi||_{\mathcal{M}}$，$w\notin \mathrm{best}||\varphi||_{M}$ 且 $t\in||\neg\varphi||_{\mathcal{M}}$；

(3) $w\in||\varphi||_{\mathcal{M}}$，$t\in||\varphi||_{\mathcal{M}}$ 且 $t\leqslant w$；

(4) $w\in||\neg\varphi||_{\mathcal{M}}$，$t\in||\neg\varphi||_{\mathcal{M}}$ 且 $t\leqslant w$。

定义 9.8　可以定义 $\mathrm{best}^{-m\varphi}P$ 如下：

(1) 如果 $P\cap||\neg\varphi||_{\mathcal{M}}=\varnothing$，则 $\mathrm{best}^{-m\varphi}P:=\mathrm{best}P$；

(2) 如果 $P\cap||\neg\varphi||_{\mathcal{M}}\neq\varnothing$，则 $\mathrm{best}^{-m\varphi}P:=\mathrm{best}(\neg\varphi\cap P)\cup(P\cap \mathrm{best}S)$。

动态算子 $[-_m\varphi]$ 的语义可定义如下：

$(\mathcal{M},w)\vDash[-_m\varphi]\psi$，当且仅当 $(\mathcal{M}^{-m\varphi},w)\vDash\psi$。

**例 9.6** 图 9.12 是由六个状态 $s,t,u,v,w$ 和 $x$ 组成的球模型,使得 $\varphi$ 在状态 $s,t,v$ 和 $x$ 上是真的,$\neg\varphi$ 在状态 $u$ 和 $w$ 上是真的。

根据该球系统,可在图 9.13 中生成对应的总或然模型。

图 9.14 给出了用 $\varphi$ 进行适度收缩后生成的总或然模型。在该模型中,状态 $u$ 和状态 $s$ 是等可能的,二者都处于顶部,而状态 $w$ 比状态 $t,v$ 和 $x$ 更有可能。这样主体不再相信 $\varphi$,也不再相信 $\neg\varphi$。然而,他更偏向于认为 $\neg\varphi$ 比 $\varphi$ 更有可能。如果主体进一步地修正/收缩他的信念,该主体最后将开始相信 $\neg\varphi$ 而不再相信 $\varphi$。

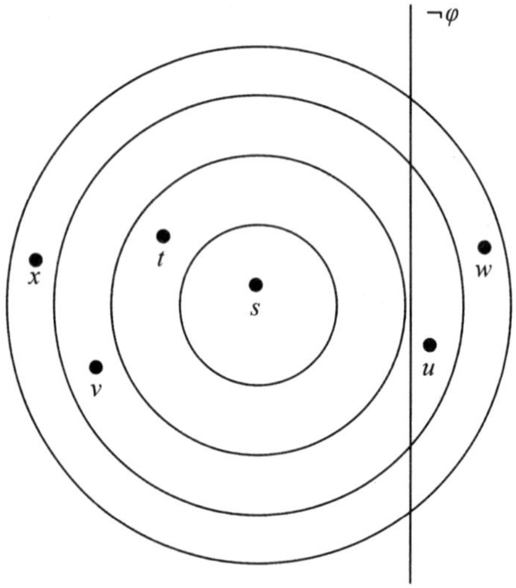


图 9.12 格鲁夫系统

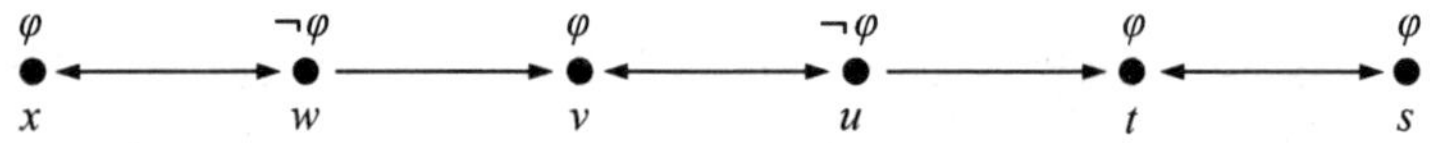


图 9.13 初始总或然模型

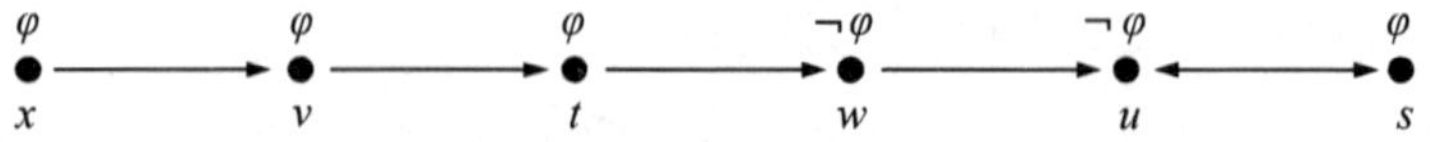


图 9.14 图 9.13 中初始总或然模型中的适度收缩

## 三、适度收缩逻辑的公理系统



**定理 9.4** 适度收缩逻辑 $\mathrm{MOD}_1$ 和适度收缩逻辑的语言 $\mathcal{L}_{\mathrm{MOD}1}$ 的可靠

性和完全性的证明主要通过条件信念逻辑语言的公理和规则加上下面的归约公理给出：

$[-_m\varphi]p\leftrightarrow p$；

$[-_m\varphi]\neg\theta\leftrightarrow\neg[-_m\varphi]\theta$；

$[-_m\varphi](\theta\wedge\psi)\leftrightarrow[-_m\varphi]\theta\wedge[-_m\varphi]\psi$；

$[-_m\varphi]B^{\psi}\theta\leftrightarrow B([-_m\varphi]\psi\rightarrow[-_m\varphi]\theta)\wedge B^{\neg\varphi[-m\varphi]\psi}[-_m\varphi]\theta\wedge$ $(K^{\neg\varphi}[-_m\varphi]\neg\psi\rightarrow B^{[-m\varphi]\psi}[-_m\varphi]\theta)$。

**证**　条件信念逻辑语言公理的可靠性证明前面已经给出，下面只需要证明归约公理的可靠性即可。第一条归约公理可以直接给出，在此重点需要证明的是条件信念的归约公理。

设 $s\vDash_{\mathcal{M}}[-_m\varphi]B^{\psi}\theta$，那么 $s\vDash_{\mathcal{M}-m\varphi}B^{\psi}\theta$。所以 $\text{best}^{-m\varphi}||\psi||_{\mathcal{M}-m\varphi}\subseteq||\theta||_{\mathcal{M}-m\varphi}$。这意味着，$\text{best}^{-m\varphi}||[-_m\varphi]\psi||_{\mathcal{M}}\subseteq||[-_m\varphi]\theta||_{\mathcal{M}}$。

(1)如果$||[-_m\varphi]\psi||_{\mathcal{M}}\cap||\neg\varphi||_{\mathcal{M}}=\varnothing$，则 $\text{best}^{-m\varphi}||[-_m\varphi]\psi||_{\mathcal{M}}:=\text{best}||[-_m\varphi]\psi||_{\mathcal{M}}$；

(2)如果$||[-_m\varphi]\psi||_{\mathcal{M}}\cap||\neg\varphi||_{\mathcal{M}}\neq\varnothing$，则 $\text{best}^{-m\varphi}||[-_m\varphi]\psi||_{\mathcal{M}}:=\text{best}(\neg\varphi\cap||[-_m\varphi]\psi||_{\mathcal{M}})\cup(||[-_m\varphi]\psi||_{\mathcal{M}}\cap\text{best}S)$。

那么：

如果$||\neg\varphi||_{\mathcal{M}}\subseteq||[-_m\varphi]\neg\psi||_{\mathcal{M}}$，则

(1)$\text{best}||[-_m\varphi]\psi||_{\mathcal{M}}\subseteq||[-_m\varphi]\theta||_{\mathcal{M}}$；

(2)$\text{best}(\neg\varphi\cap||[-_m\varphi]\psi||_{\mathcal{M}})\subseteq||[-_m\varphi]\theta||_{\mathcal{M}}$；

(3)$\text{best}S\cap||[-_m\varphi]\psi||_{\mathcal{M}}\subseteq||[-_m\varphi]\theta||_{\mathcal{M}}$。

否则：

(1)$s\vDash_{\mathcal{M}}K^{\neg\varphi}[-_m\varphi]\neg\psi\rightarrow B^{[-m\varphi]\psi}[-_m\varphi]\theta$；

(2)$s\vDash_{\mathcal{M}}B^{\neg\varphi\wedge[-m\varphi]\psi}[-_m\varphi]\theta$；

(3)$s\vDash_{\mathcal{M}}B([-_m\varphi]\psi\rightarrow[-_m\varphi]\theta)$。

**完全性的证明**　根据适度收缩逻辑的语言 $\mathcal{L}_{\text{MOD}1}$ 和适度收缩逻辑 $\text{MOD}_1$ 的公理系统，保守收缩之后的情况可以通过保守收缩之前的情况进行表达。运用归约规则，通过保守收缩算子可以逐步地“推出”所有其他的算子，最后可以运用归约规则完全地剔除这些公式。

**引理 9.4**　在上面的证明系统中，适度收缩逻辑的语言 $\mathcal{L}_{\text{MOD}1}$ 的每一个公式都可证的等价于条件信念逻辑语言中不同的公式。

适度收缩逻辑语言 $\mathcal{L}_{\text{MOD}1}$ 公理的完全性可以由条件信念逻辑语言公理

的完全性推出，证明过程可根据贝尔泰格和斯梅茨（Baltag and Smets，2006）[①]以及引理 9.4 给出。

令 $\varphi$ 为条件信念逻辑语言中的公式，使得其在总或然模型中是可满足的，令 $\varphi'$ 为适度收缩逻辑语言 $\mathcal{L}_{MOD1}$ 中等价于 $\varphi$ 的公式，那么 $\varphi'$ 在总或然模型中也是可满足的。

目前还没有关于适度收缩逻辑的语言 $\mathcal{L}_{MOD2}$ 和适度收缩逻辑 $MOD_2$ 的公理系统，事实上，还没有关于可废止知识的归约公理。该归约公理需要一个新的算子或者等价的新的语言来提供。考虑下面的公理：

$[-_m\varphi]K_D\psi \leftrightarrow B^{\neg\varphi}[-_m\varphi]\psi \wedge (\varphi \rightarrow K_D(\varphi \rightarrow [-_m\varphi]\psi)) \wedge (\neg\varphi \rightarrow K_D(\neg\varphi \rightarrow [-_m\varphi]\psi)) \wedge (\varphi \wedge \neg \text{best}\varphi \rightarrow K^{\neg\varphi}[-_m\varphi]\psi)$。

其中 best$\varphi$ 的语义可以通过 $w \vDash \text{best}\varphi$ 给出，当且仅当 $w \in \text{best}||\varphi||_{\mathcal{M}}$。

此处的问题是算子“best”在该语言中无法得以表达。

然而，可以提供下面的归约公理：

$[-_m\varphi]p \leftrightarrow p$；

$[-_m\varphi]\neg\theta \leftrightarrow \neg[-_m\varphi]\theta$；

$[-_m\varphi](\theta \wedge \psi) \leftrightarrow [-_m\varphi]\theta \wedge [-_m\varphi]\psi$；

$[-_m\varphi]K\psi \leftrightarrow K[-_m\varphi]\psi$。

## 本章小结

在动态认知逻辑中，关于信念修正的研究很多，然而，信念收缩也是一个非常有用的概念，其在动态认知逻辑语境中也非常值得研究。信念收缩运算实际上来自关于其自身的归约公理。本章研究了三个不同的收缩概念：严格取消、保守收缩和适度收缩。此外，还阐述了每一种运算的技术手段，并解释了严格取消的技术手段的局限性，强调了保守收缩和适度收缩的作用。

---

① Baltag，A. and Smets，S.，2006：“Dynamic Belief Revision Over Multi-agent Plausibility Models”. In van der Hoek，W. and Wooldridge，M.（eds），Proceedings of LOFT'06，pp. 11-24.

# 第十章　辩护模型

本章将利用前面所建构的模型构建辩护模型，包括总或然模型、偏或然模型、球模型等。首先，本章引入了辩护模型来定义证据和辩护；随后，提供了一个例子来阐述这些新的模型。本章的主要内容如下：研究了某些特殊的辩护模型类，并阐述了或然模型和辩护模型之间的关系，揭示了辩护模型如何转换为或然模型，以及如何用辩护模型来定义认知态度和信念态度；引入了计算模型、加权模型等特殊的辩护模型，并证明了（内省的）证据模型可看作特殊的辩护模型；定义了基于辩护模型的更新，研究了在每一个辩护模型类上的更新运算，提供了辩护逻辑（JL）的语言和公理系统；重点关注了总辩护模型，并证明了某些关于可废止知识的重要性质。随后需要用到类似于（偏的和总的）或然模型的证据模型。

范·本特姆和帕奎特（van Benthem and Pacuit，2011）提供的关于证据的语义方法，可用于处理可能假以及可能互相不一致的证据。[①] 证据模型中的信念修正不满足 AGM 理论的基本假设，因此可以在非总的模型中引入基于状态的前序。这意味着，没有两个状态是可比较的。该文献证明了一致的证据模型何以能够转换成偏或然模型，以及一个偏或然模型如何扩充为证据模型。

## 第一节　辩护模型

下面引入一个新模型，称之为辩护模型。辩护模型常用于刻画关于主体的证据或者辩护，能够提供一个很好的关于信念、证据以及辩护的形式系统。

下面首先引入辩护模型的形式系统。

---

① van Benthem, J. and Pacuit, E., 2011: "Dynamic Logics of Evidence-based Beliefs", *Studia Logica*, Vol. 99, No.1(July): pp.61-92.

## 一、一般的辩护模型

有穷点的辩护模型可定义如下：

**定义 10.1** 点辩护模型 $\mathcal{M}$ 为多元组$(W,E,\leqslant,|\cdot|,w_0)$，由以下几部分组成：

(1)有穷的可能世界集 $W$。

(2)族 $E\subseteq\mathcal{P}(W)$的非空子集 $e\subseteq W(\varnothing\notin E)$，称为证据集，使得 $W$ 为包含自身的证据集$(W\in E)$。任意一致的大量的证据(或者论证)可组成证据集的一致的族，即任意 $F\subseteq E$ 使得$\bigcap F\neq\varnothing$。用 $\varepsilon\subseteq\mathcal{P}(E)$表示所有的证据族。

(3)基于 $\varepsilon$ 的偏前序$\leqslant$，满足下面的限制：

①$F\subseteq F'\rightarrow F\leqslant F'$；

②$F\leqslant F',G\leqslant G'$，且 $F'\cap G'=\varnothing\rightarrow F\cup G\leqslant F'\cup G'$；

③$F<F',G\leqslant G'$，且 $F'\cap G'=\varnothing\rightarrow F\cup G<F'\cup G'$。

然而，$F,F',G,G',F\cup G,F'\cup G'$为证据实体。

(4)标准的$||\cdot||$赋值映射。

(5)事件的事实状态 $w_0$。

证据集$\varnothing$的空族为证据实体，形式上，称$\bigcap\varnothing=\{w\in W\mid\forall e\in E(e\in\varnothing\rightarrow w\rightarrow e)\}$为一致的证据集族。

另外，$\leqslant$为偏前序，与一致的证据集族有关，称 $F\leqslant G$ 为证据实体，$G$ 至少和证据实体 $F$ 一样令人信服或者更容易接受(通过某些隐性主体)。类似地，严格的 $F<G$ 表示证据实体 $G$ 被认为是比证据实体 $F$ 更令人信服的，或者更容易被某些隐性主体接受的。

可以增加更多的基于$\leqslant$的条件以获得总前序。事实上，需要 $F\leqslant F'$或者 $F'\leqslant F$。一个带有总前序的辩护模型为总辩护模型。在总辩护模型中，所有的证据集都是可比较的。

**假设** 假设主体相对于证据是内省性的、非形式的，且知道他所拥有的证据。

**定义 10.1 中的条件解释** 第一条表示如果一个论证 $F$ 可以推出论证 $F'$，那么 $F'$至少和 $F$ 一样令人信服。这可以推出$\varnothing$至少是一个令人信服的论证，即对所有的 $F\in\varepsilon,\varnothing\leqslant F$。第二条表示如果 $F'$至少和 $F$ 一样令人信服，且 $G'$至少和 $G$ 一样令人信服，使得论证 $F'$和 $G'$是不一致的，那么 $F'\cup G'$至少同 $F\cup G$ 一样令人信服。最后一条表示如果 $F'$比 $F$ 更加令人信服，且 $G'$至少和 $G$ 一样令人信服，使得论证 $F'$和 $G'$是不一致的，那么

$F'\cup G$比$F\cup G$更加令人信服。

**例 10.1**　图 10.1 为辩护模型的示例。

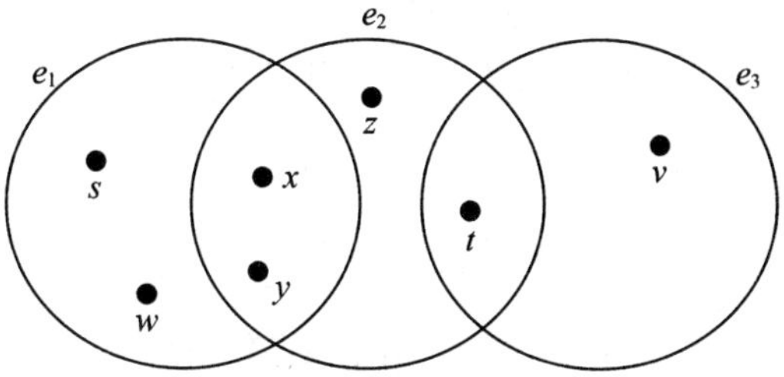


图 10.1　辩护模型

图 10.1 中，$s,t,v,w,x,y$ 和 $z$ 为可能世界。图中存在三个证据集：$e_1=\{s,x,w,y\}$，$e_2=\{x,y,z,t\}$，$e_3=\{t,v\}$。则 $E=\{e_1,e_2,e_3\}$。可以定义五个证据实体：$D=\{e_1\}$，$F=\{e_2\}$，$G=\{e_3\}$，$H=\{e_1,e_2\}$，$I=\{e_2,e_3\}$。再加上一个空证据集族$\varnothing$，因此，$\varepsilon=\{\varnothing,\{e_1\},\{e_2\},\{e_3\},\{e_1,e_2\},\{e_2,e_3\}\}$。

现在可以刻画一致的证据集族之间的关系：

(1)$\{e_1\}\subseteq\{e_1,e_2\}$，$D\leqslant H$；

(2)$\{e_2\}\subseteq\{e_1,e_2\}$，$F\leqslant H$；

(3)$\{e_2\}\subseteq\{e_2,e_3\}$，$F\leqslant I$；

(4)$\{e_3\}\subseteq\{e_2,e_3\}$，$G\leqslant I$。

## 二、辩护模型中的或然性

在每一个辩护模型中，可以采用典范的方法定义基于状态的或然性。

**定义 10.2**　定义具备给定的状态 $w\in W$ 的一致的最大的证据实体，记作 $E_w:=\{e\in E\mid w\in e\}$。

根据基于 $\varepsilon$ 的偏序，可引入基于状态的或然关系：对两个状态 $w,t\in W$，取 $w\leqslant_E t$，当且仅当 $E_t\leqslant E_w$。

**例 10.2**　如图 10.1 所示，与 $x$ 相一致的最大的证据实体为 $E_x:=\{e_1,e_2\}$，与 $w$ 相一致的最大的证据实体为 $E_w:=\{e_1\}$。因为 $E_w\leqslant E_x$，那么$x\leqslant_F w$。

**认知和信念**　给定一个辩护模型，可以定义所有的认知和信念。通常将或然模型定义为不变的知识($K$)、信念($B$)、条件信念($B^-$)、强信念($S_b$)和可废止知识($K_D$)，并运用或然序$\leqslant_E$。

(1)$KP:=\{w\in W:P=W\}$；

(2)$BP:=\{w\in W:\mathrm{best}_E\subseteq P\}$；

(3)$B_Q P:=\{w\in W:\text{best}_E Q\subseteq P\}$；

(4)$S_b P:=\{w\in W:P\neq\emptyset$ 且 $s<_E t$，对所有的 $t\in P$ 且所有的 $s\notin P\}$；

(5)$K_D P:=\{w\in W:t\not\geq_E w$ 蕴涵 $t\in P\}$。

或然序 $\leqslant_E$ 为总序，即 $w\vDash K_D P$，当且仅当 $w\vDash B_Q P$，对所有的 $Q$ 使得 $s\vDash Q$。

## 第二节　辩护模型类

辩护模型是一个一般的框架，涉及大量的不同语境。下面证明偏的和总的或然模型以及特殊的辩护模型类的证据模型，并引入计算模型和加权模型——类似于特殊的辩护模型类。辩护模型、计算模型、加权模型、或然模型和证据模型之间的关系可以通过图 10.2 给出。

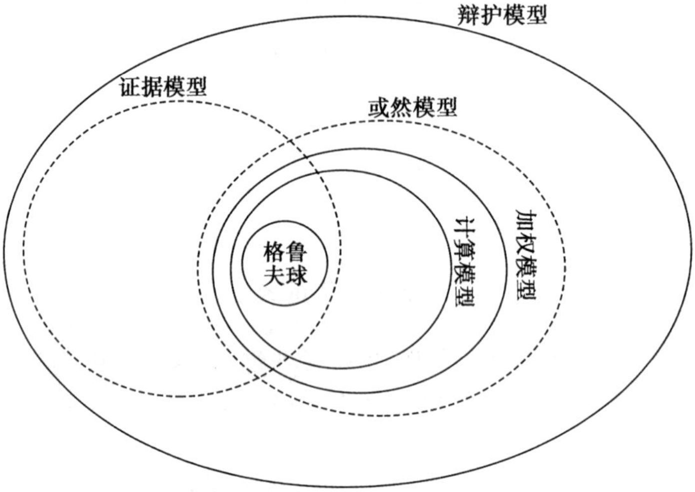


图 10.2　不同模型间的关系

### 一、或然模型

将或然模型 $(S,\leqslant,||\cdot||,s_0)$ 解释为辩护模型 $(S,E,\leqslant,||\cdot||,s_0)$ 至少有两种方法。或然模型为特殊的辩护模型，其中：

(1)$S$ 为可能世界集。

(2)证据集族 $E=\{\downarrow w:w\in S\}$，其中 $\downarrow w=\{s\in S:s\leqslant w\}$。

取下面两种可能情况之一：

(1)$F \leqslant_1 F'$,当且仅当 $F \subseteq F'$;

(2)$F \leqslant c\ 2F'$,当且仅当$|F| \leqslant |F'|$。

第二种情况下的或然模型为可计算模型的特殊情况。第一种情况的或然模型$(S, \leqslant, ||\cdot||, s_0)$为辩护模型$(S, E, \leqslant_1, ||\cdot||, s_0)$的特殊情况,其中:

(1)基于证据实体的模型,可通过包含($\leqslant_1 = \subseteq$)给定的前序给出;

(2)证据集为嵌入的,即$\forall e, e' \in E, e \subseteq e'$或者$e' \subseteq e$(其意味着前序为总前序);

(3)证据实体 $F$ 对应于任意球包的或然模型;

(4)$\varepsilon$ 对应于所有的球包。

**定义 10.3**　定义两个或然映射 $\mathrm{Just}_1$ 和 $\mathrm{Just}_2$,将或然模型映射到辩护模型:

(1)$(S, \leqslant, ||\cdot||, s_0) \overset{\mathrm{Just}_1}{\longmapsto} (S, E, \leqslant_1, ||\cdot||, s_0)$;

(2)$(S, \leqslant, ||\cdot||, s_0) \overset{\mathrm{Just}_2}{\longmapsto} (S, E, \leqslant_2, ||\cdot||, s_0)$。

或然映射 $\mathrm{Just}_1$ 对应于基于证据实体的,通过引入包含关系给定的前序;或然映射 $\mathrm{Just}_2$ 对应于基于证据实体的,通过基数给定的前序。辩护模型可以通过基于球的辩护模型的这两种方法(借助于映射 $\mathrm{Just}_1$ 或 $\mathrm{Just}_2$ 到或然模型)中的一种获得。

**将辩护模型映射到或然模型**　可将任意的辩护模型$(S, E, \leqslant, ||\cdot||, s_0)$映射为或然模型类$(S, \leqslant, ||\cdot||, s_0)$。

**定义 10.4**　定义或然映射 Plau,将辩护模型映射为或然模型:

$$(S, E, \leqslant, ||\cdot||, s_0) \overset{\mathrm{Plau}}{\longmapsto} (S, \leqslant, ||\cdot||, s_0)$$

可将增加了偏前序的辩护模型构建为偏或然模型,并将增加了总前序的辩护模型构建为总或然模型。

**命题 10.1**　由总辩护模型可推出总或然模型:

$$\forall F, F'(F \leqslant F' \vee F' \leqslant F) \leftrightarrow \forall s, s'(s \leqslant_E s' \vee s' \leqslant_E s)$$

映射 Plau 将辩护模型映射到或然模型时不是单射,所以可用两个不同的辩护模型构建同样的或然模型。

如果将或然模型 $\mathcal{M}$ 解释为辩护模型 $\mathcal{M}'$,那么借助映射 Plau,可以获得类或然模型 $\mathcal{M}$。反之则是行不通的,因为如果借助基于辩护模型 $\mathcal{M}'$ 的映射 Plau,可得或然模型 $\mathcal{M}$,那么可将该或然模型 $\mathcal{M}$ 解释为辩护模型,但无法获得类辩护模型 $\mathcal{M}'$。因此,有:

(1)对任意或然模型 $\mathcal{M}$ 和 $\mathrm{Just}_1(\mathrm{Plau}(\mathcal{M}')) \neq \mathcal{M}'$,对任意辩护模型

$\mathcal{M}'$，有 $\mathrm{Plau}(\mathrm{Just}_1(\mathcal{M}))=\mathcal{M}$。

(2)对任意或然模型 $\mathcal{M}$ 和 $\mathrm{Just}_2(\mathrm{Plau}(\mathcal{M}'))\neq\mathcal{M}'$，对任意辩护模型 $\mathcal{M}'$，$\mathrm{Plau}(\mathrm{Just}_2(\mathcal{M}))=\mathcal{M}$。

**例 10.3** 图 10.3 为计算模型。图中存在四个状态 $s,t,v$ 和 $w$，且存在五个证据集 $e_1,e_2,e_3,e_4,e_5$。因为基于证据的序是根据基数推出的，所以 $F\leqslant G$，当且仅当 $|F|\leqslant|G|$。因此有 $|\{e_1\}|=1$，$|\{e_3,e_4\}|=2$，$|\{e_2,e_4\}|=2$ 且 $|\{e_2,e_3,e_5\}|=3$。那么，$\{e_2,e_4\}<\{e_2,e_3,e_5\}$，$\{e_3,e_4\}\leqslant\{e_2,e_4\}$，$\{e_1\}<\{e_3,e_4\}$。

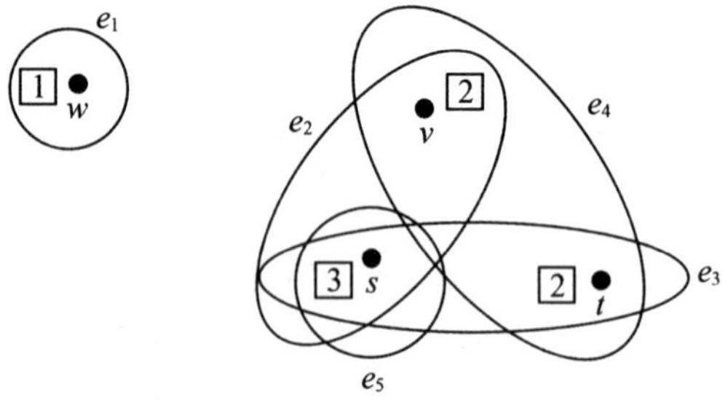


图 10.3 计算模型

## 二、计算模型

**定义 10.5** 计算模型为辩护模型 $(S,E,\leqslant,||\cdot||,s_0)$，可通过基数序给定前序，即 $F\leqslant F'$，当且仅当 $|F|\leqslant|F'|$。

因此，证据实体 $G$ 比证据实体 $F$ 更加令人信服，当且仅当大量的证据集 $e\in G$ 比证据集 $e\in F$ 更大：$F\leqslant G$，当且仅当 $|F|\leqslant|G|$。直觉上，主体掌握的证据越多，主体就越强大。

## 三、加权模型

下面定义加权模型。

**定义 10.6** 点加权模型为结构 $(S,E,f,||\cdot||,s_0)$，其中 $f:E\to\mathbf{N}$。

加权模型可以看作特殊类型的辩护模型。令 $(S,E,f,||\cdot||,s_0)$ 为加权模型。函数 $f$ 可扩充为 $\varepsilon$，使得 $f(E)=\sum_{e\in E}f(e)$ 且 $E\leqslant_f E'$，当且仅当 $f(E)\leqslant f(E')$。任意的加权模型都可通过增加 $\leqslant_f$ 使其成为一个辩护模型。

**例 10.4** 图 10.4 为加权模型。图中存在四个状态 $s,t,v,w$，且存在五个证据集 $e_1,e_2,e_3,e_4,e_5$，根据存在函数 $f:E\to\mathbf{N}$ 的定义，使得 $f(e_1)=$

$1, f(e_2)=2, f(e_3)=1, f(e_4)=3$ 且 $f(e_5)=3$，因此，$f(e_1)=1, f(\{e_3, e_4\})=4, f(\{e_2, e_4\})=5$ 且 $f(\{e_2, e_3, e_5\})=6$，那么 $\{e_2, e_4\}<_f\{e_2, e_3, e_5\}, \{e_3, e_4\}<_f\{e_2, e_4\}, \{e_1\}<_f\{e_3, e_4\}$。

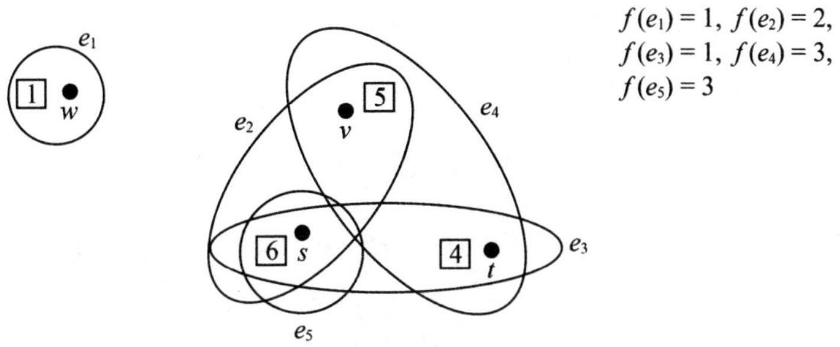


图 10.4　加权模型

**命题 10.2**　一个可计算模型为特殊情况的加权模型，其中对所有的 $e\in E, f(e)=1$。

**命题 10.3**　每一个加权模型 $(S, E, f, ||\cdot||, s_0)$ 均为辩护模型 $(S, E, \leqslant, ||\cdot||, s_0)$。

**证**　证明加权模型（以及可计算模型）满足三个限制，辩护模型中的前序是可满足的。首先需要使用基于自然数的序，传递性可定义如下：

(1) 如果 $F\subseteq F'$，那么 $f(F)=\sum_{e\in F}f(e)\leqslant\sum_{e\in F'}f(e)=f(F')$，即 $F\leqslant F'$。

(2) 令 $F\leqslant F', G\leqslant G'$ 且 $F'\cap G'=\varnothing$，则

$$F\cup G=\sum_{e\in F\cup G}f(e)=\sum_{e\in F}f(e)+\sum_{e\in G}f(e)-\sum_{e\in F\cap G}f(e)$$

另外　$$F'\cup G'=\sum_{e\in F'\cup G'}f(e)=\sum_{e\in F'}f(e)+\sum_{e\in G'}f(e)-\sum_{e\in F\cap G}f(e)$$

因为 $F'\cap G'=\varnothing$，那么

$$F'\cup G'=\sum_{e\in F'\cup G'}f(e)=\sum_{e\in F'}f(e)+\sum_{e\in G'}f(e)$$

因此，$F\leqslant F', G\leqslant G'$，那么

$$f(F)+f(G)-\sum_{e\in F\cap G}f(e)\leqslant f(F')+f(G')$$

这意味着，$F\cup G\leqslant F'\cup G'$。

(3) 令 $F<F', G\leqslant G'$ 且 $F'\cap G'=\varnothing$，则

$$F\cup G=\sum_{e\in F\cup G}f(e)=\sum_{e\in F}f(e)+\sum_{e\in G}f(e)-\sum_{e\in F\cap G}f(e)$$

另外 $F'\cup G'=\sum_{e\in F'\cup G'}f(e)=\sum_{e\in F'}f(e)+\sum_{e\in G'}f(e)-\sum_{e\in F\cap G}f(e)$

因为 $F'\cap G'=\varnothing$，那么

$$F'\cup G'=\sum_{e\in F'\cup G'}f(e)=\sum_{e\in F'}f(e)+\sum_{e\in G'}f(e)$$

$$f(F)+f(G)-\sum_{e\in F\cap G}f(e)<f(F')+f(G')$$

这意味着，$F\cup G<F'\cup G'$。

## 四、证据模型

回顾前面引入的范·本特姆等的语境，下面需要引入更多的概念，即内省证据模型。

**定义 10.7** 证据模型 $\mathcal{M}$ 为内省的，当且仅当 $sEX$，当且仅当对所有的 $s,t\in S$ 且对所有的 $X\subseteq S$，有 $tEX$。

另外，有 $\lhd\varphi=K\lhd\varphi$ 且 $\neg\lhd\varphi\rightarrow K\neg\triangle\varphi$。

**命题 10.4** 内省证据模型为特殊的辩护模型，即正好对应于辩护模型，其中基于证据实体的前序可以通过包含关系给出。

在内省证据模型中，证据关系 $E$ 和可归结为我们所定义的 $E$ 概念，使其成为证据集族 $E\subseteq\mathcal{P}(S)$，使得对于任意的 $s\in S$，有 $E_s=\{e\mid s\in E\}$。另外，不可变的知识($K$)、信念($B$)和条件信念($B^-$)在证据模型中已经给出了定义，和前面所定义的概念相似。

## 五、更新的辩护模型

更新的辩护模型的证据集可以有两种类型：真实的证据和偏见证据(或缺省证据)。在更新的辩护模型中，主体可能具有某些偏好，这些偏好有时并非真正地基于证据，而是基于主体的感觉和推理的可信度。因为主体相信他的感觉或者他根据自己的经验得出的推论，偏见属于主体的外延，属于主体所有的证据。真实的证据和偏见之间是有区别的，在模型中可采用相同的方式处理这两种类型的证据集。

在更新的辩护模型中，$E$ 的定义如下：

**定义 10.8** $E=E_0\cup B$，使得 $E_0$ 表示主体所拥有的真实的证据的证据集族，而 $B$ 表示主体的偏见的证据集族。

基于 $B$ 的条件：所有的偏见 $b\in B$ 应该能够严格地增加证据实体的支持度。形式上，$F<F\cup\{b\}$，使得 $F\cup\{b\}\in\varepsilon$。

### 六、辩护模型中的一些重要概念

下面回顾前面所定义的一些概念，包括事实上每一个论证 $F\in\varepsilon$，每一个证据集 $e\in E$，以及每一个状态 $s\in S$。

**定义 10.9**　论证 $F$ 在状态 $s$ 上是可靠的，当且仅当 $s\in\bigcap F$。

空论证$\varnothing$在每一个状态 $s$ 上总是可靠的，因为 $s\in\bigcap\varnothing=S$。

**定义 10.10**　论证 $F$ 支持 $Q$（或者 $F$ 是关于 $Q$ 的论证），当且仅当$\bigcap F\subseteq Q$。

在更新的辩护模型中，可以考虑一个“弱的”支持。

**定义 10.11**　在更新的辩护模型中，论证 $F$ 基于条件的弱支持 $Q$（或者 $F$ 是关于 $Q$ 的“弱的”论证）的某些偏见集 $B'\subseteq B$，当且仅当 $F\cup B'$ 支持 $Q$。

**定义 10.12**　关于 $Q$ 的辩护是论证 $F$，使得所有的论证至少和 $F$ 一样强地支持 $Q$，即$\forall F', F\leqslant F'\rightarrow\bigcap F'\subseteq Q$。

**定义 10.13**　论证 $F$ 基于条件 $P$ 支持论证 $Q$（或者 $F$ 是基于条件 $P$ 的关于 $Q$ 的论证），当且仅当$\bigcap F\cap P\subseteq Q$。

**定义 10.14**　由 $P$ 给出的关于 $Q$ 的辩护是一个论证 $F$，即和 $P$ 是一致的，使得所有的论证至少和 $F$ 一样强地支持有条件 $P$ 的论证 $Q$，即$\bigcap F\cap P\neq\varnothing$ 且 $\forall F', F\leqslant F'\rightarrow\bigcap F'\cap P\subseteq Q$。

## 第三节　动态的辩护模型

主体在接受新的信息，并受该新的信息影响的情况下，可采用动态认知逻辑中的标准方法构建模型。下面研究辩护模型中的更新。

**定义 10.15**　给定一个辩护模型 $\mathcal{M}=(S, E, \leqslant, ||\cdot||, s_0)$，以及某些子集 $P\subseteq S$，可定义从辩护模型 $\mathcal{M}$ 到 $P$ 的关系为 $\mathcal{M}|P=(S', E', \leqslant', ||\cdot||', s_0')$，且

(1)$S'=P$；

(2)$E'=\{e\cap S'\mid e\in E, e\cap S\neq\varnothing\}$；

(3)$F'\leqslant' G'$，当且仅当$\{e\in E\mid e\cap S\in F'\}\leqslant\{e\in E\mid e\cap S'\in G'\}$；

(4)$||\cdot||'=||\cdot||\cap S'$；

(5)$s_0'=s_0$。

其中新的状态集 $S'$可归纳为满足 $P$ 的状态集，新的证据集 $E'$取自与更新的状态相一致的旧的证据集 $E$，且序$\leqslant'$为基于新的证据实体 $F'\leqslant' G'$，其反映的事实为 $G'$内的新证据至少和 $F'$中的证据具有同样强的支持度。

下面定义一个从论证 $F$ 到辩护模型 $\mathcal{M}'$ 的限制 $F|\mathcal{M}'$。

**定义 10.16** 如果 $F$ 为关于辩护模型 $\mathcal{M}$ 的论证，且 $\mathcal{M}'=\mathcal{M}|P$ 为从模型 $\mathcal{M}$ 到其子集 $P$ 的对应关系，那么 $F|\mathcal{M}'$ 为关于模型 $\mathcal{M}'$ 的证据实体(称为从论证 $F$ 到模型 $\mathcal{M}'$ 的限制 $F|\mathcal{M}'$)，可以通过下面的公式定义：

$$F|\mathcal{M}'=\{e\cap S'|e\in F\}$$

假设辩护模型类 $\mathcal{M}$ 的语言为 $\mathcal{L}$。

**定义 10.17** 令 $\varphi$ 为语言 $\mathcal{L}$ 中的任意公式，当新的强证据 $\varphi$ 为可接受的时，这样将会产生更新 $!\varphi$，可将主体先前的辩护模型 $\mathcal{M}:=(S,E,\leqslant,||\cdot||,s_0)$ 转换为辩护模型 $\mathcal{M}|\varphi=(S',E',\leqslant',||\cdot||',s_0')$，且

(1) $S'=||\varphi||_{\mathcal{M}}$；

(2) $E'=\{e\cap S'|e\in E,e\cap S'\neq\varnothing\}$；

(3) $F'\leqslant'G'$，当且仅当 $\{e\in E|e\cap S'\in F'\}\leqslant\{e\in E|e\cap S'\in G'\}$；

(4) $||\cdot||'=||\cdot||\cap S'$；

(5) $s_0'=s_0$。

其中新的状态集 $S'$ 可归约为满足新的信息 $\varphi$ 的状态集，新的证据集 $E'$ 取自与更新状态保持一致的旧的证据 $E$ 和基于新的证据实体 $F'\leqslant'G'$ 的序 $\leqslant'$，其反映的事实是 $G'$ 内的新证据至少和 $F'$ 中的证据一样强。

如果 $\mathcal{M}$ 为辩护模型 $(S,E,\leqslant,||\cdot||,s_0)$，且 $\mathcal{M}|\varphi$ 为辩护模型 $(S',E',\leqslant',||\cdot||,s_0)$，即用 $!\varphi$ 更新 $\mathcal{M}$ 的结果，那么 $\leqslant'_E=\leqslant_E\cap(S'\times S')$。基于状态 $\leqslant'_E$ 的或然关系在用 $\varphi$ 进行更新之后正好为用 $\varphi$ 更新的旧的或然关系 $\leqslant_E$ 的结果。

还有其他的方法可以将给定的辩护模型转换成新的辩护模型，例如，增加新的证据实体，并给出与其他的证据实体有关的或然度，这对应于主体并不完全确定的弱的证据。

## 一、或然模型

当将结构限制为球基上的辩护模型时，更新运算与基于或然模型的通常的更新是一致的，即

$$\leqslant_E'=\leqslant_E\cap(S'\times S)$$

对 $s\in S'$，有 $E_s=\{e\in E|s\in e\}$ 且 $E_s'=\{e\cap S'|e\in E_s\}$。由 $e\in E_s$ 且 $s\in S'$，有 $s\in e\cap S'\neq\varnothing$。

对于 $s,t\in S'$，有

$$s \leqslant_E{}' \leftrightarrow E_t{}' \leqslant' E_s{}' \leftrightarrow \{e \cap S' \mid e \in E_t\} \leqslant' \{e \cap S' \mid e \in E_s\}$$
$$\leftrightarrow \{e \cap S' \mid e \in E, t \in e\} \leqslant' \{e \cap S' \mid e \in E, s \in e\}$$
$$\leftrightarrow \{e \mid e \in E, t \in e\} \leqslant \{e \mid e \in E, s \in e\}$$
$$\leftrightarrow E_t \leqslant E_s$$
$$\leftrightarrow s \leqslant_E t$$

## 二、计算模型

**命题 10.5**　计算模型类在更新下是不封闭的。当给定一个更新的可计算模型时，更新的结果为辩护模型，但却并非必然是一个可计算模型。

**例 10.5**　图 10.5 为计算模型。图中存在三个证据 $e_1$，$e_2$ 和 $e_3$，且存在四个状态 $s$，$t$，$u$ 和 $v$。最相似的状态为 $s$ 和 $u$，因为 $E_s := \{e_1, e_2\}$，$E_t := \{e_1\}$，$E_u := \{e_1, e_3\}$，$E_v := \{e_3\}$，所以 $|E_s| < |E_t|$，$|E_s| < |E_v|$，$|E_u| < |E_t|$ 且 $|E_u| < |E_v|$。

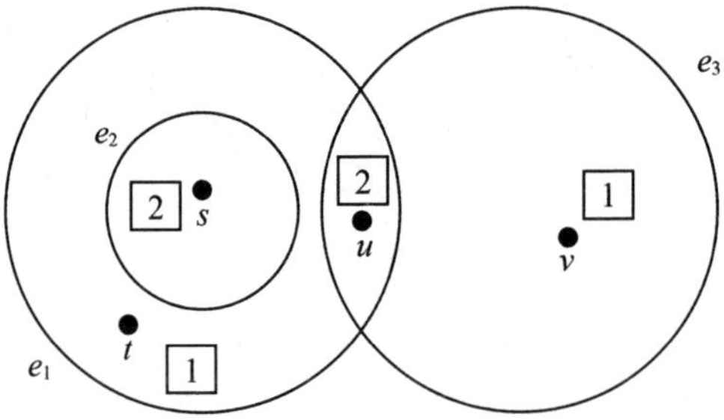


图 10.5　初始计算模型

如果对该计算模型进行更新，将会出现什么样的情况呢？当处理基于此模型的更新时，会出现什么问题呢？假设主体接收到一个强信息 $P$，使得 $P$ 在状态 $s$ 和 $v$ 上是真的。接着，该模型通过运用 $!P$ 进行更新，并且状态 $u$ 和状态 $t$ 如图 10.6 中所列举的那样将会被剔除。那么状态 $s$ 和状态 $v$ 是等或然的，因为 $E_v := \{e_3\}$，$E_s := \{e_4\}$，所以 $|E_s| = |E_w|$。

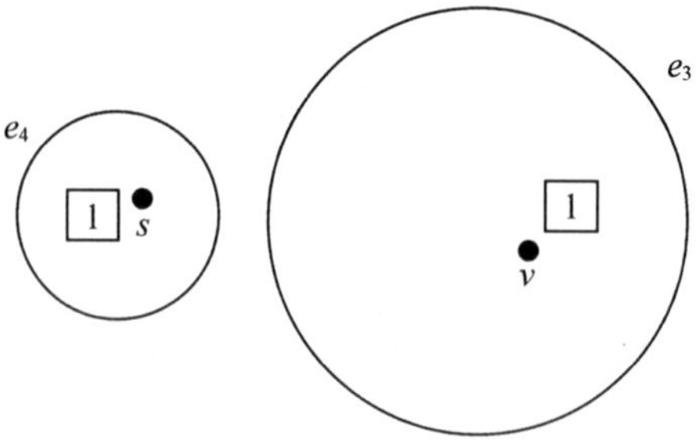


图 10.6　计算更新模型

但不会出现$|E_s|<|E_v|$，即图 10.7 中所描述的辩护模型。

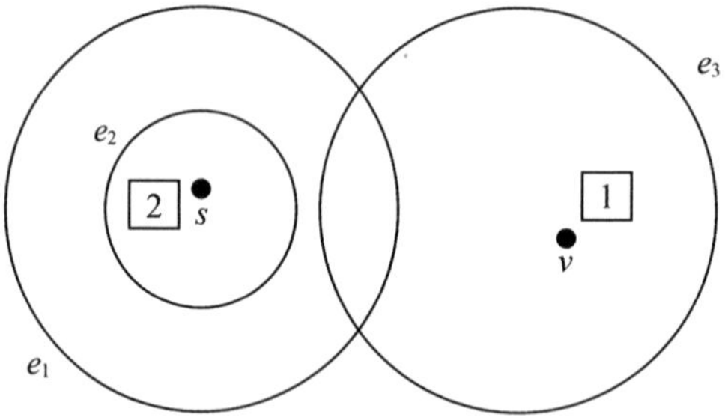


图 10.7　加标方案

下面首先提供一个对应的初始(总)或然模型(见图 10.8)，通过运用 $P$ 进行更新之后所形成的或然模型如图 10.9 所示。显然状态 $s$ 仍然比状态 $v$ 更加相似。

图 10.8　初始或然模型

图 10.9　或然模型更新

## 三、加权模型

要想解决命题 10.5 中的问题，可以用加权模型取代可计算模型。

**定义 10.18**　定义映射 Wei，将加权模型映射到辩护模型上：

$$(S,E,f,||\cdot||,s_0)\underset{\longmapsto}{\text{Wei}}(S,\leqslant,||\cdot||,s_0)$$

**命题 10.6** 加权模型类在更新下是封闭的，即

$$\text{Wei}(\mathcal{M})|\varphi=\text{Wei}(\mathcal{M}|\varphi)$$

**证** 令$(S,E,f,||\cdot||,s_0)$为加权模型 $\mathcal{M}$，其中 $f:E\to Ag$。用 $\varphi$ 定义更新的模型。可以将加权模型 $\mathcal{M}=(S,E,f,||\cdot||,s_0)$转换为加权模型 $\mathcal{M}|\varphi=(S',E',f',||\cdot||',s_0{}')$，且

(1)$S'=||\varphi||_s$；

(2)$E'=\{e\cap S'|e\in E,e\cap S'\neq\varnothing\}$；

(3)$f'(e')=\sum\{f(e)|e\in E$，使得 $e\cap S'\neq\varnothing\}$；

(4)$||\cdot||'=||\cdot||\cap S'$；

(5)$s_0{}'=s_0$。

在图 10.5 中，取 $f(e_1)=f(e_2)=f(e_3)=1$，那么在用 $P$ 进行更新之后，$v<w$，因为 $f(e_1)+f(e_2)>f(e_3)$，如图 10.7 中所描述的那样。

### 四、证据模型

基于证据模型、更新运算的理论与范·本特姆和帕奎特(Van Benthem and Pacuit，2011)①所定义的更新一致，此处不再赘述。

## 第四节 语言和公理系统

### 一、证据逻辑的语言

根据范·本特姆等所给出的辩护模型，可以重新利用该语言。

(一)语形

假设给定的任意静态对象语言 $\mathcal{L}_{EV}$包含取自集合 $\Phi$ 的命题字母、布尔联结词、条件信念算子($B^-$)以及证据算子($\lhd$)。该证据算子来自范·本特姆等的逻辑，但可以用于通常的辩护模型。

动态模态是将$[!\varphi]$增加到 $\mathcal{L}_{EV}$中而获得的动态语言。

(二)公理系统

下面提出的公理相对于一般的辩护模型全部成立。

① van Benthem, J. and Pacuit, E., 2011: "Dynamic Logics of Evidence-based Beliefs", *Studia Logica*, Vol. 99, No.1(July): pp.61-92.

**定理 10.1** 归约公理在所有的辩护模型类中都是可靠的。

**证** 公理$[!\varphi]B\theta\leftrightarrow(\varphi\rightarrow B^{\varphi}([!\varphi]\theta))$的证明可直接得出，此处只需关注关于条件信念的归约公理的证明。假设辩护框架满足三个基本条件，现在需要证明$[!\varphi]B^{\psi}\theta\leftrightarrow\varphi\rightarrow B^{\varphi\wedge[!\varphi]\psi}([!\varphi]\theta)$在该框架中成立。

(1)从左到右　根据给定的模型 $\mathcal{M}$ 以及状态 $s$，假设$[!\varphi]B^{\psi}\theta$ 在状态 $s$ 上是真的。为了证明 $\varphi\rightarrow B^{\varphi\wedge[!\varphi]\psi}([!\varphi]\theta)$在状态 $s$ 上也是真的，需要假设如果 $\varphi$ 在状态 $s$ 上是真的，那么 $B^{\varphi\wedge[!\varphi]\psi}([!\varphi]\theta)$在状态 $s$ 上也是真的。所以假设 $\varphi$ 在状态 $s$ 上是真的。为了证明 $B^{\varphi\wedge[!\varphi]\psi}([!\varphi]\theta)$在状态 $s$ 上是真的，需要证明$[!\varphi]\theta$ 在状态 $t$ 上是真的，对所有的最大或然状态 $t$，$\varphi\wedge[!\varphi]\psi$ 是真的。因此，需要证明对所有的最大或然状态 $t$，使得 $\varphi$ 在状态 $t$ 上是真的，且$[!\varphi]\psi$ 在状态 $t$ 上是真的(即 $\psi$ 在状态 $t$ 上是真的)，$\theta$ 在状态 $t$ 上是真的。

假设$[!\varphi]B^{\psi}\theta$ 和 $\varphi$ 在状态 $s$ 上是真的，因此 $B^{\psi}\theta$ 在状态 $s$ 上是真的。$B^{\psi}\theta$ 在状态 $s$ 上是真的，当且仅当 $\theta$ 在状态 $t$ 上是真的，对所有的最或然状态 $t$ 使得 $\psi$ 在状态 $t$ 上是真的。

这就证明了 $\theta$ 在状态 $t$ 上是真的，对所有的最或然状态 $t$，使得 $\psi$ 在状态 $t$ 上是真的。

(2)从右到左　根据给定的模型 $\mathcal{M}$ 以及状态 $s$，假设 $\varphi\rightarrow B^{\varphi\wedge[!\varphi]\psi}([!\varphi]\theta)$在状态 $s$ 上是真的，需要证明$[!\varphi]B^{\psi}\theta$ 在状态 $s$ 上也是真的。于是要证明$\neg\varphi$ 在状态 $s$ 上是真的，或者如果 $\varphi$ 在状态 $s$ 上是真的，则 $B^{\psi}\theta$ 在状态 $s$ 上是真的。这样，如果 $\varphi$ 在状态 $s$ 上是真的，则必须证明 $\theta$ 在状态 $t$ 上是真的，对所有的最或然的状态 $t$，使得 $\psi$ 在状态 $t$ 上是真的。

由于 $\varphi\rightarrow B^{\varphi\wedge[!\varphi]\psi}([!\varphi]\theta)$在状态 $s$ 上是真的，故$\neg\varphi$ 在状态 $s$ 上是真的或者 $B^{\varphi\wedge[!\varphi]\psi}([!\varphi]\theta)$在状态 $s$ 上是真的。

(1)假设$\neg\varphi$ 在状态 $s$ 上是真的，那么通过所定义的更新模态，$[!\varphi]B^{\psi}\theta$ 在状态 $s$ 上也是真的。

(2)由于 $B^{\varphi\wedge[!\varphi]\psi}([!\varphi]\theta)$在状态 $s$ 上是真的，那么对所有最或然状态 $t$，使得 $\varphi\wedge[!\varphi]\psi$ 在状态 $t$ 上是真的，$[!\varphi]\theta$ 在状态 $t$ 上是真的。对所有最或然状态 $t$，使得 $\varphi$ 在状态 $t$ 上是真的，并且$[!\varphi]\psi$ 在状态 $t$ 上也是真的(即 $\psi$ 在状态 $t$ 上是真的)，已经证明 $\theta$ 在状态 $t$ 上也是真的。■

## 二、辩护逻辑的语言

语言 $\mathcal{L}_{EV}$不足以刻画辩护模型的可废止性，因此需要引入更多的表达语言。

（一）语形

辩护逻辑语言（$\mathcal{L}_{JL}$）可定义如下：

**定义 10.19**　令 $\Phi$ 为命题原子集，使得 $p\in\Phi$，定义如下：

$$\varphi::=p\mid\neg\varphi\mid\varphi\wedge\psi\mid K\varphi\mid K_D\varphi\mid \text{sound}\mid\forall^{ev}\varphi\mid[\leqslant]\varphi$$

可定义信念模态的缩写为

$$B\varphi:=K\neg K_D\neg K_D\varphi$$

在总辩护模型中，可归结为

$$B\varphi:=\neg K_D\neg K_D\varphi$$

也可采用下面的良定义模态：

$$\text{Supp}\varphi:=K(\text{sound}\to\varphi)$$

$$\text{Just}\varphi:=[\leqslant]\text{supp}\varphi$$

$$\lhd\varphi:=\exists^{ev}\text{supp}\varphi$$

这些算子的解释如下：

$K\varphi$：主体知道 $\varphi$；

$K_D\varphi$：主体可废止地知道 $\varphi$；

sound：直接的论证 $F$ 在实际状态 $s$ 上是可靠的（或是真的），即直接的证据 $e\in F$ 是真的；

$\forall^{ev}\varphi$：对每一个论证 $F$，$\varphi$ 都是真的；

$[\leqslant]\varphi$：当每一个论证 $F'$ 至少和直接的论证 $F$ 一样令人信服时，$\varphi$ 是真的；

$\text{Supp}\varphi$：直接的论证 $F$ 支持 $\varphi$；

$\text{Just}\varphi$：直接的论证是关于 $\varphi$ 的辩护；

$\lhd\varphi$：存在一个支持 $\varphi$ 的论证。

（二）语义

这些公式可在状态 $s$ 和证据实体 $F$ 上得到解释，使得 $F$ 的定义是当前的论证：

**定义 10.20**　给定一个辩护模型 $\mathcal{M}$，关于 $\mathcal{L}_{JL}$ 的语义需要满足下面的约束条件：

(1) $(s,F)\vDash p$，当且仅当 $s\in V(p)$；

(2) $(s,F)\vDash\neg\varphi$，当且仅当 $s,F\nvDash\varphi$；

(3) $(s,F)\vDash\varphi\wedge\psi$，当且仅当 $((s,F)\vDash\varphi)\wedge((s,F)\vDash\psi)$；

(4) $(s,F)\vDash K\varphi$，当且仅当对每一个 $t\in S$，$(t,F)\vDash\varphi$；

(5) $(s,F)\vDash K_D\varphi$，当且仅当 $(t,F)\vDash\varphi$，对每一个 $t\in S$，使得 $t\leqslant s$；

(6) $(s,F)\vDash\text{sound}$，当且仅当 $s\in\bigcap F$；

(7) $(s,F)\vDash\forall^{ev}\varphi$，当且仅当对每一个 $F'\in\varepsilon$，$(s,F')\vDash\varphi$；

(8) $(s,F)\vDash[\leqslant]\varphi$，当且仅当 $\forall F',F\leqslant F'\rightarrow(s,F')\vDash\varphi$。

（三）公理系统

$KK_D$ 逻辑的公理系统相对于总辩护模型是可靠的。

**定理 10.2** 辩护逻辑的可靠性（但不是完全的）证明系统以及基于总辩护模型类的语言 $\mathcal{L}_{JL}$ 可以通过 $\mathcal{L}_{KKD}$ 的公理和推理规则加上如下的归约公理给出：

(1) 关于 $\forall^{ev}$ 和 $[\leqslant]$ 的必然化规则：

(2) 关于 $\forall^{ev}$ 的 S5 公理；

(3) 关于 $[\leqslant]$ 的 S4 公理；

(4) $[\leqslant]K\varphi\rightarrow K[\leqslant]\varphi$；

(5) $\forall^{ev}K\varphi\rightarrow K\forall^{ev}\varphi$；

(6) $\forall^{ev}K_D\varphi\rightarrow K_D\forall^{ev}\varphi$；

(7) $\forall^{ev}\varphi\rightarrow[\leqslant]\varphi$；

(8) $\forall^{ev}(\varphi\vee[\leqslant]\psi)\wedge\forall^{ev}(\psi\vee[\leqslant]\varphi\rightarrow\forall^{ev}\varphi\vee\forall^{ev}\psi$。

第(8)条公理为关于证据（或论证）实体的总体的模拟公理。

目前尚无基于总辩护模型的关于辩护逻辑的完全的公理系统，需要更多的公理将信念模型和带有证据模态的认知模型关联起来，从而获得一个完全的系统。

## 第五节　辩护信念

下面将引入语言 $\mathcal{L}_{JL}$ 的语形系统。

### 一、辩护模型中的信念

**命题 10.7** 主体相信 $Q$，当且仅当每一个论证都可以增强对 $Q$ 的辩护，即

$$\forall F,\exists F'\geqslant F(\forall F''\geqslant F''(\bigcap F''\subseteq Q))$$

该事实可以通过下面的有效性进行刻画：

$$Bp\leftrightarrow\forall^{ev}\langle\leqslant\rangle\mathrm{Just}p$$

或者可记为

$$Bp\leftrightarrow\forall^{ev}\langle\leqslant\rangle[\leqslant]\mathrm{supp}p$$

为了证明命题 10.7，需要先证明引理 10.1。

**引理 10.1**　主体相信 $Q$，当且仅当所有最强的（在强序的情况下）论证支持 $Q$，即

$$\forall F \in \mathrm{Max}_{\leqslant \varepsilon}(\bigcap F \subseteq Q)$$

其中 $\mathrm{Max}_{\leqslant \varepsilon} = \{F \in \varepsilon \mid 对任意的\ F' \in \varepsilon, F \geqslant F'\}$。

**证**　从左到右　给定辩护模型 $\mathcal{M}$，其中 $BQ$ 在状态 $s$ 上是真的，$\mathrm{best}S \subseteq Q$。令 $F \in \mathrm{Max}_{\leqslant} \varepsilon$ 且 $t \in \bigcap F$，那么 $F \subseteq E_t$，所以 $F \leqslant E_t$。假设 $t \notin \mathrm{best}S$，那么 $\exists w <_E t$，所以 $E_t < E_w$，所以 $F < E_w$。这和 $F \in \mathrm{Max}_{\leqslant} \varepsilon$ 相矛盾。那么 $t \in \mathrm{best}S$，所以 $\bigcap F \subseteq \mathrm{best}S$，因此 $\bigcap F \subseteq Q$。

从右到左　给定辩护模型 $\mathcal{M}$ 和状态 $s$，使得 $\forall F \in \mathrm{Max}_{\leqslant \varepsilon}(\bigcap F \subseteq Q)$。令 $t \in \mathrm{best}S$，假设 $E_t \notin \mathrm{Max}_{\leqslant} \varepsilon$，那么 $\exists F' \in \varepsilon$ 使得 $E_t < F'$。令 $w \in \bigcap F'$，所以 $F' \subseteq E_w$，$F' \leqslant E_w$。那么 $E_t < E_w$，所以 $w <_E t$。这和 $t \in \mathrm{best}S$ 相矛盾，因此 $E_t \in \mathrm{Max}_{\leqslant} \varepsilon$，那么 $t \in \bigcap E_t \subseteq Q$，所以 $\mathrm{best}S \subseteq Q$，$BQ$ 在状态 $s$ 上是真的。■

下面证明命题 10.7。

**证**　从左到右　给定辩护模型 $\mathcal{M}$，其中 $BQ$ 在状态 $s$ 上是真的。令 $F \in \varepsilon$，那么 $F$ 可以增强最大的论证 $F'$，即 $\exists F' \geqslant F(F' \in \mathrm{Max}_{\leqslant \varepsilon})$。事实上，因为 $S$ 是有穷的，所以 $S$ 和 $\varepsilon$ 相同。根据引理 10.1，因为 $BQ$ 在状态 $s$ 上是真的，且 $F' \in \mathrm{Max}_{\leqslant \varepsilon}$，$\bigcap F' \subseteq Q$，所以 $F'$ 支持 $Q$。令 $F'' \geqslant F'$，那么 $F'' \in \mathrm{Max}_{\leqslant \varepsilon}$，根据引理 10.1，$\bigcap F'' \subseteq Q$。$F''$ 支持 $Q$，$F'$ 是关于 $Q$ 的辩护。$F$ 可以增强对 $Q$ 的辩护。

从右到左　给定辩护模型 $\mathcal{M}$ 以及状态 $s$，使得 $\forall F, \exists F' \geqslant F(\forall F'' \geqslant F'(\bigcap F'' \subseteq Q))$。令 $F \in \mathrm{Max}_{\leqslant \varepsilon}$，那么 $F \geqslant F'$。取 $F'' := F$，$\bigcap F \subseteq Q$。根据引理 10.1，$BQ$ 在状态 $s$ 上是真的。

**命题 10.8**　主体在基于条件 $P$ 上相信 $Q$，当且仅当对于给定的 $P$，每一个与 $P$ 一致的论证都可以增强对 $Q$ 的辩护，即

$$\forall F, \bigcap F \cap P \neq \varnothing \rightarrow \exists F' \geqslant F(\bigcap F' \cap P \notin \varnothing \wedge \forall F'' \geqslant F'(\bigcap F'' \cap P \subseteq Q))$$

为了证明命题 10.8，需要先证明引理 10.2。

**引理 10.2**　主体在基于条件 $P$ 上相信 $Q$，当且仅当所有与 $P$ 相一致的论证都在基于条件 $P$ 上极大（在增强序的层面上）地支持 $Q$，即

$$\forall F \in \varepsilon, F \in \mathrm{Max}^{P}_{\leqslant \varepsilon} \rightarrow \bigcap F \cap P \subseteq Q$$

其中，$\mathrm{Max}^{P}_{\leqslant \varepsilon} := \{F \in \varepsilon \mid \bigcap F \cap P \neq \varnothing, 且\ F \geqslant F', 对任意\ F' \in \varepsilon, \bigcap F \cap P \neq \varnothing\}$。

**证**　从左到右　给定辩护模型 $\mathcal{M}$，其中 $B^{P}Q$ 在状态 $s$ 上是真的，$\mathrm{best}P \subseteq Q$。令 $F \in \mathrm{Max}^{P}_{\leqslant \varepsilon}$ 且 $t \in \bigcap F \cap P$，那么 $F \subseteq E_t$，$F \leqslant E_t$。假设

$t\notin \mathrm{best}P$，$\exists w<_E t$，$E_t<E_w$，$F<E_w$。这与 $F\in \mathrm{Max}^P_{\leqslant}$ 相矛盾。那么 $t\in \mathrm{best}P$，所以$\forall t, t\in \bigcap F\cap P\rightarrow t\in \mathrm{best}P$。因此，$\bigcap F\cap P\subseteq \mathrm{best}P$，即$\bigcap F\cap P\subseteq Q$。

**从右到左** 给定辩护模型 $\mathcal{M}$ 和状态 $s$，使得$\forall F\in \varepsilon, F\in \mathrm{Max}^P_{\leqslant_\varepsilon}\rightarrow \bigcap F\cap P\subseteq Q$。令 $t\in \mathrm{best}P$，$\bigcap E_t\cap P\neq\varnothing$。假设 $E_t\notin \mathrm{Max}^P_{\leqslant_\varepsilon}$。$\exists F'\in\varepsilon$，使得$\bigcap F'\cap P\neq\varnothing$且 $E_t<F'$。令 $w\in\bigcap F'\cap P$，$F'\subseteq E_w$，所以 $F'\leqslant E_w$，$E_t<E_w$，所以 $w<_E t$。这与 $t\in \mathrm{best}P$ 相矛盾。因此，$E_t\in \mathrm{Max}^P_{\leqslant_\varepsilon}$，那么 $t\in\bigcap E_t\cap P\subseteq Q$，因此 $t\in Q$。所以，$\forall t, t\in \mathrm{best}P\rightarrow t\in Q$，故 $\mathrm{best}P\subseteq Q$，即 $B^PQ$ 在状态 $s$ 上是真的。

下面证明命题 10.8。

**证** **从左到右** 给定辩护模型 $\mathcal{M}$，其中 $B^PQ$ 在状态 $s$ 上是真的。令 $F\in\varepsilon$，使得 $F$ 与 $P$ 是一致的，即$\bigcap F\cap P\neq\varnothing$。那么，$F$ 可以极大地增强与 $P$ 相一致的论证 $F'$，即$\exists F'\geqslant F, F'\in \mathrm{Max}^P_{\leqslant_\varepsilon}$。事实上，$S$ 是有穷的，所以 $S$ 和 $\varepsilon$ 相同。根据引理 10.2，$B^PQ$ 在状态 $s$ 上是真的，且 $F'\in \mathrm{Max}^P_{\leqslant_\varepsilon}$，$\bigcap F'\cap P\subseteq Q$，$F'$ 支持基于条件 $P$ 的 $Q$。令 $F''\geqslant F'$，$F''\in \mathrm{Max}^P_{\leqslant_\varepsilon}$，且根据引理 10.2，$\bigcap F''\cap P\subseteq Q$，所以 $F''$支持基于条件 $P$ 的 $Q$，在给定 $P$ 的情况下，$F'$ 为关于 $Q$ 的辩护。在给定 $P$ 的情况下，$F$ 可以增强对 $Q$ 的辩护。

**从右到左** 给定辩护模型 $\mathcal{M}$ 和状态 $s$，使得$\forall F, \bigcap F\cap P\neq\varnothing\rightarrow\exists F'$，$\bigcap F'\cap P\notin\varnothing\wedge\forall F''\geqslant F', \bigcap F''\cap P\subseteq Q$。令 $F\in \mathrm{Max}^P_{\leqslant_\varepsilon}$，$F\geqslant F'$，取 $F'':=F$，因此，$\bigcap F\cap P\subseteq Q$。根据引理 10.2，$B^PQ$ 在状态 $s$ 上是真的。

## 二、总辩护模型中的知识和信念

下面研究具有总前序的辩护模型。在总辩护模型中，信念是可辩护的。

**命题 10.9** 在总辩护模型中，主体相信 $Q$，当且仅当存在关于 $Q$ 的辩护 $F$，即

$$\exists F, \forall F'\geqslant F, \bigcap F'\subseteq Q$$

该事实可以通过下面的有效性进行刻画：

$$Bp\leftrightarrow \exists^{ev}\mathrm{Just}p$$

或者可记为

$$Bp\leftrightarrow \exists^{ev}[\leqslant]\mathrm{supp}p$$

**证** **从左到右** 给定总辩护模型 $\mathcal{M}$，其中 $BQ$ 在状态 $s$ 上是真的。根据命题 10.7，每一个论证都可以增强对 $Q$ 的辩护。取任意的可以增强辩护力的论证，那么就可以获得关于 $Q$ 的辩护。

**从右到左** 给定总辩护模型 $\mathcal{M}$ 和状态 $s$，使得存在关于 $Q$ 的辩护 $F$，

则必须证明 $s \vDash BQ$。因为 $F$ 为关于 $Q$ 的辩护，根据定义 10.12，$\forall F' \in \varepsilon$，$F \leqslant F' \rightarrow \bigcap F' \subseteq Q$。取任意论证 $G$，使得 $F \leqslant G$ 或者 $G \leqslant F$。如果 $F \leqslant G$，则 $\bigcap G \subseteq Q$；如果 $G \leqslant F$，则 $G$ 可以增强 $Q$ 的辩护，因为 $G \leqslant F$ 且 $\forall F' \in \varepsilon$ 使得 $F \leqslant F'$，$\bigcap F' \subseteq Q$。根据命题 10.7，$BQ$ 在状态 $s$ 上是真的。

**命题 10.10**　在总辩护模型中，主体在状态 $s$ 上可废止地知道 $Q$，当且仅当在状态 $s$ 上存在关于 $Q$ 的可靠的（或真的）辩护 $F$，即

$$\exists F, s \in \bigcap F \wedge \forall F' \geqslant F, \bigcap F' \subseteq Q$$

该事实可以通过下面的有效性进行刻画：

$$K_D p \leftrightarrow \exists^{ev}(\text{sound} \wedge \text{Just}p)$$

**证**　**从左到右**　给定总辩护模型 $\mathcal{M}$，其中 $K_D Q$ 在状态 $s$ 上是真的。$\forall t, t \leqslant_E s \rightarrow t \in Q$，所以 $\forall t, E_s \leqslant E_t \rightarrow t \in Q$。取 $F := E_s$，因为 $s \in \bigcap E_s$，所以 $s \in \bigcap F$。令 $F' \geqslant F$ 且 $t \in \bigcap F'$，那么 $F' \subseteq E_t$，所以 $F' \leqslant E_t$。因为 $E_s \leqslant F'$，$E_s \leqslant E_t$，那么 $t \in_E s$，所以 $t \in Q$，因此，$\exists F, s \in \bigcap F \wedge \forall F' \geqslant F, \bigcap F' \subseteq Q$。

**从右到左**　给定总辩护模型 $\mathcal{M}$ 和状态 $s$，使得 $\exists F, s \in \bigcap F \wedge \forall F' \geqslant F, \bigcap F \subseteq Q$。令 $t \leqslant B_E s$，需要证明 $t \in Q$。正如所知，$s \in \bigcap F, F \subseteq E_s$，所以 $F \leqslant E_s$。因为 $t \leqslant_E s$，$E_s \leqslant E_t$，那么 $F \leqslant E_t$。根据假设，$\bigcap E_t \subseteq Q$，所以 $t \in Q$，因此，$K_D Q$ 在状态 $s$ 上是真的。

**命题 10.11**　主体相信基于条件 $P$ 的论证 $Q$，当且仅当在给定 $P$ 的情况下，存在关于 $Q$ 的辩护 $F$，即

$$\exists F, \bigcap F \cap P \neq \varnothing \wedge \forall F' \geqslant F, \bigcap F' \cap P \subseteq Q$$

**证**　**从左到右**　给定总辩护模型 $\mathcal{M}$，其中 $B^P Q$ 在状态 $s$ 上是真的。根据命题 10.8，每一个和 $P$ 一致的论证都可以通过给定的 $P$ 来增强关于 $Q$ 的论证。取任意的与 $P$ 一致并且可以增强它的论证，那么在给定 $P$ 的情况下有关于 $Q$ 的辩护。

**从右到左**　给定总辩护模型 $\mathcal{M}$ 和状态 $s$，使得在给定 $P$ 的情况下，存在关于 $Q$ 的辩护 $F$。因此必须证明 $s \vDash B^P Q$，因为 $F$ 是给定 $P$ 的情况下关于 $Q$ 的辩护。根据定义 10.14，$\bigcap F \cap P \neq \varnothing$ 且 $\forall F' \in \varepsilon, F \leqslant F' \rightarrow \bigcap F' \cap P \subseteq Q$。取任意与 $P(\bigcap G \cap P \neq \varnothing)$ 一致的论证 $G$，使得 $F \leqslant G$ 或者 $G \leqslant F$。如果 $F \leqslant G$，则 $\bigcap G \cap P \subseteq Q$；如果 $G \leqslant F$，则 $G$ 在给定 $P$ 的情况下可以增强关于 $Q$ 的辩护，因为 $G \leqslant F$ 且 $\forall F' \in \varepsilon$，使得 $F \leqslant F'$，$\bigcap F' \cap P \subseteq Q$。根据命题 10.8，$B^P Q$ 在状态 $s$ 上是真的。■

## 本章小结

本章证明了一般语境下的情况，其也适用于其他的语境。事实上，辩护模型包括或然模型、可计算模型和类似于证据模型的加权模型。

下面将运用这些辩护模型，对主体的辩护、不可变的知识、信念、条件信念、强信念以及可废止知识等进行组合。

# 第十一章　动态信念逻辑

赛格伯格的“全动态信念逻辑”表明，动态信念逻辑的方法至少和动态认知逻辑的方法具有同样的表达力，可将新近发展的动态认知逻辑的方法内涵化为信念修正逻辑。①

根据动态认知逻辑，可重新构建类似于赛格伯格的“全动态信念逻辑”的信念修正逻辑。本章首先提出了一个概括的和简化的“全动态信念逻辑”，接着证明了“全动态信念逻辑”必须放弃动态信念的某些假定。应用信念修正中的多种修正/收缩算子，可构造适度的 AGM 的“全动态信念逻辑”。主要内容包括：

(1)提供了一个简化的“全动态信念逻辑”，并给出了类似于赛格伯格的基于洋葱的一般的语义。该语义主要基于赛格伯格的假设，并放弃了其中的拓扑假设的语境和超论的所有的封闭性假设，以简化赛格伯格的语境。

(2)“全动态信念逻辑”必须放弃关于动态修正的某些假设。

(3)处理了静态的条件信念逻辑，发展了三个动态信念逻辑的信念修正逻辑，并在信念修正逻辑中将三个修正算子进行内涵处理。

(4)在动态信念逻辑中引入并构建了三种适度的 AGM 的信念收缩和信念扩张系统。

动态信念逻辑是由赛格伯格引入和发展起来的。赛格伯格将信念修正理论和模态逻辑结合起来，并利用有关信念修正的特殊的动态模态算子增强传统的认知和信念逻辑的表达力。反过来看，赛格伯格用新的语形和形式语义构建了信念修正理论。传统上，信念修正重点关注的是给定的经过修正的理论(或者是给定的以信念为基础的由语句组成的对象语言)，但不能处理类似于作为对象语言的“信念修正”语言。赛格伯格从一个全新的视角出发，主要根据信念修正行动，设置了一个和信念态度相同的命题态度，如“知识”和“信念”。在为信念变化构建的信念模型中，可用动态的模态算

① Segerberg, K., 2001:“A Completeness Proof in Full DDL”, *Logic and Logical Philosophy*, Vol.9 (January): pp.77-90.

子刻画转换关系。运用该语境,可借助赛格伯格的模态公理修正 AGM 理论的基本假设。

条件信念逻辑是用条件信念算子进行扩充的模态逻辑。$B^{\varphi}\psi$ 可以解读为"如果主体将要获悉 $\varphi$,那么在获悉 $\varphi$ 之前他将相信 $\psi$ 是真的"。条件信念主要用于刻画静态的、纯假设的修正。

动态认知逻辑是用动态算子扩充的模态逻辑,用于处理主体关于事实的知识动态。动态认知逻辑以认知模型为基础,并用以刻画主体在接收到新的信息后的情境。动态认知逻辑适度的信念修正已经得到了很好的发展。"弱动态认知逻辑"主要采用三种不同的运算来构建信念变化的模型:更新、字典序更新和保守更新。每个运算都可将认知/信念模型转换为用于表达不同类型的信念修正的模型。在此语境中,可用归约/归约规则给出三种类型的信念修正的动态认知逻辑的完全的公理系统。

范·本特姆证明了赛格伯格的动态信念逻辑以及在模态框架对应理论中的动态认知逻辑传统的共存性。① 他借助模态逻辑的方法构建了用于分析信念变化的逻辑,运用递归公理限制更新运算。此外,在动态信念逻辑中,可运用动态认知逻辑构建信念修正模型,并建立"内涵化"的公理系统。

## 第一节　动态信念逻辑修正

下面首先提出了全动态信念逻辑,其为原始的一般的和简化的动态信念逻辑,且不只限于有穷模型。接着讨论了一些涉及动态语境中所谓的连续公理的有效性的哲学问题,在语形系统中可用于解释基于更高层次的信念语句的两种不同种类的行为的修正系统。从语义的观点看,"动态"和"静态"的区分事实上类似于传统的关于修正和重叠修正的二分法之间的关系。

### 一、一般的表达

赛格伯格引入了关于动态信念逻辑的一般的和简化的"一般模型论"。该语义主要基于赛格伯格的假设,即由状态集组成的类,称为撤销。事实上,这些超论为赛格伯格的洋葱理论的扩充,即根据刘易斯-格鲁夫传统的由状态重叠集组成的族,称为球。

---

① van Benthem, J., 2014: "Two Logical Faces of Belief Revision". In Trypuz, R.(ed.), *Krister Segerberg on Logic of Actions*, *Outstanding Contributions to Logic*, *1*, Berlin: Springer, pp.281-300.

可用形式语言刻画这些模型，通常采用的是对动态信念逻辑语形的扩充，然后加上信念算子 $B$ 和动态模态$[\alpha]$，算子 $K$ 表示赛格伯格和莱特格布(Leitgeb)所说的“非可修正的信念”或者“知识”。[①] 称其为“不可改变的知识”是为了将其和其他在哲学中所考虑的“更弱的”知识相区分，即可废止知识。为了确保 $K$ 算子是关于事实的(基于知识的期望)，可通过稍微的变化来定义有效性，根据莫斯-帕里克(Moss-Parikh)的拓扑逻辑语义：有效性可通过对基于本体状态的序对$(s, H)$的量化和超论，使得 $s \in \bigcup H$。

可通过删掉所有的拓扑假设——斯通空间、紧致性假设——类似于基于超论的所有的封闭性假设，即刘易斯的著名的极限假设[②]，或者通过基于非空的交的封闭性假设，对赛格伯格的语境进行进一步的简化。

根据所引入的关于 $B$ 的定义，信念的定义比较复杂。在交集下的超论满足封闭性，该定义可归结为赛格伯格的信念，类似于格鲁夫的定义：信念等于在所有的最小的球中的状态上是真的。另外，证明在特定情况下的洋葱系统，该定义相当于格鲁夫的定义：信念等价于在所有格鲁夫球下的所有状态上是真的，且在“足够小的”球中的状态上是真的，即在信念修正中已经提出的有效性类似于格鲁夫的标准定义的类似的模态公式。最后，假设洋葱系统满足刘易斯的极限假设，该定义可归结于标准的格鲁夫-赛格伯格的信念。

**语形**　全动态信念逻辑的语言可定义如下：

**定义 11.1**　假设给定的任意的对象语言即动态信念逻辑语言($\mathcal{L}_{DDL}$)是根据下面的部分组成的合式公式：命题字母集合($\Phi$)、布尔联结词、信念算子($B$)、不可改变的知识算子($K$)、行为项集合($A$)、类似于命题动态逻辑的动态模态的$[\alpha]$(“执行行动 $\alpha$ 之后”)(对于每一行动项 $\alpha \in A$)。任意这样的语言称为动态信念逻辑语言。

最小的全动态信念逻辑语言只包括上面的算子。

**语义**　可在动态信念逻辑模型中解释动态信念逻辑语言。

**定义 11.2**　令 $U$ 为状态集(全集)。$U$ 中的超论为非空的族 $H \subseteq \mathcal{P}(U)$，$H$ 为 $U$ 的非空子集，称为后退(fallbacks)。$U$ 中的一个洋葱(球系统)为超论 $O \subseteq \mathcal{P}(U)$，即嵌入。根据包含集的线性序：$X, Y \in O$ 推出 $X \subseteq Y$ 或者 $Y \subseteq X$。将洋葱的元素称为球。

---

① Segerberg, K. and Leitgeb, H., 2007:“Dynamic Doxastic Logic: Why, How and Where to? ”, *Synthese*, Vol.155, No.2: pp.167-190.

② Lewis, D.K., 1973: *Counterfactuals*, Oxford: Blackwell Publishing.

将每一个 $s\in U$ 看作关于本体的存在状态：对世界中所有本体事件可能的刻画（即非信念）。超论 $H$ 表示主体的信念状态。特殊地，一个洋葱 $O$ 可用以表达信念状态且满足 AGM 假设。超论表示主体直接的信念状态，并将后退作为定理，称之为择代信念集。据此，主体可以建立一个新的信念状态，包括信念行为（收缩、扩张或者修正）。

**定义 11.3** 洋葱 $O$ 为标准的（或者良基的），假设在 $O$ 中不存在无穷的球降链，即不存在无穷序列 $X_1\supset X_2\supset X_3\cdots$ 且所有的 $X_i\in O$。

**定义 11.4** 给定超论 $H\subseteq\mathcal{P}(U)$，后退的类 $F\subseteq H$ 具有有穷交性。如果每一个有穷子类 $F'\subseteq F$ 均具有非空的交 $\bigcap F'\neq\varnothing$，称后退族 $F\subseteq H$ 具有最大的有穷交性；如果 $F$ 具有有穷交性，则不存在专有的扩张 $F\subset G\subseteq H$。

如果 $O$ 为洋葱，那么 $O$ 具有极大的有穷交性。另外，$O$ 为唯一的族，$F\subseteq O$也具有极大的有穷交性。

**定义 11.5** 给定一个 $A$ 赞美（doxology）为结构（$U,D,R$），其中 $U$ 为全集，$D$ 为 $U$ 中的超论集且 $R=\{R^{\alpha}\}_{\alpha}$ 为基于 $D$ 的二元关系集 $R^{\alpha}\subseteq D\times D$，根据给定的行为项集 $A$，可用名称 $\alpha\in A$ 进行加标处理。

元素 $R^{\alpha}\in R$ 为信念行为，$R$ 为指令集。每一个 $R^{\alpha}$ 均为超论（或者洋葱）之间的二元关系，而不是状态之间的二元关系。直觉上，每一个 $R^{\alpha}$ 都刻画了特殊类型的变化，其可以影响到主体的认知/信念状态，但不改变实体的状态。

**定义 11.6** 给定动态信念逻辑模型 $\mathcal{M}=(U,D,R,V)$，对任意由 $A$ 赞美（$U,D,R$）和赋值 $V$ 构建的动态信念逻辑语言（在 $\Phi$ 中的命题字母，以及在 $A$ 中的行动项），是将每一个命题字母 $p\in\Phi$ 映射到状态集 $V(p)\subseteq U$。

**定义 11.7** 一个洋葱模型为动态信念逻辑模型（$U,D,R,V$），其中 $D$ 由洋葱组成。

**定义 11.8** 如果所有的洋葱 $O\in D$ 是标准的，则洋葱模型（$U,D,R,V$）是标准的。

**定义 11.9** 如果洋葱模型（$U,D,R,V$）与语义 $||\cdot||$ 满足极限假设，对每一个公式 $\varphi\in\mathcal{L}_{\mathrm{DDL}}$ 和每一个洋葱 $O\in D$，那么根据 $||\Phi||\cap\bigcup O\neq\varnothing$ 可以推出 $\bigcap\{X\in O: ||\varphi||\cap X\neq\varnothing\}\in O$。

对每一个动态信念逻辑语言，标准洋葱模型总满足极限假设，但反之是假的。事实上，标准洋葱模型满足更强的条件，称为强极限假设。对每一个状态集 $P\subseteq U$ 和每一个洋葱 $O\in D$，$P\cap\bigcup O\neq\varnothing\rightarrow\bigcap\{X\in O: P\cap X\neq\varnothing\}\in O$。在标准模型中，每一个洋葱的交在一个给定的集合 $P$ 中包含唯一的

最小的球的交集 $P$。

动态信念逻辑模型也满足极限假设。

**定义 11.10**　如果一个动态信念逻辑模型 $(U,D,R,V)$ 和语义 $||\cdot||$ 满足极限假设，则对每一个公式 $\varphi\in\mathcal{L}_{DDL}$ 和每一个超论 $H\in D$，有 $||\varphi||\cap\bigcup H\neq\varnothing\rightarrow\bigcap\{X\in H:||\varphi||\cap X\neq\varnothing\}\in H$。

**定义 11.11**　静态的动态信念逻辑模型为 $R=\varnothing$ 的动态信念逻辑模型。

动态信念逻辑语言的语义为映射，对每一个动态信念逻辑模型 $\mathcal{M}=(U,D,R,V)$ 和每一个超论 $H\in D$，给每一个公式 $\varphi\in\mathcal{L}_{DDL}$ 指派某些状态集 $||\varphi||_{\mathcal{M},H}\subseteq\bigcup H$，且给每一个行动项 $\alpha\in A$ 指派某些信念行动 $||\alpha||_{\mathcal{M},H}\in R$。据此，许多条件（下面将给出）都是可满足的。通过对 $\bigcup H$ 的限制，状态 $s\notin\bigcup H$ 表示"不可能状态"。洋葱状态可以通过信念状态 $H$ 排除。换言之，$\bigcup H$ 包含主体有关世界的"强信息"。因此，算子 $K$（通过基于 $\bigcup H$ 的量化给出）为事实的（和动态信念逻辑通常的语境不同）：在绝对无误的情况下，绝对地正确、绝对地不修正的知识中，可用 $K$ 表示主体的知识。可采用下面的记法：

若 $(s,H)\vDash_{\mathcal{M}}\varphi$，使得 $s\in\bigcup H$，则有 $s\in||\varphi||_{\mathcal{M},H}$。在不产生歧义的情况下，可以不带下标。即当 $\mathcal{M}$ 是固定的时，记为 $||\varphi||_H$ 和 $(s,H)\vDash\varphi$；当 $\mathcal{M}$ 和 $H$ 都是固定的时，则可记为 $||\varphi||$。

**定义 11.12**　动态信念逻辑语言的语义需要满足下面的限制：

(1) $(s,H)\vDash p$，当且仅当 $s\in V(p)$；

(2) $(s,H)\vDash\neg\varphi$，当且仅当 $(s,H)\nvDash\varphi$；

(3) $(s,H)\vDash\varphi\wedge\psi$，当且仅当 $((s,H)\vDash\varphi)\wedge((s,H)\vDash\psi)$；

(4) $(s,H)\vDash B\varphi$，当且仅当 $\forall F\subseteq H$，使得 $F$ 有极大有穷交性，$\exists F'\subseteq F$，$\forall t\in\bigcap F'$，$t,H\vDash\varphi$，其中 $F'$ 是有穷的；

(5) $(s,H)\vDash K\varphi$，当且仅当 $\forall t\in\bigcup H$，$(t,H)\vDash\varphi$；

(6) $(s,H)\vDash[\alpha]\varphi$，当且仅当 $\forall H'\in D$，$(H,H')\in||\alpha||_H\wedge s\in\bigcup H'\rightarrow(s,H')\vDash\varphi$。

不可改变知识 $K$ 的定义实质上与赛格伯格的定义相同，只是对 $K$ 的事实的有效性推理进行了修正，使其行为事实上类似于知识。[①] 信念 $B$ 的

① Segerberg, K., 2001: "A Completeness Proof in Full DDL", *Logic and Logical Philosophy*, Vol.9 (January): pp.77-90..

定义是对格鲁夫-赛格伯格定义的概括，并借助了范·本特姆(van Benthem，2011)[①]等所给出的定义。还可以简化洋葱模型：当在极限条件下或者在交集下是封闭的时，可对洋葱模型进行进一步的简化。

**命题 11.1** 动态信念逻辑模型中的集合 $D$ 是由满足极限假设的超论 $H$ 构成的，$\varphi$ 是可相信的，当且仅当在所有的"最或然的状态"中 $\varphi$ 是真的，即最小的后退状态：$(s,H)\models B\varphi$，当且仅当$\forall t\in\bigcap H,(t,H)\models\varphi$。

**命题 11.2** 在洋葱模型中，$\varphi$ 是可相信的，当且仅当 $\varphi$ 在所有"足够或然"的状态中是真的，即所有的球都是"足够小的"：$(s,O)\models B\varphi$，当且仅当 $\exists X\in O,\forall t\in X,(t,O)\models\varphi$。

另外，满足极限假设的洋葱模型，可归结为通常的格鲁夫的定义，即 $(s,O)\models B\varphi$，当且仅当$\forall t\in\bigcap O,(t,O)\models\varphi$。

因此，在标准的洋葱模型中等价性成立。

对动态信念逻辑的模型类 $C$，记 $C\models\varphi$，对每一个模型 $\mathcal{M}=(U,D,R,V)\in C$ 且每一个 $H\in D$，如果$||\varphi||_{\mathcal{M},H}=U$，则称 $\varphi$ 基于 $C$ 是有效的；等价地，当且仅当对所有的模型 $\mathcal{M}=(U,D,R,V)\in C$，所有的超论 $H\in D$，以及对所有的状态 $s\in\bigcup U$，$(s,H)\models_{\mathcal{M}}\varphi$ 成立。

在赛格伯格的洋葱、超论和或然模型之间存在着对应关系：这些语义是等价的。事实上，任意的动态信念逻辑模型中的任意后退都可以在状态之间建立对应的或然关系。根据 $H$，如果 $s$ 属于包含 $t$ 的 $H$ 中的所有的后退，则称状态 $s$ 至少和状态 $t$ 一样或然，记为 $s\leqslant_H t$：$s\leqslant_H t$，当且仅当$\forall X\in H,t\in X\rightarrow s\in X$。

显然，或然关系$\leqslant_H$为基于集合$\bigcup H$ 的前序(满足自返关系和传递关系)。另外，如果 $O$ 为洋葱，那么$\leqslant_O$是基于$\bigcup O$ 的总(连贯的)前序。对所有的 $s$，若 $t\in\bigcup O$，则有 $s\in_O t$ 或者 $t\leqslant_O s$。

## 二、静态和动态信念修正

(一)静态修正

为了能够构建进行一步修正后的模型，对每一个命题 $P$，通过 $P$ 就足以实现信念修正，语形上的信念修正如语句集，或者语义上的信念修正类似于状态集，利用 $P$ 进行修正之后为最或然的。语义上，可以一致地以三个不同的方法给出：

---

① van Benthem, J., 2011: *Logical Dynamics of Information and Interaction*, Cambridge: Cambridge University Press.

（1）选择函数，采用的是斯托内克尔（Stalnaker）的方法；

（2）刘易斯-格鲁夫球包，即赛格伯格语义的洋葱（或者一般语义下的超论）；

（3）或然关系。

根据模态的动态信念逻辑理论，以上三种语义是等价的。

语形上，AGM 理论可用来刻画静态的修正，对每一个初始的信念集$\top$和每一个命题 $P$，修正的信念集为$\top * P$，或者择代地，可以利用条件信念算子 $B^P Q$ 对静态修正进行修正，其意思是“用 $P$ 修正之后，主体将开始相信 $Q$ 是修正之前的情况”。该修正的静态系统可以刻画这样的事实。在修正之后，$Q$ 仍然可以根据事态的初始状态进行赋值。根据格鲁夫球，也可以刻画这样的事实。同样地，洋葱常用于对 $Q$ 进行赋值：$B^P Q$ 成立，当且仅当在洋葱中最小的球为包含于 $Q$ 的 $P$ 的交集。

（二）动态修正

动态修正可涉及洋葱的变化、或然关系的变化或者模型的变化等。语义上，要求在洋葱（动态信念逻辑）、不同的或然状态（命题信念逻辑）或者模型（动态认知逻辑）之间存在二元关系。另外，如果考虑一般的情况，这三种理论的信念动态是等价的。语形上，动态修正可以通过动态模态$[*P]Q$进行刻画。更严格地，$[*P]BQ$ 刻画的事实 $Q$ 将在利用 $P$ 进行修正之后被相信是真的。动态刻画就反映了这一事实，在进行修正之后，$Q$ 可以根据新的事件的状态进行赋值。格鲁夫球理论反映了 $BQ$ 可借助与旧的洋葱构建的相关的新的洋葱，并通过动态二元关系 $R^{*P}$ 进行赋值。

（三）动态算子和逆动态算子

静态条件信念算子 $B^P Q$ 可以通过动态算子$[*\varphi]\psi$ 和逆动态算子$\langle *^{-1}\varphi\rangle\psi$ 而得到。而在赛格伯格的洋葱语义中，动态算子$[*\varphi]\psi$ 为洋葱间的关于某些二元修正关系 $R^{*\varphi}$ 的全称（Box）模态，逆动态算子$\langle *^{-1}\varphi\rangle\psi$ 为关于逆关系$(R^{*\varphi})^{-1}$的存在（Diamond）模态。有下面的等价关系：

$$B^{\varphi}\psi \leftrightarrow [*\varphi]B\langle *^{-1}\varphi\rangle\psi$$

该等价式完全刻画了上面的静态修正 $B^{\varphi}\psi$ 的扩充，这反映了利用 $\varphi$ 进行修正之后的信念是由修正之前的语句 $\psi$ 的真值确定的。

（四）信念修正

此处并没有选择将静态修正归约为动态修正（反之亦然），但可将静态修正作为基础，在形式上，将初始的条件信念算子 $B^{\varphi}\psi$ 解释为信念修正策略：“如果将来我必须用 $\varphi$ 进行修正，那么我就会相信现在的 $\psi$ 是真的。”动态认知逻辑可以递归地将动态修正的任意实例归约为静态修正的语句（通过所谓的归约规则或者递归规则)。

从语义的角度看,静态信念修正比动态信念修正的概念更简化。事实上,特定的静态信念修正仅需要给出一个洋葱,而动态信念修正是由特定的变化的洋葱提供的,即根据洋葱之间的移动方式和洋葱之间的关系提供的。事实上,动态信念修正不仅涉及简单的信念修正理论,而且也涉及静态的信念修正策略。为了用语形的方法刻画给定的动态信念修正,不仅需要形如$[*P]BQ$这样的公式(刻画动态信念修正),而且还需要形如$[*P]B^{R}Q$这样的语句(刻画静态信念修正策略的动态修正)。

这种区分并不需要迭代:静态信念修正$B^{R}Q$可扩张为动态信念修正$[*R]BQ$,为了能够计算动态信念修正的迭代$[*P][*R]BQ$,只需要知道基于动态修正的静态修正的行动$[*P]B^{R}Q$就足够了。更一般地,对每一个特定类型的动态信念修正$*$,命题$[*P]Q$可以递归地归约为只涉及静态修正算子$B^{R}Q$的命题。这是动态认知逻辑中著名的归约(或者递归)规则。这样,动态修正可以直接通过它的每一个语义模型进行迭代,而静态信念修正是信念的第一步修正。

(五)静态修正和动态修正的比较

静态修正和动态修正的区分并不是逐步修正和迭代修正之间的区分。它们的区分在于动态修正完全和信念变化"保持"一致,而静态修正只是根据新的视角回顾了旧的信念状态。事实上,高阶的信念言语行为和动态修正并不相同。

考虑摩尔(Moore)的语句形式"$\varphi:=p\wedge\neg Bp$"。① 内省主体显然在他获知到$\varphi$之后并不能立即开始相信$\varphi$。事实上,相信$\varphi$相当于缺少内省,因为主体相信$p$并且事实上他不相信$p$。所以,在获知$\varphi$之后,一个内省的主体将开始相信$p$,但不是$\varphi$本身。通过动态修正,任意的合理的修正算子$*$的动态,都可解释为一个信念状态(洋葱)的二元关系。对任意的摩尔语句$\varphi$,公式$[*\varphi]B\varphi$是假的。事实上,即使$\varphi$在旧的信念状态上是真的,在用$\varphi$进行修正之后,语句$B\varphi$可以根据新的信念状态进行赋值,其中$\varphi$是假的,并且知道$\varphi$是假的,因此是不可信的。相反,根据任意语句$\varphi$进行的静态修正将总能够产生一个信念语句,因为在静态修正之后,该语句仍可以根据初始的信念状态进行赋值。这可以通过条件信念的有效性$B^{\varphi}\varphi$来刻画,其为AGM理论中的连续假定$\varphi\in\top*\varphi$。

这种区分是很重要的。为了正确地处理高阶信念语句,动态信念逻辑

① van Ditmarsch, H., van der Hoek, W. and Ilievr, P., 2012: "Everything is Knowable—How to Get to Know Whether a Proposition is True", *Theoria*, Vol.78, No.2: pp.93-114.

需要借鉴动态认知逻辑的方法。这些区分将导致连续假定的失败。在林敦保姆和拉宾诺维奇(Lindström and Rabinowicz,1999)中所涉及的关于内省主体的动态信念逻辑理论,和赛格伯格的理论相似。① 即这些学者都假定动态的连续假定(公理$[*\varphi]B\varphi$)就是所期望的,或者在全动态信念逻辑中(即当$\varphi$本身是一个信念语句时)是可行的。

## 三、全动态信念逻辑与连续假设

(一)林敦保姆和拉宾诺维奇语义

林敦保姆和拉宾诺维奇提供了两种方案来解决摩尔悖论。连续假定的失效只能影响第一个解决方案。② 他们定义了修正的语义和标准的动态模态类的命题动态逻辑的语义,并可证明任意的(正的)内省主体都将会导致连续假定的语义的失败。

在某些空间$U$中,可通过可能世界集来表达命题,定义基于$U$的拓扑$\tau$,其中封闭集为任意的命题的交。$\tau$通过所有封闭集的族$C$确定,并由所有的开集组成($U$的子集由$C$中的补集组成)。它们强加了基于拓扑的紧致性条件:包括空的交集的封闭集的族,也包括空的交集的有限子族。该命题可以通过闭开集进行表达(该集合既是闭的又是开的)。

模型$\mathcal{M}$为结构$\langle U, Prop, w, d, b, R, V\rangle$,其中:

(1)$U$为所有的可能世界集,也称为总状态;

(2)Prop为布尔代数集,其定义域为$U$,且为命题集;

(3)$w$为一个函数,给每一个总状态$x\in U$指派一个世界状态$w(x)$;

(4)$d$为函数,给每一个总状态$x\in U$指派一个该主体的信念状态$d(x)$;

(5)$b$为函数,给每一个总状态$x\in U$指派一个状态集且与在$x$中所相信的东西是相容的,使得如果$d(x)=d(y)$,那么$b(x)=b(y)$;

(6)$R$为函数,对每一个信念行动项$\tau$产生一个可及关系$R^{\tau}\subseteq U\times U$;

(7)$V$为赋值。

在林敦保姆-拉宾诺维奇模型中,公式可以在总状态$x$、实体状态$w(x)$和信念状态$d(x)$上得到赋值。据此,信念状态$d(x)$为赛格伯格洋葱(或

---

① Lindström, S. and Rabinowicz, W., 1999: "Belief Change for Introspective Agents". In Bengt Hansson, S. H.& Nils-Eric-Sahlin (eds.), Spinning Ideas, Electronic Essays Dedicated to Peter Gärdenfors on His Fiftieth Birthday.

② Lindström, S. and Rabinowicz, W., 1999: "DDL Unlimited: Dynamic Doxastic Logic for Introspective Agents", *Erkenntnis*, Vol.50: pp.353-385.

者更一般的超论)：这些信念状态为球包(即总状态的封闭集)。如果取 $b(x):=\bigcap d(x)$，对洋葱 $d(x)$ 的“最小的球”，那么信念可以定义为通常的格鲁夫模型 $x\vDash B\varphi$，当且仅当 $b(x)\subseteq||\varphi||$。

现在取林敦保姆-拉宾诺维奇模型 $\mathcal{M}$，其中下面两个条件是可满足的：(1)主体是正内省的且对应于某些特定的事实 $p$(在所有模型中的状态)；(2)存在某些总状态 $x$，其中主体并不相信 $p$，也不相信 $\neg p$。显然，无论什么样的条件限制，人们都希望强加于林敦保姆-拉宾诺维奇模型上，满足(1)和(2)的情境仍是可允许的。所以，即使增加了其他的条件，上面的模型 $\mathcal{M}$ 仍然是一个预期的模型类。正如(2)，最小的球 $b(x):=\bigcap d(x)$(在总状态 $x$ 上)包含 $p$ 和 $\neg p$ 世界。

在该情境中，摩尔语句 $\varphi:=p\wedge\neg Bp$ 和主体的信念是语义一致的。事实上，$\varphi$ 在所有的属于最小的球 $b(x)\cap||\varphi||\subseteq|p||$ 的 $p$ 世界上都是真的。因此，该最小的球 $b(x)$ 具有非空的交，即 $b(x)\cap||\varphi|\vDash b(x)\cap||p||\neq\varnothing$，且在该模型中 $\varphi$ 的扩充为 $||\varphi||$。

林敦保姆-拉宾诺维奇语义条件，或者更严格地说，他们基于语义收缩的假设和莱维式的修正定义，确保在该语境中用 $\varphi$ 进行的修正类似于用 $\varphi$ 进行的扩张。所以，通过修正之后获得的总状态 $y$ 可以(即使得 $xR^{*\varphi}y$)与通过扩张所获得的状态相同，即有 $xR^{+\varphi}y$。和修正不同(或者收缩)，扩张运算可以由 AGM 公理完全确定，其得到了林敦保姆-拉宾诺维奇理论的认同。事实上，显性地假设扩充状态 $y$ 为唯一的总状态且满足条件 $w(y)=w(x)$(实体状态的稳定性)，并且 $d(y)=d(x)+||\varphi||=:d(x)\cup\{X\cap||\varphi||:X\in d(x)\}$。这意味着，最小的新洋葱球 $d(y)$ 必须为 $b(y)=\bigcap d(y)=\bigcap d(x)\cap||\varphi||=b(x)\cap||\varphi||=b(x)\cap||p||\subseteq||p||$。因此，在新总状态 $y$ 中，主体相信 $p:y\vDash Bp$。因为在该模型中，正内省对应于 $p$ 成立，有 $y\vDash Bp$。

如果连续假定也成立，动态公式 $x\vDash[*\varphi]B\varphi$，那么根据标准的 PDL 动态算子语义(得到了林敦保姆-拉宾诺维奇理论的认可)，有 $y\vDash B\varphi$。运用算子 $B$ 的范式(其为林敦保姆-拉宾诺维奇语义所定义的信念)，以及事实 $\varphi:=p\wedge\neg Bp$，可推出 $y\vDash B\neg Bp$。由 $y\vDash(BBp\wedge B\neg Bp)$，根据范式，可断定 $y\vDash B(p\wedge\neg Bp)$。根据 $B$ 的语义定义，可推出 $b(y)\subseteq||Bp\wedge\neg Bp||=\varnothing$。这与上面所提及的事实 $b(y)=\bigcap d(y)=\bigcap d(x)\cap||\varphi||=b(x)\cap||\varphi||=b(x)\cap||p||\neq\varnothing$ 矛盾。

该矛盾只能运用林敦保姆和拉宾诺维奇关于信念和修正的连续假定，以及自然的和良性的假设(1)和(2)的语义而获得。

（二）林敦保姆和拉宾诺维奇的解决方案

林敦保姆和拉宾诺维奇提供了第二种解决摩尔悖论的方法，即所谓的二维语义，其事实上非常接近动态认知逻辑的解决方案。事实上，他们的建议和在此所提供的解决方案相同：仅当可以根据在修正之前的 $\varphi$ 的真值的修正信念来解释，连续假定对于信念语句 $\varphi$ 才是有意义的。然而，形式上包含了不同方式的解决方案，主要是为了保持纯语形层面上包含连续假定。即根据状态序对 $(x, y)$，并采取二元的语义方式来实现，这两个信念状态（在修正前后），将动态算子的公开宣告逻辑的语义转换为非标准的语义。粗略地说，新的语义相当于给任意的信念表达式 $B\psi$ 进行赋值，实现用动态算子 $[*\varphi]$ 来刻画在修正之后关于 $\psi$ 的真值的修正的信念（用 $\varphi$ 进行修正之后）。

基于林敦保姆和拉宾诺维奇的第二种解决方案的概念分析是合理的，但他们的非标准的动态算子语义的修正值得商榷。动态模态应该用于表达：时间上的单向移动，从修正行动之前的状态到修正行动之后的状态。不应该曲解动态算子的意义，而应该认识到用信念语句所进行的动态修正不适用于连续假设。

（三）赛格伯格的解决方案

赛格伯格提供了一个全动态信念逻辑公理系统，该系统相对于所提供的语义是不可靠的。① 其原因在于所提供的连续公理 $[*\varphi]B\varphi$ 在该语义中不是有效的。

在全动态信念逻辑公理系统中的语义，与动态信念逻辑的语义有些不同。因为在此采用的是赛格伯格和莱特格布（Segerberg and Leitgeb, 2007）②的系统。林敦保姆-拉宾诺维奇的语境事实上是封闭的：公式是基于状态的赋值（称为点）——而不是状态的序对和洋葱——所以动态是通过状态之间的二元关系给出（类似于标准的命题动态逻辑语义）的，而不是通过洋葱之间的关系给出的。可将关系框架称为修正空间。然而，在全动态信念逻辑公理系统的语境中，给每一个状态指派一个洋葱，并利用修正空间形成的序对构建所谓的“洋葱框架”。

公理系统的完全性包括连续公理的动态被称为对应于“AGM 洋葱框架”的类，即洋葱框架满足某些类似于 AGM 的附加语义条件。在该语境

① Segerberg, K., 2001: “A Completeness Proof in Full DDL”, *Logic and Logical Philosophy*, Vol.9 (January): pp.77-90.

② Segerberg, K. and Leitgeb, H., 2007: “Dynamic Doxastic Logic: Why, How and Where to? ”, *Synthese*, Vol.155, No.2: pp.167-190.

中，赛格伯格并未假设内省性，不包括语义条件，也不包括公理。但很容易看出包括（正）内省：存在 AGM 洋葱框架是正内省的。更严格地，上面的反例（在内省的洋葱模型中，$p$ 和$\neg p$ 都是不可相信的）可以很容易地重新包含全动态信念逻辑公理系统中的 AGM 洋葱模型。动态的连续公理在处理像摩尔这样的语句 $p\wedge\neg Bp$ 时是无效的，所以该公理简单地说是不可靠的。

（四）放弃连续假定

在动态信念逻辑中，只有放弃不受限制的动态的连续假定，才能真正理解通过内省主体使用信念语句进行的动态修正。一个弱的假设可以通过将其限制为简单的、布尔的、非信念语句的动态系统而获得，也可以根据给出静态系统的解释，即基于条件信念的陈述 $B^{\varphi}\varphi$ 而获得。

## 第二节　动态信念逻辑和条件信念逻辑

此处需要证明动态信念逻辑的方法至少与动态认知逻辑的方法具有同样的表达力。首先主要利用条件信念逻辑提供一个静态的完全的公理系统，随后在信念修正中发展三种动态信念逻辑系统，并内涵化三种修正运算。

### 一、静态的完全公理系统：条件信念逻辑

为了刻画静态修正，可借助条件信念逻辑的条件信念算子 $B^{\varphi}\psi$ 发展的传统的动态认知逻辑，所以增加了条件信念算子 $B^{\varphi}\psi$ 到动态信念逻辑语言中。其语义条件可以自然地扩充为更大的语言。

**记法**　首先，根据赛格伯格(Segerberg,1997)①的理论，引入如下记法：

$$H\ \Theta P:=\{X\in H: X\cap P\neq\varnothing\}$$

对所有的超论 $H\in D$，状态集 $P\subseteq U$。

另外，该记法可推广到任意的超论 $H$ 的后退族 $F\subseteq H$。

$$H\ \Theta P:=\{X\in F: X\cap P\neq\varnothing\}$$

**定义 11.13**　后退族 $F\subseteq H$ 的相对性到状态集 $P\subseteq U$ 是族：

$$F^{P}:=\{X\cap P: X\in F\ \Theta P\}=\{X\cap P: X\in F, X\cap P\neq\varnothing\}$$

当然，该运算可以应用于特殊的超论 $H$ 或者洋葱 $O$，并生成一个相对

① Segerberg, K., 1997: "Proposal for a Theory of Belief Revision along the Lines of Lindström and rabinowicz", *Fundamenta Informaticae*, Vol.32, No.2(April): pp.183-191.

的超论 $H^P$ 或者相对的 $O^P$。

**定义 11.14**　后退族 $F\subseteq H$ 具有相对于 $P$ 的有穷交性。如果每一个有穷子族 $F'\subseteq F^P$ 均具有非空交 $\bigcap F'\neq\varnothing$，则称后退族 $F\subseteq H$ 具有极大的相对于 $P$ 的有穷交性；如果 $F$ 具有相对于 $P$ 的有穷交性，但并不存在恰当的扩充 $F\subset G\subseteq H$，具有相对于 $P$ 的有穷交性。

如果 $O$ 为洋葱，使得 $P\cap\bigcup O\neq\varnothing$，那么 $O$ 具有相对于 $P$ 的极大有穷交性；另外，$O$ 是唯一的族 $F\subseteq O$ 具有相对于 $P$ 的极大的有穷交性。

当 $P=||\varphi||_H$ 时，对某些公式 $\varphi$，记为“相对于 $\varphi$ 的最大的有穷交性”，或“相对于 $||\varphi||_H$ 的极大有穷交性”等。

**条件信念的语义**　现在定义条件信念如下：

$(s,H)\vDash B^\theta\varphi$，当且仅当 $\forall F\subseteq H$ 使得 $F$ 具有相对于 $\theta$ 的极大的有穷交性，存在有穷的 $F'\subseteq F^{||\theta||H}$，$\forall t\in\bigcap F'$，$(t,H)\vDash\varphi$。

**命题 11.3**　在洋葱模型中，$\varphi$ 是基于 $\theta$ 的可信条件，当且仅当 $\varphi$ 在所有满足 $\theta$ 的或然的满足状态上是真的。$(s,O)\vDash B^\theta\varphi$，当且仅当 $\exists X\in O^{||\theta||O}\ \forall t\in X$，$(t,O)\vDash\varphi$。

另外，在洋葱模型中满足极限条件，这可归结于静态修正的通常的格鲁夫语义：$(s,O)\vDash B^\theta\varphi$，当且仅当 $\forall t\in\bigcap O^{||\theta||O}$，$(t,O)\vDash\varphi$。

**定义 11.15**　条件信念逻辑的语言为包含原子语句 $p\in\Phi$ 和重言公式 $\top$ 的最小的公式集，且在条件信念算子 $B^\theta\varphi$ 下是封闭的。其可以看作动态信念逻辑语言的不同形式，其中不存在动态模态算子，而 $B$ 和 $K$ 可分别定义为如下的简写：

$$B\varphi:=B^\top\varphi$$

$$K\varphi:=B^{\neg\varphi}\bot$$

其中 $\bot:=\neg\top$。

这些简写在语义上等价于信念和知识算子，其定义如前。

**定理 11.1**　条件信念逻辑的证明系统相对于所有的洋葱模型类、标准的洋葱模型类以及有穷洋葱模型类是可靠的和完全的。

必然性规则：根据 $\vdash\varphi$，可以推出 $\vdash B^\psi\varphi$；

规范性：$\vdash B^\theta(\varphi\rightarrow\psi)\rightarrow(B^\theta\varphi\rightarrow B^\theta\psi)$；

知识的真值公理：$\vdash K\varphi\rightarrow\varphi$；

知识的保持性：$\vdash K\varphi\rightarrow B^\psi\varphi$；

全内省：$\vdash B^\psi\varphi\rightarrow KB^\psi\varphi$；

假说是可接受的：$\vdash B^\varphi\varphi$；

超扩充：$\vdash B^{\varphi\wedge\psi}\theta\rightarrow B^\varphi(\psi\rightarrow\theta)$；

子扩充(理性单调性):$\vdash(\neg B^{\varphi}\neg\psi\wedge B^{\varphi}(\psi\rightarrow\theta))\rightarrow B^{\varphi\wedge\psi}\theta$。

在上面的所有公理中,$K$ 可简写为 $K\varphi:=B^{\neg\varphi}\bot$。

**事实 11.1** 贝尔泰格、斯梅茨等证明了条件信念逻辑的证明系统相对于条件信念模型是可靠的和完全的,并且证明了该语境等价于 AGM 理论的“认知”系统。在 AGM 理论的认知论中,平凡假设($T*\varphi=\bot$,当且仅当 $\vdash\neg\varphi$)可以用关于它的认知系统进行替换:$\top*\varphi=\bot$,当且仅当 $\top\vdash K\neg\varphi$。事实上,在任意不可改变的知识算子 $K$ 存在的情况下是无效的:用否定的语句进行修正,可能会出现矛盾。

因此,洋葱模型满足 AGM 的所有认知假设。

**推论 11.1** 如果将初始的 AGM 理论 $\top$ 看作在给定的实体状态 $s$、给定的洋葱模型 $\mathcal{M}$ 中的洋葱 $O$ 上成立的信念集 $\top=\{\psi:s,O\vDash_{\mathcal{M}}B\psi\}$,将静态的修正理论 $\top*\varphi$ 解释为在同一状态 $s$、同一模型 $\mathcal{M}$ 的同一洋葱 $O$ 上,基于条件 $\varphi$ 的所有条件信念上成立的集合 $\top*\varphi=\{\psi:s,O\vDash B^{\varphi}\psi\}$,那么认知的 AGM 理论的所有假设都是可满足的。

与此相反,一般的静态修正动态信念逻辑模型不满足知识的 AGM 假定,因为子扩充规则在一般的动态信念逻辑模型中无效。总之,一般动态信念逻辑并不支持信念修正的 AGM 理论,但洋葱模型是自然的、适度的 AGM 理论的动态信念逻辑系统。

## 二、动态信念逻辑中的动态修正:内涵的信念更新

在动态认知逻辑中,认知/信念模型可看作在新的信息下的基础的和改进的模型。在给定信念行动之后,人们实际上用构造的方法定义了一个新的认知/信念模型。这种构造的方法可以看作是对动态信念逻辑模型的内涵处理。下面将运用这样的可构造的动态信念逻辑方法刻画信念修正。我们提供了洋葱之间的可构造的二元关系的定义,并对三种不同的修正运算进行内涵处理。动态认知逻辑方法中的归约/递归规则给出了三种类型的修正中的动态逻辑的完全的公理系统。事实上,这些规则与动态认知逻辑中的规则相同。

### (一)不同的修正运算

有许多方法可以根据主体所接受的信息而改变主体的信念。此处给出了三种不同的刻画方法,并且定义了对应于动态认知逻辑的运算:更新 $!\varphi$、字典序更新 $\Uparrow\varphi$ 和可保守更新 $\uparrow\varphi$。

（二）内涵的信念更新

动态认知逻辑（单个主体情况）对于三种类型的更新可以采用一般情况下的动态信念逻辑的特殊的方法获得。

**定义 11.16**　给定定义 11.13 中所引入的洋葱记法 $O^P:=\{P\cap X: X\in O, P\cap X\neq\varnothing\}$，定义基于某些洋葱模型 $(U,D,R)$ 的洋葱 $O\in D$ 间的二元关系 $R^P$（更新）、$R^{\Uparrow P}$（字典更新）、$R^{\uparrow P}$（可保守更新），以及状态集的集合 $O'\subseteq P(U)$ 如下：

(1) $(O,O')\in R^P$，当且仅当 $O'=O^P\neq\varnothing$；

(2) $(O,O')\in R^{\Uparrow P}$，当且仅当 $O'=O^P\cup\{X\cup\bigcup O^P: X\in O\}$；

(3) $(O,O')\in R^{\uparrow P}$，当且仅当 $O'=\{\bigcap O^P:\bigcap O^P\neq\varnothing\}\cup\{X\cup\bigcap O^P: X\in O\}$。

**定义 11.17**　定义动态认知逻辑的洋葱模型为标准的洋葱模型 $\mathcal{M}=(U,D,R)$，使得 $R=\{R^P:P\subseteq U\}\cup\{R^{\Uparrow P}:P\subseteq U\}\cup\{R^{\uparrow P}:P\subseteq U\}$，并且使得 $D$ 在所有的 $R$ 关系上是封闭的。

**语义**　该语义可以通过定义两个递归的解释映射 $||\varphi||$ 和 $||\alpha||$ 获得：静态命题语句类似于条件信念逻辑，动态模态语义类似于一般的动态信念逻辑的语义，而关于 $||\alpha||$ 的语句可以通过下面的方式给出：

(1) $||!\varphi|\vDash R^{!||\varphi||}$；

(2) $||\Uparrow\varphi|\vDash R^{\Uparrow||\varphi||}$；

(3) $||\uparrow\varphi|\vDash R^{\uparrow||\varphi||}$。

**定义 11.18**　可将上面给出的各种类型的更新的动态模态增加到条件信念逻辑中而获得动态认知逻辑语言。

**定理 11.2**　动态认知逻辑的洋葱模型的可靠的和完全的证明系统可以通过增加上面的证明系统到范・本特姆的归约/递归规则的条件信念逻辑中而获得。① 此处只给出条件信念逻辑的归约规则：

(1) $[!\varphi]B^{\psi}\theta\leftrightarrow\varphi\rightarrow B^{\varphi\wedge[!\varphi]\psi}([!\varphi]\theta)$；

(2) $[\Uparrow\varphi]B^{\psi}\theta\leftrightarrow B^{\varphi\wedge[\Uparrow\varphi]\psi}([\Uparrow\varphi]\theta)\wedge(K^{\varphi}[\Uparrow\varphi]\neg\psi\rightarrow B^{[\Uparrow\varphi]\psi}[\Uparrow\varphi]\theta)$；

(3) $[\uparrow\varphi]B^{\psi}\theta\leftrightarrow B^{\varphi}([\uparrow\varphi]\psi\rightarrow[\uparrow\varphi]\theta)\wedge(B^{\varphi}[\uparrow\varphi]\neg\psi\rightarrow B^{[\uparrow\varphi]\psi}[\uparrow\varphi]\theta)$。

其中可以利用简写“$K^{\varphi}\psi:=K(\varphi\rightarrow\psi)$”。

（三）最强的后置模态

标准的动态模态 $[\alpha]\varphi$ 在计算机科学中是最弱的前提条件。事实上，最

① van Benthem, J., 2007: "Dynamic Logic for Belief Revision", *Journal of Applied Nonclassical Logics*, Vol.17, No.2: pp.129-155.

弱的条件可用于刻画输入的信息状态$(s,H)$，以确保在那个状态上，执行行动$\alpha$之后，在输出状态上为真的。对偶模态(修正模态的意义)为最强的后置模态$\langle\alpha^{-1}\rangle\varphi$，所刻画的最弱的条件可以确保在基于满足$\varphi$的输入状态上，执行了行动$\alpha$之后，在输出状态上成立。

标准的动态认知逻辑不能表达最强的前置条件，动态信念逻辑模型包含足够的信息来定义它们，如关于逆关系$R_\alpha^{-1}$的存在模态。等价地，有$(s,H)\models\langle\alpha^{-1}\rangle\varphi$，当且仅当$\exists H'$，$(H',H)\in||\alpha||_H\wedge(s,H')\models\varphi$。

显然这些算子是逆动态模态，对所对应的德·摩根对偶同样成立，因此有如下的有效性：

$$\varphi\rightarrow[\alpha]\langle\alpha^{-1}\rangle\varphi$$

$$\varphi\rightarrow[\alpha^{-1}]\langle\alpha\rangle\varphi$$

最后，利用字典序更新的最强的前置模态，可以证明下面的语义等价式：

$$B^{\varphi}\psi\leftrightarrow[\Uparrow\varphi]B\langle(\Uparrow\varphi)^{-1}\rangle\psi$$

该等价式确保条件信念$B^{\varphi}\psi$类似于静态修正：主体在用$\varphi$进行修正之后的修正信念为在修正之前$\psi$的真值。

## 第三节　全动态信念逻辑的扩张和收缩

在动态信念逻辑中，赛格伯格利用构造的方法对扩张和收缩构建了模型，并将它们假定为基于超论的附加条件。然而，扩张和收缩运算并不适合AGM框架。在此对动态信念逻辑中收缩和扩张的三个适度的AGM建立了公理系统。

### 一、收缩和扩张

首先，赛格伯格假定了基于超论的某些附加条件，即在非空交下是封闭的且满足强极限的假设，称为LR超论(根据林敦保姆-拉宾诺维奇的观点)。该超论满足两个条件。随后定义了通过$P$的$H$论证可表示为$H/P$，通过$X$对$H$进行的限制可表示为$H|X$。

**定义11.19**　赛格伯格提出了关于LR超论$H$以及集合$P\subseteq U$，$X\in H$：

$$H/P:=H\cup\{X\cap P:X\in H,X\cap P\neq\varnothing\}$$

$$H|X:=\{Y\in H:X\subseteq Y\}$$

并且要求赞美 $D$ 在这些运算下是封闭的。

（一）最小后退

运用这些记法，赛格伯格称后退 $Z\in H$ 是 $H$ 中 $P\subseteq U$ 的一个收缩，当且仅当 $Z$ 为最小的后退（相对于包含），在族 $H\ \Theta(U-P)$ 中 $H\ \Theta(U-P)$：$=\{X\in H:X\cap(U-P)\neq\varnothing\}$。在 $H$ 中用 $P$ 进行的收缩可能不存在，即使存在也可能不是唯一的。

**定义 11.20**　赛格伯格显性地定义了扩张行动 $+P$ 和收缩行动 $-P$（对任意给定的状态集 $P\subseteq U$），通过基于 $D$ 的超论的如下关系给出：

(1)$(H,H')\in R^{+P}$，当且仅当 $H'=H/P$；

(2)$(H,H')\in R^{-P}$，当且仅当 $H'=H|Z$，在 $H$ 中，用 $P$ 对某些收缩 $Z$ 进行处理。

然而，根据赛格伯格的理论，这两种运算并不适合 AGM 框架，主要为了提供一个收缩的林敦保姆-拉宾诺维奇的理论的语义，而不是 AGM 理论。

（二）AGM 修正

为了使用 AGM 理论，必须将上面的定义限制为洋葱模型。正如所见，这是关于动态信念逻辑的适度的 AGM 理论。在洋葱模型中，用 $P$ 进行收缩（如上所定义），这是 AGM 的唯一要求。为此，必须更加严格地将其限制在洋葱模型上且满足极限条件，甚至更严格地限制为标准的洋葱模型。该限制确实能够确保赛格伯格的收缩且满足 AGM 的规则。

（三）扩张问题

即使在这种情况下，赛格伯格所定义的扩张仍然存在问题。扩张运算并不能保持“嵌入”性质，所以无法将标准的洋葱映射到洋葱。另外，从某种意义上来讲，不存在合理的附加条件可以确保赛格伯格的、用集合 $P$ 进行的洋葱 $O$ 的扩张 $P\cap\bigcup O\neq\varnothing$是一个洋葱。因为“洋葱头”(onionhood)（即超论的嵌入）必然地满足 AGM 的假定，这意味着应该寻找一个与 AGM 扩张不同的定义。

## 二、扩　张

事实上，信念修正中扩张的任意语义（如基于格鲁夫球的模型的运算）都可以在动态信念逻辑中得到内涵处理。特别地，前面所定义的三种类型的修正中的任意一种，都对应于基于标准洋葱模型的扩张行动：

(1)$(O,O')\in R^{+P}$，当且仅当$(O,O')\in R^{P}$且对所有的 $X\in O$，$X\cap P\neq\varnothing$；

(2)$(O,O')\in R^{+\Uparrow P}$，当且仅当$(O,O')\in R^{\Uparrow P}$且对所有的$X\in O$，$X\cap P\neq\varnothing$；

(3)$X\cap P\neq\varnothing$，$(O,O')\in R^{+\uparrow P}$，当且仅当$(O,O')\in R^{\uparrow P}$且对所有的$X\in O$，$X\cap P\neq\varnothing$。

由于扩张为修正的特殊情况（该情况中的新的信息不能对先前任意的信念进行收缩），因此所对应的扩张模型可以归约为一个修正，即

(1)$[+!\varphi]\theta\leftrightarrow(\neg B\neg\varphi\rightarrow[!\varphi]\theta)$；

(2)$[+\Uparrow\varphi]\theta\leftrightarrow(\neg B\neg\varphi\rightarrow[\Uparrow\varphi]\theta)$；

(3)$[+\uparrow\varphi]\theta\leftrightarrow(\neg B\neg\varphi\rightarrow[\uparrow\varphi]\theta)$。

## 三、收　缩

基于标准的洋葱模型，存在用$P$进行的收缩，且为唯一的，无论$P$是否为不可改变地知道（即$(\bigcup O)\cap(U-P)\neq\varnothing$）。另外，在标准的洋葱模型中，赛格伯格的定义等价于$(O,O')\in R^{-P}$，当且仅当$O'=O\ \Theta(U-P):=\{X\in O:X\cap(U-P)\neq\varnothing\}$。

该语义收缩运算为严格的收回运算。

(一)严格取消逻辑的公理系统

**定理11.3**　在动态信念逻辑中，严格取消逻辑和基于洋葱模型类的语言$\mathcal{L}_{\text{SEV}}$的可靠的和完全的证明系统可以通过$\mathcal{L}_{KKD}$的公理和规则，加上下面的递归公理给出：

(1)$[-\varphi]p\leftrightarrow p$；

(2)$[-\varphi]\neg\theta\leftrightarrow\neg[-\varphi]\theta$；

(3)$[-\varphi](\theta\wedge\psi)\leftrightarrow[-\varphi]\theta\wedge[-\varphi]\psi$；

(4)$[-\varphi]K\theta\leftrightarrow K[-\varphi]\theta$；

(5)$[-\varphi]K_D\theta\leftrightarrow(K_D[-\varphi]\theta\wedge(\neg K\varphi\rightarrow\neg K\neg(\neg\varphi\wedge K_D[-\varphi]\theta)))$。

如果以静态的基础语言为条件信念逻辑语言，那么在语言$\mathcal{L}_{\text{SEV1}}$中无法给出归约规则。

(二)严格取消的异议

严格取消满足所谓的莱维的动态逻辑，等价于不可改变的修正（动态认知逻辑的更新）：

$$R^{-\neg P};R^{+!P}=R^{!P}$$

其中，$R;R'$为关系的复合，且$P\subseteq U$为任意的状态集，字典序修正或者极小修正所对应的莱维的等价式不是可满足的：

$$R^{-\neg P};R^{+\Uparrow P}\neq R^{\Uparrow P}$$

$$R^{-\neg P};R^{+\uparrow P}\neq R^{\uparrow P}$$

当处理日常生活中的信念变化时，赛格伯格所定义的收缩的恰当性可能是有问题的。

## 四、其他的 AGM 收缩

下面引入保守的收缩$-_cP$和适度的收缩$-_mP$。

**定义 11.21**　动态信念逻辑中给出了基于洋葱模型的形式定义。首先，令$O_{-P}:=\bigcap O^{U-P}$表示最小的非空$O$球和$U-P$的交集$O^{U-P}\neq\varnothing$（即$\bigcup O\notin P$），否则，$O_{-P}:=\varnothing$。

**定义 11.22**　对任意两个标准的洋葱$O,O'\in D$，定义：

(1)$(O,O')\in R^{-cP}$，当且仅当$O'=\{X\bigcup O_{-P}:X\in O\}$；

(2)$(O,O')\in R^{-mP}$，当且仅当$O'=\{Y\bigcup\bigcap O:Y\in O^{U-P}\}\bigcup\{X\bigcup\bigcup O^{U-P}:X\in O\}$。

（一）保守收缩逻辑的公理系统

下面给出保守收缩逻辑的语言以及与其相对应的定理 11.4 和定理 11.5的证明系统。

**定理 11.4**　在动态信念逻辑中，$CONS_1$逻辑和基于洋葱模型类的语言$\mathcal{L}_{CONS1}$的可靠的和完全的证明系统可以通过条件信念逻辑语言的公理和推理规则加上下面的归约公理给出：

(1)$[-_c\varphi]p\leftrightarrow p$；

(2)$[-_c\varphi]\neg\theta\leftrightarrow\neg[-_c\varphi]\theta$；

(3)$[-_c\varphi](\theta\wedge\psi)\leftrightarrow[-_c\varphi]\theta\wedge[-_c\varphi]\psi$；

(4)$[-_c\varphi]B^{\psi}\theta\leftrightarrow B([-_c\varphi]\psi\rightarrow[-_c\varphi]\theta)\wedge B^{\neg\varphi}([-_c\varphi]\psi\rightarrow[-_c\varphi]\theta)\wedge(B^{\neg\varphi}[-_c\varphi]\neg\psi\rightarrow B^{[-c\varphi]\psi}[-_c\varphi]\theta)$。

**定理 11.5**　在动态信念逻辑中，逻辑$CONS_2$和基于洋葱模型类的$\mathcal{L}_{CONS2}$语言的可靠的和完全的公理系统可以通过$\mathcal{L}_{KKD}$的公理和推理规则加上下面的归约公理给出：

(1)$[-_c\varphi]p\leftrightarrow p$；

(2)$[-_c\varphi]\neg\theta\leftrightarrow\neg[-_c\varphi]\theta$；

(3)$[-_c\varphi](\theta\wedge\psi)\leftrightarrow[-_c\varphi]\theta\wedge[-_c\varphi]\psi$；

(4)$[-_c\varphi]K\psi\leftrightarrow K[-_c\varphi]\psi$；

(5)$[-_c\varphi]K_D\psi\leftrightarrow K_D[-_c\varphi]\psi\wedge B^{\neg\varphi}[-_c\varphi]\psi$。

（二）适度收缩逻辑的公理系统

**定理 11.6**　在动态信念逻辑中，逻辑$MOD_1$和基于洋葱模型类的

$\mathcal{L}_{MOD1}$语言的可靠的和完全的证明系统可以通过条件信念逻辑语言的公理和推理规则加上下面的归约公理给出：

(1)$[-_m\varphi]p\leftrightarrow p$；

(2)$[-_m\varphi]\neg\theta\leftrightarrow\neg[-_m\varphi]\theta$；

(3)$[-_m\varphi](\theta\wedge\psi)\leftrightarrow[-_m\varphi]\theta\wedge[-_m\varphi]\psi$；

(4)$[-_m\varphi]B^{\psi}\theta\leftrightarrow B([-_m\varphi]\psi\rightarrow[-_m\varphi]\theta)\wedge B^{\neg\varphi\wedge[-m\varphi]\psi}[-_m\varphi]\theta)\wedge(K^{\neg\varphi}[-_m\varphi]\neg\psi\rightarrow B^{[-m\varphi]\psi}[-_m\varphi]\theta)$。

在此无法提供逻辑 MOD2 和 $\mathcal{L}_{MOD2}$语言的公理系统，事实上主要是因为无法提供关于可废止知识的归约公理。

保守收缩和适度收缩都可以满足莱维的等价的动态系统，对上面所提及的所有修正算子，对所有状态集 $P\subseteq U$，有：

(1)$R^{-c\neg P};R^{+!P}=R^{!P}$，$R^{-m\neg P};R^{+!P}=R^{!P}$。

(2)$R^{-c\neg P};R^{+\Uparrow P}\neq R^{\Uparrow P}$，$R^{-m\neg};R^{+\Uparrow}P\neq R^{\Uparrow P}$。

(3)$R^{-c\neg P};R^{+\uparrow P}\neq R^{\uparrow P}$，$R^{-m\neg P};R^{+\uparrow P}\neq R^{\uparrow P}$。

## 本章小结

动态认知逻辑的方法和动态信念逻辑的方法是两种不同的模型信念变化的方法。在动态认知逻辑的方法中，刻画动态用的是外延模型，将信念行动看作模型变化的行动，可通过模型之间的关系表达。赛格伯格的动态信念逻辑保持了事实的不变状态(类似于实体状态)，并且可以通过将动态行动表达为信念结构(洋葱、超论、信念状态)之间的二元关系的方法对动态进行内涵处理。

动态认知逻辑的方法是开放的，非常适合表示开系统。其中可能存在不可数的信念行动。动态认知逻辑模型可以很容易地得到刻画。另外，该方法也是“构造的”方法：在这种方法中并没有给出信念动态，但是可构造(以模型转换或者更新的方法构造)。

动态信念逻辑保持了固定点状态和积信念结构。信念变化只是所有的信念发生了变化，所以不能是世界状态的积。可以采用更加简洁或自然的方法对信念变化进行推理。该系统的表达力至少和单个主体的动态认知逻辑方法类似：在动态认知逻辑中，所有的信念修正都可以在动态信念逻辑中实现。

# 第十二章　会话语境的信念修正逻辑

## 第一节　分支-时间信念修正逻辑

2005 年，博南诺研究了分支-时间信念修正逻辑，并采用多模态逻辑的方法构建了基于时间的信息和信念之间互动的模型。[①] 在该语境中，博南诺研究了主体接收到的新的真实信息，即关于事实的信息，以及单个主体在接收到新的信息后，如何引发该主体的信念变化的信息。为了构建不同类型的刻画信念变化的模型，博南诺引入了三个表达力不断增强的逻辑。对每一个逻辑，他都提供了一个公理集，而且所讨论的性质也都可以通过公理进行刻画。

第一个逻辑称为最弱的信念修正逻辑（$\mathcal{L}_{W}$），在该语境中考虑的是关于可被证实的信息的初始信念，并用以刻画非常弱的信念修正。第二个逻辑称为量化的贝叶斯规则逻辑（$\mathcal{L}_{QBR}$），比第一个逻辑的表达力要强。该逻辑考虑了和初始信念不相矛盾的关于新的信息的信念。最后一个逻辑称为 AGM 逻辑（$\mathcal{L}_{AGM}$），该逻辑比前两个逻辑的表达力都强，因为它考虑的是和初始信念相矛盾的新的信息。

博南诺认为，基于分支-时间信念修正框架的条件等价于 AGM 的一致性。他将该性质（以及对应的公理）增加到 AGM 逻辑中，并定义了一个新的逻辑——分支-时间信念修正逻辑（PLS），通过改变该逻辑的某些性质和对应的公理使其变得更加简化且更易于运算，并发展成为分支-时间信念修正逻辑的扩张逻辑（$PLS^{*}$）的语言（$\mathcal{L}_{PLS*}$）。

下面引入信念扩充逻辑作为信念修正逻辑的基础语境，构建所谓的分

---

① Bonanno, G., 2005: "A Simple Modal Logic for Belief Revision", *Synthese*, Vol.147: pp.193-228.

支-时间信念修正逻辑($\mathcal{L}_{PLS*}$)。

**语形** 分支-时间信念逻辑的语言为经典的命题逻辑语言的扩充。

**定义 12.1** 形式语言($\mathcal{L}_B$)由可数的原子命题集 $\Phi$、通常的命题联结词和五个一元模态算子,包括时间算子$\bigcirc$(下一时刻)、$\bigcirc^{-1}$(前一时刻),全称模态算子 $A$,信念算子 $B$ 以及信息算子 $I$ 组成。$I\varphi$ 是合式公式,当且仅当 $\varphi$ 是布尔公式。令 $p\in\Phi$,定义如下:

$$\varphi ::= p \mid \neg\varphi \mid \varphi\wedge\psi \mid \bigcirc\varphi \mid \bigcirc^{-1}\varphi \mid B\varphi \mid I\varphi \mid A\varphi$$

对偶算子可用下面的缩写表示:

$$\neg\bigcirc^{-1}\neg\varphi := \Diamond^{-1}\varphi \text{ 且} \neg\bigcirc\neg\varphi := \Diamond\varphi$$

各算子可解释如下:

$\bigcirc\varphi$:在每一次的下一个时刻,$\varphi$ 是真的;

$\bigcirc^{-1}\varphi$:在前一个时刻,$\varphi$ 是真的;

$B\varphi$:主体相信 $\varphi$;

$I\varphi$:主体获知了信息 $\varphi$;

$A\varphi$:在每一个世界上 $\varphi$ 是真的;

$\Diamond\varphi$:存在下一个时刻,在此刻 $\varphi$ 是真的;

$\Diamond^{-1}\varphi$:存在前一个时刻,在此刻 $\varphi$ 是真的。

**语义** 博南诺利用的是时间(分支-时间)可能世界模型。该模型属于标准的模态逻辑模型,采用的是克里普克的框架语义。

**定义 12.2** 下面定义下一时刻分支框架($TI$, $\mapsto$),它由可数的时间点集或者常元 $TI$ 以及基于 $TI$ 的"直接后继"关系组成,且满足下列条件:$\forall t, u, v\in TI$,

(1)如果 $t\mapsto v$ 且 $u\mapsto v$,那么 $t=u$;

(2)对每一个 $i=1,\cdots,n-1$,如果$\langle t_1,\cdots,t_n\rangle$是一个序列且 $t_i\mapsto t_{i+1}$,则 $t_n\neq t_1$。

条件(1)确保每一时刻都有唯一的前趋,条件(2)说明在结构中不存在循环,且为树形结构。$t\mapsto v$ 可解释为"$v$ 是 $t$ 的直接后继,或 $t$ 是 $v$ 的直接前趋"。即每一个时刻可以有若干个直接后继。令 $t^{\mapsto}$ 表示所有的 $t$ 的直接后继集。

**定义 12.3** 将分支-时间信念框架引入克里普克框架中,($TI$, $\mapsto$, $S$, $\{B_t, I_t\}_{t\in TI}$),其中:

(1)($TI$, $\mapsto$)为下一次的分支框架;

(2)$S$ 为非空的状态集;

(3)$B_t$ 为基于 $S$ 的二元关系,用于刻画主体在状态 $t$ 上的信念;

(4)$I_t$ 为基于 $S$ 的二元关系，用于构建主体在状态 $t$ 上可接受的信息模型。

根据映射的投射关系，设 $I_t(i)=\{j\in S:iI_tj\}$，$B_t(i)=\{j\in S:iB_tj\}$。

**例 12.1**　已知分支-时间信念框架如图 12.1 所示。其中，矩形对应于每一时刻上的信息集，椭圆形对应于主体的信念集。图中，有 $I_t(i)=\{i,j,k,l\}$ 且 $B_t(i)=\{j,k\}$。

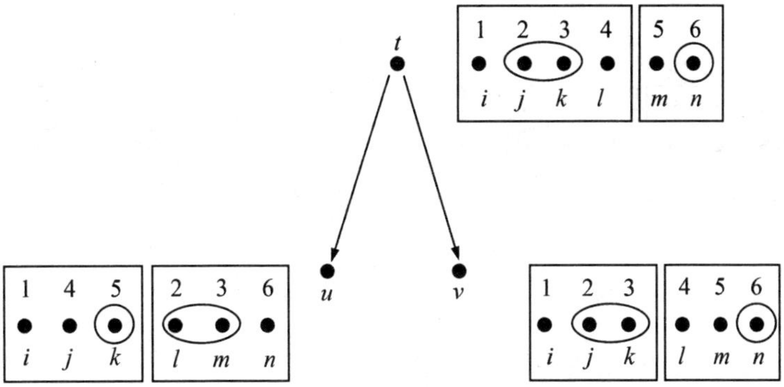


图 12.1　分支-时间信念框架

**定义 12.4**　分支-时间信念扩充框架也是分支-时间信念逻辑框架，并且满足下面的条件：$\forall i\in S$ 且 $\forall t,u\in TI$，

(1)如果 $t\mapsto u$ 且 $B_t(i)\cap I_u(i)\neq\varnothing$，那么 $B_u(i)\subseteq_t(i)$；

(2)如果 $t\mapsto u$，那么 $B_t(i)\cap I_u(i)\subseteq B_u(i)$；

(3)如果 $t\mapsto u$ 且 $B_t(i)\cap I_u(i)\neq\varnothing$，那么 $B_u(i)\subseteq I_u(i)$。

**例 12.2**　图 12.2 中给出了分支-时间信念扩充框架。考虑一个主体和一枚骰子。某主体掷出一枚骰子且他不能看到骰子朝上的具体数字。在信念扩充框架中有六种可能世界：$i$ 表示朝上的数字是 1，$j$ 表示朝上的数字是 2，$k$ 表示朝上的数字是 3，$l$ 表示朝上的数字是 4，$m$ 表示朝上的数字是 5，$n$ 表示朝上的数字是 6。假定主体最初相信朝上的数字是 2，3，4，5 或者 6，而实际上骰子朝上的数字是 3(但主体不知道这一结果)。所以主体认为 $j,k,l,m$ 和 $n$ 应该是在最初的世界—时刻对$(k,t)$中最有可能的世界。随后主体接收到的信息是在世界—时刻对$(k,u)$中朝上的数字是一个奇数。所以主体获知 $i,k$ 和 $m$ 是可能的，并且根据信念扩充规则，主体现在将开始相信朝上的数字为 3 或者 5。主体认为 $k$ 和 $m$ 在世界—时刻对$(k,u)$中应该是最有可能的世界。现在考虑替代模式，其中主体接收到的信息是朝上的数字在世界—时刻对$(k,v)$中比 4 小。因此，主体获知 $i,j$ 和

$k$ 是可能的，根据信念扩充规则，主体将开始相信朝上的数字是 2 或者 3。所以，主体认为 $j$ 和 $k$ 在世界—时刻对$(k,v)$上应该是最合理的世界。

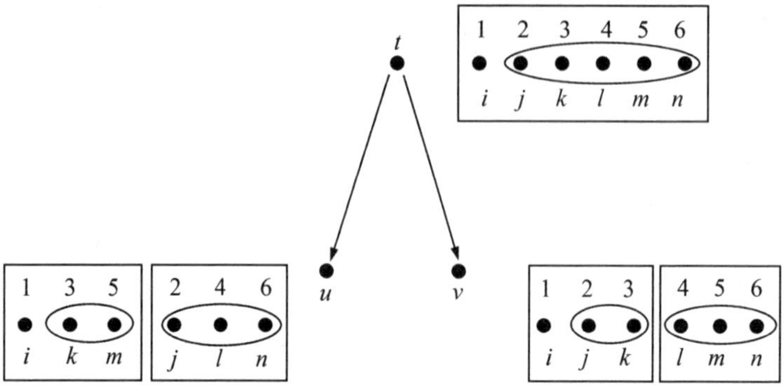


图 12.2 分支-时间信念扩充框架

定义 12.5 分支-时间信念修正框架为分支-时间信念框架，其中 $S$ 为有穷的，且满足下面的性质：$\forall i \in S, u_0, u_1, \cdots, u_n \in t^{\mapsto}, u_0 = u_n$ 且 $\forall k = 1, \cdots, n$，

(1)如果 $t \mapsto u_0$ 且 $B_t(i) \cap I_{u0}(i) \neq \emptyset$，那么 $B_{u0}(i) = B_t(i) \cap I_{u0}(i)$；

(2)$B_t(i) \subseteq I_t(i)$；

(3)如果 $t \mapsto u_0, t \mapsto u_1$ 且 $I_{u0}(i) = I_{u1}(i)$，那么 $B_{u0}(i) = B_{u1}(i)$；

(4)$B_t(i) \neq \emptyset$；

(5)如果 $I_{u_{k-1}}(i) \cap B_{u_k}(i) \neq \emptyset$，那么 $I_{u_{k-1}}(i) \cap B_{uk}(i) = B_{u_{k-1}}(i) \cap I_{u_k}(i)$。

例 12.3 已知分支-时间信念修正框架如图 12.3 所示。考虑一个主体和一枚骰子。某主体掷骰子，但他不能够看到骰子朝上的数字。在信念扩充框架中有六种可能的世界：$i$ 表示朝上的数字是 1，$j$ 表示朝上的数字是 2，$k$ 表示朝上的数字是 3，$l$ 表示朝上的数字是 4，$m$ 表示朝上的数字是 5，$n$ 表示朝上的数字是 6。假设主体最初相信骰子朝上的数字是 4，5 或者 6，而实际情况是朝上的数字是 3（主体并不知道这一结果）。所以，主体认为 $l$，$m$ 和 $n$ 为最初的世界—时刻对$(k,t)$中最合理的世界。随后该主体接收到的信念是朝上的数字在世界—时刻对$(k,u)$中是素数。所以主体获知 $j$，$k$ 和 $m$ 是可能的，根据信念修正规则，主体将开始相信朝上的数字是 5。主体认为 $m$ 是世界—时刻对$(k,u)$中最合理的世界。现在考虑替代模式，其中主体接受信息在世界—时刻对$(k,v)$中骰子朝上的数字不大于 4。所以主体获知 $i$，$j$，$k$ 和 $l$ 是可能的，并且根据信念扩充规则，该主体开始相信骰子朝上的数字是 4。所以,主体认为 $l$ 将是在世界—时刻对$(k, v)$中最合理的世界。

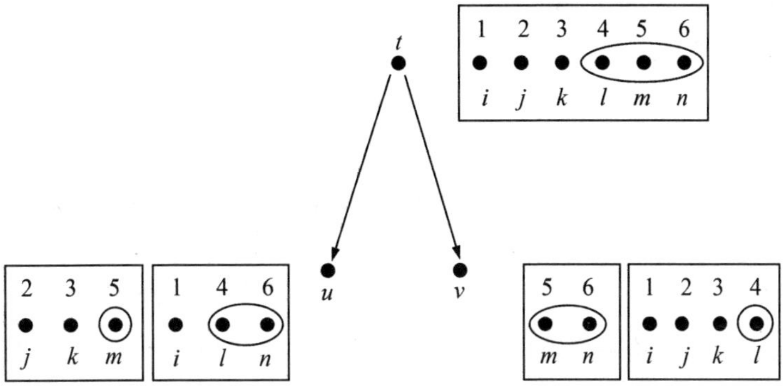


图 12.3 分支-时间信念修正框架

**事实 12.1** 博南诺证明了所有的分支-时间信念修正框架都满足上面的性质,也满足 AGM 的基本条件。

**定义 12.6** 一个分支-时间信念框架为基于分支-时间信念框架的克里普克模型,且是通过增加赋值 $V:\Phi \rightarrow \mathcal{P}(S)$ 而获得的,即从给定的原子语句集 $\Phi$ 中指派给每一个原子语句 $p$ 一个赋值,且状态集中的语句是真的。

同样地,分支-时间信念扩充模型也是基于分支-时间信念框架的克里普克模型,是通过增加一个赋值映射而进行的扩充。

**定义 12.7** 在分支-时间信念(分别地,修正或者扩充)模型中,赋值映射可扩充为包含任意合式公式的语言的语句 $\varphi$,可用基于给定的模型 $\mathcal{M}$①中的世界—时间点上关于满足性的模态逻辑的标准记法,可表示为$(M,(i, t))\vDash\varphi$ 或者$(i,t)\in||\varphi||_{\mathcal{M}}$。

(1)$(\mathcal{M},(i,t))\vDash p$,当且仅当 $i\in V(p)$;

(2)$(\mathcal{M},(i,t))\vDash\neg\varphi$,当且仅当$(\mathcal{M},(i,t))\nvDash\varphi$;

(3)$(\mathcal{M},(i,t))\vDash\varphi\wedge\psi$,当且仅当$(\mathcal{M},(i,t))\vDash\varphi$ 并且$(\mathcal{M},(i,t))\vDash\psi$;

(4)$(\mathcal{M},(i,t))\vDash\bigcirc\varphi$,当且仅当对所有的 $u$ 使得 $t\mapsto u$,$(\mathcal{M},(i,u))\vDash\varphi$;

(5)$(\mathcal{M},(i,t))\vDash\bigcirc^{-1}\varphi$,当且仅当对所有的 $u$ 使得 $u\mapsto t$,$(\mathcal{M},(i,u))\vDash\varphi$;

① 该模型可能是分支-时间信念模型、分支-时间信念扩充模型或者分支-时间信念修正模型。

(6)$(\mathcal{M},(i,t))\vDash I\varphi$，当且仅当 $j\in I_t(i)$，当且仅当$(\mathcal{M},(j,t))\vDash\varphi$；

(7)$(\mathcal{M},(i,t))\vDash B\varphi$，当且仅当 $j\in B_t(i)$蕴含$(\mathcal{M},(j,t))\vDash\varphi$；

(8)$(\mathcal{M},(i,t))\vDash A\varphi$，当且仅当对所有的 $j\in S$，$(\mathcal{M},(j,t))\vDash\varphi$。

还可以推出：

(1)$(\mathcal{M},(i,t))\vDash\Diamond\varphi$，当且仅当至少存在一个 $u$ 使得 $t\mapsto u$，$(\mathcal{M},(i,u))\vDash\varphi$。

(2)$(\mathcal{M},(i,t))\vDash\Diamond^{-1}\varphi$，当且仅当至少存在一个 $u$ 使得 $u\mapsto t$，$(\mathcal{M},(i,u))\vDash\varphi$。

**公理系统**

**定义 12.8** 基础逻辑的完全的公理系统的公理和推理规则可通过如下的方式给出：

(1)所有的命题重言式。

(2)关于$\bigcirc$，$\bigcirc^{-1}$，$B$，$A$ 的克里普克的 $K$ 公理：

①$\bigcirc(\varphi\to\psi)\to(\bigcirc\varphi\to\bigcirc\psi)$；

②$\bigcirc^{-1}(\varphi\to\psi)\to(\bigcirc^{-1}\varphi\to\bigcirc^{-1}\psi)$；

③$B(\varphi\to\psi)\to(B\varphi\to B\psi)$；

④$A(\varphi\to\psi)\to(A\varphi\to A\psi)$。

(3)时态公理：

①$\varphi\to\bigcirc\Diamond^{-1}\varphi$；

②$\varphi\to\bigcirc^{-1}\Diamond\varphi$。

(4)逆向的唯一性公理：$\Diamond^{-1}\varphi\to\bigcirc^{-1}\varphi$。

(5)$A$ 的 S5 公理：

①$A\varphi\to\varphi$；

②$A\varphi\to AA\varphi$；

③$\neg A\varphi\to A\neg A\varphi$。

(6)$B$ 的蕴涵公理：$A\varphi\to B\varphi$。

(7)信息算子 $I$ 的公理：

①$(I\varphi\wedge I\psi)\to A(\varphi\leftrightarrow\psi)$；

②$A(\varphi\leftrightarrow\psi)\to(I\varphi\leftrightarrow I\psi)$。

(8)推理规则：

① $\vdash\varphi$，$\vdash(\varphi\to\psi)$，可以推出 $\vdash\psi$；（分离规则）

② $\vdash\varphi$，可以推出 $\vdash\bigcirc\varphi$；（$\bigcirc$必然化规则）

③ $\vdash\varphi$，可以推出 $\vdash\bigcirc^{-1}\varphi$；（$\bigcirc^{-1}$必然化规则）

④ $\vdash\varphi$，可以推出 $\vdash A\varphi$。（$A$ 的必然化规则）

这些公理和推理规则指出算子 $B$，$A$，$\bigcirc$和$\bigcirc^{-1}$是标准算子，使得算子 $A$ 为满足 S5 的模态算子，而算子 $I$ 是非标准算子。在该语境中，主体只能在同一时间接受一条信息，如果两个公式是等价的，那么主体获知了两个公式中的任何一个公式，就意味着该主体也获知了另一个公式。博南诺指出，这些信息算子是有区别的，类似于“所有的唯一一个”算子，或“只知道”算子和“假设算子”。蕴涵公理表面，如果一个信息是必然真的，那么该主体就相信它。分支-时间结构使得每一个时刻都有唯一的直接前趋，但可以有若干个直接后继。该公理的形式系统最初是为了处理特殊情况下的信念扩充以及信念修正时所增加的。

**定义 12.9**　信念扩充逻辑语言($\mathcal{L}_{QBR}$)的完全的公理系统可以通过基础公理和推理规则，并通过增加下面的公理给出：

(1)不减少(ND)公理：$(\neg B\neg\varphi\wedge B\psi)\rightarrow\bigcirc(I\varphi\rightarrow B\psi)$；

(2)不增加(NA)公理：$\neg B\neg(\varphi\wedge\neg\psi)\rightarrow\bigcirc(I\varphi\rightarrow\neg B\psi)$；

(3)限制接受(QA)公理：$\neg B\neg\varphi\rightarrow\bigcirc(I\varphi\rightarrow B\varphi)$。

不减少公理阐述的是如果主体所接受的信息与初始信念不相矛盾，则他不能减少他的初始信念。不增加公理说的是如果主体所接受的信息与初始信念不相矛盾，则他将无法增加其没有获知的信念。总之，根据这些公理可以推出主体所接受的信息是一致的。限制接受公理阐述的是如果主体所接受的信息与初始信念不相矛盾，则他将相信该新的信息。

**事实 12.2**　这些公理刻画了定义 12.4 中所给出的性质。博南诺所引入的这些性质称为量化贝叶斯规则：如果存在时刻 $t$，使得 $t\mapsto u$ 且如果 $B_t(i)\cap I_u(i)\neq\varnothing$，那么 $B_u(i)=I_u(i)B_t(i)$。博南诺将这些性质与贝叶斯规则关联起来，并在经济理论和博弈论中用于对概率情境中的信念修正构建模型。随后他证明了可借助公理不减少公理、不增加公理和限制接受公理的组合来刻画这些性质。

**定义 12.10**　信念修正逻辑语言($\mathcal{L}_{PLS*}$)的完全的公理系统可以通过基础的公理和规则，并增加下面的公理获得：

令 $\bigwedge\limits_{j=1,\cdots,n}\varphi_j$ 表示公式$(\varphi_1\wedge\cdots\wedge\varphi_n)$，令 $\varphi_0=\varphi_n$，且 $\chi_0=\chi_n$，则

(1)不减少公理：$(\neg B\neg\varphi\wedge B\psi)\rightarrow\bigcirc(I\varphi\rightarrow B\psi)$；

(2)不增加公理：$\neg B\neg(\varphi\wedge\neg\psi)\rightarrow\bigcirc(I\varphi\rightarrow\neg B\psi)$；

(3)接受(A)公理：$I\varphi\rightarrow B\varphi$；

(4)等价(EQ)公理：$\Diamond(I\psi\wedge B\varphi)\rightarrow\bigcirc(I\psi\rightarrow B\varphi)$；

(5)分支-时间信念修正逻辑(PLS)：

$\bigwedge\limits_{j=1,\cdots,n}\Diamond(I\varphi_j\wedge\neg B\neg\varphi_{j-1}\wedge B\chi_j)\rightarrow\bigwedge\limits_{j=1,\cdots,n}\bigcirc((I\varphi_j\rightarrow B(\varphi_{j-1}\rightarrow$

$\chi_{j-1}))\wedge(I\varphi_{j-1}\to B(\varphi_j\to\chi_j)))$；

(6)一致性(C)公理：$B\varphi\to\neg B\neg\varphi$。

不减少公理和不增加公理的解释可以通过定义12.9给出。接受公理陈述的是相信新的信息。等价公理阐述的是不同的信念必然是由不同的信息产生的。公理PLS阐述的是信念必须为理性的。一致性公理阐述的是信念是一致的。

**事实12.3** 博南诺所证明的这些公理刻画了定义12.5中的性质。

**高阶信息** 博南诺发展了这些方法，并允许主体在分支-时间语境中为信念修正的AGM规则构建模型。他主要研究的是单个主体的情况。在单主体的语境中，并非只研究高阶信念问题。该研究可扩展到高阶信息。基于对博南诺语境的扩充，并试图去处理高阶信念，可将布尔运算限制为$I$公式，同时也可对该框架进行调整。另外，也可对这些方法进行比较，其中刻画信息动态所采用的方法主要是公开宣告逻辑中的方法。

可对博南诺框架进行扩充，目的是剔除布尔运算对$I$算子的约束，并提供一个新的分支-时间信念模型解释。如果主体在时刻$t$接受了一条新的信息，那么该主体就会在时刻$u$上修正他的信念，使得$u$为$t$的直接后继。在解释中，这种变化刻画了接受信息的思想，即将世界的状态描述为在该信息被接受之前的世界的状态。通过附加公理可对博南诺的系统进行扩充，对信念扩充的限制(当接收的信息和存在的信念相一致时)可以处理信息流，或者处理公开宣告逻辑中的信息动态。

**定义12.11** 可增加某些基础的附加公理和规则集到定义12.8中构造公理系统：

(1)原子命题的时态公理：

①$\Diamond p\to p$；

②$\Diamond^{-1}p\to p$；

③$p\to\bigcirc p$；

④$p\to\bigcirc^{-1}p$。

(2)$A$的时态公理：

①$\Diamond A\varphi\to A\Diamond\varphi$；

②$\Diamond^{-1}A\varphi\to A\Diamond^{-1}\varphi$。

(3)一致宣告(UA)：$I\varphi\to AI\varphi$。

(4)非偶然(NM)：$I\varphi\to(\Diamond B\Diamond^{-1}\psi\to B(\varphi\to\psi))$。

(5)完美记忆(PR)：$I\varphi\to(B(\varphi\to\psi)\to\bigcirc B\bigcirc^{-1}\psi)$。

公理(1)和(2)分别阐述的是基于时间的不变事实、基于时间的不变的模型状态，这可在博南诺的逻辑中隐性地表达出来。在“公开宣告行为”中能够处理该种类型的动态（如在 PAL 中），这与分支-时间框架中对 $I$ 算子的解释方法具有类似性。可将 $I$ 看作公开宣告算子中某一类型的算子，用 UA 表示“一致的宣告”（uniform announcements）。该公理常用于刻画宣告的“公共性”（public nature）。NM 是“非奇迹”（no miracles）的缩写，NM 公理表示主体可通过宣告改变他的思想。PR 表示“完美记忆”（perfect recall），PR 公理可用来刻画具有完美记忆的主体。

定义 12.12　公开宣告时态信念框架可称为分支-时间信念框架，且满足下面两条语义性质：

（1）$I_t(i)=I_t(j)$；

（2）如果存在时刻 $t$，使得 $t\mapsto u$，那么 $B_u(i)=I_t(i)\cap B_t(i)$。

一致宣告公理、非偶然公理和完美记忆公理是能够恰当地刻画这些框架的公理。

近年来，出现了时态模型和动态认知逻辑（包括公开宣告逻辑）相组合的一般系统，以及通过增加或然模型而扩充的信念修正逻辑。下面处理的是时态框架，主要研究博南诺对分支-时间信念修正的解释。

借助博南诺的分支-时间信念修正逻辑，可从论证的角度研究信念修正，并可在其中增加会话语境。可将会话方式增加到分支-时间信念修正逻辑中，并可精确地定义会话语境，以提供针对分支-时间信念修正逻辑的会话方法以及可靠性和完全性的证明，并用模型论的方法建立形式系统。

会话逻辑是二人博弈，其中一方为一个命题做辩护，而另一方则对该命题进行挑战。该博弈可通过一组规则集定义，其中有些规则规定了逻辑常元如何可能/必须被挑战和辩护，另一些规则则定义了博弈的进程（从哪些参与者开始，可以行动，可能胜出……）。在会话逻辑中有两个基础性的概念，即策略和选择，其中选择可能会影响策略。事实上，参与者会在规则允许的有效行动中进行选择。如果一个参与者获胜，无论其他参与者的选择是什么，在相应的会话博弈中他都会获胜。

会话博弈对给定的模型不产生影响，目前尚无能够将会话方式增加到逻辑中的模型，有效性与获胜策略是相对应的。如果参与者对所辩护的命题有获胜的策略，那么这个命题就是有效的。

保罗·洛伦茨和库诺·洛伦茨最先引入了形式会话，且可用直觉主义逻辑和经典逻辑刻画会话方式。后来，该会话框架由他们的学生沙希德·拉赫曼构建，并将其应用于非经典逻辑。特别地，沙希德·拉赫曼和赫尔吉·吕克特构建了第一个模态会话逻辑，引入了与模态算子有关的新规则。塞巴斯蒂安·马尼耶构建了通过增加会话方式来研究论证的动态认知逻辑，主要基于公开宣告逻辑的方法。所给定的新规则不仅包括认知算子，也包括公开宣告算子。借助这些理论可构造一个通过增加会话方式来研究论证的信念修正逻辑。

下面将研究博南诺的基于会话语境的分支-时间信念修正逻辑。

## 第二节　会话逻辑

下面首先定义会话框架。

### 一、动　机

首先，必须区分两个不同的动态概念，即动态论证和动态语义（根据动态模态算子所给出的）。下面采用的是马尼耶构建的两个不同层次的刻画动态变化的方法：

"动态的"逻辑是在该逻辑的对象语言中引入一些动态运算而使其具备了动态性质，它能够应用于论证的语境中。

马尼耶对动态逻辑语言和逻辑动态的应用进行了区分，他将动态分为"内涵的动态"和"外延的动态"。从外延的意义上理解，逻辑论证的应用是动态的，因为论证过程是动态的，但并非必然地要通过论证来研究逻辑语言。因此，论证是以动态的、不可归约的公式为基础的。与有些动态模态语言（如动态认知逻辑的语言）不同的是，可以通过借助适当的归约公理而对静态认知语言进行重构而获得。事实上，先有静态语言，而后才有动态语言。

从外延动态的角度研究基于时间的信念与信息之间的关系是有价值的。这种外延的动态将为揭示二者之间的关系提供一些新的思路，特别是通过选择来解释这种关系的情况。在论证过程中，参与者都会对彼此的观点提出质疑，因此参与者必须做出选择。在论证框架下应用信念修正逻辑需要选择相关的信念和信息。此外，根据这种外延的动态观点，信息算子更类似于外延动态的情况。为此，根据论证的框架，可借用博南诺的信念修正逻辑的方法。同时，可以通过选择论证并为其提供论证的框架以解释信息算子，并借助博南诺的非标准的信息算子而对该框架进行扩充。

### 二、会　话



存在不同类型的会话，且不同的会话有不同的规则集。不适合用分支-

时间信念修正逻辑刻画的论证主要有：交流的语句不是陈述句的论证；与某些特定背景相关的交流；有关参与者的辩论（以人身攻击为目的而向参与者发动的挑战）；基于不同推理规则而在参与者之间造成不平等的辩论；无穷的论证过程（没有赢家）；结论是可能的或似是而非的论证（不确定的结论）。

因此，可将分支-时间信念修正逻辑重构为一个能够处理论证的框架，且只涉及形式会话。在形式会话中，参与者是客观的和公正的。在论证中，他们只能向其他参与者发起挑战，即使在参与有竞争性的争论的过程中，也必须有合作，因为他们都必须遵守规则。最后，可借助对称规则对会话做出限制，并尽量使其保持客观性。因此，想要构建有效的形式系统，即获胜策略，就需要为有穷的会话提供至少一个且只能有一个获胜的参与者的论证。将会话方式引入到逻辑中需要满足所有的这些标准，并为分支-时间信念修正逻辑提供会话方式。

## 三、会话方式逻辑

会话方式逻辑在 20 世纪 50 年代首次由保罗·洛伦茨和库诺·洛伦茨引入并得以发展，随后被应用于经典逻辑和直觉逻辑中。他们的学生沙希德·拉赫曼进一步发展了会话逻辑的方法，构建了自由逻辑、标准的模态逻辑、非标准的模态逻辑等框架，并对不同的逻辑进行了组合。可提供一种基于论证博弈的语义理论：会话方式逻辑既不属于模型论，也不属于证明论。

### （一）会话博弈

会话博弈是两名参与者之间的博弈，其中一名为支持者，另一名为反对者。支持者提出一个用于驳斥反对者的挑战的论题，而反对者需要找到一个对立的论题。因此，博弈从支持者（$P$）提出某种给定的语言的公式开始，然后反对者（$O$）向该公式发起挑战，支持者则进行辩护。他们彼此根据某些规则交替选择动作而进行互动，在会话逻辑中如何进行选择非常重要。需要运用一些规则来定义参与者如何能够挑战/捍卫逻辑常元（真的命题），而且还需要定义参与者什么时候可以做出动作，并允许参与者做出什么样的动作，以及当比赛结束时，哪个参与者将会获胜，等等。

### （二）会话规则

会话是一种博弈，必须遵循两条规则：极小规则和结构规则。极小规则构成了逻辑的局部语义：根据论证过程中所使用的约定（参与者如能够或者必须使用它们）来确定逻辑常元的意义；极小规则定义了联结词的性质，这些规则是对称的，即它们相对于反对者和支持者来说必须是相同的。因此，给定常元的逻辑意义与参与者无关。这就是为什么使用 $X$ 和 $Y$ 作为区间

$\{O,P\}$中的变元，并在定义中总是假设 $X\neq Y$。极小规则的这种对称性相对于会话而言是客观的。结构规则决定了逻辑的全部语义：它们规定了会话的方式。

（三）会话语言

命题逻辑的会话语言是在标准的命题逻辑中通过增加一个元逻辑符号“?”表示“挑战”、两个加标的 $O$ 和 $P$ 分别代表会话参与者（反对者、支持者）而获得的。

（四）模态逻辑的会话方式

模态会话是由拉赫曼和吕克特发展的。会话命题逻辑研究了论证进程中所使用的约定的性质，而会话模态逻辑研究了所使用的关于约定的语境。因此，逻辑常元的含义取决于所使用的语境。从技术上讲，会话模态逻辑需要引入语境点，以便确定行动的语境性质，即在语境中所采取的行动。它们类似于模型论方法中的可能世界。

定义 12.13　会话中的语境点是以正整数 $i$ 为索引的陈述句。

根据规则挑战模态算子时，参与者可以选择一个新的语境点。实际上，必须为每个模态算子添加一个极小规则，以确定其所采用的方式，并且必须添加一些结构规则来定义可供选择的语境点，以通过参与者来挑战所对应的模态算子。用结构规则定义模态算子的极小规则的特定使用条件，并在模型论方法中解释强加在框架上的条件。一个语境点是新的，当且仅当某参与者在某个行动中选择了该语境点，并且在同一博弈中不再保留先前的行动，而语境点却是可选择的。可利用基于模态算子的博弈（挑战/辩护）创建语境点链。

定义 12.14　如果一个参与者通过语境点 $i$ 连续地选择了语境点 $j,k,\cdots,n$，并连续地挑战了模态算子，那么 $i,j,k,\cdots,n$ 是一个语境点链。

语境点链反映了参与者所做的选择。因此，$i,j,k$ 意味着从语境点 $j$ 中选择语境点 $k$ 来挑战模态算子，使得在语境点 $i$ 中选择了语境点 $j$ 以挑战模态算子。

## 第三节　博南诺的信念逻辑

下面将会话方式增加到分支-时间信念修正逻辑中，给出某些定义和对应的语言、极小规则和结构规则，并通过一些具体的实例构建分支-时间信念修正逻辑的会话系统。增加了会话方式的该逻辑系统称为会话时态信念逻辑(Dialogical Temporal Doxastic Logic，DTDL)。

## 一、会话时态信念逻辑框架

下面首先定义会话时态信念逻辑的语言。

定义 12.15　会话时态信念逻辑的语言($\mathcal{L}_{DTDL}$)可在分支-时间信念修正逻辑语言($\mathcal{L}_{PLS*}$)中通过增加以下条件获得：

(1)符号 $O$ 和 $P$；

(2)挑战符号“?”；

(3)分别表示请求和证实的两个新符号“!”和“?*”；

(4)引入涉及非典范的信息算子的新符号。

因此会话时态信念逻辑的语言为多模态语言，包括两种不同类型的语境点。通常可用两种类型的模态算子表示：时态算子($\bigcirc^{-1}$和$\bigcirc$)和非时态算子($B,I,A$)。可使用语境点 $i$ 和 $t$ 使得可在语境$(i,t)$中做动作。语境点 $i$ 类似于模型论方法中的可能世界 $s$，而 $t$ 类似于模型论方法中的常元 $t$。

定义 12.16　一个动作模型为多元组$\langle X\text{-}i,t:e\rangle$，其中：

(1)$X\in\{O,P\}$；

(2)$i$ 和 $t$ 是语境点，即正整数或者正整数序列，使得$(i,t)$为语境点；

(3)$e$ 为会话时态信念逻辑语言中的陈述句。

下面给出不同的会话关系。

定义 12.17　现在定义会话、比赛、封闭比赛和终止比赛等概念：

(1)会话博弈或者会话 $\mathcal{D}a_{\Delta}$为关于公式$\Delta$ 的所有可能的比赛集；

(2)一场比赛 $d_{\Delta}$为经规则允许的动作序列，该序列从动作$\langle P\text{-}0,0:\Delta\rangle$开始；

(3)一场比赛 $d_{\Delta}$是封闭的，当且仅当该比赛包含两个动作，使得$\langle O\text{-}i,z:p\rangle$和$\langle P\text{-}i,t:p\rangle$；$\langle O\text{-}i,t:?I_j\rangle$和$\langle P\text{-}i,t:?I_j{}^{*}\rangle$；$\langle O\text{-}i,t:?\ B_j\rangle$和$\langle P\text{-}i,t:?I_j{}^{*}\rangle$；

(4)一场比赛 $d_{\Delta}$是终止的，如果不存在更多的经规则允许的动作。

## 二、极小规则

极小规则所定义的逻辑常元是一场比赛，即它们如何接受挑战并进行辩护。这些规则相对于反对者和支持者来说是严格相同的。这样的逻辑常元的意义是由博弈者所扮演的角色(反对者或者支持者)给出的。

(一)词汇

首先必须区分会话中的挑战、请求和证实。一名参与者可挑战另一名参与者所提出的陈述语句。请求总和语境的选择相关，参与者请求其他参与者证实他可以选择特定的语境点来挑战在给定语境下的模态算子。参与者证实他可以选择所需的语境点来挑战给定语境下的模态算子。

（二）极小规则解释

一个极小规则涉及以下三步：

(1)$X$ 提出一个公式；

(2)$Y$ 挑战该公式；

(3)$X$ 对该公式进行辩护。

（三）标准联结词的极小规则

表 12.1 提供了一个关于标准联结词的极小规则。

**表 12.1　标准联结词的极小规则**

| 标准联结词 | $X$ 表达 | $Y$ 挑战 | $X$ 辩护 |
|---|---|---|---|
| ¬，存在不可能的辩护 | $i,t:\neg\varphi$ | $i,t:\varphi$ | $\otimes$ |
| ∧，挑战者选择了合取 | $i,t:\varphi\wedge\psi$ | $i,t:?_{\wedge 1}$或者<br>$i,t:?_{\wedge 2}$ | $i,t:\varphi$，分别地<br>$i,t:\psi$ |
| ∨，辩护者选择了析取 | $i,t:\varphi\vee\psi$ | $i,t:?_{\vee}$ | $i,t:\varphi$ 或者<br>$i,t:\psi$ |

当 $X$ 提出一个公式的否定时，$Y$ 通过提出该公式进行挑战。不存在对应的辩护时可在会话中通过符号$\otimes$表示。当 $X$ 提出一个合取时，$Y$ 选择该合取，$X$ 必须进行辩护；而当 $X$ 提出一个析取时，$X$ 选择他希望进行辩护的析取。

（四）模态算子的极小规则

表 12.2 提供了关于模态算子的极小规则，其中语境点具有重要的作用。事实上，可在该语言中引入模态算子，并在自我挑战的过程中明确地提出被挑战的模态算子。因此，对信念算子的挑战可表示为“$?_j$”，对信息算子的挑战可表示为“$?I_j$”。也可采用同样的方法处理请求和证实。

会话的参与者和主体是有区别的。会话的参与者包括支持者和反对者，这些参与者可以讨论主体的信念并且/或者主体所接收的信息。该支持者和反对者讨论的是关于第三者的，而不是他们自己的信念或者信息。

**表 12.2　模态算子的极小规则**

| 模态算子 | $X$ 表达 | $Y$ 挑战 | $X$ 辩护 |
|---|---|---|---|
| $\bigcirc^{-1}$，挑战者选择一个语境点 $u$ | $i,t:\bigcirc^{-1}\varphi$ | $i,t:?\bigcirc_u{}^{-1}$ | $i,t.u:\varphi$ |

续表

| 模态算子 | X 表达 | Y 挑战 | X 辩护 |
| --- | --- | --- | --- |
| ○,挑战者选择了一个语境点 $u$ | $i,t:\varphi$ | $i,t:?\bigcirc_u$ | $i,t.u:\varphi$ |
| $B$,挑战者选择了一个语境点 $j$ | $i,t:B\varphi$ | $i,t:?B_j$ | $i.j,t:\varphi$ |
| $A$,挑战者选择了一个语境点 $j$ | $i,t:A\varphi$ | $i,t:?A_j$ | $i.j,t:\varphi$ |
| $I$,挑战者在两个挑战者之间做出了选择 | $i,t:I\varphi$ | $i,t:?I_j$ | $i.j,t:\varphi$ |
| | | $i,t:!I_j$ | $i,t:?I_j{}^*$ |

当 $X$ 在$(i,t)$中提出形如$\bigcirc^{-1}\varphi$ 的公式时,他必须能够在任意的语境点 $u$ 通过选择 $Y$ 挑战选择$\bigcirc^{-1}$算子而为 $\varphi$ 进行辩护。此时,语境$(i,t.u)$称为语境$(i,t)$的直接过去语境。事实上,如果一个参与者 $X$ 称在以前的时刻 $\varphi$ 是真的,他将致力于在所有的直接过去语境中为 $\varphi$ 进行辩护。

当 $X$ 在$(i,t)$中提出形如$\bigcirc\varphi$ 的公式时,他必须能够在任意语境点 $u$ 通过 $Y$ 挑战选择○算子并为 $\varphi$ 进行辩护。此时,语境$(i,t.u)$称为语境$(i,t)$的直接将来语境。事实上,如果一个参与者 $X$ 称在每一个接下来的时刻 $\varphi$ 是真的,他将致力于在所有直接将来语境中为 $\varphi$ 进行辩护。

当 $X$ 在$(i,t)$中提出形如 $B\varphi$ 的公式时,他必须能够在任意语境点 $j$ 通过选择 $Y$ 来挑战选择 $B$ 算子为 $\varphi$ 进行辩护。事实上,如果一个参与者 $X$ 称一个主体相信命题 $\varphi$,他将致力于在所有该主体所考虑的情境中为 $\varphi$ 进行辩护。

当 $X$ 在$(i,t)$中提出形如 $A\varphi$ 的公式时,他必须能够在任意语境点 $j$ 通过选择 $Y$ 来挑战选择 $A$ 算子进行辩护。事实上,如果一个参与者 $X$ 称 $\varphi$ 总是真的,他将致力于在所有语境中为 $\varphi$ 进行辩护。

当 $X$ 在$(i,t)$中提出形如 $I\varphi$ 的公式时,$Y$ 将在两种不同的挑战中进行选择。他能够选择一种标准的挑战:他挑战选择一个语境点 $j$,随后 $X$ 必须能够在任意语境点 $j$ 通过 $Y$ 进行选择。或者他能够选择非标准的挑战:选择一个语境点 $j$,并且请求 $X$ 证实该语境点 $j$ 能够选择在语境$(i,t)$挑战一个信息算子进行证实,那么 $X$ 必须能够证实通过 $Y$ 选择语境点 $j$ 在语境$(i,t)$挑战一个信息算子。事实上,如果参与者 $X$ 称一个主体获知了命题 $\varphi$,那么他将在所有的该主体获知的语境中致力于为 $\varphi$ 进行辩护,并且将在所有 $\varphi$ 成立的语境中即主体获知的语境中致力于为 $\varphi$ 进行辩护。

信息算子是非标准算子,所以其极小规则不是标准规则。在$(i,t)$处的非标准挑战$!I_j$可以理解为“证明主体可以选择语境点 $j$ 来挑战$(i,t)$处的 $I$

算子”。那么语境$(i,t)$的相应辩护?$I_j$证实语境点$j$可以选择来挑战语境$(i,t)$的$I$算子“主体证实可以选择语境点$j$挑战自己在语境$(i,t)$的$I$算子”。在会话逻辑中新引入的有：参与者处理的不再是公式，而是选择。$I$的非标准算子可直接引入会话中的选择。参与者可讨论他们自己的选择，更准确地说是关于他们所做出的选择。

（五）会话时态信念逻辑的极小规则

会话时态信念逻辑的极小规则由标准联结词和模态算子的极小规则组成。这些规则确定了会话时态信念逻辑语言中的逻辑常元的所有可能用法。需要定义会话时态信念逻辑的结构规则，以确定会话时态信念逻辑的一些极小规则可使用的条件以及比赛的玩法。

## 三、结构规则

（一）结构规则的各类

结构规则对会话的进程具有限制作用。首先引入结构规则可以定义比赛是如何开始和结束的，参与者是如何开展比赛的，如获胜规则。

(1)SR-0(开始规则)：会话$\mathcal{D}_{\Delta}$的任意比赛$d_{\Delta}$均是从$P$开始的，并在初始语境$(i,t)$中提出该话题。一个比赛的动作是有编号的，使得该话题最开始的数字为0，然后$O$和$P$分别选择一个允许重复出现的自然数$n$和$m$(称为重复秩)。$O$和$P$可以重复相同的动作(挑战或辩护)分别是第$n$次和第$m$次。

(2)SR-1(博弈-比赛规则)：$O$和$P$可根据对方的规则选择择代动作。在任一动作中，每一名参与者都可以挑战另一名参与者提出的任何复杂公式，或者他可对任何挑战进行自我辩护，包括根据参与者的重复秩而开展的辩护。

(3)SR-2(原子公式的形式规则)：$P$允许在$(i,t)$处提出一个原子公式，当且仅当$O$首先在$(i,z)$处提出该公式。

(4)SR-3(获胜规则)：一名参与者赢得一场比赛，当且仅当其他的参与者不能再做出新的动作或其他的动作。

现在引入结构规则，以定义能够/必须使用的模态算子的极小规则下的条件。

(5)SR-5(语境点$t$的形式规则)：为了挑战一个基于$\langle P\text{-}i,t:\bigcirc\varphi\rangle$的动作，$O$可以选择任意的语境点$u$，无论其他的规则是否允许他这样做。为了挑战基于$\langle P\text{-}i,t:\bigcirc^{-1}\varphi\rangle$的动作，$O$可选择任意的语境点$u$，以证明他在挑战动作$\langle P\text{-}i,t:\bigcirc^{-1}\varphi\rangle$之前并没有选择语境点$v$。

为了挑战动作$\langle O\text{-}i,t:\bigcirc\varphi\rangle$，$P$ 只能选择语境点 $u$，$u$ 已经被 $O$ 选择以挑战动作$\langle P\text{-}i,t:\bigcirc\varphi\rangle$。为了挑战动作$\langle O\text{-}i,t:\bigcirc^{-1}\varphi\rangle$，$P$ 只能选择语境点 $u$，$u$ 已经被 $O$ 选择并用来挑战动作$\langle P\text{-}i,t:\bigcirc^{-1}\varphi\rangle$。

然而，在某些条件下，$P$ 可以选择初始的语境点 $t$ 以挑战基于$\langle O\text{-}i,t.u:\bigcirc\varphi\rangle$或者$\langle O\text{-}i,t.u:\bigcirc^{-1}\varphi\rangle$的动作：

①SR-5.1：如果 $O$ 已经选择了语境点 $u$ 以挑战基于$\langle P\text{-}i,t:\bigcirc^{-1}\varphi\rangle$的动作，那么 $P$ 可以选择初始语境点 $t$ 以挑战基于$\langle O\text{-}i,t.u:\bigcirc\varphi\rangle$的动作。

②SR-5.2：如果 $O$ 已经选择了语境点 $u$ 以挑战基于$\langle P\text{-}i,t:\bigcirc\varphi\rangle$的动作，那么 $P$ 可以选择初始语境点 $t$ 以挑战一个基于$\langle O\text{-}i,t.u:\bigcirc^{-1}\varphi\rangle$的动作。

(6)SR-6(语境点 $j$ 的形式规则，为了挑战基于$\langle O\text{-}i,t:B\varphi\rangle$的动作，$P$ 只能选择已经被 $O$ 选择的语境点 $j$ 以挑战基于$\langle P\text{-}i,t:B\varphi\rangle$的动作；如果 $O$ 没有选择任意语境点去挑战基于$\langle P\text{-}i,t:B\varphi\rangle$的动作，那么 $P$ 可以选择一个新的语境点 $j$。

为了挑战基于$\langle O\text{-}i,t:I\varphi\rangle$的动作，$P$ 只能选择已经被 $O$ 选择的语境点 $j$ 以挑战一个基于$\langle P\text{-}i,t:I\varphi\rangle$或者$\langle P\text{-}i,t:B\varphi\rangle$的动作。

为了挑战一个基于$\langle O\text{-}i,t:A\varphi\rangle$的动作，$P$ 只能选择已经被 $O$ 选择的语境点 $j$，以挑战一个基于$\langle P\text{-}i,z:I\varphi\rangle$、$\langle P\text{-}i,z:B\varphi\rangle$或者$\langle P\text{-}i,z:A\varphi\rangle$的动作，或者选择语境点 $i$。

然而，在某些条件下，$P$ 可以通过更多的语境点 $j$ 以挑战基于$\langle O\text{-}i,t:B\varphi\rangle$的动作：令三个语境点分别为 $t$，$u$ 和 $v$，使得 $u$ 和 $v$ 已经被 $O$ 选择以挑战基于$\langle P\text{-}i,t:\bigcirc\varphi\rangle$的动作，并且需要考虑三个语境点 $i$，$j$ 和 $k$：

①SR-6.1：$P$ 可以选择语境点 $j$ 以挑战基于$\langle O\text{-}i,t:B\varphi\rangle$的动作，如果 $O$ 已经选择了语境点 $k$ 以挑战基于$\langle P\text{-}i,t:B\varphi\rangle$的动作，并挑战基于$\langle P\text{-}i,t.u:I\varphi\rangle$的动作或者如果他已经陈述了$\langle O\text{-}i,t.u:?I_k^*\rangle$，且 $O$ 已经选择了语境点 $j$ 以挑战基于$\langle P\text{-}i,t.u:B\varphi\rangle$的动作。

②SR-6.2：$P$ 可以选择一个语境点 $j$ 以挑战基于$\langle O\text{-}i,t.u:B\varphi\rangle$的动作，如果 $O$ 已经选择了语境点 $j$ 以挑战基于$\langle P\text{-}i,t:B\varphi\rangle$的动作，并挑战基于$\langle P\text{-}i,t.u:I\varphi\rangle$的动作或者如果他已经陈述了$\langle O\text{-}i,t.u:?I_j^*\rangle$。

③SR-6.3：$P$ 可以选择一个语境点 $j$ 以挑战基于$\langle O\text{-}i,t.v:B\varphi\rangle$的动作，如果 $O$ 已经选择了语境点 $j$ 以挑战基于$\langle P\text{-}i,t.u:B\varphi\rangle$的动作，且如果每一个语境点 $j$ 都被选择以挑战基于$\langle X\text{-}i,t.u:I\varphi\rangle$的动作，也可以选择以挑战基于$\langle X\text{-}i,t.v:I\varphi\rangle$的动作。

④SR-6.4：$P$ 可以选择语境点 $j$ 以挑战基于$\langle O\text{-}i,t.v:B\varphi\rangle$的动作，如

果 $O$ 已经选择了语境点 $j$ 以挑战基于〈$P$-$i$，$t.u$：$B\varphi$〉的动作，且挑战基于〈$P$-$i$，$t.v$：$I\varphi$〉的动作或者如果他已经陈述了〈$O$-$i$，$t.v$：$?I_j{}^*$〉。

(7)SR-7(请求规则)：$Y$ 可以选择一个语境点 $j$，并且请求 $X$ 证实该语境点 $j$ 可以被选择以挑战基于〈$X$-$i$，$t$：$I\varphi$〉的动作，当且仅当〈$O$-$i.j$，$z$：$\varphi$〉$\in d_{\Delta}$。

(二)结构规则的解释

下面给出结构规则的解释，更严格地说是给出形式规则的解释：为什么说做这些确实是有意义的？这对于参与者意味着什么？对于信念和信息又意味着什么？首先参与者可以讨论事实、时间(直接过去/将来)、主体的信念或者主体接收的信息。

**原子公式的形式规则**　该规则主要指如果反对者已经在某种情况下完成了某个动作，支持者只能在特定的语境中陈述原子公式。事实上，反对者试图对支持者的论点进行反驳。然后，反对者是唯一能够在会话情境中引入(首先发出)原子公式的人。在语境点 $i$ 中反对者陈述的是原子公式，而不是语境点 $t$。当反对者说出一个原子公式时，实际上他提出了一个描述在某种特定的语境下成立的关于事实的命题。而且在此只考虑在整个比赛过程中不变的事实，即通过命题所陈述的被刻画的事实，且在整个讨论期间参与者并没有改变的事实。例如，如果“地球围绕太阳旋转”这个事实在语境($i$，$t$)上是真的，那么对于任意的 $t$ 和 $z$，该事实也将在语境($i$，$z$)上成立。这就是为什么反对者在语境($i$，$z$)上提出原子公式而被支持者在语境($i$，$t$)上重新应用的原因，这类似于模型论方法中存在的不变世界(刻画世界的事实不会随着时间而改变)。

**语境点 $t$ 的形式规则**　一方面，该规则主要指反对者根据对方的规则(他的重复秩)可以选择几个语境点 $u$ 来挑战基于〈$P$-$i$，$t$：$\bigcirc^{-1}\varphi$〉的动作，但只有一个语境点 $v$ 挑战基于动作〈$P$-$i$，$t$：$\bigcirc^{-1}\varphi$〉的算子。当参与者们谈论(直接)过去时，他们只会从实际语境中处理一个直接过去的语境。事实上，他们讨论的是一个固定的和确定的(直接)过去，不存在(直接)过去的几种可能性。例如，如果在语境($i$，$t$)上“在前一时刻，桌子上撒满了花生”成立，那么恰好存在一个语境($i$，$t.u$)上的“桌子上撒满了花生是真的”成立。相反，当参与者讨论(直接的)未来时，他们谈论的是一个不确定的未来，并且(直接的)未来也有几种不同的情况。例如，如果“在每下一个时刻都会出现花生将会被清理干净这样的情况”在语境($i$，$t$)上成立，则存在几种可能的(直接)语境($i$，$t.u$)，其中“花生实际上已经被清理干净”成立，这就是模型论方法中的分支-时间框架。

另一方面，支持者不能引入语境点 $u$，同样地，他也不能引入原子公式。只有反对者才能做到这一点，因为反对者试图对支持者的话进行反驳。当参与者讨论（直接）过去和未来时，必须和讨论的时间保持一致。因此，他们必须与他们所选择的语境点 $u$ 的动作保持一致。当参与者在语境$(i,t)$上讨论（直接的）过去，然后显性地考虑（直接的）过去的语境$(i,t.u)$时，那么$(i,t)$是（直接的）未来语境$(i,t.u)$。相反，如果主体在语境$(i,t)$上讨论（直接的）未来，并显性地考虑（直接的）未来语境$(i,t.u)$，则$(i,t)$是（直接的）过去语境$(i,t.u)$。这就是初始语境点 $t$ 并不是在技术上被反对者所选择的原因，但如果该反对者挑战了基于$\langle P\text{-}i,t:\bigcirc\varphi\rangle$的动作或者基于$\langle P\text{-}i,t:\bigcirc^{-1}\varphi\rangle$的动作，以及语境点 $u$，那么支持者可以选择 $t$，分别地挑战基于$\langle O\text{-}i,t.u:\bigcirc^{-1}\varphi\rangle$的动作或者基于$\langle O\text{-}i,i.u:\bigcirc\varphi\rangle$的动作。

**语境点 $j$ 的形式规则**　支持者不能引入语境点 $j$，同样地，他也不能引入原子公式和语境点 $u$。只有反对者可以这样做，因为反对者试图建立一个反驳以反对支持者的观点。

然而，如果反对者没有引入这样的语境点 $j$ 来挑战基于$\langle P\text{-}i;t:B\varphi\rangle$的动作，那么支持者可以引入一个语境点 $j$ 来挑战基于$\langle O\text{-}i,t:B\varphi\rangle$的动作。当参与者的讨论涉及信念时，他们将讨论涉及主体的信念，使得这些信念是一致的。这样，如果参与者认为一个主体相信命题 $\varphi$，那么该主体至少应该设想一个语境，其中 $\varphi$ 成立。否则，主体的信念将会不一致。例如，如果“主体相信地球是围绕太阳旋转的”在语境$(i,t)$上成立，则至少存在一个由主体考虑的语境$(i.j,t)$，其中“地球围绕太阳旋转”成立。这是模型论方法中信念的连续性。

此外，支持者可以选择反对者 $O$ 已经选择的语境点 $j$ 来挑战基于$\langle P\text{-}i,t:B\varphi\rangle$的动作，并挑战基于$\langle O\text{-}i,t:I\varphi\rangle$的动作。换句话说，为了在同一语境中挑战信念算子，支持者可以使用最初所选择的语境点 $j$ 挑战信念算子。在可以被选择的语境点挑战信念算子，并且在相同语境下可以选择语境点，以挑战信息算子之间的互动。事实上，参与者讨论主体的信念以及主体接收到的信息时，如果主体已经获悉某个命题，主体就会相信这个命题。这就是为什么可以选择所有的语境点在语境$(i,t)$上挑战信念算子，也可以选择语境$(i,t)$来挑战信息算子。例如，如果“一个主体获知地球围绕太阳旋转”在语境$(i,t)$上成立，并且“主体相信地球围绕太阳旋转”在语境$(i,t)$上成立，那么每个主体所考虑的语境$(i.j,t)$也是他已经获知的语境。这就是模型论方法中的接受信息。

最后，为了挑战基于$\langle O\text{-}i,t:A\varphi\rangle$的动作，$P$ 可以选择 $O$ 已经选择的语

境点$j$来挑战基于$\langle P\text{-}i, z: I\varphi\rangle$的动作、基于$\langle P\text{-}i, z: B\varphi\rangle$的动作或者基于$\langle P\text{-}i, z: A\varphi\rangle$的动作。当参与者讨论(非时间意义上的)这样的命题时,无论他们已经讨论过的语境如何,在那个语境中的命题都是真的。例如,如果“北京是中国首都的情况总是如此”在语境$(i, t)$上成立,那么“北京是中国的首都”在会话的所有语境下成立。然而,在语境点$j$处引入的模态算子,可以选择用于挑战全称算子。选择用来挑战全称算子的关系是传递的和对称的。符合条件的$P$可以选择初始的语境点$i$来挑战基于$\langle O\text{-}i, t: A\varphi\rangle$的动作以确保具有自返性,这是模型论方法中的S5框架。

下面解释选择语境点$j$的四个特例。$P$可以挑战基于$\langle O\text{-}i, t: B\varphi\rangle$的动作。此处可以处理信息与信念之间的互动以及信念之间的互动——初始信念与修正信念——涉及参与者的选择之间的互动。参与者的某些选择可以包含其他参与者所做出的其他选择。

第一个特例说的是在语境$(i, t)$中,如果存在一个主体所设想的情境,并且其为主体在$(i, t.u)$中所获悉的语境,使得$(i, t.u)$为$(i, t)$上的直接未来语境,那么主体在$(i, t.u)$中构想的所有情境已经在$(i, t)$中由主体构造出来。事实上,参与者讨论的是接收到信息的主体,使得如果主体收到与他的信念相容(即一致)的信息,那么主体不会增加关于他没有获悉的信息。主体在获悉的信息之后所构想的语境为主体在获悉的信息之前所设想的所有语境。这就是为什么在某些条件下,$P$可以选择一个最初选择的语境点$j$来挑战$(i, t.u)$中的信念算子,并在$(i, t)$中挑战信念算子。这是模型论方法中的非加法性。

第二个特例说的是在语境$(i, t)$中,如果存在一个主体所设想的语境,并且在$(i, t.u)$中主体获悉了该情境,使得$(i, t.u)$是$(i, t)$上的一个直接未来语境,那么主体也在$(i, t.u)$中思考了该语境。事实上,参与者们讨论的是接收到信息的主体,使得如果主体接收到与他的信念相容的(即一致的)信息时,那么主体就不会遗忘这些信念。主体仍然只会思考与收到的信息相容的语境。这就是为什么在这些条件下,$P$可以选择一个最初选择的语境点$j$来挑战$(i, t)$中的信念算子并借以挑战$(i, t.u)$中的信念算子。这是模型论方法中的非遗忘性。

第三个特例说的是如果一个主体在语境$(i, t.u)$和$(i, t.v)$上获悉了相同的语境,使得这两个语境都是$(i, t)$的直接未来语境,那么主体认为$(i, t.u)$和$(i, t.v)$具有相同的语境。在这种情况下,$P$可以选择一个最初选择的语境点$j$来挑战$(i, t.u)$中的信念算子,并借以挑战$(i, t.v)$中的信念算子。事实上,参与者们讨论的是与他收到的信息相一致的主体。如果主体基于时间的信念发生了变化并有所不同，那是因为主体收到了不同的信息。这是模型论方法中的等价性。

最后一个特例说的是如果主体在$(i, t.u)$中设想了一个语境，并且在$(i, t.v)$中获悉了相同的语境，使得这两个语境都是$(i, t)$的直接未来语境，那么主体也在$(i, t.v)$中设想了这个语境。事实上，参与者们会讨论主体的信念，使得这些信念和收到的相关的信息是理性的。这是模型论方法中的分支-时间信念修正逻辑的性质。

**请求规则**　如果反对者已经说明$\varphi$在语境点$j$上有效，那么该规则确保参与者只能选择信息算子的非标准挑战，即请求其他参与者证实可以选择特定的语境点$j$来挑战基于$\langle X\text{-}i, t : I\varphi\rangle$的动作。事实上，说明主体获悉了命题$\varphi$的参与者，将会承诺为所有的且仅有的$\varphi$成立的语境做辩护，也即为主体获悉的语境做辩护。例如，如果“主体获悉董事长死了”在语境$(i, t)$上成立，那么他将获悉“董事长死了”成立的所有的且仅有的语境。这是非典范信息算子。

**会话时态信念逻辑的结构规则**　会话时态信念逻辑的结构规则包括SR-0、SR-1、SR-2、SR-3、SR-5、SR-5.1、SR-5.2、SR-6、SR-6.1、SR-6.2、SR-6.3、SR-6.4 和 SR-7。

**定义 12.18**　会话时态信念逻辑可以通过极小规则集和结构规则集定义。

**论证解释**　当从外延动态的角度来研究信念与信息之间的关系时，可通过选择来解释这种关系。参与者在讨论主体的信念和收到的信息时所做出的选择，要求参与者的选择之间真的存在互动。在特定条件下，用以挑战信念算子的最初的一些选择也可以作为用来挑战信息算子的选择；在特定的语境下为了挑战信念算子的最初选择，也可以用在不同语境下挑战信念算子而做出的选择；等等。其他规则通常不允许有关于其他选择的选择。不仅信念和信息算子可根据选择来定义，而且信念修正策略也可以根据选择来定义。事实上，基于参与者为挑战信念和信息算子而做出的选择的限制可以定义特殊的信念修正策略。会话时态信念逻辑能够对博南诺的信念修正策略的论证进行解释。

## 四、应　用

**非偶然信息**　根据新的信息，下面将列举的是比赛中的主体为两个参与者，且他们所收到的信息和他们的信念之间不存在矛盾，并且能够借以修正他们的信念。

**定义 12.19** 如果一个参与者在不管其他的参与者做什么样的选择的情况下都能够获胜，那么称该参与者有一个获胜策略。

在模型论方法中，获胜策略是有效的。因此，会话时态信念逻辑是将会话的方法引入分支-时间信念修正逻辑中，在会话时态信念逻辑中的公式 $\varphi$ 的获胜策略和分支-时间信念修正逻辑中关于同样的公式 $\varphi$ 的有效性之间是相对应的。

## 第四节 可靠性和完全性

下面将证明会话时态信念逻辑关于分支-时间信念修正逻辑是可靠的和完全的，并证明在比赛 $\mathcal{D}_\Delta$ 中支持者存在获胜的策略，当且仅当 $\Delta$ 为分支-时间信念修正逻辑中的有效公式。

下面首先给出一个假设。

**假设 12.1** 两个参与者总能够做出最好的动作，即他们是理想的参与者且能够选择最好的动作赢得比赛。这样，反对者选择 $m:=1$ 的比赛，并且支持者将选择 $n:=2$ 作为重复秩。事实上，如果反对者以最佳的方法做出动作，有 $m:=1$ 就足够了，因为如果他有获胜的策略，并且可以推出该策略，他就不必改变他的辩护或者挑战。定理 12.2 将证明重复秩 $m:=1$ 和 $n:=2$ 对于反对者和支持者分别是最优的。

### 一、可靠性

会话方法相对于分支-时间信念修正逻辑是可靠的。如果支持者在 $D_\Delta$ 中有获胜的策略，那么公式 $\Delta$ 在分支-时间信念修正逻辑中是有效的。逆否命题：如果存在一个模型满足 $\neg\Delta$，那么支持者不能在任意的 $\Delta$ 的比赛中获胜。

**假设 12.2** 会话动作 $\langle X\text{-}i, t:\varphi\rangle$ 可解释为：

(1)如果 $X=O$，$(\mathcal{M},(i,t))\models\varphi$；

(2)如果 $X=P$，$(\mathcal{M},(i,t))\models\neg\varphi$。

会话动作 $\langle X\text{-}i, t:?I_j{}^*\rangle$ 可解释为：

(1)如果 $X=O$，$j\in I_t(i)$；

(2)如果 $X=P$，$j\notin I_t(i)$。

首先需要证明极小规则是保持可满足性的，即假设 12.2 在使用任意的极小规则之后是可保持的。

**引理 12.1**　给定一个分支-时间信念修正模型 $\mathcal{M}$，所有的极小规则都保持可满足性。

**证**　以下八条极小规则都保持可满足性：

**否定极小规则**　如果 $\langle X\text{-}i,t:\neg\varphi\rangle\in d_\Delta$，那么 $\langle Y\text{-}i,t:\varphi\rangle\in d_\Delta$。

(1)如果 $X=O$，根据假设 12.2，$(\mathcal{M},(i,t))\vDash\neg\varphi$，当且仅当 $(\mathcal{M},(i,t))\nvDash\varphi$（根据定义 12.7）。

(2)如果 $X=P$，根据假设 12.2，$(\mathcal{M},(i,t))\vDash\neg\neg\varphi$，当且仅当 $(\mathcal{M},(i,t))\vDash\varphi$（根据定义 12.7）。

**合取极小规则**　如果 $\langle X\text{-}i,t:\varphi_1\wedge\varphi_2\rangle\in d_\Delta$，那么 $\langle Y\text{-}i,t:?_{\wedge 1}\rangle\in d_\Delta$，且 $\langle Y\text{-}i,t:?_{\wedge 2}\rangle\in d_\Delta$，所以 $\langle X\text{-}i,t:\varphi_1\rangle\in d_\Delta$ 且 $\langle X\text{-}i,t:\varphi_2\rangle\in d_\Delta$。

(1)如果 $X=O$，$P$ 可以改变他的挑战，因此 $n:=2$，那么根据假设 12.2，$(\mathcal{M},(i,t))\vDash\varphi_1\wedge\varphi_2$，当且仅当 $(\mathcal{M},(i,t))\vDash\varphi_1$ 且 $(\mathcal{M},(i,t))\vDash\varphi_2$（根据定义 12.7）。

(2)如果 $X=P$，$O$ 不能改变他的挑战，因此 $m:=1$，那么根据假设 12.2，$(\mathcal{M},(i,t))\vDash\neg(\varphi_1\wedge\varphi_2)$，当且仅当 $(\mathcal{M},(i,t))\vDash\neg\varphi_1$ 或者 $(\mathcal{M},(i,t))\vDash\neg\varphi_2$（根据定义 12.7）。

**析取极小规则**　如果 $\langle X\text{-}i,t:\varphi_1\vee\varphi_2\rangle\in d_\Delta$，那么 $\langle Y\text{-}i,t:?_\vee\rangle\in d_\Delta$，所以 $\langle X\text{-}i,t:\varphi_1\rangle\in d_\Delta$ 或者 $\langle X\text{-}i,t:\varphi_2\rangle\in d_\Delta$。

(1)如果 $X=O$，$O$ 不能改变他的辩护，因此 $m:=1$，那么根据假设 12.2，$(\mathcal{M},(i,t))\vDash\varphi_1\vee\varphi_2$，当且仅当 $(M,(i,t))\vDash\varphi_1$ 或者 $(\mathcal{M},(i,t))\vDash\varphi_2$（根据定义 12.7）。

(2)如果 $X=P$，$P$ 可以改变他的辩护，因此 $n:=2$，那么根据假设 12.2，$(\mathcal{M},(i,t))\vDash\neg(\varphi_1\vee\varphi_2)$，当且仅当 $(\mathcal{M},(i,t))\vDash\neg\varphi_1$ 并且 $(\mathcal{M},(i,t))\vDash\neg\varphi_2$（根据定义 12.7）。

**$\bigcirc^{-1}$ 算子的极小规则**　如果 $\langle X\text{-}i,t:\bigcirc^{-1}\varphi\rangle\in d_\Delta$，那么 $\langle Y\text{-}i,t:?\bigcirc_u^{-1}\rangle\in d_\Delta$，所以 $\langle X\text{-}i,t.u:\varphi\rangle\in d_\Delta$。

(1)如果 $X=O$，那么根据假设 12.2，$(\mathcal{M},(i,t))\vDash\bigcirc^{-1}\varphi$，当且仅当 $(\mathcal{M},(i,t.u))\vDash\varphi$，对每一个 $u$，使得 $u\mapsto t$（根据定义 12.7）。

(2)如果 $X=P$，那么根据假设 12.2，$(\mathcal{M},(i,t))\vDash\neg\bigcirc^{-1}\varphi$，当且仅当 $(\mathcal{M},(i,t))\vDash\neg\varphi$，且至少有一个 $u$ 使得 $u\mapsto t$（根据定义 12.7）。

**$\bigcirc$ 算子的极小规则**　如果 $\langle X\text{-}i,t:\bigcirc\varphi\rangle\in d_\Delta$，那么 $\langle X\text{-}i,t:?\bigcirc_u\rangle\in d_\Delta$，所以 $\langle X\text{-}i,t.u:\varphi\rangle\in d_\Delta$。

(1)如果 $X=\bigcirc$，那么根据假设 12.2，$(\mathcal{M},(i,t))\vDash\bigcirc\varphi$，当且仅当

$(\mathcal{M},(i,t.u))\vDash\varphi$，对每一个 $u$，使得 $t\mapsto u$（根据定义 12.7）。

（2）如果 $X=P$，那么根据假设 12.2，$(\mathcal{M},(i,t))\vDash\neg\bigcirc\varphi$，当且仅当至少存在一个 $u$ 使得 $t\mapsto u$，$(\mathcal{M},(i,t))\vDash\neg\varphi$（根据定义 12.7）。

**$B$ 算子的极小规则** 如果 $\langle X\text{-}i,t:B\varphi\rangle\in d_{\Delta}$，那么 $\langle Y\text{-}i,t:?\ B_j\rangle\in d_{\Delta}$，所以 $\langle X\text{-}i.j,t:\varphi\rangle\in d_{\Delta}$。

（1）如果 $X=O$，那么根据假设 12.2，$(\mathcal{M},(i,t))\vDash B\varphi$，当且仅当对每一个 $j\in B_t(i)$，$(M,(i.j,t))\vDash\varphi$（根据定义 12.7）。

（2）如果 $X=P$，那么根据假设 12.2，$(\mathcal{M},(i,t))\vDash\neg B\varphi$，当且仅当至少存在一个 $j\in B_t(i)$，使得 $(\mathcal{M},(i.j,t))\vDash\neg\varphi$（根据定义 12.7）。

**$A$ 算子的极小规则** 如果 $\langle X\text{-}i,t:A\varphi\rangle\in d_{\Delta}$，那么 $\langle Y\text{-}i,t:?A_j\rangle\in d_{\Delta}$，所以 $\langle X\text{-}i.j,t:\varphi\rangle\in d_{\Delta}$。

（1）如果 $X=O$，那么根据假设 12.2，$(\mathcal{M},(i,t))\vDash A\varphi$，当且仅当至少存在一个 $j\in S$，使得 $(M,(i.j,t))\vDash\varphi$（根据定义 12.7）。

（2）如果 $X=P$，那么根据假设 12.2，$(\mathcal{M},(i,t))\vDash\neg A\varphi$，当且仅当至少存在一个 $j\in S$，使得 $(\mathcal{M},(i.j,t))\vDash\neg\varphi$（根据定义 12.7）。

**$I$ 算子的极小规则** 如果 $\langle X\text{-}i,t:I\varphi\rangle\in d_{\Delta}$，那么 $\langle Y\text{-}i,t:?I_j\rangle\in d_{\Delta}$ 或者 $\langle Y\text{-}i,t:!I_j\rangle\in d_{\Delta}$，所以 $\langle X\text{-}i.j,t:\varphi\rangle\in d_{\Delta}$ 或者 $\langle X\text{-}i,t:?I^{*e}_{j}\rangle\in d_{\Delta}$。

（1）如果 $X=O$，$P$ 将改变他的挑战，因此 $n:=2$，那么根据假设 12.2，$(\mathcal{M},(i,t))\vDash I\varphi$，当且仅当对每一个 $j\in I_t(i)$，$(M,(i.j,t))\vDash\varphi$；并且 $j\in I_t(i)$，使得 $(\mathcal{M},(i.j,t))\vDash\varphi$（根据定义 12.7）。

（2）如果 $X=P$，$O$ 不能改变他的挑战，因此 $m:=1$，那么根据假设 12.2，$(\mathcal{M},(i,t))\vDash\neg I\varphi$，当且仅当至少存在一个 $j\in I_t(i)$，$(\mathcal{M},(i.j,t))\vDash\neg\varphi$；或者 $j\notin I_t(i)$，使得 $(\mathcal{M},(i.j,t))\vDash\varphi$（根据定义 12.7）。

**引理 12.2** 支持者在 $d_{\Delta}$ 中获胜，当且仅当他陈述了一个原子公式或者一个语境选择的证实。

**证** 结构规则 SR-3 说的是一个参与者获胜，当且仅当他完成了比赛中的最后一个动作。

（1）如果支持者在 $d_{\Delta}$ 中获胜，那么他最后的动作是 $\langle P\text{-}i,t:e\rangle$，使得 $e$ 为一个原子公式或者语境选择的证实。

**假设 12.3** 支持者在 $d_{\Delta}$ 中获胜使得最后的动作是 $\langle P\text{-}i,t:e\rangle$，其中 $e$ 不是一个原子公式或者一个语境选择的证实。

根据假设 12.3 可以推出：

①$\langle P\text{-}i,t:e\rangle$ 是支持者的辩护，其中 $e$ 是一个复杂公式。那么反对者可

以挑战该公式，因此，支持者之前的动作并不是最后一个，这与假设 12.3 相矛盾。

②$\langle P\text{-}i, t:e\rangle$ 是支持者的挑战。那么反对者总能够给出一个辩护（因此，支持者之前的动作并不是最后一个，这与假设 12.3 相矛盾），除非对否定的挑战（因此，在那种情况下不可能存在辩护）。在那种情况下：

(i)$e$ 是一个原子公式，与假设 12.3 矛盾；

(ii)$e$ 不是一个原子公式，而是一个复杂公式，并且支持者总能够产生一个反驳（因此，支持者之前的动作并不是最后一个，与假设 12.3 矛盾）。

(2)如果支持者陈述了一个原子公式或者一个语境选择的证实，那么他将在 $d_{\Delta}$ 中通过对应的动作获胜。

**假设 12.4**　在动作 $\alpha \in d_{\Delta}$ 中，支持者陈述了一个原子公式或者语境选择的证实，而支持者并不能在 $d_{\Delta}$ 中获胜。

根据假设 12.4 可以推出：

(1)存在反对者的动作 $\beta$ 可以推出 $\alpha$（根据 SR-1 和 SR-3）；

(2)不可能存在基于原子公式或者语境选择的证实的挑战，$\beta$ 不能被基于 $\alpha$ 的动作挑战；

(3)$\beta$ 不能被 $\alpha$ 辩护，事实上，$\alpha$ 应该能够被挑战，因此将被否定挑战，并且在那种情况下不可能存在辩护；

(4)$\beta$ 必须被挑战，或者为支持者先前的动作进行辩护。

①如果 $\beta$ 是一个挑战：

(i)通过 $\beta$，存在支持者的动作 $\alpha$ 被挑战。

(ii)在 $\alpha$ 之后，反对者已经在动作 $\beta$ 和 $\delta$ 之间进行选择，并可直接推出 $d_{\Delta}$ 中的 $\gamma$。

(iii)$m:=1$ 且 $\delta$ 已经是基于 $\alpha$ 的挑战，$\beta$ 不能再挑战该动作：$\beta$ 不能挑战 $\alpha$。如果 $\beta$ 挑战了支持者先前的动作，则该挑战是针对之前的动作 $\alpha$ 的动作 $\varepsilon$。

②如果 $\beta$ 是一个辩护：

(i)存在支持者的动作 $\alpha$，其中 $\beta$ 为辩护。

(ii)在 $\alpha$ 之后，反对者在 $\beta$ 和动作 $\Delta\delta$ 之间所做出的选择直接可推出 $d_{\Delta}$ 中的 $\alpha$。

(iii)$m:=1$ 且 $\delta$ 已经为关于 $\alpha$ 的辩护，$\beta$ 不能为其他动作做辩护：$\beta$ 不能被 $\alpha$ 挑战。因此，如果 $\beta$ 是针对支持者之前的动作的辩护，该辩护是针对之前的动作 $\alpha$ 的动作 $\varepsilon$。

可以应用该推理，从 $d_{\Delta}$ 开始证明 $\beta$ 不能被挑战，或者对 $\varepsilon$ 进行辩护，但

必须对先前的动作 $\zeta$ 进行辩护，等等。$\beta$ 将挑战 $\Delta$ 或者针对支持者的第一个挑战进行辩护，因此 $m:=1$ 为实际的选择，且 $\beta \notin d_{\Delta}$。

因此，$\beta$ 不能被挑战或者为支持者之前的动作做辩护，(4)可能会导致矛盾。可推出(1)将会导致矛盾：不存在可以推出 $\alpha$ 的动作 $\beta$。根据结构规则 SR-3，在 $d_{\Delta}$ 中的支持者被击败(假设 12.4)。

**定理 12.1(可靠性定理)**　如果支持者在 $d_{\Delta}$ 中运用会话时态信念逻辑的规则获胜，那么 $\Delta$ 在分支-时间信念修正逻辑中是有效的公式。

证　采用反证法。如果存在一个情境($\mathcal{M}$,$(i.t)$)使得 $\neg\Delta$ 在($\mathcal{M}$,$(i,t)$)中是可满足的，那么支持者将会在 $d_{\Delta}$ 中失败。由引理 12.1 和引理 12.2 可以推出，如果 $\neg\Delta$ 是可满足的，那么支持者将失败。

**假设 12.5**　令一个比赛为 $d_{\Delta}$，使得 $\neg\Delta$ 在($\mathcal{M}$,$(i,t)$)中是可满足的，并且支持者在 $d_{\Delta}$ 中获胜。

(1)根据 SR-3 和假设 12.5，可以推出支持者完成了最后的动作。(＊)

(2)根据(＊)，支持者在 $d_{\Delta}$ 中完成了最后的动作。根据引理 12.2，支持者最后的动作是一个原子公式或者语境选择的证实。根据 SR-2，如果该原子公式已经被反对者首先陈述，则支持者可以陈述一个原子公式。根据 SR-5 和 SR-5.2，如果反对者首先选择了对应的语境去挑战 $B$ 算子或者 $I$ 算子，则支持者只能陈述语境选择的证实。(＊＊)

(3)根据(＊＊)和定义 12.17，$d_{\Delta}$ 是封闭的。(＊＊＊)

(4)根据引理 12.1 和(＊＊＊)，可以推出存在分支-时间信念修正模型 $\mathcal{M}$，$(\mathcal{M},(i,t))\vDash\neg p$，使得 $(\mathcal{M},(i,t))\vDash p$，或者 $j\notin I_t(i)$，使得 $j\in I_t(i)$，矛盾。

因此，如果支持者在 $d_{\Delta}$ 中获胜，则不存在满足 $\neg\Delta$ 的分支-时间信念修正模型。

## 二、完全性

下面证明会话时态信念逻辑相对于分支-时间信念修正逻辑是完全的。如果 $\Delta$ 在分支-时间信念修正逻辑中是有效的，那么支持者在 $\mathcal{D}_{\Delta}$ 中借助会话时间动态逻辑规则有获胜的策略。逆否命题：如果支持者在 $d_{\Delta}$ 中借助会话时态信念逻辑的规则失败，那么 $\Delta$ 在分支-时间信念修正逻辑中是无效的。

由假设 12.1，下面给出两个定义：

**定义 12.20**　一个扩充的会话 $\mathcal{D}a_{\Delta}$ 为比赛 $d_{\Delta}$，其中支持者可以随时多次挑战模态算子，重复秩不涉及模态算子。一个分支-时间信念修正模型

$\mathcal{M}$可以根据扩充的会话建构：$\mathcal{M}$可定义为$\langle \top, \mapsto, S, \{B_t, I_t\}_{t\in T}, V\rangle$，其中：

(1)对时间算子($\bigcirc$,$\bigcirc^{-1}$)的任意种类的算子$\Box$，$\top=\{t$ 使得$\langle X\text{-}i, t: \varphi\rangle \in \mathcal{D}a_{\Delta}\}$或者$\langle X\text{-}i, s: ?\Box_t\rangle \in \mathcal{D}a_{\Delta}\}$；

(2) $t^{\mapsto}=\{u$ 使得$\langle X\text{-}i, t: ?\bigcirc_u\rangle \in \mathcal{D}a_{\Delta}\}$；

(3)对非时态算子($A$,$B$,$I$)的任意种类的算子$\Box$，$S=\{i$ 使得$\langle X\text{-}i, t: \varphi\rangle \in \mathcal{D}a_{\Delta}$ 或者$\langle X\text{-}h, t: ?\Box_t\rangle \in \mathcal{D}a_{\Delta}\}$；

(4)$B_t(i)=\{j$ 使得$\langle X\text{-}i, t: ?B_j\rangle \in \mathcal{D}a_{\Delta}\}$；

(5)$I_t(i)=\{j$ 使得$\langle X\text{-}i, t: ?B_j\rangle \in \mathcal{D}a_{\Delta}$ 或者$\langle O\text{-}i, t: ?I_j^*\rangle \in \mathcal{D}a_{\Delta}\}$；

(6)$V_p=\{i$ 使得$\langle O\text{-}i, t: p\rangle \in \mathcal{D}a_{\Delta}\}$。

一个扩充的会话可能是无穷的。然而，定义 12.5 中分支-时间信念修正框架中的状态集 $S$ 和关于所有的常元 $t$ 的所有的直接后继集 $t^{\mapsto}$ 一样是有穷的。那么可以认为语境点有穷的选择将挑战模态算子。所以，只能考虑有穷扩充的会话。

**定义 12.21** $\alpha$ 的长度可定义为：

(1)$\mathrm{len}(p)=1$；

(2)$\mathrm{len}(\neg\varphi)=1+\mathrm{len}(\varphi)$；

(3)$\mathrm{len}(\varphi\wedge\psi)=1+\mathrm{len}(\varphi)+\mathrm{len}(\psi)$；

(4)$\mathrm{len}(\bigcirc^{-1}\varphi)=2+\mathrm{len}(\varphi)$；

(5)$\mathrm{len}(\bigcirc\varphi)=2+\mathrm{len}(\varphi)$；

(6)$\mathrm{len}(B\varphi)=1+\mathrm{len}(\varphi)$；

(7)$\mathrm{len}(I\varphi)=1+\mathrm{len}(\varphi)$；

(8)$\mathrm{len}(A\varphi)=1+\mathrm{len}(\varphi)$。

**引理 12.3** 如果会话 $\mathcal{D}a_{\Delta}$ 被终止，且支持者在会话 $\mathcal{D}a_{\Delta}$ 中失败，那么存在一个模型$(M,(i,t))$，使得：

(1)$\langle O\text{-}i, t: \varphi\rangle \in \mathcal{D}a_{\Delta}$，意味着$(\mathcal{M},(i,t))\vDash\varphi$，且$\langle P\text{-}i, t: \varphi\rangle \in \mathcal{D}a_{\Delta}$，意味着$(M,(i,t))\vDash\neg\varphi$。

(2)$\langle O\text{-}i, t: ?I_j^*\rangle \in \mathcal{D}a_{\Delta}$，意味着 $j\in I_t(i)$，且$\langle P\text{-}i, t: ?I_j^*\rangle \in \mathcal{D}a_{\Delta}$，意味着 $j\notin I_t(i)$。

**证** 通过施归纳于 $\varphi$ 的长度，基础情况为原子公式。

(1)基础：$\varphi := p$ 如果$\langle X\text{-}(i,t): p\rangle \in \mathcal{D}a_{\Delta}$，那么

①$X=O$ 且$(\mathcal{M},(i,t))\vDash p$(定义 12.20)；

②$X=P$，根据引理 12.2，支持者在 $\mathcal{D}a_{\Delta}$ 中获胜，因为陈述了一个原子 

公式，与引理 12.3 相矛盾。

(2)**归纳假设** 如果 $\mathrm{len}(\varphi)\leqslant n$，且 $\langle X\text{-}i,t:\varphi\rangle\in\mathcal{D}a_\Delta$，支持者在 $\mathcal{D}a_\Delta$ 中失败，那么存在一个模型 $(\mathcal{M},(i,t))$，使得：

①$\langle O\text{-}i,t:\varphi\rangle\in\mathcal{D}a_\Delta$，意味着 $(M,(i,t))\vDash\varphi$，且 $\langle P\text{-}i,t:\varphi\rangle\in\mathcal{D}a_\Delta$，意味着 $(\mathcal{M},(i,t))\vDash\neg\varphi$；

②$\langle O\text{-}i,t:?I_j^*\rangle\in\mathcal{D}a_\Delta$，意味着 $j\in I_t(i)$，且 $\langle P\text{-}i,t:?I_j^*\rangle\in\mathcal{D}a_\Delta$，意味着 $j\notin I_t(i)$。

(3)**归纳步骤** 假设 $\mathrm{len}(\varphi)=n+1$。考虑以下八种不同的情况，以及在会话语言中的每一个逻辑常元。

**情况 1**：$\varphi:=\neg\psi$ 如果 $\langle X\text{-}i,t:\neg\psi\rangle\neg\psi$，那么 $\langle Y\text{-}i,t:\psi\rangle\in\mathcal{D}a_\Delta$。

①如果 $Y=O$，那么 $(\mathcal{M},(i,t))\vDash\psi$（根据归纳假设和代入规则(H.I.)）。

②如果 $Y=P$，那么

a.若 $\psi\notin\Phi$：$\langle P\text{-}i,t:\psi\rangle\in\mathcal{D}a_\Delta$，则 $(\mathcal{M},(i,t))\vDash\neg\psi$（根据 H.I.）。

b.若 $\psi\in\Phi$，则

(i)如果 $\langle O\text{-}i,z:\psi\rangle\notin\mathcal{D}a_\Delta$，对任意的语境点 $z$，若 $i\notin V_\psi$，那么 $(\mathcal{M},(i,t))\vDash\neg\psi$（根据定义 12.20）；

(ii)如果 $\langle O\text{-}i,z:\psi\rangle\in\mathcal{D}a_\Delta$ 且 $\langle P\text{-}i,t:\psi\rangle\in\mathcal{D}a_\Delta$，那么根据引理 12.2，支持者可在 $\mathcal{D}a_\Delta$ 中获胜，与引理 12.3 矛盾。

**情况 2**：$\varphi:=\psi\wedge\gamma$ 如果 $\langle X\text{-}i,t:\psi\wedge\gamma\rangle\in\mathcal{D}a_\Delta$，那么 $\langle Y\text{-}i,t:?_{\wedge 1}\rangle\in\mathcal{D}a_\Delta$ 或者 $\langle Y\text{-}i,t:?_{\wedge 2}\rangle\in\mathcal{D}a_\Delta$。

①如果 $X=O$，支持者可以改变他的挑战，因为 $n:=2$。

因此，若 $\langle O\text{-}i,t:\psi\rangle\in\mathcal{D}a_\Delta$，则 $(\mathcal{M},(i,t))\vDash\psi$（根据 H.I.）；并且，若 $\langle O\text{-}i,t:\gamma\rangle\in\mathcal{D}a_\Delta$，则 $(\mathcal{M},(i,t))\vDash\gamma$（根据 H.I.）。当且仅当 $(\mathcal{M},(i,t))\vDash\psi\wedge\gamma$（根据定义 12.7）。

②如果 $X=P$，$O$ 只能挑战一次，因为 $m:=1$，故只能处理反对者挑战了第一个合取的情况。

a.如果 $\psi\notin\Phi$，那么若 $\langle P\text{-}i,t:\psi\rangle\in\mathcal{D}a_\Delta$，则 $(M,(i,t))\vDash\neg\psi$（根据 H.I.），当且仅当 $(M,(i,t))\vDash\neg(\psi\wedge\gamma)$（根据定义 12.7）。

b.如果 $\psi\in\Phi$，那么

(i)若 $\langle O\text{-}i,z:\psi\rangle\notin\mathcal{D}a_\Delta$，对任意的语境点 $z$，如果 $i\notin V_\psi$，那么 $(\mathcal{M},(i,t))\vDash\neg\psi$（根据定义 12.20）；

(ii)若 $\langle O\text{-}i,z:\psi\rangle\in\mathcal{D}a_\Delta$ 且 $\langle P\text{-}i,t:\psi\rangle\in\mathcal{D}a_\Delta$，则根据引理 12.2，支持

者在 $\mathcal{D}a_\Delta$ 中获胜,与引理 12.3 的假设相矛盾。

**情况** 3:$\varphi:=\psi\vee\gamma$　如果 $\langle X\text{-}i,t:\psi\vee\gamma\rangle\in\mathcal{D}a_\Delta$,那么 $\langle Y\text{-}i,t:?_\vee\rangle\in\mathcal{D}a_\Delta$。

①如果 $X=O$,$O$ 只能辩护一次,因为 $m:=1$。

因此,若 $\langle O\text{-}i,t:\psi\rangle\in\mathcal{D}a_\Delta$,则 $(\mathcal{M},(i,t))\vDash\psi$(根据 H.I.);或者若 $\langle O\text{-}i,t:\gamma\rangle\in\mathcal{D}a_\Delta$,则 $(\mathcal{M},(i,t))\vDash\gamma$(根据 H.I.)。当且仅当 $(\mathcal{M},(i,t))\vDash\neg(\psi\vee\gamma)$(根据定义 12.7)。

②如果 $X=P$,支持者可以改变他的辩护,因为 $n:=2$。

a.如果 $\psi\notin\Phi$,且 $\gamma\notin\Phi$,那么

若 $\langle P\text{-}i,t:\psi\rangle\in\mathcal{D}a_\Delta$,则 $(\mathcal{M},(i,t))\vDash\neg\psi$(根据 H.I.);并且,若 $\langle P\text{-}i,t:\alpha\rangle\in\mathcal{D}a_\Delta$,则 $(\mathcal{M},(i,t))\vDash\neg\alpha$(根据 H.I.)。当且仅当 $(\mathcal{M},(i,t))\vDash\neg(\psi\vee\alpha)$(根据定义 12.7)。

b.如果 $\psi\in\Phi$ 且 $\alpha\notin\Phi$,那么

(i)若 $\langle O\text{-}i,z:\psi\rangle\notin\mathcal{D}a_\Delta$,对任意的语境点 $z$,如果 $i\notin V_\psi$,则 $(\mathcal{M},(i,t))\vDash\neg\psi$(根据定义 12.20);并且,若 $\langle P\text{-}i,t:\alpha\rangle\in\mathcal{D}a_\Delta$,则 $(\mathcal{M},(i,t))\vDash\neg\alpha$(根据 H.I.)。当且仅当 $(\mathcal{M},(i,t))\vDash\neg(\psi\vee\alpha)$(根据定义 12.7)。

(ii)若 $\langle O\text{-}i,z:\psi\rangle\in\mathcal{D}a_\Delta$,且 $\langle P\text{-}i,t:\psi\rangle\in\mathcal{D}a_\Delta$,则根据引理 12.2,支持者将在 $\mathcal{D}a_\Delta$ 中获胜,与引理 12.3 的假设相矛盾。

c.如果 $\psi\in\Phi$ 且 $\alpha\in\Phi$,那么

(i)若 $\langle O\text{-}i,z:\psi\rangle\notin\mathcal{D}a_\Delta$,对任意的语境点 $z$,如果 $i\notin V_\psi$,则 $(\mathcal{M},(i,t))\vDash\neg\psi$(根据定义 12.20),当且仅当 $(\mathcal{M},(i,t))\vDash\neg(\psi\vee\alpha)$(根据定义 12.7)。

(ii)若 $\langle O\text{-}i,z:\psi\rangle\in\mathcal{D}a_\Delta$,且 $\langle P\text{-}i,t:\psi\rangle\in\mathcal{D}a_\Delta$,则根据引理 12.2,支持者将在 $\mathcal{D}a_\Delta$ 中获胜,与引理 12.3 的假设相矛盾。

**情况** 4:$\varphi:=\bigcirc^{-1}\psi$　如果 $\langle X\text{-}i,t:\bigcirc^{-1}\psi\rangle\in\mathcal{D}a_\Delta$,那么对所有的语境点 $u$,$\langle Y\text{-}i,t:?\bigcirc_u^{-1}\rangle\in\mathcal{D}a_\Delta$。

①如果 $X=O$,那么

若 $\langle O\text{-}i,t.u:\psi\rangle\in\mathcal{D}a_\Delta$,则 $(\mathcal{M},(i,u))\vDash\psi$(根据 H.I.)。根据假设引理 12.3,$\mathcal{D}a_\Delta$ 被终止。

若 $\langle O\text{-}i,t.v:\psi\rangle\in\mathcal{D}a_\Delta$,则 $(\mathcal{M},(i,v))\vDash\psi$(根据 H.I.)。

……

若 $\langle O\text{-}i,t.w:\psi\rangle\in\mathcal{D}a_\Delta$,则 $(\mathcal{M},(i,w))\vDash\psi$(根据 H.I.)。

对所有的语境点 $u$ 遵守规则 SR-5,SR-5.1 和 SR-5.2,当且仅当 $(\mathcal{M}$,

$(i,t))\vDash\bigcirc^{-1}\psi$(根据定义 12.7)。

②如果 $X=P$,那么

a.若 $\psi\notin\Phi$,则如果$\langle P\text{-}i,t.u:\psi\rangle\in\mathcal{D}a_\Delta$,那么$(\mathcal{M},(i,u))\vDash\neg\psi$(根据 H.I.),对至少一个语境点 $u$ 遵守规则 SR-5,当且仅当$(\mathcal{M},(i,t))\vDash\neg\bigcirc^{-1}\psi$(根据定义 12.7)。

b.如果 $\psi\in\Phi$,那么

(i)若$\langle O\text{-}i,z:\psi\rangle\notin\mathcal{D}a_\Delta$,对任意的语境点 $z$,如果 $i\notin V_\psi$,那么$(\mathcal{M},(i,u))\vDash\neg\psi$(根据定义 12.20),当且仅当$(\mathcal{M},(i,t))\vDash\neg\bigcirc^{-1}\psi$(根据定义 12.7);

(ii)若$\langle O\text{-}i,z:\psi\rangle\in\mathcal{D}a_\Delta$ 且$\langle P\text{-}i,t.u:\psi\rangle\in\mathcal{D}a_\Delta$,则根据引理 12.2,支持者将在 $\mathcal{D}a_\Delta$ 中获胜,与引理 12.3 的假设矛盾。

**情况 5**:$\varphi:=\bigcirc\psi$　如果$\langle X\text{-}i,t:\bigcirc\psi\rangle\in\mathcal{D}a_\Delta$,那么对所有的语境点 $u$,$\langle Y\text{-}i,t:?\bigcirc_u\rangle\in\mathcal{D}a_\Delta$。

①如果 $X=O$,那么

若$\langle O\text{-}i,t.u:\psi\rangle\in\mathcal{D}a_\Delta$,则$(\mathcal{M},(i,u))\vDash\psi$(根据 H.I.)。根据假设引理 12.3,$\mathcal{D}a_\Delta$ 被终止。

若$\langle O\text{-}i,t.v:\psi\rangle\in\mathcal{D}a_\Delta$,则$(\mathcal{M},(i,v))\vDash\psi$(根据 H.I.)。

……

若$\langle O\text{-}i,t.w:\psi\rangle\in\mathcal{D}a_\Delta$,则$(\mathcal{M},(i,w))\vDash\psi$(根据 H.I.)。

对所有的语境点 $u$ 遵守规则 SR-5,SR-5.1 和 SR-5.2,当且仅当$(\mathcal{M},(i,t))\vDash\neg\bigcirc\psi$(根据定义 12.7)。

②如果 $X=P$,那么

a.若 $\psi\notin\Phi$,则如果$\langle P\text{-}i,t.u:\psi\rangle\in\mathcal{D}a_\Delta$,那么$(\mathcal{M},(i,u))\vDash\neg\psi$(根据 H.I.),对至少一个语境点 $u$ 遵守规则 SR-5,当且仅当$(\mathcal{M},(i,t))\vDash\neg\bigcirc\psi$(根据定义 12.7)。

b.如果$\langle O\text{-}i,z:\psi\rangle\in\mathcal{D}a_\Delta$ 且$\langle P\text{-}i,t.u:\psi\rangle\in\mathcal{D}a_\Delta$,那么根据引理 12.2,支持者将在 $\mathcal{D}a_\Delta$ 中获胜,与引理 12.3 矛盾。

**情况 6**:$\varphi:=B\psi$　如果$\langle X\text{-}i,t:B\psi\rangle\in\mathcal{D}a_\Delta$,那么对所有的语境点 $j$,$\langle Y\text{-}i,t:?B_j\rangle\in\mathcal{D}a_\Delta$。

①如果 $X=O$,那么

若$\langle O\text{-}i.j,t:\psi\rangle\in\mathcal{D}a_\Delta$,则$(\mathcal{M},(j,t))\vDash\psi$(根据 H.I.)。根据引理 12.3 的假设,$\mathcal{D}a_\Delta$ 是终结点。

若$\langle O\text{-}i.k, t: \psi\rangle \in \mathcal{D}a_{\Delta}$，则$(\mathcal{M},(k,t)) \models \psi$（根据 H.I.）。

……

若$\langle O\text{-}i.l, t: \psi\rangle \in \mathcal{D}a_{\Delta}$，则$(\mathcal{M},(l,t)) \models \psi$（根据 H.I.）。

对所有的语境点 $j$ 遵守规则 SR-5，SR-5.4，SR-5.5，SR-5.6，SR-5.7 和 SR-5.8，当且仅当$(\mathcal{M},(i,t)) \models B\psi$（根据定义 12.7）。

②如果 $X=P$，那么

a.若 $\psi \notin \Phi$，则

如果$\langle P\text{-}i.j, t: \psi\rangle \in \mathcal{D}a_{\Delta}$，那么$(\mathcal{M},(j,t)) \models \neg\psi$（根据 H.I.），对至少一个语境点 $j$ 遵守规则 SR－5，当且仅当$(\mathcal{M},(i,t)) \models \neg B\psi$（根据定义 12.7）。

b.若 $\psi \in \Phi$，则

(i)如果$\langle O\text{-}i.j, z: \psi\rangle \notin \mathcal{D}a_{\Delta}$，对任意的语境点 $z$，如果 $j \notin V_{\psi}$，那么$(\mathcal{M},(j,t)) \models \neg\psi$（根据定义 12.19），当且仅当$(\mathcal{M},(i,t)) \models \neg B\psi$（根据定义 12.7）；

(ii)如果$\langle O\text{-}i.j, z: \psi\rangle \in \mathcal{D}a_{\Delta}$ 且$\langle P\text{-}i.j, t: \psi\rangle \in \mathcal{D}a_{\Delta}$，那么根据引理 12.2，支持者将在 $\mathcal{D}a_{\Delta}$ 中获胜，与引理 12.3 的假设矛盾。

**情况 7：**$\varphi := A\psi$　如果$\langle X\text{-}i, t: A\psi\rangle \in \mathcal{D}a_{\Delta}$，那么对所有的语境点 $j$，$\langle Y\text{-}i, t: ?A_j\rangle \in \mathcal{D}a_{\Delta}$。

①如果 $X=O$，那么

若$\langle O\text{-}i.j, t: \psi\rangle \in \mathcal{D}a_{\Delta}$，则$(\mathcal{M},(j,t)) \models \psi$（根据 H.I.）。根据引理 12.3 的假设，$\mathcal{D}a_{\Delta}$ 被终止。

若$\langle O\text{-}i.k, t: \psi\rangle \in \mathcal{D}a_{\Delta}$，则$(\mathcal{M},(k,t)) \models \psi$（根据 H.I.）。

……

若$\langle O\text{-}i.l, t: \psi\rangle \in \mathcal{D}a_{\Delta}$，则$(\mathcal{M},(l,t)) \models \psi$（根据 H.I.）。

对所有的语境点 $j$ 遵守规则 SR-5，SR-5.1 和 SR-5.3，当且仅当$(\mathcal{M},(i,t)) \models A\psi$（根据定义 12.7）。

②如果 $X=P$，那么

a.若 $\psi \notin \Phi$，则如果$\langle P\text{-}i.j, t: \psi\rangle \in \mathcal{D}a_{\Delta}$，那么$(\mathcal{M},(i,t)) \models \neg\psi$（根据 H.I.），对至少一个语境点 $j$ 遵守规则 SR-5，当且仅当$(\mathcal{M},(i,t)) \models \neg A\psi$（根据定义 12.7）。

b.若 $\psi \in \Phi$，则

(i)如果$\langle O\text{-}i.j, z: \psi\rangle \notin \mathcal{D}a_{\Delta}$，对任意的语境点 $z$，如果 $j \notin V_{\psi}$，那么$(\mathcal{M},(j,t)) \models \neg\psi$（根据定义 12.20），当且仅当$(\mathcal{M},(i,t)) \models \neg A\psi$（根据定义

12.7)；

(ii)如果$\langle O\text{-}i.j, z: \psi\rangle \in \mathcal{D}a_{\Delta}$且$\langle P\text{-}i.j, t: \psi\rangle \in \mathcal{D}a_{\Delta}$，那么根据引理12.2，支持者将在$\mathcal{D}a_{\Delta}$中获胜，与引理12.3的假设矛盾。

**情况8：**$\varphi := I\psi$　如果$\langle X\text{-}i, t: I\psi\rangle \in \mathcal{D}a_{\Delta}$，那么对所有的语境点$j$，$\langle Y\text{-}i, t: ?I_j\rangle \in \mathcal{D}a_{\Delta}$或者$\langle Y\text{-}i, t: !I_j\rangle \in \mathcal{D}a_{\Delta}$。

①如果$X=O$，支持者可以改变他的挑战，因为$n:=2$。因此

若$\langle O\text{-}i.j, t: \psi\rangle \in \mathcal{D}a_{\Delta}$，则$(\mathcal{M},(j,t)) \vDash \psi$(根据H.I.)。根据引理12.3的假设，$\mathcal{D}a_{\Delta}$是终结点。

若$\langle O\text{-}i.k, t: \psi\rangle \in \mathcal{D}a_{\Delta}$，那么$(\mathcal{M},(k,t)) \vDash \psi$(根据H.I.)。

……

若$\langle O\text{-}i.l, t: \psi\rangle \in \mathcal{D}a_{\Delta}$，则$(\mathcal{M},(l,t)) \vDash \psi$(根据H.I.)。

对所有的语境点$j$遵守规则SR-5和SR-5.2，如果$\langle O\text{-}i, t: ?I_j^*\rangle \in \mathcal{D}a_{\Delta}$，那么$j \in I_t(i)$(根据H.I.)；

对所有的语境点$j$遵守规则SR-5，SR-5.2和SR-5.$X$，即$(\mathcal{M},(i.j,t)) \vDash \psi$，当且仅当$(\mathcal{M},(i,t)) \vDash I\psi$(根据定义12.7)。

②如果$X=P$，$O$只能挑战一次，因为$m:=1$。

a.若$\psi \notin \Phi$，那么如果$\langle P\text{-}i.j, t: \psi\rangle \in \mathcal{D}a_{\Delta}$，则$(\mathcal{M},(j,t)) \vDash \neg\psi$(根据H.I.)，对至少一个语境点$j$遵守规则SR-5，当且仅当$(\mathcal{M},(i,t)) \vDash \neg I\psi$(根据定义12.7)。

b.若$\psi \in \Phi$，则

(i)如果$\langle O\text{-}i.j, z: \psi\rangle \notin \mathcal{D}a_{\Delta}$，对任意的语境点$z$，如果$j \notin V_{\psi}$，那么$(\mathcal{M},(j,t)) \vDash \neg\psi$(根据定义12.19)，当且仅当$(\mathcal{M},(i,t)) \vDash \neg I\psi$(根据定义12.7)；

(ii)如果$\langle O\text{-}i.j, z: \psi\rangle \in \mathcal{D}a_{\Delta}$且$\langle P\text{-}i.j, t: \psi\rangle \in \mathcal{D}a_{\Delta}$，那么根据引理12.2，支持者将在$\mathcal{D}a_{\Delta}$中获胜，与引理12.3的假设矛盾。

c.若$\langle O\text{-}i, t: ?I_j\rangle \notin \mathcal{D}a_{\Delta}$且$\langle O\text{-}i, t: ?B_j\rangle \notin \mathcal{D}a_{\Delta}$，$\langle O\text{-}i, t: ?I_j^*\rangle \notin \mathcal{D}a_{\Delta}$，则$j \notin I_t(i)$，对任意的语境点$j$遵守规则SR-5和SR-5.$X$，即$(M,(i.j,t)) \vDash \psi$(根据定义12.19)，当且仅当$\mathcal{M},(i,t) \vDash \neg I\psi$(根据定义12.7)。

d.若$\langle O\text{-}i, t: ?I_j\rangle \in \mathcal{D}a_{\Delta}$，$\langle O\text{-}i, t: ?B_j\rangle \in \mathcal{D}a_{\Delta}$或者$\langle O\text{-}i, t: ?I_j^*\rangle \in \mathcal{D}a_{\Delta}$，且$\langle P\text{-}i, t: ?I_j^*\rangle \in \mathcal{D}a_{\Delta}$，则根据引理12.2，支持者将在$\mathcal{D}a_{\Delta}$中获胜，与引理12.3的假设矛盾。■



在引理12.3中，假设参与者可以改变他随时对模态算子的挑战或辩

护。这允许为 $\mathcal{D}a_\Delta$ 中的动作建立一个对称链和满足 $\Delta$ 的模型 $\mathcal{M}$，因为这样可以用来检测每一个模型的可能情境。

下面证明该模型能够满足比赛 $d_\Delta$ 的情况，其中 $m:=1$ 且 $n:=2$。

**定理 12.2**　如果在 $\mathcal{D}a_\Delta$ 中存在关于支持者的获胜策略，那么重复秩 $m:=1$ 且 $n:=2$ 能够进行检测。

**证**　通过在模态算子的范围内施归纳于 $\varphi$ 的长度进行证明。

(1)$\bigcirc^{-1}$算子：

①**基础**：如果支持者在 $\mathcal{D}a_\Delta$ 中获胜，那么重复秩 1 足以挑战反对者的公式$\bigcirc^{-1}\varphi$，其中 $\mathrm{len}(\varphi)=1$：$\langle O\text{-}i, t:\bigcirc^{-1}\varphi\rangle\in\mathcal{D}a_\Delta$。

对任意的语境点 $u$ 和 $v$，$\langle P\text{-}i, t:?\bigcirc_u^{-1}\rangle\in\mathcal{D}a_\Delta$ 或者$\langle P\text{-}i, t:?\bigcirc_v^{-1}\rangle\in\mathcal{D}a_\Delta$。然而，这些语境点必须遵守规则 SR-5，SR-5.1 和 SR-5.2，即 $u=v$。支持者只能选择单个的常元来挑战 $P$ 算子，而无须考虑重复秩。

②**归纳假设**：如果支持者在 $\mathcal{D}a_\Delta$ 中获胜，那么重复秩 1 足以挑战反对者的公式$\bigcirc^{-1}\varphi$，则 $\mathrm{len}(\varphi)=n$。

③**归纳步骤**：同理，基础情况可以用来证明如果支持者在 $\mathcal{D}a_\Delta$ 中获胜，重复秩 1 足以挑战反对者的公式$\bigcirc^{-1}\varphi$，其中 $\mathrm{len}(\varphi)\geqslant n+1$。

(2)$\bigcirc$算子：

①**基础**：如果支持者在 $\mathcal{D}a_\Delta$ 中获胜，那么重复秩 1 足以挑战反对者的公式$\bigcirc\varphi$，其中 $\mathrm{len}(\varphi)=1$：$\langle O\text{-}i, t:\bigcirc\varphi\rangle\in\mathcal{D}a_\Delta$。对任意的语境点 $u$ 和 $v$，$\langle P\text{-}i, t:?\bigcirc_u\rangle\in\mathcal{D}a_\Delta$ 或者$\langle P\text{-}i, t:?\bigcirc_v\rangle\in\mathcal{D}a_\Delta$，则$\langle O\text{-}i, t.u:\varphi\rangle\in\mathcal{D}a_\Delta$ 或者$\langle O\text{-}i, t.v:\varphi\rangle\in\mathcal{D}a_\Delta$。支持者随后可以陈述在每一个常元中的语境点 $i$（根据规则 SR-2）上的原子公式 $\varphi$。支持者只需要挑战一次，无须考虑他所选择的语境点。

②**归纳假设**：如果支持者在 $\mathcal{D}a_\Delta$ 中获胜，那么重复秩 1 足以挑战反对者的$\bigcirc\varphi$ 公式，则 $\mathrm{len}(\varphi)=n$。

③**归纳步骤**：如果支持者在 $\mathcal{D}a_\Delta$ 中获胜，那么重复秩 1 足以挑战反对者的$\bigcirc\varphi$ 公式，其中 $\mathrm{len}(\varphi)\geqslant n+1$：$\langle O\text{-}i, t:\bigcirc\varphi\rangle\in\mathcal{D}a_\Delta$。对任意的语境点 $u$ 和 $v$，$\langle P\text{-}i, t:?\bigcirc_u\rangle\in\mathcal{D}a_\Delta$ 或者$\langle P\text{-}i, t:?\bigcirc_v\rangle\in\mathcal{D}a_\Delta$，则$\langle O\text{-}i, t.u:\varphi\rangle\in\mathcal{D}a_\Delta$ 或者$\langle O\text{-}i, t.v:\varphi\rangle\in\mathcal{D}a_\Delta$。因为支持者在 $\mathcal{D}a_\Delta$ 中获胜，故只需要考虑导致他获胜的 $u$ 或者 $v$。

(3)$B$ 算子：

①**基础**：如果支持者在 $\mathcal{D}a_\Delta$ 中获胜，那么重复秩 1 足以挑战反对者的

公式 $B\varphi$，其中 $\mathrm{len}(\varphi)=1$：$\langle O\text{-}i,t:B\varphi\rangle\in \mathcal{D}a_{\Delta}$。对任意的语境点 $j$ 和 $k$，$\langle P\text{-}i,t:?B_j\rangle\in \mathcal{D}a_{\Delta}$ 或者 $\langle P\text{-}i,t:?B_k\rangle\in \mathcal{D}a_{\Delta}$，则 $\langle O\text{-}i.j,t:\varphi\rangle\in \mathcal{D}a_{\Delta}$ 或者 $\langle O\text{-}i.k,t:\varphi\rangle\in \mathcal{D}a_{\Delta}$。支持者随后可以陈述在任意常元上（根据规则 SR-2）的任意语境点 $j$ 或者 $k$ 的原子公式 $\varphi$。因为他在 $\mathcal{D}a_{\Delta}$ 中获胜，故只需要考虑导致他获胜的 $j$ 或者 $k$。

②**归纳假设**：如果支持者在 $\mathcal{D}a_{\Delta}$ 中获胜，那么重复秩 1 足以挑战反对者的公式 $B\varphi$，则 $\mathrm{len}(\varphi)=1$。

③**归纳步骤**：如果支持者在 $\mathcal{D}a_{\Delta}$ 中获胜，那么重复秩 1 足以挑战 $B\varphi$ 的公式，其中 $\mathrm{len}(\varphi)\geqslant n+1$：$\langle O\text{-}i,t:B\varphi\rangle\in \mathcal{D}a_{\Delta}$。对任意的语境点 $j$ 和 $k$，$\langle P\text{-}i,t:?B_j\rangle\in \mathcal{D}a_{\Delta}$ 或者 $\langle P\text{-}i,t:?B_k\rangle\in \mathcal{D}a_{\Delta}$，则 $\langle O\text{-}i.j,t:\varphi\rangle\in \mathcal{D}a_{\Delta}$ 或者 $\langle O\text{-}i.k,t:\varphi\rangle\in \mathcal{D}a_{\Delta}$。因为支持者将在 $\mathcal{D}a_{\Delta}$ 中获胜，故只需要考虑导致他获胜的 $j$ 或者 $k$。

（4）$A$ 算子：

①**基础**：如果支持者在 $\mathcal{D}a_{\Delta}$ 中获胜，那么重复秩 1 足以挑战反对者的公式 $A\varphi$，其中 $\mathrm{len}(\varphi)=1$：$\langle O\text{-}i,t:A\varphi\rangle\in \mathcal{D}a_{\Delta}$。对任意的语境点 $j$ 和 $k$，$\langle P\text{-}i,t:?A_j\rangle\in \mathcal{D}a_{\Delta}$ 或者 $\langle P\text{-}i,t:?A_k\rangle\in \mathcal{D}a_{\Delta}$，则 $\langle O\text{-}i.j,t:\varphi\rangle\in \mathcal{D}a_{\Delta}$ 或者 $\langle O\text{-}i.k,t:\varphi\rangle\in \mathcal{D}a_{\Delta}$。支持者随后可以陈述在任意常元上（根据规则 SR-2）的任意语境点 $j$ 或者 $k$ 的原子公式 $\varphi$。因为他在 $\mathcal{D}a_{\Delta}$ 中获胜，故只需要考虑导致他获胜的 $j$ 或者 $k$。

②**归纳假设**：如果支持者在 $\mathcal{D}a_{\Delta}$ 中获胜，那么重复秩 1 足以挑战反对者的公式 $A\varphi$，则 $\mathrm{len}(\varphi)=1$。

③**归纳步骤**：如果支持者在 $\mathcal{D}a_{\Delta}$ 中获胜，那么重复秩 1 足以挑战反对者的公式 $A\varphi$，其中 $\mathrm{len}(\varphi)\geqslant n+1$：$\langle O\text{-}i,t:A\varphi\rangle\in \mathcal{D}a_{\Delta}$。对任意的语境点 $j$ 和 $k$，$\langle P\text{-}i,t:?A_j\rangle\in \mathcal{D}a_{\Delta}$ 或者 $\langle P\text{-}i,t:?A_k\rangle\in \mathcal{D}a_{\Delta}$，则 $\langle O\text{-}i.j,t:\varphi\rangle\in \mathcal{D}a_{\Delta}$ 或者 $\langle O\text{-}i.k,t:\varphi\rangle\in \mathcal{D}a_{\Delta}$。因为支持者将在 $\mathcal{D}a_{\Delta}$ 中获胜，故只需要考虑导致他获胜的 $j$ 或者 $k$。

（5）$I$ 算子：

①**基础**：如果支持者在 $\mathcal{D}a_{\Delta}$ 中获胜，那么重复秩 1 足以挑战反对者的公式 $I\varphi$，其中 $\mathrm{len}(\varphi)=1$：$\langle O\text{-}i,t:I\varphi\rangle\in \mathcal{D}a_{\Delta}$。对任意的语境点 $j$ 和 $k$，$\langle P\text{-}i,t:?I_j\rangle\in \mathcal{D}a_{\Delta}$ 或者 $\langle P\text{-}i,t:?I_k\rangle\in \mathcal{D}a_{\Delta}$ 或者 $\langle P\text{-}i,t:!I_j\rangle\in \mathcal{D}a_{\Delta}$ 或者 $\langle P\text{-}i,t:!I_k\rangle\in \mathcal{D}a_{\Delta}$，所以 $\langle O\text{-}i.j,t:\varphi\rangle\in \mathcal{D}a_{\Delta}$ 或者 $\langle O\text{-}i.k,t:\varphi\rangle\in \mathcal{D}a_{\Delta}$ 或者 $\langle O\text{-}i,t:?I_j^*\rangle\in \mathcal{D}a_{\Delta}$ 或者 $\langle O\text{-}i,t:?I_k^*\rangle\in \mathcal{D}a_{\Delta}$。支持者随后可以陈述在

任意常元上(根据规则 SR-2)的任意语境点 $j$ 或者 $k$ 的原子公式 $\varphi$。或者他可以在 $t$ 处的语境点 $j$ 或者 $k$ 去挑战 $I$ 算子。因为他在 $\mathcal{D}a_{\Delta}$ 上获胜,故只需要考虑导致他获胜的选择。

②**归纳假设**:如果支持者在 $\mathcal{D}a_{\Delta}$ 中获胜,那么重复秩 1 足以挑战反对者的公式 $I\varphi$,则 $\mathrm{len}(\varphi)=n$。

③**归纳步骤**:如果支持者在 $\mathcal{D}a_{\Delta}$ 中获胜,那么重复秩 1 足以挑战反对者的公式 $I\varphi$,其中 $\mathrm{len}(\varphi)\geqslant n+1$:$\langle O\text{-}i,t:I\varphi\rangle\in\mathcal{D}a_{\Delta}$。对任意的语境点 $j$ 和 $k$,$\langle P\text{-}i,t:?I_j\rangle\in\mathcal{D}a_{\Delta}$ 或者 $\langle P\text{-}i,t:?I_k\rangle\in\mathcal{D}a_{\Delta}$ 或者 $\langle P\text{-}i,t:!I_j\rangle\in\mathcal{D}a_{\Delta}$ 或者 $\langle P\text{-}i,t:!I_k\rangle\in\mathcal{D}a_{\Delta}$,所以 $\langle O\text{-}i.j,t:\varphi\rangle\in\mathcal{D}a_{\Delta}$ 或者 $\langle O\text{-}i.k,t:\varphi\rangle\in\mathcal{D}a_{\Delta}$ 或者 $\langle O\text{-}i,t:?I_j^*\rangle\in\mathcal{D}a_{\Delta}$ 或者 $\langle O\text{-}i,t:?I_k^*\rangle\in\mathcal{D}a_{\Delta}$。因为支持者将在 $\mathcal{D}a_{\Delta}$ 中获胜,故只需要考虑导致他获胜的选择。

如果支持者在 $\mathcal{D}a_{\Delta}$ 中获胜,一个重复秩 1 足以挑战模态公式 $\Box\varphi$,使得 $\Box$ 是反对者的任意的算子($\bigcirc^{-1}$,$\bigcirc$,$B$,$A$,$I$),无论 $\varphi$ 的长度是多少。重复秩 2 是关于反对者挑战合取的请求,或者改变他针对析取的辩护。可以用 $d_{\Delta}$ 取代 $\mathcal{D}a_{\Delta}$ 表示完全性定理。

**定理 12.3(完全性定理)**　如果 $\Delta$ 在分支-时间信念修正逻辑中是有效的公式,那么支持者将用会话时态信念逻辑的规则在 $d_{\Delta}$ 中获胜。

**证**　采用反证法证明完全性,即需要证明如果支持者在 $d_{\Delta}$ 中失败,那么 $\Delta$ 在分支-时间信念修正逻辑中不是有效的公式。根据引理 12.3 和定理 12.2,如果支持者在 $d_{\Delta}$ 中失败,那么存在一个分支-时间信念修正模型 $(\mathcal{M},(i.t))$ 满足 $\neg\Delta$。因此,存在模型 $(\mathcal{M},(i.t))$ 使得 $\Delta$ 在 $(\mathcal{M},(i.t))$ 中是不满足的,并且 $\Delta$ 在分支-时间信念修正逻辑中不是有效的公式。

会话时态信念逻辑满足布兰诺的信念修正策略的论证解释。信念、信息和它们之间的关系可以在会话框架中根据选择进行解释。信息和信念之间相互作用的解释也和信念之间的互动一样,即初始信念和修正信念,类似于参与者选择之间的互动。互动可定义为一个特殊的信念修正策略,即布兰诺的信念修正策略。此处并未通过选择而定义信息算子的初始解释。

# 第十三章　动态的隐性信念和显性信念

前面探索了隐性信息、显性信息及其动态的一些概念，并重点讨论了隐性知识和显性知识。但是，在日常生活中，主体通常只能拥有不完全的信息，且其中只有很少的信息是确定的。假设北京发布的有关公共交通的信息是非常可靠的，且其车次都是根据时间表进行的，然而，因为有许多不可预测的因素，故不能在绝对意义上说知道公共汽车将会完全准时地在某个公交车站停靠。这些因素包括街道上拥挤的人流、恶劣的天气、汽车的机械故障或者汽车发生了交通事故（如碰撞等）等。事实上，如果主体只是将自己的行为建立在自己知道的基础之上，那么他所能够选择的活动空间就会很小。对于信息的命题态度不只有“知道”和“不知道”两种，大部分行为都可能是由不知道而导致的，而不是由相信造成的。

可以借助可能世界模型来刻画这两种信念。定义显性知识的方法很多，下面将借助这些框架来定义显性信念。可用下面所定义的显性信息，处理那些是真的且是可接受为真的相关的世界的情况。

在此将研究动态的隐性信念和显性信念的框架。在动态认知逻辑中的信念修正，可用具有非全能的主体的协调性来更新信念，并对非全能的主体的知识和信念进行推理。

下面讨论单个主体的情况。假设单个主体可觉知到所有语言的原子命题，以及由此语言所生成的所有的公式。由于非全能主体的思想并不需要认知到所有的公式都是真的，因此主体的显性信息不需要在逻辑后承下是封闭的。

## 第一节　刻画信念的方法

下面通过修正两个可能世界的框架来构建刻画信念的择代系统。

### 一、KD45 方法



在认知逻辑中，用模型所刻画的知识为在所有的世界中主体认为可能为真的知识，并要求可及关系至少为自返的（使$\Box\varphi\to\varphi$有效：如果主体知道$\varphi$，那么$\varphi$是真的），也可能是传递的和欧性的（给定的主体是全正内省的和负内省的）。

该思想类似于刻画信念的KD45的方法，仍然可定义为在和主体的当前世界可及的所有世界中成立，但该可及关系$R$满足较弱性质。知识通常是真的，而信念则通常要求是一致的。该行为通过将$R$限制为不是自返的但却是持续的关系，使$D$公式在$\neg\Box\bot$上有效。另外，传递性（4）和欧性（5）给出的是全内省公式。

## 二、或然模型

信念和知识不同。直觉上，主体并不相信那些在所有的可能情境中是真的事情；主体只会相信在他认为最有可能的情况下是真的。可根据主体认为可能的世界构造结构模型，并用等价关系刻画知识，同时也可用或然序刻画主体认为更类似于这种情况的世界，如条件逻辑中所扩充的可能世界模型的变体。此处采用的是修正的或然模型。

存在自返的、传递的和持续的可满足的或然序。

或然模型将信念定义为在最或然的世界中成立的模型。如果希望信念是一致的，那么要确保可以通过一个局部的良前序关系来恰当地定义最大的世界集。

**定义13.1**（局部良前序）　令$\mathcal{M}=\langle W,\leqslant\rangle$为可能世界框架（即没有原子赋值的可能世界模型），其中可及关系可以通过$\leqslant$表示。

对每一个世界$w\in W$，用$V_w$表示$w$的可比较类，即和$w$是可比较的世界集$\leqslant$-可比较的（$\leqslant$-以上；$=$-等价于；$\leqslant$-以下）：

$$V_w:=\{u\mid w\leqslant u\text{ 或者 }u\leqslant w\}$$

对每一个$U\subseteq W$，用$\mathrm{Max}_{\leqslant}(U)$表示$U$的$\leqslant$-极大世界集，即在$U$中的这些世界集比$U$中余下的世界集更好：

$$\mathrm{Max}_{\leqslant}(U):=\{v\in U\mid \text{对所有的 }u\in U,u\leqslant v\}$$

可及关系$\leqslant$为局部的良前序，当且仅当$\leqslant$是前序（自返和传递关系），使得对每一个可比较类$V_w$和每一个非空$U\subseteq V_w$，在$U$中的极大世界集是非空的，即$\mathrm{Max}_{\leqslant}(U)\neq\varnothing$。

在每一个$U\subseteq V_w$中的极大元素，可取$U$为单元集并要求其为自返的。另外，要求在$V_w$中具有关联性（局部关联性）：对任意两个世界集$U=\{w_1,w_2\}$，$\mathrm{Max}_{\leqslant}(U)\neq\varnothing$，要求$w_1\leqslant w_2$（$w_2$是最大的），$w_2\leqslant w_1$（$w_1$是最大的），或者两者都是最大的。特别地，如果两个世界$w_2$和$w_3$比$w_1$更可信（$w_1\leqslant$

$w_2$且 $w_1 \leqslant w_3$),那么这两个世界应该是$\leqslant$-相关联的($w_2 \leqslant w_3$或者 $w_3 \leqslant w_2$,或者两者相等)。也要求每一个可比较类是互良基的,即至少有一个元素是之前余下的。

总之,可将建立在集合 $W$ 上的局部良前序进一步划分为一个或者更多的可比较的类,其中每一个都是相关联的前序,且存在极大元素。换言之,一个局部良前序等同于一个局部相关的和相反的良基前序。特别地,由于局部的关联性,"最或然的"在每一个可比较类中都是全局的,即在每一个可比较类中的最大世界类似于其中的任意一个世界。

现在定义或然模型。

**定义 13.2(或然模型)** 一个或然模型是可能世界模型 $\mathcal{M}=\langle W,\leqslant,V\rangle$,其中可及关系可以用$\leqslant$表示,称为或然关系,是建立在 $W$ 上的局部良前序。

给定世界 $w$,可比较类 $V_w$实际上定义了主体不能和 $w$ 相区分的所有的世界。当然,$V_w$中的某些世界可能没有 $w$ 可信($u$ 为 $u\leqslant w$ 并且 $w\nleqslant u$),某些可能更可信(这些 $u$ 为 $w\leqslant u$ 并且 $u\nleqslant w$),还有其他的一些等可信的(同时满足 $w\leqslant u$ 和 $u\leqslant w$)。但严格地,如果 $w$ 是真的,那么主体将无法运用规则于 $w$。那么,$\leqslant$的并和$\leqslant$的逆$\geqslant$可提供一个等价关系(表示为$\sim$),对应于主体的认知不可区分性关系(即可比较性关系)。

自返性和传递性为最小的基础条件,可用多种可比较类取代单个主体的情况构造模型。单个主体的情况只涉及单独的类,可将单个主体的类平稳地过渡到多主体的情况。

对每一个 $V_w$,每一个可比较类 $V_w$的每一个子集 $U$ 均具有极大元素。如果主体知道某些 $\psi$ 是真的,那么可以将朴素信念定义为特殊情况,其中条件 $\psi$ 总是真的$\top$。在条件信念中,可将学习 $\psi$ 理解为并不认为这些世界中的$\psi$ 不成立,类似于观察算子。另外,这些运算允许刻画在学习之后将会是什么情况时,条件信念逻辑能够刻画在学习之后的情况。

根据可比较关系,每一个可比较类事实上都是具有极大元素的相关的前序。那么,$\varphi$ 在与 $w$ 最相似的世界中是真的(即 $V_w$ 中最大的一个),当且仅当 $w$ 可以$\leqslant$-看到一个从所有的$\leqslant$-后继是 $\varphi$ 世界的世界。因此,可以运用标准模态表示关系$\leqslant$,且用下面的方法定义朴素的信念:

$$B\varphi :=\langle\leqslant\rangle[\leqslant]\varphi$$

条件信念不能根据$\leqslant$的模态定义,但可以根据如下三个条件进行定义:(1)全称模态 $U$ 和严格或然模态$\langle<\rangle$,(2)全称模态,(3)认知不可区分关系$\sim$的模态。

## 第二节　非全能信念

刻画隐性信念和显性信念的框架是由前面所定义的隐性知识和显性知识的组合构造的，并且可借助或然模型。

该语言由两部分组成：公式和规则。公式可通过对命题语言的扩充给出。首先，利用形如 $AK\varphi$ 和 $R\rho$ 的公式，其中 $\varphi$ 为公式，$\rho$ 为规则；其次，利用模态算子 $\langle\leqslant\rangle$ 和 $\langle\sim\rangle$。另外，规则由有穷公式集、规则的前提、单个公式以及由规则推出的结论组成的序对组成。公式的定义如下：

**定义 13.3（$\mathcal{L}$ 语言）**　已知原子命题集 $P$，或然可达语言 $\mathcal{L}$ 的公式 $\varphi,\psi$ 和规则 $\rho$ 可分别通过下面的方式给出：

$$\varphi ::= p \mid AK\varphi \mid R\rho \mid \neg\varphi \mid \varphi\vee\psi \mid \langle\leqslant\rangle\varphi \mid \langle\sim\rangle\varphi$$

$$\rho ::= (\{\psi_1,\cdots,\psi_{n\rho}\},\varphi)$$

其中 $p\in P$。另外，公式 $AK\varphi$ 读作"主体承认（或接受）公式 $\varphi$ 为真的"，公式 $R\rho$ 读作"主体承认（或接受）规则 $\rho$ 是保真的"。模态算子 $\langle\leqslant\rangle$ 读作"存在更可信的真的世界 $\varphi$"。$\langle\sim\rangle\varphi$ 读作"存在一个认知不可区分的 $\varphi$ 为真的世界"。布尔联结词如全称模态 $[\leqslant]$ 和 $[\sim]$ 的定义如通常。用 $\mathcal{L}_{\mathrm{f}}$ 表示语言 $\mathcal{L}$ 的公式集，用 $\mathcal{L}_{\mathrm{r}}$ 表示语言 $\mathcal{L}$ 的规则集。

语义模型可用两个函数对或然模型进行扩充获得，在每一个可能世界中，表示与主体可及的公式和规则（即承认真和保真性），类似于前面所定义的语义模型。

**定义 13.4（或然可达模型）**　令 $P$ 为原子命题集。或然可达（PA）模型是多元组 $M=\langle W,\leqslant,V,FA,FR\rangle$，其中 $\langle W,\leqslant,V\rangle$ 为建立在 $P$ 上的或然模型，且

$FA:W\rightarrow\mathcal{P}(\mathcal{L}_{\mathrm{f}})$ 为可达集函数，表示主体在每一个可能世界中承认（或可接受）为真的公式。

$FR:W\rightarrow\mathcal{P}(\mathcal{L}_r)$ 为规则集函数，表示主体在每一个可能世界中承认（或接受）保真的规则。

如果两个世界是 $\leqslant$-相关的（可比较的），那么事实上它们是认知不可区分的。那么，定义不可区分关系 $\sim$ 为 $\leqslant$ 的并和 $\leqslant$ 的逆，即 $\sim:=\leqslant\cup\geqslant$。换言之，主体对两个世界是不可区分的，当且仅当主体认为它们中的一个比另一个更可信。$\sim$ 和等或然关系不同，它可以通过 $\leqslant$ 和 $\geqslant$ 的交给出。

一个点或然可达模型 $(\mathcal{M},w)$ 是带有不可区分世界 $w\in W$ 的或然可达模型。

**语义赋值** 模态算子$\langle\leqslant\rangle$和$\langle\sim\rangle$可通过对应关系按照通常的方法解释，且公式$AK\varphi$和$R\rho$可以用两个特殊的函数解释。

**定义 13.5(语义解释)** 令$(\mathcal{M},w)$为点 PA 模型且$\mathcal{M}=\langle W,\leqslant,V,FA,FR\rangle$。原子命题和布尔运算的解释如通常，余下的情况可解释为：

(1)$(\mathcal{M},w)\vDash AK\varphi$，当且仅当$\varphi\in FA(w)$；

(2)$(\mathcal{M},w)\vDash R\rho$，当且仅当$\rho\in FR(w)$；

(3)$(\mathcal{M},w)\vDash\langle\leqslant\rangle\varphi$，当且仅当存在$u\in W$使得$w\leqslant u$且$(\mathcal{M},u)\vDash\varphi$；

(4)$(\mathcal{M},w)\vDash\langle\sim\rangle$，当且仅当存在$u\in W$使得$w\sim u$且$(\mathcal{M},u)\vDash\varphi$。

在$\mathcal{L}_f$的或然可达模型中，为了在语形上刻画公式的有效性，要使观察为局部的良前序，是局部相关的且是反良基的前序。① 那么，根据典范性和模态对应理论，语言$\mathcal{L}$的公式相对于“非标准的”或然可达模型的公理系统(见图 13.1)是可靠的和(弱)完全的，其中$\leqslant$为自返的、传递的和局部关联的(分别对应于公理$\mathrm{T}_{\leqslant}$，$4_{\leqslant}$和 LC)，且$\sim$为$\leqslant$的对称扩充(公理$\mathrm{T}_{\sim}$，$4_{\sim}$和 Inc)。但该模型相对于语言$\mathcal{L}$中的公式具有有穷模型性。所以相对于或然可达模型的完全性，可以从事实上每一个有穷严格前序都是非良基的推出。

| | |
|---|---|
| Prop | $\vdash\varphi$ $\varphi$为命题重言式 |
| $K_{\leqslant}$ | $\vdash[\leqslant](\varphi\rightarrow\psi)\rightarrow([\leqslant]\varphi\rightarrow[\leqslant]\psi)$ |
| $\mathrm{Dual}_{\leqslant}$ | $\vdash\langle\leqslant\rangle\varphi\leftrightarrow\neg[\leqslant]\neg\varphi$ |
| $\mathrm{Nec}_{\leqslant}$ | 如果$\vdash\varphi$，那么$\vdash[\leqslant]\varphi$ |
| $\mathrm{T}_{\leqslant}$ | $\vdash[\leqslant]\varphi\rightarrow\varphi$ |
| $4_{\leqslant}$ | $\vdash[\leqslant]\varphi\rightarrow[\leqslant][\leqslant]\varphi$ |
| MP | 如果$\vdash\varphi\rightarrow\psi$且$\vdash\varphi$，那么$\vdash\psi$ |
| $K_{\sim}$ | $\vdash[\sim](\varphi\rightarrow\psi)\rightarrow([\sim]\varphi\rightarrow[\sim]\psi)$ |
| $\mathrm{Dual}_{\sim}$ | $\vdash\langle\sim\rangle\varphi\leftrightarrow\neg[\sim]\neg\varphi$ |
| $\mathrm{Nec}_{\sim}$ | 如果$\vdash\varphi$，那么$\vdash[\sim]\varphi$ |
| $\mathrm{T}_{\sim}$ | $\vdash[\sim]\varphi\rightarrow\varphi$ |
| $4_{\sim}$ | $\vdash[\sim]\varphi\rightarrow[\sim][\sim]\varphi$ |
| $B_{\sim}$ | $\vdash\varphi\rightarrow[\sim]\langle\sim\rangle\varphi$ |
| LC | $\vdash(\langle\sim\rangle\varphi\wedge\langle\sim\rangle\psi)\rightarrow(\langle\sim\rangle(\langle\varphi\wedge\langle\leqslant\rangle\rangle\psi)\vee\langle\sim\rangle(\psi\wedge\langle\leqslant\rangle\varphi))$ |
| Inc | $\vdash\langle\leqslant\rangle\varphi\rightarrow\langle\sim\rangle\varphi$ |

图 13.1 相对于或然可达模型的语言$\mathcal{L}$的公理系统

---

① Baltag, A. and Smets, S., 2008: “A Qualitative Theory of Dynamic Interactive Belief Revision”. In Bonanno, G., van der Hoek, W. and Wooldridge, M.(eds), *Logic and the Foundations of Game and Decision Theory* (*LOFT* 7), Amsterdam: Amsterdam University Press, pp.9-58.

下面定义隐性信念和显性信念。

**定义 13.6**　公式和规则的隐性信念和显性信念可由图 13.2 给出。在语言上，主体隐性地相信公式 $\varphi$（规则 $\rho$），当且仅当 $\varphi$（或者 $\mathrm{tr}(\rho)$）在最或然的世界中是真的。另外，如果主体承认 $\varphi$（或者 $\mathrm{tr}(\rho)$）在最好的世界中是真的（或保真的），那么主体显性地相信 $\varphi$（或者 $\rho$）。

主体隐性地相信公式 $\varphi$：$B_{\mathrm{Im}}\varphi := \langle\leqslant\rangle[\leqslant]\varphi$

主体显性地相信公式 $\varphi$：$B_{\mathrm{Ex}}\varphi := \langle\leqslant\rangle[\leqslant](\varphi \wedge AK\varphi)$

主体隐性地相信规则 $\rho$：$B_{\mathrm{Im}}\rho := \langle\leqslant\rangle[\leqslant](\mathrm{tr}(\rho))$

主体显性地相信规则 $\rho$：$B_{\mathrm{Ex}}\rho := \langle\leqslant\rangle[\leqslant](\mathrm{tr}(\rho) \wedge R\rho)$

图 13.2　公式和规则的隐性信念和显性信念

根据认知不可区分关系～，可以通过全模态定义隐性知识和显性知识。图 13.3 证明了这些定义。

主体隐性地知道公式 $\varphi$：$K_{\mathrm{Im}}\varphi := [\sim]\varphi$

主体显性地知道公式 $\varphi$：$K_{\mathrm{Ex}}\varphi := [\sim](\varphi \wedge AK\varphi)$

主体隐性地知道规则 $\rho$：$K_{\mathrm{Im}}\rho := [\sim](\mathrm{tr}(\rho))$

主体显性地知道规则 $\rho$：$K_{\mathrm{Ex}}\rho := [\sim](\mathrm{tr}(\rho) \wedge R\rho)$

图 13.3　公式和规则的隐性知识和显性知识

上面的框架可以用来表达关于公式和规则的隐性知识和显性知识或者信念的公式。另外，下面有关公式的有效性，可以根据图 13.1 中的公理 Inc 和 $\top_{\leqslant}$ 的逆否命题得到（分别对应于 $[\sim]\varphi \to [\leqslant]\varphi$ 和 $\varphi \to \langle\leqslant\rangle\varphi$），分别表示隐性知识和显性知识蕴涵隐性信念和显性信念。

公式：$K_{\mathrm{Im}}\varphi \to B_{\mathrm{Im}}\varphi$　　　　规则：$K_{\mathrm{Im}}\rho \to B_{\mathrm{Im}}\rho$

$K_{\mathrm{Ex}}\varphi \to B_{\mathrm{Ex}}\varphi$　　　　$K_{\mathrm{Ex}}\rho \to B_{\mathrm{Ex}}\rho$

**隐性信念和显性信念是全局的**　　隐性知识和显性知识或者信念在每一个可比较类中都是全局的。对于隐性知识而言，可定义为在主体认为可能的所有世界中为真的，即在可比较类中的所有世界中是真的。如果主体隐性地知道公式 $\varphi$，则该公式 $\varphi$ 在可比较类中的所有世界中都是真的，因此主体知道其在任意一个可比较类中的世界中是隐性的。可将显性知识定义为隐性知识加上在所有的认知不可区分的世界中所需要的必要条件，该概念也是全局的。更严格地，有下面的命题：

**命题 13.1**　令 $(\mathcal{M}, w)$ 为点 PA 模型，(1) 如果 $(\mathcal{M}, w) \vDash K_{\mathrm{Im}}\varphi$，那么对所有的世界 $u \in V_w$，$(\mathcal{M}, u) \vDash K_{\mathrm{Im}}\varphi$；(2) 如果 $(\mathcal{M}, w) \vDash K_{\mathrm{Ex}}\varphi$，那么对所有的世界 $u \in V_w$，$(\mathcal{M}, u) \vDash K_{\mathrm{Ex}}\varphi$。这两个陈述可以用下面的有效式进行简化：

$$K_{\mathrm{Im}}\varphi \to [\sim]K_{\mathrm{Im}}\varphi,\quad K_{\mathrm{Ex}}\varphi \to [\sim]K_{\mathrm{Ex}}\varphi$$

在每一个可比较类中的隐性信念和显性信念也是全局的。原因在于每一个这样的类都是相关的，因此，或然序在某些点上会有分支，这些分支可能会聚合在最顶端，因为该关系是非良基的。

**命题 13.2** 设$(\mathcal{M},w)$为点 PA 模型，(1)如果$(\mathcal{M},w)\models B_{\mathrm{Im}}\varphi$，那么对所有的世界$u\in V_w$，$(\mathcal{M},u)\models B_{\mathrm{Im}}\varphi$；(2)如果$(\mathcal{M},w)\models B_{\mathrm{Ex}}\varphi$，那么对所有的世界$u\in V_w$，$(\mathcal{M},u)\models B_{\mathrm{Ex}}\varphi$。另外，这两个陈述可以用下面的有效式进行简化：

$$B_{\mathrm{Im}}\varphi\rightarrow[\sim]B_{\mathrm{Im}}\varphi,\quad B_{\mathrm{Ex}}\varphi\rightarrow[\sim]B_{\mathrm{Ex}}\varphi$$

**基本性质** 显性信念就是隐性信念。

**命题 13.3** 如果主体显性地相信$\varphi$，那么他也会隐性地相信$\varphi$，即下面的公式在 PA 模型中是有效的：

$$B_{\mathrm{Ex}}\varphi\rightarrow B_{\mathrm{Im}}\varphi$$ ■

与隐性知识和显性知识不同，尽管≤是自返的，但是隐性信念和显性信念都不是真的。原因在于现实世界中并不需要是最可信的一个。

**事实 13.1** 公式$B_{\mathrm{Ex}}\varphi\wedge\neg\varphi$在 PA 模型中是可满足的。

自返性使得隐性(因此显性)信念是一致的。

**命题 13.4** 隐性信念和显性信念是一致的，即下面的公式在 PA 模型中是有效的：

$$\neg B_{\mathrm{Im}}\bot$$

**证** 有效性可以由$\top\rightarrow\langle\leqslant\rangle\top$($\top_{\leqslant}$的逆否命题)，Prop，MP，$\mathrm{Nec}_{\leqslant}$的公理系统以及$\mathrm{Dual}_{\leqslant}$和 MP 的两个应用实例证明。■

**全能** 隐性信念是全能的。

**命题 13.5** 所有逻辑的有效性都可被隐性地相信，另外，隐性信念在逻辑后承下是封闭的。可以通过下面的方式给出：

(1)如果$\varphi$是有效的，那么$B_{\mathrm{Im}}\varphi$是有效的；

(2)$B_{\mathrm{Im}}(\varphi\rightarrow\psi)\rightarrow(B_{\mathrm{Im}}\varphi\rightarrow B_{\mathrm{Im}}\psi)$。

**证** 首先，如果$\varphi$是有效的，那么其在每一个模型中的每一个世界中都是真的；特别地，在来自任意模型中任意一个世界中的最可信的世界中是真的。其次，如果最可信的世界满足$\varphi\rightarrow\psi$和$\varphi$，那么也满足$\psi$。■

另外，显性信念并不具备这些性质，因为 $FA$ 集并不需要具有任意封闭的性质。$FA$ 集不包含所有的有效性，并且从$\varphi\rightarrow\psi$和$\varphi$并不能确保可以推出$\psi$。

**内省性** 隐性信念是正内省的。

**命题 13.6** 在 PA 模型中，隐性信念具有正内省性，即下面的公式是有效的

$$B_{\mathrm{Im}}\varphi \to B_{\mathrm{Im}}B_{\mathrm{Im}}\varphi$$

**证**　推演过程如下：

| | |
|---|---|
| $B_{\mathrm{Im}}\varphi \to \langle\leqslant\rangle[\leqslant]\varphi$ | 根据定义 |
| $\to \langle\leqslant\rangle[\leqslant][\leqslant][\leqslant]\varphi$ | 两次运用 $4_{\leqslant}$ |
| $\to \langle\leqslant\rangle[\leqslant]\langle\leqslant\rangle[\leqslant]\varphi$ | 根据 $[\leqslant]\varphi\to\langle\leqslant\rangle\varphi$，从 $\mathrm{T}_{\leqslant}$ 推出 |
| $\to B_{\mathrm{Im}}B_{\mathrm{Im}}\varphi$ | 根据定义　■ |

隐性信念也是负内省的。

**命题 13.7**　在 PA 模型中，隐性信念具有负内省性质，即下面的公式是有效的

$$\neg B_{\mathrm{Im}}\varphi \to B_{\mathrm{Im}}\neg B_{\mathrm{Im}}\varphi$$

**证**　推演过程如下：

| | |
|---|---|
| $\neg B_{\mathrm{Im}}\varphi \to \neg\langle\leqslant\rangle[\leqslant]\varphi$ | 根据定义 |
| $\to [\leqslant]\neg[\leqslant]\varphi$ | 根据 $\mathrm{Dual}_{\leqslant}$ |
| $\to [\leqslant][\leqslant][\leqslant]\neg[\leqslant]\varphi$ | 两次运用 $4_{\leqslant}$ |
| $\to \langle\leqslant\rangle[\leqslant][\leqslant]\neg[\leqslant]\varphi$ | 根据 $[\leqslant]\varphi\to\langle\leqslant\rangle\varphi$ |
| $\to \langle\leqslant\rangle[\leqslant]\neg\langle\leqslant\rangle[\leqslant]\varphi$ | 根据 $\mathrm{Dual}_{\leqslant}$ |
| $\to B_{\mathrm{Im}}\neg B_{\mathrm{Im}}\varphi$ | 根据定义　■ |

在一般情况下，显性信念并不具有这些性质，因为 $FA$ 集并不需要具有任意的封闭性。另外，可以通过附加的条件获得内省性质。

对于正内省，如果主体已经承认 $\varphi$ 是真的，那么主体承认他显性地相信 $\varphi$。

**命题 13.8**　在 PA 模型中，$AK\varphi\to AKB_{\mathrm{Ex}}\varphi$ 是有效的，显性信念具有正内省性，即下面的公式是有效的：

$$B_{\mathrm{Ex}}\varphi \to B_{\mathrm{Ex}}B_{\mathrm{Ex}}\varphi$$

**证**　推演过程如下：

| | |
|---|---|
| $B_{\mathrm{Ex}}\varphi \to \langle\leqslant\rangle[\leqslant](\varphi\wedge AK\varphi)$ | 根据定义 |
| $\to \langle\leqslant\rangle[\leqslant][\leqslant](\varphi\wedge AK\varphi\wedge AK\varphi)$ | 根据 $4_{\leqslant}$ 和 Prop |
| $\to \langle\leqslant\rangle[\leqslant][\leqslant][\leqslant](\varphi\wedge AK\varphi\wedge[\leqslant]AK\varphi)$ | 根据基于 $\wedge$ 的 $[\leqslant]$ 的分布 |
| $\to \langle\leqslant\rangle[\leqslant]([\leqslant][\leqslant](\varphi\wedge AK\varphi)\wedge AK\varphi)$ | 根据 $4_{\leqslant}$ 和 $\mathrm{T}_{\leqslant}$ |
| $\to \langle\leqslant\rangle[\leqslant](\langle\leqslant\rangle[\leqslant](\varphi\wedge AK\varphi)\wedge AK\varphi)$ | 根据 $[\leqslant]\varphi\to\langle\leqslant\rangle\varphi$ |
| $\to \langle\leqslant\rangle[\leqslant](B_{\mathrm{Ex}}\varphi\wedge AK\varphi)$ | 根据定义 |
| $\to \langle\leqslant\rangle[\leqslant](B_{\mathrm{Ex}}\varphi\wedge AKB_{\mathrm{Ex}}\varphi)$ | 根据假设 |
| $\to B_{\mathrm{Ex}}B_{\mathrm{Ex}}\varphi$ | 根据定义　■ |

对于负内省，关于给定的 $\varphi$ 的显性信念可能会无效，$\varphi$ 并不能隐性地被

相信，或者主体不承认在最可信的世界中 $\varphi$ 是真的。如果 $\varphi$ 事实上是隐性信念，那么显性信念是负内省的。

**命题 13.9** 在 PA 模型中，若 $\neg B_{\mathrm{Im}}AK\varphi \rightarrow B_{\mathrm{Im}}AK\neg B_{\mathrm{Ex}}\varphi$ 是有效的，则下面的公式是有效的：

$$(\neg B_{\mathrm{Ex}}\varphi \wedge B_{\mathrm{Im}}\varphi) \rightarrow B_{\mathrm{Ex}}\neg B_{\mathrm{Ex}}\varphi$$

**证** 根据定义，$\mathrm{Dual}_{\leqslant}$ 和基于 $\wedge$ 的分布 $[\leqslant]$，蕴涵的前件（antecedent）为 $\langle\leqslant\rangle[\leqslant]\varphi \wedge \neg\langle\leqslant\rangle[\leqslant]AK\varphi$，其右边为 $\neg B_{\mathrm{Im}}AK\varphi$。那么，扩充的假设为 $B_{\mathrm{Im}}AK\neg B_{\mathrm{Ex}}\varphi$。取命题 13.10 左边的前件的合取 $B_{\mathrm{Im}}\neg B_{\mathrm{Ex}}\varphi$，则有 $B_{\mathrm{Im}}\neg B_{\mathrm{Ex}}\varphi \wedge B_{\mathrm{Im}}AK\neg B_{\mathrm{Ex}}\varphi$，即 $B_{\mathrm{Im}}(\neg B_{Ex}\varphi \wedge AK\neg B_{Ex}\varphi)$，其可以简写为 $B_{\mathrm{Ex}}\neg B_{\mathrm{Ex}}\varphi$。■

另外，在一般情况下，显性信念既不具有正内省性也不具有负内省性，但具有较弱的形式。

**命题 13.10** 下面的公式在 PA 模型中是有效的：

$$B_{\mathrm{Ex}}\varphi \rightarrow B_{\mathrm{Im}}B_{\mathrm{Ex}}\varphi \text{ 且 } \neg B_{\mathrm{Ex}}\varphi \rightarrow B_{\mathrm{Im}}\neg B_{\mathrm{Ex}}\varphi$$

**证** 证明过程类似于命题 13.6 和命题 13.7。■

## 第三节　信念修正

传统上，研究信念修正的方法有两种。第一种是可以称为公理的方法，无须借助任意混合的技术来分析信念的变化，只需要满足“理性的”信念修正过程即可。AGM 理论是最具表达力的理论，主体的信息可以通过在逻辑后承下是封闭的公式集来表达（即一个完全性理论）。在这些方法中，有三个最相关的运算：(1)利用已知的 $\gamma$ 对信念进行扩充，将一致的公式 $\gamma$ 增加到公式集中，并确保其在逻辑后承下是封闭的；(2)相对于 $\gamma$ 的信念收缩，一致地剔除某些公式，使得其结果集中不包含 $\gamma$，且在逻辑后承下仍然是封闭的；(3)关于 $\gamma$ 的信念修正，一致地收缩 $\neg\gamma$，随后再扩充 $\gamma$。

另外，某些信念修正的方法采用的是构造的方法，提供的这种方法可以用来改变主体的信念。其中最重要的是用认知防卫函数①和球系统结构②所构造的信念函数。认知防卫、球系统实质上都是前序，但现在该序中的个体不再是公式，而是完全定理。

### 一、动态信念逻辑

如果信念可通过或然序表达，那么信念中的变化可以通过在该序中的

① Gardenfors, P., 1988: *Knowledge in Flux*, Cambridge, MA: The MIT Press.

② Lewis, D.K., 1973: *Counterfactuals*, Oxford: Blackwell Publishing.

变化来表达。特别地，修正信念的行动是为了接受 $\gamma$，将其看作一种运算，并将 $\gamma$ 世界置于或然序的顶端。

**定义 13.7(更新运算)**　令 $\mathcal{M}=\langle W,\leqslant,V,FA,FR\rangle$ 为 PA 模型，并且令 $\gamma$ 为 $\mathcal{L}_f$ 中的公式。更新运算可生成 PA 模型 $\mathcal{M}_{\gamma\uparrow}=\langle W,\leqslant',V,FA,FR\rangle$，它和 $\mathcal{M}$ 模型的区别在于或然序，可通过下面的方法给出：

$$\underset{}{\leqslant'}:=\underset{(1)}{(\leqslant;\gamma?)}\cup\underset{(2)}{(\neg\gamma?;\leqslant)}\cup\underset{(3)}{(\neg\gamma?;\sim;\gamma?)}$$

新的或然关系可以利用命题动态逻辑给出。利用 $\gamma$ 更新后，“所有的 $\gamma$ 世界都成为比所有的 $\neg\gamma$ 世界更合理的世界，在这两个区间内，旧序仍然存在”。[①] 更精确地，在 $\mathcal{M}_{\gamma\uparrow}$ 中，有 $w\leqslant' u$，当且仅当在 $\mathcal{M}$ 中，(1) $w\leqslant u$ 且 $u$ 是 $\gamma$ 的世界，或者(2) $w$ 是 $\neg\gamma$ 的世界且 $w\leqslant u$，或者(3) $w\sim u$，$w$ 是 $\neg\gamma$ 的世界且 $u$ 是 $\gamma$ 的世界。另外，还有许多其他不同的关于新的或然关系的定义将 $\gamma$ 的世界置于顶端。

但是，并非所有的关系转换运算都是适当的，有时也需要涉及和模型相关的类。此处采用的是局部的良前序。

**命题 13.11**　如果 $\mathcal{M}$ 是 PA 模型，则 $\mathcal{M}_{\gamma\uparrow}$ 也是 PA 模型。

**证**　只需要证明如果 $\leqslant$ 是局部的良前序，那么 $\leqslant'$ 也是局部的良前序。换言之，有 $w\leqslant' u$，当且仅当在 $\mathcal{M}$ 中，(1) $w\leqslant u$ 且 $u$ 是 $\gamma$ 的世界，或者(2) $w$ 是 $\neg\gamma$ 的世界且 $w\leqslant u$，或者(3) $w\sim u$，$w$ 是 $\neg\gamma$ 的世界且 $u$ 是 $\gamma$ 的世界。这两个世界属于同样的可比较类。在 $\mathcal{M}$ 中，并没有 $w\leqslant' u$，$w$ 是 $\gamma$ 的世界，且 $u$ 是 $\neg\gamma$ 的世界。

观察行动是一个局部的良前序，并具有局部的相关性，且为可逆的良基前序。需要证明的是如果 $\leqslant$ 满足该性质，那么 $\leqslant'$ 的定义如上。

**自返性**　选择任意的 $w\in W$，因为 $\leqslant$ 是自返的，则有 $w\leqslant w$。$w$ 是 $\gamma$ 的世界或者是 $\neg\gamma$ 的世界。在第一种情况下，根据 $\leqslant'$ 定义的第(1)部分，可得 $w\leqslant' w$；第二种情况可从第(2)部分获得。

**传递性**　假设 $w\leqslant' u$ 且 $u\leqslant' v$，考虑 $w$。如果 $w$ 是 $\gamma$ 的世界，那么 $u$ 也是 $\gamma$ 的世界(否则，$w$ 和 $u$ 将不再有任何联系)，$v$ 也是 $\gamma$ 的世界。根据定义的第(1)部分，$w\leqslant' v$。如果 $w$ 是 $\neg\gamma$ 的世界，由该定义的第(2)部分，有 $w\leqslant' v$。故 $\leqslant'$ 是传递的。

**相关性**　首先需要证明对每一个 $u_1,u_2\in W$，有 $u_1\sim u_2$，当且仅

---

① van Benthem, J., 2007: “Dynamic Logic for Belief Revision”, *Journal of Applied Nonclassical Logics*, Vol.17, No.2: pp.129-155.

当$u_1 \sim' u_2$。

**从左到右** 假设$u_1 \sim u_2$。如果$u_1 \leqslant' u_2$，那么$u_1 \sim' u_2$；否则，$u_1$应该是$\mathcal{M}$中$\gamma$的世界，且$u_2$为$\mathcal{M}$中$\neg\gamma$的世界。根据定义的第(3)部分，$u_1 \sim u_2$有$u_2 \leqslant' u_1$，因此，$u_1 \sim' u_2$。

**从右到左** 如果$u_1 \sim' u_2$，那么$u_1 \leqslant' u_2$或者$u_2 \leqslant' u_1$。考虑第一种情况，下面研究三种可能性。如果$u_1 \leqslant' u_2$，根据$\leqslant'$定义的第(1)部分，有$(u_1, u_2) \in (\leqslant; \gamma?)$。因为$u_1 \leqslant u_2$，则有$u_1 \sim u_2$。根据定义的第(2)部分，则有$(u_1, u_2) \in (\neg\gamma?; \leqslant)$，故$u_1 \leqslant u_2$且$u_1 \sim u_2$。根据定义的第(3)部分，则有$(u_1, u_2) \in (\neg\gamma?; \sim; \leqslant)$，故$u_1 \sim u_2$。由这三种可能性可得$u_1 \sim u_2$。第二种情况的证明类似。

为了证明局部相关性，取任意的$w \in W$，并且在$\leqslant'$下选$V_w$中的$u_1, u_2$。根据$V_w$的定义，有$w \sim' u_1$且$w \sim' u_2$；根据上面所提供的性质，可得$w \sim u_1$且$w \sim u_2$；根据$\leqslant$的局部相关性，有$u_1 \sim u_2$，根据刚才的证明可得$u_1 \sim' u_2$。

**可逆良基** 用反证法证明。假设存在无穷升链$u_1 <' u_2 <' \cdots$，在最初的模型中，这些世界为$\gamma$或者$\neg\gamma$的世界。因为该链是无穷的，故存在一个无穷的子链，其中的世界为$\gamma$或者$\neg\gamma$的世界（根据$\leqslant'$的定义，不可能有一个从$\gamma$的世界到$\neg\gamma$的世界的择代世界）。新的关系和旧的关系相同，但和逆良基$\leqslant$相矛盾。故不存在这样的无穷链，因此$\leqslant'$是良基的。■

基于主体的信念的更新运算，并不影响$FA$集，所以不需要将其建立在关于$\gamma$的显性信念上，因此不需要确保$\gamma$为最相似的模型。

即使对该定义进行修改，并用$\gamma$表示初始模型$\mathcal{M}$中基于满足$\gamma$的世界的运算，这些世界也不需要在结果模型$\mathcal{M}_{\gamma\uparrow}$中满足$\gamma$。换言之，用$\gamma$进行更新并不需要必然地使主体相信$\gamma$，或隐性地相信，即关于信念的信念等。这是因为，主体除了会相信事实，也具有高阶信念，即关于信念的信念等。这涉及或然关系的变化，主体的信念变化以及关于主体的信念的信念的变化。

然而，如果$\gamma$是命题公式，那么在$\gamma$中该运算使主体隐性地相信$\gamma$。如果$\gamma$是纯命题公式，基于这些世界的运算将满足初始模型$\mathcal{M}$中的$\gamma$，在结果模型$\mathcal{M}_{\gamma\uparrow}$中这些世界仍将满足$\gamma$，那么主体将会隐性地相信$\gamma$。

为了刻画更新语言中的这种运算，需要增加存在模态算子$\langle\gamma\uparrow\rangle$，可用标准的方法定义其对偶运算的全称模态算子。形如$\langle\gamma\uparrow\rangle\varphi$的公式可读作“对主体来说，用$\gamma$更新主体的信念，并用这样的方法进行更新之后，在这种情况下$\varphi$是可能的”。



语义解释可用下面的方法给出：

**定义 13.8**(语义解释)　令 $\mathcal{M}=\langle W,\leqslant,V,FA,FR\rangle$ 为 PA 模型，且 $\gamma$ 为 $\mathcal{L}_f$ 中的公式。那么$(\mathcal{M},w)\vDash\langle\gamma\Uparrow\rangle\varphi$，当且仅当$(\mathcal{M}_{\gamma\Uparrow},w)\vDash\varphi$。

该更新运算是全函数：其总能被执行(不存在前件)，且总可以构建一个且只有一个模型。那么，全称更新模态算子的语义解释将坍塌为下面的公式：$(\mathcal{M},w)\vDash[\gamma\Uparrow]\varphi$，当且仅当$(\mathcal{M}_{\gamma\Uparrow},w)\vDash\varphi$。

最后，为了提供带有新模型算子的语言的可靠的和完全的公理系统，需要使用归约公理。

**定理 13.1**(更新模态算子的归约公理)　在 PA 模型中，可将更新模态算子增加到语言 $\mathcal{L}_f$ 中的有效公式上，可通过在静态基础语言中的公理和规则(见图 13.1)加上归约公理和图 13.4 中所列的模态推理规则给出：

| | |
|---|---|
| $\Uparrow_p$ | $\vdash\langle\gamma\Uparrow\rangle p\leftrightarrow p$ |
| $\Uparrow_\neg$ | $\vdash\langle\gamma\Uparrow\rangle\neg\varphi\leftrightarrow\neg\langle\gamma\Uparrow\rangle\varphi$ |
| $\Uparrow_\vee$ | $\vdash\langle\gamma\Uparrow\rangle(\varphi\vee\psi)\leftrightarrow(\langle\gamma\Uparrow\rangle\varphi\vee\langle\gamma\Uparrow\rangle\psi)$ |
| $\Uparrow_{\langle\leqslant\rangle}$ | $\vdash\langle\gamma\Uparrow\rangle\langle\leqslant\rangle\varphi\leftrightarrow\langle\leqslant\rangle(\gamma\wedge\langle\gamma\Uparrow\rangle\varphi)\vee(\neg\gamma\wedge\langle\leqslant\rangle\langle\gamma\Uparrow\rangle\varphi)$ $\vee(\neg\gamma\wedge\langle\sim\rangle(\gamma\wedge\langle\gamma\Uparrow\rangle\varphi))$ |
| $\Uparrow_{\langle\sim\rangle}$ | $\vdash\langle\gamma\Uparrow\rangle\langle\sim\rangle\varphi\leftrightarrow\langle\sim\rangle\langle\gamma\Uparrow\rangle\varphi$ |
| $\Uparrow_N$ | 如果 $\vdash\varphi$，那么 $\vdash[\gamma\Uparrow]\varphi$ |
| $\Uparrow_A$ | $\vdash\langle\gamma\Uparrow\rangle AK\varphi\leftrightarrow AK\varphi$ |
| $\Uparrow_R$ | $\vdash\langle\gamma\Uparrow\rangle R\rho\leftrightarrow R\rho$ |

图 13.4　更新模态的公理和规则

原子赋值、可达集、规则集并不受更新的影响，原子命题、可达公式和规则公式的归约公理可体现这些性质(否定的情况类似于没有前件的运算)，不可区分的模态$\langle\sim\rangle$反映的事实只改变了在每一个可比较的类中的序，所以两个世界在更新之后是可比较的，当且仅当它们在更新之前是可比较的。

或然模态$\langle\leqslant\rangle$的公理可采用的方法：如果新关系可以根据最初的关系定义，根据命题动态逻辑表达式，$\leqslant':=\alpha(\leqslant)$，那么在新的模型中，世界 $w$ 可以$\leqslant'$可及一个世界，且满足 $\varphi$，$\langle\gamma\Uparrow\rangle\langle\leqslant\rangle\varphi$，当且仅当在最初的模型中，世界 $w$ 可以 $\alpha(\leqslant)$可达一个世界，且在经过运算之后将满足 $\varphi$，$\langle\alpha(\leqslant)\rangle\langle\gamma\Uparrow\rangle\varphi$。那么，如果命题动态逻辑表达 $\alpha(\leqslant)$没有使用重叠运算，则可连续组合$(\langle a;b\rangle\varphi\leftrightarrow\langle a\rangle\langle b\rangle\varphi)$命题动态逻辑的公理、不确定选择$(\langle a\cup b\rangle\varphi\leftrightarrow(\langle a\rangle\varphi\vee\langle b\rangle\varphi))$和检测$(\langle\gamma?\rangle\varphi\leftrightarrow(\gamma\wedge\varphi))$，并可以持续地利用公式$\langle a(\leqslant)\rangle\langle\gamma\Uparrow\rangle\varphi$，当且仅当带有初始关系$\leqslant$的模态算子在左边成立。在特殊情况下，可将公理简单地转换为新的或然关系所定义的三种情况的命题动态逻辑的公理：用 $\gamma$ 更新之后存在$\leqslant$可及世界，其中 $\varphi$ 成立，当且仅当在更新运算之前，(1)存在$\leqslant$可

及的 $\gamma$ 世界，在更新之后使得 $\varphi$ 在该世界中成立，或者(2)在更新运算之后，与当前的 $\neg\gamma$ 世界 $\leqslant$ 可及的另一个世界转换成满足 $\varphi^{-1}$ 的世界，或者(3)当前的 $\neg\gamma$ 世界可以成为 $\sim$ 可及的另一个世界，即 $\gamma$ 世界，在更新运算之后使得 $\varphi$ 在该世界中成立。

关于条件信念的归约公理，根据关于 $\leqslant$ 和 $\sim$ 的模态算子，也可以通过展开的静态的定义方法获得。

## 二、非全能的情况

通过前面所定义的良观察，主体不可能与每一个可能世界所提供的信息均具有可通达的关系。即使只考虑可能的唯一的 $\varphi$ 成立的世界，主体也无法将其看作是 $\varphi$ 世界，因为他可能无法证实 $\varphi$ 确实是这种情况。

用 $\gamma$ 进行的更新运算是主体基于自己承认的 $\gamma$ 世界的世界，那么一个非全能的语境应该能够反映这一特征。定义 $\mathcal{G}_\gamma := \gamma \wedge AK\gamma$，那么

定义 13.9(非全能更新运算)　令 $\mathcal{M}=\langle W, \leqslant, V, FA, FR\rangle$ 为 PA 模型，令 $\gamma$ 为 $\mathcal{L}_f$ 中的公式。非全能更新运算生成的 PA 模型 $\mathcal{M}_{\gamma+\uparrow}=\langle W, \leqslant', V, FA, FR\rangle$，或然序和 $\mathcal{M}$ 不同，可以通过下面的公式给出：

$$\leqslant' := (\leqslant; \mathcal{G}_\gamma?) \cup (\neg \mathcal{G}_\gamma?; \leqslant) \cup (\neg \mathcal{G}_\gamma?; \sim; \mathcal{G}_\gamma?)$$

该修正策略说的是主体将自己承认的世界看作基于它们中余下的部分的 $\gamma$ 世界，并保持两个区间之间的旧序。

语形上，可以定义如下：

定义 13.10(语义解释)　令 $\mathcal{M}=\langle W, \leqslant, V, FA, FR\rangle$ 为 PA 模型，且 $\gamma$ 为 $\mathcal{L}_f$ 中的公式，那么 $(\mathcal{M}, w) \vDash \langle \gamma^+ \uparrow\rangle\varphi$，当且仅当 $(\mathcal{M}_{\gamma+\uparrow}, w) \vDash \varphi$。

由于非全能更新运算为全函数，所以全称的非全能更新模态算子的语义解释将坍塌为 $(\mathcal{M}, w) \vDash [\gamma^+ \uparrow]\varphi$，当且仅当 $(\mathcal{M}_{\gamma+\uparrow}, w) \vDash \varphi$。

现在考虑这种情况，其中 $\gamma$ 为命题公式。带有 $\gamma$ 的非全能更新可置于该序的顶部，其中不存在满足 $\gamma$ 的世界。但是主体承认的这些世界为 $\gamma$ 世界，即满足 $\gamma \wedge AK\gamma$ 的世界。那么，因为 $\gamma$ 是命题公式，且 $FA$ 集不受运算的影响，初始模型中的每一个满足 $\gamma \wedge AK\gamma$ 的世界也将在运算之后满足它。因此，在非全能更新之后，主体将不只是隐性地相信 $\gamma$，而且也会显性地相信 $\gamma$。

最后，关于公理系统，非全能更新模态算子正好等同于归约公理中的更新模态，包括原子命题、否定、析取、不可区分模态算子、可达集及规则集(见图 13.4)。其中的归约公理和或然关系，可简单地利用之前的规则 $\mathcal{G}_\gamma$ 表示

如下：

$$\langle\gamma\Uparrow\rangle\langle\leqslant\rangle\varphi\leftrightarrow\langle\leqslant\rangle(\mathcal{G}_\gamma\wedge\langle\gamma\Uparrow\rangle\varphi)\vee(\neg\mathcal{G}_\gamma\wedge\langle\leqslant\rangle\langle\gamma\Uparrow\rangle\varphi)\vee(\neg\mathcal{G}_\gamma\wedge\langle\sim\rangle(\mathcal{G}_\gamma\wedge\langle\gamma\Uparrow\rangle\varphi))$$

## 第四节　信念推理

在全能的和非全能的系统中的更新主要引自标准的动态认知逻辑。但非全能的主体可以完成全能的主体所不能完成的行为；特别地，主体可以完成推理，并在基于知识的公式中重新刻画行动。

基于知识推理的行动：如果主体显性地知道一个规则及其所有的前提，那么一个推理将使他显性地知道运用该规则所推出的结论。该行动已经从语义方面定义了运算，并将根据规则推出的结论增加到这些世界的 $FA$ 集中，其中主体和这些规则以及所有规则的前提是可及的。该运算的前提是主体能够显性地知道该规则和它的前提，实际上是将该规则的结论增加到这些世界的 $FA$ 集中，这些世界中的主体将知道规则及其前提。

从封闭的角度来看该运算，主体显性地知道该规则及其所有的前提，并且这是理性的，因为在这样的假设下，知道的都是真的信息，基于知识的推理（采用可知的规则和可知的前提的推理）是简单的演绎推理：前提是真的并且规则是保真的，所以结论应该是真的。事实上，基于知识的推理可看作是识别两类事物的行为。首先，因为应用规则程序是保真的，并且前提是真的，所以结论必须是真的；其次，由于前提是真的，并且规则是保真的语境，因此结论不成立是不可能的。

涉及信念时的推理的情况则不同。其中前提可以是显性地知道的情境，而规则本身只能显性地相信。在这种情况下，可以理性地对一个非常类似的情境进行反思，其中前提和结论都是真的。然而，主体不应该忽略前提为真而结论为假的情境，因此规则也不是保真的。技术上，可以表达这样的行动的运算有两种可能：其一，最或然的，表示规则的前提事实上是真的情况；其二，较或然的，表示规则的结论是假的，并且规则不是保真的情况。

一般地，根据信念推理可以建立新的可能情况，且可以刻画可信的运算。下面采用的是建立在或然模型基础之上的多主体的情境。

### 一、或然可达行动模型

行动模型：主体无法确定哪一个世界是现实世界，也无法确定哪些事件已经发生。[①] 主体对行动的不确定性可类似地表达为他对情境的不确定性的模型进行刻画。行动模型是类似于可能世界的结构，其中主体将不同的世界看作是可能的世界，并且主体在行动之后的不确定性是行动之前的主体的不确定性和主体关于行动的不确定性的情境的组合。

可用更丰富的结构刻画只包括一个主体的可能世界和或然序。为了刻画信念度，可采用基于量化的或然序，而或然行动模型为纯量化的，并可扩充为或然模型。

为了处理通达集和规则集函数，可对这些或然行动模型进行扩充。下面是对单主体情况的形式定义。

**定义 13.11**(或然可达行动模型)　单个主体的或然可达行动模型是多元组 $C=\langle E,\leqslant,\mathrm{Pre},\mathrm{Pos}_{FA},\mathrm{Pos}_{FR}\rangle$，其中：

$\langle E,\leqslant,\mathrm{Pre}\rangle$为或然行动模型且 $E$ 为有穷非空的事件集，$\leqslant$为建立在 $E$ 上的或然序(和 PA 模型中的或然序的条件相同)。$\mathrm{Pre}:E\rightarrow\mathcal{L}_f$为前件函数，表示每一个发生的事件都是可被满足的条件。该条件可通过语言 $\mathcal{L}_f$中的公式来满足，不仅包括现实世界的事件，也包括主体的隐性/显性知识/信念。

$\mathrm{Pos}_{FA}:(E\times\mathcal{P}(\mathcal{L}_f))\rightarrow\mathcal{P}(\mathcal{L}_f)$为新可通达集函数，表示主体根据自己在行动之前所接受的以及完成已经发生的事件的行动之后将会接受的公式集。

$\mathrm{Pos}_{FR}:(E\times\mathcal{P}(\mathcal{L}_r))\rightarrow\mathcal{P}(\mathcal{L}_r)$为新的规则集函数，表示主体根据自己在此之前所接受的以及完成已经发生的事件的行动之后将会接受的规则集。

在此定义了三种新的关系：严格或然$<:=\leqslant\cap\bar{\geqslant}$，等或然$\simeq:=\leqslant\cap\geqslant$和认知不可区分性(即可比较性)$\approx:=\leqslant\cup\geqslant$。每一个点 PA 行动模型$(C,e)$都有一个可区分的事件 $e\in E$。

对于更新积的定义，静态的行动模型为具有更多性质的前序。存在两种建立在笛卡尔积上的序：可以给出优先的次序、静态模型的前序或者行动模型。给出了行动序的优先序，在有意识下是封闭的，其为人们将要修正的主体的静态的或然序的行动。形式上可定义如下：

**定义 13.12**(积更新)　令 $\mathcal{M}=\langle W,\leqslant,V,FA,FR\rangle$为 PA 模型，并且

① Baltag, A., Moss, L. S. and Solecki, S., 1999: "The Logic of Public Announcements, Common Knowledge and Private Suspicious", Technical Report SEN-R9922, pp.13, 70, 131, 134 and 182.

$C=\langle E,\preccurlyeq,\mathrm{Pre},\mathrm{Pos}_{FA},\mathrm{Pos}_{FR}\rangle$为 PA 行动模型。积更新运算 $\otimes$ 生成的 PA 模型 $\mathcal{M}\otimes C=\langle W',\leqslant',V',FA',FR'\rangle$，其中：

$W':=\{(w,e)\in(W\times E,|(\mathcal{M},w)\vDash\mathrm{Pre}(e)\}$；

$(w_1,e_1)\leqslant'(w_2,e_2)$，当且仅当 $e_1\prec e_2$ 且 $w_1\sim w_2$ 或者 $e_1\approx e_2$ 且 $w_1\leqslant w_2$；

并且，对每一个$(w,e)\in W'$，

$V'(w,e):=V(w)$；

$FA'(w,e):=\mathrm{Pos}_{FA}(e,FA(w))$；

$FA'(w,e):=\mathrm{Pos}_{FR}(e,FR(w))$。

另外，新的或然可达模型的世界集可以通过严格的 $W$ 和 $E$ 的笛卡尔积的形式给出；序对$(w,e)$为新模型中的世界，当且仅当事件 $e$ 可以在世界 $w$ 上执行。新世界的赋值集、可通达关系集以及规则集的定义如前。首先，在新模型中的世界保持了静态元素的原子赋值，即原子命题 $p$ 在$(w,e)$上成立，当且仅当 $p$ 在 $w$ 上成立。在世界$(w,e)$上，主体的可通达集可以通过 $\mathrm{Pos}_{FA}$ 函数加上事件 $e$ 和它在 $w$ 上的可通达集作为参数给出。规则集的情况与此类似。

新或然序主要建立在下面的"行动优先"规则上。世界$(w_1,e_2)$比$(w_1,e_1)$更或然，当且仅当 $e_2$ 严格地比 $e_1$ 更或然，并且 $w_1,w_2$ 是可比较的（即认知不可区分的），或者 $e_1,e_2$ 是同样或然的，并且 $w_2$ 比 $w_1$ 更或然。

如果定义的新的可通达集以及新的规则集函数为同一函数（即对所有事件 $e\in E$，$\mathrm{Pos}_{FA}(e,X):=X$ 且 $\mathrm{Pos}_{FA}(e,Y):=Y$），那么可以得到一个纯或然模型，通过修改主体认为可能的世界以及它们中的或然序获得。

纯或然模型无法通过修改模型以表达关于信息的良概念：通达集和规则集。新的通达集和新的规则集函数、一般的规则代数函数可刻画开始变化的事实。PA 行动模型可以对公式和规则进行修正，由于主体已经证实这些公式和规则为真的和保真的，因此也可以对主体的显性信念进行修正。

积更新可以在 PA 模型中得以保持。

**命题 13.12** 如果 $\mathcal{M}$ 为或然可达模型，$C$ 为或然可达行动模型，那么 $\mathcal{M}\otimes C$ 为或然可达模型。

**证** 只需要证明 $\mathcal{M}$ 和 $C$ 中的或然序是局部的良前序，那么该或然序也将是 $\mathcal{M}\otimes C$ 中的或然序。

下面证明如果$\leqslant$和$\preccurlyeq$分别为基于 $W$ 和 $E$ 的局部的良前序，那么$\leqslant$和$\preccurlyeq$也是基于 $W\times E$ 的关系$\leqslant'$，可通过下面的方式给出：

$(w_1,e_1)\leqslant'(w_2,e_2)$，当且仅当 $e_1\prec e_2$且 $w_1\sim w_2$或者 $e_1\approx e_2$且$w_1\leqslant w_2$

(1) (2)

一个局部的良前序是局部相关的和可逆的良基前序。

**自返性** 取任意的$(w,e)\in W\times E$。根据$\leqslant$和$\preccurlyeq$的自返性，有$w\leqslant w$且$e\preccurlyeq e$。那么$w\leqslant w$且$e\approx e$，因此，根据$\leqslant'$定义的第(2)部分，有$(w,e)\leqslant'(w,e)$。

**传递性** 假设$(w_1,e_1)\leqslant'(w_2,e_2)$且$(w_2,e_2)\leqslant'(w_3,e_3)$。根据$\leqslant'$的定义，这两个不相等的关系中，每一个都有两种可能的情况，共存在四种情况。下面给出其中两种的详细证明，另外两种可采用类似的方法给出。

(1)假设$(w_1,e_1)\leqslant'(w_2,e_2)$和$(w_2,e_2)\leqslant'(w_3,e_3)$都成立，根据$\leqslant'$定义的第(1)部分，则有$e_1\prec e_2, w_1\sim w_2, e_2\prec e_3, w_2\sim w_3$。

根据展开$\prec$和$\sim$的定义，有

$$e_1\preccurlyeq e_2, e_1\not\succcurlyeq e_2, \begin{cases} w_1\leqslant w_2 \\ w_2\leqslant w_1\end{cases}, e_2\preccurlyeq e_2, e_3\not\preccurlyeq e_2, \begin{cases} w_2\leqslant w_3 \\ w_3\leqslant w_2\end{cases}$$

对于行动，$\preccurlyeq$是传递的，那么$e_1\preccurlyeq e_3$且$e_3\not\preccurlyeq e_1$；否则，根据$e_1\preccurlyeq e_2$，可得$e_3\preccurlyeq e_2$，与假设相矛盾。于是有$e_1\prec e_3$。

对于静态，有四种可能的情况。如果$w_1\leqslant w_2$且$w_2\leqslant w_3$，那么根据$\leqslant$的传递性，可得$w_1\leqslant w_3$，因此$w_1\sim w_3$。如果$w_1\leqslant w_2$且$w_3\leqslant w_2$，那么应该有$w_1\leqslant w_3$或者$w_3\leqslant w_1$，因为$\leqslant$是局部相关的，因此$w_1\sim w_3$也成立。另外两种情况也可用类似的推理证明$w_1\sim w_3$成立。

根据$\leqslant'$定义的第(1)部分，有$(w_1,e_1)\leqslant'(w_3,e_3)$。

(2)假设根据$\leqslant'$定义的第(1)部分，$(w_1,e_1)\leqslant'(w_2,e_2)$成立，根据$\leqslant'$定义的第(2)部分，$(w_2,e_2)\leqslant'(w_3,e_3)$成立，那么

$$e_1\prec e_2, w_1\sim w_2, e_2\approx e_3, w_2\leqslant w_3$$

根据展开$\prec$和$\sim$的定义，有

$$e_1\preccurlyeq e_2, e_1\not\succcurlyeq e_2, \begin{cases} w_1\leqslant w_2 \\ w_2\leqslant w_1\end{cases}, e_2\preccurlyeq e_2, e_3\preccurlyeq e_2, \begin{cases} w_2\leqslant w_3 \\ w_3\leqslant w_2\end{cases}$$

对于行动，$\preccurlyeq$是传递的，那么$e_1\preccurlyeq e_3$且$e_3\not\preccurlyeq e_1$；否则，根据$e_2\preccurlyeq e_3$，可得$e_2\preccurlyeq e_1$，与假设相矛盾。于是有$e_1\prec e_3$。

对于静态，有两种可能性。如果$w_1\leqslant w_2$，那么根据$w_2\leqslant w_3$，可得$w_1\leqslant w_3$，因此$w_1\sim w_3$。如果$w_2\leqslant w_1$，那么根据$w_2\leqslant w_3$，应该有$w_1\leqslant w_3$或者$w_3\leqslant w_1$，因为$\leqslant$是局部相关的，因此$w_1\sim w_3$。

根据定义的第(1)部分，有$(w_1,e_1)\leqslant'(w_3,e_3)$。

**局部相关性** 首先证明，对于$W$中的每一个$w_1, w_2$，以及$E$中的$e_1, e_2$，有$w_1\sim w_2$且$e_1\approx e_2$，当且仅当$(w_1,e_1)\sim'(w_2,e_2)$。

**从左到右** 如果$w_1\sim w_2$且$e_1\approx e_2$，那么$w_1\leqslant w_2$或者$w_2\leqslant w_1$，且

$e_1 \leqslant e_2$或者 $e_2 \leqslant e_1$。有四种可能的情况。假设 $w_1 \leqslant w_2$且 $e_2 \leqslant e_1$，如果 $e_1 \leqslant e_2$，可得 $e_1 \approx e_2$。那么根据定义的第(2)部分，可得$(w_1, e_1) \leqslant' (w_2, e_2)$，因此$(w_1, e_1) \sim' (w_2, e_2)$。如果没有 $e_1 \leqslant e_2$，那么 $e_2 < e_1$，由 $w_1 \leqslant w_2$，可得 $w_1 \sim w_2$。那么根据定义的第(1)部分，有$(w_2, e_2) \leqslant' (w_1, e_1)$，因此$(w_1, e_1) \sim' (w_2, e_2)$。其他三种情况可以用类似的方法证明。

**从右到左**　如果$(w_1, e_1) \sim' (w_2, e_2)$，那么$(w_1, e_1) \leqslant' (w_2, e_2)$或者$(w_2, e_2) \leqslant' (w_1, e_1)$。第一种情况：可能性(1)，已知 $e_1 < e_2$且 $w_1 \sim w_2$，因此 $e_1 \approx e_2$且 $w_1 \sim w_2$，或者可能性(2)，已知 $e_1 \approx e_2$且 $w_1 \leqslant w_2$，则有 $e_1 \approx e_2$且 $w_1 \sim w_2$。第二种情况的证明过程类似。

**局部相关性**　取任意的$(w, e) \in W \times E$，并且选择$\leqslant'$下的 $V_{(w,e)}$中的$(w_1, e_1)$，$(w_2, e_2)$。根据 $V_{(w,e)}$的定义，有$(w, e) \sim' (w_1, e_1)$。根据前面的性质，可得 $w \sim w_1$，$e \approx e_1$，$w \sim w_2$且 $e \approx e_2$。根据$\leqslant$和$\preccurlyeq$的局部相关性，则有 $w_1 \sim w_2$且 $e_1 \approx e_2$，再根据前面证明的性质，可得$(w_1, e_1) \sim' (w_2, e_2)$。

**非良基**(反证法)　假设存在无穷升链$(w_1, e_1) <' (w_2, e_2) <' \cdots$，考虑无穷链 $e_1, e_2, \cdots$，如果存在无穷的序对 $e_i$和 $e_{i+1}$，其或然序是严格的，即如果 $e_i < e_{i+1}$将会无穷多次地出现，那么 $E$ 中有一个无穷升链，这与$\preccurlyeq$的非良基相矛盾。另外，如果 $e_i < e_{i+1}$只会有穷多次地出现，那么根据某一时刻的等或然性，即根据 $e_i \approx e_{i+1}$，在那一时刻，有 $w_i < w_{i+1}$，其为 $W$ 中的无穷升链，与$\leqslant$的非良基相矛盾。$W \times E$ 中的无穷链不可能存在，因此$\leqslant'$是非良基的。■

为了刻画积更新是如何影响主体的信息的，需要用刻画每一点的或然可达行动模型$(C, e)$的模态逻辑语言进行扩充，可以构建形如$\langle C, e \rangle \varphi$ 的公式，其语义解释可通过如下方式给出：

**定义 13.13**(语义解释)　令$(\mathcal{M}, w)$为点 PA 模型，令$(C, e)$为点 PA 行动模型且 Pre 为前件函数。

$(\mathcal{M}, w) \models \langle C, e \rangle \varphi$，当且仅当$(\mathcal{M}, w) \models \mathrm{Pre}(e)$且$(\mathcal{M} \otimes C, (w, e)) \models \varphi$。

下面引入可以用 PA 行动模型进行表达的推理。

## 二、行动模型

公开宣告逻辑中的公开宣告所对应的是单个事件的行动模型，建立在知识基础上的行动推理，可以用单个事件的或然可达行动模型表示。

**定义 13.14**(知道前提且知道规则的推理)　令 $\sigma$ 为一个规则。建立在知识基础上的推理行动，即知道前提且知道规则的推理，可以通过 PA 行动模型 $C_{KK}^{\sigma}$ 给出，其定义(如下)及其表达事件、或然关系和规则方法以及可通达集的图，可通过图 13.5 表示。

$E := \{e\}$；

$\leqslant := \{(e,e)\}$；

$\mathrm{Pre}(e) := \bigwedge_{\psi \in \mathrm{pm}(\sigma)} K_{\mathrm{Ex}}\psi \wedge K_{\mathrm{Ex}}\sigma$；

$\mathrm{Pos}_{FA}(e,X) := X \cup \{\mathrm{cn}(\sigma)\}$；

$\mathrm{Pos}_{FR}(e,Y) := Y$。

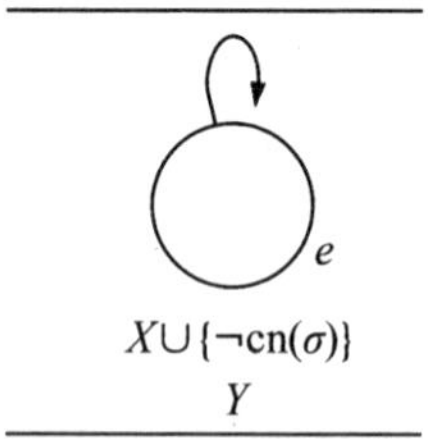


图 13.5　可通达集图

该行动模型只有一个事件，且其前件表示主体将会显性地知道规则和事件的前提。在该模型中，主体将承认规则的结论在所有满足前件的世界中成立。另外，因为前提是真的，并且该规则在所有的认知不可区分的世界中是保真的（～可及的）世界，所以规则的结论必须在初始模型 $\mathcal{M}$ 中是真的。该 PA 行动模型只影响包含 $AK\,\mathrm{cn}(\sigma)$ 的公式，因此，$\mathrm{cn}(\sigma)$ 本身不受影响，并且在结果模型 $\mathcal{M} \otimes C^{\sigma}_{KK}$ 中的所有的 $\sim'$ 可及的世界中也是真的。因此，主体将会显性地知道规则的结论。

但 PA 行动模型可以刻画更多的情况。下面的行动模型可以表示知道前提和相信规则的推理。

定义 13.15（知道前提和相信规则的推理）　令 $\sigma$ 为规则，知道前提和相信规则的推理行动可以通过 PA 行动模型 $C^{\sigma}_{KB}$ 定义如下：

$E := \{e_1, e_2\}$；

$\leqslant := \{(e_1,e_1),(e_1,e_2),(e_2,e_2)\}$；

$\mathrm{Pre}(e_i) := \bigwedge_{\psi \in \mathrm{pm}(\sigma)} K_{\mathrm{Ex}}\psi \wedge B_{\mathrm{Ex}}\sigma$；

$$\begin{cases} \mathrm{Pos}_{FA}(e_1,X) := X \cup \{\neg\, \mathrm{cn}(\sigma)\} \\ \mathrm{Pos}_{FA}(e_2,X) := X \cup \{\mathrm{cn}(\sigma)\} \end{cases};$$

$$\begin{cases} \mathrm{Pos}_{FR}(e_1,Y) := Y \setminus \{\sigma\} \\ \mathrm{Pos}_{FR}(e_2,Y) := Y \end{cases}。$$

图 13.6 刻画了关于两个事件的模型。右边的事件是最或然的一个，可用由规则推出的结论来扩充主体的可通达集，余下的规则将保持不变，这对应于规则成立时所得的结论的情况。右边用规则结论的否定来扩充主体的可通达集，并从规则集中剔除规则本身，这对应于规则不成立时所得的结论的情况。两个事件中的前件是相同的：主体将会显性地知道 $\sigma$ 的前提并显性地相信 $\sigma$。

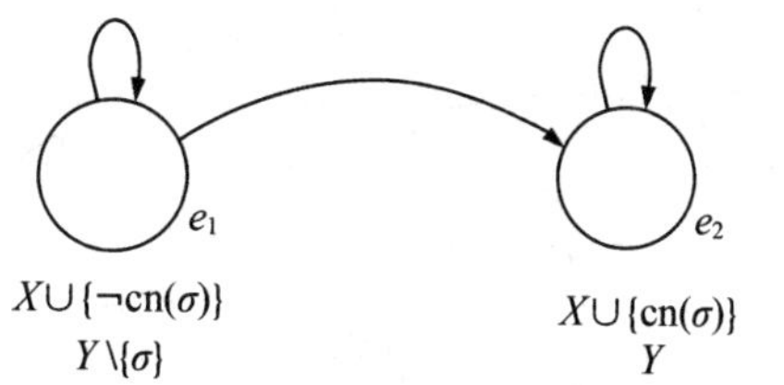


图 13.6　两个事件的模型

也可以刻画类似的情境，其中的规则可以被显性地知道，但有一个或多个前提只能被显性地相信。在这种情况下，最好的模式是所有被相信的前提都是真的，但其中的一个或更多的前提可能是假的，可生成一个扩展的多主体系统的情境。下面所定义的模型，其中所有这些扩展的情境都是等或然的，可用不同的序表达。

**定义 13.16（相信前提且知道规则的推理）**　令 $\sigma$ 为规则，$\{\psi_1,\psi_2,\cdots,\psi_n\}\subseteq \mathrm{pm}(\sigma)$ 为 $\sigma$ 的前提，可以相信 $\sigma$，但不知道 $\sigma$。另外，$\{\psi_1,\psi_2,\cdots,\psi_n\}$ 的每一个非空子集采用 $BP_2,\cdots,BP_{2^n}$ 表示，用 $\neg BP_i$ 表示包含所有的 $BP_i$ 中的否定公式的集合。相信前提且知道规则的推理的行动，可以通过 PA 行动模型 $C_{BK}^{\sigma}$ 表示，其定义如下：

$E:=\{e_1,\cdots,e_{2n}\}$；

$\leqslant:=\{(e_i,e_1)\mid i=1,\cdots,2^n\}\cup((E\setminus\{e_1\})\times(E\setminus\{e_1\}))$；

$\mathrm{Pre}(e_i):=\bigwedge_{\psi\in\mathrm{pm}(\sigma)} B_{\mathrm{Ex}}\psi\wedge K_{\mathrm{Ex}}\sigma$；

$\mathrm{Pos}_{FA}(e_1,X):=X\cup\{\mathrm{cn}(\sigma)\}$；

$$\begin{cases}\mathrm{Pos}_{FA}(e_1,X):=X\cup\{\mathrm{cn}(\sigma)\}\\ \mathrm{Pos}_{FA}(e_i,X):=(X\setminus BP_i)\cup\neg BP_i,\text{对 } i=2,\cdots,2^n\end{cases};$$

$\mathrm{Pos}_{FR}(e_i,Y):=Y$。

可以知道规则，但只能相信某些前提，那么该模型可用单个事件表示每一个假的前提的组合。事件 $e_1$ 为不存在假前提的情况，因此该规则的结论是可接受的。事件 $e_2\sim e_{2n}$ 至少有一个前提是假的。该 PA 模型图中省略了自返和传递的箭头，如图 13.7 所示。

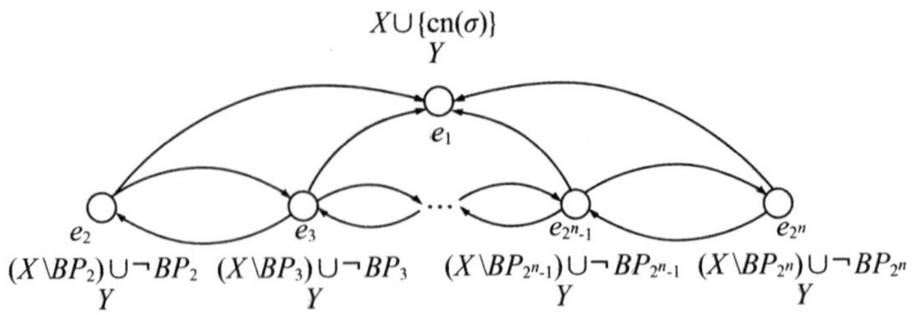


图 13.7 PA 模型图

还可以刻画第三种情况：只相信某些前提和规则。该情况和前面的区别在于，存在另外一种可能性（相信前提且知道规则）：所有的前提事实上都是真的，但规则不是保真的。

在相关的世界中，前面的 PA 行动模型在这种情况下是全局的，扩充了主体基于他在相关世界中的已有的显性信息：只涉及知识时，为认知不可区分的情况，并且当涉及信念时为最或然的情况。但也有可能是这样的，主体根据他所掌握的关于某个特定世界的信息扩充自己承认的东西，从而完成了一个局部的推理。这样的情境也可以用 PA 行动模型来表达。

定义 13.17（弱局部推理） 令 $\sigma$ 为规则，可定义下面的简写，表明主体已经承认规则 $\sigma$ 及其前提。

$$\mathrm{Pre}_{\sigma}:=(\bigwedge_{\psi\in \mathrm{pm}(\sigma)} AK\psi)\wedge R\sigma$$

弱局部推理可以通过下面的 PA 行动模型 $C^{\sigma}$ 推出：

$E:=\{e_1,e_2\}$；

$\leqslant:=E\times E$；

$$\begin{cases}\mathrm{Pre}_{FR}(e_1):=\mathrm{Pre}_{\sigma}\\ \mathrm{Pre}_{FR}(e_2):=\neg\,\mathrm{Pre}_{\sigma}\end{cases};$$

$$\begin{cases}\mathrm{Pos}_{FA}(e_1,X):=X\cup\{\mathrm{cn}(\sigma)\}\\ \mathrm{Pos}_{FA}(e_2,X):=X\end{cases};$$

$\mathrm{Pos}_{FR}(e_i,Y):=Y$。

该主体的行动是局部的。任意给定的世界能够满足前件 $e_1$ 或者后件 $e_2$，但不能两者都满足。那么，在运算之后，可以得到和初始的静态模型不同的模型，其中主体可以接受的规则的结论，正好是其中他已经接受的规则和前提的世界。图 13.8 是 PA 的行动模型。

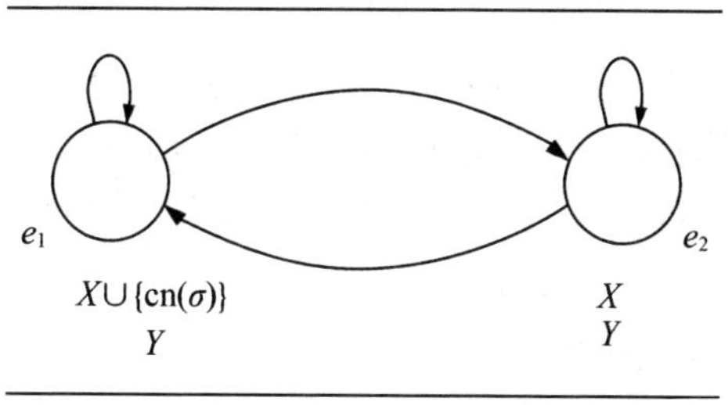


图 13.8　PA 的行动模型

局部推理的较强的形式可以通过用下面的方法，并通过增加前件而获得。

**定义 13.18(强局部推理)**　令 $\sigma$ 为规则。强局部推理行动可以通过 PA 行动模型给出，该模型不同于主体所表达的弱局部推理的表示方法，对公式 $\mathrm{Pre}_\sigma$ 的定义可通过下面增强的模型表示：

$$\mathrm{Pre}_\sigma := \left(\bigwedge_{\psi\in \mathrm{pm}(\sigma)} (\psi \wedge AK\psi)\right) \wedge (\mathrm{tr}(\sigma) \wedge R\sigma)$$

事件 $e_1$ 的前件不仅要求主体接受规则和前提，而且要求前提为真的，且规则为保真的。这样的世界的可通达集可以运用规则所得的结论进行扩充，且其余的世界将保持不变。

## 三、进一步的探索

或然可达行动模型可用来刻画更多的情况。

PA 行动模型是一个很强的工具，可以表达多种形式的推理，不仅包括主体的知识，而且还包括主体的信念。因此，可提供一种方法以刻画保真性推理和非保真性推理。技术上，已经定义的积更新不仅包括基于主体的信息的语义部分，类似于传统的行动模型，而且也包括基于语形的部分(公式和规则)，可以用来表达真的行动。可修正包括主体认为可能的情境，以及主体已经承认为真的情境。因此，主体具有多种多样的行动，利用这些行动可以提供更加严格的良步骤的表达方法，以改变主体在现实情境中的信息。

## 四、完全性

前面已经证明了 PA 行动模型如何用来表达多种形式的推理，现在开始研究 PA 行动模型的模态算子语形的有效性。下面提供关于积更新运算的归约公理。

原子命题、否定、析取、或然性及不可区分性模态的归约公理和前面的系统类似。当用归约公理表示公式的可通达集和规则集时，函数 $\mathrm{Pos}_{FA}$ 和 $\mathrm{Pos}_{FR}$ 存在一定的问题，原因是新的可通达集和规则集为任意的集合。

**行动模型和积更新** 可达变化函数 $\mathrm{Pos}_{FA}$ 和 $\mathrm{Pos}_{FR}$ 以及积更新，可以改变对原子命题的赋值，但新的世界集中每个原子命题将为真的而不是任意的：可以通过该语言的公式给出。如果将每一个公式看作一个世界集（这些公式是真的），那么事实上新的世界集中已知的原子命题 $p$ 将是真的，且可以通过初始的情况（世界集中的 $p$ 为真的）并借助确定的运算¬（补）、∨（并）等给出。可用静态语言的方法处理这些运算。

积更新运算可通过修改公式集和规则集的方法对或然行动模型进行扩充。根据这两种情况，归约公理中的 $\mathrm{Pos}_{FA}$ 函数和 $\mathrm{Pos}_{FR}$ 函数并不是任意给出的。首先，对静态语言进行扩充，不仅可以给出语义解释，而且也可以给出对应的公理。利用这些新的公式，就可以提供关于 PA 行动模型类的归约公理，其中 $\mathrm{Pos}_{FA}$ 函数和 $\mathrm{Pos}_{FR}$ 函数可以通过这些表达式进行定义。

静态语言中的公式只有 $FA$ 集和 $FR$ 集。现在就将这些公式合并为新的公式，不仅包括基础集，而且也包括更复杂的集合。

**定义 13.19**（扩充的语言 $\mathcal{L}$） 已知原子命题 $P$，公式 $\varphi$ 和 $\psi$，规则 $\rho$，以及建立在公式 $\Phi$ 和 $\psi$ 上的表达式集，建立在规则 $\Omega$ 和 $\gamma$ 上的表达式集而扩充的或然可达语言 $\mathcal{L}$，可以分别通过下面的方式来表达：

$$\varphi ::= p \mid \neg\varphi \mid \varphi \vee \psi \mid \langle\sim\rangle\varphi \mid \langle\leqslant\rangle\varphi \mid [\Phi]\varphi \mid [\Omega]\rho$$

$$\rho ::= (\{\psi_1, \cdots, \psi_{n_\rho}\}, \varphi)$$

$$\Phi ::= AK \mid \{\varphi\} \mid \overline{\Phi} \mid \Phi \cup \Psi$$

$$\Omega ::= R \mid \{\rho\} \mid \overline{\Phi} \mid \Omega \cup \Upsilon$$

其中，$p$ 为 $P$ 中的原子命题。

不包括形如 $AK\varphi$ 的公式，只包括形如 $[\Phi]\varphi$ 的公式，其中 $\Phi$ 为建立在公式上的表达式集。而 $AK\varphi$ 公式可以看作是 $FA$ 集中的元素，公式 $[\Phi]\varphi$ 可以看作是更复杂的集合 $\Phi$ 中的元素，根据 $FA$ 和单元素集 $\{\varphi\}$，可利用补和并的方式获得（建立在规则 $\Omega$ 上的表达式类似）。关于集合的语形公式，需要给出某些更强的语义，可在公式和规则之间进行语形方面的比较，并用语形的方法来刻画它们的公理系统。

新公式刻画的行动可以通过语义解释来确定。

**定义 13.20**（语义解释） 令 $(\mathcal{M}, w)$ 为点 PA 模型，且 $FA$ 和 $FR$ 分别表示通达集函数和规则集函数。新公式的语义解释可以通过下面的方式给出：

(1) $(\mathcal{M}, w) \models [A]\varphi$，当且仅当 $\varphi \in FA(w)$；

(2)$(\mathcal{M},w)\models[\{\psi\}]\varphi$，当且仅当 $\varphi=\psi$；

(3)$(\mathcal{M},w)\models[\overline{\Phi}]\varphi$，当且仅当 $\varphi\notin\Phi$；

(4)$(\mathcal{M},w)\models[\Phi\cup\Psi]\varphi$，当且仅当 $\varphi\in(\Phi\cup\Psi)$；

(5)$(\mathcal{M},w)\models[R]\rho$，当且仅当 $\rho\in FR(w)$；

(6)$(\mathcal{M},w)\models[\{\tau\}]\rho$，当且仅当 $\rho=\tau$；

(7)$(\mathcal{M},w)\models[\overline{\Omega}]\rho$，当且仅当 $\rho\notin\Omega$；

(8)$(\mathcal{M},w)\models[\Omega\cup\Upsilon]\rho$，当且仅当，$\rho\in(\Omega\cup\Upsilon)$。

首先，$[AK]\varphi$ 和$[R]\rho$ 分别等价于 $AK\varphi$ 和 $R\rho$。这和建立在交上的集合和下面的标准定义的运算有所不同：

$$\Phi\cap\Psi:=\overline{\overline{\Phi}\cup\overline{\Psi}},\quad \Phi\backslash\Psi:=\Phi\cap\overline{\Psi}$$

在此，仅借助前面的“静态”公理系统是不够的。尽管 $FA$ 集和 $FR$ 集不具有封闭性，表达式集也可用于刻画特殊的行为，可通过下面的扩充公理进行刻画。

**定理** 13.2(相对于 PA 模型的扩充的语言 $\mathcal{L}$ 的扩充公理)　图 13.1 中的公理系统和图 13.9 中的公理系统，扩充的语言 $\mathcal{L}$ 相对于或然可达模型是可靠的和(弱)完全的。

| | |
|---|---|
| $\mathrm{SE}^{\{\}}_{FA}$ | $\vdash[\{\psi\}]\psi$ |
| $\mathrm{SE}^{\{\}}_{FA}$ | $\vdash\neg[\{\psi\}]\varphi$，对 $\varphi\neq\psi$ |
| $\mathrm{SE}^{-}_{FA}$ | $\vdash[\overline{\Phi}]\varphi\leftrightarrow\neg[\Phi]\varphi$ |
| $\mathrm{SE}^{\cup}_{FA}$ | $\vdash[\Phi\cup\Psi]\varphi\leftrightarrow([\Phi]\varphi\vee[\Psi]\varphi)$ |
| $\mathrm{SE}^{\{\}}_{FR}$ | $\vdash[\{\tau\}]\tau$ |
| $\mathrm{SE}^{\{\}}_{FR}$ | $\vdash\neg[\{\tau\}]\rho$，对 $\rho\neq\tau$ |
| $\mathrm{SE}^{-}_{FR}$ | $\vdash[\overline{\Omega}]\rho\leftrightarrow\neg[\Omega]\rho$ |
| $\mathrm{SE}^{\cup}_{FR}$ | $\vdash[\Omega\cup\Upsilon]\rho\leftrightarrow([\Omega]\rho\vee[\Upsilon]\rho)$ |

图 13.9　扩充语言 $\mathcal{L}$ 相对于或然可达模型的公理系统

新的公理系统反映了这些集算子行动。在基于公式的表达式集的情况下，公理 $\mathrm{SE}^{\{\}}_{FA}$ 表示 $\psi$ 和唯一的 $\psi$ 是$\{\psi\}$中的元素；公理 $\mathrm{SE}^{-}_{FA}$ 指 $\varphi$ 为集合中的补，当且仅当 $\varphi$ 不属于该集合；公理 $\mathrm{SE}^{\cup}_{FA}$ 指 $\varphi$ 为两个集合的并，当且仅当至少有一个元素属于该集合。可用类似的方法建立基于规则行动的表达式集公理。

另外，补和并的公理通常指$[\overline{\Phi}]\varphi$ 和$[\Phi\cup\Psi]\varphi$，可分别定义为$\neg[\Phi]\varphi$ 和$\neg[\Phi]\varphi\vee[\Psi]\varphi$。规则之间在语法上是等价的，类似于形如$[\{\psi\}]\varphi$ 和$[\{\tau\}]\rho$的公式。利用这样的扩充，初始 PA 行动模型的语言 $\mathcal{L}$ 足以定义这

些新的表达式。

借助扩充的语言，很容易对 PA 行动模型中的归约公理进行形式处理，并借助表达式集以提供新的可通达集和规则集。首先，给出该类的恰当定义。

**定义 13.21(SE 可定义的 PA 行动模型)** 集表达式(SE)可定义的 PA 行动模型是一个 PA 行动模型，对每一个事件 $e$，新的可通达集函数 $\mathrm{Pos}_{FA}(e)$ 可以通过建立在公式上的表达式集给出，新的规则集函数 $\mathrm{Pos}_{FR}(e)$ 可以通过建立在规则上的表达式集给出。

所有的 PA 行动模型均可表达为可定义的 SE。例如，在行动模型中可以表示知道前提和相信规则的推理，有

Event $e_1$　$\mathrm{Pos}_{FA}(e_1):=FA\cup\{\neg\mathrm{cn}(\sigma)\},\mathrm{Pos}_{FR}(e_1):=FR\setminus\{\sigma\}$

Event $e_2$　$\mathrm{Pos}_{FA}(e_2):=FA\cup\{\neg\mathrm{cn}(\sigma)\},\mathrm{Pos}_{FR}(e_2):=FR$

现在可以提供关于模态的归约公理，涉及 PA 行动模型和积更新。

**定理 13.3** 建立在图 13.1、图 13.9 和图 13.10 上的公理系统(用 $\top$ 和 $\bot$ 分别表示永真式和永假式)提供了关于公式的可靠的和(弱)完全的公理系统。在扩充语言 $\mathcal{L}$ 中，可通过增加相对于 PA 模型和可定义的 SE 的 PA 行动模型的模态算子。

(1) $\vdash\langle C,e\rangle p\leftrightarrow\mathrm{Pre}(e)\wedge p$

(2) $\vdash\langle C,e\rangle\neg\varphi\leftrightarrow\mathrm{Pre}(e)\wedge\neg\langle C,e\rangle\varphi$

(3) $\vdash\langle C,e\rangle(\varphi\vee\psi)\leftrightarrow(\langle C,e\rangle\varphi\vee\langle C,e\rangle\psi)$

(4) $\vdash\langle C,e\rangle\langle\leqslant\rangle\varphi\leftrightarrow(\mathrm{Pre}(e)\wedge(\bigvee_{e<e'}\langle\sim\rangle\langle C,e'\rangle\varphi\vee\bigvee_{e\approx e''}\langle\leqslant\rangle\langle C,e'\rangle\varphi))$

(5) $\vdash\langle C,e\rangle\langle\sim\rangle\varphi\leftrightarrow(\mathrm{Pre}(e)\wedge\bigvee_{e\approx e'}\langle\sim\rangle\langle C,e'\rangle\varphi)$

(6)如果 $\vdash\varphi$，那么 $\vdash[C,e]\varphi$

(7) $\vdash\langle C,e\rangle[AK]\varphi\leftrightarrow\mathrm{Pre}(e)\wedge[\mathrm{Pos}_A(e)]\varphi$

(8) $\vdash\langle C,e\rangle[\{\psi\}]\psi\leftrightarrow\mathrm{Pre}(e)\wedge\top$

(9) $\vdash\langle C,e\rangle[\{\psi\}]\varphi\leftrightarrow\mathrm{Pre}(e)\wedge\bot$，对 $\varphi\neq\psi$

(10) $\vdash\langle C,e\rangle[\overline{\Psi}]\varphi\leftrightarrow\langle C,e\rangle\neg[\Psi]\varphi$

(11) $\vdash\langle C,e\rangle[\Psi\cup\Phi]\varphi\leftrightarrow\langle C,e\rangle([\Phi]\varphi\vee[\Psi]\varphi)$

(12) $\vdash\langle C,e\rangle[R]\varphi\leftrightarrow\mathrm{Pre}(e)\wedge[\mathrm{Pos}_R(e)]\varphi$

(13) $\vdash\langle C,e\rangle[\tau]\rho\leftrightarrow\mathrm{Pre}(e)\wedge\top$

(14) $\vdash\langle C,e\rangle[\{\tau\}]\rho\leftrightarrow\mathrm{Pre}(e)\wedge\bot$，对 $\rho\neq\tau$

(15) $\vdash\langle C,e\rangle[\overline{\Omega}]\rho\leftrightarrow\langle C,e\rangle\neg[\Omega]\rho$

(16) $\vdash\langle C,e\rangle[\Omega\cup\alpha]\rho\leftrightarrow\langle C,e\rangle([\Omega]\rho\vee[\alpha]\rho)$

图 13.10　SE 可定义的行动模型的公理和规则

第(1)～(6)条公理中，第(1)～(3)条公理是标准的：$\langle C,e\rangle$ 并不影响原

子命题赋值、否定替换(以前件为模),以及基于析取的替代。第(4)条公理说的是在经过$(C,e)$更新积之后,存在更或然的 $\varphi$ 世界,当且仅当赋值点满足 $e'$的前件,且在初始模型中存在一个认知不可区分的世界,在用严格的更或然的 $e'$进行积更新之后满足 $\varphi$,否则存在一个更或然的世界,在用一个等或然的 $e''$进行积更新之后满足 $\varphi$。第(5)条归约公理表示并没有改变可比较的类:在进行$(C,e)$的积更新之后,存在一个认知不可区分的 $\varphi$ 世界,当且仅当该赋值点满足 $e'$的前件,且存在一个认知不可区分的世界,在用一个不可区分的 $e'$进行积更新之后将会满足 $\varphi$。

第(7)～(11)条公理包含基于公式的关于表达式集的公理:在进行了$(C,e)$积更新之后,$\varphi$ 将属于主体的可通达集,当且仅当 $e$ 的前件可满足 $\varphi$,且 $\varphi$ 属于集表达式。在事件 $e$ 上可定义一个新的可通达集:

$$\langle C,e\rangle[AK]\varphi\leftrightarrow \mathrm{Pre}(e)\wedge[\mathrm{Pos}_{FA}(e)]\varphi$$

第(7)～(11)条公理中余下的公理可简单地展开为基于公式的余下的表达式集的静态公理。

第(12)～(16)条公理包含基于规则的表达式集的公理,这种行为基本保持不变。

关于条件信念的归约公理可以根据模态$\leqslant$和$\sim$并通过展开定义而获得。

## 本章小结

本章主要研究的是隐性信念和显性信念。

在静态方面,运用组合的思想刻画非全能主体的显性的和隐性的信念,该思想是用可能世界的语境刻画信念(主要借助或然模型)。表 13.1 给出了本章所引入的一些静态的信息概念。

**表 13.1　静态的信息概念**

| 概念 | 定义 | 模型条件 |
|---|---|---|
| 关于公式的隐性信念 | $\langle\leqslant\rangle[\leqslant]\varphi$ | $\leqslant$局部的良前序 |
| 关于规则的隐性信念 | $\langle\leqslant\rangle[\leqslant]\mathrm{tr}(\rho)$ | $\leqslant$局部的良前序 |
| 关于公式的显性信念 | $\langle\leqslant\rangle[\leqslant](\varphi\wedge AK\varphi)$ | $\leqslant$局部的良前序 |
| 关于规则的显性信念 | $\langle\leqslant\rangle[\leqslant](\mathrm{tr}(\rho)\wedge R\rho)$ | $\leqslant$局部的良前序 |

前面定义了隐性知识和显性知识,该定义与最小觉知逻辑的条件相似。

在动态方面，可用动态认知逻辑方法刻画信念修正行动，有的表达式在非全能下是封闭的。同时，引入了 PA 行动模型，表示知道规则和知道前提、相信规则和知道前提、知道规则和相信前提，以及强的和弱的局部推理的推理行动。

PA 行动模型的语境提供了一个基于混合知识和信念的推理，而不只是特殊的后承关系。正如借助初始的行动模型可以刻画多种宣告那样，PA 行动模型也可以刻画更多的推理，如缺省推理和溯因推理。PA 行动模型具有重要的作用。

保真性和非保真性推理都是扩充的。事实上，在语形-语义的语境中，有四个相互作用的信息行动。强外延信息，即观察、剔除主体认为可能的情境(观察和宣告运算)，但弱外延信息只对其进行更新运算。可将 *FA* 集解释为主体已经承认，并在每一个可能世界中为真的元素。

# 第十四章　合并模型的语言和逻辑

本章运用模态逻辑的三个主要性质——不变性、对应性和完全性，从静态信念语言的角度，研究动态信念和时态信念语言之间的关系，并证明信念修正时态逻辑的完全性。

## 第一节　认知信念语言

下面给出认知或然模型以及在其基础上的语言解释。

(1)$(\mathcal{M},w)\vDash K_i\varphi$，当且仅当对所有的 $v$ 使得 $w\sim_i v$，有$(\mathcal{M},v)\vDash\varphi$；

(2)$(\mathcal{M},w)\vDash B_i^{\psi}\varphi$，当且仅当对所有 $v$ 使得 $w\rightarrow_i^{||\psi||^{\mathcal{M}}}v$，有$(\mathcal{M},v)\vDash\varphi$。

和认知或然模型的初始结构相匹配的其他运算的语言也是有效的，且有下面的语法：

**定义 14.1**　认知信念语言$(\mathcal{L}_{\mathrm{DOX}})(\langle\geqslant_i\rangle,K_i)$可定义如下：

$$\varphi::=p\mid\neg\varphi\mid\varphi\wedge\varphi\mid K_i\varphi\mid\langle\geqslant_i\rangle\varphi$$

其中 $i\in Ag$，$Ag$ 为主体集；$p\in\mathrm{Prop}$，Prop 为可数的命题字母集。

$\langle\geqslant_i\rangle\varphi$ 读作“存在一个(先验的)更或然的状态，其中 $\varphi$ 成立”。根据模态逻辑理论，$\langle\leqslant_i\rangle\varphi$ 为或然序的逆。基于认知或然模型的解释，其真值条件可表示为$(\mathcal{M},w)\vDash\langle\geqslant_i\rangle\varphi$，当且仅当对某些 $v$ 且 $v\leqslant_i w$，有$(\mathcal{M},v)\vDash\varphi$。

在概念层面，形如“主体 $i$ 相信 $\varphi$”的语句比“存在状态 $i$，发现了 $\varphi$ 成立的更或然的状态”更直觉。下面研究初始结构。

**定义 14.2(最小表达)**　语言 $\mathcal{L}_2$ 和语言 $\mathcal{L}_1$ 相对于点模型类至少具有相同的表达力，记作 $\mathcal{L}_2\leqslant\mathcal{L}_1$，当且仅当对每一个公式 $\varphi\in\mathcal{L}_2$，存在一个公式 $\tau(\varphi)\in\mathcal{L}_1$，使得对每一个模型$(\mathcal{M},w)\in Ag$，有$(\mathcal{M},w)\vDash\varphi$，当且仅当$(\mathcal{M},w)\vDash\tau(\varphi)$。

令 $\mathcal{L}_{\mathrm{DOX}}(\langle\geqslant_i\rangle)$为 $\mathcal{L}_{\mathrm{DOX}}(\langle\geqslant_i\rangle,K_i)$的 $K_i$ 的自由片段。下面首先证明

$\langle \geqslant_i \rangle$在基本的信念语言 $\mathcal{L}_{\text{DOX}}$ 中是互模拟的。

**事实 14.1** $\mathcal{L}_{\text{DOX}}(\langle \geqslant_i \rangle) \not\leqslant \mathcal{L}_{\text{DOX}}$。

**证** 图 14.1 所示为上确界和下确界模型。在基本的信念语言 $\mathcal{L}_{\text{DOX}}$ 中无法对$(\mathcal{M}, w)$和$(\mathcal{M}', w')$进行区分，而在语言 $\mathcal{L}_{\text{DOX}}(\langle \geqslant_i \rangle)$中则可以对$(\mathcal{M}, w)$和$(\mathcal{M}', w')$进行区分。

假设 $\mathcal{L}_{\text{DOX}}(\langle \geqslant_i \rangle)$成立，$(\mathcal{M}, w) \vDash \langle \geqslant_i \rangle \neg p$，而$(\mathcal{M}', w') \vDash \langle \geqslant_i \rangle \neg p$。在 $\mathcal{L}_{\text{DOX}}$语言中无法对$(\mathcal{M}, w)$和$(\mathcal{M}', w')$进行区分，可通过归纳进行证明。命题字母可以通过构造和施归纳于布尔运算的方法推出。知识算子可看作建立在以上模型上的两个不相交的信息单元形成的两个状态。施归纳于公式的深度 $n$。

**情况 1** $w \in ||\gamma||$，根据引入假设(I.H.)，有 $w' \in ||\gamma||$。$(\mathcal{M}, w) \vDash \mathcal{B}^{\gamma}\psi$，当且仅当 $w \in ||\gamma||^{\mathcal{M}}$。类似地，$(\mathcal{M}', w') \vDash \mathcal{B}^{\gamma}\psi$，当且仅当 $w' \in ||\gamma||^{\mathcal{M}'}$。但根据 I.H.，有 $w \in ||\gamma||^{\mathcal{M}}$，当且仅当 $w' \in ||\gamma||^{\mathcal{M}'}$。

**情况 2** $w \notin ||\gamma||$，$w' \notin ||\gamma||$且 $\mathcal{B}^{\gamma}\psi$ 在两个模型中都是不足道的。

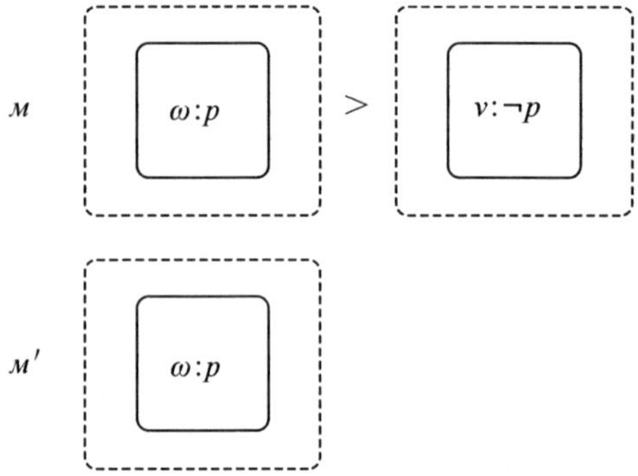


图 14.1 语言 $\mathcal{L}_{\text{DOX}}$和 $\mathcal{L}_{\text{DOX}}(\langle \geqslant_i \rangle)$不同的表达力

下面证明基本的认知信念语言 $\mathcal{L}_{\text{DOX}}$不能在 $\mathcal{L}_{\text{DOX}}(\langle \geqslant_i \rangle, K_i)$中得到模拟。

**事实 14.2** $\mathcal{L}_{\text{DOX}} \not\leqslant \mathcal{L}_{\text{DOX}}(\langle \geqslant_i \rangle, K_i)$。

**证** 图 14.2 所示为模型 $\mathcal{M}$ 和 $\mathcal{M}'$。

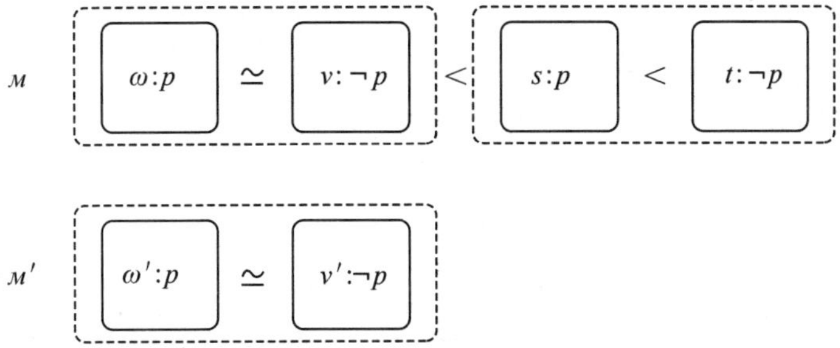


图 14.2　$\mathcal{L}_{\mathrm{DOX}}(\langle\geqslant_i\rangle, K_i)$和 $\mathcal{L}_{\mathrm{DOX}}$不同的表达力

首先证明$(\mathcal{M},t)$和$(\mathcal{M}',v')$是基于$\geqslant$和$\sim$的互模拟。令 $Z=\{(w,w'),(v,v'),(s,w'),(t,v')\}$,原子的协调性可立即得证。一方面,$(\mathcal{M},w)$和$(\mathcal{M}',w')$是$\geqslant$,$\sim$互模拟的;另一方面,$(\mathcal{M},v)$和$(\mathcal{M}',v')$也是$\geqslant$,$\sim$互模拟的。得证。

下面证明向后和向前的条件$(s,w')$和$(t,v')$。

根据第一个模型的情况,有 $s\sim t$,而 $w'\sim v'$且$(t,v')\in Z$;另外,如果 $s\sim w$,则 $w'\sim w'$且$(s,w')\in Z$,所以关于$\sim$的向前的条件是可满足的。向后的条件可采用对称的方法证明。对于$\geqslant$,有 $s\geqslant v$,且 $w'\geqslant v'$,$vZv'$。如果 $s\geqslant s$,则 $w'\geqslant w$ 且 $sZw'$。另外,如果 $w'\geqslant w'$,且 $s\geqslant s$,$sZw'$,以及 $w'\geqslant v'$,则$s\geqslant v$且 $vZ'v'$。最后,如果 $t\geqslant s$ 且 $v'\geqslant w'$,$sZw'$,则 $t\geqslant t$ 且 $v'\geqslant v'$,$tZv'$。对于另一个方向,则有 $v'\geqslant v'$,$t\geqslant t$ 且 $tZv'$,以及 $v'\geqslant w'$,随后有 $t\geqslant s$ 且 $sZ'w'$。

很容易证明,在语言 $\mathcal{L}_{\mathrm{DOX}}$中,模型$(\mathcal{M},t)$和$(\mathcal{M}',v')$是不可区分的。事实上,$(\mathcal{M},t)\vDash Bp$,而$(\mathcal{M}',v')\vDash\neg Bp$。■

完全信念只对真信息是完全的。和知识相对应,完全信念可以通过假的信息被驳倒,并且和知识与信念是相对应的。完全信念并不是否定内省的(但仍然是正内省的)。形式上,完全信念模态$\Box_i$是存在模态$\langle i\cap\geqslant_i\rangle$的对偶模态。其真值条件如下:

(1)$(\mathcal{M},w)\vDash\langle i\cap\geqslant_i\rangle\varphi$,当且仅当对某些 $v$,$v\leqslant_i w$ 且 $w\sim_i v$,有$(\mathcal{M},v)\vDash\varphi$;

(2)$(\mathcal{M},w)\vDash\Box_i\varphi$,当且仅当对所有的 $v$,使得 $v\leqslant_i w$ 且$(\mathcal{M},v)\vDash\varphi$。

与知识相关,完全模态与基本的信念语言具有相同的表达力。

令 $\mathcal{L}\neg(K_i,\langle i\cap\geqslant_i\rangle)$为包含知识和完全信念的模态语言,即

$$\varphi::=p\mid\neg\varphi\mid\varphi\wedge\varphi\mid K_i\varphi\mid\Box_i\varphi$$

且$\langle i\cap\geqslant_i\rangle\varphi\leftrightarrow\neg\Box_i\neg\varphi$。现在证明完全信念和知识可用以模拟(条件)信念。

**事实 14.3** $\mathcal{L}_{DOX}\leqslant\mathcal{L}_{DOX}(K_i,\langle i\cap\geqslant_i\rangle)$。

**证** 对条件信念而言,传递性是不足道的。在信念认知语境中,可通过下面的方式增加传递性:

$$\tau(B_i^\gamma\psi):=K_i(\tau(\gamma)\rightarrow\langle i\cap\geqslant_i\rangle(\tau(\gamma)\wedge\Box_i(\tau(\gamma)\rightarrow\tau(\psi))))$$

现在证明$(\mathcal{M},w)\vDash\varphi$,当且仅当$(\mathcal{M},w)\vDash\tau(\varphi)$。对条件信念逻辑而言是不足道的。假设$\varphi$是形如$B_i^\gamma\psi$的公式。

**从左到右** 假设$(\mathcal{M},w)\vDash B_i^\gamma\psi$。第一种情况:不存在包括$K_i[w]\gamma$的状态,那么$\tau(B_i^\gamma\psi)=K_i(\tau(\gamma)\rightarrow\langle i\cap\geqslant_i\rangle(\tau(\gamma)\wedge\Box_i(\tau(\gamma)\rightarrow\tau(\psi))))$是真的。第二种情况:至少存在一个包括$K_i[w]$的$\gamma$状态,根据$B_i^\gamma\psi$所满足的真值条件,所有的包括$K_i[w]$的最小的$\gamma$状态都是$\psi$状态①。在任意的包括$K_i[w]$的$\gamma$状态上,有$\sim_i\cap\geqslant_i$动作为最小的一个状态,且在该状态上,可以证明$\Box_i(\tau(\gamma)\rightarrow\tau(\psi))$成立。假设存在状态$t$,其为包括$K_i[w]$的最小的$\gamma$状态,且$\Box_i(\tau(\gamma)\rightarrow\tau(\psi))$不成立,那么必须有状态$s$且$s\leqslant_i t$,$s\in K_i[w]$,$(\mathcal{M},s)\vDash\gamma$且$(\mathcal{M},s)\nvDash\psi$②。如果$s$为包括$K_i[w]$的最小的$\gamma$状态③,则②和③与①是矛盾的。

**从右到左** 证明逆否命题。假设$(\mathcal{M},w)\nvDash B_i^\gamma\psi$,那么有$a\leqslant_i$最小的$v$状态,包括$K_i[w]\cap||\gamma||^{\mathcal{M}}$,使得$(\mathcal{M},v)\nvDash\psi$④。现在假设一个矛盾命题:$(\mathcal{M},w)\vDash K_i(\tau(\gamma)\rightarrow\langle i\cap\geqslant_i\rangle(\tau(\gamma)\wedge\Box_i(\tau(\gamma)\rightarrow\tau(\psi))))$。因此,$v\in K_i[w]$且$v\in||\gamma||$,则$(\mathcal{M},v)\vDash\langle i\cap\geqslant_i\rangle(\tau(\gamma)\wedge\Box_i(\tau(\gamma)\rightarrow\tau(\psi)))$。存在某些状态$t$且$v\sim_i t$⑤,$v\geqslant_i t$⑥,$(\mathcal{M},t)\vDash\gamma$⑦且$(\mathcal{M},t)\vDash\Box_i(\tau(\gamma)\rightarrow\tau(\psi))$⑧。因此,$v$是包括$K_i[w]\cap||\gamma||^{\mathcal{M}}$的状态。根据⑤⑥⑦,可以推出$t\geqslant_i v$⑨。但是根据⑤⑧⑨,可以推出$(\mathcal{M},v)\vDash\tau(\psi)$。根据I.H.,这和④相矛盾。■

## 第二节 动态信念语言

### 一、动态模态解释

下面定义动态信念认知语言$\mathcal{L}_{DDEL}(\langle\leqslant_i\rangle\varphi,\langle\geqslant_i\cap\sim_i\rangle,K_i,E)$如下:

$$\varphi::=p\mid\neg\varphi\mid\varphi\vee\varphi\mid\langle i\rangle\varphi\mid\langle\leqslant_i\rangle\varphi\mid\langle\geqslant_i\cap\sim_i\rangle\varphi\mid E\varphi\mid\langle\varepsilon,e\rangle\varphi$$

其中 $i \in Ag$，$p \in \mathrm{Prop}$，且 $(\varepsilon, e)$ 为由事件模型的符号组成的恰当集。$\langle \varepsilon, e\rangle$ 指事件 $(\varepsilon, e)$ 为可执行的，且在执行某个动作之后 $\varphi$ 成立。$\langle \leqslant_i \rangle \varphi$ 指存在一个至多和 $\varphi$ 成立时一样的或然 $\gamma$ 状态。$\langle i \rangle \varphi$ 指存在一个 $\varphi$ 成立的认知可能的状态。知识算子 $K_i \varphi \leftrightarrow \neg \langle i \rangle \neg \varphi$，且全称模态算子 $A\varphi \leftrightarrow \neg E \neg \varphi$ 的定义如通常。

所有的动态信念逻辑都可以用认知或然事件模型进行解释。可将认知或然事件模型称为事件模型。

**语义**　在此给出 $\mathcal{L}_{\mathrm{DDEL}}(\langle \leqslant_i \rangle, \langle \geqslant_i \cap \sim_i \rangle, \langle i \rangle, E)$ 的语言解释。一个点事件模型由事件模型加上基于其定义域中的某些不可区分的元素组成。当在语境中可以对事件进行区分时，可用 $\mathrm{Pre}(e)$ 表示 $\mathrm{Pre}_\varepsilon(e)$。新的动态算子 $\langle \varepsilon, e\rangle$ 可表示为 $(\mathcal{M}, w) \vDash \langle \varepsilon, e\rangle \varphi$，当且仅当 $(\mathcal{M}, w) \vDash \mathrm{Pre}(e)$ 且 $(\mathcal{M} \times \varepsilon, (w, e)) \vDash \varphi$。

## 二、递归公理的完全性

下面引入涉及递归公理的动态认知信念逻辑的方法。

行动知识递归公理可表示为

$$[\varepsilon, e] K_i \varphi \leftrightarrow (\mathrm{Pre}(e) \to \bigwedge \{K_i [\varepsilon, f] \varphi : e \sim_i f\})$$

**命题 14.1**　下式关于或然变化的规则是可靠的：

$$\langle \varepsilon, e\rangle \langle \leqslant_i \rangle \varphi \leftrightarrow (\mathrm{Pre}(e) \wedge (\langle \leqslant_i \rangle \bigvee \{\langle f \rangle \varphi : e \simeq_i f\} \vee E \bigvee \{\langle g \rangle \varphi : e <_i g\}))$$

**证　从左到右**　假设 $(\mathcal{M}, w) \vDash \langle \varepsilon, e\rangle \langle \leqslant_i \rangle \varphi$，那么 $(\mathcal{M} \times \varepsilon, we) \vDash \langle \leqslant_i \rangle \varphi$，存在某些 $vf$，使得 $we \leqslant_i vf$①，且 $(\mathcal{M} \times \varepsilon, vf) \vDash \varphi$②。根据②可以推出 $(\mathcal{M}, v) \vDash \langle \varepsilon, f\rangle \varphi$③。另外，根据①和优先更新的定义，存在以下两种情况：

**情况 1**　$e <_\varepsilon f$ 且 $v \in |\mathcal{M}|$。那么在 $|\mathcal{M}|$ 中存在某些状态 $v$ 和某些事件 $f$，使得 $e <_\varepsilon f$ 且 $(\mathcal{M} \times \varepsilon, vf) \vDash \varphi$，则 $(\mathcal{M}, w) \vDash E \bigvee \{\langle f \rangle \varphi : e <_i f\}$。

**情况 2**　$e \simeq_i^\varepsilon f$④且 $w \leqslant_i v$⑤。根据③④⑤，有 $(\mathcal{M}, w) \vDash \langle \leqslant_i \rangle \bigvee \{\langle f \rangle \varphi : e \simeq_i^\varepsilon f\}$。另一个方向与此类似。

关于完全信念模态的对偶的递归公理，其知识可用于模拟条件信念模态。

**命题 14.2**　下式关于认知或然变化的推出规则是可靠的：

$$\langle \varepsilon, e\rangle \langle \geqslant_i \cap_i \rangle \varphi \leftrightarrow (\mathrm{Pre}(e) \wedge (\langle_i \cap \geqslant_i \rangle \bigvee \{\langle f \rangle \varphi : e \sim_i f \wedge e \simeq_i f\} \vee \langle i \rangle \bigvee \{\langle g \rangle \varphi : e \sim_i f \wedge e <_i g\}))$$

**证　从左到右**　假设 $(\mathcal{M}, w) \vDash \langle \varepsilon, e\rangle \langle \geqslant_i \cap_i \rangle \varphi$，则有 $(\mathcal{M} \times \varepsilon, we) \vDash \langle \geqslant_i \cap_i \rangle \varphi$，存在某些 $vf$，使得 $we \geqslant_i vf$①，且 $we \sim_i vf$②，$(\mathcal{M} \times \varepsilon, vf) \vDash \varphi$③。

根据③可以推出$(\mathcal{M},v)\vDash\langle\varepsilon,f\rangle\varphi$④。根据①和优先更新的定义，有$e\sim_i f$⑤且$w\sim_i v$⑥。另外，根据②和优先更新的定义，存在如下两种情况：

**情况1** $e>_\varepsilon f$。那么根据⑥，存在某些状态$v$且$w\sim_i v$和某些事件$f$，使得$e<_\varepsilon f$，且$(\mathcal{M}\times\varepsilon,vf)\vDash\varphi$。利用⑤，有$(\mathcal{M},w)\vDash\langle i\rangle\bigvee\{\langle f\rangle\varphi:e\sim_i f\wedge e<_i f\}$。

**情况2** $e\simeq_i^\varepsilon f$⑦且$w\geqslant_i v$⑧。根据④⑤⑥⑦⑧，有$(\mathcal{M},w)\vDash\langle\geqslant i\cap i\rangle\bigvee\{\langle f\rangle\varphi:e\simeq_i f\wedge e<_i f\}$。另一个方向与此类似。

**命题14.3** 下式关于认知或然变化的公理是可靠的：

$$\langle\varepsilon,e\rangle E\varphi\leftrightarrow(\mathrm{Pre}(e)\wedge(E\bigvee\{\langle f\rangle\varphi:f\in\mathrm{Dom}(\varepsilon)\}))$$

**证** **从左到右** 假设$(\mathcal{M},w)\vDash\langle\varepsilon,e\rangle E\varphi$，那么$(\mathcal{M}\times\varepsilon,we)\vDash E\varphi$，存在$vf\in\mathrm{Dom}(\mathcal{M}\times\varepsilon)$①且$(\mathcal{M}\times\varepsilon,vf)\vDash\varphi$②。由②可以推出$(\mathcal{M},v)\vDash\langle\varepsilon,f\rangle\varphi$③。另外，由①和优先更新的定义可以推出，$v\in\mathrm{Dom}(\mathcal{M})$且$f\in\mathrm{Dom}(\varepsilon)$。而在$|\mathcal{M}|$中存在某些状态$v$和某些事件$f\in\mathrm{Dom}(\varepsilon)$，使得$(\mathcal{M}\times\varepsilon,vf)\vDash\varphi$，于是有$(\mathcal{M},w)\vDash E\bigvee\{\langle f\rangle\varphi:f\in\mathrm{Dom}(\varepsilon)\}$。

## 第三节　认知时态信念语言

### 一、简化的认知时态信念语言

根据引入的认知时态信念语言$\mathcal{L}_{\mathrm{DET}}$，即动态信念语言$\mathcal{L}_{\mathrm{DDEL}}(\langle\leqslant_i\rangle,\langle i\cap\geqslant_i\rangle,\langle i\rangle,E)$的完全自由信念实例，公式$\langle e^{-1}\rangle\varphi$的含义为“在$\varphi$是真的之前，$e$已经被执行”。$\mathcal{L}_{\mathrm{DET}}$的语形可递归定义如下：

$$\varphi::=p\mid\neg\varphi\mid\varphi\vee\varphi\mid\langle e\rangle\varphi\mid\langle e^{-1}\rangle\varphi\mid\langle\leqslant_i\rangle\varphi\mid\langle i\rangle\varphi\mid E\varphi$$

其中$i\in Ag$，$e\in\Sigma$，且$p\in\mathrm{Prop}$。

**定义14.3(真值定义)** 令$K_i[h]=\{h'\mid h\sim_i h'\}$，有

(1)$(\mathcal{H},h)\vDash p$，当且仅当$h\in V(p)$；

(2)$(\mathcal{H},h)\vDash\neg\varphi$，当且仅当$(\mathcal{H},h)\nvDash\varphi$；

(3)$(\mathcal{H},h)\vDash\varphi\vee\psi$，当且仅当$(\mathcal{H},h)\vDash\varphi$或者$(\mathcal{H},h)\vDash\psi$；

(4)$(\mathcal{H},h)\vDash\langle e\rangle\varphi$，当且仅当对某些$h'$且$h'=he$，有$(\mathcal{H},h')\vDash\varphi$；

(5)$(\mathcal{H},h)\vDash\langle e^{-1}\rangle\varphi$，当且仅当对某些$h'$且$h'e=h$，有$(\mathcal{H},h')\vDash\varphi$；

(6)$(\mathcal{H},h)\vDash\langle\leqslant_i\rangle\varphi$，当且仅当对某些$h'$且$h\leqslant_i h'$，有$(\mathcal{H},h')\vDash\varphi$；

(7)$(\mathcal{H},h)\vDash\langle i\rangle\varphi$，当且仅当对某些$h'$且$h'\in K_i[h]$，有$(\mathcal{H},h')\vDash\varphi$；

(8) $(\mathcal{H},h)\vDash E\varphi$，当且仅当对某些 $h'\in\mathcal{H}$，有 $(\mathcal{H},h')\vDash\varphi$。

将来算子 $F\varphi$ 的语义可定义为：

令 $h\rightarrow^{*}h'$，当且仅当存在某些有穷的事件序列 $e^{*}\in\Sigma^{*}$，使得 $h'=he^{*}$。

$(\mathcal{H},h)\vDash F\varphi$，当且仅当对某些 $h'$ 且 $h\rightarrow^{*}h'$，有 $(\mathcal{H},h')\vDash\varphi$。

## 二、分支时态信念语言

分支时态信念语言($\mathcal{L}_{\mathrm{BDET}}$)的语形可归纳定义如下：

$$\varphi::=p\mid\neg\varphi\mid\varphi\vee\varphi\mid K_j\varphi\mid B_j\varphi\mid A\varphi\mid\bigcirc^{-1}\varphi\mid F\varphi\mid P\varphi\mid\forall\varphi$$

其中，$p\in\mathrm{Prop}$，$j\in Ag$。$K_j\varphi(B_j\varphi)$ 读作“$j$ 知道(相信)$\varphi$”。$F$ 和 $P$ 分别表示将来算子和过去算子。$\forall\varphi$ 的意思是“在所有持续的状态上 $\varphi$ 是真的”。另外，$H\varphi:=\neg P\neg\varphi$，且 $G\varphi:=\neg F\neg\varphi$。$\bigcirc^{-1}\varphi$ 的意思是“在以前的状态上 $\varphi$ 是真的”。

**定义 14.4**　给定 $\mathcal{L}_{\mathrm{BDET}}$ 的语义，取 $e\subseteq e'$ 表示 $e$ 是 $e'$ 的初始片段，令 $B_i[wh]=\mathrm{Min}_{\leqslant_i}K_i[wh]$ 为历史集，且 $i$ 在 $wh$ 上最相似。

(1) $(\mathcal{H},w\varepsilon,wh)\vDash p$，当且仅当 $wh\in V(p)$；

(2) $(\mathcal{H},w\varepsilon,wh)\vDash K_i\varphi$，当且仅当 $\forall vh'\forall w\varepsilon$，如果 $vh'\in K_i[wh]\wedge vh'\subseteq v\varepsilon'$，那么 $(H,v\varepsilon',vh')\vDash\varphi$；

(3) $(\mathcal{H},w\varepsilon,wh)\vDash B_i\varphi$，当且仅当 $\forall vh'\forall w\varepsilon$，如果 $vh'\in B_i[wh]\wedge vh'\subseteq v\varepsilon'$，那么 $(H,v\varepsilon',vh')\vDash\varphi$；

(4) $(\mathcal{H},w\varepsilon,wh)\vDash A\varphi$，当且仅当 $\forall vh'\forall w\varepsilon$，如果 $vh'\in\mathcal{H}\wedge vh'\subseteq v\varepsilon'$，那么 $(\mathcal{H},v\varepsilon',vh')\vDash\varphi$；

(5) $(\mathcal{H},w\varepsilon,wh)\vDash\bigcirc^{-1}\varphi$，当且仅当 $\exists a\in\Sigma$，$\exists h'\subseteq\varepsilon$，且 $h'a=h$，$(\mathcal{H},w\varepsilon,wh')\vDash\varphi$；

(6) $(\mathcal{H},w\varepsilon,wh)\vDash F\varphi$，当且仅当 $\exists e\in\Sigma^{*}$，$\exists h'\subseteq\varepsilon$，且 $h'=he$，$(\mathcal{H},w\varepsilon,wh')\vDash\varphi$；

(7) $(\mathcal{H},w\varepsilon,wh)\vDash P\varphi$，当且仅当 $\exists e\in\Sigma^{*}$，$\exists h'\subseteq\varepsilon$，且 $h'e=h$，$(\mathcal{H},w\varepsilon,wh')\vDash\varphi$；

(8) $(\mathcal{H},w\varepsilon,wh)\vDash\forall\varphi$，当且仅当 $\forall h'\in\mathcal{P}(w)$，使得 $h\subseteq h$，有 $(\mathcal{H},wh',wh)\vDash\varphi$。

## 三、定义优先更新的框架条件

**对应结构**　根据公理模式可以推出对应的结果。

**定理 14.1(可定义性)** 偏好传递性(PP)、偏好相关性(PR)和可协调性(AC)在时态信念语言 $\mathcal{L}_{DET}$ 中是可定义的。

$\mathcal{H}$满足偏好传递性,当且仅当下面的公理是有效的:

$$E\langle a\rangle\langle\leqslant_i\rangle\langle b^{-1}\rangle\top\to((\langle\leqslant_i\rangle\langle b\rangle p\wedge\langle a\rangle q)\to\langle a\rangle(q\wedge\langle\leqslant_i\rangle p))\quad(\mathrm{PP})$$

$\mathcal{H}$满足偏好相关性,当且仅当下面的公理是有效的:

$$E\langle b\rangle\langle\leqslant_i\rangle\langle a^{-1}\rangle\top\to(\langle a\rangle\langle\leqslant_i\rangle(p\wedge\langle b^{-1}\rangle\top)\to\langle\leqslant_i\rangle\langle b\rangle p))\quad(\mathrm{PR})$$

$\mathcal{H}$满足可协调性,当且仅当下面的公理是有效的:

$$E\langle a\rangle\langle\leqslant_i\rangle\langle b^{-1}\rangle\top\wedge E[\langle a\rangle(p_1\wedge E(p_2\wedge\langle b^{-1}\rangle\top))\wedge[a](p_1\to[\leqslant_i]\neg p_2)]\to((\langle\leqslant_i\rangle\langle b\rangle q\to[a]\langle\leqslant_i\rangle q)\wedge(\langle a\rangle\langle\leqslant_i\rangle(r\wedge\langle b^{-1}\rangle\top)\to\langle\leqslant_i\rangle\langle b\rangle r)\quad(\mathrm{AC})$$

**两个直觉的解释** 下面重新对完全优先信念进行形式处理。

前面已经研究了完全信念模态和“优先信念”的类,完全优先信念模态 $\Box^{\geqslant}$ 在真的新信息下并不放弃优先信念,全称模态的对偶为存在模态$\langle\geqslant\rangle$,其逆运算为$\leqslant$。

$\mathcal{H}$满足偏好传递性,当且仅当基于 $\mathcal{H}$的下面的公理是有效的:

$$E\langle a\rangle\langle\geqslant_i\rangle\langle b^{-1}\rangle\top\to(\langle a\rangle\Box^{\geqslant i}p\to\Box^{\geqslant i}[b]p)\quad(\mathrm{PP}')$$

**和递归公理的类比** 下面的某些情况是并列的。

$$\langle\varepsilon,e\rangle\langle\leqslant_i\rangle p\leftrightarrow(\mathrm{Pre}(e)\wedge(\langle\leqslant_i\rangle\bigvee\{\langle f\rangle p:e\simeq_i f\}\vee E\bigvee\{\langle g\rangle p:e<_i g\})$$

$$E\langle a\rangle\langle\leqslant_i\rangle\langle b^{-1}\rangle\top\to(\langle\leqslant_i\rangle\langle b\rangle p\to[a]\langle\leqslant_i\rangle p)\quad(\mathrm{PP})$$

$$E\langle b\rangle\langle\leqslant_i\rangle\langle a^{-1}\rangle\top\to(\langle a\rangle\langle\leqslant_i\rangle(p\wedge\langle b^{-1}\rangle\top)\to\langle\leqslant_i\rangle\langle b\rangle p)\quad(\mathrm{PR})$$

族的相似性是显然的。事实上,偏好传递性和偏好相关性可看作动态信念递归公理的两部分,与更一般的任意的信念时态模型是等价的。

下面证明前述的对应结果。

**证** 首先证明偏好传递性。先证明加标的主体的情况。

**偏好传递性** 证明(PP)在基于偏好传递框架的所有的模型 $\mathcal{H}$上是有效的。假设$(\mathcal{H},h)\vDash E\langle a\rangle\langle\leqslant_i\rangle\langle b^{-1}\rangle\top$①,存在 $ja,j'b\in\mathcal{H}$且 $ja\leqslant j'b$②。令$(\mathcal{H},h)\vDash(\langle\leqslant\rangle\langle b\rangle p\wedge\langle a\rangle q)$③,存在 $h'\in\mathcal{H},h\leqslant h'$④且$(\mathcal{H},h')\vDash\langle b\rangle p$⑤,而$(\mathcal{H},ha)\vDash q$⑥。必须证明$(\mathcal{H},h)\vDash\langle a\rangle(q\wedge\langle\leqslant_i\rangle p)$⑦。根据②④⑦和偏好传递性并利用真值的定义,可得 $ha\leqslant h'b$。

假设公理(PP)在信念时态框架上是有效的,即在其命题字母的任意解释下是真的。令 $ja\leqslant j'b$①,$h\leqslant h'$②,同时令 $ha,h'b\in\mathcal{H}$③。首先,①在任意树的结点上偏好传递性的前提可自动得到验证。其次,偏好传递性中的第二个蕴涵前提在 $h$ 上可将命题字母 $p$ 解释为在单元集的结点 $h'b$ 上是真的，且 $q$ 类似于 $ha$④。因此，偏好传递性是有效的，其后承在特殊的赋值 $V$ 下也成立。显然，有 $(\mathcal{H},V,h)\vDash\langle a\rangle(q\wedge\langle\leqslant_i\rangle p)$。于是有 $ha\leqslant h'b$。

**偏好相关性**　证明(PR)在偏好相关的框架类下是有效的。假设 $\mathcal{H}$ 是基于偏好传递的框架①，且 $(\mathcal{H},h)\vDash E\langle b\rangle\langle\leqslant_i\rangle\langle a^{-1}\rangle\top$②，可以推出存在 $jb,j'a\in\mathcal{H}$ 使得 $jb\leqslant j'a$③。现在假设 $(\mathcal{H},h)\vDash\langle a\rangle\langle\leqslant_i\rangle(p\wedge\langle b^{-1}\rangle\top)$④，可以推出 $ha\in\mathcal{H}$⑤，且 $(\mathcal{H},ha)\vDash\langle\leqslant_i\rangle(p\wedge\langle b^{-1}\rangle\top)$⑥。根据⑥可以推出存在历史 $g\in\mathcal{H}$ 使得 $ha\leqslant g$⑦，且 $(\mathcal{H},g)\vDash(p\wedge\langle b^{-1}\rangle\top)$⑧。特别地，$(\mathcal{H},g)\vDash\langle b^{-1}\rangle\top$⑨。对某些 $k\in\mathcal{H}$，根据⑨和 $\langle b^{-1}\rangle$ 的语义，可以推出 $g=kb$⑩。根据⑧和⑩，有 $(\mathcal{H},kb)\vDash p$⑪。根据⑪可以推出 $(\mathcal{H},k)\vDash\langle b\rangle p$⑫。现在必须证明 $(\mathcal{H},h)\vDash\langle\leqslant_i\rangle\langle b\rangle p$⑬。根据⑦和⑩，有 $ha\leqslant kb$⑭。根据①③⑤⑭和偏好相关性，可得 $h\leqslant k$⑮。但⑬可以由⑮和⑫并根据 $\langle\leqslant\rangle$ 的语义推出。

现在假设 $\mathcal{H}$ 并不是基于偏好相关性的框架①。因此必须找到一个状态并且构造一个赋值，其中偏好相关性是不可满足的。根据①可以推出，存在 $jb,j'a\in\mathcal{H}$ 使得 $jb\leqslant j'a$②，且存在 $ha,h'b\in\mathcal{H}$ 使得 $ha\leqslant h'b$③，而 $h\nleqslant h'$④。设 $V(p)=\{h'b\}$⑤，根据 $\langle b\rangle$ 的语义，有 $(\mathcal{H},V,h'b)\vDash\langle b^{-1}\rangle\top$⑥。根据⑤和⑥可以推出 $(\mathcal{H},V,h'b)\vDash p\wedge\langle b^{-1}\rangle\top$⑦。根据③和⑦以及关于 $\langle\leqslant\rangle$ 的可满足性，可得 $(\mathcal{H},V,ha)\vDash\langle\leqslant\rangle(p\wedge\langle b^{-1}\rangle\top)$⑧。根据⑧和 $\langle a\rangle$ 的语义，有 $(\mathcal{H},V,h)\vDash\langle a\rangle\langle\leqslant\rangle(p\wedge\langle b^{-1}\rangle\top)$⑨。足以证明 $(\mathcal{H},V,h)\vdash\langle\leqslant_i\rangle\langle b\rangle p$⑩。根据⑤和 $\langle b\rangle$ 的语义，可以推出 $||\langle b\rangle p||=\{h'\}$⑪。根据④⑪和 $\langle\leqslant\rangle$ 的可满足性可以推出⑩。

**可协调性　可靠性**　证明(AC)在基于满足协调性的框架类上是有效的。假设 $\mathcal{H}$ 为基于可协调的框架上的框架①，且 $(\mathcal{H},g)\vDash E\langle a\rangle\langle\leqslant_i\rangle\top$②，可以推出存在 $ja,j'b\in H$ 使得 $ja\leqslant j'b$③。假设 $(\mathcal{H},g)\vDash E\{\langle a\rangle(p_1\wedge E(p_2\wedge\langle b^{-1}\rangle\top))\wedge[a](p_1\to[\leqslant_i]\neg p_2)\}$④，由④可以推出，存在 $h\in\mathcal{H}$ 使得 $(\mathcal{H},h)\vDash\langle a\rangle(p_1p_1\wedge E(p_2\wedge\langle b^{-1}\rangle\top))$⑤，且 $(\mathcal{H},h)\vDash[a](p_1\to[\leqslant_i]\neg p_2)$⑥。根据⑤可以推出 $(\mathcal{H},ha)\vDash p_1$⑦，$(\mathcal{H},ha)\vDash E(p_2\wedge\langle b^{-1}\rangle\top)$⑧。根据⑧可以推出，存在某些 $k\in\mathcal{H}$ 使得 $(\mathcal{H},k)\vDash p_2$⑨，且 $(\mathcal{H},k)\vDash\langle b^{-1}\rangle\top$⑩。根据⑩和 $\langle b^{-1}\rangle$ 的语义，对某些 $h'$，有 $k=h'b$⑪。根据⑥可以推出 $(\mathcal{H},ha)\vDash(p_1\to[\leqslant_i]\neg p_2)$⑫。根据⑦和⑫，有 $(\mathcal{H},ha)\vDash[\leqslant_i]\neg p_2$⑬。根据⑪⑬和 $[\leqslant_i]$ 的语义，可以推出 $ha\nleqslant h'b$⑭。根据①③⑭以及协调性的定义，可推出 $a$ 和 $b$ 是可协调的⑮。

证明$(\mathcal{H},g)\vDash\langle\leqslant_i\rangle\langle b\rangle q\to[a]\langle\leqslant_i\rangle q$ ⑯a。假设$(\mathcal{H},g)\vDash\langle\leqslant_i\rangle\langle b\rangle q$，可以推出存在$g'$使得$g\leqslant g'$⑰a，且$(\mathcal{H},g')\vDash\langle b\rangle q$ ⑱a。根据⑱a和$\langle b\rangle$的定义，有$g'b\in\mathcal{H}$⑲a，$(\mathcal{H},g'b)\vDash q$ ⑳a。必须证明$(\mathcal{H},g)\vDash[a]\langle\leqslant_i\rangle q$ ㉑a。分以下两种情况讨论：

**情况 1**　$ga\notin\mathcal{H}$㉒a。根据㉒a，则㉑a显然成立。

**情况 2**　$ga\in\mathcal{H}$㉓a。根据⑮⑰a ⑲a和㉓a，可以推出$ga\leqslant g'b$ ㉔a。根据⑳a ㉓a ㉔a以及$[a]$的定义可以推出㉑a。

根据结论的合取，需证明$(\mathcal{H},g)\vDash\langle a\rangle\langle\leqslant_i\rangle(r\wedge\langle b^{-1}\rangle\top)\to\langle\leqslant_i\rangle\langle b\rangle r$ ⑯b。首先假设$(\mathcal{H},g)\vDash\langle a\rangle\langle\leqslant_i\rangle(r\wedge\langle b^{-1}\rangle\top)$⑰b。由⑰b可以推出$ga\in\mathcal{H}$⑱b，且$(\mathcal{H},ga)\vDash\langle\leqslant_i\rangle(r\wedge\langle b^{-1}\rangle\top)$⑲b。存在某些$k\in\mathcal{H}$使得$ga\leqslant k$ ⑳b，且$(\mathcal{H},k)\vDash r$ ㉑b，$(\mathcal{H},k)\vDash\langle b^{-1}\rangle\top$㉒b。根据㉒b可以推出，对某些$g'\in\mathcal{H}$㉓b，$k=g'b$ ㉔b。⑳b和㉔b蕴涵$ga\leqslant g'b$ ㉕b。另外，㉑b和㉔b蕴涵$(\mathcal{H},g'b)\vDash r$ ㉖b。根据⑮和㉕b可以推出$g\leqslant g'$㉗b。根据$\langle b\rangle$的语义，㉖b蕴涵$(\mathcal{H},g')\vDash\langle b\rangle r$ ㉘b。根据㉖b和㉘b可以推出$(\mathcal{H},g)\vDash\langle\leqslant\rangle\langle b\rangle r$。

**充足性**　现在假设$\mathcal{H}$不是基于可协调性的框架①。必须找到一个状态并且构造一个赋值，其中可协调性是不可满足的。根据①可以推出存在$ja,j'b\in\mathcal{H}$使得$ja\leqslant j'b$②，且存在$ha,h'b\in\mathcal{H}$③，使得$ha\nleqslant h'b$④，并且$a$和$b$不是可协调的⑤。令$V(p_1)=\{ha\}$⑥，$V(p_2)=\{h'b\}$⑦，下面检验$(\mathcal{H},V,j)\vDash\langle a\rangle\langle\leqslant\rangle\langle b^{-1}\rangle\top$⑧，且$(\mathcal{H},V,h'b)\vDash(p_2\wedge\langle b^{-1}\rangle\top)$⑨。根据③⑥⑦以及$[a]$和$[\leqslant]$的语义，可以推出$(\mathcal{H},V,h)\vDash[a](p_1\wedge E(p_2\wedge\langle b^{-1}\rangle\top))\wedge[a](p_1\to[\leqslant_i]\neg p_2)$⑩。根据⑧⑩和$E$的语义，可以推出$(\mathcal{H},V,g)\vDash E\langle a\rangle\langle\leqslant_i\rangle\langle b^{-1}\rangle\top\wedge E[\langle a\rangle(p_1)\wedge E(p_2\wedge\langle b^{-1}\rangle\top))\wedge[a](p_1\to[\leqslant_i]\neg p_2)]$⑪。存在以下两种情况，其中⑤可能成立：

**情况 1**　$ga,g'b\in\mathcal{H}$⑫a，$g\leqslant g'$⑬a，而$ga\nleqslant g'b$ ⑭a。令$V(q)=\{g'b\}$⑮a，可以推出$(\mathcal{H},V,g)\vDash\langle b\rangle q$ ⑯a。也可以根据⑭a ⑮a和$\langle\leqslant\rangle$的语义推出$(\mathcal{H},V,ga)\vDash\langle\leqslant_i\rangle q$ ⑰a。根据$[a]$的语义可以推出$(\mathcal{H},V,g)\vDash[a]\langle\leqslant_i\rangle q$ ⑱a。根据⑬a和⑯a，可得$(\mathcal{H},V,g)\vDash\langle\leqslant\rangle\langle b\rangle q$ ⑲a。而⑰a和⑲a蕴涵$(\mathcal{H},V,g)\vDash\langle\leqslant_i\rangle\langle b\rangle q\to[a]\langle\leqslant_i\rangle q$ ⑳a，⑪和⑳a蕴涵$(\mathcal{H},V,g)$不满足可协调性。

**情况 2**　$ga\leqslant g'b$ ⑫b，而$g\nleqslant g'$⑬b。设$V(r)=\{g'b\}$⑭b，很容易验证$(\mathcal{H},V,g'b)\vDash r\wedge\langle b^{-1}\rangle\top$⑮b。根据⑮b和$\langle\leqslant\rangle$的语义可以推出⑫b，根据$\langle a\rangle$的语义可以推出$(\mathcal{H},V,g)\vDash\langle a\rangle\langle\leqslant_i\rangle(r\wedge\langle b^{-1}\rangle\top)$⑯b。可证明$(\mathcal{H},V,g)$

$\vDash\langle\leqslant_i\rangle\langle b\rangle r$ ⑰b 。根据⑭b 和 $\langle b\rangle$ 的语义，有 $||\langle b\rangle r||=\{g'\}$ ⑱b 。根据⑬b ⑱b 和 $\langle\leqslant\rangle$ 的语义可以推出⑰b 。

**萨尔奎斯特(Sahlqvist)对应**　前面对应的证明可以看作 Sahlqvist 替代论证。特别地，前两个公理为存在的正前提和正结论。

**事实 14.4**　关于偏好传递性、偏好相关性和可协调性的公理可以归入 Sahlqvist 公式。

## 四、公理系统

下面采用等价公理以简化语形的推导过程。

$$E[\langle a\rangle(\psi\wedge E(\varphi\wedge\langle b^{-1}\rangle\top))\wedge[a](\psi\rightarrow[\leqslant_i]\neg\varphi)]$$
$$\rightarrow(\langle a\rangle\langle\leqslant_i\rangle(\chi\wedge\langle b^{-1}\rangle\top)\rightarrow\langle\leqslant_i\rangle\langle b\rangle\chi)\qquad(\mathrm{F})$$

**事实 14.5**　在总信念时态模型中，下面的公理是有效的：

$$\langle a\rangle(\psi\wedge E(\varphi\wedge\langle b^{-1}\rangle\top))\rightarrow(\langle a\rangle(\psi\wedge\langle\leqslant_i\rangle\varphi)\vee$$
$$E\langle b\rangle(\varphi\wedge\langle\leqslant_i\rangle(\psi\wedge\langle a^{-1}\rangle\top))\qquad(\mathrm{Tot})$$

**事实 14.6**

$$\vdash((\mathrm{PP})\wedge(\mathrm{F}))\rightarrow(\mathrm{AC})$$
$$\vdash((\mathrm{PR})\wedge(\mathrm{Tot}))\rightarrow(\mathrm{F})$$

**证**　第一个定理即((PP)∧(F))→(AC)属于命题逻辑的范畴。我们重点关注第二个定理。首先假设 $\langle a\rangle(\psi\wedge E(\varphi\wedge\langle b^{-1}\rangle\top))\wedge[a](\psi\rightarrow[\leqslant_i]\neg\varphi)$ ①，根据①和(Tot)可以推出，标准的模态推理和析取三段论规则有 $E\langle b\rangle\langle\leqslant_i\rangle\langle a^{-1}\rangle\top$ ②。因此有 ⊢①→②。现在称之前的事实((PP)∧(F))→(AC)为③。假设(F)的前提为 $E[\langle a\rangle(\psi\wedge E(\varphi\wedge\langle b^{-1}\rangle\top))\wedge[a](\psi\rightarrow[\leqslant_i]\neg\varphi)]$ ④。根据③④和关于 $E$ 的事实④成立，可以推出 $E\langle b\rangle\langle\leqslant_i\rangle\langle a^{-1}\rangle\top$ ⑤。⑤是(PR)的前提。根据⑤和(PR)可以推出 $\langle a\rangle\langle\leqslant_i\rangle(\gamma\wedge\langle b^{-1}\rangle\top)\rightarrow\langle\leqslant_i\rangle\langle b\rangle\gamma$。

**推论 14.1**　⊢((PP)∧(PR)∧(Tot))→(AC)。

## 五、语言的变种和扩张

### (一)弱语言

**命题 14.4(不可定义性)**　偏好传递性、偏好相关性和可协调性在语言 $\mathcal{L}_{\mathrm{DET}}$ 的前瞻性片段中是不可定义的。

### (二)丰富的语言

还存在更丰富的可供发展的语言空间。例如，如果希望定义同步性的框架性质，则必须在模型中引入一个等价的关系，并为它提供一个对应的模态。同样地，更好的认知和信念进程则可用以刻画形如“自……以来”和“到……为止”等的时态模态性质，并在基本算子的基础上提供相匹配的动态信念逻辑。

### 六、更多的对应问题：信念和动态公式

事实 14.7　基于局部良基的点认知或然框架类上，$B_i\varphi\rightarrow\varphi$ 刻画了点框架，其中点（事实的）状态属于 $\mathrm{Min}_{\leqslant i}(K_i[w])$。

证　从左到右（证明逆否命题）　考虑点认知或然框架（$\mathcal{F},w$），使得 $w \notin \mathrm{Min}_{\leqslant i}(K_i[w])$①，则可确定赋值 $V(p)=|\mathcal{F}|\backslash\{w\}$②。

根据局部良基的 $\mathrm{Min}_{\leqslant i}(K_i[w])\subseteq|F|\backslash\{w\}=V(p)$，则（$\mathcal{F},V,w$）$\vDash B_ip$，再根据②则有（$F,V,w$）$\nvDash p$。

## 第四节　信念修正的公理系统

**公理系统**　时间公开宣告逻辑（TPAL）语言（$\mathcal{L}_{\mathrm{TPAL}}$）的公式集在所有的认知时态模型类上是有效的。该认知时态模型可以根据状态独立的公开宣告协议生成，并可公理化如下：

PC　命题的有效公式

($P!K$)　$\vdash[!\varphi](\psi\rightarrow\chi)\rightarrow([!\varphi]\psi\rightarrow[!\varphi]\chi)$

($P!P$)　$\vdash\langle!\varphi\rangle p\leftrightarrow(\langle\varphi\rangle\top\wedge p)$

($P!\neg$)　$\vdash\langle!\varphi\rangle\neg\psi\leftrightarrow(\langle\varphi\rangle\top\wedge\neg\langle!\varphi\rangle\psi)$

($P!\wedge$)　$\vdash\langle!\varphi\rangle(\psi\wedge\chi)\leftrightarrow(\langle!\varphi\rangle\psi\wedge\langle!\varphi\rangle\chi)$

($P!K_i$)　$\vdash\langle!\varphi\rangle K_i\psi\leftrightarrow(\langle\varphi\rangle\top\wedge K_i(\langle!\varphi\rangle\top\rightarrow\langle!\varphi\rangle\psi))$

**定理 14.2**（TPAL 的完全性）　TPAL 关于由状态独立的公开宣告协议生成的认知时态模型类是可靠的和强完全的。

### 一、基于协议的信念修正的动态逻辑

下面给出状态独立的动态信念修正协议。

**定义 14.5**（状态独立的动态信念修正协议）　给定一个信念语言 $\mathcal{L}$，令 $\mathrm{Ptcl}(\mathcal{L})=\{P\mid P\subseteq\mathcal{L}^*, P$ 在初始片段下是封闭的$\}$。给定信念模型 $\mathcal{M}=\langle W,(\leqslant_i)_{i\in Ag},V\rangle$，一个状态独立的动态信念修正协议是一个映射 $p:W\rightarrow\mathrm{Ptcl}(\mathcal{L})$。

令 $h(n)$ 表示 $h$ 的第 $n$ 个元素，且令 $h|n$ 表示长度为 $n$ 的 $h$ 的初始片段。

**定义 14.6**(根据状态独立的动态信念修正协议的字典序更新的信念模型的 DoTL 模型)　每一个初始或然模型 $\mathcal{M}=\langle W,(\leqslant_i)_{i\in Ag},V\rangle$ 和每一个动态信念修正协议 $p:W\rightarrow \mathrm{Ptcl}(\mathcal{L})$ 生成的一个可构造的 DoTL 或然模型 $\mathcal{H}=\langle \Sigma,\mathcal{H},(\leqslant_i)_{i\in Ag},V\rangle$ 如下：

令 $\Sigma:=\mathcal{L}$；再令 $\mathcal{H}_1:=W$，且对任意 $n\geqslant 1$，令 $\mathcal{H}_{n+1}:=\{(w\varphi_1\cdots\varphi_n)|(w\varphi_1\cdots\varphi_{n-1})\in\mathcal{H}_n$ 使得 $\varphi_1\cdots\varphi_n\in p(w)\}$；最后令 $\mathcal{H}=\bigcup_{1\leqslant k}\mathcal{H}_k$。

如果 $h,h'\in\mathcal{H}_1$，那么 $h\leqslant_i h'$，当且仅当 $h\leqslant_i^M h'$。

如果 $h,h'\in\mathcal{H}_1$，那么 $h\equiv h'$。

对 $k>1$ 且 $h=w\varphi_1\cdots\varphi_{n-1}$，$h'=w'\varphi_1\cdots\varphi_{n-1}$，$h\leqslant_i h'$，当且仅当下面的一个条件成立：

(1)$(\mathcal{H},(w\varphi_1\cdots\varphi_{n-2}))\vDash\varphi_{k-1}$，而$(\mathcal{H},(w'\varphi_1\cdots\varphi_{n-2}))\nvDash\varphi_{k-1}$；

(2)$(\mathcal{H},(w\varphi_1\cdots\varphi_{n-2}))\vDash\varphi_{k-1}$，当且仅当$(\mathcal{H},(w'\varphi_1\cdots\varphi_{n-2}))\vDash\varphi_{k-1}$，且$(w\varphi_1\cdots\varphi_{n-2})\leqslant_i(w'\varphi_1\cdots\varphi_{n-2})$。

对每一个 $k\geqslant 1$ 以及每一个 $h,h'\in\mathcal{H}_k$，令 $h\equiv h'$，当且仅当 $h|(k-1)\equiv h'|(k-1)$，且 $h_{(k)}=h'_{(k)}$。

令 $wh\in V(p)$，当且仅当 $w\in V(p)$。

下面定义一个纯信念动态语言($\mathcal{L}_{\mathrm{DBR}}(A,[\leqslant_i],\Box^{\geqslant i})$)。其中$\Box^{\geqslant i}$为前完全优先信念算子，$[\leqslant_i]$为模态优先或然序，$A$ 为全称算子。$\langle\Uparrow\psi\rangle\varphi$ 的意思是“协议允许主体公开地接收弱信息 $\psi$，并且在接收到该信息之后 $\varphi$ 成立”。($\mathcal{L}_{\mathrm{DBR}}(A,[\leqslant_i],\Box^{\geqslant i})$)可通过下面的归纳语形进行定义：

$$\varphi::=p|\neg\varphi|\varphi\vee\varphi|\langle\leqslant_i\rangle\varphi|\langle\geqslant_i\rangle\varphi|A_{\equiv}\varphi|\langle\Uparrow\psi\rangle\varphi$$

其中，$i\in Ag$，$\psi\in\mathcal{L}_{\mathrm{DOX}}(E,[\leqslant_i],\Box^{\geqslant i})$(基础的静态信念语言)，且 $p\in$ Prop。该公式还可以采用下面的简写：$\mathcal{L}_{\mathrm{DBR}}(A,[\leqslant_i],\Box^{\geqslant i}$(之后为语言 $\mathcal{L}_{\mathrm{DBR}}$)可以在树形中的 $wh$ 结点上得到解释，其中 $w$ 为长度为 1 的序列，且 $h$ 可能为空的序列。定义如下：

(1)$(\mathcal{H},wh)\vDash p$，当且仅当 $wh\in V(p)$；

(2)$(\mathcal{H},wh)\vDash\neg\varphi$，当且仅当$(\mathcal{H},wh)\nvDash\varphi$；

(3)$(\mathcal{H},wh)\vDash\varphi\vee\psi$，当且仅当$(\mathcal{H},wh)\vDash\varphi$ 或者$(\mathcal{H},wh)\vDash\psi$；

(4)$(\mathcal{H},wh)\vDash\langle\leqslant_i\rangle\varphi$，当且仅当对某些 $h'$ 且 $wh\leqslant_i h'$，有$(\mathcal{H},wh')\vDash\varphi$；

(5)$(\mathcal{H},wh)\vDash\langle\geqslant_i\rangle\varphi$，当且仅当对某些 $h'$ 且 $h'\leqslant_i wh$，有$(\mathcal{H},wh')\vDash\varphi$；

(6) $(\mathcal{H}, wh) \vDash A_{\equiv}\varphi$，当且仅当对所有的 $h'$ 使得 $h' \equiv wh$，有 $(\mathcal{H}, wh') \vDash \varphi$；

(7) $(\mathcal{H}, wh) \vDash \langle \Uparrow \psi \rangle \varphi$，当且仅当对某些 $h' \in \mathcal{H}$ 且 $h' = wh\psi$，有 $(\mathcal{H}, wh') \vDash \varphi$。

优先条件信念可定义如下：

$$\Diamond_i^{\psi}\varphi \leftrightarrow A(\psi \to \langle \geqslant_i \rangle (\psi \wedge \Box^{\geqslant i}(\psi \to \varphi)))$$

## 二、完全性

在进行该证明的解释策略之前先给出基本概念的定义。

**定义 14.7**（$\langle \Uparrow \rangle$DOX-MCS） 公式 $\Gamma$ 集为 $\langle \Uparrow \rangle$DOX 极大一致集(MCS)(下面用 $\langle \Uparrow \rangle$DOX-MCS 表示)，如果 $\Gamma$ 是 $\langle \Uparrow \rangle$DOX 一致的，则任意的恰当包含 $\Gamma$ 的集合的公式是 $\langle \Uparrow \rangle$DOX 不一致的。

静态的 DOX 公理系统如下：

| | |
|---|---|
| $(K[\leqslant_i])$ | $\vdash [\leqslant_i](\varphi \to \psi) \to [\leqslant_i]\varphi \to [\leqslant_i]\psi$ |
| $(\top[\leqslant_i])$ | $\vdash [\leqslant_i]\varphi \to \varphi$ |
| $(4[\leqslant_i])$ | $\vdash [\leqslant_i]\varphi \to [\leqslant_i][\leqslant_i]\varphi$ |
| $(KK_i)$ | $\vdash K_i(\varphi \to \psi) \to K_i\varphi \to K_i\psi$ |
| $(\top K_i)$ | $\vdash K_i\varphi \to \varphi$ |
| $(5K_i)$ | $\vdash \langle i \rangle \varphi \to K_i \langle i \rangle \varphi$ |
| $(KA_{\equiv})$ | $\vdash A_{\equiv}(\varphi \to \psi) \to A_{\equiv}\varphi \to A_{\equiv}\psi$ |
| $(\top A_{\equiv})$ | $\vdash A_{\equiv}\varphi \to \varphi$ |
| $(5A_{\equiv})$ | $\vdash E_{\equiv}\varphi \to A_{\equiv}E_{\equiv}\varphi$ |
| $(\leqslant - \geqslant)$ | $\vdash (\langle \leqslant_i \rangle \Box^{\geqslant i}\varphi \to \varphi) \wedge (\langle \geqslant_i \rangle [\leqslant_i]\varphi \to \varphi)$ |
| $(\leqslant \subseteq \equiv)$ | $\vdash A_{\equiv}\varphi \to [\leqslant_i]\varphi$ |
| $(\sim \subseteq \equiv)$ | $\vdash A_{\equiv}\varphi \to K_i\varphi$ |

动态的 DOX 公理系统如下：

| | |
|---|---|
| $(K\langle \Uparrow \rangle)$ | $\vdash \langle \Uparrow \chi \rangle (\varphi \to \psi) \to \langle \Uparrow \chi \rangle \varphi \to \langle \Uparrow \chi \rangle \psi$ |
| $(\langle \Uparrow \rangle \mathrm{Prop})$ | $\vdash \langle \Uparrow \varphi \rangle p \leftrightarrow \langle \Uparrow \varphi \rangle \top \wedge p$，对所有的 $p \in \mathrm{Prop}$ |
| $(\langle \Uparrow \rangle \neg)$ | $\vdash \langle \Uparrow \varphi \rangle \neg \psi \leftrightarrow \langle \Uparrow \varphi \rangle \top \wedge \neg \langle \Uparrow \varphi \rangle \psi$ |
| $(\langle \Uparrow \rangle \wedge)$ | $\vdash \langle \Uparrow \varphi \rangle (\psi \wedge \chi) \leftrightarrow \langle \Uparrow \varphi \rangle \psi \wedge \langle \Uparrow \varphi \rangle \chi$ |
| $(\langle \Uparrow \rangle [\leqslant_i])$ | $\vdash \langle \Uparrow \varphi \rangle [\leqslant_i]\psi \leftrightarrow \langle \Uparrow \varphi \rangle \top \wedge [(\varphi \to A_{\equiv}(\neg\varphi \to \neg\langle \Uparrow \varphi \rangle \neg \psi)) \wedge (\varphi \to [\leqslant_i]\neg\langle \Uparrow \varphi \rangle \neg\psi) \wedge [\leqslant_i](\neg\varphi \to \neg\langle \Uparrow \varphi \rangle \neg\psi)]$ |
| $(\langle \Uparrow \rangle K_i)$ | $\vdash \langle \Uparrow \varphi \rangle K_i\psi \leftrightarrow \langle \Uparrow \varphi \rangle \top \wedge K_i(\langle \Uparrow \varphi \rangle \top \to \langle \Uparrow \varphi \rangle \psi)$ |
| $(\langle \Uparrow \rangle [A_{\equiv}])$ | $\vdash \langle \Uparrow \varphi \rangle A_{\equiv}\psi \leftrightarrow \langle \Uparrow \varphi \rangle \top \wedge A_{\equiv}(\langle \Uparrow \varphi \rangle \top \to \langle \Uparrow \varphi \rangle \psi)$ |

**定义 14.8**（典范的初始认知或然模型） 定义 $\langle \Uparrow \rangle$DOX 典范的初始认

知或然模型 $\mathcal{M}_0^\Sigma=\langle W^0,(\leqslant_i^0)_{i\in Ag},(\geqslant_i^0)_{i\in Ag},(\sim_i^0)_{i\in Ag},\equiv^0,V^0\rangle$如下：

(1)$W^0$为$\langle\Uparrow\rangle$DOX-MCSs；

(2)对每一个 $w,v\in W^0$，定义 $w\leqslant_i^0 v$，当且仅当$\{\varphi\mid[\leqslant_i]\varphi\in w\}\subseteq v$；

(3)对每一个 $w,v\in W^0$，定义 $w\geqslant_i^0 v$，当且仅当$\{\varphi\mid\Box^{\geqslant i}\varphi\in w\}\subseteq v$；

(4)对每一个 $w,v\in W^0$，定义 $w\sim_i^0 v$，当且仅当$\{\varphi\mid K_i\varphi\in w\}\subseteq v$；

(5)对每一个 $w,v\in W^0$，定义 $w\equiv_i^0 v$，当且仅当$\{\varphi\mid A_{\equiv}\varphi\in w\}\subseteq v$；

(6)$V^0(p)=\{w\in H^0\mid p\in w\}$。

通过展开典范的初始模型可定义一个典范的信念森林，在构造中借助公式的每一个公式的历史集(有穷序列)引入加标函数 $\lambda$。

**定义 14.9**(典范信念认知森林)　$\langle\Uparrow\rangle$DOX 典范森林 $\mathcal{H}^\Sigma=\langle H^\Sigma,\lambda,\leqslant_i^\Sigma,\geqslant_i^\Sigma,\sim_i^\Sigma,V^\Sigma\rangle$可定义如下：

(1)$H^0=W^0$。

(2)对每一个 $h\in H^0$，令 $\lambda(h)=h$，$H_{n+1}=\{h\varphi\mid h\in H_n$ 且$\langle\Uparrow\varphi\rangle\top\in\lambda(h)\}$。

(3)对每一个 $k>0$ 且 $h\varphi\in H_k$，令 $\lambda(h\varphi)=\{\psi\mid\langle\Uparrow\varphi\rangle\psi\in\lambda(h)\}$，$H^\Sigma=\bigcup_{k\geqslant 0}H^k$。

(4)对每一个 $h,h'\in H^0$，定义 $h\leqslant_i^\Sigma h'$，当且仅当$\{\varphi\mid[\leqslant_i]\varphi\in\lambda(h)\}\subseteq\lambda(h')$。

(5)对每一个 $h,h'\in H^0$，定义 $h\geqslant_i^\Sigma h'$，当且仅当$\{\varphi\mid\Box^{\geqslant i}\varphi\in\lambda(h)\}\subseteq\lambda(h')$；

(6)对每一个 $h,h'\in H^0$，定义 $h\sim_i^\Sigma h'$，当且仅当$\{\varphi\mid K_i\varphi\in\lambda(h)\}\subseteq\lambda(h')$；

(7)对每一个 $h,h'\in H^0$，定义 $h\equiv^\Sigma h'$，当且仅当$\{\varphi\mid A_{\equiv}\varphi\in\lambda(h)\}\subseteq\lambda(h')$；

(8)对每一个 $k>0$ 且 $h\varphi,h'\psi\in H^k$，定义 $h\varphi\leqslant^\Sigma h'\psi$，当且仅当 $h=h'$，$\varphi=\psi$，且下面两个条件之一成立：

①$\varphi\in\lambda(h\varphi)$而 $\varphi\notin\lambda(h')$；

②$\varphi\in\lambda(h\varphi)$，当且仅当 $\varphi\in\lambda(h')$且 $h\leqslant_i h'$。

(9)对每一个 $k>0$ 且 $h\varphi,h'\psi\in H^k$，定义 $h\varphi\geqslant^\Sigma h'\psi$，当且仅当 $h'\psi\leqslant^\Sigma h\varphi$。

(10)对每一个 $k>0$ 且 $h\varphi,h'\psi\in H^k$，定义 $h\varphi\equiv^\Sigma h'\psi$，当且仅当 $h\equiv^\Sigma h'$，且 $\varphi=\psi$。

(11)对每一个 $p\in\mathrm{Prop}$，定义 $V^\sigma(p)=\{h\in H^\Sigma\mid p\in\lambda(h_1)\}$。

**引理 14.1**　对每一个 $k\geqslant 0$ 和每一个 $h\in H^k$，$\lambda(h)\in\langle\Uparrow\rangle$DOX-MCS。

证　通过施归纳于 $k$ 证明。根据定义，基础情况成立。假设 $k=n$ 的宣告成立，设 $h\varphi\in H^{k+1}$，根据 I.H.，$\lambda(h)\in$ MCSs。另外，根据构造，有 $\langle\Uparrow\varphi\rangle\top\in\lambda(h)$①。令 $\varphi\in\mathcal{L}_{DBR}$，因为 $\lambda(h)\in$ MCSs，则 $\langle\Uparrow\varphi\rangle\psi\in\lambda(h)$ 或者 $\neg\langle\Uparrow\varphi\rangle\psi\in\lambda(h)$。如果 $\langle\Uparrow\varphi\rangle\psi\in\lambda(h)$，那么根据构造，$\psi\in\lambda(h\varphi)$。如果 $\neg\langle\Uparrow\varphi\rangle\psi\in\lambda(h)$，那么根据①和 $\langle\Uparrow\neg\rangle$，有 $\langle\Uparrow\varphi\rangle\neg\psi\in\lambda(h)$。根据构造，可以推出 $\neg\psi\in\lambda(h\varphi)$。因此，对每一个 $\varphi\in\mathcal{L}_{DBR}$，有 $\psi\in\lambda(h\varphi)$ 或者 $\neg\psi\in\lambda(h\varphi)$。

接下来必须证明 $\lambda(h\varphi)$ 是一致的。假设 $\lambda(h\varphi)$ 不一致，根据定义，存在有穷公式集 $\{\varphi_1,\cdots,\varphi_m\}\subseteq\lambda(h\varphi)$，使得 $\vdash(\bigwedge_{i=1}^{m}\varphi_i\rightarrow\bot)$②。根据②和标准模态推理，$\vdash\langle\Uparrow\varphi\rangle\top\rightarrow\langle\Uparrow\varphi\rangle(\bigvee_{i=1}^{m}\langle\Uparrow\varphi\rangle\neg\varphi_i)$③。根据①和③，可以推出 $(\bigvee_{i=1}^{m}\langle\Uparrow\varphi\rangle\neg\varphi_i)\in\lambda(h)$④。根据 I. H.，$\lambda(h)\in$ MCSs，存在某些 $j$ 使得 $1\leqslant j\leqslant m$ 且 $\langle\Uparrow\varphi\rangle\neg\varphi_j\in\lambda(h)$⑤。根据⑤和 $(\langle\Uparrow\rangle\neg)$，有 $\neg\langle\Uparrow\varphi\rangle\varphi_j\in\lambda(h)$⑥。根据②和构造，可以推出 $\langle\Uparrow\varphi\rangle\neg\varphi_i\in\lambda(h)$，对每一个 $i$，使得 $1\leqslant i\leqslant m$⑦。而⑥和⑦与 $\lambda(h)$ 是一致的相矛盾。根据构造，可以推出 $\lambda(h\varphi)$ 是一致的。

引理 14.2（真值引理）　对每一个 $\varphi\in\mathcal{L}_{BDR}$，对每一个 $h\in H^{\Sigma}$，有 $\varphi\in\lambda(h)$，当且仅当 $(H^{\Sigma},h)\vDash\varphi$。

证　通过施归纳于 $\varphi$ 的复杂度证明。基础情况（原子公式）和布尔情况很容易得证。

[$A_{\equiv}$模态]　从左到右　假设 $A_{\equiv}\psi\in\lambda(h)$①，则存在以下两种情况：$h\in H^0$②，或者 $h\in(H^{\Sigma}-H^0)$③。

首先考虑第一种情况。假设 $h,h'\in H^0$，$h\equiv^{\Sigma}h'$④。根据④和构造，可以推出 $\{\varphi\mid A_{\equiv}\varphi\in\lambda(h)\}\subseteq\lambda(h')$⑤。根据②和⑤可得，$\psi\in\lambda(h')$⑥。根据⑥和基于公式的主要归纳的 I.H.，可以推出 $H^{\Sigma},h'\vDash\psi$⑦。因为 $h'$ 是任意的，因此根据⑤和 $A_{\equiv}$ 的真值定义，可以推出 $H^{\Sigma},h\vDash A_{\equiv}\psi$⑧。

现在考虑第二种情况。不失一般性，假设 $h$ 为公式 $w\varphi_1\cdots\varphi_{n+1}$⑨。根据①⑨和构造，可以推出 $\langle\Uparrow\varphi_{n+1}\rangle A_{\equiv}\psi\in\lambda(w\varphi_1\cdots\varphi_n)$⑩。根据引理 14.1，$\lambda(w\varphi_1\cdots\varphi_n)\in\langle\Uparrow\rangle$ DOX-MCS。根据⑩和 $(\langle\Uparrow\rangle[A_{\equiv}])$，可以推出 $\langle\Uparrow\varphi_{n+1}\rangle\top\in\lambda(w\varphi_1\cdots\varphi_n)$⑪，且 $A_{\equiv}(\langle\Uparrow\varphi_{n+1}\rangle\top\rightarrow\langle\Uparrow\varphi_{n+1}\rangle\psi)\in\lambda(w\varphi_1\cdots\varphi_n)$⑫。重复同样的论证，可得 $A_{\equiv}(\langle\Uparrow\varphi_1\rangle\top\rightarrow(\langle\Uparrow\varphi_2\rangle\top\rightarrow\cdots(\langle\Uparrow\varphi_n\rangle\top\rightarrow(\langle\Uparrow\varphi_{n+1}\rangle\top\rightarrow\langle\Uparrow\varphi_{n+1}\rangle\psi))\cdots))\in\lambda(w)$⑬。对每一个 $i$，$1\leqslant k\leqslant n$，$\langle\Uparrow\varphi_{n+1}\rangle\top\in\lambda(w\varphi_1\cdots\varphi_k)$⑭，且 $\langle\Uparrow\varphi_1\rangle\top\in\lambda(w)$⑮。

现在假设 $h\equiv^{\Sigma}h'$⑯。根据⑯和构造以及一些简单的归纳，$h'$ 为公式 $v\varphi_1\cdots\varphi_{n+1}$⑰。类似地，根据⑯和构造以及某些归纳，有 $w\equiv^{\Sigma}v$⑱。根据⑬⑱和构造，可以推出 $(\langle\Uparrow\varphi_1\rangle\top\rightarrow(\langle\Uparrow\varphi_2\rangle\top\rightarrow\cdots(\langle\Uparrow\varphi_n\rangle\top\rightarrow(\langle\Uparrow\varphi_{n+1}\rangle\top\rightarrow$

$\langle\Uparrow\varphi_{n+1}\rangle\psi))\cdots))\in\lambda(v)$⑲。根据⑭⑮和⑲，有 $\psi\in h'$⑳。根据⑳和主要的 I.H.，可以推出 $\mathcal{H},h'\vDash\psi$。而 $h'$ 是任意的，因此有 $\mathcal{H}^{\Sigma},h\vDash A_{\equiv}\psi$。

[$A_{\equiv}$模态]　从右到左　假设 $A_{\equiv}\psi\notin\lambda(h)$①，则存在以下两种情况：$h\in H^{0}$②，或者 $h\in(H^{\Sigma}-H^{0})$③。

首先考虑第一种情况，则必须证明 $\mathcal{H}^{\Sigma},h\vDash A_{\equiv}\psi$。为了证明①，只需要找到极大一致集中的 $\lambda(h')$，使得 $\psi\notin\lambda(h')$，而 $\{\varphi\mid A_{\equiv}\varphi\in\lambda(h)\}\subseteq\lambda(h')$。根据林敦保姆引理，只需要证明 $v_0=\{\neg\psi\}\cup\{\varphi\mid A_{\equiv}\varphi\in\lambda(h)\}$ 是一致的即可。

下面采用反证法进行证明。假设不是这种情况，那么存在有穷公式集 $\varphi_1\cdots\varphi_m\in\{\varphi\mid A_{\equiv}\varphi\in\lambda(h)\}$，使得 $(\bigwedge_{i=1}^{m}\varphi_i\rightarrow\psi)$④。根据标准的模态推理，可以推出 $(\bigwedge_{i=1}^{m}A_{\equiv}\varphi_i\rightarrow A_{\equiv}\psi)$⑤。因为 $\lambda(h)$ 是极大一致集，根据⑤可以推出 $A_{\equiv}\psi\in\lambda(h)$，这和①矛盾。

现在考虑第二种情况。不失一般性，假设 $h=w\varphi_1\cdots\varphi_{n+1}$，由于 $A_{\equiv}\psi\notin\lambda(h)$，根据 $\lambda(h)$ 的极大一致性和构造，则有 $\langle\Uparrow\varphi_{n+1}\rangle\neg A_{\equiv}\psi\in\lambda(w\varphi_1\cdots\varphi_n)$⑥。根据①和 $(\langle\Uparrow\rangle\neg)$，可以推出 $\langle\Uparrow\varphi_{n+1}\rangle\top\in\lambda(w\varphi_1\cdots\varphi_n)$⑦，且 $\neg\langle\Uparrow\varphi_{n+1}\rangle A_{\equiv}\psi\in\lambda(w\varphi_1\cdots\varphi_n)$⑧。根据⑦⑧和 $(\langle\Uparrow[A_{\equiv}]\rangle)$，很容易论证 $\neg A_{\equiv}(\langle\Uparrow\varphi_{n+1}\rangle\top\rightarrow\langle\Uparrow\varphi_{n+1}\rangle\psi)\in\lambda(w\varphi_1\cdots\varphi_n)$⑨。重复此论证，可得 $\neg A_{\equiv}(\langle\Uparrow\varphi_1\rangle\top\rightarrow\langle\Uparrow\varphi_1\rangle(\langle\Uparrow\varphi_2\rangle\top\rightarrow(\cdots\langle\Uparrow\varphi_n\rangle(\langle\Uparrow\varphi_{n+1}\rangle\top\rightarrow\langle\Uparrow\varphi_{n+1}\rangle\psi)\cdots)))\in\lambda(w)$。

下面需要证明存在 $v$，使得 $w\varphi_1\cdots\varphi_{n+1}\equiv v\varphi_1\cdots\varphi_{n+1}$ 且 $\psi\notin\lambda(\varphi_1\cdots\varphi_{n+1})$⑪。首先取 $v_0=\{\chi\mid A_{\equiv}\chi\in\lambda(w)\}\cup\{\neg\langle\Uparrow\varphi_1\rangle\top\rightarrow\langle\Uparrow\varphi_1\rangle(\langle\Uparrow\varphi_2\rangle\top\rightarrow(\cdots\langle\Uparrow\varphi_n\rangle(\langle\Uparrow\varphi_{n+1}\rangle\top\rightarrow\langle\Uparrow\varphi_{n+1}\rangle\psi)\cdots))\}$。假设 $v_0$ 是不一致的⑫，则可以推出存在有穷公式集 $\{\chi_1,\cdots,\chi_m\}\subseteq\{\chi\mid A_{\equiv}\chi\in\lambda(w)\}$，使得 $\vdash(\bigwedge_{i=1}^{m}\chi_i)\rightarrow(\langle\Uparrow\varphi_1\rangle\top\rightarrow\langle\Uparrow\varphi_1\rangle(\langle\Uparrow\varphi_2\rangle\top\rightarrow(\cdots\langle\Uparrow\varphi_n\rangle(\langle\Uparrow\varphi_{n+1}\rangle\top\rightarrow\langle\Uparrow\varphi_{n+1}\rangle\psi)\cdots)))$⑬。根据⑬和标准的模态推理，可以发现 $\vdash(\bigwedge_{i=1}^{m}A_{\equiv}\chi_i)\rightarrow A_{\equiv}(\langle\Uparrow\varphi_1\rangle\top\rightarrow\langle\Uparrow\varphi_1\rangle(\langle\Uparrow\varphi_2\rangle\top\rightarrow(\cdots\langle\Uparrow\varphi_n\rangle(\langle\Uparrow\varphi_{n+1}\rangle\top\rightarrow\langle\Uparrow\varphi_{n+1}\rangle\psi)\cdots)))$⑭。因为 $\lambda(h)$ 是一个 MCS，根据⑭可以推出 $A_{\equiv}(\langle\Uparrow\varphi_1\rangle\top\rightarrow\langle\Uparrow\varphi_1\rangle(\langle\Uparrow\varphi_2\rangle\top\rightarrow(\cdots\langle\Uparrow\varphi_n\rangle(\langle\Uparrow\varphi_{n+1}\rangle\top\rightarrow\langle\Uparrow\varphi_{n+1}\rangle\psi)\cdots)))\in\lambda(h)$，这和⑩矛盾。根据还原性，$v_0$ 是一致的。根据林敦保姆引理，可以将 $v_0$ 扩充为极大一致的 $v$。根据构造，$v\in H^{\Sigma}$⑮。因为 $\{\chi\mid A_{\equiv}\chi\in\lambda(w)\}\subseteq v_0\subseteq v$，根据构造，可以推出 $w\equiv v$。那么很容易归纳证明，对每一个 $1\leqslant j\leqslant n+1$，有 $w\varphi_1\cdots\varphi_j\equiv v\varphi_1\cdots\varphi_j(A_{\equiv})$。

根据构造，$\neg\langle\Uparrow\varphi_1\rangle\top\rightarrow\langle\Uparrow\varphi_1\rangle(\langle\Uparrow\varphi_2\rangle\top\rightarrow(\cdots\langle\Uparrow\varphi_n\rangle(\langle\Uparrow\varphi_{n+1}\rangle\top\rightarrow$

$\langle\Uparrow\varphi_{n+1}\rangle\psi)\cdots))\in\lambda(v)$，可以推出$\langle\Uparrow\varphi_1\rangle\top\in\lambda(v)$⑯，且$\neg\langle\Uparrow\varphi_1\rangle\top\rightarrow\langle\Uparrow\varphi_1\rangle(\langle\Uparrow\varphi_2\rangle\top\rightarrow(\cdots\langle\Uparrow\varphi_n\rangle(\langle\Uparrow\varphi_{n+1}\rangle\top\rightarrow\langle\Uparrow\varphi_{n+1}\rangle\psi)\cdots))$⑰。根据⑯⑰和$(\langle\Uparrow\rangle\neg)$，有$\langle\Uparrow\varphi_1\rangle\neg(\langle\Uparrow\varphi_2\rangle\top\rightarrow(\cdots\langle\Uparrow\varphi_n\rangle(\langle\Uparrow\varphi_{n+1}\rangle\top\rightarrow\langle\Uparrow\varphi_{n+1}\rangle\psi)\cdots))\in\lambda(v)$⑱。根据构造，$\neg(\langle\Uparrow\varphi_2\rangle\top\rightarrow(\cdots\langle\Uparrow\varphi_n\rangle(\langle\Uparrow\varphi_{n+1}\rangle\top\rightarrow\langle\Uparrow\varphi_{n+1}\rangle\psi)\cdots))\in\lambda(v\varphi_1)$⑲。重复该论证，有$\neg\psi\in\lambda(v\varphi_1\cdots\varphi_{n+1})$⑳。根据引理 14.1，$\lambda(v\varphi_1\cdots\varphi_{n+1})$是一致的，由⑳可以推出$\psi\notin\lambda(v\varphi_1\cdots\varphi_{n+1})$。根据$(A_{\equiv})$，⑮和㉑可以证明⑪。借助基于公式的主 I.H.，可得$\mathcal{H}^{=},v\varphi_1\cdots\varphi_{n+1}\nvDash\psi$㉒。根据㉒和$A_{\equiv}$的真值条件，可以推出$\mathcal{H}^{\Sigma},h\vDash A_{\equiv}\varphi$。该结论的证明可以采用$A_{\equiv}$的子情况。

$K_i$的情况与此类似。

[[≤]模态]　从左到右　假设$[\leqslant_i]\psi\in\lambda(h)$①，则存在以下两种情况：$h\in H^0$②，或者$h\in(H^{\Sigma}-H^0)$③。

首先考虑第一种情况。假设$h,h'\in H^0$，且$h\leqslant^{\Sigma}h'$④。根据④和构造，可以推出$\{\varphi\mid[\leqslant]\varphi\in\lambda(h)\}\subseteq\lambda(h')$⑤。根据①和⑤，$\psi\in\lambda(h')$⑥。根据⑥和基于公式的主归纳 I.H.，可以推出$\mathcal{H}^{\Sigma},h'\vDash\psi$⑦。因为$h'$是任意的，因此根据⑥和$[\leqslant]$的真值定义，可得$\mathcal{H}^{\Sigma},h'\vDash[\leqslant]\psi$⑧。

现在考虑第二种情况。为简化证明过程，假设$h$为形如$w\varphi$的公式⑨，可证明$A_{\equiv}$的线性情况。根据①⑨和构造，可以推出$\langle\Uparrow\varphi\rangle[\leqslant]\psi\in\lambda(w\varphi)$⑩。根据引理 14.1，$\lambda(w)$为$\langle\Uparrow\rangle$DOX-MCS。根据⑩和公理$(\langle\Uparrow\rangle[\leqslant_i])$，可得$\langle\Uparrow\varphi_{n+1}\rangle\top\in\lambda(w)$⑪，且$[(\varphi\rightarrow A_{\equiv}(\neg\varphi\rightarrow\neg\langle\Uparrow\varphi\rangle\neg\psi))\wedge(\varphi\rightarrow[\leqslant_i]\neg\langle\Uparrow\varphi\rangle\neg\psi)\wedge[\leqslant_i](\neg\varphi\rightarrow\neg\langle\Uparrow\varphi\rangle\neg\psi)]\in\lambda(w)$⑫。

假设$h\leqslant^{\Sigma}h'$⑬，根据⑬和构造，可以推出$h'$为形如$v\varphi$的公式⑭，且存在以下三种情况：

**情况 1**　$\varphi\in\lambda(w)$(15a)，而$\varphi\notin\lambda(v)$(16a)。根据⑫，有$(\varphi\rightarrow A_{\equiv}(\neg\varphi\rightarrow\neg\langle\Uparrow\varphi\rangle\neg\psi))\in w$(17a)。根据(15a)(17a)和引理 14.1，有$(A_{\equiv}(\neg\varphi\rightarrow\neg\langle\Uparrow\varphi\rangle\neg\psi))\in w$(18a)。根据(18a)和构造$(\neg\varphi\rightarrow\neg\langle\Uparrow\varphi\rangle\neg\psi)\in v$，有$\neg\varphi\in v$。这样，根据(19a)(20a)和引理 14.1，可得$\neg\langle\Uparrow\varphi\rangle\neg\psi\in v$(21a)。另外，由于$\langle\Uparrow\varphi\rangle\top\in v$(22a)，根据(21a)(22a)，$(\langle\Uparrow\rangle\neg)$以及引理 14.1，可得$\langle\Uparrow\varphi\rangle\psi\in v$(23a)。根据构造(22a)，有$\psi\in v\varphi$(24a)。根据 I.H.，可得$h'\vDash\psi$(25a)。因为$h'$是任意的，所以$(\mathcal{H}^{\Sigma},h)\vDash[\leqslant]\psi$(26a)。

**情况 2**　$\varphi\in\lambda(w)$(15b)，$\varphi\in\lambda(v)$(16b)且$w\leqslant v$(17b)。根据⑫，有$(\varphi\rightarrow[\leqslant_i]\neg\langle\Uparrow\varphi\rangle\neg\psi)\in w$(18b)。很容易论证，$([\leqslant_i]\neg\langle\Uparrow\varphi\rangle\neg\psi)\in w$(19b)。根据构造，$(\neg\langle\Uparrow\varphi\rangle\neg\psi)\in v$(20b)，$\langle\Uparrow\varphi\rangle\top\in v$(21b)。根据(20b)(21b)和$(\langle\Uparrow\rangle\neg)$，有$\langle\Uparrow\varphi\rangle\psi\in v$(22b)。根据构造和(22b)，可以推出$\psi\in v$。

**情况 3**　$\varphi\notin\lambda(w)$⑮c，$\varphi\notin\lambda(v)$⑯c且 $w\leqslant v$ ⑰c。根据⑫，有$[\leqslant_i](\neg\varphi\rightarrow\neg\langle\Uparrow\varphi\rangle\neg\psi)\in w$ ⑱c。很容易论证，$[\leqslant_i]\neg\langle\Uparrow\varphi\rangle\neg\psi\in w$ ⑲c。根据构造，$\neg\langle\Uparrow\varphi\rangle\neg\psi\in v$ ⑳c，$\langle\Uparrow\varphi\rangle\top\in v$ ㉑c。根据⑳c㉑c和$(\langle\Uparrow\rangle\neg)$，有$\langle\Uparrow\varphi\rangle\psi\in v$ ㉒c。根据构造和㉒c，可以推出 $\psi\in v$。

$[[\leqslant_i]$模态$]$　从右到左　假设$[\leqslant_i]\psi\notin\lambda(h)$①，则存在以下两种情况：$h\in H^0$②，或者 $h\in(H^\Sigma-H^0)$③。

第一种情况的证明类似于前面。

现在考虑另一种情况。假设 $h=w\varphi$，该证明类似于 $A_\equiv$ 的情况。由于$[\leqslant_i]\psi\notin\lambda(h)$，根据极大的 $\lambda(h)$ 和构造$(\langle\Uparrow\varphi\rangle\neg[\leqslant_i]\psi)\in\lambda(w)$，可以推出①②。根据②和$(\langle\Uparrow\rangle\neg)$，有$(\langle\Uparrow\varphi\rangle\top)\in\lambda(w)$⑤，且$(\neg\langle\Uparrow\varphi\rangle[\leqslant_i]\psi)\in\lambda(w)$⑥。

给定⑤和⑥，根据$(\langle\Uparrow\rangle[\leqslant_i])$，可论证$\neg[(\varphi\rightarrow A_\equiv(\neg\varphi\rightarrow\langle\Uparrow\varphi\rangle\neg\psi))\wedge(\varphi\rightarrow[\leqslant_i]\neg\langle\Uparrow\varphi\rangle\neg\psi)\wedge[\leqslant_i](\neg\varphi\rightarrow\neg\langle\Uparrow\varphi\rangle\neg\psi)]\notin w$，且$\neg(\varphi\rightarrow A_\equiv(\neg\varphi\rightarrow\langle\Uparrow\varphi\rangle\neg\psi))\vee\neg(\varphi\rightarrow[\leqslant_i]\neg\langle\Uparrow\varphi\rangle\neg\psi)\vee\neg[\leqslant_i](\neg\varphi\rightarrow\neg\langle\Uparrow\varphi\rangle\neg\psi)$⑦。该析取有以下三种情况：

**情况 1**　$\neg(\varphi\rightarrow A_\equiv(\neg\varphi\rightarrow\langle\Uparrow\varphi\rangle\neg\psi))\in w$ ⑧a。根据引理 14.1，有 $\varphi\in w$ ⑨a，且$\neg(\neg\varphi\rightarrow\neg\langle\Uparrow\varphi\rangle\neg\psi)\in w$ ⑩a。现在需要证明存在 $v$ 使得 $w\equiv v$，$\varphi\notin v$且 $\psi\notin\lambda(v\varphi)$。首先取集合 $v_0=\{\gamma\mid A_\equiv\gamma\in\lambda(w)\}\cup\{\neg\varphi\wedge\langle\Uparrow\varphi\rangle\neg\psi\}$ ⑪a。采用反证法，假设 $v_0$ 是不一致的⑫a。根据⑫a可以推出，存在有穷公式集$\{\gamma_1,\cdots,\gamma_m\}\subseteq\{\gamma\mid A_\equiv\gamma\in\lambda(w)\}$，使得$\vdash(\bigwedge_{i=1}^m\gamma_i)\rightarrow(\neg\varphi\rightarrow\neg\langle\Uparrow\varphi\rangle\neg\psi)$⑬a。根据⑬a和标准的模态推理，可以发现$\vdash(\bigwedge_{i=1}^m A_\equiv\gamma_i)\rightarrow A_\equiv(\neg\varphi\rightarrow\neg\langle\Uparrow\varphi\rangle\neg\psi)$⑭a。根据⑨a ⑭a和引理14.1，可得 $A_\equiv(\neg\varphi\rightarrow\neg\langle\Uparrow\varphi\rangle\neg\psi)$。⑮a和⑩a相矛盾，根据还原性，$v_0$是一致的。根据林敦保姆引理，可将其扩充为极大一致集 $v^+$。根据构造，$v^+\in H^\Sigma$ ⑯a。因为$\{\gamma\mid A_\equiv\gamma\in\lambda(w)\}\subseteq v_0\subseteq v^+$，根据构造，可以推出 $w\equiv v^+$ ⑰a。根据 $v_0$ 的构造，有$\neg\varphi\in v_0\subseteq v^+$ ⑱a。根据⑨a ⑰a⑱a以及构造，可得 $w\varphi\leqslant v\varphi$ ⑲a。根据⑪a和简单的证明$\langle\Uparrow\varphi\rangle\neg\psi\in v$，有 $\psi\notin v\varphi$ ⑳a。而由⑲a和⑳a，可得 $w\varphi\nvDash[\leqslant_i]\psi$。

**情况 2**　$\neg(\varphi\rightarrow[\leqslant_i]\neg\langle\Uparrow\varphi\rangle\neg\psi)\in w$ ⑧b。根据⑧b和引理 14.1，可得$\varphi\in w$⑨b，且$\neg[\leqslant_i]\neg\langle\Uparrow\varphi\rangle\neg\psi\in w$ ⑩b。根据$(\langle\Uparrow\rangle\neg)$，可以推出$\neg[\leqslant_i](\langle\Uparrow\varphi\rangle\top\rightarrow\langle\Uparrow\varphi\rangle\psi)\in w$。从右到左的论证为 $A_\equiv$ 的情况，可通过用$\leqslant$替换$\equiv$，即构造 $v^+$ 使得 $w\leqslant v$ ⑪b，且$\langle\Uparrow\varphi\rangle\neg\psi)\in v^+$ ⑫b。根据⑫b发现和构造 $\psi\notin v\varphi$ ⑬b。根据⑨b ⑪b和构造，可得 $w\varphi\leqslant v\varphi$ ⑭b。余下的论证如通常。

**情况 3** $\neg[\leqslant_i](\neg\varphi\rightarrow\neg\langle\Uparrow\varphi\rangle\neg\psi)\in w$ (8c)。根据(8c)很容易证明$\neg[\leqslant_i](\neg\varphi\rightarrow(\langle\Uparrow\varphi\rangle\top\rightarrow\langle\Uparrow\varphi\rangle\psi))\in w$ (9c)。根据构造 $v_0$，可得$\neg\varphi\in v_0$(10c)，$\langle\Uparrow\varphi\rangle\top\in v_0$(11c)，而$\langle\Uparrow\varphi\rangle\psi\notin v_0$(12c)，可以扩充为极大一致集，$v^+$(15c)使得 $w\leqslant v^+$ (14c)。根据(10c)(13c)(14c)和构造，可得 $w\varphi\leqslant v\varphi$ (15c)。根据(10c)(15c)和主 I.H.，很容易证明该结果。

$\Box^{\geqslant}$的情况与此类似。

**引理 14.3** 在初始的典范认知或然模型中，通过初始状态生成的任意典范森林的子森林和由初始或然模型和动态信念修正协议生成的森林是同构的。

**定理 14.3(完全性)** $\langle\Uparrow\rangle$DOX 为通过字典序更新的某些信念模型，且根据某些状态独立的动态信念修正协议的 DoTL 模型类是可靠的和强完全的。

**证** 可以根据真值引理和之前的标准论证中的引理证明。①

## 三、其他语言

若要将当前的完全性的证明发展为基于其他静态语言的动态逻辑的公理系统呢，首先应该构造一个可满足的初始典范模型，然后再将其扩充为典范森林。下面给出一个关于完全信念$\Box_i\varphi$ 的动态时态公理系统：

$$\begin{aligned}\langle\Uparrow\varphi\rangle\Box_i\psi\leftrightarrow\langle\Uparrow\varphi\rangle\top\wedge&\\&(\neg\varphi\rightarrow\langle i\rangle(\varphi\rightarrow(\langle\Uparrow\varphi\rangle\top\rightarrow\langle\Uparrow\varphi\rangle\psi))\\&\wedge(\neg\varphi\rightarrow\Box_i(\langle\Uparrow\varphi\rangle\top\wedge\langle\Uparrow\varphi\rangle\psi))\\&\wedge(\varphi\rightarrow\Box_i(\varphi\rightarrow(\langle\Uparrow\varphi\rangle\top\rightarrow\langle\Uparrow\varphi\rangle\psi))\end{aligned}$$

对偶算子$\langle\sim_i\cap\geqslant_i\rangle$：

$$\begin{aligned}\langle\Uparrow\varphi\rangle\langle\sim_i\cap\geqslant_i\rangle\psi\leftrightarrow\langle\Uparrow\varphi\rangle\top\wedge&\\&[\neg\varphi\wedge\langle i\rangle(\varphi\wedge\langle\Uparrow\varphi\rangle\psi)\\&\vee(\neg\varphi\wedge\langle\sim_i\cap\geqslant_i\rangle(\neg\varphi\wedge\langle\Uparrow\varphi\rangle\psi))\\&\vee(\varphi\wedge\langle\sim_i\cap\geqslant_i\rangle(\varphi\wedge\langle\Uparrow\varphi\rangle\psi))]\end{aligned}$$

$$\begin{aligned}\langle\Uparrow\varphi\rangle B_i\psi\leftrightarrow\langle\Uparrow\varphi\rangle\top\wedge&\\&[(\langle i\rangle(\varphi\wedge\langle\Uparrow\varphi\rangle\top)\wedge K_i(\langle\sim_i\cap\geqslant_i\rangle((\varphi\wedge\langle\Uparrow\varphi\rangle\top)\wedge\\&\Box_i((\varphi\wedge\langle\Uparrow\varphi\rangle\top)\rightarrow\langle\Uparrow\varphi\rangle\psi))))\\&\vee(K_i\varphi\rightarrow\neg\langle\Uparrow\varphi\rangle\top)\wedge K_i(\langle\sim_i\cap\geqslant_i\rangle((\varphi\wedge\langle\Uparrow\varphi\rangle\top)\wedge\\&\Box_i(\langle\Uparrow\varphi\rangle\top\rightarrow\langle\Uparrow\varphi\rangle\psi))))]\end{aligned}$$

以上给出的完全性的证明及附加的动态时态公理，也可用于研究基于信念修正逻辑的协议。

---

① Blackburn, P., Rijke, M. D. and Venema, Y., 2001: *Modal Logic* (*Cambridge Tracts in Theoretical Computer Science*), Cambridge: Cambridge University Press.

# 第十五章　知识和信念的哲学反思

“辩护博弈”的博弈语义常用来定义凯斯·莱勒(Keith Lehrer)的“可废止知识”。① 对于知识的传统的理解即“确证的真信念”，艾德蒙·盖梯尔(Edmund Gettier)给出了该定义的反例。② 莱勒建立了关于可废止知识的理论。可对莱勒所给出的理论进行形式处理，并可提供关于可废止知识的博弈语义。

对知识的定义很多，其中最著名的是将知识看作“确证的真信念”。盖梯尔提出了能够削弱知识这一概念的反例。根据莱勒的理论可给出“可废止知识”的定义，并可在形式上建立有关该理论的系统。在动态认知逻辑框架内运用总辩护模型，可为主体的信息和辩护提供一个定性的表达方法。关于可废止知识的博弈语义主要基于莱勒的形式的概念。利用形式模型以及形式模型的具体实例，可讨论形式系统的局限性，并可提出克服这些问题的一些可能的方法。

传统上，通常将知识定义为“确证的真信念”。

## 第一节　确证的真信念

在现代认识论中，有关知识的划分模型[最早由辛迪卡根据等价关系所提供的模型以及后来由奥曼(Aumann)所提供的模型]都没有提供关于“知识”的具有说服力的理论。在日常生活和经验科学中经常使用知识，从20世纪60年代开始，盖梯尔的反例削弱了传统上将知识理解为“确证的真信念”的观点。许多著名的哲学家都提出了多种有关“知识”的概念，这些概念也都成为了众人批驳的靶子。下面研究莱勒所提出的有关“可废止知识”的

---

① Lehrer, K., 2000: *Theory of Knowledge*, Boulder: Westview Press.

② Gettier, E. L., 1963: “Is Justified True Belief Knowledge?”, *Analysis*, Vol. 23, No. 6 (June): pp. 121-123.

形式系统。

## 一、知　识

**基于可辩护的真信念的知识**　关于知识的最普遍的解释就是将其看作可被辩护的真信念。换言之，知识可被定义为“可辩护的真信念”。主体 $S$ 知道命题 $p$，当且仅当：(1) $p$ 是真的；(2) $S$ 相信 $p$；(3) $S$ 相信 $p$ 是真的得到了辩护。

第一条称为真值条件：知识必须是真的，假的命题不能被看作知识；第二条称为信念条件：知识涉及命题中的命题态度；第三条称为辩护条件：知识不仅是真信念，因为主体能够知道一个命题有时可能需要运气。主体知道一个命题仅当该主体能够对他的信念进行确证；换言之，仅当主体可以为他的信念提供一个恰当的理由。

**盖梯尔问题**　盖梯尔针对知识的这三重分析提供了一些反例。[①] 下面就介绍这些所谓的盖梯尔反例。考虑主体小刘对他的信念(i)的确证过程，即他有理由相信(i)。

(i)小翔有一辆宝马汽车。

事实上，小刘可以证明小翔有一辆宝马汽车。因为有一次，小翔让小刘开着宝马汽车去旅行，并给小刘提供了一些证件说明他有一辆宝马汽车，并且明确告诉小刘他有一辆宝马汽车。

现在考虑小刘的朋友小明。小明在一个假期外出旅游，小刘不记得小明已经去过哪些地方，但是知道他可能去过贵阳、长沙或者郑州。

考虑下面的命题：

(ii)小翔有一辆宝马汽车，或者小明在贵阳。

(iii)小翔有一辆宝马汽车，或者小明在长沙。

(iv)小翔有一辆宝马汽车，或者小明在郑州。

这些命题都可以由命题(i)推演出来。假设小刘是一个优秀的逻辑学家，那么小刘完全可以相信命题(ii)(iii)和(iv)是真的，并能得到确证。

现在考虑小翔的车不是宝马汽车，而是本田汽车。此外，可能是巧合，小明事实上在长沙。那么命题(iii)是真的。小刘相信命题(iii)是真的(因此他相信小翔有一辆宝马汽车)，并且他相信命题(iii)是真的可以得到确证(因此他相信小翔有一辆宝马汽车可以得到确证)。然而，人们不能认为小刘知道命题(iii)是真的。

---

① Gettier, E. L., 1963: “Is Justified True Belief Knowledge?”, *Analysis*, Vol. 23, No. 6 (June): pp.121-123.

盖梯尔问题的产生主要是由于一阶逻辑而产生的问题。该问题主要归结于宣称确证是由蕴涵表达的：如果主体 $S$ 相信 $P$ 是真的得到了确证，并且 $P$ 蕴涵 $Q$，那么 $S$ 应该能够确证他相信 $Q$。这样，盖梯尔认为利用这三个条件不足以定义知识。

**第四个条件**　哲学家为盖梯尔问题提出了一些解决方案。他们中的大多数都通过在辩护(Justification)、真理(Truth)和信念(Belief)(JTB)的条件之中增加第四个条件来实现。如果主体能够正确地重建因果链，阿尔文·戈德曼(Alvin Goldman)提出信念是可辩护的，仅当该信念是由另外一个真信念造成的，并认为知识就是可辩护的真信念。然而，有些哲学家更喜欢用其他的辩护概念，或者采用知识的原始概念，而不是通过增加更多的条件来解决盖梯尔问题。下面将重点介绍莱勒所提供的解决方案。

## 二、莱勒提供的对盖梯尔问题的解决方案

莱勒将知识定义为对不可驳倒的辩护的接纳：如果主体能够为他接受 $p$ 提供一个辩护，并且他的辩护不能被推翻，那么主体知道 $p$。莱勒考虑了若干种不同类型的辩护，主要是从主观向更加客观的方面转变，利用了一致性和理性的概念，仅在理性的情况下才是真的。

**私人辩护**　主观的辩护又被称为"私人辩护"。主体在时间 $t$ 私人地为接受 $p$ 进行辩护，当且仅当 $p$ 与主体在时刻 $t$ 的"赋值系统"保持一致，即对于主体来说接受 $p$ 比在时刻 $t$ 根据赋值系统随意地反对 $p$ 更合理。

**赋值系统**　主体的赋值系统由二部分组成：可接受系统、偏好系统和推理系统。这三者共同刻画的都和背景信息相关，主体已经获知了他所探索的关于世界的知识，并且主体的推理能力是有局限性的。莱勒提出"关于主体的赋值系统是由主体所接受的信息、主体对所接受的信息的偏好，以及主体如何对所接受的相关信息进行推理三部分组成"。[①] 那么赋值系统可以说明主体所接受的信息中哪些是更合理的，什么样的信息源是可知的(感觉、记忆……)。在莱勒最初的著作中，赋值系统等同于接受系统。但现实中的主体并不是逻辑全知的，在莱勒的理论中，主体应该能够清晰地陈述自己的推理系统，同样地，在对主体所拥有的知识进行分析时，也需要研究主体的偏好(或者有条件地接受)。

**例 15.1**　下面考虑私人辩护的例子，即与赋值系统相一致的例子。试想一下，我看到在我房间的桌子上有一个类似于花瓶的东西，但我的理性告

---

① Gettier, E. L., 1963: "Is Justified True Belief Knowledge?", *Analysis*, Vol. 23, No. 6 (June): pp.121-123.

诉我它也可能是一个水壶，因为它们有时看起来是一样的。所以我的感觉(我的眼睛)以及我的理性与我桌子上放的客观物体的性质不一致。虽然我家里没有水壶，并且我自认为我从来不曾拥有过水壶，但是某人可能会在我离开这间房子的时候放置了一个水壶在桌子上面。然而，我更愿意接受没有人可以进入我的房间并且做这样的事情。这样我的赋值系统告诉我，要相信自己的眼睛，并且接受该物体是一个花瓶，而不接受它是一个水壶，这样会更加地合理。当然，我可能会出错(某人可能真的进入我的房间并且将水壶放在了我的桌子上)，但我还是会为接受我看到的是一个花瓶做私人辩护。

因此，主体在时刻 $t$ 为接受命题 $p$ 进行了私人辩护可能会因为 $p$ 的真而出现错误，从一致性的意义上说，需要用到主体所接受的其他命题。赋值系统是不可靠的，但根据莱勒的观点，它必须用于确定将要接受什么，因为其中包含了相关的信息。赋值系统表明接受私人辩护可能会出错，即使接受本身是真的。所以不能说某个人知道每一个接受都将是真的，只有主体为接受所提供的私人辩护是真的。

**真值相容的子系统** 为了构建更加客观的辩护类型，莱勒引入了"完全的"辩护，而且可用基于赋值系统的真值相容的子系统的辩护取而代之。初始的赋值系统的真值子系统只包含可接受项，即事实上是真的，删除了某些有关偏好的描述，并且将推理系统严格地限制为可靠的推理。

**不可驳倒的辩护** 在莱勒的关于不可驳倒的或者不能击败的辩护的定义中，真值相容的子系统可定义为：主体在某种程度上，在时刻 $t$ 接受 $p$ 是不可驳倒的是可辩护的，当且仅当根据莱勒的在时刻 $t$ 的超系统，该主体在时刻 $t$ 接受 $p$ 是可辩护的。在时刻 $t$ 的超系统由在时刻 $t$ 的初始赋值系统的真值相容的子系统和剩余的所谓的"没有标记的"状态组成。不可驳倒的辩护和私人辩护之间的区别在于二者在客观上都是真的，但前者所起的作用比后者更大。

**辩护博弈** 为了解释辩护接受，莱勒为每一个辩护定义了一个对应的辩护博弈。在辩护博弈中，主体[称为支持者(claimant)]称他在时刻 $t$ 为接受 $p$ 进行辩护，而反对者[称为怀疑者(skeptic)或批评家(critic)]则试图证明事实上不是这种情况。

**私人辩护博弈** 在私人辩护博弈中，怀疑者可以借助拒绝的理由 $O$ 反对支持者的要求 $p$(或者称为"反对者")，当且仅当对于主体基于假设 $O$ 是假的情况下接受 $p$ 比根据时刻 $t$ 的赋值系统假设 $O$ 是真的情况下接受 $p$ 会更加合理。那么支持者必须回答或者阻止怀疑者在博弈中获胜。如果他可以回答(表明 $O$ 与他的赋值系统是不一致的,即他接受 $p$ 比根据他的赋值系统接受 $O$ 更加合理),或者阻止(表明存在拒绝陈述 $n$ 以及 $O$ 并不是客观地反对 $p$,并且接受 $n$ 与 $O$ 比单独地根据他的赋值系统接受 $O$ 更加合理)所有的由怀疑者所提出的反对意见,那么他将会在博弈中获胜。如果他在博弈中获胜,他就是私人地、可辩护地接受了 $p$。

**超辩护博弈**　在超辩护博弈中,主体的收益为"可废止知识"。在该博弈中,反对者(称为超批评者)被假定为知道支持者所接受的信息的真假。如果碰巧涉及真的信息,可以提出与私人辩护博弈中的模式相类似的相反意见,但当遇到这种反对意见时只能回答或者阻止。如果支持者能够在博弈中获胜,那么他将可辩护地在某种程度上接受 $p$,即为不可驳倒的辩护。

**可废止知识**　如果采用莱勒给出的可废止知识的定义和辩护博弈的语境,可解释下面的条件(4)。可将他的语境中的知识归约为接受不可驳倒的辩护。

**定义 15.1**　$S$ 知道 $p$,当且仅当:

(1)$S$ 接受 $p$;

(2)$p$ 是真的;

(3)$S$ 接受 $p$ 是可辩护的;

(4)$S$ 接受 $p$ 是可辩护的,在某种程度上它不能被任意假的陈述证伪(也不依靠任何假陈述)。

因此,如果关于 $p$ 的知识可归约为不可证伪地接受辩护 $p$,且支持者在每一轮超辩护博弈中都可以获胜,那么称支持者知道 $p$(在知识可废止的情况下)。

**非假引理**　下面需要说明的是定义 15.1 中的条件(4),"不能被任意假的陈述证伪"和"不依靠任意假的陈述"的意思是什么呢？如何能够通过假的陈述进行辩护呢?

莱勒认为,不能简单地由事实条件(4)推出对假陈述的否定。假陈述通常是由感觉错误或者某些推理的前提是假的造成的,由条件(4)并不能推出辩护主体必须接受 $p$,且必须不包含任意的假陈述(或者信念)。另外,反对根据假陈述所做的辩护,当且仅当如果主体知道假的陈述是假的,则主体认为该辩护将不再具备正当性。

事实上,主体具有某些假陈述,或者不能被他所定义的知识中的任意假陈述所证伪的辩护,即超辩护博弈。这种类型的博弈涉及超系统的主体,即一个系统只包含关于主体的真的且没有任何误差的赋值系统。事实上,超批评可能要求支持者剔除接受、偏好以及不属于支持者的超系统的推理。

超辩护博弈则允许删除所有的假陈述。如果主体可以回答或者抵消所有超批评者的反对意见，并证明主体可辩护地在某种程度上接受 $p$，且不能通过任意的假陈述被驳倒，那么支持者将会在博弈中获胜。

如果一个主体至少拥有一个辩护是不依赖假陈述的，那么主体将会在超辩护博弈中获胜。因为一旦主体删除了所有属于他的赋值系统中的假陈述，超批评者将不能证伪余下的陈述，所以对应的辩护也是如此。

## 第二节 可废止知识的博弈语义

下面将对莱勒的“可废止知识”进行形式的处理，主要采用为此所设计的博弈语义。首先分析莱勒所定义的信念和知识，接着证明莱勒的可废止知识等价于可废止知识的形式的概念。

### 一、知识、信念和辩护

辩护可定义为：论证 $F$ 为关于 $Q$ 的辩护，使得所有的论证至少和 $F$ 一样强地支持 $Q$，即 $\forall F', F \leqslant F' \rightarrow \bigcap F' \subseteq Q$。在莱勒的私人辩护博弈中，这意味着论证 $F$ 不能被更强的论证驳倒，因此，所有的更强的论证都支持 $Q$。

总辩护模型中的信念可定义为：主体相信 $Q$，当且仅当存在关于 $Q$ 的辩护 $F$，即 $\exists F, \forall F' \geqslant F, \bigcap F' \subseteq Q$。主体相信 $Q$，当且仅当所有的比 $F$ 强的论证都支持 $Q$。这意味着，主体接受 $Q$ 是私人的辩护。

在形式系统中，可辩护的真信念可刻画为 $p \wedge \exists^{ev} \text{just} p$。可辩护的真信念和可废止知识是有区别的。可废止知识可定义为：在全辩护模型中，主体可废止地在状态 $s$ 上知道 $Q$，当且仅当在状态 $s$ 上存在一个关于 $Q$ 的可靠的辩护，即 $\exists F, s \in \bigcap F \wedge \forall F' \geqslant F, \bigcap F' \subseteq Q$。在关于可废止知识的定义中，不仅要求 $Q$ 中的信念必须为可靠的，而且要求主体所有的关于 $Q$ 的证据也必须是可靠的。主体可废止地知道 $Q$，当且仅当他所有的关于 $Q$ 的证据是可靠的，且他的证据支持 $Q$。在莱勒的超辩护博弈中，论证 $F$ 不能被更强的论证驳倒，因为所有的支持 $Q$ 的更强的论证都不是可靠的。

### 二、超辩护博弈

辩护模型 $\mathcal{M}$ 主要由主体的辩护、不可改变知识、信念、条件信念、强信念和可废止知识构成，这些也构成了关于主体的赋值系统。下面主要关注基于证据实体的全偏序的辩护模型类。两种辩护模型的区别为：一般种类的辩护模型，其中证据集是不重叠的，但可以是互相不一致的；另外的辩护模型，部分重叠和 AGM 类中的所有证据集都是重叠的。

**假设**　莱勒假定“接受”和“信念”是等价的，且主体是逻辑全能的。另外，假设主体只保留一致的信念。这些假设可以确保形式系统不至于过分复杂，并且能够对给定的莱勒的辩护博弈进行形式分析。

**定义 15.2**　给定总辩护模型 $\mathcal{M}_0=(S_0,E_0,\leqslant_0,||\cdot||,s_0)$ 和宣告 $Q\subseteq S_0$，可定义超辩护博弈 $G(\mathcal{M}_0,Q)$。

超辩护博弈为包括两个参与人的博弈，其中的参与人分别称为支持者和超批评者。支持者的辩护模型假设可以被超批评者知道。这意味着，超批评者知道支持者的认知和信念态度，而且他的辩护使得超批评者知道信念（包括条件信念和强信念）是假的，且其辩护是不可靠的。

支持者（或者相信者）的每一个要求都将受到前提条件的约束，即支持者传达给他的反对者关于支持者所支持的确定的辩护、信念、条件信念或者比他的信念更强的信念的信息必须是真的。换言之，在关于支持者的赋值系统中，相信者不能宣告连续反对他所接受的信息，即使他接受了在现实中事实上为假的信念。

关于超批评者的任意行为的前提条件是他所传达的所有信息在现实世界中必须是真的，即超批评者不能说谎。这就是为什么要在超批评者传达的信息的形式系统中采用公开宣告算子（!）的原因。

一场比赛（或者一个运行程序）可表示为参与人的一系列行为，其中每一个参与人的合法的行为集可定义如下：

该博弈过程中的状态为有序对 $P=(\mathcal{M},F)$，使得 $\mathcal{M}=(S,E,\leqslant,||\cdot||,s)$ 为辩护模型，且 $s=s_0(\in S)$，$F\in\varepsilon_{\mathcal{M}}$ 为关于模型 $\mathcal{M}$ 的论证（即 $F$ 为模型 $\mathcal{M}$ 中的证据实体）。

初始状态 $P_0=(\mathcal{M}_0,F_0)$，其中 $\mathcal{M}_0$ 为初始总辩护模型，且 $F_0=\varnothing$。

该博弈由超批评者的行为组成，也包括支持者的行动。超批评者的行动称为挑战，支持者的行动称为防卫。

考虑状态 $P_{n-1}=(\mathcal{M}_{n-1},F_{n-1})$，其中 $n\geqslant 1$。

首先，超批评者的行动如下：

(1)挑战不可靠的直接的论证 $F_{n-1}$，即宣称 $s_0\notin\bigcap F_{n-1}$，可以推出直接辩护模型 $\mathcal{M}_{n-1}$ 的更新！$(\neg\bigcap F_{n-1})$；

(2)挑战不足以令人相信的（它不足以为 $Q$ 辩护）直接的论证 $F_{n-1}$，通过观察对象，即论证 $F'\in\varepsilon_{\mathcal{M}n-1}$ 使得 $F_{n-1}\leqslant F'$ 且 $(\mathcal{M}_{n-1},s_0)\vDash\neg K\neg(\bigcap F'$

$\wedge \neg Q)$，即$\bigcap F' \not\subseteq Q \cap S_{n-1}$。

直接的辩护模型可更新为一个新的辩护模型 $\mathcal{M}_n$，可通过下面的方式给出：

① $\mathcal{M}_n := \mathcal{M}_{n-1} | (\neg \bigcap F_{n-1})$，如果超批评者所做的行动类型为(1)；

② $\mathcal{M}_n := \mathcal{M}_{n-1}$，如果超批评者所做的行动类型为(2)。

支持者所对应的辩护可以通过以下方式确定：

(1′)用新的论证 $F_n \in \varepsilon_{\mathcal{M}n}$ 来回答类型(1)的挑战，并在新的状态 $P_n = (\mathcal{M}_n, F_n)$ 上终止；

(2′)用新的论证 $F_n \in \varepsilon_{\mathcal{M}n}$ 来回答类型(2)的挑战，使得 $F' < F_n$，并在新的状态 $P_n = (\mathcal{M}_n, F_n)$ 上终止。

如果在任意的循环过程中，参与人不能做出行动，那么他就会失败，而其他的参与人将会获胜。如果超批评者不能做出行动，即他不能对给定的论证提出挑战，则该论证被认为是不可驳倒的。如果支持者不能做出行动，即他不能对给定的论证进行防卫，则可认为该论证被驳倒。所以支持者在超辩护博弈 $G(\mathcal{M}_0, Q)$ 中获胜，当且仅当该支持者至少提出了一个关于 $Q$ 的辩护，即没有被驳倒(他在 $Q$ 中的初始信念未被驳倒)。

**命题 15.1**　每一个博弈都能够在有穷的步骤内终止且两个参与人中只能有一人获胜。

**证**　支持者的每一个行动或者收缩为总辩护模型 $\mathcal{M}$，或者可转换为严格地更加令人信服的论证 $F_n$。每一个总辩护模型都是有穷的，因为 $S_0$ 是有穷的，只存在有穷的更新收缩辩护模型。所以存在某些数字 $n$，使得从第 $n$ 轮循环开始，辩护模型将保持不变，即$\forall m > n$，$\mathcal{M}_n := \mathcal{M}_m$。

从第 $n$ 轮循环开始，支持者只能按照类型(2′)行动。因为支持者只能进行自我辩护，并提供一个新的论证使得该论证能够更严格地比超批评者的论证更加令人信服，在每一轮循环中，论证不断增强：$\forall m > n$，$F_n < \cdots < F_m$。对每一个论证，$F_n \in \varepsilon_{\mathcal{M}n}$。因为 $\mathcal{M}_n$ 是有穷的，$\varepsilon_{\mathcal{M}n}$ 也是有穷的，只存在有穷的有效的论证，因此，不存在无穷的论证的升链，即在任意的一轮循环 $m > n$ 中，支持者最后的论证 $F_m$ 被驳倒(超批评者获胜)或者不被驳倒，从而支持者将获胜。

**推论 15.1**　如果博弈是确定的，那么有一个参与人拥有获胜的策略。

**定理 15.1**　支持者可废止地知道 $Q$，当且仅当支持者在超辩护博弈 $G(\mathcal{M}_0, Q)$ 中具有获胜策略。另外，超批评者在超辩护博弈 $G(\mathcal{M}_0, Q)$ 中具有获胜的策略。

**证**　假设支持者可废止地知道 $Q$。给定总辩护模型 $\mathcal{M}_0$，其中 $K_DQ$ 在状态 $s_0$ 上是真的。必须证明在 $G(\mathcal{M}_0, Q)$ 中支持者存在获胜的策略。用 $\mathcal{L}_n$ 表示支持者在第 $n$ 轮循环的第(2)步上的有效行动的有穷集，即在超批评者做出第 $n$ 步行动之后，辩护模型可更新为 $\mathcal{M}_n$。因为 $K_DQ$ 在状态 $s_0$ 上是真的，因此存在关于 $Q$ 在 $s_0$ 的可靠的辩护 $F \in \varepsilon_0$。需要证明下面的宣称：

**宣称 15.1**　对每一个 $n$，如果完成了第(2)步，即超批评者做出了第 $n$ 步行动，并且将辩护模型更新为 $\mathcal{M}_n$，那么 $\mathcal{L}_n \neq \varnothing$。更严格地，需要证明总有 $F \mid \mathcal{M}_n \in \mathcal{L}_n$。对每一个 $n$，或者超批评者不能做出行动，或者他的挑战不能由支持者回答(通过选择任意的 $F \mid \mathcal{M}_n \in \mathcal{L}_n$)。因此，支持者从来都不会失败，所以根据推理 15.1，他将获胜。

**证**　一方面，通过施归纳于 $n$ 证明。当 $n=0$ 时，有 $\mathcal{L}_0 := \varepsilon_0 = \{G \in \varepsilon_0 \mid G_0 = \varnothing \leqslant G\}$。因为 $\varnothing \leqslant F$，所以 $F \in \mathcal{L}_0$。

任意的后继 $n$，如果超批评者无法连续行动，支持者将会获胜。否则，如果超批评者做出了类型(1)的行动，宣告!$(\neg \bigcap F_{n-1})$，那么有 $\mathcal{M}_n := \mathcal{M}_{n-1} \mid (\neg \bigcap F_{n-1})$。需要证明 $F \mid \mathcal{M}_n \in \mathcal{L}_n$，即 $F \mid \mathcal{M}_n \in \varepsilon_{\mathcal{M}n}$。根据归纳假设，$F \mid \mathcal{M}_{n-1} \in \mathcal{L}_{n-1} \subseteq \varepsilon_{\mathcal{M}_{n-1}}$。$F \mid \mathcal{M}_n := (F \mid \mathcal{M}_{n-1}) \mid \mathcal{M}_n$。根据 $\varepsilon_{\mathcal{M}_n}$ 的定义，$\varepsilon_{\mathcal{M}_n} = \{G \mid \mathcal{M}_n \mid G \in \varepsilon_{\mathcal{M}_{n-1}}\}$。那么 $F \mid \mathcal{M}_n := (F \mid \mathcal{M}_{n-1}) \mid \mathcal{M}_n \in \varepsilon_{\mathcal{M}_n}$。

如果超批评者做出了类型(2)的行动，即他观察到了论证 $F' \in \varepsilon_{n-1}$，使得 $F_{n-1} \leqslant F'$ 且 $\bigcap F' \not\subset Q \cap S_{n-1}$，即 $\bigcap F' \not\subset Q$。在这种情况下，$\mathcal{M}_n := \mathcal{M}_{n-1}$，需要证明 $F \mid \mathcal{M}_n \in \mathcal{L}_n$。根据归纳假设，有 $F \mid \mathcal{M}_{n-1} \in \mathcal{L}_{n-1}$，因此必须证明 $F' <_{\mathcal{M}_n} F \mid \mathcal{M}_n$。假设 $F \mid \mathcal{M}_n \leqslant_{\mathcal{M}_n} F'$，根据 $\leqslant_{\mathcal{M}_n}$ 的定义，有 $\{e \in E_0 \mid e \cap S_n \in F \mid \mathcal{M}_n\} \leqslant_{\mathcal{M}_0} \{e \in E_0 \mid e \cap S_n \in F'\}$。对所有的 $e \in F$，$s \in e$，且 $s \in e \cap S_n \neq \varnothing$。因此，$\forall e \in E_0, e \in F \rightarrow e \cap S_n \in F \mid \mathcal{M}_n$。所以 $F \subseteq \{e \in E_0 \mid e \cap S_n \in F \mid \mathcal{M}_n\}$，因此 $F \leqslant_{\mathcal{M}_0} \{e \in E_0 \mid e \cap S_n \in F \mid \mathcal{M}_n\} \leqslant_{\mathcal{M}_0} \{e \in E_0 \mid e \cap S_n \in F'\}$。因此，在 $\mathcal{M}_0$ 中，$F$ 是关于 $Q$ 的辩护，必有 $\bigcap \{\in E_0 \mid \bigcap S_n \in F'\} \subseteq Q$。但是 $F'$ 为 $\mathcal{M}_{n-1} := \mathcal{M}_n$ 中的论证，因此，对所有的 $e \in F'$，有 $e \cap S_n = e$。所以 $\bigcap F' = \bigcap \{e \in E_0 \mid c \in F'\} = \bigcap \{e \in E_0 \mid e \cap S_n \in F'\} \subseteq Q$，其与事实 $F'$ 矛盾，即 $F'$ 可以通过超批评者选择一个反对意见，且 $\bigcap F' \nsubseteq Q$。

另一方面，假设支持者不是可废止地知道 $Q$。给定总辩护模型 $\mathcal{M}_0$，其中 $K_DQ$ 在状态 $s_0$ 上是假的。需要证明超批评者具有获胜的策略(因此，支持者没有获胜的策略)。在状态 $s_0$ 上，对于 $Q$ 不存在可靠的辩护 $F \in \varepsilon_0$，在每一个 $n$ 上，支持者前面的论证为 $F_{n-1}$ 将被超批评者驳倒。超批评者将会进行挑战，根据证明 $F_{n-1}$ 在状态 $s_0$ 上是不可靠的，或者 $F_{n-1}$ 不是令人信服的（不是关于 $Q$ 的辩护），即通过证明反对意见 $F'$ 且 $F_{n-1} \leqslant F'$，使得 $\bigcap F' \not\subseteq Q$。支持者将没有获胜的机会。根据推论 15.1，他将失败。

在所有的博弈语义的应用中，利用前面所定义的辩护模型，可区分弱论证和“较强”的论证。

## 三、应　用

例 15.2　设想主体梦见他正在北京的动物园观看斑马。原子命题是斑马（存在一匹斑马）、梦见（主体梦见）、看见（主体看见斑马）和动物园（主体正在北京动物园）。辩护模型 $\mathcal{M}_0 = (S_0, E_0, \leqslant_0, ||\cdot||_0, s_0)$ 表示主体的证据，如图 15.1 所示。

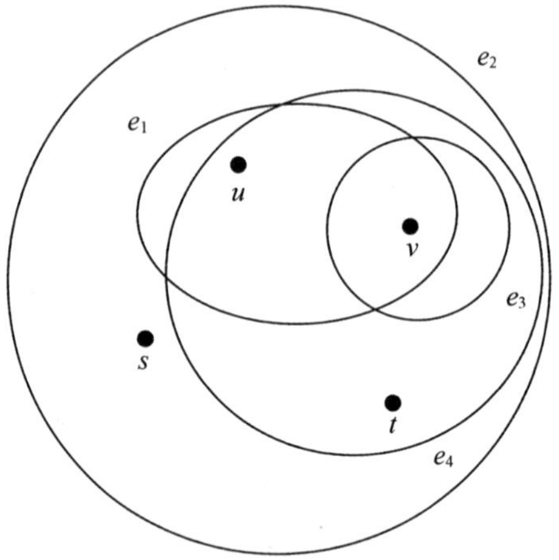


图 15.1　初始精确的辩护模型

该例并未将“看见”作为一个关于事实的态度：主体所看到的并非都必然是真的。然而，确实可将“看见”作为是全内省的，即如果一个主体看到了某些事情，他不可撤销地知道他看到的，并且如果他没有看到某些事情，他也不可撤销地知道他确实没有看见它。所以，该主体通过内省不可撤销地知道他看见了斑马。另外，该主体不可撤销地知道，如果他看见了斑马，那么他在北京动物园或者他正在做梦（假设主体住在北京，并且远离任何大草原）。同样地，他不可撤销地知道如果他在北京动物园，那么有一匹斑马（假设他已经进入该动物园，事实上有一匹真正的斑马）。

根据主体的知识，他的认知状态由四个世界组成，可表示为 $S_0 = \{s, t, u, v\}$。原子命题的赋值可按如下的方式给出：斑马在状态 $s, u, v$ 上是真的，梦见在状态 $s,t,u$ 上是真的，看见在状态 $s,t,u,v$ 上是真的，动物园在状态 $u,v$ 上是真的。所以在状态 $s=s_0$ 上，存在一匹斑马，主体看见了一匹斑马，主体并不在动物园里，并且主体正在做梦。在状态 $t$ 上，没有斑马，主体看见了一匹斑马，主体不在动物园，并且主体正在做梦。在状态 $u$ 上，有一匹斑马，主体看见了一匹斑马，主体正在动物园，并且主体正在做梦。在状态 $v$ 上，有一匹斑马，主体看见了斑马，主体正在动物园，并且主体并未做梦。形式上，有

(1) $||$斑马$||_0=\{s,u,v\}$；

(2) $||$做梦$||_0=\{s,t,u\}$；

(3) $||$看见$||_0=\{s,t,u,v\}$；

(4) $||$动物园$||_0=\{u,v\}$。

在精确的辩护模型中，并非所有的证据集都表示真实的证据。某些证据集是有偏见地给出了主体的缺省信念。在精确的辩护模型 $\mathcal{M}_0$ 中，有四个证据集，即 $E_0=\{$动物园，看见，并非做梦，斑马→动物园$\}$，且

(1)动物园 $=\{u,v\}=e_1$；

(2)看见 $=\{s,t,u,v\}=e_2$；

(3)并非做梦 $=\{v\}=e_3$；

(4)斑马→动物园 $=\{t,u,v\}=e_4$。

证据集 $e_1$ 和 $e_2$ 表示真实的证据。证据集 $e_2$ 表示主体所拥有的证据，主要基于他的感觉：他的眼睛。证据集 $e_1$ 表示主体所拥有的证据，主要基于他的记忆：他记得去过动物园。证据集 $e_3$ 和 $e_4$ 表示主体的偏见。根据缺省推理，主体假设他并没有做梦，他没有证据去反驳，所以他更愿意相信他是清醒的。他也假设如果有一匹斑马，那么他正在北京动物园(因此，北京附近没有大草原)。因此，有

$\varepsilon_0=\{\varnothing,\{e_1\},\{e_2\},\{e_3\},\{e_4\},\{e_1,e_2\},\{e_1,e_3\},\{e_1,e_4\},\{e_2,e_3\},\{e_2,e_4\},\{e_3,e_4\},\{e_1,e_2,e_3\},\{e_1,e_3,e_4\},\{e_2,e_3,e_4\},\{e_1,e_2,e_3,e_4\}\}$。

基于 $\varepsilon_0$ 的前序 $\leqslant_0$ 可以通过包含 $\subseteq$ 给出，即 $F\leqslant_0 G$，当且仅当 $F\subseteq G$(所以事实上，有一个证据模型)。

**从精确的辩护模型到或然模型** 下面将辩护模型转换为或然模型：

(1) $s\leqslant_{E0}t$，当且仅当 $E_t\leqslant_0 E_s$，$E_t\subseteq E_s$；

(2) $E_s:=\{e_2\}$，$E_t:=\{e_2,e_4\}$，$E_u:=\{e_1,e_2,e_4\}$，且 $E_v:=\{e_1,e_2,e_3,e_4\}$；

(3)因为 $\{e_1,e_2,e_4\}\leqslant_0\{e_1,e_2,e_3,e_4\}$，所以 $E_u\leqslant_0 E_v$；

(4)因为 $\{e_2,e_4\}\leqslant_0\{e_1,e_2,e_4\}$，所以 $E_t\leqslant_0 E_u$；

(5)因为 $\{e_2\}\leqslant_0\{e_2,e_4\}$，所以 $E_s\leqslant E_t$。

因此，有 $E_s \leqslant_0 E_t \leqslant_0 E_u \leqslant_0 E_v$，即 $v \leqslant_{E0} u \leqslant_{E0} t \leqslant_{E0} s$。

**或然模型**　图 15.2 所刻画的或然模型可以表达主体的信念和知识，图中有四个可能的状态（$s,t,u,v$），其中方框表示现实世界，箭头表示基于状态的或然关系（没有自返和传递箭头）。

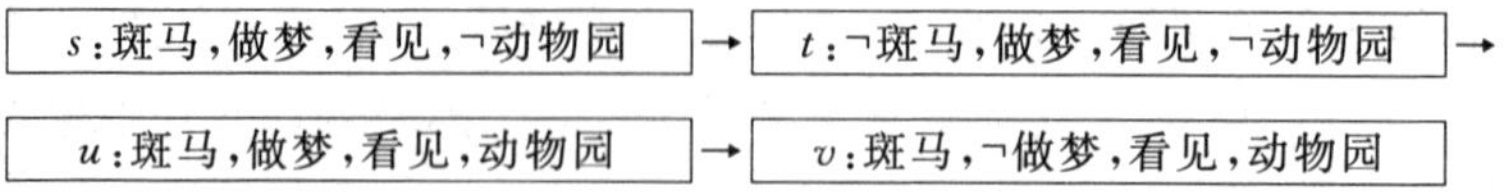


图 15.2　初始或然模型

很容易看出辩护模型是基于球模型的。

**非形式对话**　该对话可通过主体宣告他看见了斑马开始：

支持者：这儿有一匹斑马。

$$B(\text{斑马})$$

超批评者：你为什么会这么想？　（辩护！）

$$\neg K\ \neg(\neg\text{斑马})$$

支持者：我相信有一匹斑马，因为我看见了一匹斑马。

$$\{\text{看见}\} \in \varepsilon_{\mathcal{M}_1} \wedge B(\text{看见}) \wedge B^{\text{看见}}(\text{斑马})$$

超批评者：你可能正在睡觉，是做梦看见了斑马。

（你的证据与“斑马”的否定一致，你需要提供更多的辩护。）

$$\neg K\ \neg(\text{看见} \wedge \text{做梦} \wedge \neg\text{斑马})$$

支持者：接受存在一匹斑马，因为我看见了斑马比接受我梦见了一匹斑马更加合理。

$$\{\text{看见}, \neg\text{做梦}\} \in \varepsilon_{\mathcal{M}_2} \wedge B(\text{看见} \wedge \neg\text{做梦}) \wedge B^{\text{看见} \wedge \neg\text{做梦}}(\text{斑马})$$

超批评者：你在做梦！你是睡着的！你只能在你的梦中看见一匹斑马！

$$!\text{做梦}$$

**更新**　“做梦”的宣告可看作公开宣告，其形式系统可转换为辩护模型和或然模型，分别如图 15.3 和图 15.4 中所刻画的那样。

因此，$\mathcal{M}_3 := \mathcal{M}_2 | (\text{做梦})$，其中 $E_{\mathcal{M}3} = \{$动物园，看见，做梦，斑马→动物园$\}$，且

(1)动物园 $= \{u\} = e_1$；

(2)看见 $= \{s,t,u\} = e_2$；

(3)斑马→动物园 $= \{t,u\} = e_4$；

(4)做梦 $= \{s,t,u\} = e_5$。

另外，更新之后，做梦在所有余下的状态（$S_2 | (\text{做梦}) = \text{做梦}$）下都是真的，所以做梦为一个证据集。因此，有 $\varepsilon_{\mathcal{M}3} = \{\varnothing, \{e_1\}, \{e_2\}, \{e_4\}, \{e_5\}, \{e_1, e_2\}, \{e_1, e_4\}, \{e_1, e_5\}, \{e_2, e_4\}, \{e_2, e_5\}, \{e_4, e_5\}, \{e_1, e_2, e_4\}, \{e_1, e_2,$

$e_5\}$，$\{e_1,e_4,e_5\}$，$\{e_2,e_4,e_5\}$，$\{e_1,e_2,e_4,e_5\}\}$。

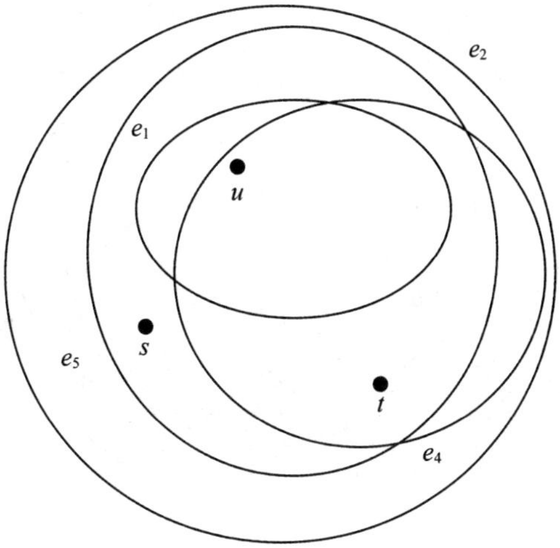


图 15.3　用“!做梦”更新的精确的辩护模型

| s：斑马，做梦，看见，¬动物园 | → | t：¬斑马，做梦，看见，¬动物园 | → |
|---|---|---|---|
| u：斑马，做梦，看见，动物园 | | | |

图 15.4　用“!做梦”更新的或然模型

**连续对话**　连续对话和主体宣告如下：

支持者：我仍然相信有一匹斑马，和我所梦见的相一致。我清楚地记得去过动物园。或许我刚好睡在动物园，这也可以解释为什么我看见了斑马。

$$动物园\in\varepsilon_{\mathcal{M}3},\wedge B(动物园)\wedge B^{动物园\wedge做梦\wedge看见}(斑马)$$

超批评者：你并没有在动物园。你正睡在你的床上，你梦见了斑马。

$$!\neg动物园$$

**更新**　“¬动物园”的宣告作为一个公开宣告，其形式可转换为精确的辩护模型和或然模型，分别如图 15.5 和图 15.6 中所刻画的那样。

因此，$\mathcal{M}_4:=\mathcal{M}_3|(\neg动物园)$，其中 $E_{\mathcal{M}_4}=\{\neg动物园,看见,斑马\rightarrow动物园\}$，且

(1) ¬动物园 $=\{s,t\}=e_6$；

(2) 看见 $=\{s,t\}=c_2$；

(3) 做梦 $=\{s,t\}=e_5$；

(4) 斑马→动物园 $=\{t\}=e_4$。

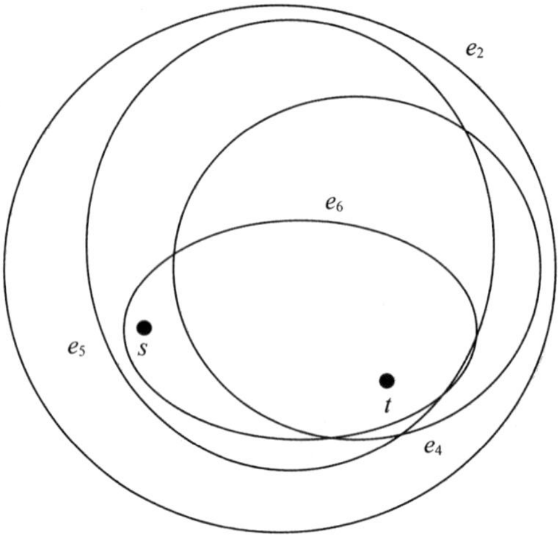


图 15.5 用“!¬动物园”更新的精确的辩护模型

$s$:斑马,做梦,看见,¬动物园,¬熊 → $t$:¬斑马,做梦,看见,¬动物园,熊

图 15.6 用“!¬动物园”更新的或然模型

另外,更新之后,“¬动物园”在所有的余下状态($S_3$|(¬动物园)=¬动物园)中是真的,因此¬动物园是一个证据集,则有 $\varepsilon_{\mathcal{M}4}=\{\varnothing,\{e_2\},\{e_5\},\{e_4\},\{e_6\},\{e_2,e_5\},\{e_2,e_4\},\{e_2,e_6\},\{e_5,e_4\},\{e_5,e_6\},\{e_4,e_6\},\{e_2,e_5,e_4\},\{e_2,e_5,e_6\},\{e_2,e_4,e_6\},\{e_5,e_4,e_6\},\{e_2,e_5,e_4,e_6\}\}$。

**对话终止** 该对话以主体的宣告而结束:

支持者:已知我正睡在床上,我不相信在房间里有一匹斑马。所以我放弃:我不再相信它!

**对话结论** 主体失败,因为他不能更进一步地证明他关于斑马的论证。他甚至不再相信斑马。他不能可废止地“知道”有一匹斑马。在这种情况下,主体并未可废止地知道斑马,因此他存在基于他的假证据的信念。他的初始辩护信念事实上是真的,在他的房间里有一匹斑马。主体并不知道,他只有一个真的辩护信念。

**形式的博弈** 形式上,可将非形式的对话模型转换为超辩护博弈$G(\mathcal{M}_0$,斑马):

支持者:在此有一匹斑马。

$$B(\text{斑马})$$

当 $n=0$ 时,$F_0=\varnothing$。



超批评者:你为什么会这样认为?(辩护!)

$$\neg K\ \neg(\neg\text{斑马})$$

当 $n=1$ 时，超批评者选择 $F_0{}'=F_0=\varnothing$，使得 $F_0{}'$ 并不支持斑马，即 $\bigcap F_0{}'=\bigcap\varnothing=S_0$ 不包含于斑马，因为状态 $t\vDash\neg$斑马。

支持者：我相信有一匹斑马，因为我看见了一匹斑马。

$$\{\text{看见}\}\in\varepsilon_{\mathcal{M}_1},B(\text{看见})\wedge B^{\text{看见}}(\text{斑马})$$

支持者选择了一个新的论证 $F_1=\{$看见$\}$，当 $\mathcal{M}_1:=\mathcal{M}_0$ 时，其可定义为弱论证，即基于缺省的弱支持条件的斑马。

超批评者：你或许正在睡觉，并梦见你看到了一匹斑马。

$$\neg K\ \neg(\text{看见}\wedge\text{做梦}\wedge\neg\text{斑马})$$

当 $n=2$ 时，超批评者选择 $F_1{}'=F_1=\{$看见$\}$，因为 $F_1{}'$ 并不支持斑马，即 $\bigcap F_1{}'=\bigcap\{$看见$\}$ 不包含于斑马，因为状态 $t\vDash$看见$\wedge$做梦$\wedge\neg$斑马。

支持者：我接受存在一匹斑马，因为我看到了斑马比接受我梦见了一匹斑马更加合理。

$$\{\text{看见},\neg\text{做梦}\}\in\varepsilon_{\mathcal{M}_2},B(\text{看见}\wedge\neg\text{做梦})，\text{且 }B^{\text{看见}\wedge\neg\text{做梦}}(\text{斑马})$$

支持者通过将其增加到他的论证中，可清晰地相信这并非是在做梦，并获得了一个新的论证 $F_2=\{$看见，$\neg$做梦$\}$，当 $\mathcal{M}_2:=\mathcal{M}_1$ 时，其为支持斑马的论证。

超批评者：你正在做梦！你正在睡觉！你在梦中只看见了斑马。

!做梦

当 $n=3$ 时，超批评者挑战不可靠的 $F_2$，并宣告 $s\notin\bigcap F_2$，可构造更精确的辩护模型和或然模型的更新!$(\neg\bigcap F_2)$。

**更新**　可将宣告“做梦”看作公开宣告，形式上可转变为精确的辩护模型和或然模型，分别如在图 15.3 和图 15.4 中所刻画的那样。

因此 $\mathcal{M}_3:=\mathcal{M}_2|(\neg\bigcap F_2)$，其中 $E_{\mathcal{M}_3}=\{$动物园，看见，做梦，斑马$\rightarrow$动物园$\}$，且

(1)动物园$=\{u\}=e_1$；

(2)看见$=\{s,t,u\}=e_2$；

(3)斑马$\rightarrow$动物园$=\{t,u\}=e_4$；

(4)做梦$=\{s,t,u\}=e_5$。

另外，更新之后，所有余下的状态$(S_2|(\neg\bigcap F_2)=$做梦$)$都是真的，所以，做梦是一个证据集。因此，有 $\varepsilon_{\mathcal{M}_3}=\{\varnothing,\{e_1\},\{e_2\},\{e_4\},\{e_5\},\{e_1,e_2\},\{e_1,e_4\},\{e_1,e_5\},\{e_2,e_4\},\{e_2,e_5\},\{e_4,e_5\},\{e_1,e_2,e_4\},\{e_1,e_2,e_5\},\{e_1,e_4,e_5\},\{e_2,e_4,e_5\},\{e_1,e_2,e_4,e_5\}\}$。

**连续博弈**　连续博弈和主体的宣告如下：

支持者：我在此仍然相信有一匹斑马，和我梦到的情况一致。我清楚地记得去过动物园。我刚好睡在动物园，这也可用于解释我为什么看见了斑马。

$$动物园\in \varepsilon_{\mathcal{M}_3}且\ B(动物园)\wedge B^{动物园\wedge做梦\wedge看见}(斑马)$$

支持者选择了 $\mathcal{M}_3$ 中的一个新的论证 $F_3=\{看见,做梦,动物园\}$，该论证是一个支持斑马的论证。

超批评者：你并未在动物园。你睡在你的床上，你梦见了斑马。

$$!\neg 动物园$$

当 $n=4$ 时，超批评者挑战不可靠的 $F_3$，且宣告 $s\notin \bigcap F_3$，其是由更新 $!(\neg\bigcap F_3)$进行更新的精确的辩护模型和或然模型。

**更新** 宣告“¬动物园”可看作公开宣告，形式上可转换为精确的辩护模型和或然模型，分别如图 15.5 和图 15.6 中所刻画的那样。

因此 $\mathcal{M}_4:=\mathcal{M}_3|(\neg\bigcap F_3)$，其中 $E_4=\{\neg 动物园,看见,做梦,动物园\rightarrow 动物园\}$，且

(1)$\neg 动物园=\{s,t\}=e_6$；

(2)$看见=\{s,t\}=e_2$；

(3)$做梦=\{s,t\}=e_5$；

(4)$斑马\rightarrow 动物园=\{t\}=e_4$。

另外，更新之后，“¬动物园”在所有余下的状态($S_3|(\neg\bigcap F_3)=\neg 动物园$)上都是真的，所以¬动物园是一个证据集。因此，有 $\varepsilon_{\mathcal{M}_4}=\{\varnothing,\{e_2\},\{e_5\},\{e_4\},\{e_6\},\{e_2,e_5\},\{e_2,e_4\},\{e_2,e_6\},\{e_5,e_4\},\{e_5,e_6\},\{e_4,e_6\},\{e_2,e_5,e_4\},\{e_2,e_5,e_6\},\{e_2,e_4,e_6\},\{e_5,e_4,e_6\},\{e_2,e_5,e_4,e_6\}\}$。

**博弈终止** 主体宣告博弈终止：

支持者：已知我睡在我的床上，我没有为相信在我的房间存在一匹斑马做辩护。所以我放弃：我不再相信它。

**博弈结论** 主体放弃他的超辩护博弈的动作，因为他无法提供更多的关于斑马的论证。他甚至不再相信存在斑马。因此，支持者在该博弈中失败了：他并非可废止地“知道”存在一匹斑马。在这种情况下，主体不可废止地知道斑马，因此他的信念主要基于假的证据。他的初始辩护信念事实上是真的，因为在他的房间里有一匹斑马。主体并不知道，他只有一个真的辩护信念。

此处提供了莱勒的超辩护博弈的形式系统，如果主体真的(可废止地)知道某些给定的命题，或者他只相信该命题，那么将证明主体可废止地知道一个给定的命题，当且仅当他继续相信该命题。假设他只接受真的信息(证据)，和可废止知识状态的博弈语义的规则，主体可废止地知道一个命题，当且仅当该主体在对应的形式超辩护博弈中有获胜的策略。

# 第十六章　回顾与展望

## 第一节　内容回顾

本书重点研究了信息的良定义，所扩张的框架属于动态信息中的基础理论，也即对全能的主体的知识和信念的定义，并区分了觉知、隐性知识、显性知识以及隐性信念和显性信念。在技术层面上，主要通过给可能世界指派一个公式集、原子命题集和规则集的函数的方法等对可能世界模型进行扩张。其中关于语义和语形的技术可用于表达良信息，且可用于刻画非全能的主体。

同时，本书还研究了不同的信息行动，不仅涉及非全能的行动，如观察和更新，也包括非全能语境下的行动：在觉知逻辑语境中的变化和不同种类的推理。在技术处理上，可将这些行动定义为运算，本书对语义和模型中的语形进行了修正。

其一，探讨了与信念修正理论相关的一些文献，并提供了对信念变化进行模型处理的不同方法。引入了处理信念扩张、信念收缩和信念修正的形式(语形)方法，并引入了处理信念修正的语义方法。重点关注的模型信念修正的逻辑有静态的条件信念逻辑和动态认知逻辑、动态信念逻辑。还提出了一种处理证据动态的新方法(证据逻辑)。研究了随时间变化的时态信念逻辑(分支-时间信念修正逻辑)，其适合对基于时间的信念修正逻辑构建模型。

其二，进一步发展了弱动态认知逻辑的语境，并对信念收缩进行了处理。探讨了动态认知逻辑框架中三种不同的收缩概念，并提供了辩护模型的新语境，涵盖了一些现有的一般形式系统。事实上，辩护模型包括或然模型、计算模型、加权模型和证据模型。在辩护模型中，定义了通常的认知和信念以及证据和辩护等概念。使用这种新的语境可创建博弈语义，一个主体是否真的(可废止地)知道某个给定的命题,或者他是否仅仅相信这个命题。博弈语义为莱勒的哲学解释提供了一个定性的形式方法,其中可废止知识被解释为对未被废止知识的正当接受。

其三,将弱动态认知逻辑的语境和另外两个语境联系起来。在一般的恰当的情况下,动态信念逻辑的语境和动态认知逻辑的语境实际上是等价的。此外,动态信念逻辑可能至少与单个主体的动态认知逻辑具有相同的表达力:所有在动态认知逻辑中完成的信念修正都可以通过动态信念逻辑实现。对博南诺的信念修正逻辑提供了一种论证性的解释,并在会话框架中解释了信念和信息以及它们在选择方面的关系。

其四,关注了知识、论证和会话这三个重要概念,研究了知识,并试图回答什么是正确的知识的定义等问题。选择用真理和正当理由定义(可废止)知识:一个主体知道一个命题,当且仅当他对这个命题有一个"恰当的"理由(即一个真的不可争辩的理由)。对于主体来说,至少有一个这样的正当理由可以让他说"我知道"就足够了。检验一个主体是否真的知道一个命题,或者只相信这个命题,可以推出该主体认为他有关于这个命题的正当理由。主体必须提供证据来证明他所拥有的知识。只有在至少两个主体争论的背景下,才能证明一个论证的合理性。既然只有一个主体,他可以宣称和证明当他在完全无知的情况下知道一些事情。只有当一个(无所不知的)反对者客观地挑战他的论点时,才能检验是不是可靠的和令人信服的,才可以检验一个主体关于他的知识是否存在正当的理由。最终只能通过会话才能将这三个概念结合在一起。

博南诺的分支-时间逻辑提供了一个会话语境。之前强调博南诺的分支-时间信念修正逻辑将信息算子 $I$ 限制为布尔公式,这意味着主体仅仅面对新的事实信息,而不是关于他自己的信念和高阶信念的任何信息。在多数情况下,对高阶信念进行修正是重要的。因此,应该解决将博南诺的语境延伸到高阶信念修正的问题上。然而,提高博南诺对 $I$ 算子的布尔限制将会对他的信念修正语境产生巨大的影响,特别是需要对直接的框架条件和公理进行修正。必要的修正之一是博南诺的信念接受公理(类似于 AGM 理论的连续假设),它不能在一个动态的语境中得到保持,以保持(高阶)信念的一致性。构建分支-时间信念修正逻辑的修正框架非常重要。在理想的情况下,这样一个修正后的框架应该能够做两件事情:信念随着时间的推移如何发生变化,以及主体在前一时刻(在信念改变行动发生之前)的条件信念。寻找这两种结构的时间信念修正语境,需要借助动态认知逻辑的方法,以及其与多主体信念修正的信念时态逻辑的关系。这里涉及了信念时

态模型 $\mathcal{H}$,并利用了总合理性前序。如果信念时态模型 $H$ 满足一些条件(性质命题的稳定性、同步性、互模拟不变性、偏好传递性和偏好启示等),则存在一个总或然模型 $M$ 和一系列总或然事件模型,使得 $H$ 与由 $M$ 的优先级更新能够产生一个森林同构事件,反之亦然。根据这项研究,博南诺给出的时间信念修正公理(及其对高阶信念语境的适应性)与范·本特姆和德利曼(Dégremont)的桥梁原则之间的确切对应关系(如"命题的稳定性""偏好传递性"等)是有价值的。最后,人们希望根据信念修正逻辑,将(扩张或收缩的)协议方法用于刻画特定的信念时态模型类。这样的结果将超出公开宣告逻辑中的 $I$ 算子和公开宣告算子之间的形式关系,并可用来表示信念扩张。在这种情况下,很容易将博南诺(不增加、不减少、定性接受)和日沃斯波(Zvesper,2007)①的原则(非偶然、完美记忆、统一宣告)等相匹配,从而使时间信念修正逻辑和信念变化的动态认识逻辑关联起来。

本书提出了一个关于信念修正逻辑的论证研究,提供了有关信息和信念算子的会话语义。还可以研究其他的认知和信念算子(可废止知识、条件信念、强信念)以及弱动态认知逻辑的动态算子的会话语义。马尼耶(Magnier,2013)②的动态认知逻辑(特别是公开宣告逻辑)的会话方式,提供了更新算子的会话语义:更新算子的会话规则会限制参与者的选择(限制两个参与者可用选项的数量)。还存在以下问题:更新算子的会话语义是什么?关于更新主体的会话规则对参与者的选择会有什么影响?接下来,研究了这种情境下的证据和理由。建立论证性的语境是非常有价值的,可以用来处理那些试图为主体的知识/信念提供某些理由的参与者,以及针对特定宣告 $P$ 的证据。近来的一些工作从会话的角度研究(宣告)逻辑与规则之间的关系,以及规则和逻辑中的证据和证据概念的相似性。可以引入证明的概念,但也可以确定谁必须承担举证责任。形式框架可以在论证框架中处理辩护、证据、更新、知识和信念等概念。

莱勒的可废止知识中有关于"信念修正"与"知识"的定义之间的密切关系的形式理论,特别是莱勒的超辩护博弈理论,具有一定的研究价值。然而,莱勒的哲学也描述了一个主体如何通过所谓的私人辩护博弈为主体的信念进行辩护(可能是错误的)。还可以将形式语境扩张为博弈语义,以用

① Zvesper, J.A., 2007: "How to Keep on Changing Your Mind, Dynamically". In Ju, S., van Benthem, J. and Veltman, F. (eds), *A Meeting of the Minds*, *Proceedings of Logic Rationality and Interaction*, London: College Publications, pp.291-306.

② Magnier, S., 2013: *Approche Dialogique de la Dynamique Épistémique et de la Condition Juridique*, London: College Publications.

于私人辩护。在莱勒的私人辩护博弈中，主体必须证明他的信念符合主体的背景知识和信念。所有这些主体都必须根据辩护语境来证明，主体的信念是一致的，他们确实支持该主体的说法。在私人辩护博弈的情况下，主体不必为其主张提供合理的辩护，而仅仅为其提供论据即可。可为超越了真理和（单个主体）知识概念的更多概念提供博弈语义解释。博弈语义框架可以扩张为结合不同的认知态度，为具有多种态度的主体定义博弈。研究常识的概念并在刘易斯的关于约定的哲学语境中对其进行分析，将是有价值的。①

## 第二节　工作展望

信念修正的逻辑系统可以刻画在完成若干个信息行为之后所造成的影响，以及重复执行这些信息行为所产生的作用。更严格地，用固定点运算可以表达重复应用信息行为所产生的影响，类似于命题动态逻辑中的核心算子。

固定点运算是如何发挥作用的呢？首先考虑知识的情况。假设涉及的只是主体的纯命题知识，当给出"完全的"规则集时，主体通过重复运用建立在自己显性知识上的保真性推理，就可得到隐性知识。该语境可以用如下的公式表示：

$$K_{\mathrm{Im}}\gamma \rightarrow [(\mapsto_{\cup})^{*}]K_{\mathrm{Ex}}\gamma$$

其中模态算子$[(\mapsto_{\cup})^{*}]$表示主体所能完成的所有保真性推理的并的自返传递闭包。同时，显性知识将会变成隐性知识，且在纯命题事实的情况下，这些显性知识并不受推理运算的影响（即如果主体显性地知道某些纯命题事实，那么他将知道在任意保真性推理之后的结果）。事实上，可得到一个完全的等价式，即

$$K_{\mathrm{Im}}\gamma \leftrightarrow [(\mapsto_{\cup})^{*}]K_{\mathrm{Ex}}\gamma$$

该公式表明如何将全能的知识认知概念看作建立在非全能的，但却是动态的概念基础之上的固定点的行动序列。更一般地，因为理想状态不仅可以看作是静态的，而且也可以看作是关于良行动的固定点的运用，因此可以优化行动。

等价并不需要扩充认知知识的情况，因此主体的部分显性知识可以通

① Lewis, D., 1969: *Convention*: *A Philosophical Study*, Cambridge, Massachusetts: Harvard University Press.

过进一步的推理获得，此时的观察是无效的。固定点方法可以用来研究认知信息，但其正确性尚不确定。

**学习理论** 在进行有穷识别的情况下，可以将学习看作一个无穷的过程，如果存在有穷的步骤，主体可以将现实语言假设为是稳定的。

博弈论，特别是在演化的博弈论方法中，不只关注理想化的策略，而且还关注如何提出策略和解决问题，直到使其成为最优的策略，从而制定该策略。

**多主体信息** 本书已经处理了单个主体的觉知、隐性知识、显性知识和隐性、显性的信念，并处理了多主体的情境，但并没有处理多主体下的信息，如群体知识、信念以及公共知识和信念。良信息语境指的是群体的隐性和显性公式以及公共知识、信念的公式。

有多种情况的隐性和显性形式的信念。例如，在群知识的情况下，每一个隐性公式都可以定义为“群中的每一个主体都隐性地知道 $\varphi$”，且每一个显性形式都可以定义为“在群中的每一个主体都显性地知道 $\varphi$”。现在起媒介作用的关键点在于某些主体显性地知道 $\varphi$，而其他主体只是隐性地知道 $\varphi$。

公共知识和群知识的区别在于，公共知识下的全能并不是通过有穷的合取来定义的(假设群中的主体是有穷的)。但对于无穷的情况如何呢？显性和全公共知识对应于“每一个主体都显性地知道这种情况，且每一个主体都知道每一个主体都显性地知道这种情况，且……”。可以观察若干个情境，其中某些主体的知识水平是隐性的。

**动态情况** 一旦获得了隐性的群知识(每一个主体都隐性地知道 $\varphi$ 成立)，那么就类似于觉知行动中的情况，为推理行动提供显性的群知识。但是对于公共显性知识和隐性形式，需要群内省行动，其中主体接受在群中的每一个主体都显性地知道。另外，作为无穷的概念，需要用固定点运算来定义显性的公共知识，因此只能将语言处理为有穷的公式。但是在处理有穷的情况时，核实许多群体的内省水平，事实上需要知道真实主体采用什么样的方法才能够刻画行动。

**论证** 静态框架可看作特殊情况，其中每一个公共知识都只有一个论证:公式本身。在这种解释下，对所定义的显性信息可以有不同的解读。例如，觉知的定义弱于显性知识的定义。$\Box(\varphi \wedge A\varphi)$可以读作“$\varphi$ 是真的，且主体在所有他认为可能的世界中是可接受的”，现在也可以读作“$\varphi$ 是真的，且主体具有在所有他认为可能的世界中关于 $\varphi$ 的论证”。但可能会有更多的关于每一个真公式的论证(证据)的论述。事实上，有些学者已经提出了显性知识的定义，且涉及建立在可能情境下的全称量词和建立在证据上的存在量词。主体显性地知道 $\varphi$，当且仅当该主体具有一个在所有他认为可能的世界中关于 $\varphi$ 的论证。这将涉及论证的分类。例如，当某些事实通过演绎推理被证实之后，其他情况可以通过观察进行证实。关于论证的演算的更多的形式系统涉及推理的步骤。据此，演绎推理也可以看作是建立在从前提到结论的论证的行动。

**多维的语形结构** 当处理知识时，存在语义和语形方法，如朴素集：可能世界的情况和公式的情况。本书则将表示纯知识的这两种方法进行了组合，主要通过指派一个公式集（或者规则）给每一个可能世界的方法进行处理。

当处理信念时，语义和语形的方法需要考虑有序集：第一种情况是可能世界，第二种情况是公式。所提供的信念仅仅是关于主体认为可能的世界的序，且是所有公式的集合加上不具有任意的更多的结构的世界。为了在语义和语形方法之间进行平衡，运用思考行为可以对逻辑框架进行扩充。除了可能世界中的序之外，还包括公式和规则中的序，可用来处理互动中语形方面的矛盾。但还有更多涉及纯知识的推理过程的工具，如回溯推理。动态认知概率逻辑可以用来对概率、信息、信息变化进行推理。在不涉及概率的逻辑中可以对信息变化进行推理，而在概率论中则可以对高阶信息的变化进行推理。本书给出了其语义，并提出了构造模型以及可靠的和完全的证明系统的一些方法。另外，本书还定义了可以用在博弈论中的互模拟。

现在还需要讨论更深层次的问题。公开认知语句并不是人们获得新信息仅有的方法。在信息论中，有的变化并不能构建动态认知概率逻辑的模型。于是希望构建博弈行动模型，在这方面的研究也取得了一些进展。贝尔泰格等（Baltag 等，1999）提出的理论为带有公共知识的动态认知逻辑提供了一个完全的证明系统。①

在该领域中，利用贝尔泰格（Baltag，2002）所提出的方法②来发展新的逻辑，可将认知行动看作认知行动模型，是用带有认知模型的积，生成执行行动后的结果，即使如此，若不能够在行动中把不同的可能世界集区分开来，也会出现问题。为此就必须构建策略和协议模型。

① Baltag, A., Moss, L. S. and Solecki, S., 1999: "The Logic of Public Announcements, Common Knowledge and Private Suspicious", Technical Report SEN-R9922, pp.13, 70, 131, 134 and 182.

② Baltag, A., 2002: "A Logic for Suspicious Players: Epistemic Action and Belief-updates in Games", *Bulletin of Economic Research*, Vol.54, No.1: pp.1-45.

该领域可能面临的挑战是什么呢？其中有两个方面比较关键。其一是信息一元论或多元论。处理信息的方法很多，于是研究这些方法之间的关系就显得非常有必要。实际上，有很多科学分支都在致力于某个独立领域的研究，并且也都非常注重对其方法的研究。

可将博弈语义与论证理论的研究联系起来。论证理论提供了一个框架来表示论证和这些论证之间的关系，以及什么样的论证是正当的形式方法。这种框架被称为论证系统①。这里只关心处理抽象概念的系统，这些系统被称为抽象论证系统。抽象论证系统后来被格罗西(Grossi，2012)②进行了发展。抽象论证系统通过被称为攻击图的形式模型或 Dung 框架来表示论证之间的关系。使用这些论证语境可为可废止知识提供博弈语义。

本书还研究了动态认知逻辑中的信念收缩，即研究主体在收到新信息后如何改变他的信念。在对他的信念进行收缩之后，主体是否会丢失大量的信息？他是否愿意相信他收到的负面信息？或者他是否会尽可能地保留最初的信念，仅仅承诺放弃与他收到的信息相矛盾的信念？在动态认知逻辑中给这些问题提供的答案是，这一切都取决于主体对信息源的信任。最容易建构形式系统的信念收缩运算是保守的收缩运算。保守的收缩运算对应于主体的谨慎态度，并尽可能少地契合他的信念，且尽可能地保持他最初的信念。本书所研究的三种收缩运算类似于 AGM 理论，即应该强加于信念收缩的理性约束。在收缩概念中，契约信念的最合理的方式是保守的方式。还有其他关于收缩的概念，但 AGM 理论的宽容性较低。

然而，还有些学者认为即使是单个主体的信念改变的真正本质，也只能在一个固有的多主体背景下才能被揭示出来。博弈语义最终将沿着这个方向发展。从多主体角度来看待信念修正是一个全新的哲学视角。

最后，应该清楚地意识到，生活在一个不断变化的世界中，不仅主体的信念会不断地发生变化，主体的知识也将会不断地得到更新，而且情境也将会发生变化。本书假定所研究的情境(或事实本身)不会改变关于世界的信念。在关于信念修正的其他研究中没有这一限制。同时，动态认知逻辑的形式工具已经扩张到开始研究事实的变化方面。

---

① Dung, P.H., 1995:"On the Acceptability of Arguments and Its Fundamental Role in Nonmonotonic Reasoning, Logic Programming and *n*-person Games", *Artificial Intelligence*, Vol.77, No.2(September):pp.321-357.

② Grossi, D., 2012:"Fixpoints and Iterated Updates in Abstract Argumentation". In Proceedings of the 13th International Conference on Principles of Knowledge Representation and Reasoning (KR).

# 参考文献

[1]郭美云:《带有群体知识的动态认知逻辑》,北京大学,博士学位论文,2006 年。

[2]李小五:《动态认知逻辑专题研究》,广州,中山大学出版社,2010 年。

[3]刘奋荣:《动态偏好逻辑研究》,北京,科学出版社,2010 年。

[4]郭佳宏:《理想自省主体的信念修正——稳定集的修正》,中山大学,博士学位论文,2006 年。

[5]萧瑶:《信念修正逻辑初探》,西南大学,硕士学位论文,2008 年。

[6]Alchourron, C.E., Gardenfors, P. and Makinson, D., 1985: "On the Logic of Theory Change: Partial Meet Functions for Contraction and Revision", *Journal of Symbolic Logic*, Vol.50.

[7]Alur, R., Thomas, A. H. and Kupferman, O., 1997: "Alternating-time Temporal Logic". In Proceedings of the 38th IEEE Symposium on Foundations of Computer Science, Florida, October.

[8]Aumann, R. J., 1976: "Agreeing to Disagree", *The Annals of Statistics*, Vol.4, No.6.

[9]Aumann, R. J., 1995: "Backward Induction and Common Knowledge of Rationality", *Games and Economic Behavior*, Vol.8, No.1.

[10] Aumann, R. J. , 1999: " Interactive Epistemology i: Knowledge", *International Journal of Game Theory*, Vol.28, No.3 (August).

[11]Aumann R. J., 1999: "Interactive Epistemology ii: Probability", *International Journal of Game Theory*, Vol.28, No.3 (August).

[12]Baltag, A. and Moss, L. S., 2004: "Logics for Epistemic Programs", *Synthese*, Vol.139, No.2.

[13]Baltag, A. and Smets, S., 2006: "Conditional Doxastic Models:

A Qualitative Approach to Dynamic Belief Revision", *Electronic Notes in Theoretical Computer Science*, Vol.165.

[14]Baltag, A. and Smets, S., 2006: "Dynamic Belief Revision Over Multi-agent Plausibility Models". In van der Hoek, W. and Wooldridge, M.(eds), Proceedings of LOFT'06.

[15]Baltag, A. and Smets, S., 2008: "A Qualitative Theory of Dynamic Interactive Belief Revision". In Bonanno, G., van der Hoek, W. and Wooldridge, M.(eds), *Logic and the Foundations of Game and Decision Theory* (*LOFT* 7), Amsterdam: Amsterdam University Press.

[16]Baltag, A., van Benthem, J. and Moss, L.S., 2008: *Epistemic Logic and Information Update* (*Handbook of the Philosophy of Information*), Amsterdam: Elsevier Science Publishers.

[17]Baltag, A., Moss, L.S. and Solecki, S. , 1998: "The Logic of Public Announcements, Common Knowledge, and Private Suspicions", Proceedings of the 7th Conference on Theoretical Aspects of Rationality and Knowledge (TARK98), July.

[18]Belnap, N., Perloff, M. and Xu., M. , 2001: *Facing the Future: Agents and Choices in Our Indeterminist World*, Oxford: Oxford University Press.

[19]Blackburn, P., Rijke, M. D. and Venema, Y., 2001: *Modal Logic* (*Cambridge Tracts in Theoretical Computer Science*), Cambridge: Cambridge University Press.

[20]Board, O., 2004: " Dynamic Interactive Epistemology", *Games and Economic Behavior*, Vol.49(January).

[21]Bonanno, G., 2007: "Axiomatic Characterization of the AGM Theory of Belief Revision in a Temporal Logic", *Artificial Intelligence*, Vol.171, No.2-3(January).

[22]Bonanno, G., 2009: "Belief Revision in a Temporal Framework", *New Perspectives on Games and Interaction*, Vol.4.

[23]Bonanno, G., 2007: "A Sound and Complete Temporal Logic for Belief Revision", *Dialogues, Logics and Other Strange Things*, Vol.147.

[24]Bonanno, G., 2007: "Temporal Belief Revision Rationalized by Plausibility Orderings", Working Paper.

[25]Bonanno, G., 2005: "A Simple Modal Logic for Belief Revision",

*Synthese*, Vol.147(November).

[26]Bonanno, G.,2010:"Belief Change in Branching Time: AGM-consistency and Iterated Revision",Working Paper.

[27]Bonanno, G.,1992:"Players' Information in Extensive Games", *Mathematical Social Sciences*, Vol.24,No.1(August).

[28]Bonanno, G., 2004:"Memory and Perfect Recall in Extensive Games",*Games and Economic Behavior*, Vol.47,No.2(May).

[29]Boutilier, C.,1996:"Iterated Revision and Minimal Change of Conditional Beliefs",*Journal of Philosophical Logic*, Vol.25,No.3(February).

[30]Brandenburger, A. and Keisler, H. J.,2006:"An Impossibility Theorem on Beliefs in Games", *Studia Logica*, Vol.84,No.2(November).

[31]Chellas,B. F.,1980:*Modal Logic: An Introduction*,Cambridge: Cambridge University Press.

[32]Cover, T. and Thomas, J.,1991:"Elements of Information Theory",*Wiley Series in Telecommunications and Signal Proceedings*,New Jersey:Wiley-Blackwell.

[33]Darwiche, A. and Pearl, J., 1997:"On the Logic of Iterated Belief Revision",*Artificial Intelligence*, Vol.89,No.1(January).

[34]Dégremont, C. , 2010:"The Temporal Mind:Observations on the Logic of Belief Change in Interactive Systems", Universiteit van Amsterdam, ph.D Thesis.

[35]Dretske, F. I.,1981:*Knowledge and the Flow of Information*, Cambridge, MA:The MIT Press.

[36]Duc, H. N.,1995:"Logical Omniscience vs. Logical Ignorance on a Dilemma of Epistemic Logic". In Pinto-Ferreira,C. A. and Mamede, N. J. (eds), *Volume 990 of Lecture Notes in Computer Science*, Heilderberg: Springer.

[37]Duc, H. N.,2002: "Reasoning about Rational, but not Logically Omniscient, Agents", *Journal of Logic and Computation*, Vol.7,No.5 (March).

[38]Dung, P.H.,1995:"On the Acceptability of Arguments and Its Fundamental Role in Nonmonotonic Reasoning, Logic Programming and

*n*-person Games", *Artificial intelligence*, Vol.77, No.2(September).

[39]Eliaz, K. and Ok, Efe A., 2006: "Indifference or Indecisiveness? Choice-theoretic Foundations of Incomplete Preferences", *Games and Economic Behavior*, Vol.56, No.1(July).

[40]Fagin, R., Halpern, J. Y., Moses, Y. , et al., 1995: *Reasoning about Knowledge*, Cambridge, MA: The MIT Press.

[41]Fagin, R. and Halpern, J. Y., 1988: "Belief, Awareness, and Limited Reasoning", *Artificial Intelligence*, Vol.34, No.1(December).

[42]Fermé, E. and Rodriguez, R., 1998: "A Brief Note about Rott Contraction", *Logic Journal of IGPL*, Vol. 6, No.6(November).

[43]Floridi, L., 2005: "Consciousness, Agents and the Knowledge Game", *Minds and Machines*, Vol.15, No.3-4(November).

[44]Donini, F. M., Lenzerini, M., Nardi, D. , et al., 1991: "The Complexity of Concept Languages", *Information and Computation*, Vol. 134(January).

[45]Friedman, N. and Halpern, J. Y. , 1997: "Modeling Belief in Dynamic Systems, Part I: Foundations", *Artificial Intelligence*, Vol. 95, No.2(September).

[46] Gardenfors, P. and Rott, H., 1995: "Belief Revision". In Gabbay, D. M., Hogger, C. J. and Robinson, J. A. (eds.), *Handbook of Logic in Artificial Intelligence and Logic Programming. Volume* 4: *Epistemic and Temporal Reasoning*, Oxford: Clarendon Press.

[47]Gardenfors, P., 1988: *Knowledge in Flux*, Cambridge, MA: The MIT Press.

[48]Gettier, E. L., 1963: "Is Justified True Belief Knowledge?", *Analysis*, Vol.23, No.6(June).

[49]Gerbrandy, J., 1999: "Dynamic Epistemic Logic". In Moss L.S. et al.(eds), *Logic, Language and Information*, Stanford: CSLI Publications.

[50]Gerbrandy, J. and Groeneveld, W., 1997: "Reasoning about Information Change", *Journal of Logic, Language and Information*, Vol.6, No.2.

[51]Gerbrandy, J., 1999: "Bisimulations on Planet Kripke", Universiteit van Amsterdam, ph.D Thesis.

[52] Girard, J. Y., 1987: "Linear Logic", *Theoretical Computer Science*, Vol.50, No.1.

[53] Grossi, D., 2009: "A Note on Brute vs. Institutional Facts: Modal Logic of Equivalence Up to a Signature". In Boella, G. et al(eds), 208 Bibliography Normative Multi-Agent Systems, number 09121 in Dagstuhl Seminar Proceedings, Dagstuhl, Germany.

[54] Grossi, D., 2012: "Fixpoints and Iterated Updates in Abstract Argumentation", In Proceedings of the 13th International Conference on Principles of Knowledge Representation and Reasoning (KR ).

[55] Grove, A., 1988: "Two Modellings for Theory Change", *Journal of Philosophical Logic*, Vol.17, No.2(January).

[56] van Ditmarsch, H. P., 2005: "Prolegomena to Dynamic Logic for Belief Revision", *Synthese*, Vol.147, No.2.

[57] Hansson, S. O., 1996: "Knowledge-level Analysis of Belief base Operations", *Artificial Intelligence*, Vol.82, No.1-2(April).

[58] Harel, D. , Kozen, D. and Tiuryn, J., 2000: *Dynamic Logic*, Cambridge, MA: The MIT Press.

[59] Hintikka, J. , 1962: *Knowledge and Belief*, Ithaca, NY: Cornell University Press.

[60] Holliday, W. H., Hoshi, T. and Icard, T. F., 2010: *Decidability of the PAL Substitution Core*, Manuscript.

[61] Hodkinson, I. and Reynolds, M., 2006: "Temporal Logic". In Blackburn, P., van Benthem, J. and Wolter, F.(eds), *The Handbook of Modal Logic*, Amsterdam: Elsevier.

[62] Humberstone, I. L. , 1987: "The Modal Logic of 'All and Only'", *Notre Dame Journal of Formal Logic*, Vol.28, No.2(April).

[63] Jago, M., 2009: "Epistemic Logic for Rule-based Agents", *Journal of Logic, Language and Information*, Vol.18, No.1(July).

[64] Jago, M., 2006: "Rule-based and Resource-bounded: A New Look at Epistemic Logic". In Ågotnes, T. and Alechina, N.(eds), Proceedings of the Workshop on Logics for Resource-Bounded Agents, Organized as Part of the 18th European Summer School on Logic, Language and Information(ESSLLI), Malaga, Spain.

[65] Jago, M., 2006: "Logics for Resource-Bounded Agents",

University of Nottingham, ph.D Thesis.

[66]van Eijck J. and Stokhof, M., 2005: "The Gamut of Dynamic Logics". In Gabbay D. and Woods, J. (eds), *Logic and the Modalities in the Twentieth Century*, *volume* 6 *of The Handbook of History and Philosophy of Logic*, Amsterdam: Elsevier.

[67]Keiff, L. and Rahman, S., 2005: "On How to be a Dialogician". In Vanderveken, D. (ed.), *Logic*, *Thought and Action*, Netherland: Springer.

[68]Lehrer, K., 2000: *Theory of Knowledge*, Boulder: Westview Press.

[69]Levesque, H. J., 1990: "All I Know: A Study in Autoepistemic Logic", *Artificial Intelligence*, Vol.42, No.2(March).

[70]Levi, I. , 2004: *Mild Contraction*: *Evaluating Loss of Information Due to Loss of Belief*, Oxford: Oxford University Press.

[71]Lewis, D. K. , 1973: *Counterfactuals*, Oxford: Blackwell Publishing.

[72]Li, M, Vitanyi, P. M. B., 2008: *An Introduction to Kolmogorov Complexity and Its Applications* (2nd.), New York: Springer.

[73]Lindström, S. and Rabinowicz, W., 1999: "Belief Change for Introspective Agents", Spinning Ideas, Electronic Essays Dedicated to Peter Gärdenfors on His Fiftieth Birthday.

[74] Lindström, S. and Rabinowicz, W., 1999: "DDL Unlimited: Dynamic Doxastic Logic for Introspective Agents", *Erkenntnis*, Vol. 50 (May).

[75]Lorenz, K. and Lorenzen, P., 1978: *Dialogische Logik*, Darmstadt: Wissenschaftliche Buchgesellschaft.

[76] Magnier, S., 2013: *Approche Dialogique de la Dynamique Épistémique et de la Condition Juridique*, London: College Publications.

[77]Magnier, S., 2014: *Epistemic Dynamics*, *Dialogues and Legal Reasoning*, Dordrecht: Springer.

[78]Osborne, M. J. and Rubinstein, A., 1994: *A Course in Game Theory*, Cambridge, MA: The MIT Press.

[79]Meyer, J. J., van der Hoek, W., 1995: *Epistemic Logic for AI and Computer Science*, Cambridge: Cambridge University Press.

[80]Moss, L.S. and Parikh, R., 1992: "Topological Reasoning and the 

Logic of Knowledge". In Moses, Y.(ed.), *Proceedings of TARK IV*, San Francisco: Morgan Kaufmann Publishers.

[81]Moss, L.S. , Parikh, R. and Steinsvold, C., 2007: "Topology and epistemic logic". In Aiello, M., Pratt-Hartmann, I. and van Benthem, J.(eds), *Handbook of Spatial Logics*, Dordrecht: Springer.

[82] Moortgat, M., 1997: "Categorical Type Logics". In van Benthem, J. and ter Meulen, A.(eds), *Handbook of Logic and Language*, Amsterdam: Elsevier Science Publishers.

[83]Myerson, R. B., 1997: *Game Theory: Analysis of Conflict*, Cambridge, MA: Harvard University Press.

[84]Nayak, A. C., Pagnucco, M. and Peppas, P. , 2003: "Dynamic Belief Revision Operators", *Artificial Intelligence*, Vol.146, No.2(November).

[85]Parikh, R. and Ramanujam, R., 2003: "A Knowledge based Semantics of Messages", *Journal of Logic, Language and Information*, Vol.12, No.4(September).

[86]Pauly, M., 2002: "A Modal Logic for Coalitional Power in Games", *Journal of Logic and Computation*, Vol.12, No.1(February).

[87]Pauly, M. and Parikh, R., 2003: " Game Logic—An Overview", *Studia Logica*, Vol.75, No.2 (November).

[88]Plaza, J. A., 1989: "Logics of Public Communications". In Emrich, M. L. et al (eds), Proceedings of the 4th International Symposium on Methodologies for Intelligent Systems, Tennessee, USA.

[89]Prakken, H. and Vreeswijk, G., 2002: "Logics for Defeasible Argumentation", *Handbook of Philosophical Logic*, Vol.4, No.5.

[90]Prior, A. N., 1957: *Time and Modality*, Oxford: Clarendon Press.

[91]Rahman, S. and Rückert, H., 1999: "Dialogische Modallogik (für T, B, S4, und S5)", *Logique et Analyse*, Vol.42, No.167-168.

[92]Rahman, S., 2006: "Non-normal Dialogics for a Wonderful World and More". In van Benthem, J. et al (eds), *The Age of Alternative Logics*, Dordrecht: Springer.

[93]Rott, H., 2004: "Stability, Strength and Sensitivity: Converting Belief into Knowledge", *Erkenntnis*, Vol.61(January).

[94]Rott, H.,2009:"Shifting Priorities: Simple Representations for Twenty-seven Iterated Theory Change Operators". In Makinson,D.,Malinowski,J. and Wansing,H.(eds),*Towards Mathematical Philosophy*, Dordrecht:Springer.

[95]Rott, H. and Pagnucco, M. , 1999:"Severe Withdrawal(and Recovery)",*Journal of Philosophical Logic*,Vol. 28,No.5(October).

[96] Rückert, H. and Rahman, S. , 2001:"New Perspectives in Dialogical Logic",*Synthese*, Vol.127,No.1-2.

[97] Segerberg, K., 1991: *The Basic Dynamic Doxastic Logic of AGM*,Berlin:Springer Netherlands.

[98]Segerberg, K.,1995: "Belief Revision from the Point of View of Doxastic Logic", *Bulletin of the IGPL*, Vol.3, No.4(July).

[99]Segerberg, K.,1996:"A General Framework for the Logic of Theory Change",*Bulletin of the Section of Logic*, Vol.25.

[100]Segerberg, K.,1997:"Proposal for a Theory of Belief Revision along the Lines of Lindström and Rabinowicz", *Fundamenta Informaticae*, Vol.32,No.2(November).

[101]Segerberg, K.,1998:"Irrevocable Belief Revision in Dynamic Doxastic Logic", *Notre Dame Journal of Formal Logic*, Vol.39,No.3 (July).

[102]Segerberg, K.,1999:"A Completeness Proof in Full DDL", *Logic and Logical Philosophy*,Vol.9(January).

[103]Segerberg, K.,1999:"Two Traditions in the Logic of Belief: Bringing Them Together". In Ohlbach, H. J. and Reyle, U.(eds), *Logic, Language, and Reasoning*, Dordrecht: Kluwer Academic Publishers.

[104] Segerberg, K. and Leitgeb, H., 2007:"Dynamic Doxastic Logic: Why, How and Where to? ",*Synthese*, Vol.155,No.2.

[105]Shannon, C. E.,1948:"A Mathematical Theory of Communication",*Bell Systems Technical Journal*,Vol.27(July).

[106] Stirling, C., 1992: "Modal and Temporal Logics". In Abramsky, S.,Gabbay, D. M. and Maibaum, T. S. E.(eds), *Handbook of Logic in Computer Science (vol. 2)—Background: Computational Structures*, New York:Oxford University Press.

[107]van Benthem, J.,2014:"Two Logical Faces of Belief Revision".

In Trypuz, R.(ed.), *Krister Segerberg on Logic of Actions*, *Outstanding Contributions to Logic*, *1*, Berlin: Springer.

[108] van Benthem, J. and Dégremont, C., 2010: "Bridges between Dynamic Doxastic and Doxastic Temporal Logics". In Bonanno, G., Lwe, B. and Hoek, W. (eds), *Logic and the Foundations of Game and Decision Theory—LOFT 8*, Berlin: Springer.

[109] van Benthem, J. and Pacuit, E., 2011: "Dynamic Logics of Evidence-based Beliefs", *Studia Logica*, Vol. 99, No.1(July).

[110] van Benthem, J., 2007: "Dynamic Logic for Belief Revision", *Journal of Applied Nonclassical Logics*, Vol.17, No.2.

[111] van Benthem, J., 2011: *Logical Dynamics of Information and Interaction*, Cambridge: Cambridge University Press.

[112] van Benthem, J. and Ikegami, D., 2008: "Modal Fixed-point Logic and Changing Models". In Avron, A., Dershowitz, N. and Rabinovich, A.(eds), *Pillars of Computer Science*, *volume* 4800 *of Lecture Notes in Computer Science*, Berlin: Springer.

[113] van Benthem, J., 2008: "Tell It Like It Is: Information Flow in Logic", *Journal of Peking University (Humanities and Social Science Edition)*, Vol.1.

[114] van Benthem, J. and Pacuit, E., 2006: "The Tree of Knowledge in Action: Towards a Common Perspective". In Hodkinson I., Governatori, G. and Venema, Y. (eds), *Advances in Modal Logic*, London: College Publications.

[115] van Benthem, J., Gerbrandy, J., Hoshi, T. et al., 2009: "Merging Frameworks for Interaction", *Journal of Philosophical Logic*, Vol.38, No.5.

[116] van Ditmarsch, H., van der Hoek, W. and Kooi, B. P., 2007: *Dynamic Epistemic Logic*, Berlin: Springer Netherlands.

[117] van Ditmarsch, H., Herzig, A., Lang, J. et al., 2009: "Introspective Forgetting", *Knowledge*, *Rationality and Action*, Vol.169, No.2 (July).

[118] van Ditmarsch, H. and French, T., 2009: "Awareness and Forgetting of Facts and Agents". In Proceedings of the 2009 IEEE/WIC/ACM International Joint Conference on Web Intelligence and Intelligent Agent Technologies (WI-IAT 2009), Milan.

[119] Zvesper, J. A., 2007: "How to Keep Changing Your Mind, Dynamically". In Ju, S., van Benthem, J. and Veltman, F. (eds), *A Meeting of the Minds: Proceedings of Logic Rationality and Interaction*, London: College Publications.